녹색경영시대의

생산시스템 운영관리

김길선 김재환

김희탁 서창적

어윤양 유시정

유한주 황복주

法 文 社

머리말

이미 우리나라 산업은 제조업 중심으로부터 서비스업 중심으로 규모와 역할 면에서 바뀌어져 이른바 선진국형 산업구조를 나타내고 있다. 또한 자재, 노동력, 자본, 기술 등 자원조달이나 완제품의 시장도 전 세계를 대상으로 함으로써 기업은 글로벌화 되고 있다. 이러한 변화는 앞으로 더욱 빠른 속도로 이어질 것으로 보인다.

이에 따라 전통적인 생산관리의 연구도 제품생산 현장의 문제만이 아니라 기업의 환경변화에 적절히 대응하는 방향으로 생산문제가 연구되어야 할 것으로 본다. 따라서 대학에서 가르치는 생산관리의 내용도 변화하는 기업환경에 따라 수정 · 보완되어야 할 것이다.

지난 10여년간 저자들은 기업의 생산활동에 필요한 이론이나 개념을 정리하여 몇 차례에 걸쳐 생산관리 교재를 집필해 온 바 있다. 이를 바탕으로 본 교재는 생산의 능률, 품질, 경쟁력 등의 문제만이 아니라 현대 기업활동에서 이슈화 되고 중요시되고 있는 고객만족이나 환경문제와 같은 문제를 생산현장의 상황에 부합하도록 수정 · 보완하였다.

따라서 이 교재에서는 그린경영의 문제를 포괄적으로 조명하고 제품 및 서비스의 가치창출, 생산시스템의 운영, 자재조달 등 생산기능의 관점에서 전통적인 주제들을 조화시켜 구성하였다. 또한 기업의 생산현장에서 중요시되고 있는 서비스운영관리, 품질경영, 기술혁신, 공급사슬관리, 전사적 자원관리 등의 주제에 대하여 중점적으로 보완함으로써 그린경영의 시대의 생산시스템 운영관리와 전략방향에 대한 체계적인 방향을 제시하고자 하였다. 또한 기업이 생산활동의 수행에 요구되는 기업윤리와 사회적 책임, 지속가능경영 등의 목표에 대하여 각 주제별 연계성을 고려하여 제시하였다.

이에 따라 본 교재는 제품 및 서비스의 가치창출, 생산시스템의 설계와 운영, 공급사슬 설계와 운영 등 3부로 나누어 생산기능의 14개 주제에 대하여 이론과 개념을 정리하고 사례를 들어 편제하였다. 이러한 생산시스템 운영관리의 분류의 틀은 기업의 생산활동과 전략수행을 독자들이 쉽게 이해하는 데 도움을 주기위한 의도로 시도되었으며 한 학기 강의일정을 고려한 것이다.

저자들은 독자들이 이 교재를 좀 더 쉽게 이해하고 학습하며 흥미롭게 읽을 수 있도록 하는 데 최선을 다하였다. 그러나 이러한 의도가 실제로 독자들에게 다르게 전달될 수 있음을 인식하며 독자들의 비판과 충고를 겸허하게 받아들여 더 낳은 교재가 될 수 있도록 지속적인 보완을 할 것이다.

이 교재와 더불어 강의부담을 덜고, 학습잠재력을 증진시키기 위해 다음의 몇 가지 학습 관련 자료를 교수님들께 별도로 제공한다. 첫째, 문제풀이집은 이 교재에 포함된 토의문제, 연습문제, 사례문제에 대한 풀이를 담고 있다. 둘째, 시험문제집은 개념 및 기법을 중심으로 1,000여 문제를 담아 학생들의 시험용으로 문제와 해답 및 해설을 포함시켰다. 셋째, 교수님들의 강의를 위해 각 장별로 개념 및 사례, 도표, 예제 등을 파워포인트로 제작하여 CD에 담아 제공한다.

10여년 전 타계하신 고 백종현 교수님께서 제자 교수들과 같이 집필하신 생산관리라는 책의 머리말에 밝히신 바와 같이 한 해 피는 일년초를 제외하고 수년에 걸쳐 화려함을 뽐내는 다년생 화목은 첫 번째 개화한 꽃은 그렇게 화려하지 않다. 어떻게 보면 초라한 듯도 하고, 색채도 곱지 않으며, 때로는 싱그러움과 향기, 그리고 튼실함까지 부족한 것이 보통이다.

이러한 뜻을 이어받은 저자들은 이 교재를 집필함에 각별한 정성으로 생산관리의 학문적 발전에 이바지할 수 있는 교재가 되고, 기업의 생산활동에 도움이 될 수 있도록 최선을 다할 것을 다짐해본다. 따라서 이 책은 앞으로도 중판을 거듭하면서 수정과 보완이 계속될 것이다.

이 교재를 펴냄에 있어서 여러 선후배 교수님들과 산업계 관계자들로부터 많은 조언과 도움을 받았다. 이 분들께 머리 숙여 고마움을 드린다. 특히 이 교재가 출간되기까지 저자들의 많은 요구에 흔쾌히 응해주시고 배려해 주신 법문사 배효선 사장님과 관계임직원 여러분들께 깊은 감사의 말씀을 드린다.

2011년 2월

저자 일동

차 례

제 1 부 제품 · 서비스의 가치창출

제 2 부 생산시스템 설계 및 운영

제 3 부 공급사슬 설계 및 운영

제 1 부

제품 · 서비스의 가치창출

제 1 부

제품 · 서비스의 가치창출

1. 녹색경영시대의 가치창출
2. 서비스 전략 및 운영
3. 제품 · 서비스의 품질
4. 기술과 경쟁력
5. 장단기 수요예측

제 2 부

생산시스템 설계 및 운영

6. 제품 · 서비스의 설계와 개발
7. 공급능력계획 및 입지선정
8. 프로세스 설계 및 배치결정
9. 프로젝트의 관리
10. 생산계획

제 3 부

공급사슬 설계 및 운영

11. 공급사슬경영의 구조
12. 공급사슬의 재고관리
13. 전사적 자원관리
14. 적시생산시스템과 린 생산방식

01 녹색경영시대의 가치창출

학습목표

본 장에서는 다음과 같은 내용의 이해를 목표로 한다.

- 연구대상과 경험대상
- 기업이 수행하고 있는 생산활동의 범위
- 기업이 수행하는 생산활동의 성격
- 시스템에 대한 일반적인 개념
- 생산시스템의 구조적인 특징과 관리시스템
- 생산관리론의 체계와 구성
- 생산관리의 발전과정
- 새로운 생산 패러다임
- 전략의 개념과 구조
- 생산전략의 개념과 중요성
- 생산전략의 개발과 구현

사례 LG전자의 녹색경영

LG전자는 사업 활동에서 발생하는 모든 환경 부담을 최소화하기 위해 제품 개발 단계에서 구매, 제조, 사용, 폐기에 이르기까지 전반에 걸쳐 환경 경영을 실행하고 있다. 이 회사는 2012년까지 제품 생산 과정에서 발생하는 온실가스를 7만5,000톤, 2020년까지 15만톤을 저감하고, 에너지 효율을 높인 제품의 개발 및 출시를 통해 사용 단계에서는 3,000만톤을 절감하겠다는 목표를 세웠다.

이를 위해 LG전자는 지난 2008년 2월에는 백우현 최고기술경영자(CTO) 직속으로 환경전략팀을 신설했다. 전사 차원에서 친환경 경영 활동과 제품 개발을 관리하기 위함이다. 회사는 우선 제품 생산 과정에서 발생하는 온실가스를 측정하기 위해 온실가스 인벤토리를 설치했다. 온실가스 인벤토리란 한 기업의 온실가스 배출량을 통계적으로 관리할 수 있도록 사업장별, 공정별, 설비별로 온실가스 배출원을 목록화해 통계화한 것을 말한다.

LG전자는 2007년 청주 사업장을 시작으로 지난해까지 국내외 42개 사업장으로 온실가스 인벤토리를 구축, 배출량을 측정하고, 감축 가능성을 평가할 수 있는 시스템을 마련했다. 이 인벤토리는 세계적 온실가스 검증기관인 DNV(Det Norske Veritas)로부터 인증을 획득해 회사가 자체적으로 측정하고 공개하는 온실가스 배출량이 객관적임을 증명해 보이기도 했다. 회사는 이러한 시스템을 기반으로 지난해 총 570만톤의 온실가스를 감축시켰다. 이는 당초 목표보다 50% 이상 초과 달성한 성과로 설비개선과 공정혁신, 제품의 에너지 효율 개선, 사무공간 낭비 제거 등 전사적 온실가스 저감활동에 도움이 됐다. 이 감축량은 서울시 11배 면적(약 6,600㎢)에 잣나무 묘목 19억 그루를 심는 효과와 맞먹는다.

LG전자 창원 공장의 경우 부품 세척 후 뜨거운 바람을 내보내 건조시키는 열풍건조방식을 기압을 낮춰 건조하는 진공펌프건조방식으로 변경해 연간 806톤의 온실가스를 저감했다. 또 냉장고 생산라인에서 부품과 부품의 생산간격을 10초 단축해 연간 107톤의 온실가스를 감축했다.

주요 제품의 에너지 효율 개선을 통해 실제 제품을 사용하면서 발생하는 온실가스도 저감했다. LED 백라이트 LCD TV의 기술개발을 통해 최대 소비전력이 64% 저감됐고 지열을 이용한 냉난방기로 난방효율이 138%나 향상됐다. 또 스팀기능을 탑재한 세탁기로 소비전력을 51% 저감하고 독자 기술인 리니어 컴프레서를 적용한 냉장고로 소비전력을 25% 낮췄다.

온실가스 저감노력은 사무공간에서도 추진됐다. LG전자는 저탄소 캠페인을 통해 국내외 출장을 화상회의로 대체하고, PC절전모드 활용, 점심시간 소등, 식사 잔반 줄이기 운동 등의 노력을 펼쳤다. 특히 국내외 전 임직원 8만4,000명은 일상생활에서 온실가스 감축노력을 할 수 있도록 매년 1시간씩 온라인 기후변화 대응 교육을 의무적으로 받고 있다.

이러한 노력의 결과로 LG전자는 지난 10월 기후변화 분야의 세계최고 권위를 가진 CDP(Carbon Disclosure Project) 한국위원회(탄소정보공개프로젝트 한국위원회)로부터 한국 기업 가운데 기후변화 대응을 가장 잘하는 기업으로 선정된 바 있다.

LG전자 관계자는 "온실가스 감축 노력을 또 다른 사업기회로 보고 적극적으로 대응하고 있다"고 말했다.

— 디지털데일리, 2010. 4. 30. —

제 1 절 생산관리의 개념

1. 생산활동과 그 성격

학문의 연구대상은 모든 경험의 대상이나 소재가 될 수 없는 것이다. 왜냐하면 그것은 주관적이며 단편적인 영상에 불과하기 때문일 것이다. 따라서 학문과 이론의 전개를 위해서라면 이와 같은 경험의 대상에 사유적인 가공을 가하여 개념을 형성하는 것이 필요하다. 바로 이와 같이 형성된 개념이야말로 학문이나 이론전개에서의 연구대상이 되는 것이다. 그러므로 모든 대상이 학문이나 이론의 연구대상이 될 수는 없다.

일반적 생산관리 이론에서의 연구대상은 모든 유형의 기업이 수행하는 생산활동이라고 규정할 수 있다.

1970년대 후반까지만 하더라도 생산관리는 오로지 'production management' 만으로 표기하여 왔다. 그러나 오늘날에는 거의 그렇게 표현하고 있지 않다. 그 대신에 'production and operations management(POM)' 또는 'operations management(OM)' 로 불리워지고 있다. 이는 무엇보다도 연구대상의 변화에 크게 기인한다. 과거에는 생산관리 이론에서 주된 연구대상이라면 협의의 생산활동, 즉 제조기업에서 재화창출을 통해서 물리적이며 화학적인 가치 창출활동으로 그의 범위를 정하고 있다. 그러나 오늘날 기업에서의 재화의 창출과 같이 물리적이며, 화학적인 가치, 즉 가시적인 가치의 창출에만 한정되어 있지 않다.

예를 들어 극장에서는 영화나 연극을, 병원에서는 진찰을, 운송회사에서는 수송을, 그리고 마케팅 회사에서는 판매를 통하여 가치를 창출하고 있는 것이다. 즉 다양한 서비스를 창출하고 있으며, 경제구조가 고도화될수록 이와 같은 기업의 비중은 더욱 크다고 할 수 있다. 그렇다면 오늘날 기업의 생산활동은 위에서 제시한 것과 같은 좁은 개념만은 아니다. 따라서 생산관리 이론의 연구대상은 기업의 모든 가치창출활동이라고 할 수 있다. 오늘날 생산관리 이론은 과거에서와 같이 제조기업의 공장관리 내용과는 크게 차별화되고 있으며 모든 기업의 구체적인 조업활동을 이해하고 설명할 수 있는 이론으로 체계화되고 있다.

생산활동은 역사적 · 사회적 측면에서 볼 때 자기생산, 주문생산, 그리고 시장생산으로 전개되어 왔다. 자기생산기능이란 봉쇄적 가족경제시대의 생산기능으로서 이는 한 가족 또는 한 민족이 그 구성원 스스로의 소비욕망 충족을 위해 수행하는 생산기능이며, 주문생산기능은 주로 봉건시대의 생산기능으로서 가장 단순한 교환경제에서 전형적으로 찾아볼 수 있는 생산기능이다. 상품생산기능이라고도 하는 시장생산기능은 현대기업에서 볼 수 있는 가장 전형적이며 지배적인 생산기능이다. 이 생산기능의 특징은 자기의 소비욕망충족을 위해 생산기능을 전개하는 것이 아니라 시장의 수요를 예측하고 불특정다수 고객을 위해 비교적 소품종을 기술적인 생산방법으로 대량생산한다는 것이다.

이처럼 오늘날의 생산기능은 원칙적으로 타인의 욕망충족, 즉 소비를 위해 영위되는 것으로서 결코 무보수로 타인을 위해 이루어지지 않는다는 데 그 특징이 있다. 다시 말하면 생산에 투입된 비용 이상으로 판매되어 적정한 이윤이 확보되리라고 예상되는 경우에만 일반적으로 생산이 이루어진다는 것이다.

그러므로 개별기업에서의 생산활동은 수익성(profitability)에 의해 지배되며, 이것은 또한 생산의 일차적인 목적이 된다고 할 수 있다. 따라서 생산활동은 그 근저에서 영리 및 이윤과 결부되어 있으며, 이는 필연적으로 목표의 경제적 달성을 위해 관리활동을 필요로 하게 되는 것이다.

최근 들어 전 세계적으로 환경문제가 최대 화두로 떠오르고 있는 가운데 녹색경영이 기업의 최고 관심사가 되었다. 기존의 재화 및 서비스를 창출하는 생산활동 개념에서 벗어나 최소한의 자원과 에너지를 사용하여 탄소 배출은 줄이되 기업의 수익성은 계속적으로 이어나가는 새로운 개념의 생산활동이 이루어지고 있다. 서비스의 설계와 개발에서부터 공정, 제조에 이르기까지 생산활동의 전 과정에서 자원투입은 최소화하되 공정의 효율성은 향상시키는 친환경적 생산관리가 구축되어가고 있다. 이제 생산은 소비만을 위한 생산이 아니라 지속가능한 경영을 위한 친환경적인 생산이 되어야 한다.

이상에서와 같이 생산관리 이론에서 연구대상으로 삼고 있는 기업의 생산활동이라는 개념은 다음과 같이 요체를 정리할 수 있다. 첫째로 제조기업뿐만 아니라 서비스 기업이 조업을 통하여 재화와 서비스를 창출하는 활동, 둘째로 이는 자기가 아니라 시장 또는 소비자를 위하여 수행하고 있는 활동, 셋째로 이는 수익성을 목적으로 영위되고 있는 활동, 마지막으로 녹색성장(Green Growth)을 위한 지속가능한 경영활동이라는 점들이다.

2. 생산시스템의 구조

(1) 시스템의 일반적인 개념

앞에서 생산이란 모든 유형의 기업(제조기업과 서비스기업)이 가치를 창출하는 활동으로 규정한 바 있다. 가치를 창출하는 구조적인 바탕을 일반적으로 생산시스템(production system)이라고 부른다.

시스템이란 개념은 결코 조직(organization)의 개념도 아니며 기구(institution)의 개념도 아니다. 그러므로 우리말로의 번역어도 그대로 시스템으로 사용하고 있다.

우선 시스템의 특징적인 성격을 규명하기 위하여 몇 개의 정의를 여기에 인용해 보기로 하자. 첫째로 시스템이란 여러 개의 부분으로 구성되어 있다. 예를 든다면 가위와 자동차는 물론 언어, 인체 그리고 방정식 등도 여기에 포함된다. 그리고 이는 일반적으로 항상 전체로서 지칭되고 있으며 부분으로서는 아무런 의미를 찾아볼 수 없는 유기체(organism)로 규정하고 있다. 둘째로 생존과 활동을 위해서 독립된 부분이 상호의존관계를 가지고 있는 전체로 규정하기도 한다.

이상과 같은 고전적인 개념의 시스템에는 다음과 같은 네 가지의 특징을 찾아볼 수 있다.

① 시스템은 목표를 가지고 있다.

② 시스템은 복수개의 독립된 부분으로 구성되어 있다.

③ 시스템은 독립된 부분만으로는 고유의 목표를 성취할 수 없다.

④ 시스템은 항상 전체로서만 의미가 있으며 생존할 수 있다.

오늘날 우리는 무수한 물리적 시스템(예를 들어, 자동차, 가위 등)과 관념적 시스템(예를 들어, 행정시스템, 관리시스템 등)을 접하면서 생활하고 있다. 그러므로 현대는 이른바 '시스템 시대'로 규정할 수 있을 만도 하다. 나아가서 기업이 보다 좋은 생산활동을 수행하기 위해서는 보다 좋은 관리시스템(management system)을 설계해야만 한다는 것은 너무나도 당연하다.

(2) 생산시스템 모형

앞에서 생산시스템은 기업의 가치창출활동이 이뤄지는 구조적인 기초라고 편의적으로 규정하였다. 그러나 이를 보다 광범위하게 정의한다면 '투입된 생산요소를 보다 유용한 것으로 전환시키는 데에 필요한 설계적 과정'으로 규정할 수 있다. 여기에서 설계적 과정이란 생산의 목표성취를 위하여 조직된 여러 절차를 의미한다고 할 수 있다. 따라서 생산시스템을 개략적으로 단계별 분석을 한다면 다음과 같다.

첫째로 투입(input)의 단계에서는 가치창출을 위하여 노동력, 관리, 기계와 설비, 원료, 서비스, 토지, 에너지와 같은 것들을 투입한다.

둘째로 조업과 변환(operations and transformation)단계에서는 조업활동을 통하여 변형, 변질, 조립, 가공, 연산 등을 하여 보다 크고, 새로운 가치를 창출한다.

셋째로 산출(output)단계에서는 소망했던 재화나 서비스를 확보한다.

이상과 같은 생산시스템을 도표로 정리한다면 다음 [그림 1-1]과 같다.

[그림 1-1]에서 실선으로 연결된 것은 물리적 흐름(physical flow)을 의미하고, 점선으로 연결되어 있는 것은 정보의 흐름(information flow)를 의미한다. 이와 같이 물리적 흐름뿐만 아니라 정보의 흐름이 생산시스템에 포함되는 것은 중요한 의미를 갖는다.

일반적으로 모든 새로운 시스템은 새로운 관리시스템(management system)의 출현을 수반한다고 할 수 있다. 왜냐하면 관리란 이미 설명한 바와 같이 어떠한 대상이 보다 능률적으로 그의 목적을 달성하게끔 이끌어 가는 활동이므로 관리

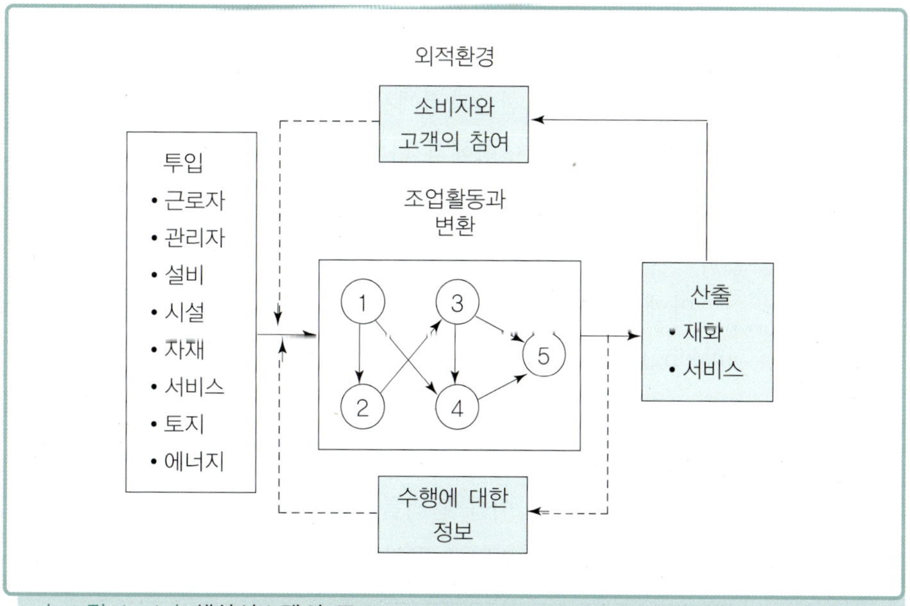

| 그림 1-1 | 생산시스템의 구조

시스템은 항상 시스템과 결합될 수밖에 없기 때문이다. 따라서 생산시스템은 실제로는 관리시스템과 결합되어 있는 복합시스템이라고 할 수 있으며 항상 기업의 생산활동이 보다 능률적으로 이루어질 수 있도록 기능한다고 할 수 있다.

오늘날 관리정보시스템(management information system)이라는 개념이 관리시스템에 대체되어 활용되는 경우도 적지 않다. 이는 정보의 흐름이 바로 관리의 출발과 시행을 가능케 하는 필요불가결한 것이기 때문이다. 관리정보시스템의 본질적 기능은 계획, 조업, 그리고 통제와 같은 관리적 의사결정을 위하여 여러 자료를 기록하고, 수정하는 데에 소요되는 의사소통 과정이라고 볼 수 있기 때문에 관리정보시스템은 많은 관리자에게 요망되는 관리정보를 항상 제공할 수 있도록 함으로써 정보의 이용을 최대화할 수 있게 해야 한다.

3. 생산관리론의 체계

생산관리론은 이상과 같은 여러 설명을 통하여 정리한다면 생산시스템에 관한 관리론 체계라고 규정할 수 있을 것이다. 그리고 관리를 그의 기능을 중심으로 분석한다면 편의적으로 계획화(planning), 통제(control) 그리고 조직화(organizing)로 분석할 수가 있다.[1)]

따라서 이차적으로 생산관리론을 규정한다면 생산시스템에 대한 계획화, 통제 그리고 조직화에 관한 이론체계라고 할 수 있다. 나아가서 이를 보다 구체적으로 정리한다면 다음 [그림 1-2]와 같다.

그러나 실제로 산출과정에서는 소망했던 재화와 서비스를 확보한 단계이기 때문에 이는 다른 영역에서 다루고 있으며 생산관리의 체계에서는 제외할 수가 있다. 따라서 생산관리의 일반적인 체계는 투입과 조업-변환과정에서의 관리론 체계라고 할 수 있다.

이에 관하여 보다 실체적인 규명을 위하여 관리와 의사결정(decision-making)과의 관계에 관하여 설명해 보기로 하자. 의사결정이란 일반적으로 "목표(goal)를 성취할 수 있는 선택적인 행동방법(alternative course of action) 중에서 특정의 기준위에서 평가하여 최선의 행동방법을 선택하는 행동"으로 규정하고 있다. 따라서 이를 관리를 일으키는 또는 출발시키는 행위로 규정하고 있으며 관리의 실체(實體)로 규정하고 있다.

---

1) 이와 같이 세 가지의 기능으로 구분하는 방법을 3분법이라고 부른다.

• 투입에 관한 관리

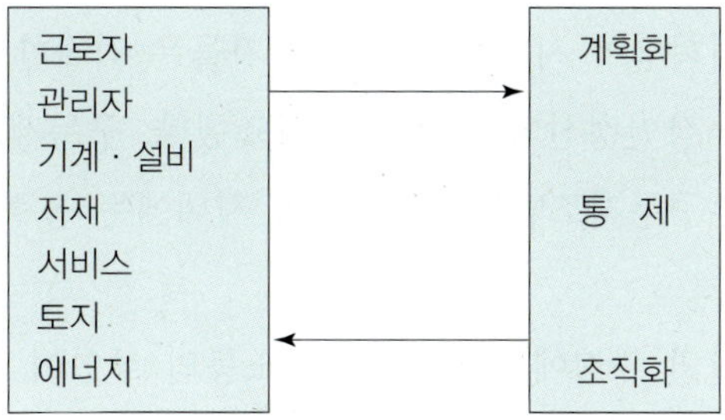

• 조업과 변환(operations and transformation)에 관한 관리([그림 1-1] 참조)
• 산출에 관한 관리

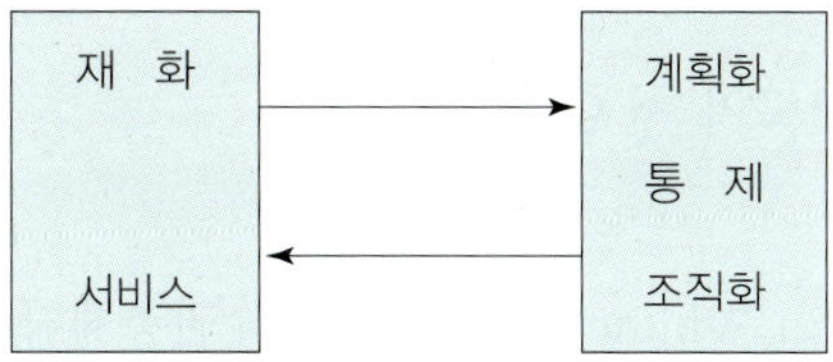

| 그림 1-2 | 생산관리론의 체계

이상과 같은 설명에 초점을 맞춘다면 생산관리론은 최종적으로 생산시스템에 관한 주요 의사결정문제라고 할 수 있으며, 보다 구체적으로 투입과 조업-변환에 관한 주요 의사결정문제들의 체계라고 할 수 있을 것이다.

제 2 절 생산관리의 발전과정

인간의 욕구(needs)를 충족시키는 데 필요한 재화와 서비스를 만들어내는 활동을 생산이라 정의한다면, 생산은 인류의 출현과 동시에 시작되었다고 할 수 있다. 여기에서는 생산관리의 발전과정을 통해 생산관리의 내용을 이해하고 생산관리와 관련된 새로운 변화를 살펴봄으로써 생산관리의 발전방향을 모색하고자 한다.

1. 시초 – 장인, 도제

르네상스 기간(1300~1600)은 유럽에서 지적 · 생산적 활력이 넘치는 기간이었다. 이 기간에는 어둠의 시대가 지나가고 예술가의 성취가 빛을 발하는 시기였고 생산은 수작업으로 이루어져 생산량은 소량이었다.

산업혁명이 시작되기 전 기술자들은 적절한 도구로 기본적인 수작업을 위해 훈련과 장인정신의 자부심을 강조했다. 구두제조업자의 자녀들은 그들의 부모로부터 구두제조법을 배웠다. 이 시대에는 공정기법이 세대에서 세대로 전수되었다.

변환의 관점에서 보면 이는 노동의 투입이 훌륭하게 관리되었다. 도제의 사용은 장인공장에서 생산성을 향상시켰는데, 이는 기술이 적은 도제는 대부분 기초적인 작업만을 수행했기 때문이다.

2. 호환성 부품 – 생산이론의 첫 단계

휘트니(Eli Whitney)가 1780년경 권총제작을 위해 호환성 부품(interchangeable parts; IP)의 개념을 도입했다. 이는 산업혁명 초기와 거의 동시대이다. 호환성 부품의 개념은 생산변환을 위한 새로운 방법이 개발되기 시작할 수 있는 촉매자 역할을 하였다. 호환성 부품의 개념은 각 부품을 표준화하여 호환조립을 가능케 함으로써 조립작업의 생산성을 향상시킨 개념이다.

3. 과학적 관리 – 생산이론의 두번째 단계

남북전쟁 직후인 1880년대 당시 불황, 가격경쟁, 노사분규 및 쟁의 등으로 시달린 경영자들은 경영관리를 조직화하려는 노력을 보이기 시작하였다. 생산활동의 경제적 관리적 문제를 연구한 대표적인 사람은 테일러(F. W. Taylor)였다. 1880년에 미국기계기사협회(ASME; American Society of Mechanical Engineers)가 창설되었는 데 이 조직은 생산의 기술적 문제와 더불어 관리적 문제에도 관심을 보였다.

테일러는 19세기 말에서 20세기 초에 걸쳐 과학적 관리법(scientific management method)이라는 새로운 관리체계를 제창하여 경영과 생산관리의 일대 변혁을 초래하였다. 테일러가 활동을 개시한 당시의 경영관리상태를 흔히 표류관리(drifting management)라고 표현한다. 노동자는 자기마음대로 작업방법을 설정하였고 작업표준도 없이 생산량은 작업자의 기분에 따라 변동하였다. 테일러는 이와 같은 비능률에서 탈피하려면 관리이념의 혁신이 필요하다고 생각한 것이다. 테일러가 정립한 관리의 체계를 테일러 시스템이라 하는데 이의 3대요소는 과업관리, 차별적 성과급제, 과학적 관리법이다.

일찍이 생산활동의 관리적 측면에 관심을 가졌던 사람은 영국의 경제학자 아담 스미스(Adam Smith)로 그는 국부론에서 분업의 원리를 주장하였고, 이는 그후 작업설계와 공정설계의 기본원리로서 널리 적용되어 생산성의 획기적인 향상을 가져왔다.

과업관리(task management)는 조직적 태업을 해결하기 위하여 고안된 것이다. 노사간의 분쟁이 생기는 근본원인은 객관적인 작업표준(하루의 공정한 작업량)이 없기 때문이다. 그리하여 테일러는 시간연구(time study)라는 기법을 적용하여 작업표준을 과학적으로 결정하여 활용하였다.

차별적 성과급제(differential piece rate system)는 과업관리를 보완하는 한 방법이다. 한 과업에 대하여 고 · 저 두 가지 임률을 설정하여 작업자의 경제적 동기를 자극함으로써 생산능률을 올릴 수 있다고 생각한 것이다.

과학적 관리법은 테일러 시스템의 근간을 이루는 관리철학이다. 테일러는 "과학적 관리법은 능률을 자극하기 위한 책략이 아니며, 또한 시간연구, 성과급제도, 기능식 직장제도도 아니다. 이들은 과학적 관리법의 부속물에 불과하다. 과학적 관리법의 본질은 노사협력의 바탕위에서 쌍방이 과학적 지식과 조사를

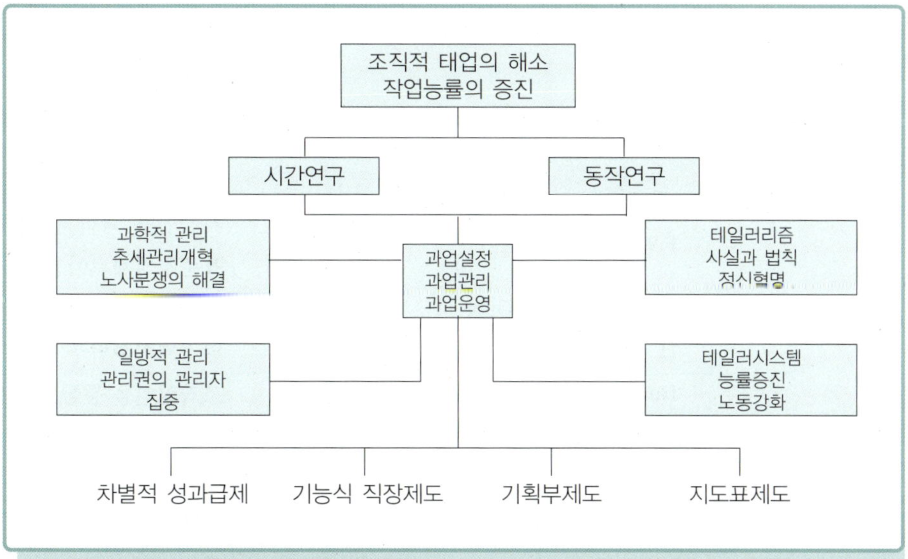

| 그림 1-3 | 과학적 관리법의 체계

근거로 하여 사실을 판단하고 실천하는 것"이라 하였다. 테일러의 관리이념은 "모든 관리문제의 해결에는 과학적 방법이 적용되어야 한다"는 것으로 요약할 수 있다.

길브레드(F. B. Gilbreth)부부는 동작연구뿐만 아니라 효과적인 훈련, 작업방법의 개선, 환경 및 도구의 향상, 그리고 건강한 심리적 사고방식을 통해 인간의 잠재능력을 최대한도로 발전시키는 데 관심을 가졌다. 한편 간트(H. Gantt)는 직무수행에 있어서 경영자가 계획업무와 실제업무의 상황을 쉽게 비교할 수 있는 간트 차트(Gantt Chart)를 고안한 사람으로서 테일러의 측근 가운데 한 사람이다. 간트는 또한 노동자에 대한 교육훈련의 책임이 경영자에게 있다고 말하였으며, 이윤보다는 서비스를 강조하는 등 기업의 책임사상을 심어주었다.

과학적 관리의 체계를 정리해보면 [그림 1-3]과 같다.

4. 연속조립 – 생산이론의 세번째 단계

과학적 관리법의 뒤를 이어 1912년 헨리 포드(Henry Ford)는 유명한 포드 시스템(Ford system, Fordism)을 주창하여 연속조립방식을 통해 생산관리를 더욱 발전시켰다. 포디즘의 핵심을 이루는 것은 1913년에 포드 자동차회사에서 개발된 이동조립법(moving assembly line method)이다. 이동조립법은 생산의 표준화를 전제로하여 컨베이어와 작업자가 타이밍을 맞추어 작업을 하는 동시관리(management by synchronization)방식이다. 테일러는 개별적인 과업의 개

표 1-1 과학적 관리시대의 공헌자

공 헌 자	내 용
F.W. Taylor	시간연구, 과학적 관리의 이념 표준경영계획이용
Frank and Lillian Gilbreth	동작연구 및 작업자 피로연구
H. Gantt	일정계획수립을 위한 차트
Henry Ford	조직라인을 통한 대량생산
Harrington Emerson	조직효율의 향상
F.W. Harris	EOQ 모형
Walter Shewhart	통계적 품질관리
L.H.C. Tippett	워크 샘플링

선에 주력하였는 데 반해 포드는 전체적 작업시스템의 합리화를 추진한 것이다.

포드시스템은 기업경영을 일반대중에 대한 봉사활동으로 간주하였다. 여기서 봉사란 가격을 인하하고 임금을 인상함으로써 가능하다고 생각하였다. 그러므로 포드의 경영이념인 포디즘은 봉사주의 내지 저가격과 고임금(low prices and high wages)의 원리를 중심으로 하고 있다.

과학적 관리시대의 공헌자를 정리해 보면 〈표 1-1〉과 같다.

5. 통계적 품질관리(SQC) – 생산이론의 네번째 단계

품질관리 문제에 통계적 기법을 처음 적용시킨 사람은 슈하트(Walter A. Shewhart)이다. 통계적 품질관리에서 흔히 이용되는 기법으로는 도수분포법, 파레토도법, 관리도법, 샘플링검사법, 그리고 실험계획법 등을 들 수 있는 데, 이 중 가장 보편적이고 핵심적인 기법은 관리도법이다. 데밍과 주란(Deming & Juran)도 또한 SQC(statistical quality control)의 이론개발에 참여하였고 SQC 구현에 결정적인 역할을 하였다.

SQC를 일관되게 처음부터 사용한 국가는 미국이었으며 그 이후 일본기업들이 사용하기 시작하였으며 SQC사용으로 인하여 원가절감을 이루었다는 보고서가 많이 나왔다. 1980년대에 들어와 품질지향적인 일본기업들의 압력에 의하여 미국 회사들은 SQC를 발전시켜 TQM(total quality management)활동이라는 광범위한 개념으로 SQC를 발전시켰다.

모토롤라나 제록스같은 조직은 TQM 발전의 선구자 역할을 했다. TQM접근은 생산성과 품질의 목표를 통합시키는 생산변환시스템에 적용되어진다.

6. 린 생산시스템 - 생산이론의 다섯번째 단계

1970~1990년대 동안 도요타, 마쯔나, 닛산, 혼다, 미쯔비시 같은 일본 회사들은 린 생산시스템(lean production system)이라는 새로운 종류의 생산방식을 개발했다. 이 시스템은 수공업생산방식과 대량생산방식의 장점을 결합한 것으로 수공업생산방식에서 오는 원가상승 및 대량생산방식의 유연성부족 문제를 해결하기 위해 다기능작업자 팀을 편성하여 유연성있는 자동화기계를 사용하여 매우 다양한 제품들을 적정량씩 생산하는 방식이다.

린 생산방식이 추구하는 근본적인 목표는 생산비용의 절약이다. 린 생산방식의 공장조직은, 첫째 최대한의 업무책임을 실질적인 부가가치 창출에 기여하는 작업자들에게 넘겨주는 제도이고, 둘째 작업자 스스로 작업현장의 결함을 발견하여 마지막 공정까지 가지 않고 시정하는 일이며, 셋째 정보의 공유화를 위해 안돈이라는 제도가 있다는 점이며, 넷째 고용이 안정되어 있으며 작업팀이 창의력을 가지고 작업에 참여하게 하기 위해 작업장 배치 전 충분한 교육이 이루어진다는 점이다.

7. 유연생산시스템(FMS) – 생산이론의 여섯번째 단계

현대의 고객들은 저렴하고도 다양한 제품을 요구하고 있다. 이러한 고객요구를 충족시켜 주기 위해 기업은 하나의 생산설비에서 여러 종류의 부품이나 제품을 생산해야만 하고, 이는 여러 번에 걸쳐 생산설비의 전환을 필요로 한다. 그런데 생산설비를 전환하는데 필요한 준비과정이 오래 걸려서 전환이 많을수록 생산성이 떨어져 결국 생산비의 증가를 가져온다. 따라서 낮은 생산비로 다양한 부품이나 제품을 생산하기 위해서는 생산설비의 빠른 전환이 필수적이다.

컴퓨터의 활용은 생산설비의 빠른 전환을 가능하게 하였다. 생산분야에서 컴퓨터의 효과는 CAD(Computer Aided Design), CAM(Computer Aided Manufacturing)과 같은 생산에 관련된 많은 기술로 나타났다. MRP(Material Requirement Management)와 같은 많은 계획 및 통제 시스템은 컴퓨터가 없다면 불가능하다. 더욱이 현대의 많은 제품과 공정 관련 기술들이 컴퓨터에 기초하고 있다. 컴퓨터 수치제어(Computer Numerical Controlled; CNC) 공작기계, 공작기계의 작업물을 자동적으로 착탈하는 자동장치 또는 로봇과 이 작업물들을 나르는 자동반송장치 그리고 이들을 총괄적으로 관리하는 컴퓨터로 구성된 생산시스템이 유연생산시스템(Flexible Manufacturing System; FMS)이다. FMS는 1980년대부터 주로 미국에서 도입되었으며 저원가로 다양한 제품을 생산할 수 있도록 설계된 것이다.

8. 글로벌 경쟁과 친환경생산관리 – 2000년대 생산이론의 일곱번째 단계

모든 산업의 변화가 그랬듯이 새로운 생산관리의 혁명도 기업의 전통적인 모습을 거부하고 새로운 방향으로 나아가도록 강요하고 있다. 정보의 신속한 수집, 처리, 공유가 무엇보다도 중요하게 되고 기업의 경계가 점점 유동적이고 모호하게 변화함에 따라 이것은 기업의 안에 있고 저것은 기업의 밖에 있다는 식의 전통적 개념은 아무 소용이 없게 되었다.

또한 전 세계적으로 지구온난화가 중대한 사안으로 떠오르면서 각국은 저탄소 녹색성장(Green Growth)에 관심을 기울이고 있다. 기후변화에 대한 경제적 영향을 분석한 스턴보고서(Stern Review)는 향후 50년간 지구의 평균 온도가 2~3도 상승할 것으로 예측하였고, 기후변화에 따른 경제적 손실이 매년 세계 GDP의 5~20%에 달할 것이라고 전망하였다. 선진국들은 이미 탄소의 배출량을 제한하고 이를 넘어서는 양에 대해서 비용을 지불하는 시스템을 도입하였고, 환경을 새로운 성장엔진으로 활용하는 전략을 채택하는 등 민첩하게 대응하고 있다.

다양한 경영활동 중에서 탄소배출 절감과 가장 밀접한 관계를 맺고 있는 생산관리 또한 친환경적인 시스템으로 전환되어져 가고 있다. 따라서 앞으로 생산관리가 관심을 두어야 할 부문은 다음과 같다.

첫째, 환경적으로 지속가능한 경영을 위하여 녹색공급사슬관리(Green Supply Chain Management)를 구축해야 한다. 녹색공급사슬관리를 통하여 최소한의 자원 및 에너지를 사용하고 기업의 환경운영효율성을 달성한다.

둘째, 세계적인 경쟁력을 확보한다는 것은 우수 공급사들과 높은 수준의 신뢰와 협력관계를 어떻게 확립하고 유지하는가에 달려있다는 사실을 이제 여러 기업들이 확실히 깨닫고 있다. 동업자로서의 긴밀한 관계를 유지할 때 얻은 이득은 기업이 부딪히게 되는 위험을 상쇄하고도 남는다.

셋째, 국제적인 공급체인을 관리하려면 문화적 차이를 극복하고 새로운 차원의 신뢰를 구축해야 한다. 진정한 협력관계를 이루려면 고객과 공급자는 기업비밀로 취급되던 신제품의 디자인, 사업계획, 장기전략 등을 서로 교환해야만 한다. 생산자들이 공급사의 수를 관리가능한 규모로 줄이기 시작함에 따라 친밀하고 신뢰도가 높은 공급사를 제외한 나머지는 과감하게 도태시킬 가능성이 높아졌다. 이렇게 공급자 수를 줄이려는 경향은 향후에도 계속될 전망이다. 새 시대의 생산자는 공급자의 관계를 형성하는 데 있어 비밀을 결코 유지할 수 없을 것이다. 공급자들이 생산자의 제품전략에 내밀히 관여하는 일이 매우 흔해질 것이기 때문이다.

넷째, 짧은 제품수명이 특징인 치열한 경쟁 속에서 장기고객을 확보하는 것이 기업의 이윤추구에 핵심요소가 될 것이다. 고정고객을 확보하고 그들과 공동운명관계를 형성 · 유지하는 것은 미래 제조기업이 수행해야 할 중요한 과업이다. 소비자와 생산자의 결합관계는 복잡한 전자제품의 경우에 그 강도가 더욱 강하게 나타날 것이다. 예를 들어 컴퓨터의 구매자는 제품을 구매하자마자 생산자에게 크게 의존하게 된다. 컴퓨터구매자는 하드웨어의 작동, 주변기기들과의 연결방법, 소프트웨어에 관한 지식 등을 습득해야 하는데 이 경우 그들은 생산자의 컴퓨터교육에 의존할 수밖에 없다.

다섯째, 고객의 기대에 부응하기 위해 기업이 선택할 수 있는 최선의 방법은 품질이다. 지난 20년 동안 수천개 기업을 대상으로 실시한 조사에서도 품질이야말로 기업경쟁에서 가장 중요한 요소라는 사실이 일관되게 나타났다. 고품질제품은 투자수익, 이익, 생산성, 시장점유율, 종업원들의 근로의욕 등과 직접 관련이 있는 것으로 나타났다. 미래에도 품질향상만큼 더 강력한 원가절감은 없을 것이다. 품질은 사이클타임의 축소에 필수 선결과제이다. 품질은 디자인의 사이클타임을 줄이는 핵심적인 요소인 데 디자인 사이클타임의 축소는 세계적인 기업경쟁에서 승리하기 위한 필수조건으로 부각되고 있다. 앞으로도 품질은 고객만족을 위해 필요한 핵심요소로 고객만족이라는 목표를 달성하기 위한 척도로 작용할 것이다.

여섯째, 지금 변화하는 비즈니스 환경과 그것에 더 잘 적응한 새로운 경쟁자 때문에 조직의 미래가 위협을 받고 있다. 시장동요의 급증으로 타격을 받은 상태에서 대량생산방식은 시대착오적인 것이 되어 버렸다. 대량생산방식은 이제 더 이상 아무런 효용가치도 없을 뿐 아니라 오히려 기업에게 해롭기까지 하다. 대량개별화(mass customization) 패러다임이라는 새로운 개념이 탄생되었다. 경쟁은 더 이상 국내에 한정되지 않고 국제적이다. 세계 각국의 많은 기업이 새로운 개념을 발견했고 이미 유연성과 빠른 대응력으로 다양성과 개별화라는 복잡한 원리를 추구하고 있다.

제 3 절 새로운 생산 패러다임

녹색경영은 제품 및 서비스의 개발, 생산, 인도, 소비, 폐기를 위한 새로운 산업패러다임이다. 패러다임(paradigm)이란 용어는 그리스어의 paradeigma에서 파생된 것으로 경향(pattern)을 의미한다. 베이커(Joel Barker)의 정의에 따르면 패러다임이란 두 가지 일을 하기 위한 규칙이나 규제의 집합이다. 첫째는 경계(boundaries)를 설정하거나 정의하는 일이고, 둘째는 성공적이기 위해서 경계 안에서 어떻게 행동해야 하는지를 알려준다. 패러다임은 우리의 각자가 인식하고 이해하는 방식이다.

개인들과 마찬가지로 회사도 패러다임을 갖는다. 이 패러다임은 행해야 할 방식을 대변하는데 이는 조직구조, 관리시스템, 절차, 방법, 의사결정유형 그리고 보상시스템에서 나온다. 패러다임은 중요한 가치관, 사람들이 진실이라고 믿는 공식 · 비공식 네트워크를 통해 한 회사의 문화를 구성한다. TBM(Time Base Manufacturing)은 생산의 역할을 재정의하는 패러다임의 변화이다. 이는 지속가능한 경쟁우위의 가장 새롭고도 가장 강력한 원천으로서 시간을 사용하는 새로운 틀을 도입한 것이다.

최근 들어 기업의 전략적 성공요인으로서의 녹색과 시간이라는 개념이 크게 주목을 받고 있다. 기업은 녹색경영을 통해 녹색기업 이미지를 창출할 수 있으며, 이는 궁극적으로 소비자의 신뢰를 기반으로 한 경쟁력 향상으로 이어진다. 또한 시간이 중요하게 다루어지는 이유는, 첫째 모든 것이 빨리 변화하고 경쟁이 더욱 치열해지는 상황이라는 점과, 둘째 시간을 전략의 초점으로 하여 성공을 거두고 있는 기업이 늘고 있다는 점이다. 우리는 모든 것이 점점 더 빨라지는 시대에 살고 있는데 이러한 속도의 시대에서는 기업들 사이의 경쟁이 시간경쟁이 되어가고 있다. 앞으로는 속도의 경제(economies of speed)가 기업의 성패에 결정적인 영향을 끼치는 시대가 도래하고 있다.

1. 녹색경영과 친환경 생산

기업에 녹색경영에 대한 압력이 높아지면서 친환경이 경영의 주요변수로 부상하고 있다. 대외적으로는 환경규제가 지속적으로 강화되는 녹색보호주의가 등장했고, 국내외 소비자의 성향은 친환경적으로 변화하고 있다. 기업의 환경관련 투자는 기업과 사회의 지속가능성장을 목표로 하며 단기수익보다는 기업과 사회의 장기적인 편익에 초점을 맞추고 있다. 친환경에 대한 사회의 요구에 부응하지 못할 경우 기업은 소비자와 시장으로부터 외면당할 가능성이 높다.

예를 들어 엑슨 모빌(Exxon Mobile)은 교토의정서 이행을 거부한 결과 여러 유럽 국가에서 소비자 불매운동의 대상이 되었다.

최근 세계 각국은 제품에 대한 환경규제를 강화하는 추세 속에서 EU는 2007년 6월에 신화학물질관리제도인 REACH를 시행하였고, 미국과 중국도 환경규제를 강화하는 움직임을 보이고 있다. 소비자의 가치는 자연생태계 보전, 웰빙을 추구하는 방향으로 변화하고 있다.

기업은 녹색기술의 핵심인 3Rs(Reduce, Replace, Recycle)를 통해 녹색생산성 혁신을 다음과 같이 추진할 필요가 있다. 첫째, reduce(투입자원, 크기, 포장재 줄이기): 제품 제작에 필요한 재료 사용량을 줄이고 혁신적인 설계를 통해 제품의 무게와 크기를 저감한다. 혁신적인 포장 재료와 포장 설계로 포장재 폐기율을 줄인다. 둘째, replace(친환경 재료, 고효율 시스템으로 대체): 제품의 원료나 생산공정에 이용되는 물질을 친환경 재료로 대체하고, 저효율 에너지 시스템을 고효율 에너지 시스템으로 대체한다. 셋째, recycle(재활용 가능 설계, 재활용 시스템 구축): 재이용 · 재제조 · 재활용이 쉽도록 친환경적으로 설계하고, 효과적인 재활용 시스템을 운영한다. 리퍼 제품(refurbished product)을 판매하는 시스템을 구축해 자원 재활용률을 높이고, 공정 혁신을 통해 생산공정에서 발생하는 폐열 · 폐기물을 재활용한다. 이를 통해 소비자는 저렴한 가격에 거의 새것과 같은 제품을 구매할 수 있어 편익이 커지며, 생산자는 약간의 수리를 통해 새 제품에 근접한 가격에 제품을 판매할 수 있어 손해를 최소화할 수 있다.

또한 기업은 환경오염의 규제에 따른 생산관리의 대응전략이 필요하다. 산업화는 원자재의 채취 및 가공제조과정에 환경오염물질을 배출함으로써 자연환경을 오염시키는 중요한 원인이 되고 있다. 과거에 경제개발을 국가정책의 가장 중요한 목표로 삼고 공업화에 치중한 결과 환경오염문제에 대한 인식의 부족으로 환경오염을 많이 발생시키는 공장이 운영되고 있다.

1991년 미국의 바우크스(Max Baucus) 상원의원이 국제환경규범의 협상을 위한 그린라운드(green round)의 출범을 제안하면서 1995년에 ISO 14000시리즈가 제정되었다. 선진국들은 환경규제를 강력한 무기로 하여 새로운 무역질서를 창출하려고 하고 있다. 환경오염규제에 대한 기업의 대응전략으로는 수동적 대응전략과 능동적 대응전략으로 나누어 살펴볼 수 있다.

기업의 수동적 대응전략이란 환경오염규제를 만족시키는 수준에서 오염물의 배출을 억제하는 정도의 대응을 말하며 이러한 대응방안에는 환경전담기구를 설치하여 환경관련문제를 총체적으로 관리하는 방안과, 오염물 처리시설과 배출시설을 완벽하게 마련하여 배출물질의 법적인 기준을 만족시키는 방안이 있다. 한편 능동적 대응전략이란 생산을 중심으로 이루어지는 수동적 대응과는 달리 기업활동의 거의 모든 영역에 걸쳐서 이루어지는 것으로 환경전담기구의 역할을 확대하여 시장조사기능과 분석기능도 행하는 방안과 기존 상품을 저공해화한 제품을 개발 · 판매하는 방안 그리고 생산공정의 개선이나 산업폐기물의 재활용과 같은 오염물질이 적은 생산방식을 채택하는 방안이 있다.

오늘날 환경오염이 사회적 문제로 대두되면서 기업의 환경에 대한 기여도가 기업의 이미지에 큰 영향을 미치게 되었다. 따라서 환경문제에 대한 기업의 능동적인 대응은 환경선도적 입장을 취하면서 환경문제에 관한 분야에 적극적인 투자를 전개하는 것을 의미한다. 능동적 대응과정에서는 환경전담기구의 역할을 대폭적으로 확대시켜 미래의 환경오염문제를 예측하고 연구개발부서로 하여금 대체물질을 개발토록 유도한다거나 신사업기회를 모색하는 것이 중요하다. 이렇게 능동적 대응을 하는 과정 속에서 나타나는 사업기회들은 대부분 환경산업으로 분류될 수 있다. 환경오염방지산업은 환경문제와 관련된 여러 가지 사업기회 중에서 사업화가 가장 많이 진전되어 있으며 안정적인 성장이 예상되는 분야이다. 환경오염방지산업의 향후 발전방향은 크게 세 가지로 나눌 수 있다.

첫째, 환경오염방지산업의 시장이 확대됨에 따라 환경관련기업의 대형화가 추진될 것이다. 둘째, 환경오염방지산업의 기술개발 가속화와 함께 앞으로는 오염물질제거와 같은 사후처리기술보다는 생산공정 자체에서 오염물질을 줄이는 청정기술 및 환경피해를 막을 수 있는 저공해 · 무공해 제품생산기술이 각광받을 것이다. 셋째, 새로운 규제의 출현과 기존 환경기준의 강화에 따라 환경오염방지산업은 더욱 고도화되고 대상영역이 확대될 것이다.

2. 타임베이스 생산

기업은 더 이상 제품이나 서비스의 가격과 품질만으로 경쟁할 수 없다. 시간(배송속도 혹은 시장출하시점) 또한 중요한 경쟁요소이다. 타임베이스 생산(TBM)은 JIT(Just-in-time) 원칙을 제품의 배송 사이클, 연구개발에서 마케팅과 유통의 모든 면에까지 확장한 개념이다.

TBM은 사이클타임의 지속적 감축, 품질향상을 위해 기업의 완전한 재설계가 요구되고 이는 조직에 비전을 제공하는 것이다. 이는 제품 및 서비스를 위한 고객요구의 이해로 시작하여 고품질 제품 및 서비스의 인도로 끝난다. 이는 특정고객의 요구의 파악으로부터 인도에 이르는 총 사이클타임의 감축에 초점이 맞추어져 있다.

TBM은 고객에게 제품 및 서비스를 설계하고 생산하고 인도하는 데 있어 한 회사의 신속한 반응능력을 제공하는 개념, 도구, 기법이며 관리관행의 총체이다. 타임베이스 생산은 다음과 같은 개념을 포함하고 있다.

- 수요에 대한 공급을 균형화시키거나 동시화시키는 것
- 필요할 때 고객의 요구가 무엇인지 파악
- 처음부터 정확한 활동만을 행함
- 낭비를 제거함
- 신뢰성과 능력을 계속하여 향상시킴

개념적으로 TBM은 모든 제조기업에게 적용이 가능하나, 기업의 형태(연속흐름공정, 반복조립공정, 단속적 잡샵공정)에 따라 TBM의 개발, 구현, 운영상 차이를 보인다.

TBM의 대부분 구성요소는 전혀 새로운 것이 아니다. 기존의 개념들이 발전되어 TBM을 형성시켰다. TBM조직은 마케팅, 판매와 함께 동적으로 제조, 기술, 다른 제조기능을 동시화시켜야만 한다. 즉 고객이 요구하는 다양한 제품을 신속하게 제공하는 것이다. 이러한 생산철학의 주요요소는 적시성과 신속성이다. 적시성은 JIT원리의 광범위한 적용을 이해하는 데 핵심이 된다. JIT원리는 신제품의 도입공정, 고객서비스, 로지스틱과 유통, 심지어 재고가 존재하지 않는 서비스산업에 이르기까지 적용된다. TBM은 고객의 요구에 부응하는 제품을 생산하여 인도하는 데 걸리는 사이클타임의 단축이다. 사이클타임을 단축하려면 가치를 부가하는 작업이 무엇인가를 파악하고 가치를 부가하지 못하는 작업시간은 제거하는 것이 중요하다. 가치를 부가한 시간은 고객에 부응하는 제품을 개발하고 생산하고 변환하고 인도하는 활동에 직접적으로 시간을 사용한 것을 의미한다. 그밖에 다른 모든 시간은 가치를 부가하지 못한 시간이다. 총 사이클타임이 가치부가시간보다 더 큰 제조조직은 재고형태나 간접비 또는 제조비용에 있어 과도한 비용을 수반하게 된다. 이러한 과도한 비용은 결국 기업의 이익을 낮게 한다.

사례 두부가 내뿜은 CO_2 얼마나 되나 볼까

생산 · 유통과정 배출량 표시, 11개 업체 22개 제품 첫 출시

아시아나항공 비행기를 타고 김포공항에서 일본 하네다공항으로 갈 때 얼마의 이산화탄소(CO_2)를 배출할까. 승객 1인당 142kg을 배출한다. 이처럼 제품의 생산·유통 과정에서 배출하는 CO_2 배출량이 표시된 상품이 첫선을 보였다.

15일 환경부의 인증을 받아 처음 시장에 나온 제품은 11개 업체 22개 제품이다. 이 중 8개는 지난해 말 시범인증을 받은 제품이며 14개는 대형 유통업체인 이마트와 홈플러스가 인증을 받아 출시한 자사 브랜드(PB) 상품이다. 환경부는 이 제도를 탄소성적 표지제로 이름 붙였다. 소비자들이 CO_2를 적게 배출하는 제품을 선택할 수 있도록 하고, 생산업체는 제품의 생산 · 유통 · 소비 · 폐기 과정에서 배출되는 CO_2를 줄이도록 유도하기 위해 도입된 제도다.

풀무원의 생식용 유기농 투컵두부는 생산 · 유통과정에서 배출되는 CO_2양이 275g이다. LG전자의 드럼세탁기와 웅진코웨이의 정수기, 경동나비엔의 콘덴싱 가스보일러는 상대적으로 배출량이 많은 것으로 표시됐다. 세탁기와 정수기는 5년, 보일러는 10년 쓰는 것으로 가정했다.

제품	제조회사	배출량
우유 200㎖	연세우유 (홈플러스 PL상품)	114g
코카콜라 (500㎖)	코카콜라음료(주)	168g
햇반 (210g)	CJ제일제당(주)	329g
감자칩	해태제과 식품(주) (이마트 PB상품)	490g
김포-하네다 항공서비스	아시아나항공(주)	142kg
장롱 (레이나 10.5)	(주)리바트	213kg
가정용 드럼세탁기	LG전자(주)	601kg
정수기	웅진코웨이(주)	643kg
콘덴싱 가스보일러	(주)경동나비엔	31t

환경부 이민호 기후변화협력과장은 "지금은 단순 배출량만 표시하지만 내년부터 '저CO_2 상품' 표시가 시작되면 기업들이 CO_2 배출량을 줄이려고 경쟁하게 될 것"이라고 말했다. 저CO_2 상품 표시는 환경부가 제시한 감축 목표를 달성한 제품에 대해 인증하게 된다.

이마트는 다음 달 4일까지 탄소성적 표지제 인증상품 구매 고객에게는 구매 금액의 1%를 신세계포인트로 제공하기로 했다.

— 중앙일보, 2009. 4. 16. —

만족할 만한 이익을 실현하면서 고객을 만족시키는 일은 장기적인 성공에 핵심이 된다. 성공적인 TBM운영에 있어 고객만족을 성취하는 주요 동인은 리드타임의 감축에 있다. 줄어든 리드타임으로부터 얻어지는 이점은 다음과 같다.

- 낮아진 원가, 줄어든 낭비와 폐기물
- 변화에 부응하기 위한 유연성의 증가
- 고객요구와 조직의 우선순위와의 밀접한 연계
- 향상된 서비스, 품질, 신뢰성
- 지속적으로 가속화된 공급시스템 향상

기업성공과 전반적인 TBM과의 관련성은 [그림 1-4]와 같다.

TBM의 목적은 조직이 지속 가능한 경쟁우위를 유지하도록 하는 데 있다. 타임베이스 생산을 실시하고 있는 기업들에는 아틀라스 도어, 모토로라, 도요타 등이 있다. 아틀라스 도어는 리드타임을 10주 이상이나 단축시켜서 경쟁자들을 물리쳤다. 모토로라는 주문 접수 후 2시간 이내에 휴대용 무선호출기를 선적할 수 있다고 자랑한다. 그리고 JIT와 타임베이스 생산의 창시자라고 할 수 있는 도요타는 주문 접수 후 8일 만에 일본에 있는 자동차를 배송할 수 있다.

TBM의 예는 서비스 분야에서도 흔히 찾아 볼 수 있다. 페덱스는 하룻밤 사이의 배송을 보장한다. 하룻밤 사이 배송 서비스의 개념은 창업자인 스미스(Freserick W. Smith)가 경영대학원 프로젝트의 일환으로 고안해 낸 것이다. 비록 그는 그 프로젝트 성적으로 C를 받았지만, 그의 아이디어는 택배 산업에서

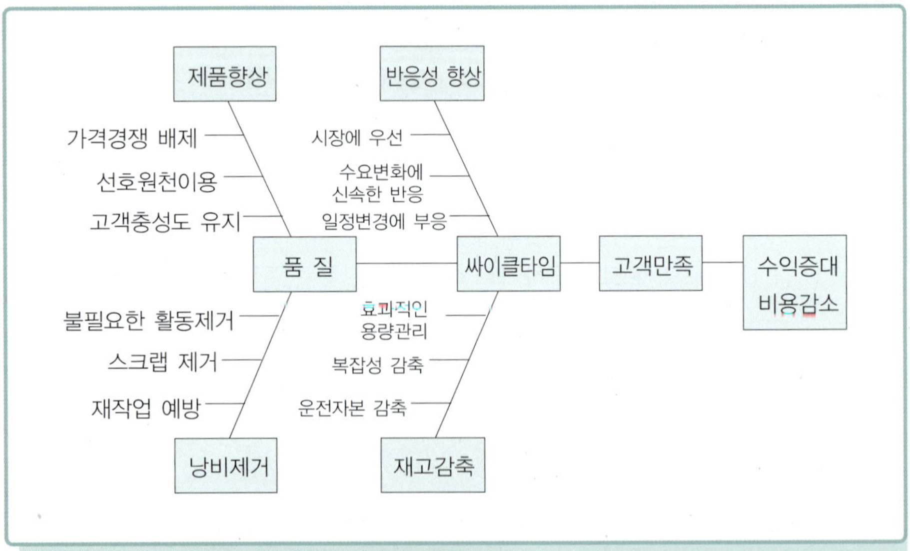

| 그림 1-4 | TBM과 기업성공과의 관련성

경쟁의 성격을 변화시켰다.

기술은 종종 TBM을 가속화시킨다. 예를 들어, 전자문서교환(Electronic Data Interchange; EDI)은 이제 자동적으로 주문을 처리하고 고객의 주문이 접수되는 순간에 바로 생산기능의 작동을 가능하게 한다. 그 결과로 주문 리드타임이 단축되었고 고객 서비스가 개선되었다. CAD와 CAM과 같은 컴퓨터 기술은 기업의 신제품 개발과 출시 시간을 상당히 단축시켰다. 예를 들어, 아틀라스 도어는 신속한 주문 접수와 설계에 CAD를 활용하고 있다.

3. 대량 개별화

오늘날의 경영자들은 고객에게 독특한 서비스를 제공해야 할 필요성을 인식하고 있다. 그러나 고객에게 초점을 맞추는 것은 피할 수 없는 일인 동시에 괴로운 일이기도 하다. 많은 기업들이 고객 지향적으로 되고자 하여 모든 고객의 요구를 충족시킬 수 있는 절차를 개발하는 데 심혈을 기울여 왔다. 고객과 그들의 욕구가 매우 다양해져 감에 따라서 그러한 접근방법은 운영활동에 불필요한 원가 및 복잡성을 증가시키는 요인들이 되어 왔다.

전세계적으로 기업들은 그러한 함정을 회피할 뿐만 아니라 효율적인 방법으로 고객에게 독특한 가치를 제공하려는 시도로서 대량 개별화(mass customization)를 채택하고 있다. 정보기술과 유연성있는 생산공정이 이용이 용이해 짐에 따라서 개별고객에게 상대적으로 낮은 비용을 실현함과 동시에 대량으로 제품 및 서비스를 개별화하여 제공하는 것이 가능해졌다. 경영자들은 이러한 새로운 전략을 추진하기 전에 고객들이 어떤 종류의 개별화를 선호할 것인가에 대해 철저한 선행조사가 있어야 한다. 경영자들이 어떤 유형의 개별화를 추구해야 하는지를 결정하는 데 도움이 되는 네 가지 접근방법이 있다.

① 협동적 개별화를 추진하는 기업은 고객이 자신의 욕구를 명확하게 표현하는 데 도움을 주고 그러한 욕구를 충족시켜 줄 정확한 제품을 확인하며 개별화된 제품을 생산하기 위해서 개별고객들과 대화를 나눈다. 대량 개별화와 가장 유사한 개념인 협동적 개별화는 고객들이 자신의 욕구를 명확하게 표현하지 못하는 고객을 상대하는 기업들에 적절한 접근방법이다.

② 대응적 개별화를 추진하는 기업들은 사용자 자신이 제품을 변경할 수 있도록 설계를 하기 때문에 표준화는 되었지만 개별화가 가능한 제품을 제공한

다. 이는 상이한 고객들이 서로 다른 방법으로 작동되는 제품을 요구하는 기업에 적합하며 이용가능한 기술을 통해서 고객들이 스스로 제품을 쉽게 개별화할 수 있도록 한다.

③ 외관적 개별화를 추진하는 기업은 상이한 고객들에게 하나의 표준제품을 상이한 방법으로 제시한다. 이는 고객들이 하나의 제품을 동일한 방법으로 이용하지만 그 제품을 제공받기 원하는 방법에 있어서는 차이가 있는 경우에 적절한 방법이다. 개별화되고 있거나 개별화가 가능하게 되기보다는 오히려 표준제품이 각 고객에게 특별하게 패키지된다.

④ 투명적 개별화를 추진하는 기업은 개별고객들에게 제품과 서비스가 개별화되고 있음을 명확히 인식시켜 주지 않고서 독특한 제품 혹은 서비스를 고객들에게 제공한다. 이는 고객의 특정한 욕구가 예측 가능하거나 쉽게 추정할 수 있을 경우와 특히 고객들이 자신의 욕구를 반복적으로 명시하지 않는 경우에 적절한 방법이다. 투명적 개별화를 추진하는 기업은 고객과의 직접적인 상호작용을 하지 않고서 고객의 행위를 관찰한 다음에 표준패키지 내에서 자사의 제품을 은밀하게 개별화한다.

대량 개별화를 추진하는 기업들은 동질적인 시장과 평균수준의 제품에 초점을 맞추는 대신에 고객의 욕구에 있어서 차이를 보이는 요소를 알아내려 한다.

4. 21세기 생산혁명

최근 국제시장에서 생산성을 주도하는 기업이 계속 바뀌고 있다. 그러면 어떤 기업이 세계시장에서 생산성의 리더인가? 또 그 기업들은 어떻게 해서 높은 생산성을 달성할 수 있었을까? 모든 기업들은 이러한 질문에 대해 깊은 관심을 가져야 한다. 이제 기업들은 인적자원에 대한 관리기법을 끊임없이 개선하거나 공장자동화를 지속적으로 발전시켜야 한다. 또 합리적인 투자를 해야 하며 비용을 절감하고 저렴한 공급업자를 찾아야 한다. 과거의 공장을 미래의 공장으로 전환하기 위해서는 새로운 차원의 공장진입을 위해 열성적인 경영팀이 필요하다. 그리고 모든 사람들이 알고 있듯이 다음과 같은 단순한 비결을 명심해야 한다. 단순화에 의한 설계는 과거에 적용할 수 없었던 새로운 개념을 활용할 수 있게 한다. 단순화 설계로 인해 우리는 과거에 경험하지 못했던 많은 효과를 기대할 수 있게 되었다. 단순화에 의한 설계를 응용할 때 고려하여

사례 휴렛팩커드의 대량 개별화

휴렛팩커드는 컴퓨터, 프린터, 의료기기를 비롯한 여러 사업부문에서 신속히 납품하고 동시에 비용을 줄이는 어려움에 직면해 왔으나 개별화된 제품을 신속하고 저렴한 비용으로 납품할 수 있게 되었다. 이 기업은 대량 개별화를 효과적으로 하기 위해서는 특정 고객을 위한 제품 차별화 작업을 단편적인 방법 대신 제품의 설계, 생산공정, 공급네트워크의 전체적인 윤곽에 대하여 고찰하고 통합하는 노력이 필요했다. 보다 종합적인 접근방법을 취함으로써 최대한의 효율을 실현할 수 있었고 최소한의 재고수준으로도 고객의 주문에 신속하게 대처할 수 있게 되었다.

휴렛팩커드는 레이저프린터의 표준화로 제조, 재고 및 완제품 수송 등의 총비용을 연간 5% 절감할 수 있었다. 이 회사는 유럽과 아시아 시장을 위한 데스크젯 프린터를 개별화하는 데 다른 접근방법을 사용하기로 결정하였다. 즉, 프린터 제조공장에서가 아니라 현지 유통센터에서 프린터를 개별화하였던 것이다. 유통센터는 제품을 개별화할 뿐만 아니라 제품을 차별화하는 재료를 구입하게 된다. 이러한 재설계로 공장에서 개별화를 할 경우보다 제조비용은 약간 증가하였으나 제조, 운송, 재고 등의 총비용은 25% 절감되었다.

휴렛팩커드가 생산공정의 앞부분을 표준화하고 차별화를 연기하는 것은 공급네트워크의 유연성을 높이는 데 효과적이다. 대체로 각 고객은 특정한 회로판을 요구하므로 회로판이 투입된 후의 디스크 드라이브는 그 회로판을 원하는 고객에게만 판매될 수 있다. 이 부문에서는 고객별로 요구하는 회로판을 투입하지 않고도 대부분의 시험공정을 수행하는 방법을 개발했다. 우선 그들은 시험공정을 두 개의 하부공정, 즉 표준시험과 개별화 시험으로 구분하였다. 그 다음으로 모든 디스크 드라이브에 대한 표준시험을 실시하고 고객의 주문이 있을 때까지 공용단위를 재고로 보관하는 것이다. 주문이 이루어지면 고객이 요구하는 회로판이 추가되고 개별화 시험도 이루어지며 제품을 운송하게 된다. 제품 차별화의 시점을 성공적으로 연기함으로써 해당 부문의 유연성을 증대시키고 재고비용을 실질적으로 감축시킬 수 있었다.

— Edward Feitzinger & Hau L. Lee, "Mass Customization at Hewlett-Packard: The Power of Postponement," *Harvard Business Review*, Jan.-Feb. 1997. —

야 할 유일한 점은 새로운 공정을 보다 더 개선하기 위해서 어떻게 해야 하는가? 하는 진취적인 사고방식이다.

세계 초일류기업이 되고 또 경쟁력을 유지하기 위해 모든 제조업체들은 신제품을 보다 능률적으로 생산할 수 있도록 조립과 기계작동방법을 개선하거나 기존의 설비를 교체하는 데 주력해야 한다. 그리고 세계적 수준의 기업에 만족하지 않고 최정상의 기업이 되기 위해서 부단한 노력을 경주해야 한다. 즉 경쟁에서는 리더를 추종하지 말고 바로 자신이 리더가 되어야 한다는 말을 명심해야만 기업이 경쟁에서 승자가 될 수 있다.

제 4 절 전략의 개념과 구조

1. 전략의 개념과 특징

환경변화가 날로 치열해지는 시장경쟁 상황 속에서 기업이 생존하고 발전하기 위해서는 과거와 달리 좀더 합리적이고 체계적인 기업경영과 전략적 관리(strategic management)방법을 수용하지 않으면 안되게 되었다. 특히 생산부문을 보다 체계적이고 전략적으로 관리하여 기업의 경쟁력을 근본적으로 향상시키는 것이 필수 불가결하게 되었다. 즉, 조직에 미치는 장기적인 영향력과 경쟁력 강화라는 입장에서 생산부문을 전략적으로 관리하는 것은 중요하다고 하겠다.

본래 전략(strategy)이란 군사용어로서 전술(tactics)과 대립되는 말이며 희랍어의 “strategos”, 즉 “장군의 기술”에서 어원을 찾을 수 있다.

전략이란 개념이 경영학에 도입되기는 약 70년 전이라고 할 수 있는데, 전략은 기업이나 국가가 경쟁우위를 갖기 위해 경영자원을 배분하는 전반적인 계획이다. 전술이 특정한 기능분야에서 성과를 높이는 계획으로 전술이 작전을 의미한다면 전략은 전쟁에서 승리하기 위한 계략이라 할 수 있다. 경영전략은 기업의 경영목적을 달성하기 위한 포괄적인 수단으로서 기업의 외부 및 내부의 환경변화에 대해서 전체적 경영활동을 계획적이고 동태적으로 적응시키기 위한 결정 법칙을 말한다.

전략은 환경이 요구하는 기업내의 필수적인 변화를 촉진시키고 기업내 모든 구성원들의 협동 그리고 기업이 나아가야 할 방향 및 기업의 목적을 제공한다.

전략은 기업의 모든 중요한 활동들을 포함하는 다차원적인 개념으로 생각할 수 있다.

전략의 개념은 지금까지 다양하게 제기되고 있는바 이를 살펴보면 다음과 같다.

첫째, 전략을 개개의 의사결정이 긴밀하게 결합되어 통일된 것이라고 보는 견해이다. 즉 이 견해는 전략을 조직 전체를 포괄적으로 통합하는 중요한 힘이라고 보고 있으며, 기업 전체의 기본적인 목적을 충족시키는 계획들을 수립하는 것을 전략의 역할로 보고 있다. 그런데 전략을 기업의 의사결정 패턴으로 생각한다면, 기업활동 자체가 일련의 의사결정 과정이므로 전략은 어떤 기업도 피할 수 없는 개념이 된다.

둘째, 전략이란 조직의 장기적인 목적과 목표들을 명확히 정의하고 그러한 목표들을 달성하는 데 필요한 행동 프로그램과 자원을 전개하는 방법으로 보는 견해이다.

셋째, 전략을 기업의 경쟁영역에 대한 선택으로 보는 견해이다. 이 견해에 의하면 전략은 기업이 현재 위치하거나 위치하려고 의도하는 사업을 선택하는 것이 된다.

넷째, 전략을 경쟁우위를 달성하기 위한 외부기회와 위협 그리고 내부 강점과 약점들에 대한 대응패턴으로 보는 견해이다. 즉 진략의 역할은 변화하는 환경의 요구에 조직을 계속적으로 적응시키는 것이라 할 수 있다.

다섯째, 전략을 기업전체, 사업부 그리고 기능적 수준에서 경영적 과업들을 차별화시키는 채널로 보는 것이다.

헤이즈와 휠라이트(Robert H. Hayes & Steven C. Wheelwright)는 전략의 특징을 다섯 가지로 요약하고 있다.

① 계획기간(time horizon): 일반적으로 전략이란 말은 긴 계획기간을 포함하는 활동을 묘사하는 데 사용된다. 즉 그러한 활동을 수행하고 그들의 영향을 관찰하는 데는 많은 시간이 소요되기 때문이다.

② 영향(impact): 주어진 전략의 추구 결과 나타나는 궁극적인 영향은 오랫동안 가시적이지는 않다고 하더라도 매우 중요하다.

③ 노력의 집중(concentration of effort): 효과적인 전략은 일반적으로 상당히 좁은 범위의 목적을 추구하는 데 주의를 집중하도록 요구된다. 이러한 선택된 활동에 초점을 맞추는 것은 상대적으로 다른 활동에 대한 이용가능한 자원

표 1-2 생산전략과 생산계획의 비교

특 성	생산계획	생산전략
지향점	도구(means)나 기법 지향	목표지향
초 점	세부적인 사항 점검	개념적, 전체적 조망
목 표	좁은 범위의 의사결정, 최적화	경쟁우위
접근법	생산부문의 주요한 의사결정 변수/차원 규정 및 명확화	시스템 통합
방 법	분석	실행
구성요소	기술된 계획	직관적인 민감도 분석과 위험평가

의 사용을 줄이게 한다.

④ 의사결정의 패턴(pattern of decision): 대부분의 전략은 시간이 흐름에 따라서 일련의 의사결정들을 요구한다. 이러한 의사결정들은 다른 부문에 대하여 지원적인 성격을 띠고 일관된 패턴을 유지해야만 한다.

⑤ 광범성(pervasiveness): 전략은 자원할당 과정으로부터 일별운영에 이르기까지 광범위한 활동을 포함한다.

〈표 1-2〉는 몇 가지 특성별로 생산전략과 생산계획을 비교한 것이다.

2. 전략의 계층구조

전략은 조직수준에 따라 기업전략(corporate strategy), 사업전략(business strategy), 기능전략(functional strategy) 등으로 계층을 이룬다. 기업전략은 포트폴리오를 혼합하는 관점에서, 사업전략은 경쟁자와 경쟁하기 위한 관점에서, 기능전략은 기능전략간의 조화와 능률을 통한 결합의 필요성 관점에서 구분된다. 따라서 기업전략, 사업전략 및 기능전략은 계층관계를 이룬다. [그림 1-5]는 계층에 따른 전략의 관계를 보여주고 있다.

전략은 대부분 기업조직의 의사결정 계층 중 세 가지 다른 계층에서 수립된다. 기업 전체수준에서는 주로 기업 전체의 사명에 대한 정의, 사업수준과 기능별 수준에서 나오는 제안들의 타당화, 관련된 사업단위들 사이의 연계성 발견과 그리고 전략적 우선순위에 의한 자원할당에 관련된 이슈들을 다룬다.

기업전략은 사업전략의 상위전략이며, 기업 전체적으로 참여할 사업영역을 결정하는 것이다. 그 기업이 경쟁하는 시장과 산업의 범위를 결정하며 신규사업 또는 시장의 진출과 같은 결정이나 각 사업분야에 경영자원을 배분하고 기존사업부문에서 탈퇴와 같은 결정을 하게 된다. 글루엑(W.F. Glueck)은 기업수준의 전략을 네 가지 유형으로 분류하였다.

• 성장전략(growth strategy): 안정전략과 대비되는 전략으로 성장은 조직의 현재업무의 확장으로써 기존제품과 서비스의 확장뿐만 아니라 다양화 또는 신제품개발 형태로 나타날 수 있다.

• 안정전략(stability strategy): 현재의 활동과정을 지속하는 것이다. 그러나 안정전략이 조직이나 관리자가 아무것도 하지 않는다는 것을 의미하지는 않고, 다만 환경이 안정적이기 때문에 기존의 활동을 계속 유지한다는 것이다.

• 방어전략(defensive strategy): 사업계열이 빈약하게 운영되고 있는 기업에서 활용된다. 사업의 운영이 부실한 분야를 매각하고 다른 분야를 강화시키는 전략이다.

• 혼합전략(mixed strategy): 두 가지 이상의 전략을 동시에 사용하는 것이다. 한 기업이 전체적으로 안정전략을 추구하는데, 어떤 부문에서는 성장전략을 추구하고 다른 부문에서는 방어전략을 추구하는 경우이다.

사업수준에서는 각 사업내에서 각 사업의 경쟁적 위치를 증진하는 데 필요한 모든 활동들을 다룬다. 사업수준의 전략은 조직이 장기적인 목표를 달성하기 위한 방법으로서 그 사업의 이익이나 운영을 분석함으로써 구체화된다. 사업 전략은 개별 사업부 내에서의 경쟁전략을 다루며 표적시장에서 그 사업이

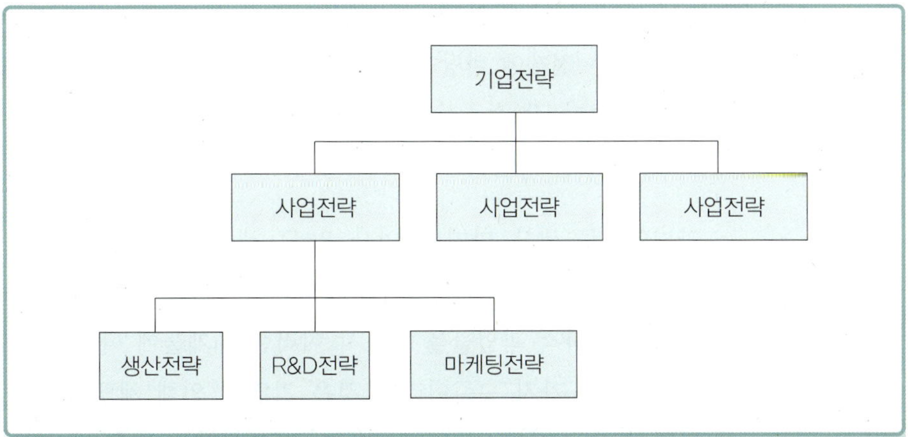

| 그림 1-5 | 계층에 따른 전략의 분류

어떻게 경쟁할 것인가, 어떤 재화와 용역을 제공할 것인가, 어떤 고객을 대상으로 할 것인가, 그 사업내에서 자원을 어떻게 배분할 것인가 등을 파악해야 한다.

포터(M. Porter)는 사업수준의 전략으로 본원적 전략을 제시하였다.

• **원가우위전략**(cost leadership strategy): 단위당 원가를 최소화하고 낮은 가격을 책정함으로써 매출액을 극대화하는 전략으로서 낮은 가격으로 판매하고 저원가를 촉진시킴으로써 뛰어난 경쟁자가 되려는 것이다. 원가우위를 확보하기 위해서는 규모의 경제를 기할 수 있는 설비를 적극적으로 갖추고 경험의 축적을 통한 원가절감을 모색하며 그밖에 원가와 총경비의 철저한 통제, 그리고 연구개발이나 서비스 판매요원 광고 등의 분야에서 원가를 최소화시키는 노력이 필요하다. 이러한 목표들을 달성하려면 경영관리층이 원가관리에 많은 관심을 기울여야 한다.

• **차별화전략**(differentiation strategy): 해당 산업분야에서 독특한 제품이나 서비스를 대부분의 소비자에게 확인시키는 경쟁방법이다. 차별화를 성취시키는 방법에는 디자인과 상표의 이미지를 이용하는 방법, 기술을 이용하는 방법, 독특한 특성을 이용하는 방법, 대고객서비스를 이용하는 방법, 견실한 판매망을 이용하는 방법 등이 있다. 성공적인 차별화는 기업의 제품이나 서비스가 우수하다고 믿는 고객들에 대한 상표 충성도 때문에 높은 가격을 책정할 수 있게 해준다.

• **초점전략**(focus strategy): 특정한 구매집단이나 생산라인별 부문, 또는 지역적으로 한정된 시장을 집중적인 목표로 삼는 것이다. 초점전략은 특정한 목표만을 집중적으로 겨냥하면서 모든 기능적 방책을 이에 맞추어 전개시켜 나가는 것이다. 이 전략은 한정된 전략목표를 보다 효과적이고 능률적으로 달성할 수 있다는 전제에 바탕을 두고 있는 것이다. 이에 따라 기업은 특정한 대상의 요구를 보다 잘 충족시킴으로써, 차별화를 이룩하거나 또는 이러한 대상에 제품이나 용역을 공급하는 데 비용상의 우위를 달성할 수 있다.

마지막으로 생산, 마케팅, 인사, R&D, 재무 등 기능부문별로 가용자원의 이용을 극대화하며 하부기능 활동을 통합시키기 위한 전략이 기능전략이다.

그런데 전략적 과업들을 반드시 이러한 위계들에 따라 세분화할 필요는 없다. 전략이 세 가지 수준이라는 것은 기업에 의해 채택되는 구조에 관계없이 세 가지의 서로 다른 전략적 관심들이 존재한다는 것을 의미한다.

제 5 절 생산전략의 개발과 구현

1. 생산전략의 개념과 중요성

생산전략(operations strategy)이란 기능전략의 하나로써 사업전략의 핵심부문이다. 생산전략은 기업의 목표와 전략의 테두리 속에서 전체적으로 조화되는 생산능력을 개발하고 전개하는 것을 포함하고 있다. 생산전략은 기업의 장기적인 경쟁전략을 최대로 지원함과 동시에 기업의 생산자원을 사용하기 위한 광범위한 정책 및 계획을 설정하는 것과 관련되어 있다. 생산전략이 기업전략 또는 사업전략과 일관된 내용으로 잘 수립되고 구현될 때에는 저렴한 제조비, 고품질 제품, 제조상 유연성 같은 경쟁우위를 제공해 주어 경쟁력을 창출할 수 있다.

기업 및 사업단위에서 이러한 생산전략이 존재하지 않으면 전략적으로 중요한 생산운영결정이 상위관리수준에서 소홀히 되는 경우가 있다. 적절한 생산전략이 없으면 운영상의 위험이 내재하게 된다. 기타 계층의 전략과 마찬가지로 생산전략은 기업의 목표를 달성하는 수단이다. 따라서 생산전략은 생산기능부문의 강점을 경쟁수단으로 하여 효과적으로 사용하며 경영목표 및 기업사명을 달성하는 수단이 되어야 한다.

그러므로 기업이 실제로 지향하고 있는 목표를 이해하고 그것이 생산부문의 의사결정패턴에 어떠한 의미를 주는지를 파악하는 것이 생산조직의 잠재력을 파악하는 선행조건이다. 따라서 생산기능부문의 역할은 단순히 여타 기능부문에서 개발한 기능전략들을 수행하는 데 도움을 주는 데 그치지 않고 기업이 추구해야 하는 경쟁우위를 달성하기 위해 보다 적극적인 역할을 수행하는 데 있다. 오늘날 생산전략에 대한 관심은 환경변화나 경쟁이 심각해짐에 따라 더욱 커지고 있다.

스키너(Wickham Skinner)는 생산전략의 의사결정요소를 공장과 설비, 생산계획과 통제, 인력계획, 제품설계, 조직구조 등 다섯 가지로 분류하였다. 이들은 서로 상쇄관계를 갖는데 생산전략은 상쇄적인 요소들에 대하여 일관된 선택을 하게 하는 지침이 된다. 이와 같이 볼 때 생산전략은 실제로 이루어지는 의사결정의 패턴에 의하여 결정된다. 따라서 의사결정의 일관성이 클수록 전략사업단위(strategic business units; SBUs)의 바람직한 경쟁우위를 지원하는 정도는 커지게 된다.

이러한 생산전략을 달성하기 위한 생산과업(manufacturing task)은 공장에서 특히 잘 수행해야 하는 과업으로서 내적인 일관성이 있고 수행가능하며 성과를 제고시키기 위해 반드시 수행해야 하는 우선순위에 초점을 맞춘 것이라고 하겠다. 일반적으로 기업들은 생산과업으로 품질(quality), 원가(cost), 유연성(flexibility), 신뢰성(dependability)을 들고 있다.

1) **품질:** 제품의 품질은 여러 가지 생산과업 요소 가운데 가장 중요한 요소이다. 왜냐하면 비록 고객이 요구하는 다양한 제품과 서비스를 저렴한 가격으로 신속하게 제공한다고 하더라도 만족할 만한 품질수준을 제공할 수 없다면 그 기업은 경쟁우위를 확보할 수 없기 때문이다.

품질에 관한 정의를 정확히 내리는 것은 매우 어려운 일이지만 일반적으로 생산자의 관점과 소비자의 관점에서 그 정의가 이루어졌다. 생산자 관점에서는 품질을 규격에 대한 적합성으로 정의하고 소비자 관점에서는 사용 적합성으로 정의하고 있다. 어떤 기업이 지속적으로 경쟁력을 제고시키고자 한다면 그 기업은 최우선적으로 품질향상에 노력을 기울여야 하며 이와 같이 향상된 품질의 토대 위에서 다른 생산과업을 향상시켜 나가야 할 것이다.

2) **원가:** 생산원가에는 재료비, 노무비 및 간접비가 포함된다. 재료비는 원가대상의 일부분으로 인식되는 모든 재료와 경제적으로 실행가능한 방법(비용면에서 효율적인 것)으로 원가대상에 추적될 수 있는 모든 재료의 구입원가이다. 노무비는 경제적으로 실행가능한 방법으로 추적되거나 확인될 수 있는 모든 노무비를 의미한다. 간접비는 특정의 원가대상에 경제적으로 실행가능한 방법으로 추적되거나 확인될 수 없는 모든 생산원가를 의미한다. 간접비의 예로는 동력비, 소모품비, 간접노무비, 공장임대료, 보험료, 재산세, 감가상각비, 공장감독관급료 등을 들 수 있다.

3) **유연성:** 유연성은 변화에 대한 대응능력을 의미하고, 이러한 변화는 외적요인과 내적요인 모두에 의해서 발생되는데, 유연성의 네 측면은 다음과 같다.

• 제품설계의 변경: 생산된 제품이 시장에서 판매된 후 사용과정에서 발생하는 설계를 변경하는 것으로 기존의 제품이 시장수요의 욕구변화에 설계변경으로 대응하는 기술적 능력이다.

• 신제품의 신속한 도입: 고객의 욕구는 항상 변화되므로 제품의 수명주기

가 단축되고 있는 추세이다. 따라서 다양하고 변화하는 고객의 욕구에 부응하기 위해서 새로운 제품을 신속히 개발하여 공급할 수 있는 능력이다.

• **생산수량 변동의 폭:** 시장수요는 항상 변동적이다. 따라서 고객이 요구하는 수량이나 시장의 판매량은 변동적이다. 이러한 변동하는 시장수요에 맞게 공급할 수 있는 능력이다.

• **제품믹스의 폭:** 고객의 욕구가 다양하기 때문에 다양한 제품을 하나의 생산시스템에서 생산해야 한다. 따라서 최소의 비용으로 한 생산라인에서 수요의 수량에 맞추어 여러 가지 제품을 생산할 수 있는 능력이다.

4) 신뢰성: 신뢰성은 납기, 즉 시간과 관련된 목표로서 고객의 납기욕구를 일관성있게 충족시킬 수 있는 능력을 의미한다. 계획생산에서는 재고고갈의 감소를 통해서 납기를 평가할 수 있는 반면에 주문생산에서는 높은 수준의 예정납기일 충족에 의해서 납기를 평가할 수 있다. 납기는 높은 수준의 부품재고에 의해서 뿐만 아니라 추가적인 제품을 신속하게 생산할 수 있는 능력에 의해서 정확하게 지켜져야 한다. 일반적으로 관리자들은 두 가지 유형의 납기성과에 대해서 관심을 갖는데, 첫째는 납기속도로서 리드타임이라고도 하는데 고객으로부터 주문을 받고 제품이나 서비스를 고객에게 인도할 때까지 소요되는 시간을 의미한다. 둘째는 납기신뢰성으로 약속된 인도시간을 엄수하는 빈도, 즉 실제납기가 예정납기일에 얼마나 근사한가를 의미하며 적시납기라고도 한다.

사례 질렛회사

질렛(Gillette)은 면도날을 제조하는 사업을 하고 있으며 다른 품목은 거의 보잘 것 없는 수준이다. 이 회사는 기술을 사용하여 매년 1센트씩 원가를 줄여나가고 있다. 2년후에는 센서 면도날을 30%까지 줄여 나갈 계획이며 끼워서 사용하는 양면도날 센서를 만들기 위해 추적 부품재고관리와 주문설계 레이저 용접이라는 선진기술을 이용하고 있다. 이러한 기술에 기인하여 질렛은 저원가로 고품질 제조업자가 되었다. 이 회사는 세계적인 초일류기업이다.

2. 생산전략과 경쟁력

제조기업의 경쟁력은 생산전략에 의해 달성될 수 있다. 제조기업 사업단위의 제품과 시장에 관한 경쟁전략이 곧 바로 생산전략과 직결된다. 기업의 생산활동이 기업의 경쟁력 확보에 어떠한 영향을 끼치는가에 많은 관심을 기울여 왔다. 스키너는 생산기능이 기업의 경쟁능력을 강화시키거나 약화시킬 수 있는 잠재능력을 강조하였다. 헤이즈와 휠라이트는 생산능력이 기업의 경쟁우위를 획득하는 데 중요한 역할을 하며 생산기능이 기업의 경쟁무기(competitive weapon)로 사용될 수 있다고 주장하였다. 생산능력의 전략 포지셔닝이 기업의 전략적 강점과 경영성과에 중대한 영향을 미칠 수 있다고 많은 연구가 주장하고 있다.

생산기능이 경영성과에 미치는 영향을 파악하기 위하여 먼저 생산활동이 경쟁적 강점에 공헌하는 정도를 분석하여야 한다. 왜냐하면 기업의 경쟁적 강점은 경쟁자에 대한 상대적인 비교우위로 나타나기 때문이다. 생산전략의 성격을 결정하는 경쟁요인들에 대한 우선순위 및 의사결정의 제시를 통하여 기대하는 경쟁적 효과를 확보하기 위해서는 생산전략을 충분히 반영하는 구체적인 생산활동이 이루어져야 한다. 따라서 경쟁전략과의 연계성 속에서 생산전략요인에 대한 방향제시가 이루어지고 구체적인 생산활동의 의사결정들과 일관성을 이룰 때 생산기능은 운영관리적 차원뿐만 아니라 전략적 차원의 생산활동을 수행하게 된다. 또한 기업의 경쟁전략을 강화하기 위한 생산기능상의 경쟁력은 생산활동들을 수행하는 데 있어 일관성있는 노력을 통해서만이 달성된다.

새로운 기업환경의 변화에 적극적이고 효율적으로 대처하기 위하여 기업이 당면한 상황에 대한 전략적 인식이 선행되어야 하며 이를 기초로 한 경쟁력의 확보 및 유지가 필수적이다. 특히 경쟁전략의 수단으로써 품질, 원가, 유연성, 납기, 서비스 능력의 제고는 바로 전략적 과제의 핵심으로 부각되어 왔으며 국내 및 국제간 기업경쟁은 결국 이들 능력의 효과적 획득과 운영이라는 문제로 귀결된다.

기업의 경쟁력을 높이기 위한 경쟁무기로는 품질, 원가, 유연성, 납기, 서비스 등으로 볼 수 있는데 이 중에서 품질은 납기, 원가, 유연성, 서비스 등의 주요 경쟁무기 중에서 가장 기초가 되는 요소로 인식되고 있다. 납기는 품질이 확보되지 않는 한 경쟁력을 발휘할 수 없고, 품질과 납기가 경쟁력을 갖추지

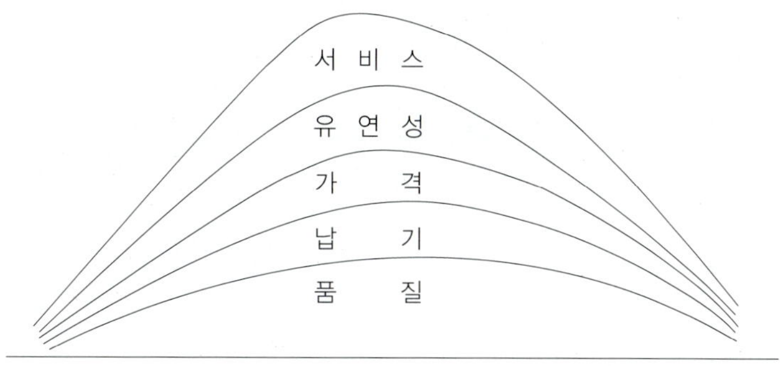

| 그림 1-6 | 모래탑 모형

않는 한 원가를 통한 경쟁력을 발휘할 수 없다. 현재 소비자 위주의 시장에서 가장 중요시되는 유연성과 서비스도 품질, 납기, 원가의 경쟁력이 선행되지 않고는 경쟁무기가 될 수 없다. 따라서 품질 경쟁력은 기타 경쟁무기의 밑바탕 역할을 한다고 볼 수 있다. 이것은 [그림 1-6]과 같이 모래성을 쌓는 원리로 설명될 수 있어 모래탑 모형(sandcone model)이라 한다.

3. 생산전략의 개발과 구현

생산전략의 개발과 구현의 과정은 [그림 1-7]에서 보여주고 있다. 생산전략은 고객과 접촉하는 마케팅요원, 기술전문가, 연구개발 요원들에 의해 수집된 고객의 요구를 바탕으로 수립된다. 이러한 정보는 기업전략 및 경쟁의 관점에서 생산의 포지션을 어떻게 결정할 것인가를 결정하는 최고 경영자에게 제공된다. 일단 포지셔닝이 결정되면 생산과업이 구체화된다. 전략에서 중요한 변화를 구현하는데 한 기업이 당면하는 생산의 일반적인 문제는 변화의 관리에 있다. 시장으로부터의 피드백이 사이클을 완성시킨다.

(1) 제품 및 공정포지셔닝 전략

포지셔닝 전략은 기업의 우월한 경쟁력과 생산의 주요과업 사이를 적합하게 하는 과정이다. 이러한 과정은 제품 및 생산시스템의 수명주기를 모두 고려해야 하며 5년 내지 10년 이상 소요될 일반적인 생산전략의 방향을 결정하기 위해 시장환경을 조사해야 한다. 우리는 여기서 두 가지 생산의 양극 방향, 즉 공

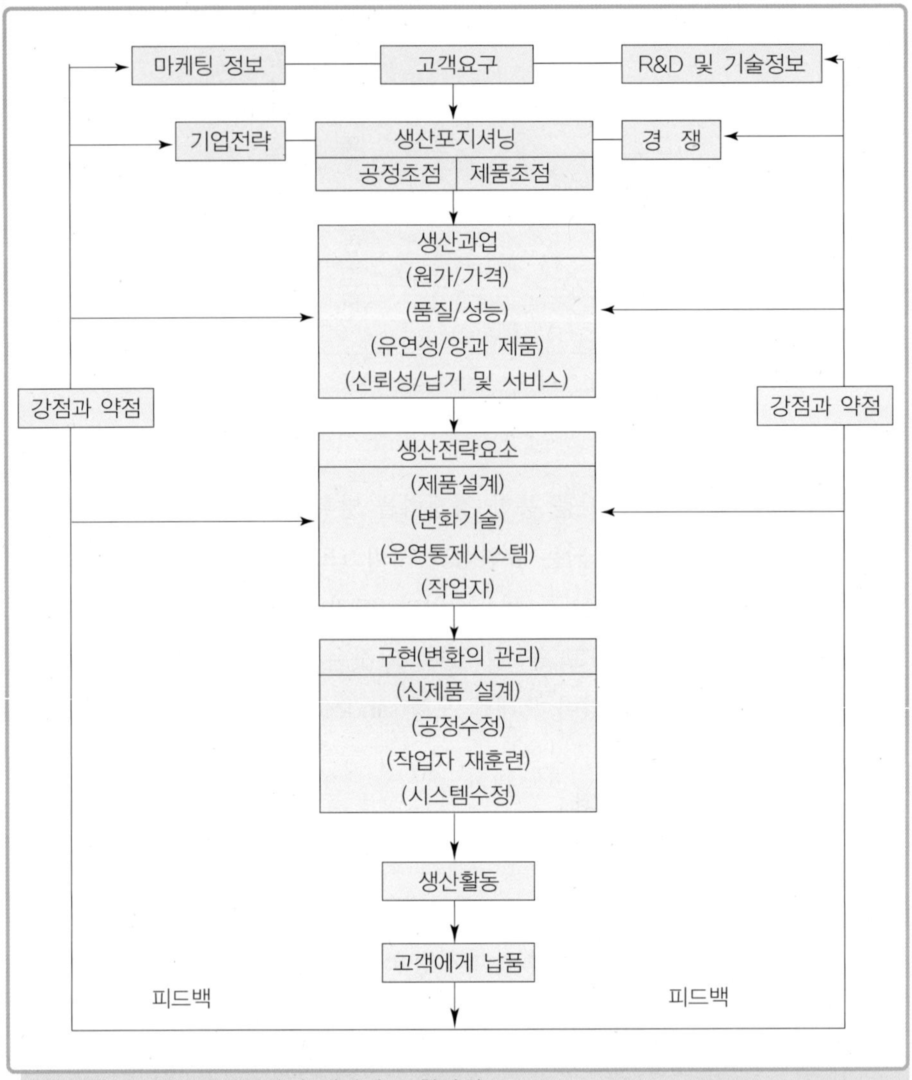

| 그림 1-7 | **생산전략의 개발과 구현과정**

정초점과 제품초점을 생각할 수 있다. 공정초점은 다양한 고객화된 제품을 생산하기 위한 시스템을 일컫는다. 이 시스템은 유연성이 있어야 하며 효과적으로 경쟁하기 위해 유연성있는 공정기술을 활용할 줄 알아야 한다. 다른 하나는 제품초점으로 상대적으로 대량의 표준화된 제품을 생산하기 위한 시스템이다. 이 시스템은 효율적이어야 하며 이 시스템은 재고흐름을 평활하게 유지하기 위해 필요한 조정이 효율적으로 이루어져야 한다.

(2) 집중화 공장(focused factory)

집중화 생산이란 각 공장이나 설비에 단 하나의 사명(mission)만을 부여함으로써 이에 생산능력을 집중화하는 것을 말한다. 집중화 공장 개념을 처음 제시한 사람은 스키너이다. 집중화 생산의 저변에 깔린 기본개념은 다음과 같다.

첫째, 낮은 원가로 생산하는 방법 이외에도 경쟁하는 방법은 많이 있다.

둘째, 한 공장이 모든 분야에서 좋은 성과를 낼 수는 없다. 공장내에서 경영자는 생산과업의 하나 혹은 그 이상에서 뛰어난 성과를 나타냄으로써 생산기능을 하나의 경쟁무기로 만들 수 있다. 경영자는 생산과업 중 특별히 우리가 잘 할 수 있는 것이 무엇인가를 질문해야 한다. 집중화 생산은 기업의 마케팅 계획에 기초를 두고 명확하게 정의된 기업전략으로부터 유도되어야 한다. 그러므로 집중의 선택은 생산담당자들에 의해 선택될 수 없고 대신 회사의 자원, 강점과 약점, 산업내의 지위, 경쟁기업의 동향평가, 그리고 미래고객의 동기와 행위예측에 대한 포괄적인 분석의 결과이어야 한다.

셋째, 단순성과 반복은 능력을 향상시킨다. 집중화 생산은 과업의 단순성, 반복 경험, 그리고 동질성이 능력을 가져온다는 개념에 기반을 두고 있다. 더욱이 생산기능의 주요 기능분야는 기업전략에서 유래한 똑같은 목표를 가지고 있어야 한다. 이러한 과업의 일치는 제한된 일을 아주 잘 수행하는 생산 시스템을 만들어 내어 경쟁무기를 창조하게 된다.

(3) 생산과업

포지셔닝 과정의 결과는 생산기능이 잘 행해야만 하는 그런 과업의 일반적인 확인이다. 이러한 요구의 구체적인 형식화가 바로 생산과업 혹은 생산의 우선순위로 나타난다. 생산과업의 요소는 앞에서 지적한 대로 낮은 원가/가격, 높은 품질/성능, 높은 유연성 그리고 높은 납기/신뢰성 등이다.

미국의 생산 중역들은 모든 기업들이 품질로 경쟁하려고 선택한다는 점을 가정하면서 품질을 최고의 경쟁적 우선순위(competitive priority)로 여기고 있다. 반면에 일본의 생산 중역들은 최고의 우선순위로 낮은 원가를 들었지만, 이미 그들은 높은 품질을 유지하는 데도 성공하였다. 힐에 따르면 품질은 시장에 진입하기 위한 자질기준(qualifying criterion)이라고 주장하고 있다.

일반적으로 기업들은 품질, 원가, 유연성, 신뢰성을 모두 강조하는 경향이 있어, 높은 품질의 제품을 납기에 맞추면서 비용을 적게 들여 생산하려는 불가능한 과업을 책정해 놓은 경향이 있다. 과업의 우선순위가 있음은 제조기업이 모든 과업을 잘 할 수 없다는 것을 의미하며 우선순위간에 상쇄관계가 있음을 의미한다.

기업 및 사업단위의 생산과업은 기업의 경쟁전략을 일관성있게 추구하도록 초점을 제공해 주는 역할을 수행해야 한다. 기업의 생산 의사결정이 기업전략과 차이가 발생하면 기업의 체질개선에 많은 비용과 시간을 요하는 비경쟁적인 시스템으로 전락하여 곤경에 빠질 수 있다.

(4) 생산과업의 우선순위 평가

구체적인 과업요소의 우선순위를 평가하기 위한 체계적인 접근은 휠라이트에 의해 제시된 바 있다. 이 접근은 먼저 1단계로 전략사업단위(SBU)를 인식함으로써 시작되는데, 전략사업단위는 기업의 한 부서 내의 본질적으로 동질적인 제품–시장 그룹화이다. 이 접근은 [그림 1–8]에 나타나 있다.

2단계는 과업요소(기준 및 측정)를 정의하는 일인데 이는 구조화된 토론이나 브레인스토밍을 통해 행해질 수 있다. 3단계는 일련의 회합을 통해 역사적 우선순위나 요구된 우선순위 결정을 확인하는 일이다. 이 과정의 마지막 단계는 평가 실행의 관점에서 운영결정상 변화를 행하는 일이다.

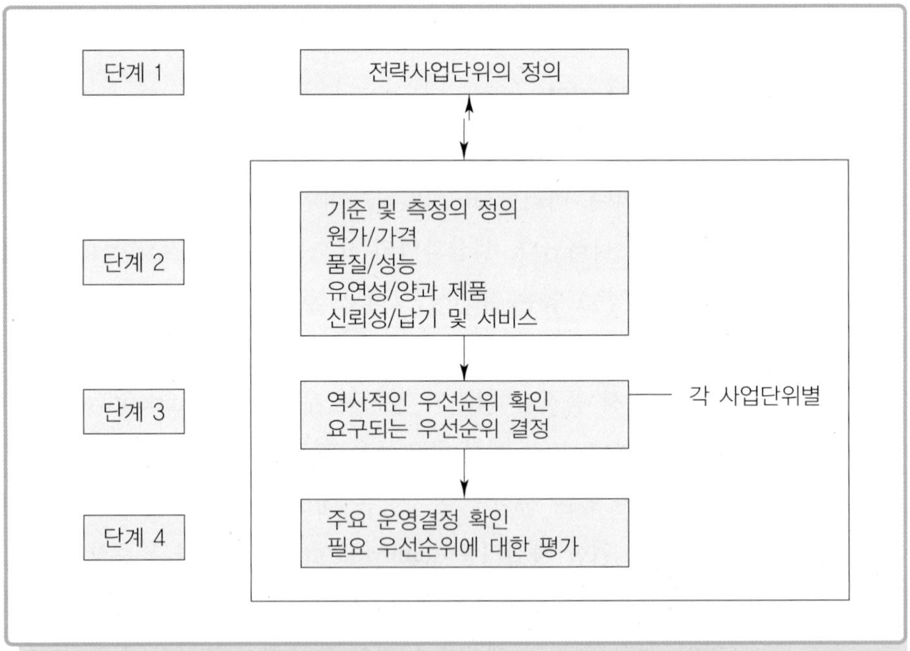

| 그림 1–8 | **생산과업의 평가기준**

(5) 생산전략의 의사결정 문제

헤이즈와 휠라이트는 생산부문에 8가지의 중요한 의사결정 요소가 있다고 한다.

구조적 의사결정(structural decision area): 장기적인 영향을 가져오는 것으로 한 번 설정되면 쉽게 바꾸기 어려운 것으로 자본 투자가 요구된다.

① 공급능력(capacity): 생산량, 생산시간, 생산유형

② 설비(facility): 규모, 입지, 전문화정도

③ 기술(technology): 장비, 자동화, 인적자원 및 조직과의 연계

④ 수직적 통합(vertical integration): 통합의 방향, 통합 정도, 균형

하부 구조적 의사결정(infrastructural decision area, 전술적 의사결정으로도 불림): 단기적인 결정이 가능한 것으로 기업의 세부적인 운영 측면에 연계되어 있다.

① 인력(work force): 숙련도, 임금정책, 고용안정

② 품질(quality): 결함예방, 모니터링, 개입 및 권한위임 결정

③ 생산계획(production planning), 자재관리: 공급자 관리 및 공급정책, 집중화 정도, 의사결정 방법 설정

④ 조직(organization): 조직구조, 통제 및 보상시스템, 지원부서의 역할 설정

(6) 생산전략의 구현

생산전략의 구현도 어떤 다른 프로젝트와 기본적으로 똑같이 관리되어야만 한다. 이것이 의미하는 바는 직무가 행해지도록 하기 위해 조종 및 통제 메카니즘을 개발하고 결정책임을 할당하고 행동계획을 설정하는 일이다.

새로운 생산전략 같은 중요한 변화를 구현하는 데 주요 문제는 종업원의 지지를 얻는 데 있다. 다음 지침은 이를 위해 도움이 되는 항목들이다.

① 변화에 숨은 논리나 철학을 알려주기 위해 종업원의 역할을 구체화하라.

② 가능하면 기존 관습이나 비공식적 관련성을 최소화하라.

③ 미리 변화에 대한 정보를 제공하라.

④ 변화를 제도화하는 데 종업원의 참여를 유도하라.

⑤ 변화를 행하는 종업원에 대한 비용도 최소화하도록 시도하라.

⑥ 변화에 대한 개인적 관심을 나타내도록 종업원에 대한 기회를 제공하라.

종합 사례 신도 자동차

신도 자동차의 기업전략은 창업 이래 1990년대까지 종합자동차회사로 발전하기 위해 다각화전략과 2000년대 전문경영체제하에서의 성장전략 그리고 2010년대 세계적인 초일류 자동차회사가 되는 것을 목표로 하고 있다. 이러한 전략경영과정에서 자체의 기술개발이 전략목적 달성에 가장 중요한 부분을 차지해 왔다. 1990년대에 K자동차를 인수할 때 트럭, 승용차, 버스, 지프차를 동시에 인수하였다. 2000년대 전문경영체제하에서 신도 자동차 회사의 전략은 수요자를 유인할 수 있는 매력적인 차종을 개발하는 것이었다.

1990년대부터 효율적인 기술도입 및 기술축적전략을 추구해 왔다. 또한 1990년대 후반부터는 자체 기술개발을 통해 핵심 주요 부품의 설계를 비롯하여 첨단전자장치, 경량화 소재 등의 신기술에 도전하는 단계에 이르렀다. 자동차 산업의 기술은 급속도로 발전해 가고 있다. 국제경쟁에서 앞서기 위해서는 자체 기술개발에 적극성을 보여주어야 한다. 그러나 신도 자동차회사는 기업인수 및 판매부진으로 연구개발에 투자할 여력이 그리 넉넉하지 못한 실정이다. 하지만 제품개발능력을 강화하기 위해 고급기술인력 확보에 투자를 아끼지 않고 있다.

2000년대에 국내에서 서강 자동차와 건양 자동차 그리고 해외 선진 자동차 업체에 도전하여 2010년대까지 국내 시장점유율을 33%에서 40% 이상으로 증가시키어 국내 제일의 자동차회사 세계 10위권내에 자동차 회사로 발전하고자 하는 전략을 수립해 놓고 있다. 이러한 전략을 달성하기 위해 생산규모를 '05년 95만대로부터 2010년까지 연 150만대로 확장하려고 한다. 이후 5년간 55만대 생산시설 증대는 충분히 가능하다고 믿고 있다.

신도 자동차회사는 새로운 승용차 개발에 있어 미니카에서부터 대형승용차에 이르기까지 제품범위를 확대시키는 계획을 가지고 있다. 그리고 신형 자동차와 스포츠카, 지프차 등을 개발 또는 출하 중에 있다. 어려운 경영환경에 따라 신도 자동차회사는 대대적인 경영혁신운동을 전개하면서 생산성 향상, 품질경영운동, 수익성 증대 등 현장밀착 생산방침을 강조하고 있다.

토·의·문·제

1. 신도 자동차회사의 외적 위협 및 내적 강점과 약점을 분석하시오.
2. 경쟁력을 갖추기 위한 신도 자동차회사의 생산방침이 타당한지 논하고 생산전략의 차원에서 기술축적전략의 구현 타당성을 설명해 보시오.

요 약

- 일반적 생산관리 이론에서의 연구대상은 모든 유형의 기업이 수행하는 생산활동이라고 규정할 수 있다.
- 생산관리 이론에서 연구대상으로 삼고있는 기업의 생산활동이라는 개념은 제조기업뿐만 아니라 서비스 기업이 조업을 통하여 재화와 서비스를 창출하는 활동, 자기가 아니라 시장 또는 소비자를 위하여 수행하고 있는 활동, 수익성을 목적으로 영위되고 있는 활동, 마지막으로 녹색성장(Green Growth)을 위한 지속가능한 경영활동이라는 점들이다.
- 생산시스템은 기업의 가치창출활동이 이루어지는 구조적인 기초라고 편의적으로 규정하고 있으나, 이를 보다 광범위하게 정의한다면 "투입된 생산요소를 보다 유용한 것으로 전환시키는 데에 필요한 설계적 과정"으로 규정할 수 있다.
- 생산관리의 일반적인 체계는 투입과 조업-변환과정에서의 관리론 체계라고 할 수 있다.
- 생산은 인류의 출현과 동시에 시작되었으며 현재의 생산관리는 18세기 후반과 19세기 초반에 영국에서 일어난 산업혁명에 그 뿌리를 두고 있다.
- 영국에서 시작된 산업혁명이 미국으로 파급된 것은 1790년대, 이때부터 미국에서는 공장제 공업이 시작되었다.
- 테일러(F.W. Taylor, 1856~1915)는 19세기 말에서 20세기 초에 길쳐 과학적 관리법(scientific management)이라는 새로운 관리체계를 주창하여 경영과 생산관리의 일대변혁을 초래하였다.
- 과학적 관리법의 뒤를 이어 포드(Henry Ford)는 유명한 포드시스템(Ford system, Fordism)을 주창하여 생산관리를 더욱 발전시켰다.
- 1930년대부터 조직내의 비인간화 내지 인간소외의 문제가 사람들의 관심을 끌기 시작하였다. 이 무렵 메이요와 뢰스리스버그(Elton Mayo & F.J. Roethlisberger)는 호손공장을 대상으로 한 일련의 실험을 통해서 인간관계론을 정립하게 되었다.
- 오늘날에 이르러서는 무인공장 내지는 공장자동화의 출현에까지 이르렀다.
- 1950년대부터 시작된 컴퓨터이용기술의 급속한 발전은 생산공정의 자동화와 관리활동의 전산화를 촉진시켰다.
- 모든 산업의 변화가 그랬듯이 새로운 생산관리의 혁명도 기업의 전통적인 모습을 거의 완전하게 바꾸어 놓고 있다.
- 미래에는 최종 소비자의 반응이 끊임없이 생산자에게 전달될 것이며 세계적인 경

쟁력을 확보한다는 것은 우수 공급사들과 높은 수준의 신뢰의 협력관계를 어떻게 확립, 유지하는가에 달려 있으며 국제적인 공급체인을 관리하려면 문화적 차이를 극복하고 새로운 차원의 신뢰를 구축해야 한다.

- 최근들어 기업의 전략적 성공요인으로서의 '녹색'과 '시간'이라는 개념이 크게 주목받고 있다.
- 기업은 녹색경영을 통해 녹색기업 이미지를 창출할 수 있으며, 이는 궁극적으로 소비자의 신뢰를 기반으로 한 경쟁력 향상으로 이어진다.
- 대외적으로는 환경규제가 지속적으로 강화되는 녹색보호주의가 등장했고, 국내외 소비자의 성향은 친환경적으로 변화하고 있다.
- 기업은 녹색기술의 핵심인 3Rs(Reduce, Replace, Recycle)를 통해 녹색생산성 혁신을 추진할 필요가 있다.
- 타임베이스 생산은 사이클타임의 지속적 감축, 품질향상을 위해 기업의 완전한 재설계가 요구되고 이는 조직에 비전을 제공하는 것으로 이는 특정고객의 요구의 파악으로부터 인도에 이르는 총 사이클타임의 감축에 초점이 맞추어져 있다.
- 경영전략은 기업의 경영목적을 달성하기 위한 포괄적인 수단으로서 기업의 외부 및 내부의 환경변화에 대해서 전체적 경영활동을 계획적으로 다이나믹하게 적응시키기 위한 결정 룰을 의미한다.
- 전략의 특징으로는 계획기간, 영향, 노력의 집중, 의사결정의 패턴, 광범성으로 나누어 살펴볼 수 있다.
- 전략관리의 과정은 기업의 방향 및 목표결정 → 외부환경 및 기업의 자원능력 분석 → 전략적 대안제시 → 최선의 대안 선택 → 전략수행 → 문제점 보완 및 새로운 목표 및 전략수립과정으로 피드백 등의 여섯의 주요과업으로 구성된다.
- 기업수준의 전략은 성장전략(growth strategy), 안정전략(stability strategy), 방어전략(defensive strategy), 혼합전략(mixed strategy) 등 네 가지 유형으로 분류한다.
- 사업수준의 전략에는 원가우위전략(cost leadership strategy), 차별화 전략(differentiation strategy), 집중화전략(focus strategy)이 있다.
- 생산전략은 기업의 목표와 전략의 테두리 속에서 전체적으로 조화되는 생산능력을 개발하고 전개하는 것을 포함하며 생산전략이 잘 수립되고 실행이 되면 저렴한 제조비, 고품질 제품, 제조상 유연성같은 경쟁우위를 제공해 준다.
- 일반적으로 기업에서는 생산과업으로 품질(quality), 원가(cost), 유연성(flexibility), 신뢰성(dependability)을 든다.

- 집중화 공장(focused factory)은 공정기술, 시장요구, 제품생산량, 품질수준, 생산과업의 다섯 가지 면에서 그 특징을 살펴볼 수 있다.
- 생산과업 우선순위평가의 접근은 전략사업단위의 인식 과업요소(기준 및 측정) 정의 → 우선순위 확인 → 운영결정 변화 실시의 네 단계로 이루어진다.

용어풀이

- **생산(production)과 제조(manufacturing):** 생산은 모든 유형의 기업에서 재화 또는 서비스를 창출하는 것, 즉 모든가치 창출활동을 의미하며, 제조는 유형의 재화를 창출하는 활동을 의미함.
- **관리 시스템(management system)과 관리정보시스템(management information system):** 관리시스템은 조직에서 관리를 담당하는 시스템이라고 할 수 있는 반면 관리정보시스템은 관리와 의사결정을 연결지우는 정보의 개념을 포함시킨 것으로서 호환적인 활용도 빈번히 이루어짐.
- **과학적 관리법(scientific management method):** 테일러시스템의 근간을 이루는 관리철학으로 모든 관리문제의 해결에 과학적 방법을 적용하는 것.
- **차별적 성과급제(differential piece rate system):** 한 과업에 대하여 고 · 저 두 가지 임률을 설정하여 작업자의 경제적 동기를 자극하여 생산능률을 올리는 관리방식.
- **포디즘(Fordism):** 포드의 경영이념으로 봉사주의 내지 저가격과 고임금의 원리.
- **린생산시스템(lean production system):** 수공업생산방식과 대량생산방식의 장점을 결합한 것으로 다기능작업자 팀을 편성하여 유연성있는 자동화기계를 사용하여 매우 다양한 제품들을 적정량씩 생산하는 방식.
- **녹색경영(green management):** 제품 및 서비스의 개발, 생산, 인도, 소비, 폐기를 위한 새로운 산업패러다임.
- **타임베이스 생산(time based manufacturing: TBM):** JIT(Just-in-time) 원칙을 제품의 배송 사이클, 연구개발에서 마케팅과 유통의 모든 면에까지 확장한 개념.
- **대량개별화(mass customization):** 개별고객에게 상대적으로 낮은 비용을 실현함과 동시에 대량으로 제품 및 서비스를 개별화하여 제공하는 방식.
- **전략(strategy):** 조직의 장기적인 목적과 목표들을 명확히 정의하고 그러한 목표들을 달성하는 데 필요한 행동 프로그램과 자원을 전개하는 방법.
- **성장전략(growth strategy):** 조직의 현재 업무의 확장으로서 기존제품과 서비스의 확장뿐만 아니라 다양한 또는 신제품 개발 형태로 나타남.

- **안정전략(stability strategy):** 환경이 안정적이기 때문에 기존의 활동을 계속 유지하는 전략.
- **방어전략(defensive strategy):** 사업의 운영이 부실한 분야를 강화시키는 전략.
- **혼합전략(mixed strategy):** 두 가지 이상의 전략을 동시에 사용하는 전략.
- **원가우위전략(cost leadership strategy):** 단위당 원가를 최소화하고 낮은 가격을 책정함으로써 매출액을 극대화시키는 전략.
- **차별화전략(differentiation strategy):** 해당 분야에서 독특한 제품이나 서비스를 소비자에게 확인시키는 경쟁전략.
- **초점전략(focus strategy):** 특정한 목표만을 집중적으로 겨냥하면서 모든 기능적 방책을 이에 맞추어 전개시켜 나가는 전략.
- **생산전략(operations strategy):** 기업의 목표와 전략의 테두리 속에서 전체적으로 조화되는 생산능력을 개발하고 전개하는 전략.
- **포지셔닝전략:** 기업의 우월한 경쟁력과 생산의 주요 과업 사이를 적합하게 하는 과정.
- **집중화 생산:** 각 공장이나 설비에 단 하나의 사명만을 부여함으로써 이에 생산능력을 집중하는 것.

연습문제

1. 생산관리론에서 연구대상으로 책정하고 있는 바의 변화에 관하여 논의해 보라.
2. 생산시스템의 일반적 구조를 제시하고, 특징에 관하여 설명해 보라.
3. 관리시스템(management system)과 관리정보시스템(management information system)의 차이에 관하여 논술해 보라.
4. 생산이론의 발전과정을 여섯 단계로 설명하라.
5. '녹색'과 '시간'이라는 개념이 기업의 전략적 성공요인으로 주목받는 이유는 무엇인가?
6. 오늘날 환경오염이 사회적 문제로 대두되면서 ISO 14000시리즈가 제정되는

등 환경오염규제가 날로 심각해지고 있는데 이에 따른 생산관리의 대응전략을 서술하라. 그리고 환경친화형 생산을 하는 경우 주주는 이를 찬성할 것인지 생각해 보라.

7. 녹색경영의 전략적 의의를 설명하라.
8. 타임베이스 생산은 무엇이며 그 특징을 설명하라.
9. 최근의 공정 및 제품기술 혁신이 생산전략에 미치는 영향에 대해 서술해 보라
10. 생산과업 중 신뢰성에 대해 특히 신뢰성과 납기와의 관계를 논하라.
11. 요즈음 생산전략의 중요성이 점점 더 부각되고 있다. 그러면 생산전략의 수립이 왜 오늘날의 기업에 필요하다고 생각되는지 토론하라.
12. 성취가능한 생산과업의 형태는 네 가지로 살펴볼 수 있다. 생산과업의 형태에 대해 서술해 보라.
13. 집중화 공장(focused factory)의 다섯 가지 특징을 기술하고 집중화 공장이 경쟁력향상에 도움이 되는지 생각해 보라.

02 서비스 전략 및 운영

학습목표

본 장에서는 다음과 같은 내용의 이해를 목표로 한다.

- 서비스의 중요성
- 서비스의 정의
- 서비스의 성격
- 서비스의 특성
- 서비스의 분류
- 서비스 경영의 과제
- 서비스 전략

사례 현대백화점의 CS 업무혁신 Festival

현대백화점은 업계의 특성상 본사직원보다 많은 협력사 직원을 아웃소싱하여 채용하고 있다. 본사직원의 숫자가 1,382명인 반면, 24,320명의 협력사 직원이 근무하고 있다. 이 협력사 직원에는 매장 판매 직원을 포함하여, 안내데스크, 계산도우미, 주차관리, 안전관리, 상품권데스크, 빨간모자, 쟈스민룸(VIP room), 청소용역 등을 망라한다. 일반 고객들이 백화점에서 만나는 대부분의 직원은 백화점 직원이 아닌 협력사 직원인 셈이고, 이들에 의해서 백화점의 이미지와 고객 서비스가 결정된다고 해도 과언은 아니다. 따라서 이러한 특성으로 인해 백화점에 있어 상생경영 및 파트너십의 의미는 매우 중요하다고 할 수 있다. 이에 상생경영의 일환으로 현대백화점은 아웃소싱 된 협력사 직원들이 참여하는 'CS(customer service) 업무혁신 Festival' 을 통해 고객 서비스 향상에 노력하고 있다.

CS 업무혁신 Festival은 협력사 직원들의 자발적인 참여를 유도하여 백화점에 대한 소속감 및 Loyalty를 배양시키고, CS 마인드를 함양시킴으로써 궁극적으로 고객만족을 향상하기 위한 활동이다. 이는 협력사 직원들을 모티베이션 시킴과 동시에 자발적으로 고객 서비스 개선에 동참하도록 유도함으로써 협력사 직원과의 윈-윈을 시도하고 있는 것이다.

이러한 취지와 목적으로 시행된 CS 업무혁신 Festival은 고객 서비스 개선 아이디어 도출, 각 지점별 Best Practice 경진대회, 본선 대회, 심사 및 포상의 네 단계로 진행되었다. 특히 각 지점에서 1위를 차지한 우수 사례를 중심으로 개최된 본선 대회는 각 팀에서 준비한 Role Play 형태로 진행되며, 창의적이고 다양한 아이디어의 경연장이 되었다.

현장에서 지켜 본 한 참가자는 "CS 업무혁신 Festival은 말 그대로 축제의 분위기였다"고 말했다. 협력사 직원들의 적극적인 참여로 참가자 및 관계자 모두 대회 자체를 즐기는 흥겨운 분위기였다. 성공적으로 마친 본 대회는 다음과 같은 여러 가지 의의를 갖는다. 모든 직원들은 상당히 높은 만족도를 보였으며, 동료들과의 팀워크도 좋아지고, 본사 직원들과의 원활한 의사소통도 가능해졌으며, 무엇보다도 고객서비스에 대한 중요성을 인식하며, 향후 본인의 업무에 긍정적인 자세로 임할 것을 다짐하는 계기가 되었다. 또한 협력사 직원에게 소속감을 주고, 업무에 강한 모티베이션을 제공하는 데 중요하게 작용했다.

따라서 이로 인해 향후 대고객 서비스도 개선되고 고객의 인식도 개선될 것이라고 기대할 수 있을 것이다.

그동안 현대백화점은 꾸준한 고객 서비스 향상에 대한 노력을 통해 한국표준협회가 주관하는 한국서비스대상에서 '명예의 전당' 에 헌정되는 기염을 토하였다.

– 출처: 서창적(2010), "상생 Partnership을 통한 Customer Service 향상 사례에 관한 연구," 「서비스경영학회지」, 제11권 제4호, pp.1-30. —

제 1 절 서비스의 개념

1. 서비스 산업의 중요성

서비스는 우리의 삶과 아주 밀접한 관계를 가지고 있는 분야이다. 서비스가 얼마나 밀접한 관계를 가지고 있는지는 우리들의 일상생활을 생각해보면 쉽게 이해할 수 있다. 그 예로 회사원 K씨의 반나절 생활을 생각해보자. 하루를 대상으로 한다면 너무나 많은 서비스를 설명해야 되기 때문에 편의상 반나절만 이용하기로 한다. K씨는 아침에 일어나면 세면과 아침식사를 하고 회사로 출근을 한다. 버스를 이용해 출근하고, 보통 버스 정류장 옆 내점에서 신문을 구매하여 읽는다. 오늘은 옆 회사에서 근무하는 여자친구가 전화를 걸어와 저녁에 영화를 보기로 약속을 하였다. 회사를 도착한 후 오전에는 fax와 e-mail을 이용해 거래처와 계약을 조정하였고, 점심시간이 되자 부서 동료들과 회사 옆 식당에서 비빔밥을 먹었다. 그리고 take-out 커피 전문점에서 커피를 사들고 인근 공원 벤치로 가서 커피를 마시며 이야기를 나누다 사무실로 들어갔다. 지금까지 K씨는 총 몇 가지의 서비스를 이용한 것일까? 잘 찾아보면 최소한 7가지의 서비스를 이용했음을 알 수 있다. 신문을 구매하여 읽은 것이나 버스를 이용한 것, 이동 전화를 걸어 친구와 이야기 하고, fax와 e-mail을 이용하여 업무를 하는 것, 점심을 먹은 일, 커피를 마시고, 공원을 이용한 것 등이 직접적으로 K씨

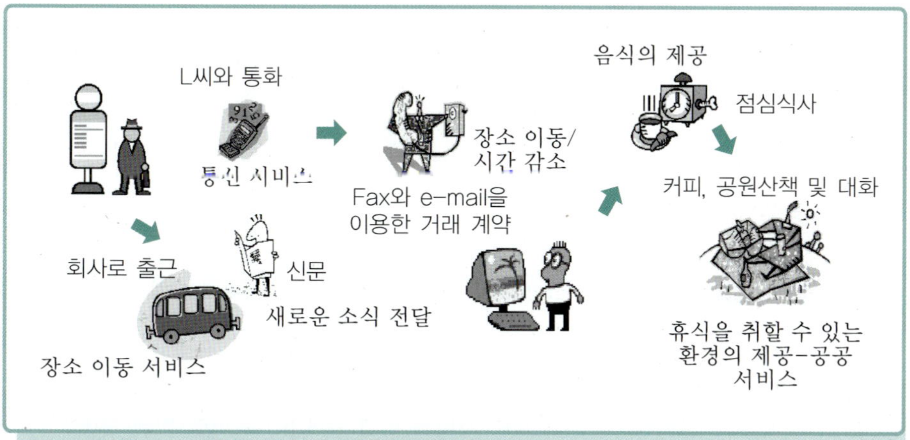

| 그림 2-1 | K씨의 생활 속에서의 서비스

가 이용한 서비스이다. 이외에도 K씨의 생활을 살펴보면 숨어있는 서비스를 찾아볼 수 있다. K씨가 사용한 비누와 치약, K씨가 입고 있는 의복 등 생활에 사용되고 있는 제품들은 처음 생산된 이후 K씨가 사용하기까지 많은 단계를 거치게 된다. 이러한 단계들은 서비스에 대한 개념을 포함하고 있다. 각 단계를 유통의 단계라 생각하면 보다 쉽게 이해할 수 있다.

이렇게 우리는 일상 속에서 자연스럽게 서비스를 접하고 이용하고 있다. 좀 더 극단적으로 표현한다면 수많은 서비스 속에서 생활하고 있다고 말할 수 있다. 왜냐하면 원시사회에서처럼 자급자족을 하지 않는 한 우리는 직접적으로나 간접적으로 서비스를 제공받아야 생활을 할 수 있기 때문이다. 우리 주변의 서비스 기업들을 살펴보면 도 · 소매점이나 패스트푸드점, 백화점, 병원, 버스나 택시 운영 등과 같이 우리 주변에서 쉽게 찾을 수 있는 대부분의 기업들이 서비스 기업임을 알 수 있다.

이들 서비스 기업을 크게 나누어 본다면 직접 서비스를 제공하는 기업도 있고, 제품을 구매한 이후에 수리나 문제가 있는 제품의 교환 등 제품을 판매한 이후에 제공하는 판매 후 서비스(A/S)와 같이 제품과 연계되어 서비스를 제공하는 기업도 있다. 기업이 가치를 창출하는 대상은 크게 제품과 서비스를 통해 직접적으로 창출하거나 제품과 서비스를 연계하여 창출하게 된다.

서비스 산업의 중요성이 강조되는 것은 국내총생산(Gross Domestic Product; GDP)과 고용에서 서비스 산업이 차지하는 비중이 해마다 높아지고 있기 때문이다. 또한 미국, 영국, 프랑스 등 선진국은 GDP에서 서비스 산업이 차지하는

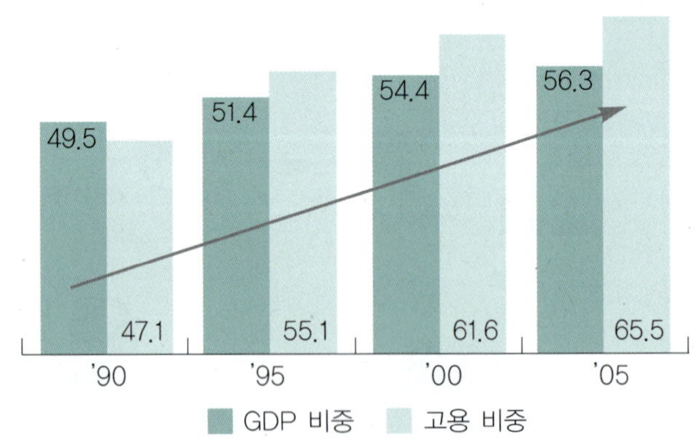

| 그림 2-2 | 국내 서비스 산업의 GDP 및 고용 비중 추이

출처: http://chosun.com/hitmap/4120108

비중이 70%를 상회하고 있을 뿐만 아니라 고용창출 측면에서도 제조업의 1.6배에 달하는 효과를 내고 있는 것으로 나타나 국가 경제에 중추 역할을 하고 있다.

[그림 2-2]는 우리나라 서비스 산업의 GDP 및 고용 비중의 추이를 보여주고 있다. 서비스 산업의 비중은 GDP와 고용에서 1990년에 각각 49.5%, 47.1%로 절반을 약간 밑돌았으나 해를 거듭할수록 커져 1995년에는 드디어 절반을 넘어서게 되었다. 이후에도 증가추세는 지속되고 있다.

이와 같이 우리나라 서비스 산업은 과거와 비교할 때 외형적으로 많은 성장을 이루었으나 전반적인 수준은 아직도 선진국에 비해 취약하다고 할 수 있다. 〈표 2-1〉에서 볼 수 있듯이 서비스 산업의 GDP 비중, 고용 비중, 노동 생산성을 일본, 미국, 프랑스 등 선진국과 비교해 볼 때 우리나라는 크게 낮은 수준이며 OECD 평균에도 미치지 못하고 있나. 특히 우리나라 서비스 산업의 노동생산성은 선진국과 비교할 때 41% 내지 54%의 수준에 머물고 있어 우리나라 서비스 산업의 국제경쟁력이 취약하다고 할 수 있다.

산업 내에서 차지하는 비중 외에도 서비스가 가지고 있는 자체적인 특성에 기인한 중요성도 존재한다. 서비스의 활용에 따라 국가 경쟁력이나 기업 경쟁력도 변화할 수 있다. 국가 차원에서는 공공 서비스를 생각해 볼 수 있고, 기업 차원에서는 순수한 서비스나 제품과 연계된 서비스를 생각해 볼 수 있다. 서비스를 잘 활용하게 된다면 제품을 생산하는 기업이나 순수한 서비스를 제공하는 기업 모두 높은 경쟁우위를 창출할 수 있고 차별화를 제공할 수 있는 요소가 된다. 순수한 서비스를 제공하는 기업은 말할 나위도 없고, 제품을 생산하는 기업의 경우에도 제품 자체가 가지고 있는 요소들과 서비스가 어우러져 고객의 만족을 높여줄 수 있으며, 고객의 충성도를 이끌어 낼 수 있다. 서비스 제공자의 친절과 고객에 대한 배려는 제품이 가지고 있는 결점까지 보완해 주기도 한다.

표 2-1 서비스 산업의 GDP 비중, 고용 비중 및 노동 생산성 비교

	한국	일본	미국	프랑스	OECD 평균
GDP 비중('03)	57.2	68.0	76.5	75.9	67.6
고용 비중('04)	64.4	67.1	78.4	72.6	69.0
노동 생산성('03)	100	184.4	242	192.8('02)	–

출처: http://chosun.com/hitmap/4120108

이렇듯 서비스의 관리가 중요함에도 불구하고, 상대적으로 서비스 운영관리에 대한 관심은 많이 부족했던 것이 사실이다. 그 원인을 찾아본다면 역사적인 원인과 서비스 특성에 의한 원인 등으로 접근할 수 있다. 첫째, 역사적인 이유로는 지금까지의 산업구조가 제조업 중심의 산업구조로 서비스 부문이 산업에서 차지하는 비중을 낮게 여겼기 때문이다. 또한 서비스 산업을 천시하던 경향이 있었기 때문이기도 하다. 서비스라는 말의 어원이 노동과 봉사를 제공해 준다는 의미에서 비롯된 것임을 생각해 본다면 서비스를 제공하는 것을 하찮게 여기던 경향을 쉽게 이해할 수 있을 것이다. 둘째, 서비스 특성으로 인한 원인을 생각해 본다면 서비스는 무형으로 실체가 쉽게 인지되기 어렵다는 점을 들 수 있다. 서비스는 눈에 보이지 않고, 동일한 서비스라 하더라도 제공받을 때마다 변화하기 때문에 쉽게 개념을 정리하고 관리할 수 있는 방법을 찾기가 어려웠기 때문이다. 이러한 원인들은 아직까지도 서비스 운영관리에 많은 영향을 미치고 있다. 특히 서비스 특성에 기인한 원인은 관리적 이슈로 지속적으로 개선해야할 대상이 된다.

훌륭한 서비스는 우연히 발생하는 것이 결코 아니다. 훌륭한 서비스는 특출난 종업원이 특정 고객을 만족시키기 위해 노력한 결과가 아니다. 훌륭한 서비스는 서비스의 설계단계에서부터 전달단계까지, 그리고 효율적인 운영의 유지에서부터 서비스 품질이 높은 수준이며 일관성있다는 것을 확신시켜 주는 것까지의 모든 단계가 반드시 계획되고 관리되어야 한다. 서비스 기업은 강점을 가지고 있는 목표시장에 부응하는 서비스를 제공하기 위한 전략을 반드시 필요로 한다. 서비스 전략을 지원하는 입지, 배치, 용량, 재고, 유통 및 품질보증에 대한 의사결정사항이 반드시 제대로 되어야 한다. 기술 및 인력자원의 관리가 효과적으로 이루어져야 한다. 이러한 쟁점사항의 일부는 제조부문으로부터 기법을 빌려와 해결할 수도 있지만, 어떤 부분은 서비스부문에만 있는 독특한 것으로 이에 대한 특별한 고려가 요구된다.

2. 서비스의 정의

사회의 물질적인 이득은 천연자원에 가치를 부과함으로써 달성된다. 선진사회에는 원자재를 가공하여 부가가치를 만들고, 중간재와 요소를 완성된 최종 상품으로 변형시키는 많은 기관이 있다. 한편 그러한 생산을 촉진시키며, 상품을 유통시키고 우리의 개인생활에 가치를 부과하는 많은 다른 기관도 있다. 이러한 후자의 집단이 산출하는 것이 바로 서비스이다.

서비스는 시간, 장소, 형태 또는 심리적인 효용을 생산하는 경제 활동으로 정의될 수 있다. 가정부의 서비스는 고객을 집안일로부터 벗어나게 해주어 고객의 시간을 벌어준다. 백화점이나 식료품점은 한 곳의 편리한 장소에서 각종 물건을 고객에게 제공한다. 데이터베이스 서비스는 사용자에게 보다 유용한 형태로 정보를 제공한다. 레스토랑에서의 저녁식사는 바쁜 일상생활 속에서 심리적인 기분전환을 하게 해준다.

서비스는 또한 제품에 반대되는 개념으로 정의될 수 있다. 제품이란 먼저 만들어지고 나중에 판매되거나 사용될 수 있는 유형의 산출물이다. 반면에 서비스는 무형이며 소멸된다. 서비스는 생산되고 소비되는 것이 동시에 또는 거의 동시에 이루어진다.[1] 이러한 정의는 매우 직선적인 것이긴 하지만 제품과 서비스간의 구별은 항상 그렇게 명료한 것만은 아니다. 예를 들어, 우리가 자동차를 구매한다고 할 때 우리는 자동차 제품을 구매하는 것인가 아니면 교통을 위한 서비스 제품을 사는 것인가? 텔레비전 세트는 생산품이지만 텔레비전 방송서비스가 없다면 무슨 소용이 있겠는가? 우리가 패스트 푸드 음식점에 간다면 우리는 우리를 위해 미리 준비한 음식 서비스를 사는 것인가 아니면 우연히 즉석 음식 상품을 사는 것인가?

많은 사람들이 서비스는 눈에 보이지도 않고 손으로 만져볼 수도 없기 때문에 이를 제공하는 서비스업 또한 제품을 제공하는 제조업과 명확히 구분할 수 있다고 생각한다. 그러나 우리가 서비스업 또는 제조업이라고 분류하여 생각하고 있는 대부분의 기업들은 특정 서비스나 제품 중 한가지만을 생산하여 제공하는 것이 아니라 서비스와 제품을 혼합하여 제공한다. 또한 순수하게 서비스만 제공받는 경우보다는 서비스와 이에 필요한 촉진 제품과 같이 제공받는 경우가 더 많다. 제품의 경우에서도 마찬가지로 운송이나 유통과 같은 서비스의 도움을 받아야만 고객이 그 제품을 사용할 수 있게 되며, 판매 후 서비스(A/S)와 같은 서비스를 이용하여 판매된 제품을 관리할 수 있게 된다.

실제로 거의 모든 제품의 구매는 촉진 서비스(facilitating services)를 포함하고 있으며, 거의 모든 서비스 구매에는 또한 촉진 제품(facilitating goods)이 수반된다. 즉, 제품의 구매는 어떤 편리한 서비스 때문에 구매되고(예를 들면, 저

1) 다음 절의 서비스 운영의 특성에서 보다 자세하게 설명된다.

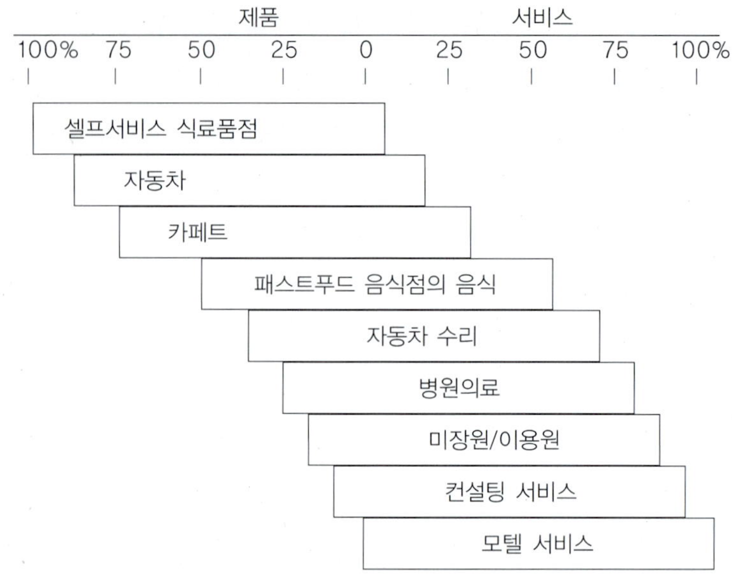

| 그림 2-3 | 제품과 서비스의 다양한 조합비율

장의 간편성), 서비스의 구매는 촉진 제품에 의해 구매되므로(예를 들면, 음식점에서의 음식) 제품과 서비스를 구별하는 것은 어렵다. 따라서 제품과 서비스의 구분에 대한 이해의 열쇠는 이 두 가지가 완전하게 구분되는 것이 아니라 차라리 연속체의 두 기둥이라는 것을 인식하는 데 있다. [그림 2-3]에 이 두 가지의 연속기둥이 나와 있다. 이처럼 고객은 제품과 서비스의 다양한 비율의 조합으로 구매한다고 할 수 있다.

이처럼 제품과 서비스는 서로 상호보완 관계에 있다. 따라서 제품과 서비스의 관계를 정확하게 인식해야 전략을 수립하거나 기업을 운영하는 과정에 있어 잘못된 의사결정을 줄일 수 있다.

3. 서비스의 성격

제조업이 서비스를 사용하는 경우에는 기업의 전략적 우위를 얻기 위해서 사용하는 경우가 많은데, 그 중 대표적인 예가 기업의 사후 서비스라 할 수 있을 것이다. 제조기업의 사후 서비스는 과거에는 기업의 부수적인 부분으로 요식적인 서비스만 제공하였는데, 이러한 사후 서비스가 기업의 이미지에 연결되어 신뢰성으로 확대될 수 있고, 신뢰성의 확보는 추가적인 매출에 기여한다는 것이 밝혀지면서 많은 기업이 사후 서비스에 보다 많은 노력을 기울이게 되었다. 전자제품의 사후 수리 서비스나 자동차의 사후 수리 서비스가 과거와 비교하였을 때 변화하는 모습을 생각하면 쉽게 알 수 있을 것이다. 제품이 지니는 가치뿐만 아니라 서비스의 가치도 중요하다는 것을 인식한 결과이다.

대부분의 기업들은 서비스업 또는 제조업이라 구분할 수 있는 서비스나 제품만을 생산하기보다는 시장 내에서 기업의 경쟁우위를 얻을 수 있는 방법으로 제품과 서비스를 혼용하며 사용하고 있고, 제품과 서비스의 연결 접점에서 경쟁우위를 찾아 고객에게 가치를 제공하고 있다.

기업을 구분할 때 어떠한 기업이 서비스업 또는 제조업이라고 구분하기가 어렵지만 〈표 2-2〉와 같은 특성을 이용하면 쉽게 구분할 수 있다. 또한 기업의 주요 가치 창출이 서비스를 제공함으로써 얻어지는지 또는 제품을 생산함으로써 얻어지는지에 따라서도 쉽게 구분해 볼 수 있다.

서비스 기업은 제조업과는 달리 고객 수요에 대응할 수 있는 재고라는 완충장치를 이용할 수 없으므로 시간적 제약을 많이 받게 된다. 또한 고객이 서비스 제공 장소로 직접 이동하여 서비스를 제공받는다는 점에서 공간적 제약도 받게 되는데, 이러한 시간적·공간적 제약은 기업들에게 높은 경쟁을 유발시키는 원인이 될 수 있다. 고객이 만일 주변에 원하는 서비스를 제공하는 장소가 있다고 하면, 그 서비스가 어느 정도의 수준만 충족이 되면 굳이 먼 곳에 있는 제공 장소로 이동하지 않고 가까운 곳에서 제공받게 된다. 또한 서비스업 자체

표 2-2 제품과 서비스의 특징

제품	구분	서비스
• 유형, 내구적	• 산출물의 특성	• 무형, 보관 불가능
• 산출물에 대한 재고축적이 가능	• 재고의 보유	• 산출물에 대한 재고축적이 불가능
• 고객접촉이 적음	• 고객 접촉	• 고객접촉이 많음
• 반응시간이 김	• 최초 접촉 이후의 기간	• 반응시간이 짧음
• 지역, 국내, 국제 시장	• 시장 규모	• 국지적 시장
• 대규모 설비	• 생산 설비 규모	• 소규모 설비
• 자본 집약적	• 산업 특성	• 노동 집약적
• 품질 측정이 용이	• 품질	• 품질 측정이 곤란

출처: Krajewski, Lee J. and Larry P. Lizman (1999), *Operations Management*, 5th ed., Addison Wesley.

가 반드시 거대한 시설이 필요한 경우가 적기 때문에 영세한 규모로도 쉽게 제공 장소를 설립할 수 있어 기업간 경쟁이 치열한 원인이 된다.

이렇게 시장에 쉽게 진출할 수 있는 것을 '시장의 진입장벽이 낮다.' 라고 표현하는데, 서비스업은 특정 기술이나 성능, 디자인으로 구성된 제품과는 달리 쉽게 모방할 수 있다는 점에서도 경쟁을 유발하기도 한다. 이와 같은 점들은 신용카드와 같은 예를 통해서 쉽게 알 수 있다. 우리나라 신용카드사의 경우를 살펴보면 은행과 직접 조합을 설정하여 설립된 은행계 신용카드 회사와 기업에서 자체적으로 설립된 전문 신용카드회사로 나눌 수가 있다. 그 중 은행계 신용 카드는 대부분 해당 은행과 거래를 하던 사람들이 발급 받게 되어 전문 신용 카드 회사보다 고객을 보다 쉽게 모집할 수 있었고, 직접 보유하고 있는 자금을 이용하여 현금서비스 등과 같은 자금 운용을 할 수 있었기 때문에 보다 유리한 상황이었다. 이에 대한 극복 방안 중 하나로 전문 카드회사에서는 업계간의 제휴를 통해 레저, 요식, 문화서비스 등에서 할인혜택의 제공받을 수 있는 다양한 서비스를 이용하여 차별화를 실시하였다. 그러나 이러한 차별화는 제품에서 얻을 수 있는 것처럼 지속적인 경쟁우위를 제공해 준 것이 아니었다. 경쟁업체인 은행계 신용 카드 회사에서도 제휴서비스를 쉽게 따라함으로써 전문 신용 카드 회사가 지녔던 차별성을 없앨 수 있었기 때문이다. 그러나 제조업들이 지니는 경쟁우위의 요소들은 쉽게 따라할 수 없는 기술력이나 제품의 특성에서 기인되기 때문에 진입 장벽이 높은 시장 환경을 지니고 있는 경우가 대부분이다.

고객 수요에 대한 반응 시간도 주문의 수주 후 일정기간의 납기 시간을 지니는 제조업과는 달리 서비스 기업은 고객의 요구에 따라 변하게 되며, 대부분의 고객들은 대기시간이 없는 즉각적인 반응을 선호함으로써 서비스 생산 능력의 관리에 대한 어려움을 가중시키게 된다.

품질의 측정에 있어서도 제조업은 유형의 대상에 대해 품질을 측정하게 되고, 서비스업은 보통 무형의 서비스를 제공받는 고객의 인지에 의해 측정하게 되므로 측정이 어렵다는 차이점을 보이고 있다.

그러나 서비스업이나 제조업 모두 기업운영에 있어서는 프로세스의 설계와 관리의 중요성이 존재하며, 프로세스가 사용하는 기술의 중요성과 효과에 대해서 기업 운영이 차이가 난다는 점이나, 품질, 생산성, 고객에 대한 적시 대응, 설비능력, 입지, 시설배치에 대한 문제점과 중요성들은 서비스 기업이나 제조

기업 모두 중요한 의사결정 요소가 된다. 또한 예측된 수요 수준에 대응할 수 있는 인력과 설비능력의 확충 또한 모든 기업이 경쟁력과 기업 경영의 효율성을 확보하기 위해서 반드시 철저한 관리가 필요한 부분이다.

따라서 서비스업과 제조업을 명확히 구분하는 것은 매우 모호하다고 할 수 있다. 앞에서 언급한 바와 같이 제조업이 제품만 생산하고, 서비스업이 서비스만 생산하는 것이 아니고, 보통 유형의 재화와 무형의 서비스가 혼합된 패키지를 제공하는 경우가 대부분이므로 특정 분야만을 강조하기가 어렵다. 그리고 서비스업도 서비스 제공에 필요한 원자재는 재고로 보유하고 있어야 하므로 서비스 자체에 대한 재고만 없을 뿐이지 서비스 제공에 필요한 촉진제품들에 대한 관리는 항상 필요하게 된다. 서비스나 제품이 지니고 있는 시간, 장소, 형태 및 심리적인 효용을 잘 관리하여 고객에게 전달함으로써 높은 가치를 생산할 수 있어야 한다.

제 2 절 서비스 운영의 특성

여러 해 동안 많은 연구자들은 서비스를 특징짓기 위해 하나 또는 그 이상의 기준을 사용해왔다. 그들의 연구에 기초하여 서비스 기준들을 요약하여 정리해 보면 다음과 같다

- 서비스는 무형의 산출물을 생산한다.
- 서비스는 변동적이며 비규격화된 산출물이다.
- 서비스는 소멸성을 갖는다. 즉 서비스는 재고로 남을 수 없고, 생산 중에 소비된다.
- 서비스 과정에 걸쳐서 고객과의 접촉이 많다.
- 고객은 서비스 제공의 과정에 참여한다
- 서비스 기술은 직접적으로 고객에게 판매된다.
- 서비스는 대량 생산될 수 없다.
- 서비스는 수행하는 개인에 의한 개인적인 판단이 많다.
- 서비스 기업은 노동집약적이다.
- 비집중화된 시설이 고객 가까이에 있다.
- 효과성의 측정은 주관적이다.

• 품질관리는 주로 과정 통제에 제한된다.
• 가격선택은 아주 다양하다.

모든 서비스가 이상과 같은 특징을 모두 가지고 있지는 않지만 최소한 어느 정도의 이러한 특징을 가지고 있다. 이상의 서비스 기준들에 대해 보다 더 자세히 설명해보기로 한다.

(1) 무형의 산출물

법률상담과 같은 서비스는 유형의 산출물이 아니다. 그러나 레스토랑, 주유소, 또는 실내장식 등과 같은 서비스는 유형의 산출물과 무형의 산출물이 혼합되어 있다. 제조 기업의 산출물도 또한 무형적인 것(보증, 기술 정보 및 소유권리 등)을 포함하지만 제조 기업의 중요한 산출물은 언제나 물리적인 유형의 생산품이다.

무형성은 어떤 다른 특징보다 서비스의 독특성을 더욱 간단하게 설명해 준다. 다음의 인용문은 서비스의 무형성의 영향을 설명하고 있다.

서비스가 무형성을 '제외' 하고 나면 제조 생산품과 똑같다고 하는 것은 잘못된 것이다. 그것은 사과는 '사과의 특성' 을 제외하면 오렌지와 똑같다고 하는 얘기와 같다. 무형성은 바꾸어지는 것(modifier)이 아니라 상태(state)이다. 무형성은 유형적인 것과 함께 할 수도 있지만 서비스의 특징인 경험(예를 들어, 영화), 시간(예를 들어, 컨설팅), 또는 과정(예를 들어, 드라이 클리닝)과 같은 무형성의 물리적인 소유권은 돈이 얼마가 있더라도 살 수 없는 것이다. 서비스는 경험되는 것이다. 서비스는 선반 위에 저장할 수 있는 것이 아니며, 만질 수도, 맛볼 수도, 또는 크기에 맞는가 입어볼 수도 없는 것이다.

서비스의 무형적인 특성은 고객에게 문제점을 주기도 한다. 제품을 구매할 때 고객은 보고, 느끼며, 구매 전에 성능을 시험할 수 있다. 그러나 서비스를 구매할 때는 주로 서비스 기업의 평판에 의존한다.

(2) 변동적이며 비규격화된 산출물

미장원, 양복점, 채용기관 등은 개별 고객에 따라 다양한 서비스를 제공한다. 불가능한 일이 아니라도 그러한 산출물을 규격화시키기는 어렵다. 왜냐하면 고객 개개인은 서비스의 수행 전이나 수행 기간 동안 그 서비스에 대해 바라는 바가 다르기 때문이다. 더욱이 많은 서비스는 노동집약적이며, 여러 서비스 제공자들이 생산한 산출물은 흔히 규격화되기 어렵다.

(3) 소멸성

대부분의 서비스는 생산되는 동시에 소비되기 때문에 소멸하며, 재고화 할 수 없다. 시간이 제한되어 있는 서비스 전화를 하는 사람은 정확한 시간이 소모되는 동안에 서비스가 제공되고 있다는 것을 알게 된다. 호텔 객실, 비행기나 극장의 좌석, 그리고 변호사의 일일 시간 등은 저장될 수 없고 나중에 다시 사용할 수 없다.

반면에 소멸성은 고객의 관점에서 보면 다를지도 모른다. 고객은 서비스가 생산된 이후에 그 서비스를 집에까지 가져올 수 없지만, 고객은 서비스를 구매한 후 오랫동안 그 '효과'를 음미할 수 있다. 예를 들어, 외과 의사가 환자에게 심장이식 수술을 하면 그것은 단지 한 번의 의료 서비스가 아니라 그 혜택은 환자의 평생동안에 걸쳐 계속되는 것이다. 영화의 경우조차도 영화상영이 끝난 뒤에도 계속 회고되거나 또는 시간의 차원을 넘어서 교육적인 혜택을 준다.

서비스의 소멸성은 수요의 변화에 대처하기 위해 재고에 의존했던 전통적인 생산방식의 적용을 어렵게 한다. 제조업은 재고를 이용하여 산출물이 일정수준을 유지하게끔 할 수 있다. 제조 기업에서 재고는 또한 제조단계(공정)를 연결하는데 사용된다. 서비스 기업에서는 고객의 대기시간을 통해 연결된다. 따라서 재고통제가 제조업에 있어 가장 큰 문제가 되지만 서비스 기업에 있어서는 고객의 대기시간이 중요한 관리의 쟁점이다. 서비스의 수용능력, 이용의 편리성, 유휴시간 사용의 선택문제가 고객의 대기시간을 평준화시킨다.

서비스는 생산과 소비가 동시에 일어남에 따라 품질관리를 위한 많은 기회를 상실하게 된다. 제품이 수송되기 전에 검사되는 제조업과 달리 서비스 기업은 일정 수준의 서비스 산출을 위해 다른 척도가 이용되어야 한다.

(4) 서비스 공정상 고객과의 많은 접촉

서비스는 일반적으로 서비스 과정에 걸쳐 고객과의 많은 접촉이 있다는 특징을 갖는다. 그러나 고객과의 접촉범위는 제공되는 서비스의 유형에 따라 상당히 광범위하다. 따라서 다음과 같은 고객접촉 방식의 구분이 유용할 것이다.

① 서비스 과정에 걸쳐 지속적인 물리적인 접촉이 요구된다.

② 서비스 과정 동안 지속적인 의사소통 접촉이 요구된다. 그러나 고객은 멀리 떨어져 있을 수도 있다.

③ 간헐적인 간격으로 물리적인 고객과의 접촉이 필요하다.

표 2-3 서비스 과정에서 서비스 제공자와 고객과의 접촉 유형

생산공정상의 접촉	서비스	제조
• 지속적인 물리적 접촉	이발, 맛사지, 유람선	없음
• 지속적인 의사소통	핫 라인	대규모 무기 시스템
• 간헐적인 물리적 접촉	경영 컨설팅, 성형수술, 레스토랑	가발제조, 의류업
• 간헐적인 의사소통	경영 컨설팅, 법률 서비스, 공공사업(전기, 수도, 가스 등)	인쇄, 공구 및 염색업체
• 과정 전, 초기, 말기의 물리적 접촉	양복점, 드라이 클리닝, 이사짐 운반업체	부엌가구 제조업체
• 과정 전, 초기, 말기의 의사소통	주식거래를 하는 주식중개업, 자동차 대여업	해외 생산 양복 제조업체, 우편판매를 이용하는 제조업체

④ 서비스과정 중에 간헐적으로 고객과의 의사소통(원격 통신)이 요구된다.

⑤ 고객과의 접촉은 물리적으로 또는 원격 통신에 의해 서비스의 시작전과 초기, 그리고 말기에 요구된다.

〈표 2-3〉은 제조 기업과의 비교를 통해 서비스 기업의 고객접촉 정도의 예를 보여준다. 고객과 서비스 제공자 사이의 완충자가 부족하기 때문에 서비스 종사자들은 고객과의 효과적인 상호작용을 하기 위해서 주의깊게 선별되고 훈련받아야 한다.

(5) 고객 참여

레스토랑, 에어로빅, 투자 및 부동산업 등과 같은 서비스에 있어서 고객참여는 광범위하고 다양한 형태를 나타낸다. 예를 들어, 집에 전화기가 있어서 필요할 때마다 언제나 전화 서비스를 사용할 수 있는 사람의 경우처럼 서비스 고객은 서비스의 회원 또는 가입자일 수 있다. 다른 한편으로 서비스는 당사자가 서비스의 공식적인 가입자가 아닐지라도 지속적으로 서비스를 받을 수도 있다. 이는 경찰의 보호와 같은 대부분의 공공 서비스를 말한다. 또한 서비스는 대중교통과 같은 불연속적인 시점에서만 일반 대중에게 가능할 수도 있다. 〈표 2-4〉는 서비스의 지속적인 전달과 특정 시점에서의 전달, 그리고 고객과 서비스 조직과의 공식적, 비공식적 관계를 보여준다. 고객참여의 정도와 형태는 서비스 설계에 있어서 중요한 고려사항이어야 한다.

대개 고객은 서비스 창출과정에 참여하므로 서비스 공정설계를 하는데 주의가 요구된다. 일반적으로 고객은 깨끗한 대리점에서 자동차를 구입하게 되므로 자동차가 더럽고 시끄러운 공장에서 만들어지는 것에 관심을 갖지 않는다. 그러나 공정에 고객이 참여해서 관찰하고 있으면 서비스 시설의 물리적 환경에도 주의를 기울여야 한다. 이 때 서비스는 고객에게 서비스 시설의 환경에 대한 경험이 된다. 서비스 시설이 고객의 욕구대로 설계된다면 서비스의 질은 향상될 것이다. 내부장식, 가구배치, 시설배치, 소음, 동일한 색조가 고객의 지각에 영향을 미칠 것이다. 우리가 버스 정류장에 있을 때와 공항에 있을 때의 우리를 비교해보라. 물론, 승객은 공장과 같은 환경에서 운영되는 버스 정류장 사무실은 출입할 수 없다(예를 들어, 여행용 수하물 취급장소). 그러나 혁신적인 서비스를 제공하는 기업은 서비스의 촉진을 위해 일반인에게 사무실까지 출입할 수 있게 한다. 예를 들어, 음식점에서 주방을 공개한다든지, 자동차 정비소의 대기장소에서 창문을 통해 정비과정을 볼 수 있게 한다든지 등이다.

서비스를 제공하는 데 고려해야 할 중요한 고려사항은 고객이 서비스 공정

표 2-4 서비스 전달성격에 따른 서비스 조직과 고객과의 관계

서비스 전달의 성격	서비스 조직과 고객과의 관계 유형	
	'회원제' 관계	비공식적인 관계
서비스의 지속적인 전달	보험 전화가입 대학등록 은행 자동차협회	라디오 방송 경찰의 보호 전기회사 고속도로
서비스의 특정 시점에서의 전달	가입자 전화를 통한 장거리 통화 영화 시리즈물의 시청가입 컴퓨터를 이용한 티켓구입으로 여행	자동차 임대 우편 서비스 통행료 지불 고속도로 공중 전화 영화관 공공 교통수단 레스토랑

에서 활발히 역할을 할 수 있도록 하는 것이다. 고객의 지식, 경험, 동기부여, 심지어 진실성까지 이 모두가 서비스 시스템의 성과에 직접적으로 영향을 주고 있음을 다음의 몇 가지 예에서 알 수 있다.

① 슈퍼마켓과 할인점이 고객에게 인기있는 것은 고객이 소매과정에서 기꺼이 활발한 역할을 맡기 때문이다.
② 환자의 정확한 진료기록은 의사의 진료효과성에 큰 영향을 미칠 수 있다.
③ 학생의 교육은 학생자신의 노력과 기여에 의해 크게 좌우된다.

이러한 전략은 종업원의 수를 크게 감소시킨 패스트 푸드점에서 잘 설명된다. 고객은 한정된 메뉴를 보고 직접 주문해야 할 뿐만 아니라 식사 후에는 빈 그릇을 직접 치워야 한다. 자연히 고객은 이에 대한 보상으로 보다 빠른 서비스와 저렴한 가격을 기대한다. 그러나 서비스 공급자는 여러 가지 면에서 이익을 얻게 된다. 첫째, 감독자의 수를 줄일 수 있다. 둘째, 더 중요한 것은 고객이 서비스가 필요한 시점에서 노동력을 제공하기 때문에 서비스 생산능력이 수요에 맞춰 시의적절하게 변화한다. 만약 서비스 생산을 종업원에게만 의존할 경우 서비스 생산능력은 고정된다. 고객은 서비스가 꼭 필요할 때에 맞춰 채용하는 임시 종업원의 역할을 한다.

(6) 고객에게 직접적으로 판매되는 기술

주택 페인팅, 배관 수리, 조경, 미용, 또는 정신과 치료 등과 같이 많은 서비스의 경우에 고객이 서비스 제공자의 기술을 구매한다. 또한 많은 다른 서비스의 경우에는 기술적인 면은 고객과 분리된 핵심이기도 하다. 〈표 2-4〉에 나와 있는 고객과 서비스 전달자와의 회원제 관계가 대부분 이런 성격을 띠고 있다. 서비스의 설계, 서비스의 공정, 서비스의 마케팅도 모두 서비스의 어떤 기술이 제공되는가에 따라 영향을 받는다.

(7) 대량 생산

과거에 서비스를 구별했던 한 가지 관점은 서비스는 대량 생산될 수 없다는 것이었다. 대부분의 경우 이 말은 옳다. 왜냐하면 서비스에 대한 고객의 요구사항은 각기 다르기 때문이다. 그러나 어떤 서비스는 실제로 대량 생산의 차원을 넘어서 대량 소비를 위해 동시에 생산된다. 예를 들어, 라디오나 텔레비전 프로그램에는 문의하는 전화에 답을 하는 전문가가 있을 수도 있다. 이러한 즉각적인 답변은 수천만의 사람들에게 서비스하는 것이다. 이와 유사하게 신용카드 서비스는 지속적으로 대량 서비스를 제공한다.

(8) 서비스 제공자의 높은 개인적인 판단

많은 서비스에 있어서 서비스의 설계는 조언자, 부동산 중개업자, 또는 미용사등과 같이 그 서비스를 실제로 제공하는 사람에 의해 결정된다. 서비스의 개별 제공자는 서비스를 제공하면서 그 고객의 요구에 부응해야만 한다. 따라서 어떤 경우에는 서비스 제공자에게 높은 판단력을 요구한다. 그러나 패스트푸드점이나 자동현금인출기 등과 같은 다른 유형의 서비스 제공에는 거의 개별적인 판단이 필요 없다. 판단력은 분명히 개별적인 서비스의 정도와 관련이 있다. 이러한 관계의 예가 〈표 2-5〉에 나타나 있다.

예를 들어, 교육은 높은 수준의 개별적 판단을 필요로 하지만, 개별 학생에게는 개별화(customized)되지 않는다. 보건의료의 경우도 역시 의사의 입장에서

표 2-5 서비스 전달에서의 개별화와 판단력

고객을 접촉하는 서비스 제공자가 개별 고객의 요구에 부응하기 위해 행사하는 판단력의 정도	서비스 특징이 개별화되는 정도	
	높다	낮다
높다	• 법률 서비스 • 의료 서비스/수술 • 건축 설계 • 채용 기관 • 부동산업소 • 세금 서비스 • 미용 서비스 • 배관 시비스 • 교육(개인지도)	• 교육(대규모 강의) • 예방 의학 프로그램
낮다	• 전화 서비스 • 호텔 서비스 • 은행 서비스 (대출 제외) • 좋은 레스토랑	• 공공 교통수단 • 일상 가정용품 수리 • 패스트푸드점 • 영화관 • 관람용 스포츠

높은 판단을 요구하며, 환자에게도 역시 개별화된다. 반면 공공 교통수단은 서비스 제공자나 고객 모두에게 낮은 판단력을 요구한다.

(9) 노동집약도

서비스 기업이 노동집약적인가 아니면 자본집약적인가의 문제는 중요한 영향을 시사한다. 자본집약은 장비비용이 유지된다면 지속적인 생산성 향상을 약속해 준다. 사람들이 서비스가 근본적으로 노동집약적이라고 생각하는 경향이 있지만 이것이 항상 옳은 것은 아니다. 일부는 노동집약적이지만 또 다른 일부는 노동집약적이지 않다. 치과의료는 자동화의 전망이 거의 없다. 왜냐하면 치과치료에는 사람에 따라 문제의 형태가 무한정할 뿐만 아니라 정신적 및 물리적인 작업이 요구되기 때문이다. 그러나 이와는 반대로 교육, 은행 서비스, 자동차 임대, 또는 호텔 서비스는 점차 자동화되어질 수 있다.

[그림 2-4]는 서비스기업이 자본집약에서 노동집약까지 여러 형태로 존재할 수 있다는 것을 보여 준다. 예를 들어, 자동판매기는 자동화된 서비스를 대표하는 한편 경영 컨설턴트는 고도로 전문화되고 개인적인 서비스를 제공한다.

장비와 자본 집약도는 언제나 이분법적인 것은 아니다. 표 2?6은 장비 사용의 정도와 인력지향의 다양한 서비스를 보여 주며, 일부 서비스는 자본 및 장비 사용의 정도에 있어서 높을 수도 또는 낮을 수도 있다는 것을 보여 준다.

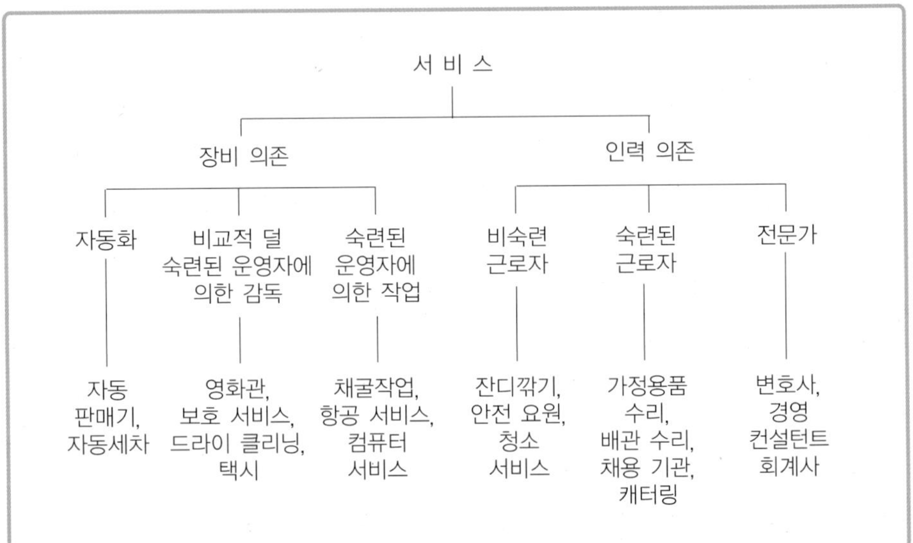

| 그림 2-4 | **자본집약도와 노동기술에 의한 서비스기업의 분류**

표 2-6 서비스 산출물의 특징에 대한 이해

서비스 산출물에 대한 장비/시설의 기여도*	서비스 산출물**에 대한 인력의 기여도		
	높음	중간	낮음
높음	특급호텔 병원	여객 항공기 자동차 대여업	지하철 은행업(자동지급기)
중간	치과 연극상영 대학 교육	은행업 (창구직원)	화물 운송 영화관
낮음	기업 금융 경영 컨설팅 공인 회계	세무	"듣기 쉬운" 라디오 방송***

* 식품 및 음료와 같은 물리적인 기여도 또한 포함함.
** 서비스 인력, 다른 고객, 또는 이 두 가지가 모두 될 수 있음.
*** 장비(라디오 수신기)가 방송 청취를 위해 필요하지만 이것은 서비스 자체의 일부가 아님.

예를 들어, 특급 호텔과 병원에는 훌륭한 여러 시설들이 있지만 사람의 서비스 또한 요구된다. 다른 한편 "손쉽게 청취할 수 있는" 라디오 방송은 장비나 개인적인 개입이 거의 필요 없다. 대학 교육은 중간 정도 수준의 장비 사용을 필요로 하지만 개인적인 접촉은 많이 요구된다.

(10) 고객 주변의 비중앙집중화된 시설

일반적으로 서비스 시설은 물리적으로 고객 가까이에 위치해야 하며 제조공장은 원료나 공급자 가까이에 위치해야 한다고 알려져 있다. 이로 인해 소규모의 비중앙집중화된 서비스 기업은 지리적으로 고객 서비스 지역에 걸쳐 분산되어 있고, 대규모의 중앙집중화된 제조공장은 고객과는 다소 거리를 두고 위치해 왔다.

고객과의 물리적인 접촉이 있는 서비스(잔디 다듬기, 지붕 수리, 은행, 식료품점, 또는 기타 소매상점)에게 있어서 고객과의 근접성과 잠재 고객의 집중은 서비스 기업이 고객의 주변에 위치해야 한다는 것을 중요하게 만든다. 반면에 일부 은행 서비스, 우편 주문업, 보험 회사, 통신대학 등의 기타 다른 서비스는 고객에게 아주 먼 거리에서 전화, 우편, 방송으로 완전히 서비스를 전달할 수 있다.

(11) 주관적 효과성 측정

서비스 조직의 산출물에 대한 측정은 여러 가지 이유로 인해 어렵다. 예를 들어, 서비스의 품질은 수치로 나타낼 수 없기 때문에 서비스를 받은 고객의 수로 계산해서는 안된다. 비영리 서비스 조직(예를 들어, 병원, 대학, 정부)은 이익극대화와 같은 한가지 목표만 가진 것이 아니기 때문에 측정의 문제는 더 복잡할 것이다. 더 중요한 것은 서비스 시스템이 동일한 투입을 가정했을 때 산출만으로 평가가 가능한가 하는 것이다. 서비스의 가장 명확한 평가는 각각의 고객에게 투입에서부터 산출에 이르기까지 전공정의 변화를 측정해야 한다.

많은 사람들은 서비스의 효과성이나 서비스 수준의 측정은 주로 주관적인 것이라고 믿고 있다. 우리가 어떻게 교수의 강의, 외과의사의 치료, 또는 경찰의 보호의 효과성을 측정할 수 있겠는가? 물리적인 상품의 품질을 결정하는 것은 무형의 서비스의 효과성을 측정하는 것보다 훨씬 쉽다. 어떻게 개별 고객들이 스스로 서비스의 품질에 대해 판단하는지를 파악하는 것이 어렵기 때문에 문제해결은 더욱 곤란해진다.

(12) 과정통제 위주의 품질관리

제조에서 품질관리는 기본적으로 두 가지 형태, 즉 제조 공정의 통제와, 고객에게 전달되기 전에 완성품의 샘플링 검사로 이루어진다. 이와는 대조적으로 대부분의 서비스에는 고객이 어떤 방식으로든 개입되어 있기 때문에 서비스는 제공자에 의해 검사되거나 탈락되기 이전에 고객에게 전달된다.

보다 극단적인 예로 성형외과 의사가 환자의 얼굴을 성형했다고 생각해보자. 붕대를 풀고 얼굴이 드러났을 때 이전 얼굴과 상처가 그대로 남아서 환자를 기가 막히게 한다. 이보다는 조금 덜 한 경우로 이발사가 고객의 머리를 고객이 생각한 것보다 너무 많이 자를 수도 있다. 이러한 예의 서비스는 서비스 과정의 이전에 또는 진행 중에 통제되어져야 한다.

그러나 어떤 서비스는 통제를 적절하게 사용할 수 있고 점점 더 통제가 증가하고 있다. 예를 들어, 건축가는 고객에게 서비스를 전달하기 이전에 가정용 집기가 코드에 맞는지 확인하고 구조적인 잘못이 있는지를 알아보기 위해 도면을 몇몇 사람들에게 검토하도록 할 수 있다.

(13) 다양한 가격 기준

제조에서는 최첨단 무기 시스템이나 맞춤생산 및 웨딩 드레스 생산과 같은 높은 서비스 비중을 가진 생산품을 제외하고는 상품단위의 가격은 사전에 정해진다. 그러나 서비스의 경우에 가격결정은 보다 어렵고 유동적이다. 서비스 가격은 다음과 같은 기준에 의해서 결정될 수 있다.

- 회수 불가능 또는 높은 회수율을 가지는 법복 등과 같은 '임시 요금'
- 초상화, 서적, 또는 훈련 프로그램과 같이 서비스가 수행되기 전에 가격이 협상되는 '외형 요금'
- 전화나 메니큐어와 같은 '고정 요금'
- 시간과 재료비용
- 노동만이 관련있을 때 '시간비용'
- 원가 플러스 고정요금
- 서비스를 받았을 때(컴퓨터 처리)와 주문 받았을 때(일부 항공 요금)의 경우와 같은 '고정요금 또는 요율 마이너스 할인율'

항공사 요금이 아마도 서비스 가격 중에서 가장 복잡한 예일 것이다. 차별화된 상품 제공과 치열한 경쟁으로 인해 항공 요금 또한 수시로 변경된다.

제 3 절 서비스의 분류와 경영문제

서비스 경영의 개념은 일반적으로 모든 서비스 조직에 적용될 수 있다. 그러나 불행히도 서비스 기업은 다른 서비스 조직에서 갖는 공통적인 경영문제를 인식하려 하지 않는다. 예를 들면, 병원 경영자는 음식점이나 호텔의 경영방법을 알아야 한다. 컨설팅, 법률, 의료 서비스와 같은 전문적인 서비스는 공통적인 경영문제를 가지고 있다.

서비스 분류는 서비스 관리에 대한 논의를 조직화하는 데 도움을 줄 수 있고, 학습의 공유에 방해가 되는 산업장벽을 허물 수 있게 해준다. 제조업에서 연속생산(예를 들어, 정유), 라인생산(예를 들어, 자동차 조립공장), 배치생산(예를 들어, 양조장), 잡샵생산(예를 들어, 인쇄소), 프로젝트생산(예를 들어, 우주정거장 건설) 등과 같은 생산공정의 분류는 제조지식체계의 구축을 위한 도구

는 노동집약도는 높지만 상호작용/개별화의 정도는 낮다. 마지막으로 '전문 서비스(professional services)'는 의사, 변호사, 회계사와 같이 노동집약도와 개별화 정도가 모두 높은 서비스이다.

[그림 2-6]은 서비스 프로세스 매트릭스에 따라 분류된 서비스 산업들이 공통된 경영문제들을 갖고 있음을 보여준다.

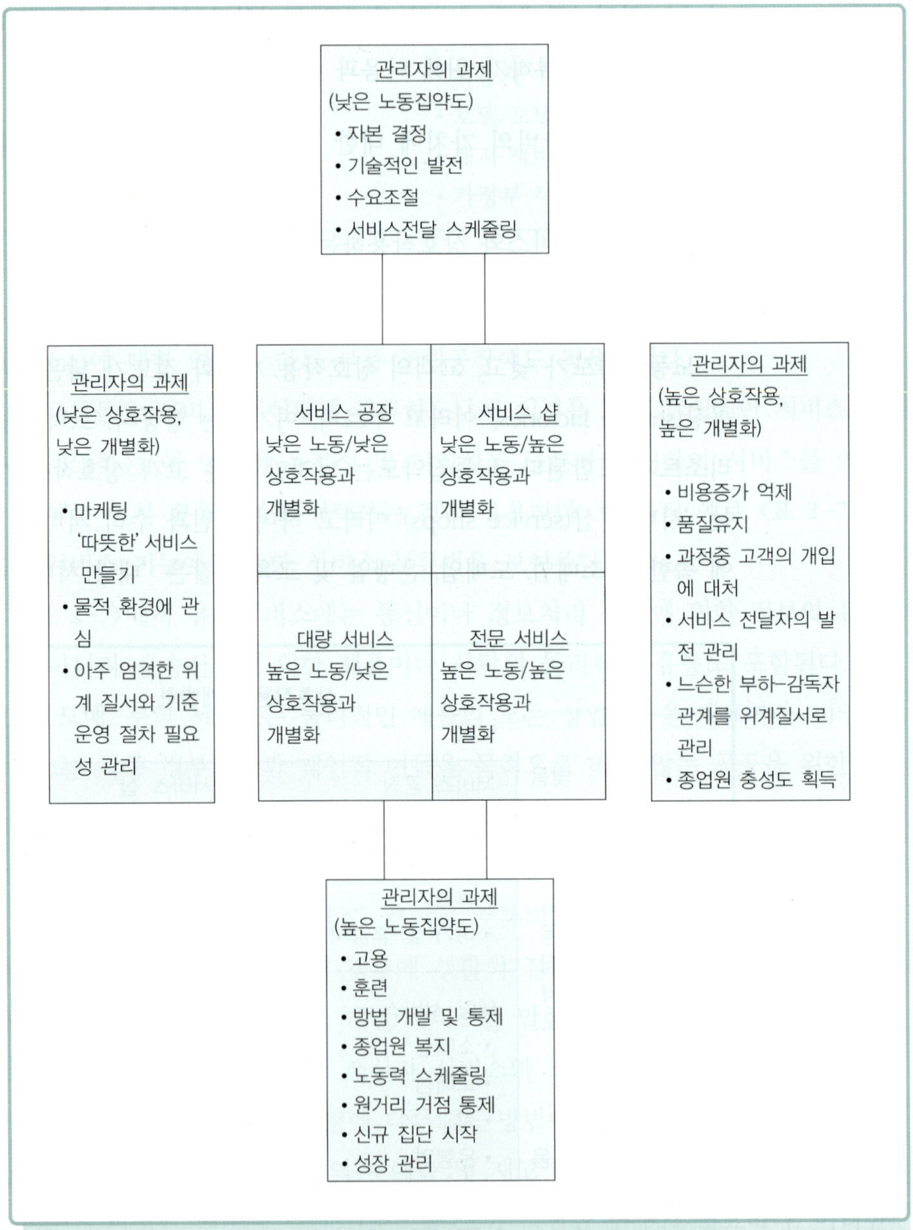

| 그림 2-6 | 서비스 경영자들의 도전과제

노동집약도가 높은 서비스 기업의 경영자는 노동력의 관리와 통제에 많은 시간과 노력을 쏟는다. 이러한 서비스는 또한 비중앙집중화의 경향을 띠고 있고, 서비스 기업이 종종 지역적으로 서로 다른 곳에 위치하기 때문에, 경영자들은 새로운 지역을 시스템에 소개해야 하는 것뿐만 아니라 몇개의 서비스 지역을 동시에 관할해야 한다.

노동집약도가 낮은 서비스의 경영자는 이와는 다른 종류의 문제를 가진다. 그들은 현재의 공장 및 장비에 대한 감독과 새로운 기법에 대한 평가에 더 많은 관심을 둔다. 이처럼 장비지향의 서비스는 노동집약적 서비스 보다 덜 유동적이기 때문에 이들은 서비스 전달의 스케줄을 보다 정확하게 잡아야 하며, 서비스 수요의 성수기를 연장시키고, 비수기에는 촉진책을 활용하는 등 수요를 조절해야 한다.

고객 상호작용/개별화가 낮은 서비스라면 경영자는 서비스가 부드럽고 서비스 시설이 매력적이 되도록 마케팅에 많은 관심을 기울여야 한다. 이는 또한 운영절차를 정하고 엄격한 관리 위계질서를 가지는 서비스의 유형이기도 하다.

높은 고객 상호작용/개별화 서비스의 경우에는 경영자는 비용 절감을 위해 노력해야 하는 한편 높은 품질 수준을 지속시키는데 관심을 기울려야 한다. 서비스 종사자들은 서비스 기업의 성공에 보다 큰 영향을 미치고 있으며, 잘 훈련되고 조심스럽게 다루어져야 할 필요가 있다. 또한 경영자와 부하의 관계는 덜 엄격한 경향이 있다.

제 4 절 서비스 패키지

서비스 경영자가 자신의 생산품의 본질을 밝히는 데는 어려움이 있다. 이러한 문제는 부분적으로 서비스의 무형성 때문에 기인한다. 그러나 더 중요한 이유는 전체 서비스 경험을 창출하는 과정에 고객이 개입한다는 것이다. 다음의 예를 생각해 보자. 많은 사람들이 친구들과 함께 어울리기 위해 식사를 하기 때문에 레스토랑의 분위기는 음식 만큼이나 중요하다. 또한 은행의 고객은 대기 시간이 짧거나 행원이 친절하기를 원한다.

서비스 패키지(service package)는 어떠한 환경에서 제공되는 제품과 서비스의 묶음으로 정의된다. 이 묶음은 다음의 네 가지 요소들로 구성된다.

표 2-8 서비스 패키지의 평가기준

지 원 시 설	
① 건축상의 적합성: 대학 캠퍼스의 르네상스식 건축 독특하게 인식되는 푸른색 지붕 도심지 은행의 거대한 화강암의 외관 ② 내부장식: 적절한 분위기가 연출되는가? 가구의 질과 조화	③ 설비배치: 소통이 원활한가? 대기 장소는 적합한가? 불필요한 이동 혹은 추적이 있는가? ④ 지원장비: 치과의사가 기계드릴을 사용하는가? 또는 에어드릴을 사용하는가? 항공기의 기종과 사용연수는 어떠한가?
촉 진 제 품	
① 일관성: 프렌치 후라이의 바삭바삭한 상태 부분통제 ② 수량: 소, 중, 대 크기의 피자	무료 체크 ③ 선택: 교환 머플러의 다양성 이용가능한 메뉴품목 임대스키
명 시 적 서 비 스	
① 서비스 인력의 훈련 국가가 공인한 자동차 정비공인가? 숙달된 조수의 활용범위는? 일류 의과대학출신의 외과의사인가? ② 종합성: 패스트푸드점 대 카페테리아 종합병원 대 개인 클리닉	전문대학 대 종합대학교 회의실 레스토랑, 수영장을 갖춘 모텔 ③ 일관성: 항공기의 정시도착 기록 ④ 이용가능성: 24시간 뱅킹 서비스 소방서의 위치
묵 시 적 서 비 스	
① 서비스 인력의 태도 친절한 승무원 재치있는 경찰관 퉁명스런 음식점 종업원 ② 기밀보호 및 안전성: 변호사 사무실에서 법률상담 모텔방의 마그네틱 열쇠 ③ 편리성: 예약이용, 무료주차 ④ 분위기: 레스토랑 실내장식	표준화된 양식사용 잘 정돈된 것보다는 혼잡한 감 ⑤ 대기: 드라이브인 뱅킹 통화대기 레스토랑의 칵테일 바 ⑥ 지위: 명문대학의 졸업장 스포츠 행사의 특등석 ⑦ 행복감: 대형 여객기, 밝은 조명의 주차장

① 지원시설: 서비스가 제공되기 이전에 서비스 장소의 물리적 자원을 말한다. 예를 들어, 골프 코스, 스키 리프트, 병원, 항공기 등이다.

② 촉진제품: 구매자가 구입하거나 소비하는 자재, 또는 고객에 의해 제공되는 품목을 말한다. 예를 들어, 골프 클럽, 스키, 음식 차림표, 자동차 교환부품, 법률문서, 의료기기 등이 이에 속한다.

③ 명시적 서비스: 감각으로 쉽게 관찰할 수 있고, 서비스의 핵심적 특징으로 이루어지는 효익을 말한다. 예를 들어, 치과 치료후의 통증감소, 자동차 정비 후의 부드러운 주행성, 소방서의 출동시간 등이 이에 속한다.

④ 묵시적 서비스: 서비스의 부차적인 특징으로 느끼는 심리적인 효익을 말한다. 예를 들면, 대출의 비밀보장, 염려없는 자동차 정비 등이 이에 속한다.

이상의 네 가지 요소들은 모두 고객들이 경험하는 것이며, 서비스 지각의 기초를 이룬다. 서비스 경영자가 고객이 바라는 서비스 패키지를 경험하도록 하는 것은 매우 중요하다. 값싼 호텔을 예로 들어보자. 지원시설은 소박한 가구를 갖춘 콘크리트 건물이다. 촉진제품은 최소한의 비누와 휴지이다. 명시적 서비스는 깨끗한 방과 편안한 침대이다. 묵시적 서비스는 프론트 안내원의 친절함과 밝은 조명의 주차장 안전성을 포함한다. 호텔보이를 두는 등의 서비스 패키지 변화는 값싼 이미지를 실추시킬 것이다. 〈표 2-8〉은 서비스 패키지를 평가하는 기준의 목록을 보여주고 있다.

서비스 패키지에서 촉진제품은 순수 서비스에서 다양한 혼합 서비스에 이르기까지 서비스를 분류하는 데 이용될 수 있다. 예를 들어, 촉진제품이 없는 정신과 상담은 순수 서비스로 간주된다. 자동차 정비는 이발보다 더 많은 촉진제품을 필요로 한다.

서비스 본질에서의 그러한 변동이 있을 때 서비스 경영에 대해 일반적으로 설명하기는 어렵다 그러나 서비스 환경의 독특한 특징의 이해는 서비스 경영자가 직면하고 있는 문제를 충분히 인식하는 데 중요하다.

제 5 절 서비스 전략

1. 서비스 전략의 개념

고전문학 '별주부전'에서 동작이 느린 거북이는 토끼를 자신에게 유리한 물 속으로 끌어들여 승리한다. 남과 똑같은 방법으로는 결코 이길 수 없다. 이것이 '차별화전략'이다. 상대적으로 진입장벽이 낮은 서비스 산업의 경쟁환경하에서 서비스 전략이 실질적인 효과를 발휘하려면 차별화되어야 한다.

또한 고객이 없으면 어떠한 서비스 사업도 소용이 없기 때문에 서비스전략은 고객관점에서 수립되고 검토되어야 한다. 고객관점에서 가치 있는 서비스라야 시장에서 성공할 수 있다. [그림 2-7]에서 보여주는 서비스의 고객중심 혁신전략(Customer-Centered Breakthrough Strategy)은 고객관점에서의 차별화전략 수립을 가능하게 한다. 다음의 세 가지 질문에 대한 해답은 이 전략의 핵심을 이룬다.

① 누가 우리의 고객이며 그들의 요구사항은 무엇인가?

이것은 특정기업이 서비스해야 할 표적 세분시장을 선택하는 것이다.

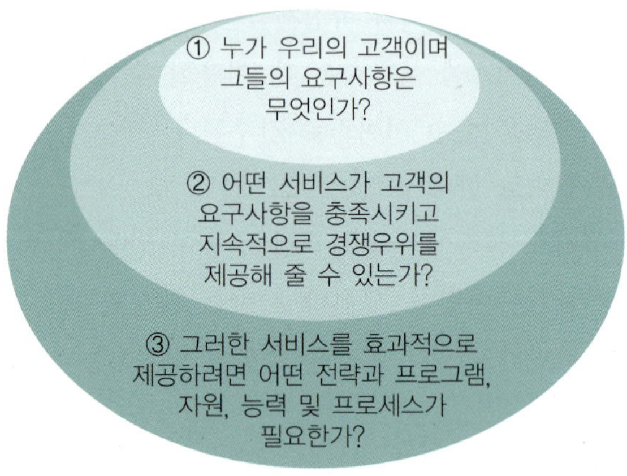

| 그림 2-7 | 고객중심 혁신전략

출처: Wind, J. Y. and J. Main(1998), *Driving Change: How the Best Companies Are Preparing for the 21st Century*, The Free Press, p. 80.

② 고객의 요구사항을 충족시킬 수 있는 서비스는 어떤 것인가?

여기서 서비스란 단순히 순수한 서비스를 지칭하는 것이 아니라, 고객들에게 제공하는 제품, 서비스, 경험을 총칭한다. 즉 앞 절에서 살펴본 서비스 패키지(service package)를 말한다.

③ 그러한 서비스를 어떻게 제공할 수 있는가?

이것은 서비스를 고객들에게 어떤 원칙과 전달 시스템을 통해 제공할 것인지를 결정하는 것이다.

사례 Curves

The Power to Amaze Yourself

여성 전용 헬스클럽 커브스는 1995년 프랜차이즈를 시작한 이래, 급속도로 성장하여 현재 6,000여 지역에 체인점이 설립되어 있으며 총 회원수는 200만 명 이상이고 총 수입은 10억 달러를 넘어섰다. 새로운 커브스 헬스클럽이 평균 4시간마다 세계 어느 곳에선가 문을 열고 있다. 이 같은 성장은 거의 입소문과 친구들의 추천으로 이뤄졌다.

사업을 시작할 당시 여성 전용 헬스클럽 시장은 이미 포화 상태였다. 게다가 커브스가 제공하는 서비스는 다른 경쟁 업체에 비해 특색이 없었고 이에 대한 고객들의 반응도 냉담할 것으로 보였다. 그러나 실제 커브스는 건전한 몸매 관리로 건강한 체력을 유지하려 애쓰는 여성이나, 몸매 관리에 실패한 여성들로부터 거대한 미개척 시장인 블루오션을 열어 미국 피트니스 산업계에 폭발적인 수요를 창출해냈다.

커브스는 미국 피트니스 산업에서 일반 헬스클럽과 가정용 운동 프로그램이라는 두 전략 집단의 경쟁적 이점을 전면에 내세우고 그밖의 다른 것들은 없애거나 줄였다.

먼저 거의 대다수의 여성들이 특별히 관심을 기울이지 않는 일반 헬스클럽의 모든 요소(다양한 기능의 운동기구들, 음식, 사우나, 수영장, 라커룸 등)를 제거했다. 커브스에서의 운동 경험은 전형적인 헬스클럽에서의 운동 경험과 완전히 다르다. 멤버들간의 교제를 촉진하고 재미있게 운동할 수 있도록 10개의 운동기구들을 원형으로 배치된 곳에서 운동을 한다. 원형으로 배치된 운동기구들과 에어로빅 패드를 한 바퀴 돌면 30분 만에 모든 운동을 마칠 수 있도록 했다. 커브스의 퀵 피트(quick fit) 순환 훈련 프로그램은 장비를 조절할 필요가 없고 안전하며 다루기 쉽고 간단해서 위협적이지 않은 수력 운동기구를 사용한다.

커브스는 이러한 차별화된 서비스 전략으로 역사상 가장 빨리 성장한 프랜차이즈와 세계 최대 피트니스 프랜차이즈로 기네스북에 등재되었고 2006년 최우수 피트니스 프랜차이즈 1위와 저비용 프랜차이즈 1위라는 놀랄만한 성과를 이뤄냈다.

— 김위찬, 르네 마보완(2005), 「블루오션 전략」, 교보문고, pp.75-80. —

2. 사우스웨스트항공사의 서비스 전략

사우스웨스트항공은 1971년에 3대의 항공기로 미국 텍사스의 댈러스, 휴스턴, 샌안토니오 사이를 운항하는 작은 지역 항공사로 출범했다. 이 회사는 경쟁사와 차별화된 전략으로 고객에게 보다 나은 가치를 제공하기 위해 지속적으로 노력한 결과 지금은 미국 최대의 국내선 항공사로 부상하였다. 500여 대의 항공기를 보유한 이 항공사는 미국 내 65개 도시에 취항하고 있으며 연간 1억 명이 넘는 승객을 수송한다. 2008년 매출액은 110억 달러에 이른다.

이 회사는 1987년 이후 교통 당국이 조사한 고객만족 조사에서 탑승객의 불평이 가장 적은 회사로 평가돼 다른 회사의 벤치마킹 모델이 돼 왔다. 이 회사는 요금 체계, 당일 화물 운송 서비스, 티켓이 없는 여행, 생생한 홈페이지, 최초의 항공사 블로그 등의 업계의 혁신을 주도해왔다.

2008년 말 통계에 따르면 이 항공사는 지난 36년간 지속적인 흑자를 내고 있으며, 종업원 수가 195명에서 3만5,000명으로 늘었는데도 한번도 정리해고를 하지 않았다. 항공사고도 없었다.

이 눈부신 성공은 사우스웨스트가 가진 경쟁자와 차별화된 전략과 그에 부합하는 탁월한 서비스 전달시스템에서 비롯됐다. 이 회사는 늘 "누가 우리의 고객이며, 그 고객의 요구를 충족시킬 수 있는 서비스는 어떤 것이고, 그 서비스를 어떻게 제공해야 하는가"에 대한 해답을 찾는 고객중심의 서비스 전략을 수립하여 실행하고 있다. 특정한 지역을 자주 왕래하는 중 · 단거리 비즈니스 승객들을 표적 세분 시장으로 선정하고 분석한 결과 고객들이 저렴하고 안전하며 자신의 일정에 맞춰 편리하게 이용할 수 있는 항공 서비스를 원한다는 것을 파악했다. 이어 고객 욕구를 충족시키기 위해 다음과 같은 몇 가지 운영 원칙과 전달시스템을 구축했다.

이 항공사는 먼저 인터넷을 통한 항공권 판매를 최초로 실시하고 기내식도 가장 기본적인 것만 공급했다. 보잉737 기종만 사용해 정비작업, 보수용 부품 관리, 항공기 운항 및 훈련을 최소화해 원가를 줄이고 항공료를 낮췄다. 신속한 탑승과 하역을 위해 좌석 배정도 하지 않았고 환승 고객의 짐을 옮겨 실어주는 서비스도 없앴다. 여행시간 단축과 항공서비스의 편리성을 높이기 위해서는 출발지와 도착지를 한 번에 연결하는 직항 노선을 이용했다. 이 결과 항공사 중 가장 높은 정시 도착률을 달성했다. 〈표 2-9〉는 사우스웨스트항공의 서비스 전

표 2-9 사우스웨스트항공의 서비스 전략

표적시장	서비스 개념	서비스 제공방법	
		운영원칙	전달시스템
• 특정한 지역을 자주 왕래하는 단거리 여행객 • 비용에 민감한 여행객	• 안전하면서도 저렴한 대중운송 • 편리한 일정 • 직항노선과 정시발착으로 고객 시간절약 • 여행에 재미부가	• 인터넷 발권 및 기내식 최소화 • 정시발착과 고객 시간절약 및 항공기 가동률 제고를 위해 신속한 탑승 및 하역 • 한 가지 기종만 사용하여 (훈련, 승무원 일정관리, 재고 관리, 정비 등) 제반 비용절감 • 이착륙시 혼잡이 덜한 공항을 발착기지로 사용 • 유머감각이 있고 "즐길 줄 아는 사람"을 고용 • 종업원을 최우선 순위에 둠 – 이익공유 프로그램 – 고용안정 – 직원을 '가족' 처럼 • 주인의식의 함양과 필요한 기술습득을 위한 교육훈련 • 안전에 영향이 없는 한 새로운 아이디어의 도입 및 시도를 장려	• 항공기의 신속한 정비와 탑승 및 하역을 위한 효율적 시스템 • 전달시스템의 표준화를 위해 한 가지 기종(보잉 737)만 도입 • 유머감각을 지닌 종업원들이 서비스 제공 • 매력적 복장(uniform) –핫 팬츠나 반바지 등

출처: Haksever, C. et al.(2000), *Service Management and Operations*, 2nd ed., Prentice Hall, p.103. 김연성 외(2002), 「서비스 경영」, 법문사, p.99에서 재인용.

략을 고객중심 혁신전략의 세 가지 요소로 요약하고 있다.

사우스웨스트는 낮은 항공료, 빈번한 운항 빈도, 직항노선(point-to-point) 측면에서 가장 성공적인 미국 항공사다. 사우스웨스트항공은 포춘이 선정한 미국에서 가장 존경받는 기업, 가장 일하기 좋은 100대 기업 중 최상위권을 매년 유지하고 있다.

종합사례 리츠칼튼 호텔

1898년 창립 이래 가장 호화스러운 호텔의 명성을 이어가고 있는 리츠칼튼(Ritz-Carlton) 호텔체인은 전 세계적으로 69개의 호텔을 보유하고 있고 2만8,000명 이상의 직원을 거느리고 있다. 이 호텔체인은 시설뿐만 아니라 고객에 대한 서비스 하나 하나에도 명성에 걸맞은 특별함을 추구한다.

'고급'과 '완벽한 서비스'로 알려진 리츠칼튼은 기업 운영의 가치와 철학을 담은 '골드 스탠더드(Gold Standards)'를 만들었다. 이 스탠더드는 신조, 사훈, 기본 수칙, 서비스의 3단계, 직원에 대한 약속 등을 포함하며 고객 서비스의 모든 측면에서 완벽한 서비스 품질과 문화를 만들어내는 데 결정적인 역할을 하고 있다.

신조는 '고객의 편안함과 정성어린 배려', '최선의 개별서비스와 시설 제공', '고객이 표현하지 않은 기대와 요구까지도 충족'이며, 사훈은 '우리는 신사숙녀를 모시는 신사숙녀입니다'이다. 기본 수칙은 직원들이 업무를 수행할 때 지켜야하는 책임과 의무는 물론 권한까지 부여하는 20가지 수칙을 담고 있다. 이 가운데 특별히 고객 서비스와 직접 관련된 권한이양 수칙은 다음과 같다.

수칙 #10: 모든 직원은 권한을 부여 받는다. 예를 들어, 고객이 문제가 있거나 특별한 일을 요구했을 때, 우리는 하던 일을 멈추고 그 문제를 해결해야 한다.

수칙 #13: 절대 고객을 잃어서는 안 된다. 즉각적으로 고객의 불편사항을 해결하는 것이 직원의 임무이다. 고객의 불편사항은 접수 직원이 직접 책임지고 고객이 만족할 때까지 문제를 해결한 뒤 결과를 보고한다.

서비스의 3단계는 서비스 프로세스 단계별로 직원이 가져야 할 자세와 태도를 강조 하고 있다. 고객을 맞이하는 단계에서는 따뜻하고 진실된 마음으로 고객을 맞이한다. 서비스를 제공하는 단계에서는 고객이 원하는 바를 미리 예측하고 부응한다. 마지막으로 고객을 배웅하는 단계에서는, 따뜻한 작별인사로 고객에게 감사한다.

서비스의 3단계를 포함해 이 수칙에 따른 고객 불편사항 처리 과정은 그림 2-8과 같다. 고객이 특별한 일을 요구할 때 직원은 서비스의 세 단계에 따라 그 일을 처리한다. 이 때 직원은 하던 일을 멈추고 고객이 표현한 요구뿐만 아니라 표현하지 않은 기대까지도 감지해 문제를 해결해야 한다. 직원은 고객의 반응이 만족스러울 때까지 계속 노력해야 한다. 고객이 만족했다고 판단되면 그 조치사항을 고객 불편사항 처리 신고서(GIA, guest incident action form)를 이용해 보고하고 하던 일에 복귀한다. GIA로 보고된 내용은 고객관리시스템에 입력되며, 전 세

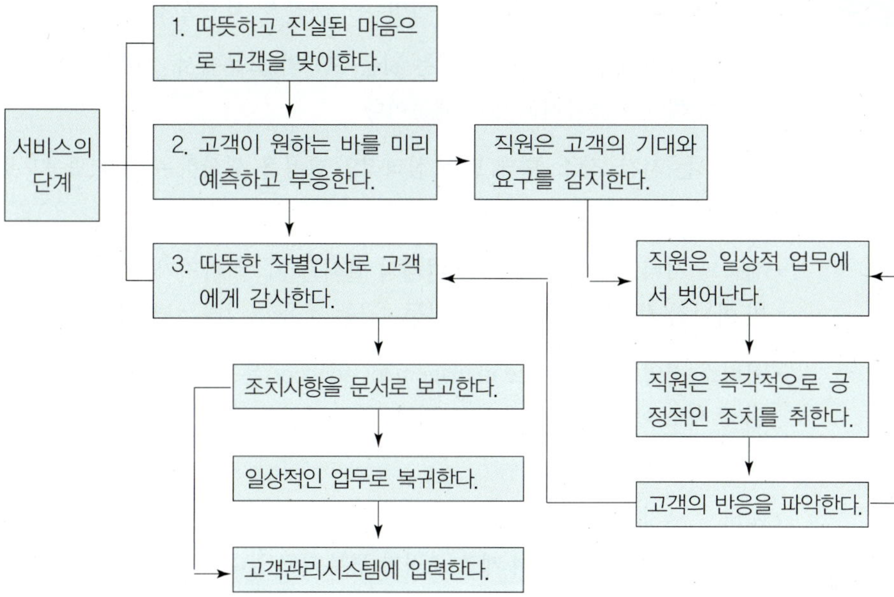

| 그림 2-8 | **고객 불편사항 처리 과정**

계 리츠칼튼 호텔은 이 내용을 공유한다.

리츠칼튼은 직원에 대한 세 가지 약속을 다음과 같이 설정하고 있다. 첫째, 직원은 가장 중요한 자원이다. 둘째, 직원들의 재능을 발전시키고 최대화시킨다. 셋째, 개인의 포부를 만족시키고 리츠칼튼의 신비로움이 강화되는 근무환경을 조성한다.

토 · 의 · 문 · 제

1. 리츠칼튼의 서비스 경영의 철학과 핵심 가치가 어떻게 '완벽한 서비스'를 지원하는가?

2. 직원들이 고객 불편사항 처리를 최우선시하게 하는 제도적 장치는 무엇인가?

요 약

- 본 장에서는 거시적인 관점에서 서비스의 개념 및 전략을 알아보았다.
- 서비스 산업의 중요성이 강조되는 것은 GDP와 고용에서 서비스 산업이 차지하는 비중이 해마다 높아지고 있기 때문이다.
- 서비스는 시간, 장소, 형태 또는 심리적인 효용을 생산하는 경제 활동으로 정의될 수 있다.
- 제품과 서비스의 구분에 대한 이해의 열쇠는 이 두 가지가 완전하게 구분되는 것이 아니라 차라리 연속체의 두 기둥이라는 것을 인식하는 데 있다.
- 서비스 경영 개념(service management concept)은 본 장을 통해서 나타나는 공통된 주제로 이점을 염두에 두고 기타 다른 산업과 구분짓는 서비스의 특성들에 대해 알아보았다.
- 서비스 조직은 산출물의 유형, 고객 참여, 노동 집약성, 효과성 측정 및 기타의 여러 가지 기준에 기초하여 제조 조직과 구분되고 있다.
- 각각의 서비스 유형이 나름대로의 특별한 특징을 가지고 있기는 하지만, 이러한 기준들을 살펴보는 것은 다양한 서비스 간의 동질성 및 차이점을 분석하기 위한 것뿐만 아니라 서비스가 지배적인 조직과 제조가 지배적인 조직의 성격을 이해하기 위해서 우리에게 도움이 된다.
- 서비스 분류는 서비스 관리에 대한 논의를 조직화하는 데 도움을 줄 수 있고, 학습의 공유에 방해가 되는 산업장벽을 허물 수 있게 해준다.
- 연구자들은 서비스를 어떻게 분류하느냐에 이견을 보이고 있지만 서비스 기업을 경영하는 데 있어서 유사성 및 이질성을 구분하기 위하여 서비스를 연구할 때에는 일부 분류방법을 선택하는 것이 유용하다.
- 서비스 경영자가 고객이 바라는 서비스 패키지를 경험하도록 하는 것은 매우 중요하다.
- 상대적으로 진입장벽이 낮은 서비스 산업의 경쟁환경하에서 서비스 전략이 실질적인 효과를 발휘하려면 차별화되어야 한다.

용어풀이

- **서비스:** 시간, 장소, 형태 또는 심리적인 효용을 생산하는 경제 활동.
- **무형성:** 형태가 없는 서비스 산출물의 속성.
- **소멸성:** 생산되는 동시에 소비되기 때문에 이루어지는 서비스의 속성.

- **고객참여:** 서비스 공정에서 소비자의 적극적인 참여 정도.
- **노동집약도:** 설비의 가치에 대한 노동비용의 비율.
- **개별화(customization):** 개별고객의 선호를 만족시키는 정도.
- **서비스 프로세스 메트릭스(service process matrix):** 시설 및 장비의 가치에 대한 노동 비용의 비율로 정의된 노동 집약도의 정도와 고객이 서비스와 상호작용하는 정도 및 서비스가 고객을 위해 개별화되는 정도의 두 가지 측정도구로 서비스를 분류하는 방법.
- **서비스 공장(service factories):** 노동집약도가 낮고 고객의 상호작용 및 개별화 정도가 낮은 서비스.
- **서비스 샵(service shops):** 노동집약도는 낮지만 고객의 상호작용 및 개별화 정도가 높은 서비스.
- **대량 서비스(mass services):** 노동집약도는 높지만 고객의 상호작용 및 개별화 정도가 낮은 서비스.
- **전문 서비스(professional services):** 노동집약도가 높고 고객의 상호작용 및 개별화 정도가 높은 서비스.
- **서비스 패키지(service package):** 어떠한 환경에서 제공되는 제품과 서비스의 묶음으로 지원시설, 촉진제품, 명시적 서비스, 묵시적 서비스의 네 가지로 구성되는 것.
- **고객중심 혁신전략(Customer-Centered Breakthrough Strategy):** 고객관점에서 수립하는 경영전략으로 목표고객 선정, 목표고객의 요구사항 파악, 요구사항을 충족시킬 서비스 개발, 서비스 제공의 운영원칙 및 전달시스템 결정 등을 포함.

연|습|문|제

1. 서비스를 정의하여 보라.

2. 서비스의 산출물을 분류하여 보라.

3. 다음 기준들이 서비스를 특징짓는 데 어떻게 사용되는지 설명해 보라.

(1) 분산화

(2) 고객과의 접촉

(3) 고객 참여

4. 다음 사항들이 서비스 기업과 제조 기업에서 어떻게 다른가?
   (1) 효과성 측정
   (2) 품질 관리
   (3) 가격 결정

5. 서비스는 대량 생산될 수 있는가? 그렇다면 왜 그런가/아니라면 왜 아닌가?

6. 왜 서비스 기업이 대부분의 제조 기업보다 더 노동 집약적인가? 이것은 어떤 관리상의 문제를 말해주는가?

7. 서비스 프로세스 메트릭스에 의해 다음의 서비스 조직을 분류하라.
   (1) 병원
   (2) 드라이 클리닝업소
   (3) 대학교
   (4) 변호사
   (5) 트럭 운송회사

8. 왜 서비스를 정의하기가 어려운가? '촉진제품(faciliating goods)' 이라는 용어의 의미는 무엇인가?

9. 생산자 서비스와 고객 서비스의 차이점은 무엇인가?

10. "서비스 산업이라는 것은 없다. 단지 서비스 요소가 다른 산업보다 많거나 또는 적은 산업이 있을 뿐이다." 이 말을 설명해 보아라. 당신은 이 말에 동의하는가 아니면 동의하지 않는가?

11. 서비스 산업의 경쟁환경에 대해 설명해 보라.

12. 사우스웨스트항공 서비스 전략의 차별성을 설명하고, 그것을 잘 상징하는 멋진 슬로건을 만들어 보라.

03 제품 · 서비스의 품질

학습목표

본 장에서는 다음과 같은 내용의 이해를 목표로 한다.

- 품질, 품질관리, 품질경영의 개념
- 지속적 개선의 개념과 필요성
- 지속적 개선에 사용되는 도구와 기법
- TQM 정의 및 모형
- 품질대가들의 품질철학
- 경영품질

사례 도요타의 품질개선 노력 도마 위에

도요타자동차가 간판 최고급 차종인 렉서스LS 시리즈를 핸들 결함으로 리콜하기로 하면서 품질 개선 노력이 도마 위에 올랐다. 도요타자동차가 리콜하기로 한 렉서스 4개 차종은 대당 가격이 1천만엔(1억2천만원)대 안팎의 최고급 차종으로 도요타의 '혼'이 결집된 자존심 그 자체다. 리콜 규모는 일본 내에서 4천500대, 해외에서 약 7천대 등 1만1천500대로 2009년 하반기 이후 도요타가 전 세계에서 리콜을 실시한 1천만대에 비해 미미하지만 도요타가 받은 타격은 그 이상이다. 일본의 산케이신문은 2010년 5월 20일, 이번 도요타 리콜 차량의 결함은 지난 2월 대량 리콜을 발표했던 하이브리드차인 신형 프리우스와 같은 전자제어시스템이라면서 도요타의 품질향상을 위한 과제는 여전히 산적해 있다고 지적했다. 이 신문은 "도요타는 현장 기술자의 '경험과 감'으로 결함을 시정하는데 능력을 발휘해왔지만 생산단계 이전에 설계된 전자제어시스템의 결함에는 제대로 대응하지 못하고 있다"고 비판했다.

도요타는 대규모 리콜로 의심받고 있는 품질 불안 문제를 해결하기 위해 지난 3월 '글로벌 품질 특별위원회'를 만들었고, 도요다 아키오(豊田章男) 사장도 기회 있을 때마다 "고객이 안심할 수 있는 차량 생산으로 '품질과 기술의 도요타'라는 명성을 되찾겠다"고 다짐했지만 이번 고급차종 리콜로 구두선(口頭禪)이 되었다. 일본의 마이니치신문은 "미국을 중심으로 1천만대에 달하는 대규모 리콜 문제의 충격이 가라앉고 있는 상황에서 새로운 리콜이 발생해 뼈아픈 타격이 되고 있다"고 보도했다. 이 신문은 "도요타가 이번에 리콜하는 차량은 부유층을 대상으로 한 최고급 차종으로 메르세데스 벤츠 등에 대항하기 위해 만든 간판 차종인만큼 이미지 추락이 우려된다"고 전했다.

도요타는 이미 생산된 차량의 결함을 개선한 뒤 순차적으로 판매하기로 하고 차량 출하를 일시 중단하기로 하였다.

— 매일경제 뉴스센터, 2010. 5. 20.에서 일부 수정. —

제 1 절 품질의 개념

오늘날 품질의 개념은 시간의 변화와 함께 변화하는 동태적이며, 매우 복잡한 요인으로 구성되어 있어 복합적이고, 기업의 성장과 발전에 직접적인 영향을 미치는 전략적 수단이다. 그러므로 이에 관하여 바르게 인식하는 것이 필요하다.

이하에서는 위와 같은 관점에서 품질의 개념을 잘 규정하고 있는 가빈(D. A. Garvin) 교수의 정의를 소개하기로 한다. 그는 "품질을 단순히 생산과정의 통제를 위한 수단으로만 좁게 보지 말고, 소비자들의 요구와 선호도를 평가하는 기준으로 삼아야 한다"는 입장에서 현대적 품질의 개념정립에 기여했다고 할 수 있다. 그는 품질을 구성하는 요인을 차원(dimension)이라 하고 다음과 같이 여덟 가지를 제시하고 있다.

- 성능(performance)
- 특징(feature)
- 신뢰성(reliability)
- 표준과의 일치(conformance)
- 내구성(durability)
- 서비스 가능성(serviceability)
- 심미성(aesthetics)
- 인지품질(perceived quality)

1. 성 능

성능이란 제품의 기본적인 특성을 말한다. 예를 들어본다면 자동차의 경우는 가속능력, 주행속도 그리고 승차감과 같은 것을 의미하며, 텔레비전이라면 음향, 화질, 색상 그리고 원거리 수신능력과 같은 것을 말한다. 또한 간이음식점이나 항공사와 같은 경우는 신속한 서비스와 같은 것이다. 그러므로 이들은 대부분이 객관적으로 측정 가능한 성격을 지니고 있다. 그러나 이들이 소비자들이 추구하는 요구와 관련이 없다면 매우 어렵게 될 것이다.

예를 들어 포크레인의 경우 기계의 용량은 같지만 큰 삽은 한 번에 대량의 흙을 퍼 내는 데 유용하고, 작은 삽은 정확한 작업을 하는 데에 유용할 것이다. 또한 전구의 경우 오직 밝기가 높다는 것만으로는 우수한 성능이라고 할 수 없다. 왜냐하면 작업의 특성에 따라 요구되는 밝기가 다르기 때문이다. 그러므로 '우수한 성능'이란 작업의 특성에 따라 변동적이라고 할 수 있다. 이상에서와 같이 성능의 차이가 환경적인 선호에 의하여 결정되지만 이는 기호가 아니라 기능적 요구에 기초를 두고 있는 것이다.

2. 특 징

특징이란 제품과 서비스의 기본적인 기능을 추가적으로 보완하여 주는 기능을 의미한다. 예를 들어본다면 항공기에서 제공되는 무료음료, 텔레비전에 부착되어 있는 각종 조정장치가 바로 그것이다. 따라서 현실적으로 기본적인 기능과 특징을 명확하게 구별한다는 것은 그렇게 용이한 일만은 아니다.

그리고 특징은 개인적인 요구에 따라서 매우 변동적이다. 가구점에서 다양한 구조와 색상을 제품에 도입함으로써 '우수한 특징'을 확보하는 것은 좋은 예이다. 오늘날 이와 같은 특징을 확보하기 위해서 이른바 유연생산시스템(flexible manufacturing system; FMS)을 활용하고 있는 경우도 많다.

3. 신뢰성

신뢰성이란 특정기간내에 적정한 보존활동이 있음에도 불구하고 고장이 나거나 제대로 기능을 발휘하지 못할 확률과 관련된다. 즉, 신뢰성은 1에서 이 확률을 뺀 값이 된다. 그리고 신뢰성을 측정할 수 있는 척도로는 최초의 고장이 발생할 때까지의 평균시간, 고장과 고장 사이의 평균시간 그리고 특정 단위시간당 고장률과 같은 것들이다. 이와 같은 것들은 일반적으로 제품을 일정기간 사용한다는 전제하에서 유효한 것들이며, 즉시 소비되는 제품이나 서비스와 같은 경우에는 전혀 유효하지 않다고 할 수 있다.

그리고 신뢰성은 농기계와 같이 유지비용은 많이 들고, 휴지기간은 매우 길며, 상대적으로 사용기간이 수확기간으로 제한되기 때문에 짧다고 할 수 있는 경우에는 매우 민감한 문제가 될 수 있다. 특별히 최근의 한 조사에 의하면 자동차의 경우에 젊은 여성층에게는 자동차에 있어서는 높은 신뢰성이 가장 바람직한 요인이 되고 있음이 밝혀졌으며, 또한 무기와 같은 경우에도 많은 수리비가 요청될 뿐만 아니라 휴지기간이 길고, 사용기간이 매우 짧기 때문에 이의 구매계약과 같은 문제에는 역시 신뢰성이 가장 중요한 요인이 될 수 있다고 생각할 수가 있다.

4. 표준과의 일치

이 요인은 제품의 설계와 기능이 설정된 기준에 어느 정도 일치되는가를 의미한다. 이는 쥬란에 의하여 소개된 요소이며 품질의 전통적인 요소 중의 하나라고 할 수 있다.

일반적으로 모든 제품과 서비스는 일정한 규격(specification)을 가지고 있다. 제품에 있어서 새로운 설계와 모형이 개발된다면 그 다음에는 자재를 위한 부품의 순도나 표준이 설정되게 된다. 이들을 보통 표적(target) 또는 중심(center)이라고 부르고 있으며 이를 벗어나는 오차는 일정한 범위 내에서만 허용된다.

5. 내구성

제품의 내구성은 일반적으로 제품수명의 척도로서 경제적인 것뿐만 아니라 기술적 측면을 모두 포함하고 있다고 할 수 있다. 기술적으로 내구성이라면 제품이 사용될 수 없을 때까지 얻을 수 있는 총사용량을 의미한다고 할 수 있다. 예를 들어 전구의 경우 오랜 시간을 사용한 후에는 필라멘트가 연소되어 제품을 교체해야만 한다. 이 때에는 전혀 수리가 불가능하다. 이와 같은 제품을 "One-Horse Chassis"라고 부르고 있다.[1)]

그러나 일반적으로 소비자들은 항상 새로운 제품이 시장에 출현한다면 제품에 대한 투자 및 운영비 그리고 장래 지출해야만 할 수리비 및 개인의 불편 등 예상비용을 현재 보유하고 있는 제품과 비교해 볼 것이다. 이러한 관점에서 볼 때 내구성의 개념은 제품이 완전히 못 쓰게 되어 수리하는 것보다 새로이 교체하는 것이 유리할 때까지 제품으로부터 얻을 수 있는 총사용량을 의미한다고 할 수 있다. 이와 같은 내구성에 관한 새로운 접근방법은 다음과 같은 두 가지

1) Oliver Wendell Holmes의 시에서 나오는 것으로서 100년 동안만 움직이고 100년이 지난 후에는 모든 부품들이 동시에 부숴지도록 교회의 한 집사에 의해서 설계된 마차의 이름에서 옮겨 온 것임.

의 중요한 의미를 지니고 있다고 할 수 있다.

첫째, 내구성은 신뢰성과 매우 밀접한 관계를 가지고 있다. 일반적으로 자주 고장을 일으키는 제품은 보다 신뢰성이 있는 제품보다 일찍 폐기될 수밖에 없다. 왜냐하면 이는 많은 수리비용을 요구하기 때문에 다른 경쟁제품을 사는 것보다 불리하게 되기 때문이다. 이러한 관계 때문에 3M사는 비디오 카세트제품에 대하여 수명연장 조치를 하여 이용자들에게 재확신을 주도록 노력하고 있는 것이다. 둘째, 내구성은 최근의 환경문제와도 밀접한 관련이 있다. 세계 각국이 환경문제를 중시하여 각종 환경 관련 규제를 제정하고 있는 상황이므로 고장을 일으키지 않는 신뢰성뿐만 아니라 친환경적인 측면을 포함한 내구성을 갖추어야 하는 것이다.

6. 서비스 가능성

서비스 가능성이라 함은 수리와 수선에 있어서 신속성, 친절, 우수성 그리고 용이성을 총칭한다. 그리고 소비자들은 실질적으로 다음과 같은 것에 대해서도 매우 큰 관심을 가지고 있다.

- 수리와 수선이 이뤄지기까지의 대기시간
- 수리와 수선의 성격
- 수리와 수선의 빈도
- 해결되지 못하는 서비스의 빈도

이상과 같은 문제들은 기업의 불만해소 절차에 따라 해결될 수 있기 때문에 기업의 평가에 크게 영향을 미친다고 할 수 있다. 그러나 서비스가능성 중에 상당한 부분은 서비스를 받아들이는 사람의 개인적인 차이에 따라 매우 큰 변동을 유발하고 있다. 예를 들어 신속한 수리와 짧은 휴지시간과 같은 것은 높은 품질로 보고 있는 반면 친절에 대한 평가와 전문적인 행동과 같은 요소들은 소비자의 개인적 인식과 해석에 큰 영향을 미치고 있지 못하다고 할 수 있다.

또한 소비자들의 휴지시간에 대한 반응 역시 매우 다양하다. 일반적으로 이는 어떤 특정한 상황하에서 어떤 한계점을 넘어서는 경우만 신속한 서비스가 중요해지기 시작한다. 예를 들어 미국의 경우 한 조사에 의하면 농부들은 수확기에 콤바인과 같은 기계에서 1~6시간 정도의 고장시간은 용납하고 있지만 그 이상의 고장시간이 발생한다면 새로이 기계를 구입한다든지 또는 기계를 임차

하여 수확하려고 한다. 이와 같은 경우라면 우수하고 신속한 서비스는 가장 강력한 판매수단이 될 것이다. 따라서 캐터필러(Caterpillar)사의 경우는 어느 곳에서나 48시간 이내에 부품을 공급하겠다는 보장을 하고 있으며, 다른 경쟁업체에서는 수확기간과 같이 중요한 시기에 고장이 난다면 다른 기계구입 자금을 이자없이 제공하겠다는 약속을 하고 있다.

때로는 애프터서비스를 받은 후에도 만족스럽지 못한 상태로 남아 있는 경우가 있다. 이와 같은 경우 그러한 불평과 불만을 어떻게 처리하는가는 역시 품질에 매우 중요한 영향을 미칠 수 있다. 미국의 경우 1976년 소비자들에 대한 조사에 의하면 문제해결을 위한 서비스를 요청한 주부들의 약 40% 이상이 그 결과에 관하여 여전히 불만을 나타내고 있음이 보고되고 있다. 그러나 서비스의 문제가 아직도 철저하게 인식되지 못한 우리나라의 경우에는 이보다도 훨씬 심각하다.

이상에서와 같이 불평의 해소와 만족의 정도가 궁극적으로 소비자들의 재구매에 매우 중요하게 영향을 미치고 있다. 따라서 많은 기업들은 이를 위하여 다양한 수단을 강구하고 있다. 그러나 몇몇 기업들은 법률적인 절차를 밟거나 침묵으로 일관하여 소비자들을 경시하기도 한다. 그러나 최근 미국에서는 이와 같은 문제를 해결하기 위하여 무상직통전화를 가설하기도 하는데, 제네럴 일렉트릭(General Electric), 필스버리(Pillsbury), 프록터 앤 갬블(Procter & Gamble), 폴라로이드(Polaroid), 월풀(Whirpool), 존슨 앤 존슨(Johnson & Johnson)과 같은 기업들이 바로 좋은 예가 된다.

7. 심미성

심미성은 매우 주관적인 품질요소라고 할 수 있다. 예를 들어 어떻게 보이는가, 어떻게 느껴지는가, 어떻게 들리는가, 어떠한 맛이 나는가, 어떠한 냄새가 나는가와 같은 것들이다.

이상과 같은 것들은 모두가 개인적인 판단과 선호를 그대로 반영하고 있다고 할 수 있다. 예로서 맛의 경우에 미국의 조사에 의하면 식품류에서는 풍부한 맛, 자연 그대로의 맛, 신선한 맛으로 서열이 정해지고 있으나 우리나라의 경우는 이와는 다를 것이다. 따라서 이 요소에 있어 일반적으로 모든 사람을 모두 만족시킨다는 것은 거의 불가능하다고 할 수 있다.

8. 인지 품질

오늘날 제품과 서비스의 품질은 "숨겨진 품질(hidden quality)"이라 하여 소비자들은 전문가가 아니기 때문에 완전한 정보를 가지고 있지 못하다. 그러므로 이들은 상표와 같은 간접적인 척도를 활용하는 것이 일반적이다. 예를 들어 내구성의 경우 직접적으로 관찰할 수 없으며 일반적으로 유형, 무형의 여러 가지 측면으로 유추될 수밖에 없는 것이다. 따라서 때로는 사실보다도 상상, 광고 그리고 상표와 같은 것으로 추측하는 것이 더욱 중요할 수가 있다.

예를 들어 일본의 혼다(Honda)사가 미국 오하이오주 매리스빌(Marysvill)에 위치한 공장에서 조립된 자동차에 대해서 그리고 소니(Sony)사가 미국 캘리포니아주 샌디에고(San Diego)에 위치한 공장에서 생산된 제품에 대해서 이러한 제품이 일본 밖에서 생산되었음을 밝히지 않으려는 것도 좋은 예라고 할 수 있다.

특별히 명성은 인식도에 매우 중요한 영향을 미친다. 일반적으로 소비자들은 오늘의 제품은 과거의 제품과 매우 비슷하다고 인식하고 있기 때문이다. 예를 들어 미국의 메이텍(Maytag)사는 본래 신뢰성 있는 세탁기와 건조기를 생산하는 것으로 매우 높은 명성을 유지하고 있었다. 이 회사는 그후 1980년대 초에 새로이 접시 닦는 기계를 생산하였는데, 이것 역시 매우 좋은 성과를 거두었다고 한다. 우리나라에서도 M사의 경우 본래 신뢰성있는 조미료를 중심으로 품목을 다양화하고 있으며 L사의 경우도 가전제품을 중심으로 다양화하고 있다.

이상에서와 같이 현대적인 품질의 개념은 전통적인 것과는 매우 다르며 특별히 다양한 요소를 포함하고 있다. 따라서 현대적인 품질전략을 구상함에 있어서도 매우 중요한 차이가 당연히 발생한다.

제 2 절 품질통제, 품질관리 그리고 품질경영

오늘날에 이르러 품질통제(quality control), 품질관리(quality management) 그리고 품질경영의 개념들은 서로 상당한 혼돈을 야기하고 있다. 특히 우리나라에서는 품질에 관련된 이론과 기법을 주로 일본으로부터 받아들여 왔기 때문이라고 할 수 있다. 즉 이른바 "일본형 품질관리"에 친숙하기 때문인 것이다. 특별히 1990년에 들어서면서부터 품질경영이라는 새로운 개념이 제기되어 그 들간의 개념상 혼돈은 더욱 가중되고 있는 듯하다.

1. 품질통제와 품질관리

일반적으로 관리(management)라는 개념은 영어를 사용하는 나라에서도 크게 혼돈을 야기하고 있는 개념으로 알려져 왔다. 그러나 최근에 이르러서는 이들간의 개념상의 혼돈은 명확하게 정돈되어 가고 있다.

이와 같이 사람에 따라서 다양하게 규정되어 온 관리의 개념도 정리해 보면 다음과 같이 두 개의 흐름으로 요약할 수가 있다. 첫째는 조직 또는 조직계층의 개념으로 규정하는 것, 둘째는 특수한 자격을 가지는 사람들이 일으키는 행위의 개념으로 규정하는 것이 그것이다. 그러나 일반적으로는 후자와 같이 행위의 개념으로 채용하고 있다고 할 수 있다. 이는 특별히 관리론 중심적인 미국 경영학에서는 지배적이라고 할 수 있다.

그러면 관리란 어떠한 기능을 포괄하고 있는가의 문제가 관심사이다. 많은 사람들은 역시 매우 다양한 기능을 제기하고 있지만 세 가지로 구분하고 있는 방법을 삼분법(三分法)이라고 부르며 이는 가장 보편적인 것이라고 할 수 있다. 그리고 여기에는 계획화(planning), 조직화(organizing) 그리고 통제(control)의 기능을 포함하고 있다. 이를 관리기능(management function)이라고 부르고 있다.

첫째로, planning이란 계획의 행위개념이므로 '계획화'로 번역하는 것이 타당할 것이며, 이의 어원을 찾아본다면 라틴어의 'planum'에서 유래했다고 할 수 있고, 이는 '평탄한 평면(flat surface)'을 뜻한다고 한다. 이것이 영어에 들어 온 것은 17세기에 이르러서이다. 당시에는 청사진이나 지도 위에 무엇을 그린다는 의미로 사용하였다고 하나 오늘에 이르러서는 인간행동 전 영역에 걸쳐 매우 광범위하게 사용되고 있다.

계획화란 '장래활동을 미리 예정하는 행위'로 규정할 수 있으며, 이는 위험을 완벽하게 제거할 수 있는 것도 아니며, 장래에 대한 정확한 청사진도 아닌 것이다. 오로지 계획을 마련하는 행위일 뿐이다.

둘째로, 조직화를 매우 고전적인 관점에서 정의해 본다면 '목표달성에 필요한 여러 직능을 마련하며, 부여된 각 직능의 집행에 부과된 권한과 책임의 표시'로 규정하고 있다. 그러나 오늘날과 같이 보편적인 관점에서 정의해 보면 '각종의 직무를 기업목표달성에 가장 합리적으로 편성하는 과정과 그 직무를 실제로 수행할 사람을 합리적으로 배치하는 과정'이라고 할 수 있다. 그러나 매우 최근에 이르러서는 인간의 조직적 행동을 더욱 강조하는 경향이 뚜렷하다.

셋째로, 통제란 본래가 행위개념이므로 통제화란 어휘를 채택하고 있지 않다. 고전적인 관점에서 통제란 '계획에 합치되는 과업의 수행을 확인하는 행위'로 규정하고 있다. 따라서 통제란 계획과 비교하여 실적을 평가하고, 실제로 계획과 실적과 편차가 발생한다면 그 원인을 규명하여 계획에 따라 목표달성이 이루어지도록 시정조치하는 활동이다. 그러므로 계획화가 없다면 통제가 있을 수 없으며, 통제가 없다면 계획된 것이 이루어질 수 없는 관계가 있다.

이상과 같은 설명에 비춰 본다면 "Quality Control"은 품질관리가 아니라 품질통제로 번역하는 것이 타당하다. 나아가 최근 ISO 9000 시리즈가 본격적으로 제시됨으로부터 "Quality Management"가 제기되기 시작하였다. 따라서 이를 품질관리로 번역하는 대신 품질경영으로 번역하기 시작하였다. 위와 같은 번역은 교과서적인 용어에 충실하다면 오역이라고 할 수밖에 없다. 따라서 이하에서는 이와 같은 오류가 불가피했던 이유를 규명해 두려고 한다.

전후 일본에서는 전쟁으로 인하여 극도로 파괴되었던 산업을 재건하기 위하여 품질 좋은 제품을 만들 수 있는 지혜를 산업선진국들로부터 적극적으로 배우기 시작하였다. 이를 위하여 일본과학기술연맹(Japanese Union of Scientists and Engineers; JUSE)에서는 외국의 전문가를 초빙하여 관련 이론과 기법을 배우기로 결정하였고, 최초로 초빙되어 온 인사가 바로 데밍(W.E. Deming)이었다. 그 일본경영자들에게 주로 간단한 통계학적 수단을 활용하는 이른바 통계학적 품질통제(Statistical Quality Control; SQC)를 전수하였다. 이것이 바로 오늘날 일본형 QC의 출발이 되었고, 발전을 거듭한 결과 그들의 산업부흥에 가장 중요한 역할을 수행했다고 알려지고 있다. 그리고 당시 QC를 품질통제가 아니라 품질관리로 번역하였다.

우리나라에서는 1960년대 말로부터 이른바 선진기업들을 중심으로 일본형 QC를 도입하기 시작하였고 당시 일본에서의 번역을 따라 품질관리로 번역하기에 이르렀다.

그러나 품질통제와 품질관리는 이론적으로는 명확히 다른 개념이므로 그들이 설정하고 있는 과제도 상이하다고 할 수밖에 없다. 즉 전자는 가장 바람직한 품질적 특성(quality characteristics)을 지닌 재화를 표준(standard)으로 책정하고, 이러한 표준과 꼭 같은 즉 균일성(uniformity)을 지닌 재화를 제조하는 것이 기업의 과제로 설정되어 있다. 그러나 품질관리는 재화의 균일성을 확보하려는 품질통제와는 달리 표준을 바꿔 품질을 개선하고, 향상시키는 일, 즉 품질에 대한 계획화와 조직화를 포함하는 보다 큰 개념이라고 할 수 있다.

2. ISO 9000 시리즈와 품질경영의 체계

1987년 3월 국제표준기구에서는 ISO 9000 시리즈라는 일련의 국제규격을 제정함으로써 많은 국가들이 이를 국가규격으로 채택했을 뿐만 아니라 이를 기준 문서로 하여 이른바 "제3자 기관에 의한 품질시스템 인증제도"를 창설하기에 이르렀다.

ISO 9000 시리즈의 요체는 품질경영이다. 따라서 ISO 9000에서 정의되고 있는 품질경영은 "품질방침을 결정하고, 적용하는 전반적인 관리기능 측면"(that aspect of the overall management function that determines and implements quality policy)으로 정의되고 있다. 이는 이미 설명된 바와 같이 통제에 한정되는 개념이 아니며, 계획화 · 조직화와 같은 모든 관리기능을 포함한다고 규정되어 있다.

물론 여기에서 채택하고 있는 품질의 개념은 사용자지향적인 정의를 채택하고 있음은 너무나도 당연하다. 그러므로 품질의 개념설정으로부터 품질통제와는 전혀 출발을 달리하고 있는 것이다.

그리고 1992년 이래로 ISO 9000시리즈를 채택하고 있는 우리나라에서도 품질경영의 개념을 "최고경영자의 리더십 아래 품질을 경영의 최우선 과제로 하고 고객만족의 확보를 통한 기업의 장기적인 성공은 물론 기업구성원과 사회전체의 이익에 기여하기 위하여 경영활동 전반에 걸쳐 모든 구성원의 참가와 총체적 수단을 활용하는 전사적이고 종합적인 경영관리 체계"로 규정하고 있다.

그러므로 품질경영은 그의 출발인 품질의 개념설정에서 볼 수 있듯이 소비자(=사용자, 고객)지향적인 특징을 지니고 있으며, 방법론의 측면에서 살펴본다면 이젠 통계학적인 수단만으로는 불가능하며 관리적인 수단의 필연성을 설명하고 있어 관리론 지향적이라고 할 수 있다. 뿐만 아니라 역시 이는 전사적 접근(또는 시스템적 접근), 즉 기업이 수행하는 모든 기능, 기업이 포괄하고 있는 모든 직무 그리고 결과에 대해서는 모든 기업구성원이 책임을 지는 접근이 요청된다는 것이다. 이를 달리 표현한다면 시스템 지향적이라는 것이다.

3. TQM의 정의

최근 품질경영과 관련하여 전사적 품질경영(Total Quality Management; TQM)이라는 개념이 제기되고 있다. 이를 크게 요약한다면 크게 두 가지 유형의 흐름이 있음을 정리할 수가 있다. 즉 하나는 품질경영을 전사적으로 접근(total approach)하는 체계로 정리하려는 것이며 다른 하나는 이른바 "total quality"를 새로이 정리하려는 흐름이다. 그러나 일반적으로는 전자와 같은 관점에서 정리되고 있다고 할 수 있으나 최근에 이르러서는 후자의 입장에 서는 사람들이 급증하고 있는 추세이다.

TQM의 개념을 구체적으로 살펴보기로 하자. 오클랜드(J. S. Oakland)는 TQM의 범위를 폭넓게 간주하여 'TQM이란 경영의 효율성과 탄력성을 전반적으로 향상시키기 위한 접근방법이며 모든 부서, 모든 활동, 모든 레벨의 구성원들을 조직화하고 참여시키는 방법이다' 라고 하였다. 또한 뱅크스(J. Banks)도 TQM을 '고객의 요구조건에 맞는 산출물을 창출하는 사람과 그 과정을 중시하는 접근방법' 이라고 정의하였다. 한편 버그만(B. Bergman)은 '모든 구성원의 지속적 개선활동을 통하여 가장 저렴한 비용으로 고객의 요구와 기대를 충족시키기 위한 지속적 노력' 이라고 하였으며 헨드릭스와 트리플레트(C. F. Hendricks and A. Triplett)는 '고객의 니즈를 정확히 충족시킬 필요성과 작업을 처음부터 바르게 해야 하는 중요성을 강조하는 경영 철학' 이라고 TQM을 정의하였다.

이러한 TQM의 개념에는 다음과 같은 철학적 기반이 깔려 있다.

첫째, 품질은 고객에 의해 정의된다는 것이다. 즉 고객의 욕구에 의해 재화나 용역의 특성이 정의되어야 하며 이렇게 함으로써 진정한 고객만족 나아가서 고객의 즐거움(customer delight)까지 창출할 수 있다는 것이다.

둘째, 고객 만족을 창출하는 재화와 용역을 생산하는 데 있어서의 과정을 중시하여 인간위주의 경영시스템(people-focused management system)을 지향하는 것이다. 즉 종업원이 작업공정에서 뿐만 아니라 문제 인식과 문제 해결,

자료 수집 및 의사결정, 리더십과 집단토의기법 등에서 충분히 훈련을 받고 교육을 받는다면 그들은 계속적인 개선 메카니즘의 기능을 제대로 수행할 수 있을 것이므로 그들을 믿고 그들의 능력을 강화시킬 필요가 있다는 것이다.

한편, TQM과 유사한 개념으로 앞에서 설명한 QM(quality management)이 있다. ISO(국제표준화기구)의 전문위원회인 TC 176은 QI(quality improvement), TQM 등 일본적 품질관리의 영향을 받은 개념을 추가하여 품질관리에 관한 개념의 정리를 추진한 바 있다. 이들 용어의 정의는 ISO 8402의 개정판인 DIS(Draft International Standard: 국제규격원안)에 포함되어 있으며 이들 중 QM과 TQM의 정의를 발췌하면 다음과 같다.

- **Quality Management**

  품질방침을 정하여 실시하는 활동으로 품질관리(QC), 품질보증 (QA), 품질개선(QI)이 포함됨.

- **Total Quality Management**

  조직의 모든 계층이 모든 업무에서 모든 관계자의 이익을 위하여 QM을 행하는 경영 어프로치.

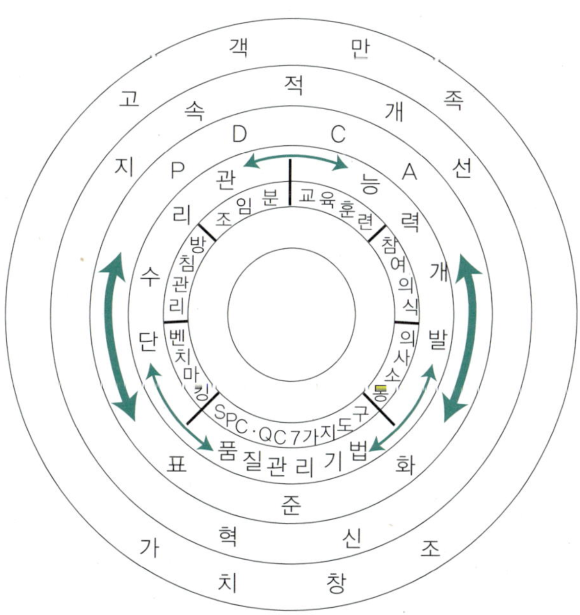

| 그림 3-1 | TQM 모형

이상의 TQM에 대한 개념을 종합하면 TQM이 몇몇 프로그램의 집합이 아니라 일종의 경영 시스템(management system)이며 TQM이 성공적으로 운용되기 위해서는 최고경영자로부터의 장기적인 열의(commitment)가 필수적임을 알 수 있다. 이러한 관점에서 TQM을 모형화하면 [그림 3-1]과 같다.

[그림 3-1]에서 보는 바와 같이 TQM이란 최고경영자의 열의와 리더십을 기반으로 끊임없는 교육훈련과 참여의식에 의해 능력이 개발된 조직구성원(empowered people)이 합리적 관리방식(rational vehicles)과 과학적 품질관리기법(scientific quality control techniques)을 활용하여 조직내의 모든 절차를 표준화하고 지속적으로 개선함으로써 고객만족을 달성하며 궁극적으로 조직의 장기적인 성장을 추구하는 경영 시스템이다.

따라서 TQM에는 다음과 같은 세 가지의 기본요소가 포함되어 있다.

첫 번째 기본요소는 능력이 개발된 조직구성원이다. 조직구성원의 능력개발을 위해서는 끊임없는 교육훈련이 필수적이며 이것은 조직구성원의 팀워크를 강화시키는 역할도 하게 된다. 능력개발의 철학은 결과에 의한 전통적 관리철학과 개인적 인센티브와는 전혀 다른 것이다.

둘째로는 합리적 관리방식을 들 수 있다. 이것은 조직의 목표를 달성시키기 위한 수단이다. 여기에는 방침관리(policy management)나 일상관리(daily management) 그리고 QC분임조 등이 해당된다.

세 번째의 기본요소는 과학적 품질관리기법이다. 이것은 품질과 관련된 문제를 신속하고 정확하게 파악할 수 있게 하며 문제에 대한 해결책을 제시해 주는 역할을 한다. 예를 들면 SPC, 품질기능전개(QFD: Quality Function Deployment), 신품질관리 기법, 타구치(Taguchi)기법 그리고 기타의 통계적 품질관리 기법이 있다.

이상의 세 가지의 기본요소는 특정 목적지를 향해 자동차를 운전하는 운전자에 비유될 수 있다. 여기에서 운전자는 조직의 모든 구성원이며 자동차는 목적지로 가기 위한 수단으로서의 관리방식 그리고 운전자의 운전기술이나 요령은 품질관리기법에 해당한다. 즉 원하는 목적지에 효율적으로 가기 위해서는 훌륭한 운전기술을 갖추었을 뿐만 아니라 열심히 일하고자 하는 의욕이 있는 운전자가 있어야 하며 또한 성능이 뛰어난 자동차가 필요하다. 만약 이 세 가지 요소가 유기적으로 결합되지 않으면 결코 좋은 성과를 기대할 수 없으므로 어느 한 요소도 소홀히 해서는 안 될 것이다.

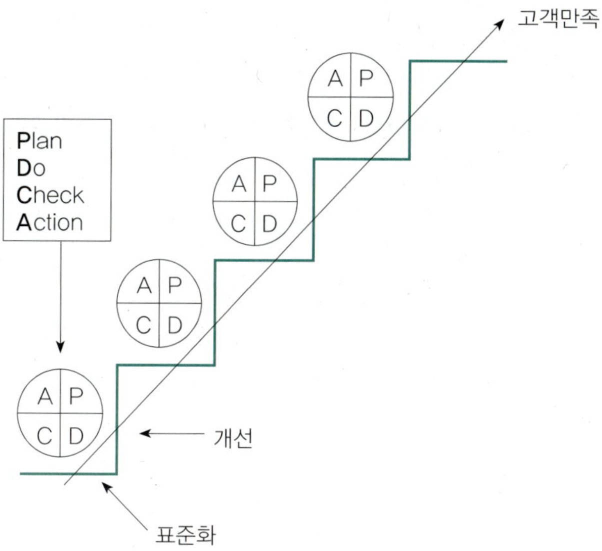

| 그림 3-2 | PDCA 사이클에 의한 지속적 개선

[그림 3-1]에서 나타내고 있는 바와 같이 세 가지의 기본요소를 중심으로 PDCA 사이클을 추진해야 하며 표준화된 절차(process)는 지속적으로 개선해 나가야 한다. 과거에는 품질향상과 비용절감을 동시에 추구하는 것이 불가능하다고 생각했지만 지속적 개선에 의해서 가능하게 되는 것이다. [그림 3-2]는 PDCA 사이클에 의한 표준화와 개선의 관계를 설명해 준다.

[그림 3-1]의 가장 바깥 부분은 조직이 추구하는 목표를 의미한다. 동경이과대학의 카노 노리아키(狩野紀昭)교수는 품질에 대한 고객의 인식을 다섯 가지로 분류하였다. 이들 중 즐거움을 주는 품질(delightful quality)은 만족스러운 품질(satisfying quality)보다 한 차원 높은 수준의 품질이다. 즉, 만족스러운 품질은 고객이 요구하는 수준을 충족시킴으로써 실현되지만 즐거움을 주는 품질은 고객이 인지하지 못하는 수준의 품질까지 고객에게 제공함으로써 고객에게 즐거움을 줄 수 있는 것을 말한다. 카노교수는 고객의 만족이 아닌 고객의 즐거움이 재화와 용역을 차별화하는 핵심요인이라고 설명하였다. 따라서 TQM이 지향하는 고객만족(customer satisfaction)은 만족의 수준을 한 단계 넘어서 고객의 즐거움(customer delight)까지 포함하는 개념으로 확대되어야 한다. 이러한 발상의 전환에 의해서만 비로소 일본적 품질관리에서 중시하는 신제품개발이 가능하게 된다.

최근 구미를 중심으로 세계 각국의 많은 기업이 TQM을 추진하고 있으나 그들 중 몇몇 기업은 아직도 TQM을 제대로 소화하지 못하고 있는 것이 사실이다. 네스비트(P. Nesbit)는 상당수의 기업이 TQM을 제대로 이해하고 있지 않다고 하며 다음 네 가지의 현상을 그 증거로 제시하였다.

① 관리방식에 있어서 근본적인 변화가 일어나고 있지 않다.

② 아직도 품질문제의 책임은 품질부서에 귀속되어 있다.

③ 모든 일의 잘못은 현장 탓으로 돌려진다.

④ 문제의 근본원인을 해결하지 못하고 부수적인 사항들만 관리하고 있다.

그는 TQM을 적용하는 기업이 지켜야 할 원칙으로 다음의 네 가지를 제안하였다.

(1) TQM이 조직과 조직구성원에 미치는 영향에 대한 분석

앞에서도 설명한 바와 같이 TQM은 몇몇 기법이나 프로그램의 집합이 아니라 일종의 경영시스템이므로 조직문화의 변화가 필수적으로 수반된다. 조직문화를 바꾸는 것에 대해서는 조직구성원들이 비협조적일 수도 있으며 때로는 반발을 하는 경우도 있을 수 있으므로 사전에 조사하여 대책을 세워야 한다. 이러한 대비책이 없이 TQM을 성급하게 추진하기 위하여 '하나의 대단한 비법(OBS: one big solution)'을 채택하는 것은 TQM의 실패를 자초하는 것이다. 왜냐하면 TQM의 철학을 내재화하지 않고 TQM의 도구와 기법만을 적용하는 것은 TQM의 본질에 어긋나기 때문이다.

(2) 팀에 의한 문제해결

TQM의 도입기에는 기업내의 서로 다른 부서와 서로 다른 계층의 사람들로 구성된 기능별 팀(cross-functional teams)을 활용하여 비교적 간단한 품질문제부터 해결해 나가는 것이 바람직하다. 기능별 팀에 의한 문제해결은 마이어즈 등(K. Myers and R. Ashkenas)이 제시한 결과위주의 품질(results-driven quality)과 일맥상통한다. 결과위주의 품질이란 TQM이 절차를 중시하는 관리철학이라 해서 도입초기부터 절차만을 중시해서는 안되며 단기간의 개선과정(short cycle improvement process)에 의하여 서서히 가속화되어야 한다는 개념이다.

기능별 팀을 활용함으로써 얻는 이점은 부문간의 장벽을 없앨 수 있다는 점이다. 단 기능별 팀에 부과되는 과제는 긴급한 것이어야 하며 단기간에 해결

가능한 것이어야 한다. 특히 기능별 팀에 대한 경영자의 지원은 이 시기에 매우 중요하다.

(3) 중간관리자의 역할

TQM이 효율적으로 추진되기 위해서는 중간관리자의 역할이 매우 중요하다. 중간관리자는 TQM의 추진에 충분히 열의를 가져야 하며 변화를 추진하는 데 필요한 권한을 부여받아야 한다.따라서 이를 위해서는 적절한 교육과 훈련이 필요하다. 교육과 훈련에는 많은 비용이 소요되지만 교육과 훈련을 받지 않음으로써 치뤄야 하는 대가에 비하면 훨씬 싼 셈이다.

(4) 실행단계에 맞는 적절한 교육, 훈련 프로그램의 개발

TQM에 대한 이해를 깊게 하고 변화를 수용하는 능력을 향상시키기 위하여 관리자, 감독자, 기능별 팀의 리더 그리고 팀의 구성원들에 대한 교육과 훈련이 필요하다. 교육과 훈련에 의해서만 TQM을 추진하는 데 있어서 그들의 새로운 역할을 이해할 수 있으며 문제해결 능력을 향상시킬 수 있다.

제 3 절 품질대가들의 품질철학

경영시스템으로서 종합적 품질의 발전은 금세기 초에 미국에서 시작되었다. 몇몇 품질 전문가들이 조직을 관리하기 위해서 이러한 중요한 새로운 접근방법을 개발하고, 실행하고, 보급하는데 핵심적인 역할을 하였다. 품질경영의 기본사상에 대한 이해를 돕기 위하여 다음 다섯 명의 품질선구자들의 품질철학을 고찰해 보기로 한다.

◆ 슈하트(Shewhart)

슈하트(W.A. Shewhart, 1891～1967)는 1920년대에서 1930년대에 걸쳐 벨연구소에서 근무한 통계학자였다. 그의 저서 「생산제품의 경제적 품질관리(The Economic Control of Quality of Manufactured Products)」는 생산제품의 품질을 개선하기 위한 노력에 획기적인 기여를 한 것으로 통계학자들에 의해 평가되고 있다. 슈하트는 모든 생산단계에서 변동이 존재하지만, 그 변동은 샘플링이론이나 확률분석과 같은 단순한 통계적 수단을 적용함으로써 이해될 수 있다고 말한다.

슈하트의 기법에서는 공정을 그대로 두어야 할 때와 조처해야 할 때를 정의함으로써 작업공정을 안정상태로 관리할 수 있다고 가르친다. 그는 어떠한 과업을 수행할 때 일어나는 우연변동의 한계를 정의할 수 있으며, 이러한 한계를 넘었을 때에만 조처를 취해야 한다고 말했다. 그는 시간에 따른 상태를 추적하기 위하여 "관리도(control chart)"를 개발하였으며, 이를 이용함으로써 작업자로 하여금 그들의 작업을 감시하고, 그것들이 한계를 벗어나거나 불량이 나올 가능성이 있는 때를 예측할 수 있도록 하였다. 샘플링과 관리도에 대한 슈하트의 연구는 통계학자 데밍(W.E. Deming)의 관심을 끌었다.

◆ **데밍(Deming)**

1980년 6월 24일 "일본이 할 수 있다면, 우리는 왜 못하겠는가?(If Japan Can, Why Can't We?)"라는 NBC텔레비전 방송 프로그램을 통해서, 미국인들은 워싱턴에서 5마일 정도 떨어진 곳에 살고 있는, 세계적으로 큰 영향을 끼친 데밍이라는 사람을 알게 되었다. 통계학자인 데밍박사는 1950년대에 일본의 경영자들을 훈련시켰으며, 일본이 제2차 세계대전의 폐허를 복구하는데 상당한 도움을 주어 일본사람들로부터 명성을 얻었다.

그는 1900년에 태어나 와이오밍대학과 예일대학(박사학위 1927)에서 교육을 받았으며, 통계학을 연구하고 가르쳤다. 데밍은 슈하트의 연구에 감명을 받고, 그를 찾아가 함께 연구하였으며, 그의 기법에 몰두하였다. 데밍은 샘플링분야에서 전문가로 알려졌고 국세(國稅)조사국(Census Bureau Institute)이 센서스 데이터의 수집을 위한 새로운 샘플링방법을 개발하는 것을 돕기 위해 1930년대 후반에 농무부를 떠났다. 그가 슈하트의 제자였을 때, 공장에서 사용되는 통계적 방법들이 사무실에서도 똑같이 적용될 수 있다는 것을 배웠다. 예를 들면, 데밍은 천공(key punch)작업자들을 훈련하고 그들 작업의 3분의 1만을 검사함으로써 그들의 작업정확도를 개선하였다.

제2차 세계대전이 일어나자 데밍은 전쟁업무를 도와달라는 부탁을 받고 참여하였다. 그와 그의 동료들은 전쟁물자의 생산에 참여한 3만여명의 기술자들에게 슈하트의 통계적 기법을 가르쳤다. 그러나 데밍을 단순히 통계학자로 생각하는 것은 그의 공로를 너무 과소평가하는 것이다.

표 3-1 데밍의 관리원칙

7가지 치명적 병폐(7 Deadly Diseases)
1. 일관된 목적의식의 결여
2. 단기적 이익만을 중시
3. 성과평가, 근무평가, 또는 연간업적평가
4. 관리자의 잦은 교체(mobility)
5. 가시적 수치(數値)에만 의존하는 기업경영
6. 과도한 의료비
7. 과도한 책임비용
14가지 지침(14 Points)
1. 회사나 조직의 목표를 세우고 모든 종업원에게 알린다. 관리자는 끊임없이 이러한 경영이념에 대한 그들의 실천의지를 보여야 한다.
2. 최고경영자를 포함한 모든 구성원들이 새로운 철학을 배운다.
3. 공정개선과 비용절감을 위해서 검사의 목적을 이해한다.
4. 가격표에만 치중하는 관례를 없앤다.
5. 생산 및 서비스시스템을 지속적으로 개선한다.
6. 기술습득을 위한 훈련을 실시한다.
7. 리더십을 가르치고 함양한다.
8. 두려움을 없애고, 신뢰를 쌓게하고, 혁신을 위한 분위기를 조성한다.
9. 기업의 목적과 목표를 향해 팀, 그룹, 스탭의 노력을 최적화한다.
10. 근로자를 강권(强勸)하지 말라.
11. i) 수치적인 생산할낭량을 없애는 대신, 개선 방법을 배우고 실천하도록 한다. ii) 목표에 의한 관리(MBO: management by objectives)를 없애는 대신, 공정능력과 그것을 개선하는 방법을 배운다.
12. 장인정신(匠人精神)과 같은 자부심을 저해하는 장벽을 제거한다.
13. 모든 구성원들에 대한 교육과 자기개발을 장려한다.
14. 변혁을 이루기 위해 필요한 행동을 실행에 옮긴다.

전쟁이 끝나고 데밍은 그가 열심히 가르쳤던 품질강의들이 무시되고 있다는 것을 알게 되었다. 데밍은 기업을 책임지는 경영관리자를 가르친 것이 아니라 기술자를 가르쳤다는 것을 깨닫게 되었다. 그는 품질이 작업현장에서 결정되는 것이 아니라 경영층에 의해 좌우된다는 것을 알게 되었다.

1951년에 실시하기로 예정된 센서스를 돕기 위해 1947년 페허가 된 일본을 방문하였을 때, 일본사람들은 슈하트 기법에 대한 그의 지식을 배우게 되었다. 1950년 일본과학기술연맹(JUSE)은 데밍을 일본으로 초청하여 품질에 대한 강의를 부탁하였다. 이로부터 일본의 품질관리 역사가 시작되었다.

데밍은 그의 개념과 원리들을 '14가지 지침'과 '7가지 치명적 병폐'로 요약하였다(〈표 3-1〉 참조). 그의 접근방법은 다음과 같이 설명될 수 있다.

품질은 작업자가 취한 조처의 결과가 아니라, 기본적으로 경영관리층의 조처와 의사결정의 결과이다. 작업이 어떻게 수행되는가를 결정하는 것은 작업 "시스템"이며, 관리자만이 그 시스템을 만들 수 있다고 데밍은 강조하고 있다. 오직 관리자만이 자원을 할당할 수 있으며, 작업자들을 훈련시키고, 그들이 사용하는 공구와 설비의 선택과 품질을 달성하기 위해서 필요한 작업장과 환경을 제공할 수 있다. 경영관리자만이 기업이 참여할 시장과 어떤 상품과 서비스를 판매할 것인지를 결정하는 것이다.

◆ 주란(Juran)

주란(J.M. Juran) 박사는 1900년에 지금은 루마니아에 속해 있는 지역에서 태어나서, 1912년에 미국으로 건너가 미네소타에 정착하였다. 그는 미네소타대학에 입학하였고, 1924년 졸업한 후 벨 전화회사의 호오손(Hawthorne) 작업장의 검사부서에서 일하였다. 제2차 세계대전이 발발할 때까지 벨시스템에서 일하면서 주란 역시 슈하트의 연구에 정통하게 되었고, 통신기기 생산에 있어서 슈하트의 연구와 다른 통계적 방법들을 적용하는데 몰두하였다.

1954년 주란 역시 데밍처럼 일본을 방문하여 일본의 지도자들이 그들의 산업을 재건할 수 있도록 도왔으며, 그 후 일본은 그들의 제품을 세계시장에 수출할 수 있었다. 그는 일본사람들로 하여금 주로 공장을 위해 고안된 품질개념과 품질도구를 전반적인 "관리과정"의 기초가 되는 일련의 개념으로 발전시킬 수 있도록 해주었다.

(1) 품질 트릴러지(Quality Trilogy)

주란은 본래 조직의 재무관리에 사용되었던 세 가지 기본적 관리과정-재무계획, 재무통제 및 재무개선-을 기술하였고, 이 접근방식을 품질관리업무에 적용시켰다. 주란 트릴러지의 세 가지 요소는 다음과 같다.

① 품질계획(Quality Planning): 고객과 그들의 요구사항, 고객이 기대하는 제품 및 서비스의 특징, 이러한 속성을 가진 제품 및 서비스를 전달하는 프로세스를 규명하고, 조직의 생산부문에 이러한 지식의 전달을 촉진하는 과정을

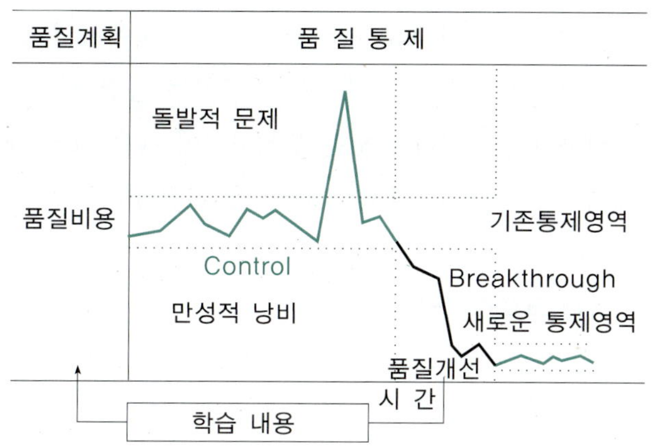

| 그림 3-3 | 주란의 품질 트릴러지

말한다.

② 품질통제(Quality Control): 고객의 진정한 요구사항에 비추어서 제품을 실질적으로 검토하고 평가하는 과정으로서 발견된 문제점들은 이 때에 수정한다.

③ 품질개선(Quality Improvement): 품질이 지속적으로 개선되도록 뒷받침해 주는 지원 메카니즘을 시행하는 과정. 여기에는 자원할당, 품질프로젝트를 추진하기 위한 인력배치, 이 프로젝트에 참여하는 사람들의 훈련, 품질업무를 추진하고 성과를 유지하기 위한 영구석 조직을 구축하는 것들이 일반적으로 포함된다.

◆ 크로스비(Crosby)

품질 예찬론자인 크로스비(P.B. Crosby)는 1952년 인디아나에 있는 크로슬리(Crosley)사의 제조부문에서 경력을 쌓기 시작하여, 1979년 그의 베스트셀러 「품질은 무료(*Quality is Free*)」로 유명해졌다. 일련의 제조업무와 관련된 일을 한 후에, 크로스비는 마틴 마리에타(Martin Marietta)사에서 퍼싱미사일 프로젝트의 품질책임자가 되었다. 그는 "무결점(zero-defects)" 프로그램을 창안하여 미사일제조의 결함을 줄이는데 있어서 대단한 성공을 거두었는데, 이 프로그램은 후에 정부정책으로 채택되었다. 크로스비는 무결점운동의 성공으로 관계(官界)에서 널리 알려지게 되었지만, 이 프로그램을 도입하였던 다른 이들은 큰 성과를 거두지 못하였다. 이에 대해 크로스비는 실패의 원인이 경영층의 의지부족이었다고 지적한다.

크로스비는 ITT로 자리를 옮겨 그 곳에서 품질담당 부서장이 되었고, ITT 종업원들에게 품질의 개념을 가르치는 품질대학을 운영하였다. 그는 1979년에 퇴직하여 플로리다에 있는 윈터파크에 세운 그의 새로운 회사 필립 크로스비사 내에 "품질대학(Quality College)"을 설립하였다.

(1) 크로스비의 품질원칙

품질에 대한 크로스비의 기본철학은 "절대원칙(absolutes)"이라고 지칭한 다음의 4가지 기본적인 신념에 기초를 두고 있다.

① 크로스비는 품질을 "우아함이 아니라, 요구에의 적합성(conformance to requirements)"이라고 정의한다. 이 정의는 제품의 제조방식이나 서비스의 제공 방법을 근거로 하지 않는다는 점에서 전통적인 품질의 정의와 차이가 있다. 이 정의는 고객이 갖고 있는 기대 전부를 충분히 이해하고자 노력하는데 초점을 맞추고, 조직을 이러한 기대에 부응하도록 이끌어 준다는 점에서 전략적 의미를 갖는다. 품질에 대한 이러한 외부적 관점은 내부적 관점으로부터 도출된 것보다 훨씬 더 도전적이고 실제적인 목표를 요구하기 때문에 활력을 갖는다.

② 고객의 요구에 부응하고자 하는 공급자의 품질시스템은 최초에 올바르게 하자는 것(do it right the first time)—즉, 검사가 아닌 예방—이다. 이 개념은 제품을 만들거나 서비스를 제공하는 작업자가 결함이 있는 작업을 넘기지 않는 것을 확실히 함으로써 테일러로부터 생겨난 문제를 고치고자 한다. 모두가 자신의 작업에 대한 책임감을 갖고 있다면 품질조직에서 검사자란 거의 필요없게 될 것이다. 작업자 이외에는 어느 누구도 실수를 감지할 수 없는 것이다.

③ 성과의 표준은 무결점(완전무결, ZD)이다. 크로스비는 무결점이 목표가 되어야 한다고 주장하였다. 어떠한 실패도 허용되어서는 안되는 예로서 무사고를 추구하는 항공사나 단 한 건의 의료사고도 내지 않으려는 의사를 들 수 있으며, 우리는 이 경우 완전무결을 선택하고자 할 것이다. 크로스비는 자신에게 주어진 작업의 성과가 조금이라도 떨어지는 것을 전제로 해서는 안 된다고 주장한다.

④ 품질의 척도는 품질비용이다. 결함으로 인한 비용은, 수정될 수 있다면, 고객과의 관계 뿐만 아니라 일선현장의 성과에도 즉시 효과를 나타낸다. 실수

를 제거하고 낭비비용을 만회할 수 있을 만큼 훈련과 다른 지원활동에 투자를 해야 한다. 크로스비를 비롯한 몇몇 사람들은 품질비용이 기업 총수입의 20~40%정도가 된다고 지적한다.

◆ 파이겐바움(Feigenbaum)

제너럴 일렉트릭사의 생산관리 및 품질관리의 책임자였던 파이겐바움(A.V. Feigenbaum) 박사는 품질에 대한 책임을 제조부문에 국한시키지 않는 전사적인 접근방법을 개발함으로써 전세계의 품질운동에 크게 기여하였다. 파이겐바움은 고객입장에서의 불만족스런 제품설계, 비능률적 유통, 부적절한 마케팅, 불충분한 지원활동 아래서는 제조에서의 품질이 달성될 수 없다고 주장하였다. 이에 따라 조직 내의 모든 기능이 품질에 대해 책임이 있다는 파이겐바움의 사상이 탄생되었으며, 이는 전사적 품질관리(TQC)로 알려지게 되었다.

TQC란 마케팅, 기술, 생산 및 서비스가 가장 경제적으로 소비자를 충분히 만족시킬 수 있도록 품질개발, 품질유지 및 품질향상에 관한 조직 내 여러 그룹의 노력을 통합하는 효과적 시스템이다. 오늘날 종합적 품질시스템에서는 모든 주요활동(설비, 노동력, 정보흐름, 표준, 통제 등)의 자체적 효과뿐만 아니라 총체적 품질효과에 관한 상호연관된 영향을 고려하지 않으면 안된다.

제 4 절 품질경영에서 경영품질로!

품질경영의 발전과정을 보면 검사위주의 초기 단계를 지나 소위 통계적 품질관리(SQC), 그리고 전사적 품질관리(TQC) 단계를 거쳐 현재의 종합적 품질경영(TQM) 단계로 발전하여 왔다. 그 최초의 개념은 구미에서 발생하였으나 사실상 일본에서 독자적으로 발전시켜 온 근대적 품질관리를 가리켜 우리나라도 TQC(Total Quality Control)라고 총칭하여 왔다. 그러나 1996년 4월 (재)일본과학기술연맹(JUSE)은 이를 TQM(Total Quality Management)으로 그 명칭을 바꾸기에 이르렀는데, 이는 품질을 둘러싼 국제적인 관점의 변화에 기인한 것이다. 이러한 변화는 '품질'에 대한 개념 및 정의에 대한 변화와 그 맥을 같이하고 있는데, 크게 보아 품질의 개념은 과거의 '규격적합성(Conformance to Specification)'에서 '고객요구의 충족(Meeting Customer's Expectations)' 나아가

'사업탁월성(Business Excellence)' 으로까지 발전되어 가기에 이르렀다. 그에 따라 품질에 대한 적용범위도 유형의 제품만이 아닌 서비스 나아가 공공부문에 이르기까지 크게 확대되었다. 결국 품질경영은 제품위주의 원가주도형 품질관리가 경영품질을 경쟁우위 요소로 하는 고객지향적 품질경영으로 전환되면서 크게 확산되었다. 품질이야말로 경쟁우위 확보의 핵심 또는 품질혁명이 곧 경영혁명이라는 인식이 확산되면서 각국은 기업의 경쟁력 회복과 품질경영 기법의 도입 및 확산을 위하여 품질경영상을 경쟁적으로 도입하기 시작하였다.

그 최초의 움직임은 1951년 일본에서 제정된 데밍상(Deming Prize)이다. 그 이후 1987년 미국의 말콤볼드리지 국가품질상(Malcolm Baldrige National Quality Award, 이하 'MB상' 이라 함)이 제정되었으며, 1991년에는 유럽기업들의 품질시스템 확립과 품질경쟁력 향상을 목표로 유럽품질상(European Quality Award)이 제정되어 민·관의 협력체제하에 시행되어 오고 있다. 미국정부가 MB상을 제정하게 된 동기는 1980년대 일본기업들에 비해 현저하게 밀려가기만 하던 미국기업의 품질경쟁력을 획기적으로 제고시키기 위해선 기존의 경영초점과 발상을 전면 쇄신한 새로운 경영시스템이자 기업평가모델의 제시가 가장 필요하다고 판단하였기 때문이었다. 당시 미국기업의 열등감, 좌절감은 1987년 가을 소위 '검은 월요일(Black Monday)' 이라 불리는 증시 대폭락에 이르러 최고조에 달했는데, 바로 그 해 미국정부는 MB상을 제정하고 1988년 모토롤라사를 포함한 3개 사를 최초로 수상업체로 선정하였다. 이후 MB상 수상기업들의 경영성과에 대한 논란도 일부 있었으나, 대부분의 수상기업들의 경우 수익률면에서 시장 주가지수에 비해 월등한 성과를 보여 온 것이 사실이다. 또한 MB상이 제정된 후 지난 십년 간 미국의 대표적인 주가지수인 다우존스산업지수(DJIA)는 2,000포인트대에서 9,000포인트 대로 무려 4~5배의 성장을 기록한 바 있다.

우리나라의 경우 1975년부터 국가적 품질포상제도를 운영해 오고 있다. 이것은 미국의 MB상보다 13년 앞선 것이지만, 사실상 일본과학기술연맹(JUSE)이 1951년부터 시행해 온 데밍상을 모방한 것이었다. 그 이후 1993년 우리 정부(당시 공업진흥청)는 품질경영의 세계적인 조류 전환에 발맞추어 기존의 제조업과 현장분임조 중심의 품질관리(QC)에서 서비스업을 포함하는 보다 광범위한 경영자 주도의 품질경영(QM)으로의 전환을 적극적으로 추진하였다. 이를 위해 동년 12월 27일 기존의 「공산품품질관리법」을 폐지하고 「품질경영촉진법」

을 제정함에 따라 기존의 '품질관리대상' 제도를 '품질경영상' 제도로 변경하였고, 심사기준 또한 기존의 일본식 데밍상 유형에서 미국 MB상 유형으로 바꾸었다. 그 결과 현재 우리나라 품질경영상의 심사기준은 MB상의 틀에 입각하여 제정, 운영되고 있으며, 제도 및 그 운영책임이 중앙정부에 있는 것과 품질상 운영과 관련된 사무지원을 민간기관에 위탁하고 있는 것 등이 외형상의 공통점이라고 할 수 있다.

그러나 여기서 '품질상'의 의미는 제품의 품질이 우수하다는 좁은 의미가 아니라, 리더십에서부터 프로세스에 이르기까지 경영 자체의 질, 즉 경영품질의 측면에서 최고의 수준을 달성해야 받을 수 있는 상이다. 미국 MB상의 평가기준이 'Criteria for Performance Excellence', 그리고 유럽품질상의 평가기준이 'Business Excellence Model'이라 불리워지고 있는 것도 바로 이러한 맥락에서 이해되어질 수 있다.

경영품질 관련 수상제도 중에서 가장 성공적인 모델로 평가받고 있는 것은 '말콤 볼드리지 국가품질상(MB상)'이다. 대일 경쟁력 저하 등 심각한 경제위기에 빠져있던 미국이 대역전 드라마를 이끌어낸 비결 중 하나로 꼽히는 MB상은 1987년 레이건 행정부와 의회가 1970년대 이후 점차 상실해 가던 미국기업들의 자신감을 회복시키고, 소위 '미국병'에 빠진 기업들에게 강력한 위기의식 고취와 함께 차별적 경쟁력 제고의 방향을 제시하기 위하여 제정하였다. 그 탄생은 전사적 품질경영(Total Quality Management; TQM)을 촉진시키기 위해 「국가품질개선법」(Public Law 100-107)에 의거하여, 1987년 8월 20일 레이건 대통령이 「말콤볼드리지 국가품질증진법」(Malcolm Baldrige National Quality Improvement Act) 법안에 서명을 함으로써 이루어졌다. MB상은 1988년 제조부문에서 모토롤라(Motorola Inc.), 웨스팅하우스의 핵연료사업부(Westinghouse Electric Corporation-Commercial Nuclear Fuel Division), 중소기업부문에서는 글로브금속(Globe Metallurgical)의 3개 업체를 최초의 수상기업으로 선정한 이래 매년 미국 내 전 산업분야의 최우수기업을 선정하여 수여해 오고 있다. 이 상의 명칭은 불의의 사고로 고인이 된 당시 미국 상무장관이었던 말콤 볼드리지의 이름을 따서 명명되었다.

MB상의 평가기준은 수상업체를 선정하고 피드백 리포트를 작성하기 위한 토대가 되지만 또 다른 중요한 역할을 한다. 그것은 미국 내 모든 유형의 조직들이 경영성과와 실행능력 향상을 도와주고, 최고의 경영관행에 관한 정보를 공유할 수 있도록 지원해 줌으로써 궁극적으로 국가경쟁력을 높이자는 것이다. MB상 평가기준은 다음과 같은 두 가지 성과중심의 목표에 초점을 맞춤으로써 기업의 경쟁력 강화에 도움이 될 수 있도록 설계되어 있다.

① 고객에게 보다 개선된 가치를 제공해 줌으로써 시장에서 성공한다.

② 기업의 전반적인 성과와 능력을 향상시킨다.

MB상 평가기준의 7가지 범주(Category)는 다음과 같다.

- 리더십
- 전략기획
- 고객 중시
- 측정, 분석 및 지식경영
- 인적자원 중시
- 운영 중시
- 경영성과

이러한 범주들을 연결하고 통합하는 구조는 [그림 3-4]와 같다. 이 구조는 다음과 같은 세 가지 기본요소로 구성되어 있다.

조직의 특성: 환경, 관계, 도전

[그림 3-4]의 맨 위에 있는 조직의 특성은 조직이 처해 있는 상황을 설명한다. 즉, 조직의 주변 환경, 업무상의 관계 및 전략적 도전은 조직의 성과관리

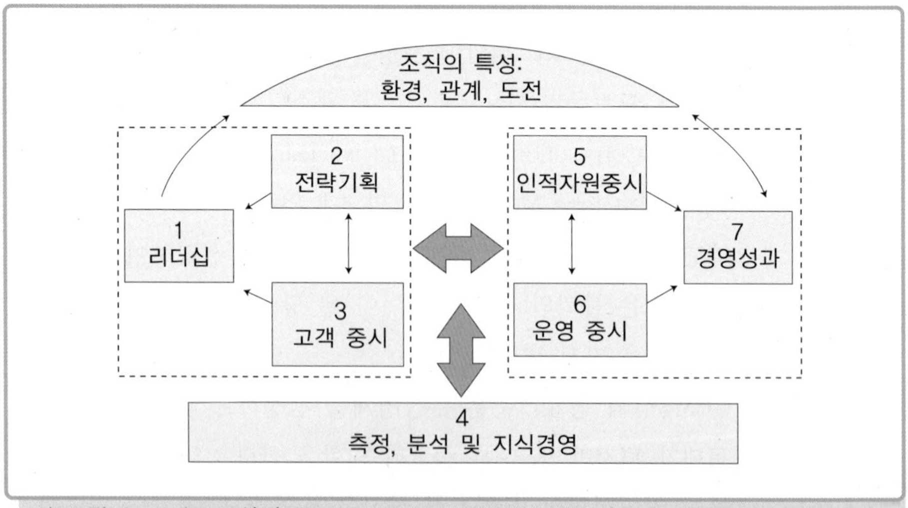

| 그림 3-4 | MB상의 구조

시스템의 길잡이 역할을 한다.

시스템 - 범주 1, 2, 3 및 5, 6, 7

시스템은 [그림 3-4]의 중앙에 있는 여섯 가지 범주로서, 조직과 운영 및 성과의 유기적 관계를 나타내고 있다. 이 중 왼쪽에 있는 리더십, 전략기획, 고객 중시의 세 가지 범주는 '리더십 3요소'로서, 이들은 전략과 고객에 초점을 맞춘 리더십의 중요성을 강조하기 위해 함께 자리잡고 있다. 또한 우측에 있는 인적자원 중시, 운영 중시, 경영성과는 '성과 3요소'이다. 기업의 구성원들과 핵심 프로세스는 경영성과를 제고하기 위한 역할을 한다.

기업의 모든 활동들은 경영성과를 지향하고 있다. 중앙의 큰 화살표는 리더십 3요소와 성과 3요소를 이어주는데, 이는 기업의 성공을 위한 핵심적 연결고리이다. 더욱이 이 화살표는 조직을 움직이는 추진 원동력이라고 볼 수 있는 범주 1[리더십]과 최종 목적지라고 볼 수 있는 범주 7[경영성과] 간의 핵심적 관계를 나타낸다. 개선을 이루기 위해서 리더십은 언제나 경영성과를 주시하고 있어야 한다.

측정, 분석 및 지식경영 - 범주 4

기업의 성과와 경쟁력을 높이기 위해, 기업을 효과적으로 관리하고 사실에 근거한 관리 시스템을 구축하는 데 있어서 측정·분석 및 지식경영은 핵심적인 역할을 한다. 이는 성과관리 시스템 구축을 위한 토대가 된다.

보 론 1 샘플링검사

1. 샘플링검사의 개념

샘플링검사는 1928년에 닷지와 로믹에 의하여 개발된 가장 대표적인 통계적 품질관리기법이다. 즉, 샘플링검사는 럿으로부터 표본을 추출하여 검사하고 그 결과를 미리 정해 둔 판정기준과 비교하여 그 럿의 합격 또는 불합격을 판정하는 절차를 말한다. 이러한 샘플링검사가 적용되는 경우는 다음과 같다.

① 파괴검사의 경우

② 검사에서 불량품의 합격으로 인한 비용이 전수검사의 비용보다 더 작을 경우

③ 유사한 품목이 많기 때문에 샘플링검사로서 전수검사와 동일한 효과를 얻을 수 있는 경우

④ 검사의 자동화가 이루어지지 않은 경우

검사대상이 되는 모든 제품을 검사하는 전수검사에 비하여 샘플링검사가 갖는 장점은 다음과 같다.

① 검사대상이 많지 않으므로 많은 검사인력을 필요치 않고 검사비용이 줄어든다.

② 전수검사의 경우 검사대상의 과다로 인한 피로와 권태가 검사의 오류를 유발할 수도 있으나 샘플링검사의 경우에는 그러한 오류가 줄어들 수 있다.

③ 검사에서의 불합격은 제조업자에게 품질향상에 대한 동기부여가 된다.

이와 같은 장점이 있는 반면에 다음과 같은 단점도 있을 수 있다.

① 나쁜 품질의 럿을 합격시키고 좋은 품질의 럿을 불합격시킬 위험을 배제할 수 없다.

② 효율적인 샘플링검사를 계획하는 데 많은 시간과 노력이 든다.

2. 샘플링검사의 유형

샘플링검사는 검사단위의 품질표시방법에 따라 계수형 샘플링검사와 계량형 샘플링검사로 구분된다.

① 계수형 샘플링검사(sampling inspection by attributes): 계수형 샘플링검사는 럿의 합격 · 불합격 판정기준을 불량개수나 결점수와 같은 계수치로 할 경우의 샘플링검사를 말한다.

② 계량형 샘플링검사(sampling inspection by variables): 계량형 샘플링검사는 럿의 합격 · 불합격 판정기준을 길이, 무게, 인장강도 등과 같은 계량치로 할 경우의 샘플링검사를 말한다.

샘플링검사는 계수형 샘플링검사와 계량형 샘플링검사 각각에 대하여 네 가지의 형태, 즉 규준형, 선별형, 조정형, 연속생산형 샘플링검사로 구분된다.

① 규준형 샘플링검사: 일반적으로 생산자는 좋은 품질의 럿이 불합격되는 것을 피하려 하고 소비자는 나쁜 품질의 럿이 합격되는 것을 피하려 하므로 양측의 요구를 동시에 만족시킬 수 있는 형태의 검사방식이 필요한데 이를 규준형 샘플링검사라고 한다. 규준형 샘플링검사는 샘플링검사의 횟수에 따라 1회, 2회, 다회 그리고 축차(sequential) 샘플링검사로 구분된다.

② 선별형 샘플링검사: 이것은 샘플링검사에서 합격된 럿은 받아들이지만 불합격된 럿은 전수선별에 의하여 불량품을 양품으로 대체하여 받아들이는 샘플링검사이다. 따라서 파괴검사와 같이 전수선별이 불가능한 경우에는 적용할 수 없다. 선별형 샘플링검사도 샘플링검사의 횟수에 따라 1회, 2회, 다회 그리고 축차 샘플링검사로 구분할 수 있으나 1회 샘플링검사와 2회 샘플링검사가 주로 사용된다.

③ 조정형 샘플링검사: 이것은 다수의 공급자로부터 럿을 연속적으로 구입하는 경우 공급자가 공급하는 럿의 품질상태에 따라 샘플링검사방식을 까다롭게 하든가 수월하게 하여 조정함으로써 공급자에게 품질향상에 대한 자극을 주기 위한 샘플링검사 방식이다.

④ 연속생산형 샘플링검사: 이것은 이미 만들어진 럿을 대상으로 하는 것이 아니라 컨베이어 벨트를 이용한 생산방법에서와 같이 제품이 하나씩 연속적으로 생산되는 경우에 적용되는 샘플링검사방식이다.

3. 검사특성곡선

샘플링검사의 중요한 특징은 좋은 품질의 렷과 나쁜 품질의 렷을 어떻게 구별하는가 하는 것이다. 샘플링검사의 선별능력은 검사특성곡선(operating characteristic curve; OC curve)으로 설명할 수 있다.

검사특성곡선이란 렷의 불량률과 그러한 불량률을 갖는 렷이 샘플링검사에서 합격으로 판정될 확률과의 관계를 나타낸 곡선이다. 따라서 검사특성곡선은 샘플링검사방식을 변화시킴에 따라 특정 불량률의 렷이 합격할 확률이 어떻게 달라지는가를 비교하는 데 사용될 수 있다.

[그림 3-5]는 검사특성곡선의 한 예이다. 여기에서 가로축은 렷의 불량률을 나타내고 세로축은 렷의 합격확률을 나타낸다. 예를 들어 렷의 불량률이 3%이면 3% 불량률의 렷이 특정 샘플링검사에서 합격할 확률은 90%가 되는 것이다. 이 그림에서 곡선이 아래로 향해 내려가는 것에 유의할 필요가 있다. 즉, 렷의 품질이 나빠질수록 합격가능성은 줄어드는 것이다. 예를 들어 20%의 불량률을 갖는 렷이 합격판정을 받을 가능성은 0.4%까지 떨어지지만 20%의 불량률을 가지고 있음에도 그 렷들이 합격판정을 받는 가능성이 여전히 존재한다.

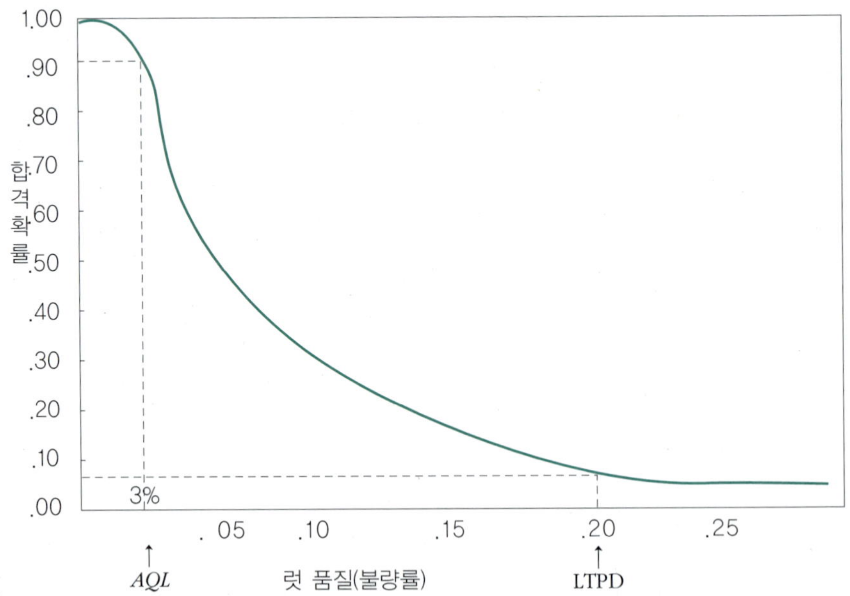

| 그림 3-5 | 검사특성곡선

마찬가지로 3%의 낮은 불량률을 가지는 럿도 불합격 판정을 받을 가능성을 지니고 있다. 이와 같이 샘플링검사는 양품과 불량품 사이의 완전한 선별을 할 수는 없는 것이며, 불량품을 지닌 저품질 럿들이 합격하거나 혹은 고품질 럿들이 불합격할 수도 있는 것이다.

샘플링검사가 양품의 럿과 불량의 럿을 선별해내는 정도는 검사특성곡선의 기울기와 일치한다. 즉, 곡선이 가파를수록 샘플링검사의 선별력은 높아지는 것이다. [그림 3-6]은 양품의 럿과 불량의 럿을 완벽히 선별해 낼 수 있는 이상적인 검사특성곡선을 보여준다.

[그림 3-6]의 이상적인 곡선이 되기 위해서는 모든 럿을 전수검사할 수밖에 없다. 이렇게 한다면 이론적으로는 분명히 모든 불량품을 제거할 수 있다. 그러나 전수검사를 수행하는 데 드는 비용과 시간을 고려한다면 전수검사는 고려대상에서 제외되는 경우가 많다. 이러한 이유 때문에 고객들은 일반적으로 불량품에 관련된 비용이 크지 않다면 적은 양의 불량품을 지니는 럿을 기꺼이 받아들인다. 흔히 이러한 불량률은 2%에서 4%에 해당하며 이것을 합격품질수준(acceptable quality level; AQL)이라 한다. 무작위 표본추출로 인해 특정 불량률 이상을 포함하는 럿을 선별하지 못하기 때문에 예상보다 불량품이 더 많이 포함된 럿들이 합격판정을 받을 수도 있다. 이 때 당연히 불합격 처리되어야

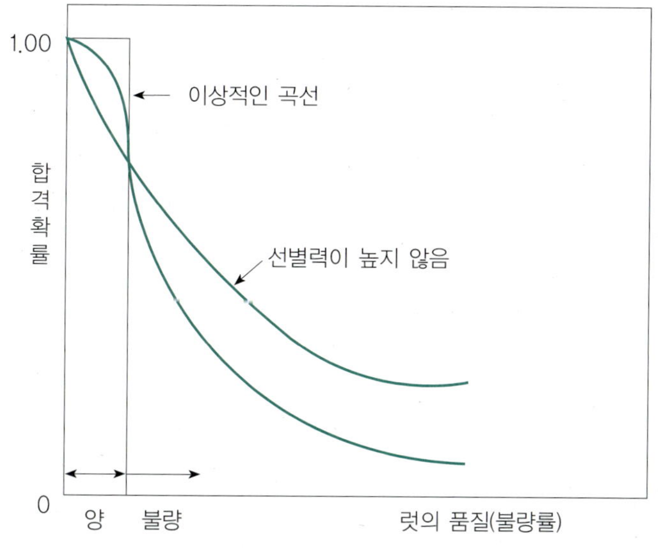

| 그림 3-6 | 경사가 급한 검사특성곡선

한다고 여겨지는 불량률의 하한선을 불합격 품질수준(lot tolerance percent defective; LTPD)이라 한다.

일반적으로 고객은 품질이 합격품질수준보다 좋거나 동일하기를 원한다. 그리고 불합격품질수준을 초과하는 불량률을 지닌 럿은 전혀 받아들이고 싶어하지 않는다. 불합격품질수준을 초과해 불합격 럿인데도 불구하고 합격럿으로 판명될 확률을 소비자위험(consumer's risk) 혹은 β 혹은 제2종 오류의 확률이라 한다. 반면에, 합격 럿인데도 불구하고 불합격 럿의 판정을 받을 수 있는 위험의 정도를 생산자위험(producer's risk) 혹은 α 혹은 제1종 오류의 확률이라 한다.

대부분의 샘플링검사는 5%의 생산자위험과 10%의 소비자위험을 지니도록 설계된다. 물론 다른 조합이 적용될 수도 있다.

검사특성곡선의 도출은 불량률 계산에 사용되는 분포도의 종류에 따라 달라진다.

(1) 초기하분포를 이용하는 경우

럿의 크기가 N, 럿 중의 불량품의 개수가 D인 럿에서 크기가 n인 표본을 추출할 때, 불량품의 개수가 x개 나올 확률은 초기하분포(hypergeometric distribution)의 이론에 의하여 다음과 같이 계산된다.

$$P(x)=\frac{\binom{D}{x}\binom{N-D}{n-x}}{\binom{N}{n}}$$

또한 합격판정개수(acceptance number)를 c라 하여 n개의 표본 중의 불량품의 개수가 c개 이하이면 럿을 합격시킬 경우, 럿의 합격확률(Pa)은 다음과 같이 계산된다.

$$Pa=P(0)+P(1)+\cdots+P(\mathrm{c})$$

$$=\sum_{i=0}^{c}\frac{\binom{D}{x}\binom{N-D}{n-i}}{\binom{N}{n}}$$

예제 1

$N=65$, $n=25$, $c=0$인 인 샘플링검사의 검사특성곡선을 그려라.

[풀 이]

① D(불량품의 개수)=0 인 경우의 럿의 합격확률은

$$Pa=\frac{\binom{0}{0}\binom{65}{25}}{\binom{65}{25}}=1.00$$

② $D=1$인 경우의 럿의 합격확률

$$Pa=\frac{\binom{1}{0}\binom{64}{25}}{\binom{65}{25}}\fallingdotseq 0.62$$

검사특성곡선을 구하기 위하여 D의 여러 값에 대한 럿의 합격확률을 구해야 하며 이를 정리하면 〈표 3-2〉와 같다. 또한 〈표 3-2〉에 의하여 검사특성곡선을 작성하면 [그림 3-7]과 같다.

표 3-2 $N=65$, $n=25$, $c=0$인 샘플링검사에서의 럿의 합격확률

불량률개수	불량률(P)	합격확률(Pa)
0	0.000	1.00
1	0.015	0.62
2	0.031	0.38
3	0.046	0.23
4	0.062	0.14
5	0.077	0.08
6	0.092	0.05
7	0.108	0.03
8	0.123	0.02

(2) 이항분포를 적용할 경우

앞에서 설명한 검사특성곡선은 초기하분포를 기초로 작성되었다. 그러나 럿의 크기(N)가 표본의 크기(n)에 비하여 충분히 클 경우($\frac{n}{N} \leq 0.1$)에는 이항분포를 이용하여 계산할 수 있다. 즉, 럿의 크기가 N, 럿의 불량률이 p인 럿에

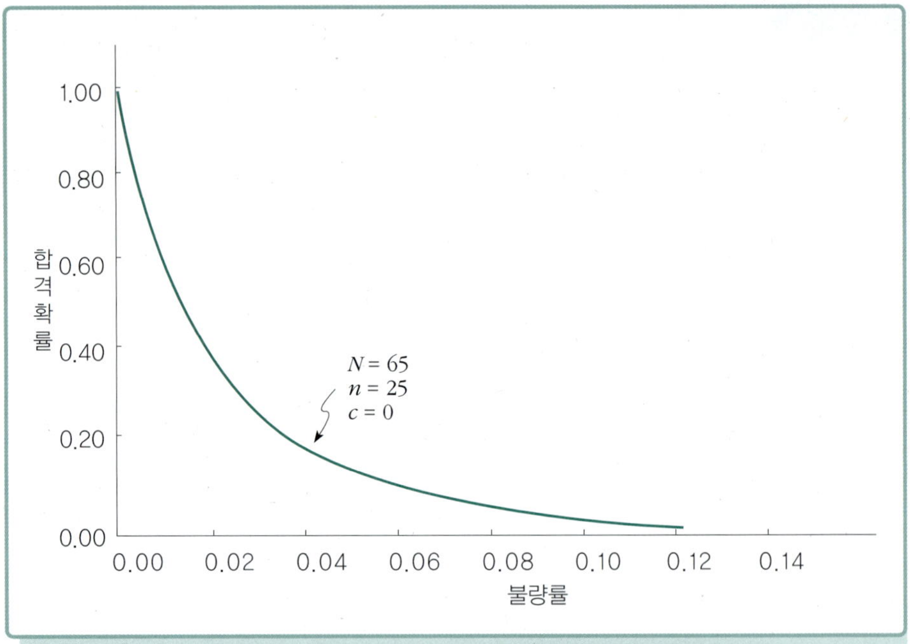

| 그림 3-7 | N=65, n=25, c=0인 샘플링검사에서의 검사특성곡선

서 크기가 n인 표본을 추출할 때 불량품의 개수가 x개 나올 확률은 다음과 같다.

$$P(x) = \binom{n}{x} p^x (1-p)^{n-x}$$

또한, 합격판정개수를 c라 할 경우 럿의 합격확률은 다음과 같다.

$$Pa = \sum_{i=0}^{c} \binom{n}{i} p^i (1-p)^{n-i}$$

(3) 포아송분포를 적용할 경우

럿의 크기가 표본의 크기에 비하여 충분히 클 뿐만 아니라 불량률(p)이 낮을 경우($p \leq 0.1$)에는 $\lambda = np$인 포아송분포로 근사계산을 할 수 있다. 즉, x개의 불량품이 나올 확률은 포아송분포에 의하여 다음과 같다.

$$P(x) = \frac{\lambda^x e^{-\lambda}}{x!}$$

따라서 럿이 합격할 확률은 다음과 같이 계산된다.

$$Pa = \sum_{i=0}^{c} \frac{\lambda^i e^{-\lambda}}{i!}$$

예제 2

$N=5000$, $n=25$, $c=0$인 샘플링검사의 검사특성곡선을 구하라.

[풀 이]

① p(럿의 불량률)=0인 경우의 럿의 합격확률은

$$\text{이항분포: } P_a = \binom{25}{0} 0^0 (1-0)^{25-0} = 1.0$$

$$\text{포아송분포: } P_a = \frac{0^0 e^{-0}}{0!} = 1.0$$

② $p=0.01$인 경우의 럿의 합격확률은

$$\text{이항분포: } P_a = \binom{25}{0} (0.01)^0 (1-0.01)^{25-0} = 0.7778$$

$$\text{포아송분포: } P_a = \frac{(0.25)^0 e^{-0.25}}{0!} = 0.7788$$

검사특성곡선을 구하기 위하여 p의 여러 값에 대한 럿의 합격확률을 이항분포를 적용할 경우와 포아송분포를 적용할 경우로 구분하여 비교한 결과가 〈표 3-3〉이다.

〈표 3-3〉의 두 가지 경우 중에서 이항분포를 적용한 검사특성곡선은 [그림 3-8]과 같다.

표 3-3 $N=5000$, $n=25$, $c=0$인 샘플링검사에서의 럿의 합격확률

불량률	합격확률(이항분포)	합격확률(포아송)
0.00	1.0000	1.0000
0.01	0.7778	0.7788
0.02	0.6035	0.6065
0.03	0.4670	0.4724
0.04	0.3604	0.3679
0.05	0.2774	0.2865
0.06	0.1630	0.1738
0.07	0.1630	0.1738
0.08	0.1244	0.1354
0.09	0.0946	0.1054
0.10	0.0718	0.0821
0.11	0.0543	0.0639
0.12	0.0409	0.0498

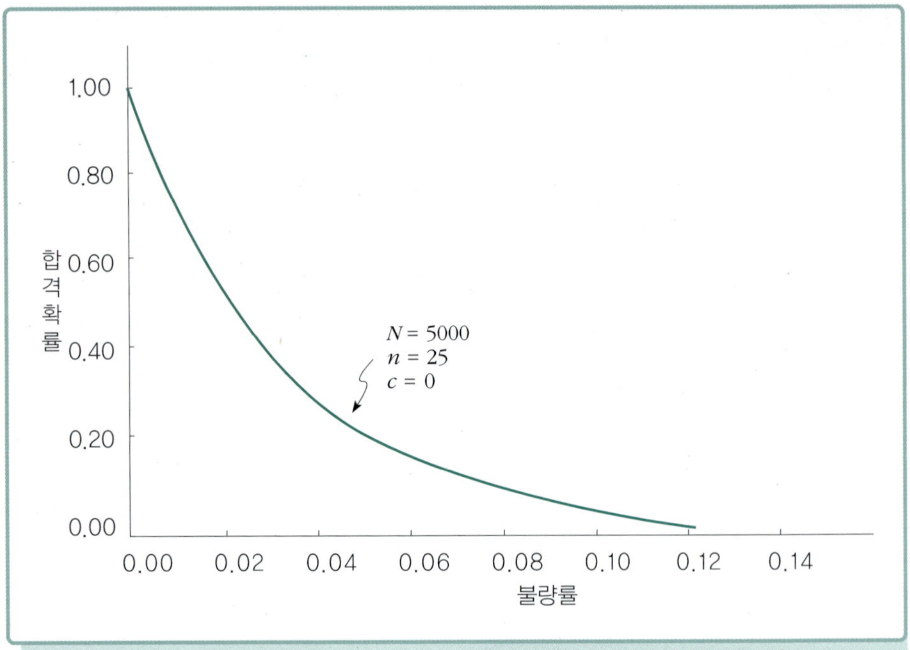

| 그림 3-8 | *N*=5000, *n*=25, *c*=0인 샘플링검사에서의 검사특성곡선

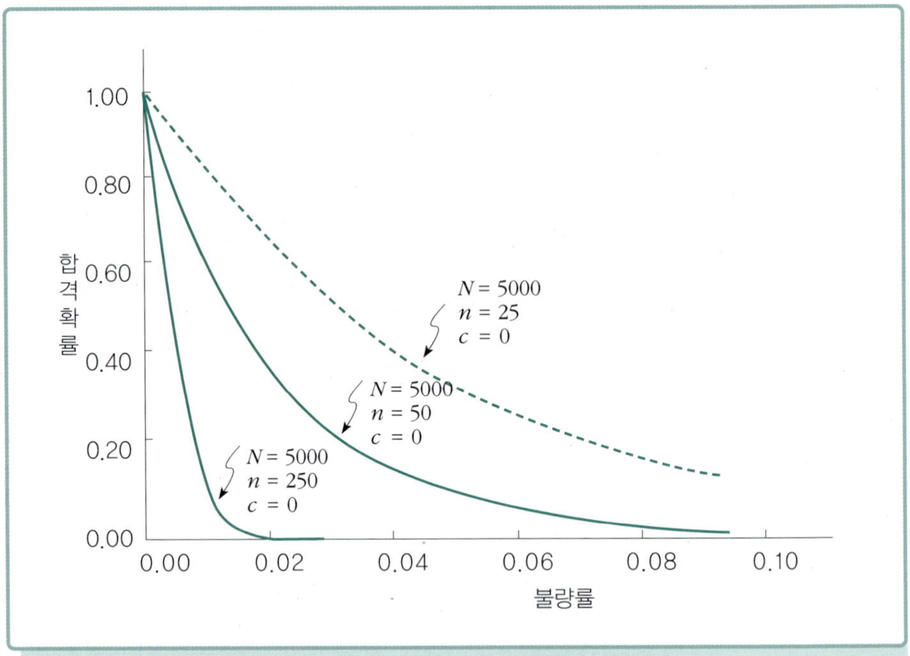

| 그림 3-9 | 표본의 크기 변화에 대한 검사특성곡선의 변화

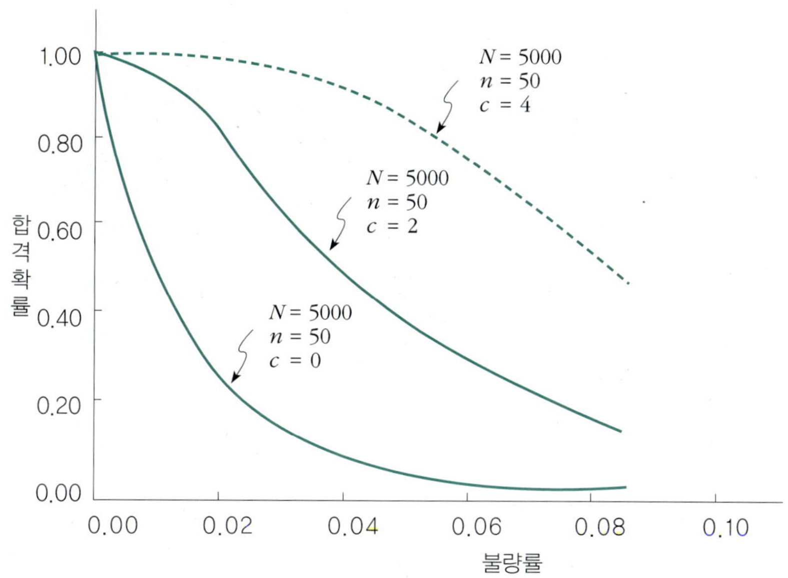

| 그림 3-10 | 합격판정개수의 변화에 대한 검사특성곡선의 변화

4. 검사특성곡선의 특성

검사특성곡선의 형태는 샘플링검사의 모수인 N, n, c에 의하여 결정된다. 일반적으로 n이 증가함에 따른 검사특성곡선의 변화는 [그림 3-9]와 같다.

[그림 3-9]에 의하면 표본의 크기를 증가시킴에 따라 검사특성곡선의 기울기가 더욱 급해짐을 알 수 있다. 이것은 표본의 크기가 증가된 샘플링검사일수록 더욱 높은 수준의 품질을 보장하게 되는 것을 의미한다.

한편, 합격판정개수(c)가 작으면 작을수록 샘플링검사에서 럿이 합격할 확률은 더욱 낮아지게 된다. 이러한 변화를 설명한 것이 [그림 3-10]이다. 따라서 합격판정개수를 낮출수록 품질보호의 수준은 더욱 높아짐을 알 수 있다.

5. 평균출검품질

검사특성곡선에서는 불량률이 높을수록 그 럿이 합격할 확률이 낮은 것으로 나타난 바 있다. 일반적으로 양질의 럿은 높은 합격판정 가능성을 지니며 불량럿은 낮은 합격판정 가능성을 갖는다. 검사받은 럿들이 모두 양품이라면 전수

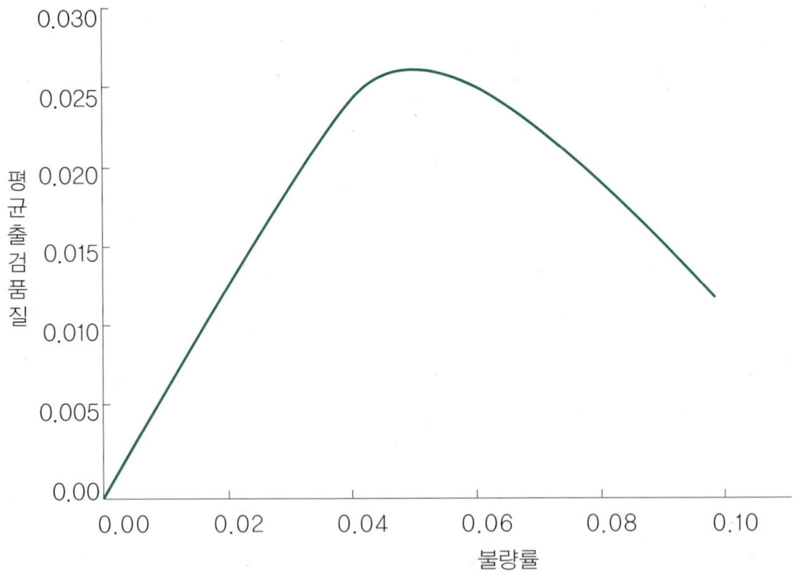

| 그림 3-11 | **평균출검품질곡선**

검사는 거의 이루어지지 않을 것이다.

평균출검품질(average outgoing quality; AOQ)은 샘플링검사를 마친 럿의 평균품질을 의미한다. 그러므로 평균출검품질은 샘플링검사법을 평가할 수 있는 하나의 방법이 될 수 있다. 일반적으로 샘플링검사에서 럿의 품질이 낮을 수록 많은 럿들이 보다 면밀히 검사를 받을 것이다. 이는 결국 불량품을 제거함으로써 전반적 럿 품질을 향상시키는 경향이 있다.

만약 모든 럿이 특정한 불량률을 가진다면 럿의 평균출검품질은 다음의 공식을 사용하여 계산할 수 있다. 단, 불량품은 양품으로 대체된다고 가정한다.

$$AOQ = P_a \times p\left(\frac{N-n}{N}\right)$$

P_a : 럿이 합격될 확률
p : 불량률
N : 럿의 크기
n : 표본 크기

실제적으로 마지막 조건($(N-n)/N$)은 대체로 1에 가깝고 결과에 거의 영향을 주지 않기 때문에 생략하는 경우가 많다. 따라서 평균출검품질을 구하기 위해 다음 공식을 사용한다.

$$AOQ = P_a \times p$$

위의 공식에 의하여 평균출검품질곡선을 그리면 [그림 3-11]이 된다. 여기에 나타난 바와 같이 만약 럿의 품질이 아주 좋거나 나쁘다면 평균출검품질이 좋아질 것이므로 곡선이 낮게 나타날 것이다. 이 그림에서 럿의 불량률이 어떤 값을 취하더라도 평균출검품질은 2.7%를 상회하지는 않는다. 이와 같은 평균출검품질의 정점을 평균출검품질한계(average outgoing quality limit; AOQL)라 한다.

보 론 2 통계적 공정관리

1. 관리도의 원리

관리도(control chart)란 생산공정에서 불량품이 제조되는 것을 사전에 예방하기 위한 공정관리활동으로 많이 이용되는 통계적 수단이다. 1926년에 슈하르트에 의해 창안된 관리도는 생산공정의 목표나 표준을 설정하는 데 사용될 수도 있으며, 설정된 목표에 어느 정도 도달했는지를 평가하는 수단으로 이용될 수 있다.

(1) 품질변동의 원인

모든 생산공정에서는 그 공정이 제대로 관리되고 있다 할지라도 품질상의 변동(variation)이 발생한다. 이러한 변동은 통제하기가 불가능할 뿐만 아니라 사소한 원인에 의해서도 발생하는 것으로 이를 우연요인(chance causes)에 의한 변동이라 하며 이러한 상태의 생산공정을 통계적인 관리상태(in statistical control)에 있다고 한다.

반면에 기계나 작업자 혹은 원자재로 인한 이상요인(assignable causes)에 의해서 품질상의 변동이 발생할 수도 있다. 예를 들면, 기계의 조정이 잘못되었거나 작업자가 피로한 상태에 있을 경우 혹은 원자재의 품질이 저하되었을 경우에는 품질상의 변동이 발생하는 것이다. 이렇게 이상요인에 의한 품질상의 변동이 발생하고 있는 생산공정을 이상상태(out of control)에 있다고 한다.

생산공정은 대부분의 경우 관리상태에서 운영된다. 그러나 한 순간의 이상요인에 의해 생산공정은 이상상태가 되어 완제품은 규격에 맞지 않게 될 수 있는 것이다. 관리도를 작성하는 목적은 이러한 이상요인의 발생을 신속히 포착하여 규격에 부합하지 않는 제품이 대량생산되기 이전에 적절한 조치를 취하자는 것이다. 이외에도 관리도를 작성함으로써 생산공정의 각종 모수(parameters)를 추정할 수도 있으며 관리도상의 양상을 분석함으로써 생산공정을 개선시킬 수도 있다는 것이 관리도의 이점이라 할 수 있다.

(2) 관리도의 통계학적 특성

① 통계학적 원리: 관리도는 관리상한(upper control limit; UCL)과 관리하한(lower control limit; LCL)으로 불리는 관리한계와 관리상한과 관리하한 사이에 있는 중심선(center line; CL)으로 구성되어 있으며 [그림 3-12]와 같이 작성된다.

[그림 3-12]와 같이 표본별 품질특성을 나타내는 점은 변동의 양상을 파악하기 쉽도록 직선으로 연결하는 것이 보통이다. 그런데 관리한계는 생산공정이 관리상태에 있을 경우 품질특성을 나타내는 모든 점이 관리한계내에 포함되도록 설정되어야 한다. 이러한 경우에는 적절한 관리상의 조치가 필요없지만, 관리한계를 벗어날 경우에는 생산공정이 이상상태에 있다고 간주되므로 적절한 조치가 필요한 것이다.

품질특성을 나타내는 모든 점이 관리한계 내에 포함되어 있다 하더라도 생

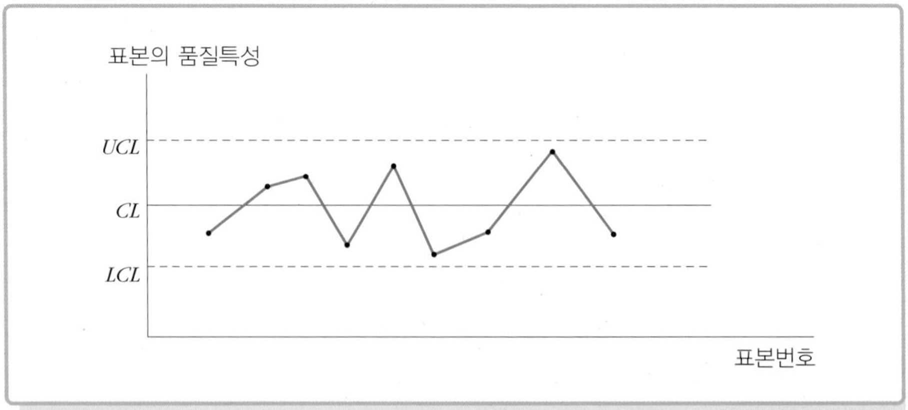

| 그림 3-12 | **관리도**

산공정이 반드시 관리상태에 있다고 할 수는 없다. 예를 들면, 마지막 10개의 표본의 품질특성이 모두 중심선보다 위에 해당한다든지, 마지막 10개의 표본의 품질특성이 계속 증가(혹은 감소)하는 추세에 있는 경우는 특이한 상황이라 할 수 있으며 생산공정이 이상상태에 있는 것으로 간주되어야 한다. 이러한 양상에 대한 내용은 뒤에서 설명하기로 한다.

관리도를 가설검정으로 표현하면 귀무가설은 다음과 같다.

$$H_0 : q = q_0$$

여기에서 q는 품질특성을 나타내며 표본의 품질특성이 관리한계를 벗어나면 귀무가설을 기각하게 되고 생산공정이 이상상태에 있다고 판단하게 된다. 따라서 제1종 오류와 제2종 오류의 개념도 관리도에 적용될 수 있다. 즉 제1종 오류는 생산공정이 관리상태에 있는 데도 불구하고 표본의 품질특성이 관리한계를 벗어날 경우에 발생하며 이를 생산자위험이라고 한다. 반면에 제2종 오류는 생산공정이 이상상태에 있는데도 불구하고 표본의 품질특성이 관리한계를 벗어나지 않는 경우에 발생하며 이를 소비자위험이라고 한다.

예제 3

알루미늄 압연공장에서 생산되는 알루미늄의 두께에 대한 표준편차는 0.008인치이며 평균은 0.125인치가 되도록 생산되고 있다. 각각 5개의 표본을 10번 추출하여 평균 두께를 측정한 결과가 다음 표와 같았다.

이 생산공정이 관리상태에 있는지를 판단하기 위한 관리도를 작성하라.

표본	$\bar{X}$(평균두께, 인치)	표본	$\bar{X}$(평균두께, 인치)
1	0.1325	6	0.1225
2	0.1201	7	0.1302
3	0.1312	8	0.1175
4	0.1275	9	0.1251
5	0.1245	10	0.1299

[풀 이]

우선 $\sigma_{\bar{X}} = \frac{\sigma}{\sqrt{n}} = \frac{0.008}{\sqrt{5}} = 0.00358$(인치)

여기에서 생산공정이 알루미늄의 평균 두께를 0.125인치로 하는 관리상태에 있다면 표본평균($\bar{X}$)의 $100(1-\alpha)$%는 $0.125 \pm Z_{\alpha/2}(0.00358)$에 포함된다(중심극한 정리에 의하여). 일반적으로 $Z_{\alpha/2}=3$으로 계산하므로 관리도의 관리한계는 다음과 같다.

$$UCL = 0.125 + 3(0.00358) = 0.13574(\text{인치})$$
$$CL = 0.125$$
$$LCL = 0.125 - 3(0.00358) = 0.11426(\text{인치})$$

실제로 관리도를 작성해 보면 [그림 3-13]과 같이 $\bar{X}$의 모든 값이 관리한계 내에 포함되고 있음을 알 수 있다. 따라서 이 생산공정은 관리상태에 있다고 간주된다.

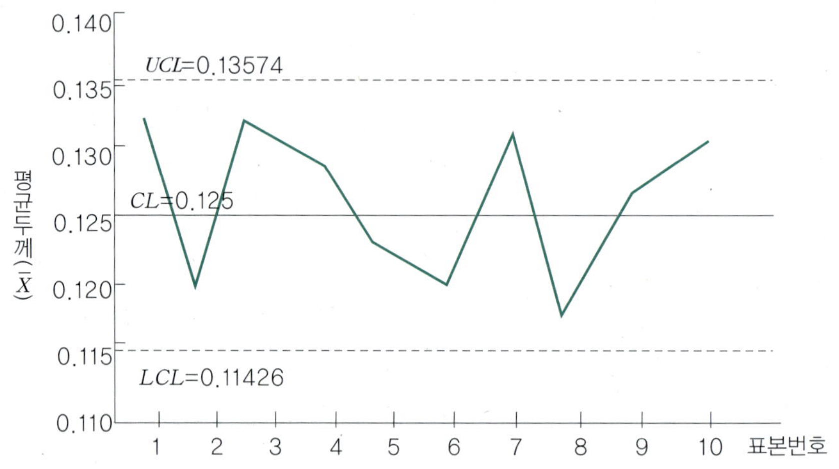

| 그림 3-13 | 알루미늄 두께의 관리도

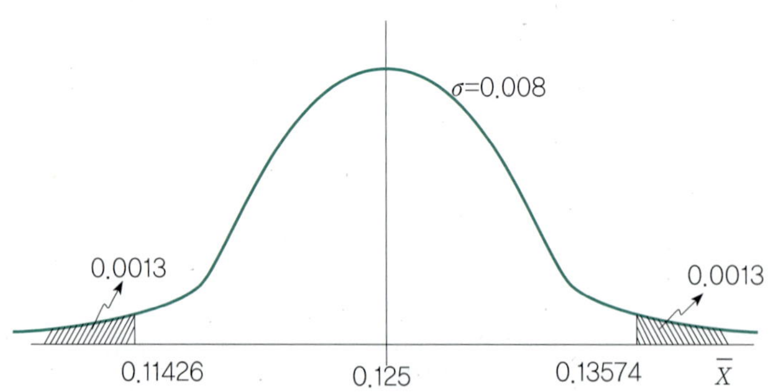

| 그림 3-14 | 알루미늄 두께이 정규분포

이상의 내용은 앞에서 설명한 바와 같이 가설검정의 형태로도 설명할 수 있다. 즉, 귀무가설과 대립가설은 다음과 같다.

$$H_0 : m = 0.125\text{인치}$$
$$H_A : m \neq 0.125\text{인치}$$

귀무가설의 기각영역은 [그림 3-14]의 빗금친 부분이 된다.

② 관리도의 장점: 통계적 품질관리의 수단으로서 관리도의 장점은 다음과 같다.

• 생산공정이 과거에 관리상태였는지 혹은 장래에도 관리상태에 있을 것인지를 파악하는 데 유용하게 사용될 수 있다.

• 관리자가 결정한 표준에 생산공정이 부합하고 있는지를 파악하는 데 유용하게 사용될 수 있다. 앞의 (예제)에서 관리자가 결정한 표준은 평균 0.125인치라 할 수 있다.

• 관리도를 이용하여 생산공정상의 문제점을 찾아내고 해결함으로써 생산성을 향상시킬 수 있다.

• 품질특성의 우연변동과 이상변동을 구분함으로써 불필요한 관리상의 조치를 취할 가능성을 배제한다.

• 생산공정상의 중요한 모수에 관한 정보를 제공해 준다.

최근에는 관리도를 작성하기 위한 자료의 수집이 컴퓨터 기술에 의해 더욱 용이해짐에 따라 관리도의 이러한 장점들이 더욱 두드러지고 있다.

③ 관리한계의 설정: 미국에서는 관리도를 작성할 때 측정된 품질 특성치의 평균으로부터 ±3×(표준편차)를 관리한계로 설정한다. (예제)에서 측정치가 관리상한을 초과한 확률이 0.0013이고 관리하한에 미달할 확률이 0.0013이므로 제1종 오류의 확률은 0.0026이 된다. 즉, 생산공정이 관리상태에 있더라도 10,000개의 측정치 중 약 26개는 관리한계를 벗어날 수 있는 것이다.

그러면 관리한계의 폭을 넓히면 어떻게 되는가? 이 경우에는 제1종 오류의 확률은 낮아지지만 반대로 제2종 오류의 확률은 더 커지게 된다.

따라서 품질변동의 이상요인에 대한 조사비용이 그리 크지 않을 경우에는 관리한계의 폭은 좁아지게 되지만 앞에서 언급한 바와 같이 평균 ±3×(표준편차)를 관리한계로 사용하는 것이 일반적이다.

④ 표본크기의 결정: 앞의 (예제)에서 표본의 크기를 5로 계산하였으나 표

본의 크기를 증가시키면 어떤 변화가 발생하는가를 살펴보자. 우선 관리한계는 평균±3×(표준편차)로 설정되며 표준편차는 $\sigma/\sqrt{n}$ 이므로 표본의 크기인 n이 증가하면 관리한계의 폭은 좁아지게 됨을 알 수 있다. 즉, 표본의 크기를 증가시키면 공정의 변화를 탐지하게 못할 확률, 즉 제2종 오류(β)는 줄어들게 된다. 따라서 어떤 크기의 표본을 추출할 것인가의 문제는 공정의 변화를 탐지하지 못함으로 인한 손실비용과 표본의 크기에 따른 검사비용 등을 고려하여 해결되어야 할 것이다.

(3) 합리적 부분군의 개념

부분군(subgroup)이란 매회 추출되는 각각의 표본을 말한다. 일반적으로 부분군간의 차이는 최대화되고 부분군 내의 차이는 최소화되도록 표본을 추출하는 것이 바람직하며 이러한 부분군을 합리적 부분군(rational subgroup)이라 한다. 합리적 부분군을 형성하는 한 가지 방법은 작업조나 생산설비별로 부분군을 형성하게 하는 방법이 있다.

(4) 관리도의 양상에 대한 검사

[그림 3－15]의 $\bar{x}$관리도의 예를 통하여 관리도를 검토하는 방법을 설명하기로 한다. 여기에서 중요한 개념인 런(run)에 대하여 먼저 설명하면 런이란 동일한 계층에 속하는 품질특성이 계속해서 나타나는 것을 말한다. 예를 들면, 다음의 $\bar{x}$관리도에서와 같이 평균을 초과하는 측정치가 계속 나타나면 런현상이 발생했다고 할 수 있는 것이다.

[그림 3－15]에서는 20개의 측정치가 모두 관리한계내에 존재하고는 있으나 몇 가지 주의해서 관찰해야 할 사항들이 있다. 즉, 20개의 측정치 중 14개의 측정치가 중심선보다 아래에 위치하고 있으며, 표본번호 8에서 12까지 5개의 측정치가 런 현상(run below the mean)을 나타내고 있는 것이다. 그란트와 리웬워스(Grant and Leawenworth)는 다음의 사항에 해당할 경우에는 공정의 이상 유무를 파악할 필요가 있다고 제안한 바 있다.

· 연속된 7개의 측정치 모두가 런현상을 나타낼 때

· 연속된 11개의 측정치 중 최소한 10개가 런현상을 나타낼 때

· 연속된 14개의 측정치 중 최소한 12개가 런현상을 나타낼 때

· 연속된 17개의 측정치 중 최소한 14개가 런현상을 나타낼 때

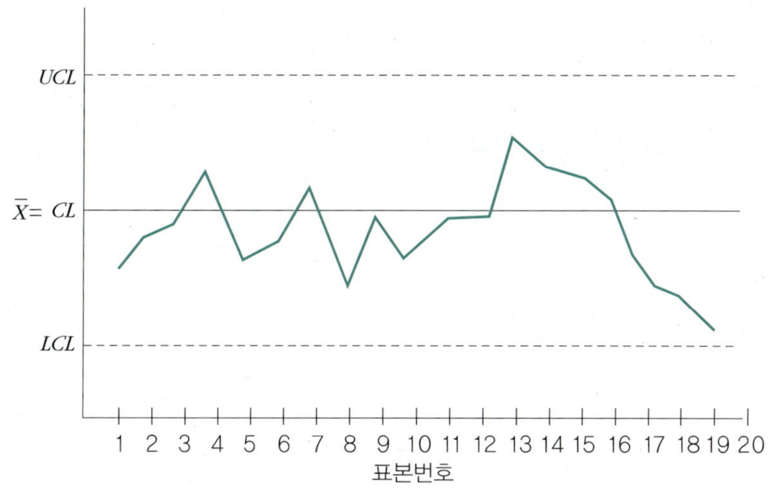

| 그림 3-15 | 관리도의 런

연속된 20개의 측정치 중 최소한 16개가 런현상을 나타낼 때

이 외에도 품질특성의 변동이 규칙적인 경우나 일정한 형태로 반복되는 경우에도 생산공정에 이상요인이 존재한다고 간주해야 한다.

2. 관리도의 유형

관리도를 관리대상의 성격에 따라 분류하면 계량형 관리도와 계수형 관리도로 구분할 수 있다. 이하에서는 각 관리도의 작성방법과 해석하는 방법에 대하여 설명하고자 한다.

(1) 계량형 관리도

계량형 관리도는 무게, 온도, 길이, 압력 등과 같이 연속적 자료에 대한 관리도이다. 계량형 관리도를 작성하기 위해서는 양적 자료에 대한 측정을 해야 하므로 측정하는 데 필요한 인력과 시간이 많이 요구되는 단점이 있다. 뿐만 아니라 측정을 위한 기기를 구입해야 하는 경우에는 구입비에 대한 부담이 발생하게 되며, 특정 제품의 품질특성을 나타낼 수 있는 양적 자료가 다수개인 경우 여러 종류의 양적 자료에 대한 측정을 해야 한다. 그러나 계수형 관리도의 경우보다 품질특성에 관한 많은 정보를 얻을 수 있다는 장점이 있다.

계량형 관리도의 종류에는 $\bar{x}-R$관리도(평균 및 범위 관리도), $\bar{x}-R_s$(개별 측정치 및 인접한 두 측정치의 차의 관리도), $\tilde{x}-R$관리도(중앙치 및 범위 관리도), 표준편차 관리도, $L-S$(최대치 및 최소치 관리도), CUSUM 관리도(누적합계 관리도) 등이 있다. 이하에서는 이 중 대표적인 두 종류에 대해서 살펴보기로 한다.

$\bar{x}-R$ 관리도(평균 및 범위 관리도) 평균 및 범위 관리도는 계량형 관리도 중 가장 많이 사용되는 관리도이다. 만약 계량치(예를 들어, 무게나 길이, 탄성도 등)로 표현된 공정의 결과가 정규분포를 이룬다면 이 분포는 평균과 표준편차에 의하여 결정될 것이다. 따라서 이 평균과 표준편차를 관리함으로써 공정의 품질특성을 관리하게 되는 것이다. 공정품질특성의 평균을 관리하기 위하여 관리도를 사용하며 공정품질특성의 표준편차 즉, 변동성을 관리하기 위하여 R 관리도를 사용한다. 일반적으로 $\bar{x}$관리도와 R관리도는 함께 적용되므로 $\bar{x}-R$관리도라고 부른다.

평균 및 범위 관리도의 중심선, 관리상한 및 관리하한을 구하기 위한 절차는 다음과 같다.

크기(n)가 3～5인 표본을 20～25군 추출하여 n개의 측정치를 x_1, x_2, · · ·, x_n이라 하자. 이 때 각 측정치 x_i가 평균이 μ이고, 표준편차가 σ인 정규분포를 이룬다고 하면 표본평균($\bar{x}$)은 평균이 μ이고 표준편차가 $\sigma/\sqrt{n}$인 정규분포를 이루게 된다. 따라서 평균 관리도의 관리한계선은 다음과 같다.

$$UCL = m + 3\frac{\sigma}{\sqrt{n}} = \mu + A\sigma$$

$$UCL = m - 3\frac{\sigma}{\sqrt{n}} = \mu - A\sigma$$

여기에서 $A=3/\sqrt{n}$으로 관리도용 계수표에 계산되어 있다. 그런데 일반적으로 μ와 σ는 모르는 경우가 많으므로 μ와 σ 대신 $\bar{\bar{x}}$와 $\hat{\sigma}$를 그 추정치로 사용할 수 있다.

즉, $\bar{\bar{x}} = \Sigma\frac{\bar{x}}{k}$

여기에서 $\bar{x} = \Sigma\frac{x_i}{n}$

k : 군의 개수 n : 표본의 크기

$$\hat{\sigma} = \frac{\bar{R}}{d_2}$$

$$\bar{R} = \sum \frac{R}{k}$$

여기에서 $R = x_i$의 최대치 $- x_i$의 최소치

d_2 : 표본의 크기(n)에 따라 정해지는 값

따라서 $\bar{x}$관리도의 중심선과 관리한계는 다음과 같다.

$$CL = \bar{\bar{x}}$$

$$UCL = \bar{\bar{x}} + 3\frac{\hat{\sigma}}{\sqrt{n}} = \bar{\bar{x}} + 3\frac{\bar{R}/d_2}{\sqrt{n}}$$

$$LCL = \bar{\bar{x}} - 3\frac{\hat{\sigma}}{\sqrt{n}} = \bar{\bar{x}} - 3\frac{\bar{R}/d_2}{\sqrt{n}}$$

여기에서 $\frac{3}{d_2\sqrt{n}}$은 표본의 크기(n)에 관한 함수이므로 $A_2 = \frac{3}{d_2\sqrt{n}}$으로 하여 미리 계산된 관리도용 계수표를 이용하면 위의 식은 다음과 같이 정리할 수 있다.

$$CL = \bar{\bar{x}}$$

$$UCL = \bar{\bar{x}} + A_2\bar{R}$$

$$LCL = \bar{\bar{x}} - A_2\bar{R}$$

한편 범위관리도의 중심선과 관리한계는 다음과 같다.

$$CL = \bar{R}$$

$$UCL = \bar{R} + 3\sigma R$$

$$LCL = \bar{R} - 3\sigma R$$

여기에서 σR을 모를 경우에는 $d_3\hat{\sigma}$를 그 추정치로 사용한다.

즉, $\hat{\sigma}_R = d_3\hat{\sigma} = d_3\left(\frac{\bar{R}}{d_2}\right)$

따라서, 범위관리도의 중심선과 관리한계는 다음과 같다.

$$CL = \bar{R}$$

$$UCL = \bar{R} + 3d_3\left(\frac{\bar{R}}{d_2}\right)$$

$$LCL = \bar{R} - 3d_3\left(\frac{\bar{R}}{d_2}\right)$$

여기에서 $D_3 = 1 - \frac{3d_3}{d_2}$, $D_4 = 1 + \frac{3d_3}{d_2}$라 하면

범위관리도의 중심선과 관리한계는 다음 식으로 요약될 수 있다.

$$CL = \bar{R}$$

$$UCL = \bar{R}D_4$$

$$LCL = \bar{R}D_3$$

예제 4

전기소켓을 생산하는 공장에서 전기소켓의 내부지름에 대한 $\bar{x}-R$관리도를 작성하려 한다. 이를 위해 매일 5개의 소켓을 무작위로 표본추출하여 이들 소켓의 내부지름의 평균과 범위를 22일 동안 기록한 결과가 〈표 3-4〉와 같다. $\bar{x}-R$관리도를 그리고 관리상태를 판단하라.

표 3-4 전기소켓의 내부지름에 관한 자료(단위: cm)

일	$\bar{x}$	R	일	$\bar{x}$	R
1	20.813	0.035	12	20.827	0.028
2	20.821	0.021	13	20.808	0.032
3	20.816	0.038	14	20.824	0.037
4	20.810	0.016	15	20.816	0.024
5	20.822	0.028	16	20.818	0.018
6	20.828	0.019	17	20.829	0.033
7	20.814	0.039	18	20.823	0.039
8	20.817	0.025	19	20.813	0.019
9	20.822	0.016	20	20.814	0.023
10	20.809	0.019	21	20.828	0.027
11	20.824	0.037	22	20.811	0.024

[풀 이]

$\bar{x}$관리도의 관리한계는 $\bar{R}$에 의해 결정되므로 R관리도를 먼저 작성해야 한다.

$$\bar{R} = \sum \frac{R_j}{22} = \frac{0.597}{22} = 0.027$$

관리도용 계수표(부록 5)에 의하면 $n=5$인 경우의 $D_4=2.115$이고 $D_3=0$이므로 범위관리도의 중심선과 관리한계는 다음과 같다.

$$CL = 0.027$$
$$UCL = (0.027)(2.115) = 0.057$$
$$LCL = (0.027)(0) = 0$$

범위관리도는 [그림 3-16]과 같으며 모든 자료가 관리한계의 범위내에 포함되어 관리상태에 있음을 알 수 있다.

$\bar{x}$관리도를 작성하기 위한 절차는 다음과 같다.

$$\bar{\bar{x}} = \sum \frac{\bar{x}_j}{22} = \frac{458.007}{22} = 20.8185$$

관리도용 계수표에 의하면 $n = 5$에 대한 $A_2 = 0.577$이므로 $\bar{x}$관리도의 중심선과 관리한계는 다음과 같다.

$$CL = 20.8185$$
$$UCL = 20.8185 + (0.577)(0.027) = 20.834$$
$$LCL = 20.8185 - (0.577)(0.027) = 20.803$$

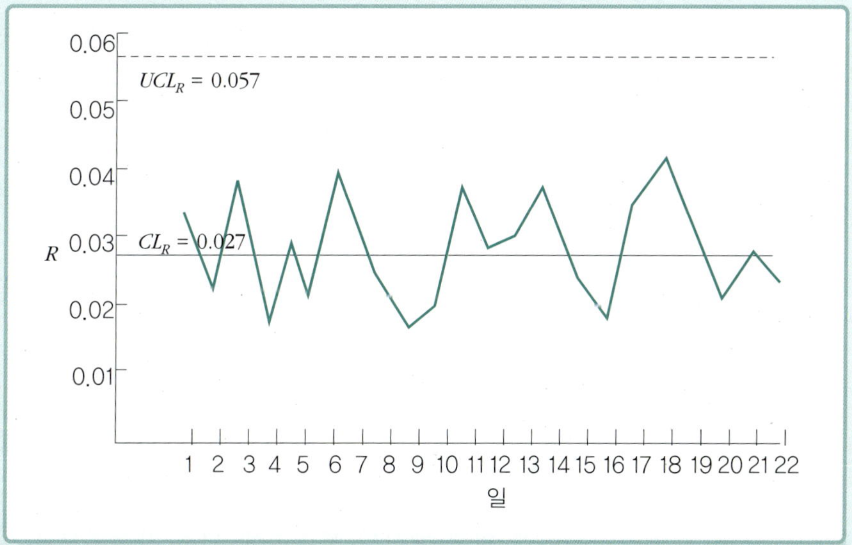

| 그림 3-16 | 전기소켓의 내부지름에 관한 R 관리도

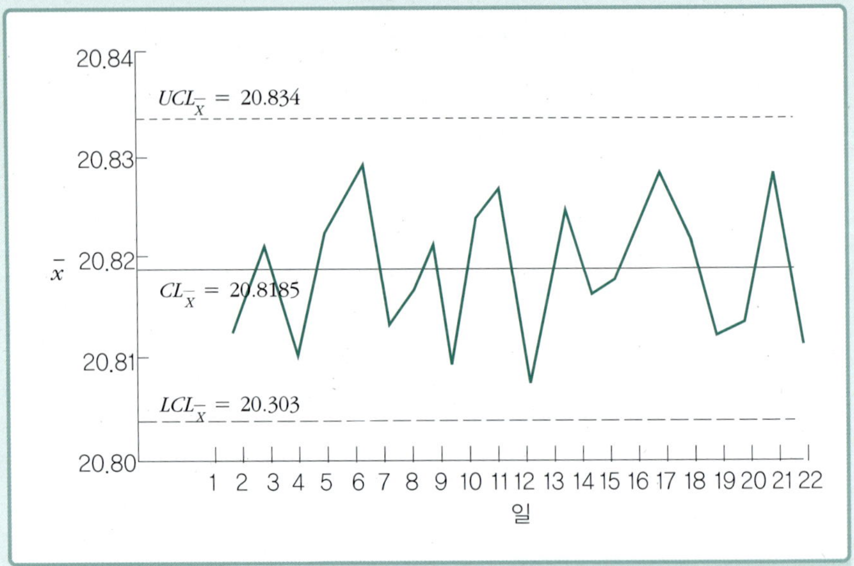

| 그림 3-17 | 전기소켓의 내부지름에 관한 $\bar{x}$관리도

이를 이용하여 $\bar{x}$관리도를 작성하면 [그림 3-17]과 같다. [그림 3-17]에 의하면 모든 자료가 관리한계의 범위내에 포함되어 있으므로 제조공정이 안정상태에 있다고 판단할 수 있다.

(2) 계수형 관리도

계수형 관리도는 작성되는 자료가 불량품수나 결점수와 같이 이산적 자료인 경우의 관리도이다. 계수형 관리도의 경우에는 측정되는 자료가 양, 불량 혹은 합격, 불합격으로만 분류될 뿐 정확한 정도까지는 나타낼 필요가 없으므로 측정에 시간과 비용이 적게 드는 장점이 있다. 계수형 관리도의 종류에는 p관리도(불량률 관리도), np관리도(불량개수 관리도), c관리도(결점수 관리도), u관리도(단위당 결점수 관리도)의 네 종류가 대표적이며 이하에서는 이들에 관해 살펴보기로 한다.

p 관리도(불량률 관리도) 불량률 관리도는 계수형 관리도 중 가장 많이 사용되는 관리도이다. 불량률 관리도는 부분군에 속한 샘플의 양, 불량에 의해 계산된 불량률에 의해 작성되므로 이항분포를 기초로 한다.

① 부분군의 크기가 동일한 경우: 부분군의 크기가 동일한 경우 불량률 관리도의 관리상한, 관리하한 그리고 중심선은 다음과 같다.

$$CL = p$$

$$UCL = p + 3\sqrt{\frac{p(1-p)}{n}}$$

$$LCL = p - 3\sqrt{\frac{p(1-p)}{n}}$$

그런데, 공정불량률인 p를 모르는 경우가 일반적이므로 p에 대한 추정치인 $\bar{p}$를 대신 사용할 수 있다.

여기에서 D_i : i번째 부분군의 불량품 수
m : 부분군의 수
n : 샘플의 크기
$\hat{p}_i$: i 번째 부분군의 불량률

$$\bar{p} = \frac{\sum_{i=1}^{m} D_i}{mn} = \frac{\sum_{i=1}^{m} \hat{P}_i}{m} \text{ 이고}$$

예제 5

한경주식회사에서는 잔디깎는 기계를 하루 평균 2,000개씩 생산하고 있다. 이 회사에서는 품질관리를 위해 하루에 40개의 제품을 무작위로 추출하여 제품의 양, 불량을 측정하고 있다. 최근 22일간의 품질검사자료가 〈표3-5〉와 같을 때 p관리도를 작성하고 관리상태를 판단하라.

표 3-5 N=40일 경우의 품질검사자료

표본번호(i)	불량개수(D_i)	표본불량률($\hat{P}_i$)
1	2	0.050
2	3	0.075
3	1	0.025
4	4	0.100
5	3	0.075
6	2	0.050
7	1	0.025

8	1	0.025
9	0	0.000
10	3	0.075
11	2	0.050
12	4	0.100
13	7	0.175
14	2	0.050
15	3	0.075
16	3	0.075
17	2	0.050
18	8	0.200
19	0	0.000
20	1	0.025
21	3	0.075
22	2	0.050
	57	$p=$ 0.0648

[풀 이]

p관리도의 중심선, 관리상한선 및 관리하한선은 다음과 같이 계산된다.

$$CL = \frac{57}{22(40)} = 0.0648$$

$$UCL = 0.0648 + 3\sqrt{\frac{0.0648(0.9352)}{40}} = 0.1816$$

$$LCL = 0.0648 - 3\sqrt{\frac{0.0648(0.9352)}{40}} = -0.052 \approx 0$$

관리하한선은 -0.052로 계산되나 불량률에서 음의 값은 의미가 없으므로 관리하한선은 0이 된다. 이러한 계산에 의하여 p관리도를 작성하면 [그림 3-18]과 같다.

그런데 18일째의 불량률이 0.200으로 관리상한선을 벗어나 있으므로 관리상태(state of control)라고 할 수 없다. 따라서 이에 대한 원인을 규명한 후에 관리도를 다시 작성해야 한다. 한편, 13일째의 불량률은 0.175로서 관리상한선과 근접해 있으므로 관리도를 다시 작성할 경우 새로 계산될 관리상한선을 벗어날 것으로 예상할 수 있다. 그러므로 계산상의 수고를 덜기 위해 13일째의 높은 불량률에 대한 원인을 파악한 후에 13일과 18일째의 두 표본을 제외한 p관리도를 작성하는 것도

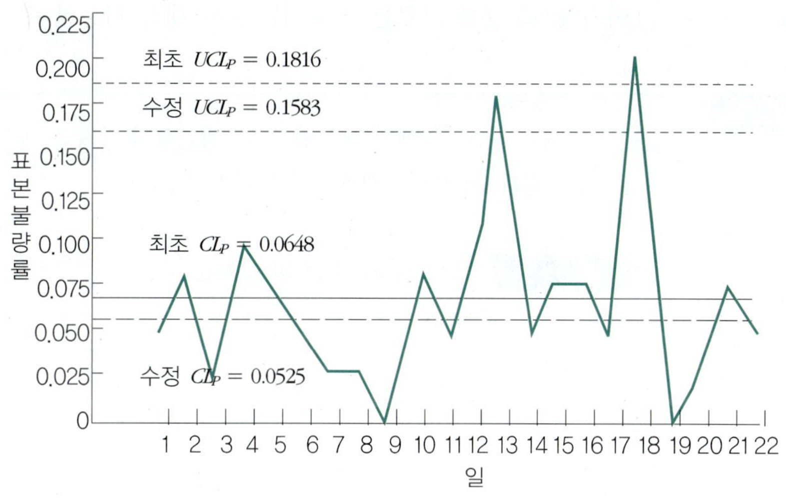

| 그림 3-18 | *p*관리도

하나의 방법이 될 수 있다. 13일과 18일째의 두 표본을 제외한 20개의 표본을 대상으로 한 *p*관리도의 중심선, 관리상한선, 관리하한선은 다음과 같이 계산된다.

$$CL = \frac{42}{20(40)} = 0.0525$$

$$UCL = 0.0525 + 3\sqrt{\frac{0.0525(0.9475)}{40}} = 0.1583$$

$$LCL = 0.0525 - 3\sqrt{\frac{0.0525(0.9475)}{40}} = -0.0533 \approx 0$$

수정된 중심선과 관리한계선을 이용하여 작성된 *p*관리도도 앞의 [그림 3-18]에 있다. 이 그림에 의하면 모든 불량률이 관리한계선의 범위내에 있으므로 공정이 관리상태에 있는 것으로 판단할 수 있다.

② 부분군의 크기가 다른 경우: 부분군의 크기가 다른 경우 불량률 관리도의 관리상한, 관리하한 그리고 중심선은 다음과 같다.

$$UCL(i) = p + 3\sqrt{\frac{p(1-p)}{n_i}}$$

$$CL = p$$

$$LCL(i) = p - 3\sqrt{\frac{p(1-p)}{n_i}}$$

n_i : i번째 부분군의 표본의 크기

여기에서도 p를 모르는 경우에는 $\bar{p}$를 대신 사용할 수 있다.

예제 6

어느 PC 생산업체에서 생산된 PC의 생산량과 불량품 개수에 관한 자료가 〈표 3-6〉과 같다. 이 자료에 대한 p관리도를 작성하라.

표 3-6 PC의 불량개수에 관한 자료

일 (i)	조업일수 (n_i)	불량개수 (D_i)	불량률 ($\hat{P}_i$)	관리상한 ($UCL_P(i)$)	관리하한 ($LCL_P(i)$)
1	245	12	0.0490	0.1057	0.0145
2	216	14	0.0648	0.1086	0.0116
3	183	8	0.0437	0.1128	0.0074
4	152	11	0.0724	0.1179	0.0022
5	145	13	0.0897	0.1193	0.0009
6	190	21	0.1105	0.1118	0.0084
7	237	7	0.0295	0.1064	0.0138
8	218	13	0.0596	0.1084	0.0118
9	248	25	0.1008	0.1054	0.0148
10	272	20	0.0735	0.1033	0.0169
11	291	18	0.0619	0.1019	0.0183
12	275	15	0.0545	0.1031	0.0171
13	248	16	0.0645	0.1054	0.0148
14	212	9	0.0424	0.1091	0.0111
15	189	8	0.0423	0.1120	0.0082
16	203	2	0.0099	0.1101	0.0101
17	209	8	0.0383	0.1094	0.0108
18	227	10	0.0441	0.1074	0.0128
19	235	26	0.1106	0.1066	0.0136
20	250	11	0.0440	0.1052	0.0150
	4445	267			

[풀 이]

$$\bar{p} = \frac{267}{4445} = 0.0601$$

$$UCL(i) = 0.0601 + 3\sqrt{\frac{0.0601(0.9399)}{n_i}}$$

$$CL = 0.0601$$

$$LCL(i) = 0.0601 - 3\sqrt{\frac{0.0601(0.9399)}{n_i}}$$

따라서 첫번째 부분군의 UCL과 LCL은 다음과 같다.

$$UCL(1) = 0.0601 + 3\sqrt{\frac{0.0601(0.9399)}{245}} = 0.1057$$

$$LCL(1) = 0.0601 - 3\sqrt{\frac{0.0601(0.9399)}{245}} = 0.0145$$

마찬가지 방법으로 각 부분군에 대한 UCL과 LCL을 계산하면 〈표 3-6〉과 같고, p관리도를 작성하면 [그림 3-19]와 같다.

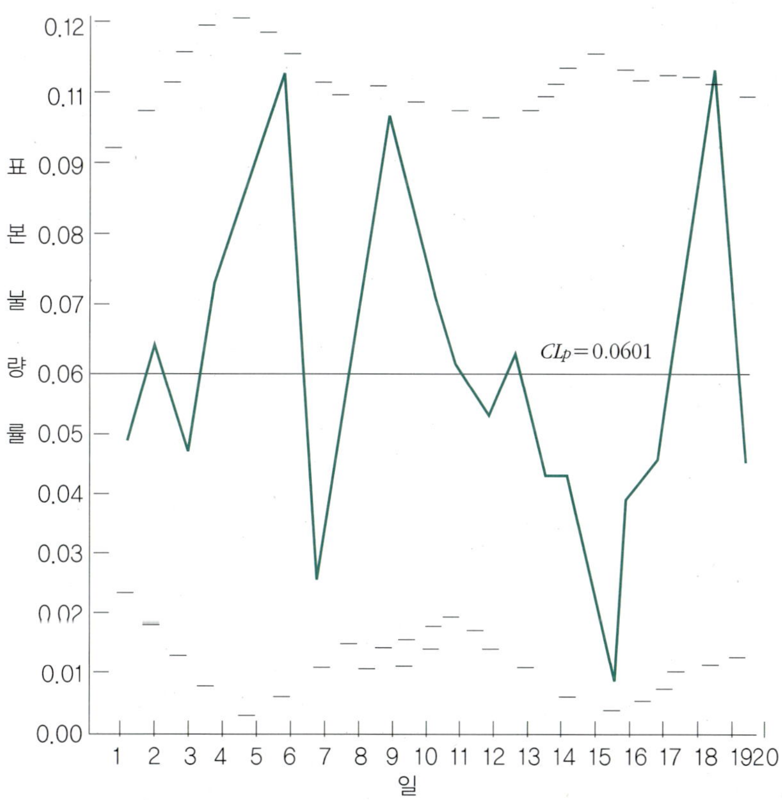

| 그림 3-19 | 관리도

종합사례 상수산업의 품질관리

상수산업은 유압장치에 사용되는 고무마개를 생산하는 중소기업이다. 이 고무마개는 설계가 단순하고 대량생산하기가 용이하여 2009년에는 8억원의 매상을 올렸다. 그러나 2010년에 들어와서 매출이 더욱 증가하자 주문량을 채우는 것이 부담스럽게 되었다. 또한 2010년부터는 제품에 대한 소비자들의 클레임이 제기되는 사례가 빈번하게 되었다. 이에 대하여 공장감독자는 다음의 두 가지 이유를 제기하였다.

(1) 작업자들에게 과다한 작업량이 요구되므로 품질문제가 생길 수밖에 없다.

(2) 작업자들이 높은 수준의 품질에 대한 동기부여가 전혀 되어 있지 않다.

이 회사의 사장은 고객의 불만의 원인을 파악하고 이를 해결하기 위하여 품질관리부서로 하여금 이 문제를 분석하도록 하였다.

품질관리부서에서는 2년 전인 2008년의 다음과 같은 자료를 공장으로부터 넘겨 받았다.

고무마개에 관한 자료(2008)

표본번호	표본크기	불량품 개수
1	40	6
2	40	1
3	40	0
4	40	2
5	40	1
6	40	4
7	40	3
8	40	2
9	40	6
10	40	0
11	40	3
12	40	2

품질관리부서에서는 동일한 고무마개에 관한 현재의 자료를 수집하였다. 하루에 한 번씩 연속적으로 5일간에 걸쳐 다음과 같은 자료가 구해졌다.

고무마개에 관한 자료(2010)

표본번호	표본크기	불량품 개수
1	40	4
2	40	8
3	40	6
4	40	2
5	40	8

토 · 의 · 문 · 제

1. 이러한 상황에서 당신이 만약 품질관리부서의 담당자라면 이 회사의 품질문제에 대하여 어떤 의견을 제시하겠는가?

요 약

- 가빈(D. A. Garvin)은 "품질을 단순히 생산과정의 통제를 위한 수단으로만 좁게 보지 말고, 소비자들의 요구와 선호도를 평가하는 기준으로 삼아야 한다"는 입장에서 품질을 구성하는 요인을 여덟 가지로 제시하였다. 즉, 성능(performance), 특징(feature), 신뢰성(reliability), 표준과의 일치(conformance), 내구성(durability), 서비스 가능성(serviceability), 심미성(aesthetics), 인지품질(perceived quality) 등이다.
- 품질통제와 품질관리는 이론적으로는 명확히 다른 개념으로서 품질통제는 가장 바람직한 품질적 특성(quality characteristics)을 지닌 재화를 표준(standard)으로 책정하고, 이러한 표준과 동일한 즉 균일성(uniformity)을 지닌 재화를 제조하는 것을 말하며, 품질관리는 재화의 균일성을 확보하려는 품질통제와는 달리 표준을 바꿔 품질을 개선하고, 향상시키는 일, 즉 품질에 대한 계획화와 조직화를 포함하는 보다 큰 개념이라고 할 수 있다.
- ISO 9000에서 정의되고 있는 품질경영은 "품질방침을 결정하고, 적용하는 전반적인 관리기능 측면"(that aspect of the overall management function that determines and implements quality policy)으로 정의된다.
- TQM이란 최고경영자의 열의와 리더십을 기반으로 끊임없는 교육훈련과 참여의식에 의해 능력이 개발된 조직구성원(empowered people)이 합리적 관리방식(rational vehicles)과 과학적 품질관리기법(scientific quality control techniques)을

활용하여 조직내의 모든 절차를 표준화하고 지속적으로 개선함으로써 고객만족을 달성하며 궁극적으로 조직의 장기적인 성장을 추구하는 경영 시스템을 말한다.

- 슈하트(W.A. Shewhart, 1891~1967)는 1920년대에서 1930년대에 걸쳐 벨연구소에서 근무한 통계학자였으며 그의 저서「생산제품의 경제적 품질관리(The Economic Control of Quality of Manufactured Products)」는 생산제품의 품질을 개선하기 위한 노력에 획기적인 기여를 한 것으로 평가되고 있다.

- 데밍(Deming)은 1900년에 태어나 와이오밍대학과 예일대학(박사학위 1927)에서 교육을 받았다. 그는 품질은 작업자가 취한 조처의 결과가 아니라, 기본적으로 경영관리층의 조처와 의사결정의 결과라고 생각하고 작업이 어떻게 수행되는 가를 결정하는 것은 작업 "시스템"이며, 관리자만이 그 시스템을 만들 수 있다고 그는 강조하였다.

- 주란(J.M. Juran) 박사는 본래 조직의 재무관리에 사용되었던 세 가지 기본적 관리과정-재무계획, 재무통제 및 재무개선-을 기술하였고, 이 접근방식을 품질관리업무에 적용하여 품질 트릴러지를 제시하였다. 그 세 가지 요소는 ① 품질계획(Quality Planning), ② 품질통제(Quality Control), ③ 품질개선(Quality Improvement) 등이다.

- 품질 예찬론자인 크로스비(P.B. Crosby)는 1952년 인디아나에 있는 크로슬리(Crosley)사의 제조부문에서 경력을 쌓기 시작하여, 1979년 그의 베스트셀러「품질은 무료(Quality is Free)」로 유명해졌다.

- 파이겐바움(A.V. Feigenbaum) 박사는 제너럴 일렉트릭사의 생산관리 및 품질관리의 책임자로 근무하였으며 품질에 대한 책임을 제조부문에 국한시키지 않는 전사적인 접근방법을 개발함으로써 전세계의 품질운동에 크게 기여하였다. 결국 이는 전사적 품질관리(TQC)로 알려지게 되었다.

- 품질경영은 제품위주의 원가주도형 품질관리가 경영품질을 경쟁우위 요소로 하는 고객지향적 품질경영으로 전환되면서 크게 확산되었다. 즉, 품질이야말로 경쟁우위 확보의 핵심 또는 품질혁명이 곧 경영혁명이라는 인식이 확산되면서 각국은 기업의 경쟁력 회복과 품질경영 기법의 도입 및 확산을 위하여 품질경영상을 경쟁적으로 도입하기 시작하였다.

- 경영품질 관련 수상제도 중에서 가장 성공적인 모델로 평가받고 있는 것은 '말콤 볼드리지 국가품질상(MB상)' 이다.

- 품질관리는 샘플링검사와 통계적 공정관리라는 두 가지의 내용으로 크게 구분할 수 있다.

- 샘플링검사란 제품생산후 검사에 주로 의존하는 품질보증활동을 말하며 제품생산

중에 이루어지는 품질보증노력을 통계적 공정관리라고 한다.

- 샘플링검사는 럿으로부터 표본을 추출하여 검사하고 그 결과를 미리 정해 둔 판정 기준과 비교하여 그 럿의 합격 또는 불합격을 판정하는 절차를 말한다.
- 샘플링검사는 검사단위의 품질표시방법에 따라 계수형 샘플링검사와 계량형 샘플링검사로 구분되며 이는 다시 네 가지의 형태, 즉 규준형, 선별형, 조정형, 연속생산형 샘플링검사로 구분된다.
- 샘플링검사의 중요한 특징은 고품질과 저품질 럿 사이의 품질을 어떻게 구별하는가 하는 것이며 이를 위한 대표적인 방법이 검사특성곡선이다.
- 검사특성곡선은 표본의 크기를 증가시킴에 따라 기울기가 더욱 급해지며 이것은 표본의 크기가 증가된 샘플링검사일수록 더욱 높은 수준의 품질을 보장하게 되는 것을 의미한다. 또한, 합격판정개수가 작으면 작을수록 샘플링검사에서 럿이 합격할 확률은 더욱 낮아지게 되는데 이것은 합격판정개수를 낮출수록 품질보호의 수준은 더욱 높아짐을 의미한다.
- 평균출검품질은 샘플링검사를 마친 럿의 평균품질을 의미하므로 샘플링검사법을 평가할 수 있는 하나의 방법이 될 수 있다.
- 관리도는 생산공정에서 불량품이 제조되는 것을 사전에 예방하기 위한 공정관리활동으로 많이 이용되는 통계적 수단이다.
- 품질변동의 원인으로 모는 생산공정에서는 그 공정이 제대로 관리되고 있다 할지라도 품질상의 변동이 발생하는 우연요인에 의한 변동과 기계나 작업자 혹은 원자재로 인한 이상요인이 있다.
- 이상요인에 의한 품질상의 변동이 발생하고 있는 생산공정을 이상상태에 있다고 하며 이상요인에 의한 품질변동이 없는 경우를 관리상태라 한다.
- 관리도는 관리상한과 관리하한으로 불리는 관리한계와 관리상한과 관리하한 사이에 있는 중심선으로 구성되어 있다.

용어풀이

- **품질관리(quality control):** 샘플링검사와 통계적 공정관리라는 두 방법을 활용하여 생산공정이 정해진 방법으로 수행되도록 보증하는 것
- **품질경영(quality management):** 품질방침을 결정하고, 적용하는 전반적인 관리 기능 측면(that aspect of the overall management function that determines and implements quality policy)

- **TQM(total quality management):** 최고경영자의 열의와 리더십을 기반으로 끊임없는 교육훈련과 참여의식에 의해 능력이 개발된 조직구성원(empowered people)이 합리적 관리방식(rational vehicles)과 과학적 품질관리기법(scientific quality control techniques)을 활용하여 조직내의 모든 절차를 표준화하고 지속적으로 개선함으로써 고객만족을 달성하며 궁극적으로 조직의 장기적인 성장을 추구하는 경영 시스템
- **품질 트릴러지:** 주란(J.M. Juran) 박사가 주장한 품질 접근방법으로 품질계획(Quality Planning), 품질통제(Quality Control), 품질개선(Quality Improvement)으로 구성됨.
- **지속적 개선(continuous improvement):** 투입물을 산출물로 변환시키는 과정에 관련된 모든 요소를 향상시키려는 활동
- **검사(inspection):** 제조 중인 제품이 다음 공정에 적합한가 또는 최종제품의 경우에는 구매자에게 발송해도 좋은가를 결정하는 활동
- **샘플링검사(sampling inspection):** 럿으로부터 표본을 추출하여 검사하고 그 결과를 미리 정해 둔 판정기준과 비교하여 그 럿의 합격 또는 불합격을 판정하는 절차
- **계수형 샘플링검사:** 럿의 합격 · 불합격 판정기준을 불량개수나 결점수와 같은 계수치로 할 경우의 샘플링검사
- **계량형 샘플링검사:** 럿의 합격 · 불합격 판정기준을 길이, 무게, 인장강도 등과 같은 계량치로 할 경우의 샘플링검사
- **규준형 샘플링검사:** 생산자와 소비자에 대한 보증의 정도를 규정하고 양자의 요구가 모두 만족되도록 구조화된 검사방식
- **선별형 샘플링검사:** 샘플링검사에서 합격된 럿은 받아들이지만 불합격된 럿은 전수선별에 의하여 불량품을 양품으로 대체하여 받아들이는 샘플링검사방식
- **조정형 샘플링검사:** 다수의 공급자로부터 럿을 연속적으로 구입하는 경우 공급자가 공급하는 럿의 품질상태에 따라 샘플링검사방식을 까다롭게 하든가 수월하게 하여 조정함으로써 공급자에게 품질향상에 대한 자극을 주기 위한 샘플링검사방식
- **연속생산형 샘플링검사:** 이미 만들어진 럿을 대상으로 하는 것이 아니라 컨베이어 벨트를 이용한 생산방법에서와 같이 제품이 하나씩 연속적으로 생산되는 경우에 적용되는 샘플링검사방식
- **검사특성곡선(operating characteristic curve):** 럿의 불량률과 그 불량률의 럿이 샘플링검사에서 합격으로 판정될 확률과의 관계를 나타낸 곡선
- **합격 품질수준(acceptable quality level):** 공정평균의 품질수준으로 구매자가 만족할 수 있는 최대한의 불량률

- **불합격 품질수준(lot tolerance percent defective):** 구매자의 입장에서 불합격시키고 싶은 불합격품질수준
- **생산자위험(producer's risk):** 합격 럿인데도 불구하고 불합격럿의 판정을 받을 수 있는 위험의 정도를 말하며 a 혹은 제 1 종 오류의 확률이라고도 함
- **소비자위험(consumer's risk):** 불합격품질수준을 초과하여 불합격 럿인데도 불구하고 합격럿으로 판명되는 확률이며 b 혹은 제 2 종 오류의 확률이라고도 함
- **평균출검품질(average outgoing quality):** 샘플링검사를 마친 럿의 품질수준으로 평균불량률로 나타냄
- **관리도(control chart):** 생산공정에서 불량품이 제조되는 것을 사전에 예방하기 위한 공정관리활동
- **계량형 관리도(control chant by variables):** 무게, 온도, 길이, 압력 등과 같이 연속적 자료에 대한 관리도로서 평균 및 범위 관리도가 가장 대표적임
- **계수형 관리도(control chant by attributes):** 불량품수나 결점수 같이 이산적 자료인 경우의 관리도로 불량률 관리도, 불량개수 관리도, 결점수 관리도, 단위당 결점수 관리도 등

공식

초기하분포를 이용하는 경우의 럿의 합격확률: $P_a = P(0)+P(1)+\cdots+P(c)$

$$= \sum_{i=0}^{c} \frac{\binom{D}{i}\binom{N-D}{n-i}}{\binom{N}{n}}$$

이항분포를 이용하는 경우의 럿의 합격확률: $P_a = \sum_{i=0}^{c} \binom{n}{i} p^i(1-p)^{n-i}$

포아송분포를 이용하는 경우의 럿의 합격확률: $P_a = \sum_{i=0}^{c} \frac{\lambda^i e^{-\lambda}}{\lambda!}$

평균출검품질: $AOQ = P_a \times p\ ((N-n)/N)$

평균 및 범위관리도의 중심선과 관리한계선:

$$CL = \bar{\bar{x}}$$
$$UCL = \bar{\bar{x}} + 3\frac{\hat{\sigma}}{\sqrt{n}} = \bar{\bar{x}} + 3\frac{\bar{R}/d_2}{\sqrt{n}}$$
$$LCL = \bar{\bar{x}} - 3\frac{\hat{\sigma}}{\sqrt{n}} = \bar{\bar{x}} - 3\frac{\bar{R}/d_2}{\sqrt{n}}$$

불량률 관리도의 중심선과 관리한계선:

$$CL = \bar{p}$$

$$UCL = \bar{p} + 3\sqrt{\frac{p(1-p)}{n}}$$

$$LCL = \bar{p} - 3\sqrt{\frac{p(1-p)}{n}}$$

불량개수 관리도의 중심선과 관리한계선:

$$CL = np$$

$$UCL = np + 3\sqrt{np(1-p)}$$

$$LCL = np - 3\sqrt{np(1-p)}$$

결점수 관리도의 중심선과 관리한계선:

$$CL = \mathrm{c}$$

$$UCL = \mathrm{c} + 3\sqrt{\mathrm{c}}$$

$$LCL = \mathrm{c} - 3\sqrt{\mathrm{c}}$$

단위당 결점수관리도의 중심선과 관리한계선:

$$CL = u$$

$$UCL = u + 3\sqrt{u/n}$$

$$LCL = u - 3\sqrt{u/n}$$

익 | 힘 | 문 | 제

1. 공작용 기계의 강철 손잡이의 무게가 10온스가 되도록 설계되어 있다. 각각 네 번씩 측정된 다섯 개의 표본의 자료가 다음 표와 같다. 관리도용 계수표를 사용하여 평균관리도와 범위관리도를 작성하고 해석하라.

	표본 1	표본 2	표본 3	표본 4	표본 5
1	10.2	10.3	9.7	9.9	9.8
2	9.9	9.8	9.9	10.3	10.2
3	9.8	9.9	9.9	10.1	10.3
4	10.1	10.4	10.1	10.5	9.7
합계	40.0	40.4	39.6	40.8	40.0

☒ **[엑셀풀이]** 품질관리에 있어서 기본자료들은 엑셀을 이용하여 아래와 같이 정리될 수 있다.

	A	B	C	D	E	F	G	H	I
1		표본 1	표본 2	표본 3	표본 4	표본 5			
2	1	10.2	10.3	9.7	9.9	9.8			
3	2	9.9	9.8	9.9	10.3	10.2			
4	3	9.8	9.9	9.9	10.1	10.3			
5	4	10.1	10.4	10.1	10.5	9.7			
6	표본 합계	40	40.4	39.6	40.8	40	← =SUM(F2:F5)		
7	표본 평균	10	10.1	9.9	10.2	10	← =AVERAGE(F2:F5)		
8	표본 범위	0.4	0.6	0.4	0.6	0.6	← =MAX(F2:F5)-MIN(F2:F5)		
9									
10	표본 평균의 평균	10.04	← =AVERAGE(B7:F7)						
11	범위의 평균	0.52	← =AVERAGE(B8:F8)						

위의 자료를 이용하여 다음과 같은 평균 및 범위 관리도의 자료를 구한 다음 엑셀의 그래픽 기능을 이용한 관리도를 그려 낼 수 있다.

	A	B	C	D	E
13	**평균 관리도**				
14	A2	0.73			
15	관리상한선	10.42	← =B10+B14*B11		
16	중심선	10.04	← =B10		
17	관리하한선	9.66	← =B10-B14*B11		
18					
19	**범위 관리도**				
20	D4	2.28			
21	D3	0			
22	관리상한선	1.19	← =B20*B11		
23	중심선	0.52	← =B11		
24	관리하한선	0	← =B21*B11		

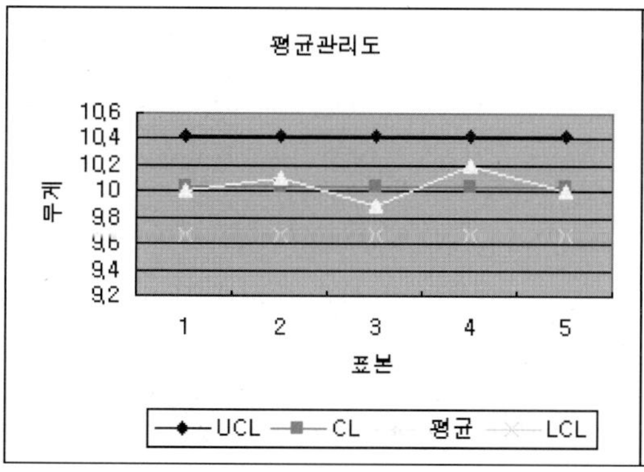

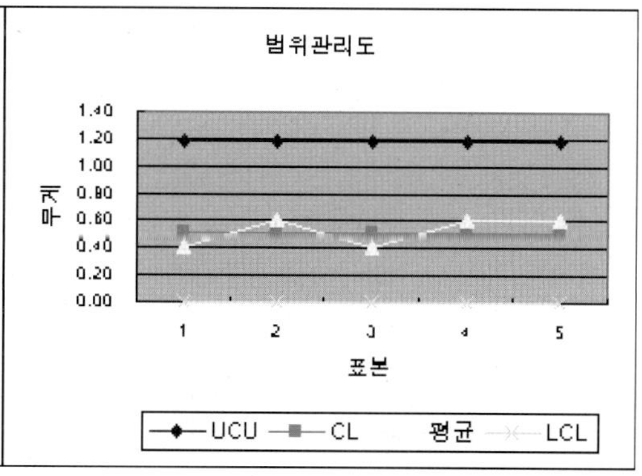

[풀　이] 표본평균의 평균$(\bar{x})$ = (10.0 + 10.1 + 9.9 + 10.2 + 10.0)/5 = 50.2/5 = 10.04

범위의 평균$(\bar{R})$ = (0.4 + 0.6 + 0.4 + 0.6 + 0.6)/5 = 2.6/5 = 0.52

n=4에 대한 A_2, D_4, D_3 값은 각각 0.73, 2.28, 0이다.

$$UCL_{\bar{x}} = \bar{\bar{x}} + A_2\bar{R} = 10.4+0.73(0.52) = 10.42$$

$$LCL_{\bar{x}} = \bar{\bar{x}} - A_2\bar{R} = 10.4-0.73(0.52) = 9.66$$

$$UCL_R = D_4\bar{R} = 2.28(0.52) = 1.19$$

$$LCL_R = D_3\bar{R} = 0(0.52) = 0$$

표본	평균	범위
1	40.0/4=10.0	10.2−9.8=0.4
2	40.4/4=10.1	10.4−9.8=0.6
3	39.6/4= 9.9	10.1−9.7=0.4
4	40.8/4=10.2	10.5−9.9=0.6
5	40.0/4=10.0	10.3−9.7=0.6

모든 표본이 관리한계선 내에 있으므로 관리상태에 있다고 할 수 있다.

2. 백화점에 유리컵 300상자가 입고되었다. 5상자를 임의로 추출하여 2상자 이상이 불량으로 판명되면 입고된 모든 유리컵을 반품하기로 할 경우의 검사특성 곡선과 평균출검품질 곡선을 그려라.

[풀 이] 표본의 크기가 럿 크기의 5% 미만이므로 합격확률(P_a)을 구하기 위하여 이항분포를 사용할 수 있다. 누적이항분포의 일부분이 다음에 나와 있다.

누적이항 분포표

	n	x	0.5	.10	.15	.20	.25	.30
			P(불량률)					
	5	0	.7738	.5905	.4437	.3277	.2373	.1681
c=1	→	1	.9974	.9185	.8352	.7373	.6328	.5282
		2	.9988	.9914	.9734	.9421	.8965	.8369
		3	1.0000	.9995	.9978	.9933	.9844	.9692
		4	1.0000	1.0000	.9999	.9997	.9990	.9976
		5	1.0000	1.0000	1.0000	1.0000	1.0000	1.0000

.35	.40	.45	.50	.55	.60	.65	.70	.75	.80
.1160	.0778	.0503	.0313	.0185	.0102	.0053	.0024	.0010	.0003
.4284	.3370	.2562	.1875	.1312	.0870	.0540	.0308	.0156	.0067
.7648	.6826	.5931	.5000	.4069	.3174	.2352	.1631	.1035	.0579
.9460	.9130	.8688	.8125	.7438	.6630	.5716	.4718	.3672	.2627
.9947	.9898	.9815	.9688	.9497	.9222	.8840	.8319	.7627	.6723
1.0000	1.0000	1.0000	1.0000	1.0000	1.0000	1.0000	1.0000	1.0000	1.0000

이 표에 의하면 럿품질이 0.05일 때 P_a = 0.9974, 0.10일 때 P_a = 0.9185, 그리고 0.15일 때 P_a = 0.8352이므로 검사특성곡선을 그리면 다음과 같다.

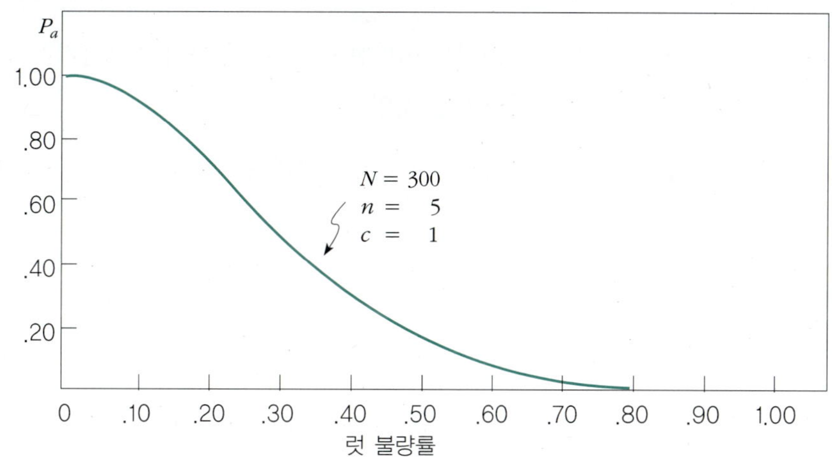

평균출검품질은 $P_a \times p$이므로 다음 표와 같이 계산되며 이를 그리면 다음과 같다.

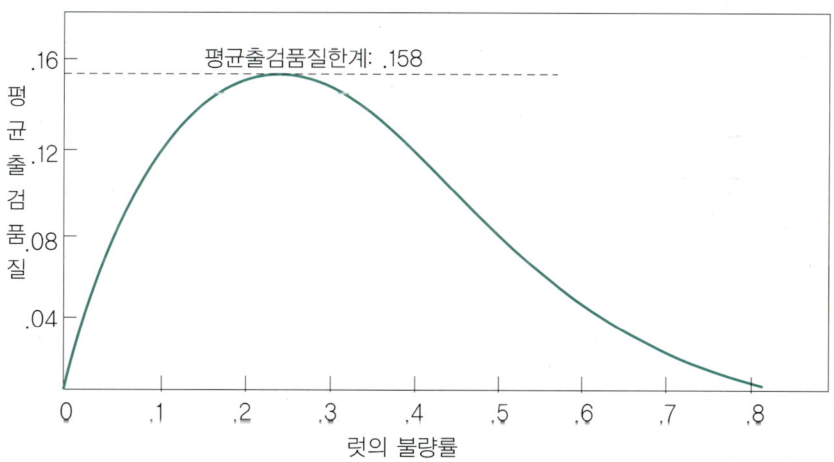

p	P_a	AOQ	p	P_a	AOQ
.05	9974	.050	.45	2562	.115
.10	9185	.092	.50	1875	.094
.15	8352	.125	.55	1312	.072
.20	7373	.147	.60	0870	.052
.25	6328	.158	.65	0540	.035
.30	5258	.158	.70	0380	.027
.35	4284	.150	.75	0156	.012
.40	3370	.135	.80	0067	.005

연 | 습 | 문 | 제

1. 기숙사 식당에서는 어떠한 품질관리활동이 필요한가? 그리고 어떠한 품질특성이 중시되어야 할 것인지를 설명하라.

2. 관리도를 작성하는 절차를 설명하라.

3. 관리도 작성의 목적을 설명하라.

4. 샘플링검사의 목적을 설명하라.

5. 샘플링검사와 관리도의 차이점을 설명하라.

6. 검사특성곡선이란 무엇이며 샘플링검사에서 어떻게 활용되는가?

7. 다음의 상황에 적합한 관리도를 사용하여 관리한계선을 구하라(단, 관리한계를 ±2×표준편차로 할 것).

(1) 자동차 한 대당 평균 3.9개의 흠집이 발견되었다.

(2) 잔디깎는 기계를 선적하기 전에, 제대로 작동하는지를 검사하여 작동하지 않는 기계를 세어보니 평균적으로 100대 중 4대가 작동하지 않는 것으로 나타났다.

8. 1리터의 콜라병을 채우는 데 자동주입기가 사용된다. 이 주입기가 채우는 양의 평균은 1리터이고 표준편차가 0.01리터인 정규분포를 이루고 있다. 관리도를 작성하기 위한 표본의 수는 25이다.

(1) 이 공정이 관리상태에 있을 때, 표본의 약 95.5%가 관리한계선 내에 포함되려면 관리상한선과 관리하한선은 얼마로 해야 할 것인지를 구하라.

(2) 표본평균이 1.005, 1.001, 0.998, 1.002, 0.995, 0.999일 경우 관리도를 작성하고 관리상태에 있는지를 설명하라.

9. 자동나사 제조기는 2인치의 육각 너트를 생산한다. 다음의 표본자료를 사용해서($n=200$) ±2×표준편차의 불량률 관리도를 작성하라. 그리고 이 관리도가 관리상태에 있지 않으면 관리한계를 벗어난 값을 제외한 후 새로운 관리한계선을 구하라.

표본	1	2	3	4	5	6	7	8	9	10	11	12	13
불량품의 개수	1	2	2	0	2	1	2	0	2	7	3	2	1

10. 상표부착기계에 의하여 통조림에 부착된 상표가 제대로 부착되지 않아 떨어지는 경우가 발생하고 있다. 각각 100개의 통조림을 조사한 결과 다음 표와 같은 자료를 구할 수 있었다. 95%의 관리한계선을 갖는 불량률 관리도를 작성하라.

표본	불량품의 개수	표본	불량품의 개수
1	5	9	5
2	3	10	8
3	6	11	3
4	7	12	4
5	4	13	5
6	6	14	6
7	8	15	6
8	4	16	7

11. 럿의 크기가 4,000인 컴퓨터 디스켓에서 20개를 표본추출하여 그 중 2개 이상의 불량품이 있으면 전수검사를 하는 샘플링검사가 있다. 이 검사에 대한 검사특성곡선을 구하라.

12. 12번의 전수검사에서 발견된 불량품이 모두 양품으로 대체될 때 평균출검품질을 계산하고 대략적인 평균출검품질한계를 구하라.

13. 회계감사에서는 임의로 몇 개의 계정을 추출하여 검사한 후 문제점이 하나라도 발견되면 전수조사를 하는 방식을 취하기도 한다. 총 8,000개의 계정 중 15개를 표본추출하여 검사할 경우의 검사특성곡선을 구하라.

14. 14번의 문제에서 8,000개의 계정 중 150개를 표본추출하여 검사할 경우의 검사특성곡선을 구하고 두 가지의 경우를 비교하라(단, $p=0.001, 0.002, 0.003, \cdots$)

15. 알미늄 장식장을 생산하는 공장에서 품질프로그램을 추진하려 한다. 이 공장에는 500명의 종업원이 일하고 있으며 30명의 검사원이 검사활동을 하고 있다. 그러나 이들이 하는 일은 표본과 불량품의 개수 및 불량원인을 기록하는 일 정도이다. 현재의 품질수준을 평가하기 위해서는 어떠한 정보를 수집해야 할 것이며 앞으로 어떠한 변수를 측정하여 체계적으로 분석해야 할 것인지를 설명하라.

04 기술과 경쟁력

학습목표

본 장에서는 다음과 같은 내용의 이해를 목표로 한다.

- 기술과 기술전략의 의의
- 기술의 개발과 조달
- 기술전략의 이해
- 기술의 예측과 발전모형
- 기술투자의 평가

사례 모든 상품에 참깨만한 전자칩 붙인다

쇼핑할 때 지금처럼 계산대 앞에 줄을 서서 차례를 기다리고, 제품마다 붙어 있는 바코드를 일일이 읽을 필요가 없이 물건을 카트에 실은 채 검색대를 통과하면 어떤 제품을 샀는지가 곧바로 나타나고 계산도 한꺼번에 되는 시스템이 조만간 도입될 전망이다. 그만큼 생활이 편리해지고 물류비용도 크게 줄어드는 '유통혁명'이 다가오는 셈이다. 정보통신부는 2007년까지 이같은 'u(ubiquitous)-센서 네트워크 인프라'를 구축키로 하는 방안을 16일 발표했다. 이에 따르면 제품마다 가격 등의 정보를 담은 참깨보다 조금 큰 크기의 전자칩(IC태그)을 달게 하고, 검색대에 설치한 판독기와 무선으로 정보를 주고받는 시스템을 만든다는 것이다. 이러한 정통부 방안이 현실화되면 물류는 물론 국민의 일상생활에도 엄청난 변화가 예상된다.

이 시스템이 도입되면 유통업체들은 무슨 물건이 팔렸는지를 금세 알게 되어 물건값을 계산하거나 재고를 쉽게 보충할 수 있다. 또 교통카드처럼 놀이공원용 카드에 내장하면 일일이 티켓을 끊지 않고도 시설물을 사용할 수 있게 되는 등 생활 전반에 큰 변화를 몰고 올 것으로 보인다. 모든 물건에 자신의 정보를 담은 명찰(전자태그)이 달리고, 이 명찰에 기록된 내용은 유무선 네트워크를 통해 어디서든 확인이 가능해지기 때문이다. 또한 쇼핑 때 카트에 실린 제품의 종류와 가격을 판독기가 한꺼번에 읽어 값을 계산해낸다. 이 정보는 또 물품관리 센터로 보내져 재고관리 등에 쓰일 수 있고 소비자가 구매한 제품에 이상이 있으면 곧바로 쇼핑센터의 판독기 앞에 놓으면 해당 제품의 생산연도와 장소 등 모든 정보가 쏟아진다. 때문에 유효기간 등을 놓고 판매원과 시비할 소지도 없어진다. 놀이공원에서도 이 전자태그가 내장된 팔찌를 나눠주면 미아방지를 할 수 있는 것은 물론 내장객 숫자, 내장객이 많이 몰리는 시설물 등을 바로 파악할 수 있다. 물류비용도 대폭 줄일 수 있다. 물건마다 칩이 달려 있으므로 화물의 현재 위치와 목적지를 알 수 있어 불필요한 차량 이동을 줄이고 빈 차 운행도 줄일 수 있기 때문이다. 전문가들은 이 시스템이 일반화하면 물류비용이 20% 이상 줄어 선진국 수준으로 떨어질 것으로 보고 있다.

선진국들 중 일본은 지난해 전자태그와 주파수를 이용한 정보인식기술 산업 원년을 선포했으며 미국은 11월부터 출시하는 모든 자동차 타이어에 전자태그 센서 부착을 의무화할 방침이다. 사고의 주원인 중 하나인 타이어 압력이 운전자 계기판에 자동으로 나타나 사고를 줄일 수 있다는 판단에서다. 1970년대 중반 도입되어 유통혁명을 이뤘던 '바코드' 시대가 가고 새로운 '전자 태그' 시대가 도래하는 것이다.

정보통신부는 이 시스템의 핵심기술 개발에 향후 4년 동안 3백81억원을 투입하고, 내년 중 5GHz대역 주파수를 용도에 따라 분배해 기업들이 관련 제품생산에 활용토록 할 방침이다. 이 기술의 상용화를 위해서는 제품에 붙인 전자태그와 판독기 간에 전파로 정보를 주고받도록 하는 기술이 핵심이다. 이를 위해서는 데이터를 전송할 주파수 확보가 필수적인데, 정보통신부는 주파수 활용 영역이 큰 8백60~9백30MHz대역을 할당할 방침이다. 현재 이 기술은 국내에서 출입통제, 스마트카드 등에 부분적으로 사용 중이지만 주파수 한계 등으로 확산되지 못하고 있다. 또 한편의 문제는 개인의 프라이버시가 침해될 가능성이다. 자신이 구매하거나 배송하는 모든 제품정보가 곧바로 확인되기 때문이다. 또한 이 칩은 미국의 경우 개당 0.1~0.3센트 정도로 값이 형성될 전망인데, 칩 메이커들이 경제성이 없다는 이유로 칩 생산에 소극적일 가능성도 있다.

— 중앙일보, 2003. 9. 16. —

현대기업들이 당면하고 있는 복잡하고도 급속한 환경변화는 기술경영의 전략적 중요성을 더욱 부각시키고 있다. 기술의 개발과 사용은 기업생존의 필수요건이 되고 있으며, 한 걸음 나아가 기업이 전략적 우위를 개발 · 유지하는 데 있어서 기본요건이 되고 있다. 기업의 전략적 우위는 신기술의 개발뿐만 아니라 기존기술들의 통합과 선별적 적용의 능력 여부에서 나올 수 있으며, 이러한 기술적 우위는 보나 나은 제품과 제소과성의 개발을 통해 새로운 시장기회와 경쟁력을 제공한다. 오늘날 과학기술과 정보기술의 진보와 이에 따른 산업구조 및 시장변화로 인해 기업들이 기술에 관하여 예측할 필요를 느끼고, 나아가서는 기술을 전략의 대상 또는 관리의 대상으로 인식하기에 이르렀다.

본 장에서는 기술의 개념을 정의하고 생산제조과정과 서비스 운영과정에서의 기술의 적용 분야를 살펴보고, 기술이 개발 또는 획득되는 과정에 있어서의 관리적 요소를 살펴본다.

제 1 절 기술의 개념과 적용분야

1. 기술과 기술관리의 개념

기술(technology)이라는 용어는 가장 널리 쓰이고 있으면서도 관점에 따라 그 내용에 있어 상당한 차이를 보이고 있다. 기술에 대한 정의는 기술 고유 특성에 중점을 둔 정의와 기술고유 특성뿐만 아니라 기술수용자의 외부환경 및 내부여건까지도 함께 고려한 매우 포괄적인 정의로 크게 나누어 볼 수 있다. 기술이란 투입요소를 재화나 서비스로 전환하기 위해 사용되는 수동적이거나 자동화되었거나 혹은 정신적인 모든 과정으로 정의할 수도 있으며, 기술을 산업의 상황에 적용이 가능한 지식과 과학적인 절차, 기법 및 장비라고 정의할 수도 있다.

기술관리는 기업의 연구 · 개발(R&D), 엔지니어링, 생산활동의 전 과정에 걸쳐 기업전략과 생산전략을 성취하는데 요구되는 기술적 필요를 예견하고 그에 따른 기술의 평가 및 획득, 그리고 사용능력을 배양함이라고 할 수 있다. 이는 기술의 발전 추이를 관찰함으로써 필요한 기술을 R&D를 통하여 자체 개발하거나, 내부나 외부의 소스로부터 기술을 획득하고 이렇게 얻어진 기술들을 신제품개발이나 제조과정의 개발에 적용하는 전 과정의 관리를 말한다.

하루가 다르게 발전하는 기술의 세상에서 여러 종류의 기술발전 상황을 파악하고 필요한 기술을 선택 · 사용한다는 것은 관리자에게는 쉽지 않은 일일 것이다. 그렇다면 유능한 관리자가 되기 위해서는 기술에 대해 얼마만큼 알아야 하는 것인가? 관리자는 특정 기술이 어떠한 이점을 가져다 줄 수 있으며 예상되는 기술획득과 사용비용은 어떠한지를 아는 것만으로도 충분하다고 할 수 있으나, 다른 한편으로는 기술의 구체적인 모든 면을 이해하여야만 한다고 이야기할 수도 있을 것이다. 관리자가 기술에 대해 얼마만큼 알아야 하는지의 문제는 상황에 따라 그 대답이 다를 수 있을 것이나, 분명한 것은 하루가 다르게 변화하는 기술의 발전상황에 맞추어 기술을 이해하고 기술에 대한 의견을 얻을 수 있는 소스 개발을 위한 지속적인 시간투자를 게을리하지 말아야 한다는 것이다.

2. 기술의 영역

일반적으로 기술이 사용되는 대상을 기준으로 하면 기술은 제품을 생산하거나 서비스를 제공하는 과정에 사용되는 프로세스기술(process technology), 정보를 획득하고 가공하고 전달에 필요한 정보기술(information technology), 그리고 신제품이나 서비스에 사용되는 제품기술(product technology)로 분류될 수 있다. 이러한 기술들은 서로 독립적으로 명확히 구분될 수 있는 것이라기보다는 전체로서 하나의 체계를 이루어 존재한다. 정보기술이나 제품기술이 제품이나 서비스를 생산하는 과정에 사용되는 경우 프로세스 기술의 한 부분으로 인식될 수도 있고, 정보기술은 제품기술에 영향을 줄 수 있다. 예를 들어 정보 기술의 결정체인 소프트웨어가 시장성 있는 제품이 되는 경우에는 그 자체가 바로 제품기술이 되고 첨단 NC공작기계는 제품기술의 결정체이지만 사용자의 입상에서는 프로세스기술로 이해될 것이나.

정보기술

관리자는 정보 기술을 통하여 필요한 자료를 획득, 가공, 전달함으로써 보다 효율적인 의사결정을 할 수 있게 된다. 정보기술의 발전은 기업내의 사무실, 병원, 은행 등에서 비약적으로 이루어지고 있으며 각종 통신기구, 개인용 컴퓨터에 사용되는 워드 프로세서, 인터넷 등이 그 예라 할 수 있다.

제품기술

제품기술은 일련의 기술적 아이디어를 신제품이나 서비스에 실현시킴으로써 이루어진다. 제품기술은 기업 내의 연구진이나 엔지니어들에 의해 개발되는데, 제품기술의 완성은 기업 내 전 부서의 긴밀한 협조하에 이루어진다. 마케팅부서는 소비자의 욕구를 파악하여 제품기술의 아이디어를 제공하고 생산부서는 신제품이 효율적으로 생산될 수 있도록 제품설계과정에서 참여하게 된다.

프로세스기술

기업이 제품이나 서비스를 만들어 내고 전달하는 과정은 프로세스기술의 적용과정이라 할 수 있다. 어떠한 프로세스기술은 특정 부서에 국한되어 쓰이는 반면, 다른 프로세스기술은 조직 전체에 걸쳐 쓰이기도 한다. CIM(computer integrated manufacturing)과 같은 첨단제조기술은

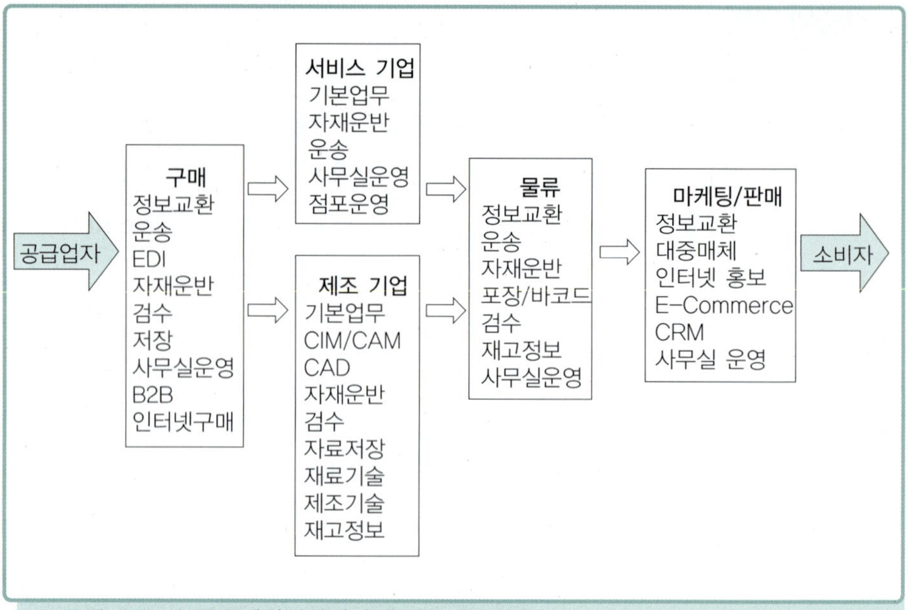

| 그림 4-1 | 공급체인선상에서의 프로세스기술

생산부서에서만 쓰일 것이나 사무자동화 기술과 같은 프로세스기술은 기업의 전 부서에서 골고루 쓰이면서 의사교환, 작업능률의 향상을 가져온다. 이와 같이 프로세스기술은 기업운영의 모든 곳에 사용될 수 있는 기술을 광범위하게 포함한다. [그림 4-1]은 생산관리의 영역에서 대표적인 관리범위인 공급체인선상을 따라 사용될 수 있는 프로세스기술의 내용이다.

제 2 절 기술의 개발과 조달에 있어서의 관리적 요소

필요한 기술을 자체적으로 개발하거나 외부로부터 조달하는 것은 기업이 끊임없이 해나가야 할 일이다. 본 절에서는 기업내부에서의 대표적인 기술개발 활동인 R&D의 내용을 살펴보고, 필요한 기술을 기업외부로부터 조달하는데 있어서의 관리적 요소를 살펴본다. 또한 필요한 기술들을 획득하는 과정에서 기존의 여러 기술들을 적절히 혼용하여 기업이 개발하고자 하는 신제품의 기능을 구성하는 방식의 하나인 테크놀로지 퓨전에 대해 살펴본다.

1. 기업의 R&D 활동

기업이 신기술을 얻는 방법 중의 하나는 자체의 R&D(research and development)과정을 통해서이다. R&D과정은 재료와 기술에 대한 새로운 지식을 연구, 개발하고 그 지식을 통해 시장에 내놓을 수 있는 제품을 개발하는 것을 의미한다. R&D는 대기업뿐만이 아니라 중소기업과 벤처기업들에 의해서도 활발히 이루어지는 기업활동의 일부로서 그 내용과 목적에 따라 기초연구(basic research), 응용연구(applied research), 그리고 제품개발(development)로 나누어 볼 수 있다.

기초연구

기초연구는 근본적인 문제의 해결에 필요한 지식이나 전혀 새로운 사실의 발견을 통해 과학적인 진보를 이루고자 하는 연구활동으로서, 기업에서 하는 기초연구 활동은 단기간 내의 특정 제품의 개발을 통한 상업적인 성공을 전제로 하기보다는 미래를 내다보고 이루어진다. 이는 생명공학, 화학공학, 물리학의 분야 등에서 과학적인 방법을 통해 이루어지나 그 외의 분야에서도 이루어질 수 있다. 이는 성격상 시간이 오래 걸리고 결과가 불확실하고 많은 투자가 필요하기 때문에 정부 연구소, 대기업 부설 연구소, 그리고 대학 등에서 이루어진다.

응용연구

응용연구는 기초연구에 비해 보다 구체적인 방향성이 있으며 성공적으로 수행될 경우 신제품이나 제조기술, 또는 서비스의 개빌로 이이질 수 있다. 예를 들어 응용연구에서는 기초연구의 결과물을 가지고 인간생활에 유용하게 쓰일 수 있는지의 여부와 그 응용방법을 연구한다.

제품개발

기술 연구활동의 결과를 가지고 시장성 있는 신제품 또는 보다 나은 제조기술을 개발하는 과정을 말한다. 제품개발 활동은 대기업뿐만 이니라 중소기업들도 활발히 관여하는 분야이다. 제품개발은 응용연구 과정에서 얻어진 기술이 시장성이 있다고 판단될 경우에 시작되기도 하지만, 보다 일반적인 경우는 시장조사를 통해 파악된 소비자의 기호를 충족시키기 위해 이루어진다. 후자의 경우에는 상품에 이용될 기술을 기업이 가지고 있는가의 여부가 중요해지는데 대부분의 상품은 기존 기술의 개선이나 기존 기술들간의 혼용(technology fusion)을 통해 개발되고 일부의 경우에는 필요한 기술을 응용연구를 통해 개발하여 사용한다.

제품개발 활동은 아이디어 창출, 제품개념설정, 예비설계, 최종설계 등의 단계를 거쳐 이루어지는데 최종설계는 제품의 기능과 형태뿐만 아니라 제품을 생산할 생산라인의 설계까지 포함한다. 때문에 제품개발 활동은 기업의 마케팅, 엔지니어링, 생산부서가 함께 참여하여야 하는 길고도 복잡한 과정으로 특별한 관리기법이 요구된다. 제품의 설계 및 개발 활동에 대해서는 5장에서 구체적으로 다루고 있다.

제품개발 활동은 기업의 생존에 중요한 부분으로서 기업이 미래에도 지속적으로 제품을 개발하여 수익성을 유지할 수 있는가를 결정한다. 과거에 우월한 기술적 능력을 바탕으로 성공적으로 기업활동을 하던 기업들도 소비자의 변화하는 기호를 충족시키는 신제품의 개발을 게을리 하면 시장에서 도태된다. Lotus는 업계 최초로 개인용 컴퓨터에서 연산작용과 데이터 가공이 가능한 Lotus 1-2-3를 개발하였으나, 좀더 편리한 기능을 원하는 사용자의 요구에 부응하지 못하고, 연관 소프트웨어의 개발에 뒤쳐짐으로써 마이크로소프트의 Excel에 선두자리를 내어주고 이제는 소비자들의 기억 속에서 잊혀지고 말았다.

2. 기술의 조달(technology acquisition)

기술의 조달문제는 기업이 필요한 기술을 획득하기 위해서 R&D 활동(기초연구, 응용연구, 제품개발)의 어느 부분까지, 어떻게 관여할 것인가에 대한 문제이다. R&D 활동은 많은 시간과 비용 그리고 연구인력이 요구되는 한편 기업은 필요한 기술을 얻을 수 있는 자원이 한정되어 있으므로 미래에 사용될 기술의 조달문제를 체계적으로 관리할 필요가 있다. 대기업의 경우에는 부설연구소 등을 통해 R&D의 초기단계부터 관여하여 기술을 조달하려 할 수 있겠으나, 자금과 연구인력이 충분치 않은 중소기업의 경우는 응용연구를 통한 제품개발에 보다 치중할 것이다. 일반적으로 기업이 필요한 기술을 얻는데는 자체 개발, 회사 및 단체간의 연대, 외부로부터의 구매의 세 가지 방법이 있다.

자체개발 R&D 활동의 전체 또는 일부의 과정에 관여하여 필요한 기술을 획득하는 것으로서, 자체내의 엔지니어링 부서가 기존의 생산 설비를 개선한다거나 기존의 제품기술을 변형 또는 혼용하여 새로운 파생상품(derivative product)을 만들 수도 있다. 하지만 기업이 미래에 필요로 하는 모든 기술을 자체 개발을 통하여 개발할 수는 없으며 듀퐁(DuPont)과 같은 다국적기업조차도 필요한 기술의 50% 이상을 외부로부터 조달하여 사용한다.

회사 및 단체간의 연대 개발 미래에 필요한 기술의 원활한 조달과 기술흐름의 추세에 뒤쳐지지 않기 위해서는 다른 회사나 단체와의 연대가 필수적이다. 이는 자체 연구시설을 갖지 않는 중소기업의 경우에 더욱 중요하다. 이 경우에는 필요한 기술을 수동적으로 그때그때 찾아다니기보다는 적극적으로 기술을 제공받을 수 있는 다양한 채널을 개발하고 유지하는 것이 필수적이다. 회사 및 단체간의 연대 개발의 형태를 보면 다음과 같다.

1. 대학이나 연구소에의 연구용역의뢰: 이는 기업의 입장에서 보면 비용을 최소화하는 형태이나 연구결과가 기업에 얼마만큼 돌아올 것인가에 대한 분명한 이해가 필요하다. 이는 연구결과의 성공 여부가 불확실할 뿐만 아니라, 연구가 성공적으로 이루어졌을 경우에도 기업은 그 연구결과를 전부 또는 부분적으로 사용할 권리를 얻을 뿐 기술개발과정의 노하우를 내재화할 수는 없기 때문이다.

2. 로열티 지급을 통한 라이센스 구입: 이는 이미 개발된 기술을 일정 기간 쓸 수 있는 권리를 사는 것이다. 이는 기술 개발의 불확실성을 없애는 장점은 있으나 라이센스 제공자와의 계약에 식 · 간섭적인 제약을 받을 수 있는 단점이 있다.

3. 회사간 연대나 조인트 벤처: 이 경우에는 기술적인 필요를 공유하는 여러 회사가 제품이나 서비스를 공동 생산하기로 하고 기술 개발에 필요한 비용과 위험을 공유하는 것이다. 미국이나 일본의 경우에는 신제품에 필요한 관련기술은 보유하고 있지만 핵심기술이 없는 회사들간에 전략적 연대를 통해 신제품을 만들어 내는 추세에 있다. 이는 기업의 주력기술(core technology)은 보유하면서 기업간의 연대를 통해 보다 적은 비용과 위험으로 새로운 시장에 참가할 수 있는 장점이 있으며, 소비자들에게도 긍정적 이미지를 남길 수 있다. 일본의 NEC는 1980년대에 약 100여개의 기술적 연대에 참여함으로써 오늘날 반도체, 통신, 컴퓨터 등의 분야에서 일류회사의 입지를 굳힐 수 있었다. 이러한 관행은 관련 기술 보유 기업간의 연대를 통한 신기술과 신제품 개발이라는 의미의

technology fusion이란 신조어를 만들면서 기술경영의 큰 동력으로 작용하고 있다.

4. 회사간 합병: 이는 필요로 하는 기술과 관련 노하우를 보유하고 있는 회사를 구매하는 것으로 회사가 가지고 있는 기술 특허의 소유권뿐만 아니라 연구인력까지도 흡수하는 가장 공격적인 형태의 기술 획득이다.

외부로부터의 구매 이는 외부로부터 기술에 대한 소유권을 영구적으로 획득함을 말한다. 기술의 구매는 기업간에서뿐만 아니라 기업의 내부자 사이에서도 일어날 수 있는데 구매 기업이나 부서는 구매된 기술을 이용하여 제품을 생산함으로써 얻을 수 있는 이익에 대한 명확한 이해가 필요하다. 기술을 파는 입장에서는 그 기술이 더 이상의 시장가치가 없다고 판단되거나, 기술은 있으나 이를 이용하여 제품을 개발할 의사와 능력이 없거나, 해당 기술이 기업의 핵심 연구목적이 아니고 연구의 부산물로 얻어진 경우에 기술을 매각하게 된다.

3. 테크놀로지 퓨전

기술에 기반을 둔 제품의 개발은 때로는 완전히 새로운 기술을 사용하기 보다는 기존에 존재하는 여러 기술들을 이용하여 새로이 개발되기도 한다. 예를 들어 디지털 카메라의 경우는 기존의 필름카메라에 사용되던 다양한 기술들과 CCD(charged coupled device; 전하결합소자 또는 고체촬상소자)라는 기술이 혼용되어 개발된 제품이다. 따라서 필름 카메라에 들어가는 필름 대신 CCD라는 반도체 부품이 빛을 받아들여 그 양과 각도에 따라 화상을 만들어 내는 새로운 제품인 것이다.

테크놀로지 퓨전(technology fusion)은 몇 개의 기존기술들을 혼용하여 새로운 기술과 제품을 만들어내는 것을 말한다. 사실 시장에 존재하는 많은 제품 중 단지 몇몇의 제품만이 완전히 새로운 기술을 이용하여 만들어졌을 뿐 대부분의 제품들은 기존에 존재하는 기술들을 이용한 응용제품이라고 할 수 있다. 그러나 이러한 과정을 통해 때로는 소비자의 관점에서 보면 상당한 가치가 있는 제품이 탄생되기도 한다. 디지털 카메라의 경우는 그 자체로서 현상, 수정, 전송, 보관, 그리고, 비용면에서 기존의 필름 카메라를 능가하는 장점들로 커다

사례 세일정보시스템의 CALS 사례

한국전력공사의 전산업무와 정보통신업무를 전담하고 있는 세일 정보통신은 CALS를 구현하는 CALS 전문 SI업체로 발돋움한다는 야망을 가지고 CALS 도입을 준비하고 있다. 문서파일링 시스템이나 문서유통시스템의 원형은 이미 개발한 상태로 1996년 연말쯤부터 상용화를 시작하였으며 1997년부터 본격적인 마케팅활동에 들어간다. 세일은 CALS와 관련해 CALS 구현 실무경험이 있는 선진업체와의 기술제휴를 추진 중이다. 일본의 동경전력이 CALS를 구현해 시범적으로 운영한 예를 비추어 볼 때 국내에서는 국가적인 차원으로 한국전력이 시범적으로 CALS가 구현될 가능성이 큰 것으로 보이며 일각에서는 빠르면 1997년 말부터는 시범 구현될 것으로 예상하고 있다.

란 시상수요를 창출하였다. 또한 디지털 카메라에 사용된 방식들은 휴대폰에 적용되어 휴대폰과 디지털 카메라의 결합이라는 새로운 제품을 탄생시키는 또 다른 테크놀로지 퓨전의 결과물을 이루어내고 있다. 세계적으로 잘 알려진 일본기업들인 소니, 닛산, NEC 그리고 샤프 등의 가전제품 기업들은 테크놀로지 퓨전을 적절히 활용하여 성공적인 결과를 이끌어낸 경우로 알려져 있고, 국내의 삼성전자도 테크놀로지 퓨전의 원칙을 이용하여 디지털 카메라 휴대폰 등 VCR/DVD 콤보 등의 제품 등을 시장에 출시하였다.

이렇게 테크놀로지 퓨전을 활용하여 성공하기 위해서는 두 가지의 원칙을 생각할 수 있다. 첫째는 시장의 필요를 이해하고 이에 따라 기업의 R&D 전략을 세워야 한다는 것이다. 만약 소비자가 보다 조작이 쉽고 가격이 저렴한 제품을 원한다면 그 욕구를 충족시키는 방향으로 기업의 R&D활동이 이루어져야 한다는 것이다. 둘째는 테크놀로지 퓨전이 기존기술들의 혼용을 통한 과정이라 할지라도 특정 기업이 테크놀로지 퓨전에 필요한 모든 기술을 보유할 수는 없을 것이다. 따라서 기업이 필요로 하는 기술들을 어느 곳에서 획득할 수 있는지에 대한 정보획득노력이 효율적으로 이루어져야 하겠다. 이를 위해 기업의 최고관리자부터 일선 종업원까지 체계적이고 지속적인 기술정보획득노력을 기울여야 한다. 또한 이를 위해 동종 산업군 내의 기업뿐만이 아닌 전혀 다른 산업군에 속한 기업들의 기술능력까지도 파악할 필요가 있는 것이다.

제 3 절 기술전략의 이해

기술의 발달이 빠르게 이루어지고 기업이 선택하여 사용할 수 있는 기술의 종류가 다양해 짐에 따라 기업의 관리자들은 다양한 제품기술과 공정기술의 존재와 가용성에 대해 항상 관심을 기울이고 각기 다른 기술들이 기업의 업무향상과 수익창출에 어떻게 도움이 될 수 있을지 연구해야만 된다. 그런데 문제는 기술의 속성상 개발에 오랜 시간이 소요되며 이를 이용한 제품개발 또한 상당한 시간과 노력이 필요하다는 것이다. 따라서 기업의 입장에서는 기술의 개발과 확보에 전략적인 접근이 필요할 것이다. 본 절에서는 기술전략 형성의 기본 내용과 이 과정에 유용한 기본개념들을 다룬다.

1. 경쟁우위와 핵심역량

기술전략은 기업전략(corporate strategy)의 큰 범주 안에서 기업전략의 원활한 수행을 위해 필요한 기술들을 장기적인 안목으로 확보하고 사용하고자 하는 개념이다. 기업전략형성의 핵심은 기업이 동종경쟁기업들과 경쟁함에 있어 지속가능한 경쟁적 우위(sustainable competitive advantage)를 어떻게 창출할 것인지를 고민하는 과정이라 할 수 있다. 기업의 경쟁우위는 보다 나은 제품을 보다 저렴하고 빠르게 소비자들에게 제공할 수 있도록 한다는 것을 감안한다면 기술전략을 통해 확보된 기술들이 기업의 경쟁우위를 확보하고 지켜주는 데 중요한 역할을 할 수 있는 가능성은 무궁무진하다고 할 수 있다. OLED(Organic Light Emitting Diodes)와 같은 새로운 제품기술은 소비자들이 과거에 경험하지 못했던 형태의 모니터를 통해 기존 CRT방식의 모니터를 대체하면서 새로운 시장을 창출하였다. 또한 나노(nano)공정기술은 반도체, 유전공학, 그리고 의료기구 등의 영역에서 보다 정밀한 제품설계와 생산을 가능케 하면서 새로운 경쟁의 패러다임을 형성하고 있으며, 인터넷과 같은 정보기술은 소비자의 제품선택과 주문과정을 빠르고 단순하게 하면서 새로운 형태의 고객관계 형성을 가능케 한다. 이러한 변화 속에서 기업은 적절한 기술의 선택, 확보, 그리고 사용을 통해 기존의 경쟁우위를 강화하거나 보완할 수 있으며, 이러한 기술이 가져다 줄

사례 호텔의 정보기술 이용 사례

사장은 경비시스템을 이용함으로써 면밀히 호텔여급들의 시간을 추적할 수 있다. 호텔여급이 방에 들어갈 때 카드가 꽂아짐으로써 호텔여급의 위치가 프론트 컴퓨터에 나타난다. 호텔여급이 그 방에서 얼마의 시간을 소요하였는지를 프린트아웃으로 보여줄 수 있다.

경비 시스템은 손님으로 하여금 그들 자신의 신용카드를 사용하여 그들 방의 잠금장치를 풀 수 있도록 하고 있다. 손님의 체크아웃 시간이 컴퓨터에 자동 전달되어 통풍 및 난방의 조절을 하게 한다. 이 호텔은 아흔 두 개의 객실을 가지고 있지만 열한 명의 종업원, 한 명의 지배인과 네 명의 사무원과 다섯 명의 주방요원과 한 명의 시간제 보수요원밖에 없다.

— *Hotel and Motel Management*(September 7, 1992), pp. 31-33. —

다양한 가능성을 탐색하는데 게으른 기업은 점차 경쟁우위를 잃어갈 것이다.

기업의 핵심역량(core competency)은 기업이 경쟁적 우위를 개발 유지하는데 필요한 기술, 기능, 자산, 그리고 관리절차로서 경쟁기업에 의해 쉽게 모방될 수 없는 기업의 총체적 능력이라고 정의할 수 있다. 기업의 핵심역량은 오랜 기간에 걸친 기업노력의 결정체라 할 수 있다. 기업의 핵심역량은 기업에게 다양한 시장으로의 접근 가능성을 증가시켜 주는 역할을 할 수 있어야 하며, 최종 완제품에 핵심역량의 내용이 구체적으로 드러날 수 있도록 정의되어야 한다. 예를 들어 일본의 혼다(Honda)는 엔진제작에 회사의 핵심역량이 있어서 자동차, 오토바이, 수상 제트스키 등의 다양한 최종완제품시장에서 이 역량을 발휘하고 있다. 또한 듀퐁(DuPont)은 오랜 기간의 투자와 노력으로 구축된 기업의 연구개발 능력을 핵심역량으로 하여 나일론, 스판덱스 등의 사업분야뿐만이 아닌 생명공학과 유전공학의 영역으로 그 사업영역을 넓혀가고 있다.

이렇게 기업이 구축한 기술적 · 지적 · 문화적 능력을 유형 그리고 무형의 자산으로 체계화시킬 수 있고 최종완제품의 형태로 그 상업적 가치를 실현할 수 있을 때 우리는 이를 기업의 핵심역량이라고 부를 수 있을 것이다. 기업이 핵심역량을 구축하는 과정은 오랜 기간이 소요된다. 이는 핵심역량의 근간이 되는 기술적 · 지적 · 문화적 능력의 배양이 그 성격상 오랜 시간이 소요되고, 이렇게 배양된 능력이 시장에서 검증되기까지 다양한 요소들이 작용하므로 그 결과를 지켜보는 데 오랜 시간이 소요되기 때문일 것이다. 따라서 기업의 핵심역량의 구축은 전략적인 접근이 요구되며, 특히 기술적 능력의 배양은 핵심역량의 구축에 중요한 역할을 한다. 참고로 기업이 자신의 핵심역량을 명확히 규정할 수도 있고 그렇지 못할 수도 있다. 그러나 명확히 규정할 수 있다고 하더라도 그 것이 곧 기업이 경쟁적 우위를 가지고 있음을 의미하는 것은 아니다. 예를 들어 두 개의 다른 자동차 회사, BMW와 혼다가 각각 자신들의 핵심역량이 엔진 제작에 있다고 할 수 있으나 두 회사는 자동차시장에서 각기 다른 측면의 경쟁적 우위를 가지고 있다고 할 수 있다. 다시 말해서 핵심역량이 비교적 기업자체 내에서 독립적으로 규정될 수 있는 개념인 반면 경쟁적 우위는 시장에서 상대적으로 규정되는 부분인 것이다. 그러나 우리가 실제에서 본다면 핵심역량이 명확히 규정될 수 있는 기업이 시장에서도 경쟁적 우위를 갖는 경우를 많이 보게 된다.

2. 기술전략의 형성

기술전략은 기업의 경영전략과 동적으로 연계되어 경영전략을 수행하는 과정에서 요구되는 기술적 필요를 예견하고 지원하는 역할을 한다. NEC의 경우 매 10년마다 약 2년간에 걸쳐 기업의 각 분야에서 50여명의 관리자들이 모여서 향후 10년간의 기술적 필요를 토의 예측하여 경영전략과 기술전략에 반영한다. 1975년에 NEC는 27개의 핵심기술을 선정, 개발하기로 하였고, 그 중 하나는 virtual image를 가능케 하는 기술이다. 여기서 우리가 주목해야 할 점은 현재까지도 완전하게 기술이 개발되어 상업화되지 않은 virtual image에 관련된 기술을 이미 30년 전에 기업차원에서 전략적으로 선정하여 개발 노력을 기울이고 있다는 점이다. 또한 1998년 4월, 다국적기업인 듀퐁은 80개 이상이었던 사업단위를 3개의 대규모 단위, 생명과학분야, 차별화분야, 그리고 기초분야로 재편하였다. 기초분야는 나일론, 폴리에스테르와 같이 듀퐁의 전통적인 핵심역량부문이며 현금창출부문으로서 자본집약과 원가절감에 기업의 역량을 집중하며, 차별화분야는 Lycra 브랜드 스판덱스와 같이 시장에서 리더로 성장하고 있는 사업부가 포함되며, 생명과학분야는 농산물, 의약품, 생명공학을 포함하는 회사의 장기적인 성장을 주도하는 엔진부문으로 규정하였다. 이러한 경영전략 수행의 틀을 확보한 다음 생명과학 분야에서 많은 수의 벤처 연구 회사들과의 연대를 통하여 유전공학을 통한 농산품, 의약품 등의 연구개발에 그 역량을 집중시키고 있다.

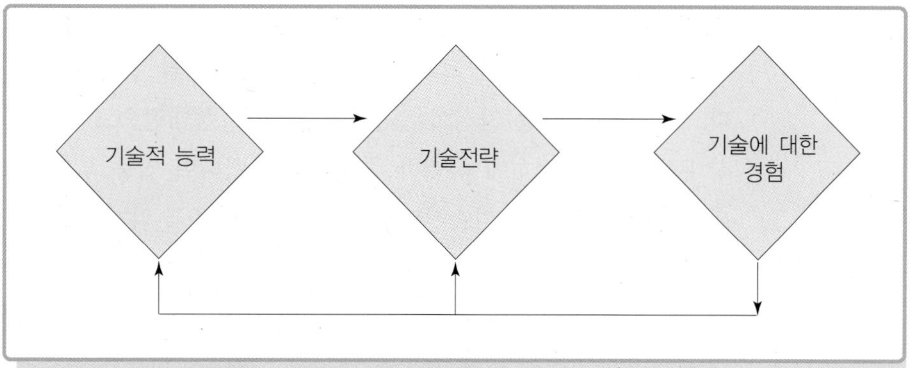

| 그림 4-2 | 동적인 과정으로서의 기술전략

이러한 듀퐁의 변신은 과거의 나이론과 같은 화학섬유 위주의 사업에서 벗어나 생명공학이라는 새로운 분야로 진출하기 위하여 기업의 연구역량을 집중시키고자 하는 전략적 변신으로서 이를 성공적으로 수행하기 위하여 필요한 기술을 장기적인 안목으로 확보하기 위하여 노력하는 과정을 보여주고 있다. 다른 한편 이러한 듀퐁의 변신은 기술적 능력을 기업생존의 근간으로 하는 모든 기업들이 자연스럽게 거치는, 또는 거쳐야만 하는 과정을 보여주는 것이다. 기업의 기술전략은 기업이 기존에 갖고 있는 기술적 능력을 바탕으로 발전되어 나가지만, 그 과정에서 새로운 기술에 대한 비전과 경험들이 축적되면서 기술전략 자체가 새로운 방향으로 동적으로 발전해나가는 과정을 보여주고 있다([그림 4-2 참조]).

기업이 기술전략을 수립하기 위해서는 다음의 네 가지 부문에 대한 이해가 필요하다.

- 경쟁우위 요소의 이해
- 기술의 선택과 내외부로부터의 조달
- 시장진입의 시기와 방법의 결정
- 기술 인력의 조직과 관리

경쟁우위 요소의 이해 기업전략의 수립과정에서는 어떠한 시장에 기업이 참여할 것인지, 또한 시장에서 어떠한 위치를 가지고 경쟁에 임할 것인지에 대한 계획이 수립된다. 이러한 경쟁에 대한 계획은 보다 구체적으로 기업이 시장에서 제품과 서비스의 우수성을 품질, 시간, 유연성, 원가의 측면에서 어떻게 달성할 것인지에 대한 하부계획을 요구한다. 기업이 모든 면에서 경쟁기업보다 우수할 수 있다면 바람직하겠지만 기업의 제한된 인력과 자원으로 말미암아 그러한 절대적 경쟁우위를 달성하기 어려운 경우가 많다. 이 경우 기업은 자신이 경쟁기업에 비해 상대적으로 잘 할 수 있는, 아니면 상대적 우위를 점하기 유리한 측면들을 선택하여 집중 투자함으로써 경쟁적 우위를 점할 수 있다. 기술전략은 이러한 경쟁적 우위가 기술의 사용을 통해 달성되고 유지될 수 있도록 하는 역할을 수행하게 된다. 제조업의 경우 FMS (flexible manufacturing system)와 같은 공정기술은 기업이 품질, 시간, 유연성 면에서 경쟁기업에 비해 유리한 고지를 점할 수 있도록 하는데 큰 공헌을 하였고, Dell은 인터넷을 통한 직판시스템을 고안하여 고객서비스와 원가면에서 경쟁기업들에 비해 유리한 고지를 점할 수 있었다.

기술의 선택과 내외부로부터의 조달 기업이 경쟁우위를 달성하는데 필요한 제품기술 혹은 공정기술은 기업내부에서 개발되는 경우도 있겠지만, 때로는 기술을 확보하기 위해서는 외부에 의존하여야 할 경우가 있다. 기업이 자체적인 R&D과정을 통해 기술을 개발하는 경우에는 R&D활동을 위한 기술인력의 확보와 유지와 같은 장기적인 노력이 필요하게 되고 그 결과의 불확실성을 감안한 위험이 있게 된다. 그러나 성공적으로 기술이 개발되었을 경우 자체적으로 개발한 기술에 대한 친숙성이 높기 때문에 그 기술을 이용한 제품개발과 시장개발이 순조롭게 이루어질 가능성이 높고 기술개발에 대한 경험을 바탕으로 기업역량을 축적할 수 있을 것이다. 그러나 기업이 필요한 모든 기술을 자체적으로 개발할 수는 없기 때문에, 때로는 외부로부터 기술을 조달하기도 한다. 이 경우 기술개발의 성공여부에 대한 불확실성에 대한 부담은 줄어든다. 그러나 기술구매에 따른 높은 비용을 지불해야 할 각오를 해야 하며, 기업이 진정으로 필요한 기술이 외부 어느 곳에 존재하는가에 대한 정보수집과 구매상대와의 신뢰성 확보에 전략적 노력을 기울여야 한다. 이러한 기술의 소스로부터의 도움은 기술전략의 성공적인 수행을 위해서 절대적으로 필요한 부분이다. 이는 제품기술을 이용한 신제품개발 또는 공정기술을 이용한 공정의 개선 등의 과정에서 기술소스로부터의 원활한 기술전이가 절대적인 역할을 하기 때문이다.

시장진입의 시기와 방법의 결정 기업이 기술의 확보에 성공적이었다고 하더라도 기술의 시장가치는 이 기술을 이용한 제품의 상업성에 있다. 공정기술의 경우도 공정의 성공적인 개선에 그 가치가 있다고 할 것이다. 기업이 신기술을 이용한 제품을 출시함에 있어서도 제품기술의 시장가치를 극대화시키기 위한 전략적 접근이 필요하다. 경쟁기업의 동향, 시장의 반응, 그리고 경쟁기술의 발전 추이 등은 기업이 제품개발에 사용하는 막대한 개발과 마케팅 비용을 고려할 때 신중히 고려해야 할 요소들이며, 나아가 기업이 신기술을 이용한 연속적인 제품출시를 계획할 경우에는 타이밍과 방법의 측면에서 장기적인 전략적 접근이 필요하다.

기술 인력의 조직과 관리 기술은 이를 사용하는 조직의 문화와 인력구조에 많은 영향을 미친다. 연구개발 인력은 대체로 고학력자로 구성되어 이들에 대한 세심한 관리가 필요하다. 구체적으로 기술 인력의 채용, 승진, 보상 등에 관한 보다 체계적인 이해와 노력이 필요하다. 기술 인력들은 직장의 선택에 있어서도 금전적인 보상 이외에도 자신들이 속할 기업의 기술문화적인 요소들을 고려할 가능성이 높으며, 동기부여의 측면에 있어서도 금전적인 보상 이외에 자신들이 하고 싶어 하는 분야로의 연구기회제공, 자신들이 제안한 기술개발 프로젝트에 대한 관리자들의 관심, 같이 일하게 될 동료들의 기술적 수준과 관심영역, 향후 관리직으로의 승진 가능성 등의 요소들이 추가적으로 고려될 수 있다. 이러한 기술 인력들은 기업이 기술지향적인 기업문화를 유지하고 제품개발을 통해 시장에서의 우위를 점하고자 할 때는 가장 중요한 인적자산이므로 기업의 기술문화를 만든다는 자세로 접근함이 바람직하다. 실제로 인텔이나 듀퐁과 같은 기업들에서는 이러한 기술 인력들에 대한 배려와 관리가 관리자의 중요한 업무사항이기도 하다.

3. 기술전략의 발전과 진화

기업이 수립한 기술전략은 이 후에 실행과정에서 여러 가지의 요소들에 의해 그 모습이 변해갈 수 있다. 이는 기술전략의 개념이 한번 수립되면 그대로 진행되어야 하는 정적인 개념이 아니라 보다 나은 모습으로 계속해서 진화해가는 동적인 개념이기 때문이다. 기술전략의 진화에 영향을 주는 요소들은 전략적 행위와 조직상황을 포함하는 조직내부의 요소들과 산업상황과 기술의 발전을 포함하는 조직외부의 요소들로 구분하여 볼 수 있다([그림 4-3] 참조).

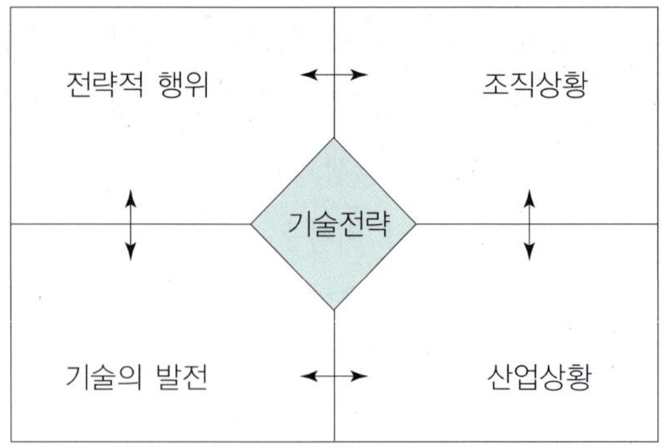

| 그림 4-3 | 기술전략의 형성과 발전에 영향을 미치는 요소들

기술의 발전(Technology evolution) 기업의 기술전략은 기업의 기술적 능력(technical capabilities)의 발전에 근거하고 있으나, 이의 발전은 전적으로 특정기업의 내부에서만 결정된다고 할 수 없다. 한 기업의 기술적 능력은 많은 연관 기술의 발전에 영향을 받는 바가 큰데 이러한 연관기술들은 많은 경우 한 기업과는 별개의 독립적인 과정을 거쳐 발전된다. 예를 들어 컴퓨터를 이용한 온라인 게임 상품이 아무리 뛰어난 그래픽 이미지와 기능을 갖추었다고 하더라도 이러한 기능들이 만족스러운 속도로 구현될 수 있는 정보기술의 발전이 뒤따라 주어야 한다. 일반적으로 한 기업이 모든 유관기술의 발전에 관여하지 못하고 그 중 일부 기술의 발전에만 특화되어 있는 것을 감안할 때, 기업의 기술전략은 외부 유관기술의 발전에 따라 직접 · 간접의 영향을 받을 수밖에 없다고 할 것이다.

산업상황(Industrial context) 기업이 처한 산업의 상황을 규정하는 중요한 요소들은 (1) 진입장벽, 대체제의 존재, 공급업자와 구매자의 파워, 라이벌 기업간의 경쟁 등의 요소들을 포함하는 산업의 구조, (2) 새로운 기술을 상업화시킬 수 있는 보완적 자산의 존재유무, (3) 산업표준과 제품표준의 출현과 존재 유무, (4) 기술의 가치를 실현시키는 데 필요한 산업네트워크의 유무 등의 다양한 요소들로서 이들은 한 기업이 기술전략을 설정하고 발전시키는데 직 · 간접의 영향을 미친다.

전략적 행위(Strategic action) 기업의 전략은 과거와 현재에 걸친 성공의 경험을 기반으로 수립되는 것이라면 기업의 전략적 행위는 경쟁환경에서 누적된 변화에 대한 조직 나름대로의 경험에 근거한 체계적 반응이라고 볼 수 있다. 이러한 반응은 두 가지 형태로 나타날 수 있는데, 새로운 변화의 위협에 대응하여 변화를 수용하기를 거부하고 기존의 역량을 한층 강화하거나 반대로 새로운 사업영역으로 진출하는 적극적인 모습을 띠기도 한다. 후자의 경우는 일반적으로 R&D부서와 같은 기업내부에서의 기술성과를 근거로 한 경우일 수 있다. 이러한 기업의 기술적 능력은 기업으로 하여금 기존의 전략이 정한 사업의 영역을 뛰어넘어 전혀 새로운 영역으로 진출하게 하는 원동력이 된다.

조직 상황(Organizational context) 기술은 그 기술을 개발하고 사용하는 조직의 문화에 영향을 미치게 되고 반대로 조직의 문화는 향후 개발되는 기술의 유형과 성격에 영향을 미치게 된다. 예를 들어 마이크로프로세서를 개발한 인텔의 경우는 286과 386프로세서를 개발한 경험을 조직의 문화에 내재시킬 수 있었고 이러한 조직의 기술문화를 바탕으로 펜티엄 프로세서를 개발할 수 있었다. 이 과정에서 기업의 조직 환경은 컴퓨터 프로세서를 개발하기에 적합한 조직으로 발전해가고 이러한 점은 기업의 무형적 자산으로 볼 수 있다. 그러나 보다 큰 범주에서 본다면 이러한 조직 환경은 동일한 기술에 대한 다른 접근방법이나 다른 유형의 기술에 대한 이유없는 저항으로 나타날 수도 있다. 예를 들어 인텔이 PC조립산업으로 진출하는 것을 고려하였을 때, 많은 조직원들이 이에 대한 거부감을 표시한 것은 조직문화가 PC 조립산업을 경험해 본 적이 없다는 것이 큰 이유였기도 하다. 따라서 기업의 조직 환경은 기업의 기술전략의 수립과 진화에 보이지 않는 큰 영향을 미친다.

제 4 절 기술의 예측과 발전모형

1. 기술 S-curve

기술 S-curve는 어느 특정기술이 발전하는 과정은 도입기-발전기-성숙기-퇴보의 과정을 거치면서 이루어지는데 이 전체적인 모습이 S자의 모양을 띠고 있다는 기술예측모형이다([그림 4-4] 참조). 그림에 나타나듯이 횡축에는 시간 또는 엔지니어의 노력이 표시되고 종축에는 제품특성의 핵심적인 기술수준이 표시된다. 이 모형에 따르면 도입기에는 어느 정도의 시간 또는 엔지니어의 노력이 투입되더라도 완만한 수준의 기술발전이 이루어지는 반면 도입기를 지나 발전기에서는 그 기술에 대한 여러 기업의 경쟁적인 개발노력이나 산업전체의 투자와 경험의 축적에 힘입어 가파른 발전추세를 보이게 된다. 그 후 성숙기와 퇴보기에 이르러서는 더 이상의 발전이 없는 형세를 보인다. 기술이 일반적으로 이렇게 S형태의 발전궤도를 보인다면 기업은 현재의 기술발전수준이 어느 정도의 위치에 있는가를 파악한 뒤 향후 기술전략의 수립에 이같은 판단을 반영할 수 있을 것이다. 예를 들어 컴퓨터의 자료를 저장하는 디스켓의 크기를 결정하는 중요한 기술은 단위면적당(예를 들어 1입방 센티미터) 얼마나 많은 데이터를 저장할 수 있는가가 관건이다. 이러한 저장기술은 컴퓨터의 개발에

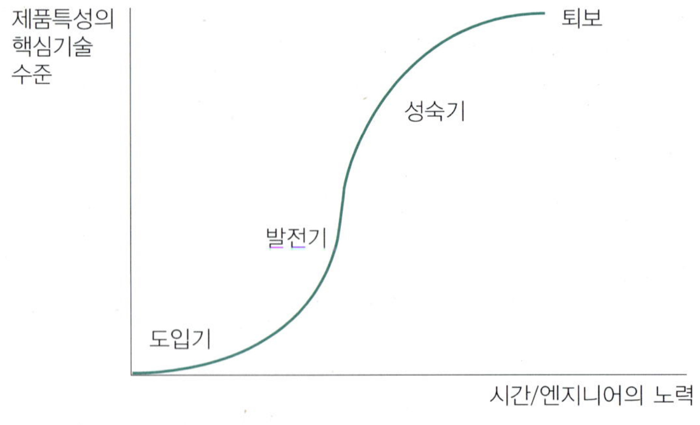

| 그림 4-4 | 기술 S-curve

사례 크라이슬러의 인트라넷

미국 기업들의 사내 정보통신망 인트라넷 구축열기가 뜨겁다. 항공우주회사 맥도널 더글러스부터 제약회사 엘리 릴리에 이르기까지 인트라넷 구축을 통해 업무비용과 시간을 절약하려는 움직임이 활발하다. 크라이슬러는 1년 전 인트라넷을 도입했다. 사내 정보전달과 서류작성에 낭비되는 시간을 절약, 적은 비용으로 빠르고 편리한 업무처리를 위해서였다.

업무시간 단축은 어느 정도 효과를 거두고 있다. 모든 사무가 컴퓨터를 통해 이뤄지기 때문에 업무에 소요되는 시간측정이 가능해져 낭비되는 시간을 파악할 수 있기 때문이다. 차량 프로그램 담당이 차량설계를 바꿀 경우 과거와 달리 사내 통신망에만 띄워 놓도록 바뀌었다. 그러나 설계도에 익숙한 직원들 때문에 여전히 종이설계도가 이용되고 있다. 또한 의사소통에도 문제가 있었다. 최근 켄 네스티코 전무는 생산 중인 차량의 범퍼 일부에 대한 도장을 중단하도록 통신망을 통해 지시했으나 현장직원 중 아무도 통신망을 체크하지 않아 지시가 이행되지 않았고 이로 인해 50만달러의 손실을 봤다.

하지만 크라이슬러는 장기적으로 인트라넷이 장점을 살릴 수 있는 것으로 보고 있다. 인트라넷의 다양한 활용방안을 마련하고 직원들의 사고방식 전환을 통해 당초 목표인 비용절감을 이룰 수 있다는 것이다. 네스티코는 "문제는 시간일 뿐"이라고 말했다.

— 중앙일보, 1997. 5. 20. —

관한 중요한 핵심기술의 하나라고 할 수 있다. 이 핵심기술의 발전에 따라 5.25인치 플로피 디스켓이 3.5인치 디스켓으로 또 더 작은 디스켓으로 발전할 수 있었고, 컴퓨터의 소형화와 경량화가 가능할 수 있었던 것이다. 이 저장기술의 발전 초기에는 저장이 가능하게 하는 것에 모든 시간과 노력이 투입되어 단위면적당 자료저장량이 천천히 발전하나, 어느 정도의 기간이 지난 후에는 기술에 대한 노하우와 재료의 발전에 힘입어 저장량이 빠르게 발전하는 기간을 거치게 된다.

기술 S-curve를 이해함에 있어서 몇 가지 유의할 점이 있다. 첫째는 기술의 발전은 어느 한 기업이 독자적으로 이루어내는 것이 아니라 해당산업에 속한 모든 기업들의 경쟁적 노력에 의해 이루어진다. 따라서, S-curve의 발전 양상을 추적하기 위해서는 기업수준이 아닌 산업수준에서의 자료수집과 분석이 필요하다. 둘째, 특정 기술의 발전은 해당기술의 독자적인 발전만으로 이루어지는 것이 아니라 유관기술의 발전에 힘입는 경우가 많다. 예로 들은 데이터 저장기술의 경우도 디스켓의 제조에 사용되는 물질의 표면처리기술의 발달과 깊은 관계가 있음으로 데이터 저장기술의 발전추이를 올바르게 파악하기 위해서는 연관기술의 발전도 더불어 분석해야 할 것이다. 셋째, 기술 S-curve에 근거하더라도 모든 사람이 기술의 현 단계를 동일하게 인식하지는 않을 수도 있다는 것이다. 대표적인 예가 인텔의 경우이다. 메모리의 발명자인 인텔은 1990년대 초 메모리사업에서 흑자를 내고 있었으나 연산프로세서(CPU)분야가 보다 전망이 밝다는 판단하에 CPU분야로의 진출을 고려하게 된다. 이때 인텔은 메모리분야는 그 기술의 발전추이가 기술 S-curve상에서 성숙기에 이르러 더 이상 획기적인 기술발전을 기대할 수 없으며 성숙기에 따른 경쟁자 수의 증대로 이윤이 박해질 것이라는 판단을 하게 된다. 이러한 판단하에 인텔은 메모리산업에서 점진적으로 철수하고 CPU산업으로 진출하여 오늘날에 이르게 된다. 이때 인텔이 빠져나간 메모리 산업을 한국과 대만 기업들이 진출하고 삼성의 경우는 메모리분야에서 획기적인 제품기술과 공정기술상의 발전을 거듭하여 오늘날의 위치에 이르게 된다. 돌이켜 보건대, 1990년대 초 메모리 기술이 성숙기에 이르렀다는 인텔의 판단은 옳지 않고 오히려 도입기나 발전기의 초기에 해당하는 단계를 거치고 있었음을 유추할 수 있다. 이와 같이 S-curve는 기술의 발전 궤도에 대한 규범적인 모형을 제시하고 있기는 하지만 이것이 모든 사람에게 동일한 기술예측의 기반을 제공하지는 않는다. 넷째, 기술 S-curve는 규범적인 이론적 모형이기는 하지만 그 존재자체가 실증적 조사를 통해 밝혀진 모형이기도 하다. 몇몇 연구자들은 데이터 저장기술, 비행속도, 배의 속도의 발전 등을 실측하여 실제로 관련기술들이 S자형태의 궤도로 발전하였다는 것을 보이기도 하였다. 마지막으로 S-curve상에서 왜 특정기술이 퇴보하는가에 대한 연구도 활발하다. 그에 대한 이유로서 대체기술의 출현 또는 기존기술의 추가적인 발전에 대한 물리적 한계, 또는 연구자들 자신이 기존기술은 더 이상 발전할 수 없다는 심리적인 한계를 느끼고 더 이상의 시간과 노력의 투자를 하지 않음으로써 기존기술이 퇴보의 단계를 거치게 된다는 분석이 있다.

2. 기술의 사이클

기술의 S-curve는 기술의 발전 속도와 궤도를 예측하는 데 도움이 되는 규범적 모형이나, 이 모형은 특정기술만을 독립적으로 분석하는데 따른 한계점이 있다. 다시 말해서 특정기술의 발전은 유관기술들의 발전과 밀접한 관련이 있을 수 있으며, 또한 그 기술이 사용되는 제품이 속하는 산업의 역동적인 환경에 상당 부분 영향을 받을 수 있다. 따라서 기술의 발전을 독립적으로 보기보다는 기술과 기술이 사용되는 제품의 상호관계를 이해함으로써 보다 폭 넓은 예측이 가능할 것이다. 예를 들어 컴퓨터 부품 중 메모리에 관한 기술은 CPU에 관한 기술들의 발전과 상당한 연관이 있다. CPU의 설계와 생산에서 축적된 노하우들이 메모리의 설계와 생산에 적용될 수 있어서 보다 빠른 발전이 가능하고, 또한 차세대 CPU나 메모리의 발전은 컴퓨터 시장의 역동성에 의해 더욱 탄력이 붙을 수 있다. 다른 한편으로는 디지털 카메라에 사용되는 각기 다른 형태의 메모리들(micro drive, compact flash, smart media, memory stick, multimedia card 등)의 경쟁과 발전은 시장에서 출시되는 디지털카메라 제품들이 어떤 형태의 메모리를 사용하도록 디자인되었고, 어떠한 제품이 보다 소비자들에게 선호되는가에 따라 해당 메모리기술의 발전에 커다란 영향이 미칠 수 있다. 극단적인 경우에는 특정 메모리방식의 성능이 여타 메모리방식에 비해 우수하다고 하더라도 그 메모리를 사용하는 제품들에 대한 시장의 평판이 좋지 않다면 그 메모리기술에 대한 투자가 줄어들고 종국에는 기술자체가 충분히 발전하기도 전에 기술시장에서 사라지는 결과를 맞을 수도 있을 것이다.

전술한 예들에서 보듯이 기술의 발전궤도를 이해하고 예측하는데 있어 기술과 제품간의 역동적 상호관계가 중요한 역할을 하며 이러한 관계를 설명하고자 하는 것이 기술의 사이클 개념이다. 기술의 사이클에서 기술과 제품은 다음의 네 단계를 거치며 발전하게 된다([그림 4–5] 참조).

(1) 신기술 출현에 따른 기술의 단절(technology discontinuity)
(2) 기술의 배양기(era of ferment)
(3) 주 디자인의 출현에 따른 기술의 선택(dominant design)
(4) 점진적 변화를 통한 기술의 발전기(era of incremental change)

기술의 단절

기술의 단절은 기존의 시장에서 사용되는 주된 디자인(dominant design)의 변혁을 요구하는 혁신적인 신기술의 출현을 의미한다. 예를 들어 기존에 음식을 덥히기 위한 주된 방식으로 오븐을 사용하다가, 마이크로웨이브가 출현한 뒤로는 "음식을 덥히는" 기능의 구현이 전혀 다른 방식으로 이루어짐을 생각할 수 있다. 이러한 신기술의 출현은 기존의 오븐 제작에

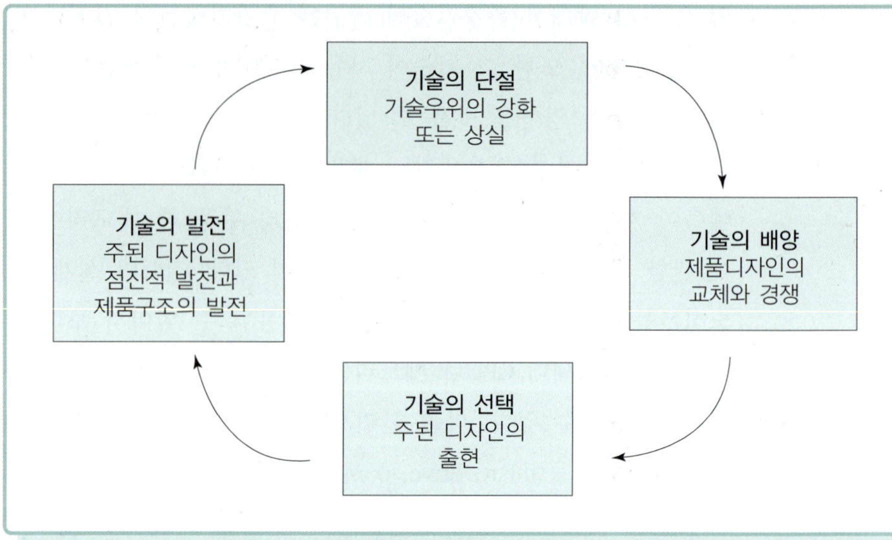

| 그림 4-5 | 기술의 사이클

사용되는 핵심기술에 관한 발전이 더 이상 이루어지지 않을 것임을 생각할 수 있게 한다. 이렇게 신기술의 출현은 기존기술의 발전궤도를 단절시키는 결과를 낳게 되는데 기업의 입장에서는 이러한 신기술의 출현이 기술우위의 상실뿐만이 아닌 기술우위의 강화로 나타날 수 있다. 예를 들어 반도체의 출현은 기존 진공관 기술을 보유하고 있던 기업의 입장에서는 기술우위의 상실이 되고, 386-486-펜티움의 신기술로 이어지는 CPU의 발전은 인텔의 입장에서는 다른 기업들이 인텔과 경쟁하기 어렵도록 만드는 기술우위의 강화로 이어진 경우라 할 수 있다.

기술의 배양기 신기술이 출현하면 이 기술을 이용한 제품들이 경쟁적으로 시장에 출시된다. 신기술의 가치와 성능은 관련기술들의 성능에도 많은 연관이 있으므로 관련기술들의 발전도 활발하게 이루어진다. 이 과정에서 각 기업들은 신기술과 관련기술들의 가치와 성능을 가장 잘 구현시킬 수 있는 나름대로의 제품디자인을 개발하기 위해 노력하게 된다. 또한 다양한 제품디자인을 탐색하면서 신기술의 한계와 향후 개선되어야 할 부분에 대한 방향도 보다 구체적으로 설정될 수 있을 것이다. 바야흐로 신기술을 담아내는 제품디자인간의 경쟁과 발전이 신기술을 숙성시키는 단계라 할 수 있다. 자동차의 브레이크 방식에 혁신을 이룬 ABS(anti-lock brake system) 기술이 처음 출현하였을 때 이 기술이 갖는 기술특성을 최대한 구현할 수 있는 ABS 부품의 디자인을 고안하고 자동차의 차체나 타이어, 주행관련 부분들이 개선될 필요가 있었다. 많은 자동차회사들이 이를 위해 나름대로 ABS 부품의 디자인을 실험해보고 개선해보는 디자인 간의 경쟁기를 거쳤다. 이러한 과정을 통해 ABS 기술이 발전하고 나아가 자동차라는 제품 자체가 발전해나가는 과정을 거치게 되었던 것이다.

기술의 선택 신기술 배양기의 결과로서 디자인 경쟁을 통한 주된 디자인(dominant design)이 출현하는 시기이다. 기업내부 또는 기업간의 디자인 경쟁과정에서 시장으로부터 선택된 소수의 대표적 디자인이 출현하는 것이다. 이 과정에서 보다 우수한 디자인이 시장과 고객으로부터 선택받고 그렇지 않은 디자인들은 도태해가는 자연스러운 진화의 과정 이외에도 다음의 몇 가지 요소들이 작용한다. 첫째는 기업내부에서 다양한 제품디자인들을 끝없이 시도하기 보다는, 나름대로 디자인을 안정시키고 이를 바탕으로 다양한 파생제품들을 만들어냄으로써 제품군(群)을 형성하고자 하는 욕구가 생기게 된다. 이를 통해 빠른 시기에 제품수명주기상 성장기에 진입하기를 바라는 것이다. 둘째는 제품 디자인이 표준화되어 제품에 필요한 부품간의 호환이 이루어지기를 바라는 시장의 요구이다. 개별 기업이 자신이 개발한 제품디자인만을 고집할 경우 제품간 차별화가 심해진다. 따라서 부품 공급업자가 지나치게 다양한 종류의 부품사양을 생산해야 하거나 한 부품회사가 만드는 부품이 한 업체의 제품에만 쓰일 수 있고 다른 업체의 제품에는 쓰일 수 없는 현상이 발생하는데 이는 사회적으로도 비효율적이다. 예를 들어 각 자동차 회사들이 자사의 모델들마다 고유한 타이어의 지름사이즈를 정해 사용할 경우 타이어 제조회사들은 회사와 모델에 따른 고유한 사이즈의 타이어를 만들어야 할 것이다. 하지만 이것은 시장의 측면에서 볼 때 효율적이지 못하다. 따라서 차종에 따른 몇 개의 표준적인 타이어 지름크기가 산업의 차원에서 선정되고, 각 자동차회사는 그 표준에 맞추어 자동차를 생산한다. 타이어 업체는 표준화된 타이어들을 생산하여 신열내에 전시하면 고객들은 자신들이 어느 회사의 자동차를 갖고 있는가에 상관없이, 자신의 자동차에 적합한 지름의 타이어를 구해 사용할 수 있는 것이다.

기술의 발전 선택된 주 디자인의 바탕 위에서 점진적인 기술의 진보와 제품구조의 진보가 이루어지는 시기로서 이러한 과정은 새로운 신

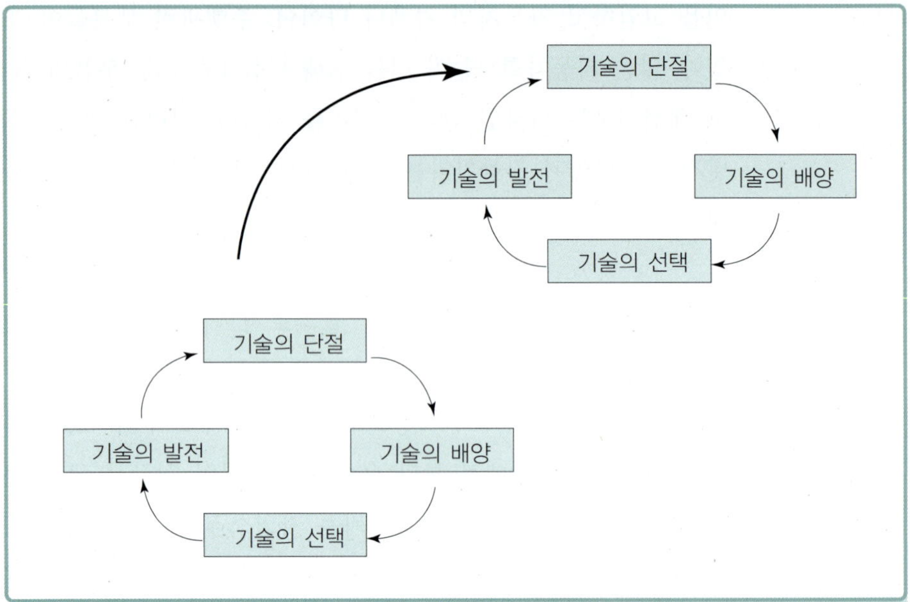

| 그림 4-6 | 시간에 따른 기술의 사이클

기술이 출현하여 기술의 단절이 발생할 때까지 계속된다.

기술의 사이클 개념에 따르면 기술의 발전은 기술과 제품의 역동적인 상호작용 속에서 이루어지며, 그 과정은 때로는 급진적이고 때로는 점진적일 수 있다. 기술의 성공적인 예측과 관리를 위해서 기업은 점진적인 기술의 진보, 제품구조의 변화, 그리고 기술의 단절을 통한 혁신적 변화의 흐름에 관여해야 하며, 이렇게 기술의 사이클에 대응하고 이 과정에서 주도적인 영향을 미치기 위한 노력을 기술혁신의 흐름관리라 한다.

3. 파괴적 기술(disruptive technology)

많은 기업들은 업무프로세스를 개선하고 고객을 만족시키기 위하여 다양한 기술들에 투자한다. 이렇듯 기술개발프로젝트에 투자하고 경쟁적 우위를 유지하려는 노력들은 "현재의 고객들을" 상대로 시장점유율을 높이고 수익률을 향상시키고자 하는 자연스러운 노력들인 것이다. 다시 말해서 기업들은 현재의 고객들이 갖고 있는 미래의 요구에 보다 잘 부응하기 위하여 그들의 업무프로세스를 향상시킬 수 있는 차세대 기술들에 투자하는 것이다. 그러나 이렇게 자연스러워 보이는 기업의 노력이 역설적으로 비참한 결과를 초래하고 때로는 기업이 "미래 고객들의" 원하는 바로부터 점점 멀어지는 기술투자결정을 내리는 경우가 있다.

이러한 역설은 기업의 이성적이고, 분석적인 투자결정기법들로는 설명하기 어려운 기술의 파괴적인 속성 때문에 발생할 수 있다. 파괴적인 기술은 다음의 두 가지 성격을 갖는다.

– 현재의 고객들에게서나 제품들의 범주에서는 그 내재적 가치를 인정받지 못하는 기술적 특성을 갖는다.

– 현재는 고객들이 중요하게 생각하는 특성면에서 그 성능이 우월하지는 않으나, 기술이 좀 더 다듬어질 경우 그러한 특성면에서 기존의 기술을 빠르게 능가하게 된다.

일례로 하드디스크드라이브산업의 경우는 현재의 고객들의 요구에 빠르게 대응한다는 것이 때로는 얼마나 위험한 결과를 초래할 수 있는지 보여준다. 1976년과 1992년 사이에, 디스크 드라이브의 성능은 빠르게 발전하여 100메가바이트(megabyte; MB)를 저장할 수 있는 공간의 크기는 5400에서 단 8큐빅입방인치로 축소되었으며, 단위 MB당 원가 또한 $560에서 $5로 줄어들었다. 이 과정에서 기존의 저장기술을 넘어서는 파괴적인 기술들이 연속적으로 개발됨에 따라, 고객들의 수요를 기존기술의 범주 안에서 충족시키려던 기업들은 연속적으로 시장에서 도태되는 결과를 맞이하게 되었다. 사실 1976년 당시에 존재하던 하드드라이브 생산자들이 모두 도태하여 현재까지 살아남은 경우는 하나도 없다. 1976년 당시 드라이브 크기가 14인치였던 것이 8인치, 5.25인치 그리고 최종적으로는 3.5인치로 축소되었다. 이러한 일련의 기술들은 최초 개발 당시만 해도 기존의 기술이 제공하는 용량에 훨씬 못미치는 성능을 보이곤 하였다. 예를 들어 8인치 드라이브가 최초로 개발될 당시에는 20MB 정도의 용량이었는데 이는 그 당시 일반 고객이었던 메인 프레임 제작사들이 필요로 하는 200MB에는 턱없이 미치지 못하는 용량이었다. 따라서 고객들은 새로운 8인치 드라이브 기술에 별다른 관심을 기울이지 않은 채 거부하였고 200MB의 용량이 넘는 제작기술을 가지고 있었던 기존의 14인치 드라이브 공급업자들을 선택하였다. 이러한 패턴은 5.25인치와 3.5인치 드라이브 기술이 출현했을 당시에도 마찬가지였다. 컴퓨터 제작사들은 그러한 기술들을 부적절한 것으로 간주하였고, 부품공급업자들은 새로운 기술을 선택하지 않는 형태가 반복되었던 것이다. 예를 들어 1980년에 5.25인치 드라이브의 용량은 단지 5MB에 불과하였는데 이는 당시 개인용 컴퓨터가 필요로 하는 용량의 극히 일부분에 지나지 않았다. 그러나 1986년에는 개인용 컴퓨터가 요구하는 용량을 만족시키고 1991년에는 대용량 메인프레임컴퓨터가 요구하는 용량까지도 만족시키게 되었다. 이 경우 파괴적인 신기술은 초기에는 적은 용량을 제공할 수밖에 없었지만 기존 기술이 가지고 있지 못하던 작은 사이즈 그리고 적은 전력 소요량 등의 특성들은 소형 컴퓨터, 개인용 컴퓨터, 그리고 휴대용 컴퓨터 등의 새로운 시장에 적절한 특성들이었던 것이다.

그렇다면 기업들은 이러한 파괴적 기술들이 초래하는 역설에 어떻게 대응해야 하는가? 아마도 첫 단계는 그것이 기존의 기술을 강화시키기보다는 그것을 파괴하는 기술이라는 점을 인식하는 것일 것이다. 이 과정에서 흔히 발생하는 현상 중의 하나는 기업 내부적으로 이 기술의 유용성에 대한 논란일 것이다. 마케팅과 재무 분석가들은 새로운 기술을 좀처럼 지지하지 않을 것이고, 기술개발자들은 기술이 새로운 시장을 창출할 것이라고 강력하게 주장할 것이다. 두번째 단계는 시장 수요에 비추어 신기술이 가져다 줄 성능개선의 범위를 예측해보는 일이다. 만약 성능개선의 범주가 시장의 기대보다도 훨씬 빠르게 발전할 것으로 예측된다면 이는 기업에게 전략적으로 중요한 의미를 지니는 중요한 기술일 것이라 예측할 수 있다. 현재는 열등해 보일지라도 미래시장의 수요에 가장 잘 부응할 수 있는 기술일 수 있는 것이다.

관리자들은 이렇게 전략적으로 중요한 파괴적인 기술들이 초래하는 빠르고 급진적인 변화를 수용할 의사와 노력이 있어야 한다. 이러한 노력이 때로는 규모가 작은 신규시장의 개척과 초기의 적은 수익률을 의미할 수도 있다. 많은 하이테크 기업들이 경험하는 것처럼, 기술과 고객이 빠르게 변할 때는 파괴적인 기술을 관리하기 위하여 두 가지의 다른 관리적인 접근을 취할 수 있다. 그 하나는 조직의 한 그룹에서는 혁신적인 기술의 개발과 사용을 검토하고 다른 그룹에서는 기존 고객들을 위해서 현재의 기술을 향상시키는 과업을 하는 이중적인 조직구조를 병행하는 것이다. 이러한 관리적 기법은 두 그룹간의 선의의 경쟁을 유도할 수 있는 장점도 있다. 다른 방법은 조직이 다른 시점에서 각기 다른 식의 관리방법을 번갈아 가며 차용하는 것이다. 한 기간에는 기존기술의 효율성을 강조하는 개선을 위한 관리방법을 사용하고 그 기간이 지나면 개혁과 변화를 강조하는 관리방법을 사용하는 것이다. 어떠한 관리적 방법을 사용하던 간에 관리자는 기존의 기술을 무용화시키는 신기술의 출현에 관심을 기울임과 동시에 다른 한편으로는 기존기술을 개선시킬 수 있는 방법을 끊임없이 모색하여야 할 것이다.

제 5 절 기술과 환경

최근에 들어서 환경에 대한 국가적 관심이 높아지고 있다. 과거에는 폐휴지나 폐타이어와 같은 자원을 재활용하여 만들어진 제품들을 통해 환경에 대한 소극적인 관심을 표출하는 정도이었으나, 이제는 많은 부분에서 보다 적극적인 관심이 표출되고 있다. 특히 기술의 진보를 통해 환경의 문제를 해결하고, 한 걸음 나아가 새로운 사업의 기회를 찾고자하는 기업의 수가 늘고 있으며, 이에 발맞추어 정부도 기업과 소비자들에 대한 강력한 지원을 약속하고 있다.

예를 들어 자동차가 대기 중에 배출하는 가스는 환경오염과 지구온난화에 큰 책임이 있다고 지적되어 왔다. 이는 화석연료에 주로 의존하는 자동차의 특성 때문이었으나, 이제는 하이브리드 자동차, 전기자동차, 또는 수소자동차와 같은 대안연료들을 사용하는 자동차의 신모델들이 가격경쟁력을 갖추고 시장에 경쟁적으로 출시되고 있다. 전기자동차의 경우에는 이미 과거에도 실험적으로 만들어진 적이 있었으나, 제조단가가 매우 높고, 배터리 용량이 한정되어 실제주행에 사용하기에는 모자란 점이 많았다. 최근에 이르러서는 가솔린과 더불어 주행 중 정지과정에서 자체적으로 발생되는 전기를 활용하여 연료로 사용하는 하이브리드 자동차가 시장에 많이 출시되어 소비자들의 호평을 받고 있다. 도요타의 Prius와 Camry-Hybrid 그리고 혼다의 Accord-Hybrid 등을 비롯한 하이브리드 자동차들은 이미 그 실용성을 시장에서 인정받고 있으며, 특히 도요타의 하이브리드 모델인 Prius는 2009년 일본 내수시장에서 판매량 1위의 지위를 획득하였다. 하이브리드 자동차들이 평균적으로 30%정도의 연비향상을 제공한다는 점을 감안할 때, 연료비 절감뿐만 아니라 환경유해물질의 배출도 상당히 감소시킬 것이라는 데는 의심의 여지가 없다. 기술의 발달이 소비자의 경제와 환경을 개선시키는 예인 것이다. 이제 자동차 시장은 하이브리드를 넘어 100% 전기로 구동되는 전기자동차의 개발을 향해 움직이고 있다. 이미 시제품들이 대도시에서 모의 주행되고 있으며, 전기 자동차가 가격경쟁력이나 주행성능면에서 시장성을 인정받을 경우, 환경개선에 미치는 공헌은 지대할 것이다.

앞으로 전기자동차가 실용성을 인정받기 위해서 배터리의 전기충전능력이나 충전소의 설치와 같이 넘어야 할 기술적·경제적 어려움이 아직도 다수 존재한다. 그렇지만 화석연료에 의존해야만 했던 기술 환경에서, 전기나 수소와 같은 보다 다양한 에너지원에 기반하는 기술발전으로 인해 우리의 환경이 극적으로 개선될 수 있는 가능성이 열리고 있으며, 자동차산업에서의 기술발전의 속도는 향후 더욱 빨라질 것이다.

기술이 우리의 환경을 개선시킬 수 있는 가능성은 재생에너지분야에서도 찾을 수 있다. 예를 들어 현재 우리가 사용하는 전기는 화석연료를 사용하는 화력발전이 상당부분을 차지하였으나, 이제는 풍력, 조력, 지열, 태양열 등을 이용하여 전기를 발생시키는 대안적 발전시설들의 비중이 빠르게 늘어가고 있다. 화석연료와 같이 지구상에서 언젠가는 고갈되고마는 비재생 에너지가 아닌, 바람, 파도, 땅, 태양은 무한정으로 가용한 재생에너지의 원천이며, 이를 이용한 발전은 지속가능한 에너지의 창출원이 된다. 지금까지는 이러한 재생에너지들의 발전 효율이 높지 않아서 경제성이 떨어진다는 점이 장애요인이었으나, 최근의 일련의 기술발전은 재생에너지를 이용한 발전이 경제성까지도 겸비할 정도로 개선시키고 있다. 예를 들어 과거 풍력발전은 비싸고 거대한 회전날을 사용해야 했던 반면, 이제는 상대적으로 저렴하고 작은 크기의 회전날을 사용하면서도 발전효율은 매우 높일 수 있는 기술적 대안들이 속속들이 출현하고 있다. 최근의 연구에 따르면 풍력발전의 경제성이 이미 화력발전의 경제성과 비교될 만큼 발전하고 있으며, 화력발전이 환경에 미치는 영향을 고려할 때, 풍력발전의 잠재력이 상당하다고 평가받고 있다. 이러한 이유로 최근 풍력발전설비나 원자력발전설비구축에 대한 각국 정부의 관심이 높아지고 있으며, 이 분야에는 두산 중공업과 같은 기업들이 전 세계시장을 대상으로 상당한 경쟁력을 갖추고 있다. 이러한 사례들은 기술이 환경과 경제를 선순환시키는 좋은 본보기라 할 것이다.

제 6 절 기술투자의 평가

유연생산시스템이나 컴퓨터화된 주문처리시스템 같은 현대 기술은 거대한 자본투자가 요구된다. 여기서 기업은 기술을 획득하기 전에 기술로부터 얻을 수 있는 재무적·전략적 편익을 신중하게 평가해야만 한다. 기술투자를 평가하는 일은 신기술의 획득목적이 노무비 절감, 제품품질 및 다양성 증가, 생산리드타임 감축, 생산의 유연성 증가 등 각기 다른 목적이 있을 수 있고, 이런 편익 중 어떤 것은 노무비 절감과는 달리 무형적인 것이어서 평가시에 어려움이 있다. 더구나 신속한 기술변화가 몇 년 이내에 이루어지면 새로운 장비를 진부화시킬 수도 있어 비용-편익 분석을 더욱 복잡하게 만들기도 한다.

1. 유형적 이익: 원가절감

• **노무비**: 전통적으로 자동화는 노동요구량을 줄임으로써 노무비의 절감에 도움을 준다. 예를 들어 산업로봇이 용접, 페인팅 작업을 수행함으로써 노무비를 절감한다. 신기술이 항상 노무비를 절감한다고 가정해서는 안된다.

• **자재비**: 신기술이 산출량은 크게 하면서 더 싼 대안적인 자재를 사용할 수 있게 한다. 예를 들어 전자통신산업에서 중요한 최근의 기술적 진보는 동전선을 섬유전선으로 대체시켰다. 이로써 단위당 정보수송비를 감축시켰다.

• **재고비**: 많은 제조기업에서 신기술의 가장 큰 편익 중 하나는 감축된 재고유지비를 통해서 발생한다. 자동화된 주문처리시스템, 유연생산장비는 짧은 준비시간을 통해 재고를 극적으로 줄일 수 있다. 재고의 감축은 또한 공간요구를 줄이게 된다.

• **수송 및 유통비**: 역사적으로 철도 및 자동차의 등장은 수송시간과 수송비를 크게 줄였나. 최근에는 정보기술의 급속한 발전으로 정보수송 속도를 향상시켜 비용을 크게 감축시켰다.

• **품질비용**: 자동공정 장비의 채택은 생산을 더욱 균일화시킨다. 또한 불량률은 떨어지고 공정통제는 향상된다. 많은 기업에서 수작업을 자동장비로 대체함으로써 쓰레기, 폐기물, 재작업이 5배 정도 준다는 보고가 나와 있다. 검사요원의 수도 줄어들고 검사장소도 감축된다.

• **기타비용**: 신기술이 채택되면 해를 거듭할수록 유지비, 에너지비 등이 줄어든다. 건설업에서도 새로운 자재나 기술의 개발이 에너지 비용을 줄여준다.

2. 무형적 이익

신기술 채택에 따른 편익은 기업의 성공에 영향을 미치는 품질, 유연성, 납기일 등의 측면에도 이루어지는데, 이러한 편익은 신기술이 가져다 주는 원가 절감효과와는 달리 계량화하기가 어렵다. 예를 들어 품질향상과 납기일 단축에 따른 소비자의 만족도 향상은 기업의 매출을 향상시킬 것이나 매출향상의 어느 정도가 신기술의 사용 때문이라는 인과관계는 밝히기도 어렵고 수치화하기는 더욱 어렵다. 하지만 다음에 기술하는 무형적 이익들은 많은 관리자들이 공감하는 전략적 이익들이다.

• **증가된 제품 다양성**: 신기술은 기업으로 하여금 소비자의 다양한 욕구를 충족시켜 주는 데 도움을 준다. 예를 들어 유연생산시스템은 저원가로 높은 다양성을 제공하고, 소량생산도 가능케 하여 소위 범위의 경제를 달성케 해준다.

• **향상된 제품 특징 및 품질**: 자동화된 생산설비는 보다 균등한 제품의 생산을 가능케 하여 제품품질을 향상시켜 준다. 또한 신제품기술의 사용은 새로운 제품의 개발을 통해 시장을 확대하여 준다.

• **짧아진 제품개발주기**: CAD과 같은 신기술의 사용은 신제품개발의 시간적 · 비용적 부담을 줄여주어 신제품의 시장진입을 앞당길 수 있으며 다양한 제품의 소개를 가능케 한다. 또 다른 편익은 제조시간을 줄여주고, 배달 리드타임을 줄여준다. 단축된 생산주기는 재고를 감축시키며 기업으로 하여금 시장수요의 변화에 민감하게 변화하도록 해준다.

• **높아진 작업능률**: 공정기술의 향상은 불량품을 줄여주어 작업장에서의 생산성을 향상시켜 주고, 정보기술은 사무실이나 서비스업종에서의 업무능률을 향상시킨다. 나아가 새로운 공정기술이나 정보기술의 사용은 기업구성원 전체의 기술사용 능력을 향상시켜 변화하는 기업환경에 대한 적응도를 높여준다.

• **새로운 기회의 창출**: 기업의 판매, 조달 활동에 있어서의 인터넷 사용은 소비자와 기업자체에 대한 새로운 서비스로 볼 수 있는데 이는 기업의 활동영역을 넓혀주는 기회로 작용한다.

3. 신기술 채택에 따른 위험

• **기술적 위험**: 신기술의 초기 채택자는 경쟁의 선두주자로서의 편익을 갖게 된다. 테스트되지 않은 기술을 채택하여 운영하는 데 따른 위험이 기업의 운영을 중단시키기도 한다. 특히 전자기술의 경우 기술적 진부화의 위험이 더 크다. 기술갱신의 비용과 신기술의 획득비용이 높은 경우는 더욱 그렇다.

• **운영적 위험**: 기업운영시 기술을 적용하는 데 위험이 또한 있을 수 있다. 신기술을 설치하는 데 일반적으로 짧은 기간이 요구되지만 운영중단이 있을 수 있으며 조직 전반적으로 재조직 및 재훈련이 요구된다.

• **조직적 위험**: 기업들은 신기술 채택과 관련된 단기간의 중단이나 불확실성을 흡수하기 위해 필요한 조직적 분위기나 최고경영층의 전념도가 부족한 경우 위험으로 작용한다.

• **환경적 혹은 시장위험**: 많은 경우에 기업들은 환경적 혹은 시장 요소의 변화가 특정기술에 대한 투자를 주저하게 만드는 요인이다. 시장위험의 전형적인 예는 환율이나 이자율의 변동을 들 수 있다.

4. 기술의 획득과 적용과정에서의 종업원에 대한 고려

기업에 속한 종업원들이 수행하는 업무는 기술에 의하여 많은 영향을 받는다. 업무수행에 사용되는 기술이 변하면 업무의 성격도 변하게 되는 경우가 많다. 사소한 기술적인 변화도 이를 이용하여 업무를 수행하는 인간에게는 많은 변화를 요구할 수 있으므로 관리자는 이러한 변화들이 무리없이 일어날 수 있도록 하는 배려가 필요하다.

신기술의 사용에 따르는 사전 교육은 종업원들이 갖게 되는 신기술의 사용에 대한 막연한 두려움이나 거부감을 줄여주고 적극적인 종업원의 참여를 유도하는 계기가 됨으로써 업무 생산성 향상에 많은 도움이 된다. 관리자는 신기술 사용의 당위성에 대한 명확한 인식을 바탕으로 신기술의 사용이 기업뿐만 아니라 종업원들에게도 도움이 되도록 하는 관리적 노력이 필요하다.

종합사례 볼보 자동차

스웨덴의 세계적인 자동차 회사인 볼보그룹은 볼보데이터라는 아웃소싱 전문 자회사를 설립해 자동차제작에서 판매에 이르기까지 모든 과정에 정보통신기술을 활발하게 활용하고 있다.

우선 볼보는 자동차를 무조건 만들어 놓고 판매하는 방식에서 소비자들의 주문을 받고 나서야 제작에 착수하는 전략을 구사하고 있다. 즉 고객이 자동차를 주문하면 딜러는 네트워크를 통해 관련정보를 체크한 뒤 이를 본사에 전송하는 방식이다. 볼보는 더 나아가 정보통신부서를 과감히 통합해 회사의 전략결정에 참여토록 하고 있다. 이러한 조치에는 자동차개발시간을 단축하고 개발비용 및 조립시간을 줄여 자동차 품질을 향상시킴과 동시에 시판시간을 앞당기자는 전략에서 나온 것이다.

사내 대화통로도 정비해 종업원 2인당 1대꼴인 약 4만대의 터미널을 LAN에 연결해 모든 사원들이 필요할 때마다 메모를 전자메일로 보낼 수 있도록 했다. 여기서 인터넷을 활용, 외부인사들과 커뮤니케이션을 하거나 여러 연구주제에 대해 공동연구를 수행하는 등 네트워크를 활발하게 이용하고 있다. 최근에는 인터넷웨이브사이트를 구축해 고객들에게 자동차관련 정보를 제공하여 큰 호응을 얻고 있다.

사내의 모든 업무, 가령 인사, 재무 등의 모든 업무도 볼보데이터의 서비스에 의존하고 있다. 볼보는 네트워크를 통하여 주문을 하거나 자동차설계 도면을 주고받는가 하면 생산일정을 조정하는 등 다양한 용도로 활용하고 있다.

토·의·문·제

1. 제조분야에서 정보통신기술의 활용방안에 대하여 생각해 보라.

2. 정보기술의 도입이 어떠한 측면에서 기업의 경쟁력 강화에 도움이 되는지 토론해 보라.

요 약

- 기술이란 투입요소를 재화와 서비스로 전환하기 위해 사용되는 수동적이거나 자동화되었거나 혹은 정신적인 모든 과정으로 정의할 수도 있으며, 기술을 산업의 상황에 적용이 가능한 지식과 과학적인 절차, 기법 및 장비라고 정의할 수도 있다.
- 기술관리는 기업의 연구개발(R&D), 엔지니어링, 생산활동의 전 과정에 걸쳐 기업

전략과 생산전략을 성취하는데 요구되는 기술적 필요를 예견하고 그에 따른 기술의 평가 및 획득, 그리고 사용능력을 배양함이라고 할 수 있다.

- 기술은 제품을 생산하거나 서비스를 제공하는 과정에 사용되는 공정기술(process technology), 정보를 획득하고 가공하고 전달에 필요한 정보기술(information technology), 그리고 신제품이나 서비스에 사용되는 제품기술(product technology)로 분류될 수 있다.

- 기업의 R&D과정은 재료와 기술에 대한 새로운 지식을 연구, 개발하고 그 지식을 통해 시장에 내놓을 수 있는 제품을 개발하는 기업활동의 일부로서 그 내용과 목적에 따라 기초연구(basic research), 응용연구(applied research), 그리고 제품개발(development)로 나누어 볼 수 있다.

- 기술의 조달문제는 기업이 필요한 기술을 획득하기 위해서 R&D 활동(기초연구, 응용연구, 제품개발)의 어느 부분까지, 어떻게 관여할 것인가에 대한 문제로서, 기업이 필요한 기술을 얻는데는 자체 개발, 회사 및 단체간의 연대, 외부로부터의 구매의 세 가지 방법이 있다.

- 기술전략은 기업의 경영전략과 동적으로 연계되어 경영전략을 수행하는 과정에서 요구되는 기술적 필요를 예견하고 지원하는 역할을 한다. 기술전략을 수집하기 위해서는 경쟁우위 요소의 이해, 기술의 선택과 내외부로부터의 조달, 시장진입의 시기와 방법의 결정, 기술인력의 조직과 관리에 대한 이해가 필요하다.

- 기술전략의 개념은 한번 수립되면 그대로 진행되어야 하는 정적인 개념이 아니라 보다 나은 모습으로 계속해서 진화해가는 동적인 개념이다. 기술전략의 진화에 영향을 주는 요소들은 전략적 행위, 조직상황, 산업상황, 기술자체의 발전 등이 있다

- 기술 S-curve는 어느 특정기술이 발전하는 과정은 도입기-발전기-성숙기-퇴보의 과정을 거치면서 이루어지는데 이 전체적인 모습이 S자의 모양을 띠고 있다는 기술예측모형이다.

- 기술의 사이클에서 기술과 제품은, 신기술 출현에 따른 기술의 단절(technology discontinuity), 기술의 배양기(era of ferment), 주 디자인의 출현에 따른 기술의 선택(dominant design), 점진적 변화를 통한 기술의 발전기(era of incremental change)의 네 단계를 통해 발전하게 된다.

- 파괴적인 기술(disruptive technology)이란 현재의 고객들에게서는 그 내재적 가치를 인정받지 못하는 기술적 특성을 갖지만, 기술이 좀더 다듬어질 경우 그러한 특성면에서 기존의 기술을 빠르게 능가하게 되는 기술들로 기존의 기술을 주축으로 구성된 산업의 틀을 바꿀 수 있는 기술을 의미한다.

- 신기술 채택에 따른 비용감축 요인으로 노무비, 자재비, 재고비, 수송 및 유통비용,

품질비용, 유지비용 등의 관점에서 비용이 감축되며 기타 편익으로는 제품의 다양성이 커지고, 제품의 품질이 향상되며 생산주기도 짧아진다는 점이다.

- 신기술 도입에 따른 리스크로 기술적 리스크, 운영적 리스크, 조직적 리스크, 환경적 혹은 시장리스크가 따를 수 있다.

용어풀이

[기술 관련 용어 풀이]

- **고정자동화(fixed automation):** 자동차 조립에 사용되는 자동조립공정 시스템 또는 장치산업에서 사용되는 연속공정시스템과 같이 공정순서가 기계구조에 의해서 고정되어 공정변화의 유연성이 없고 표준화된 제품의 대량생산에 적합한 자동화이다.
- **광속의 거래(commerce at light speed; CALS):** 제품의 설계에서부터 기술개발, 제조, 유통, 유지보수에 이르기까지 모든 데이터를 표준화하여 거래 당사자들 간에 실시간으로 정보를 주고받을 수 있도록 하는 통합정보시스템이다.
- **근거리 통신망(local area network; LAN):** 여러 전자 및 컴퓨터설비를 네트워크에 연결하여 좁은 지역에서의 네트워크를 구축하였을 때 이를 LAN이라 한다. LAN을 구축함으로써 일정 영역 내에 있는 여러 컴퓨터 CPU간의 자원공유와 데이터 교환이 가능하게 된다.
- **바코드(bar code):** 넓고 좁은 검은 띠와 흰 공간의 모양으로 컴퓨터가 광학 스캐너나 휴대용 판독기를 이용하여 자동식별이 가능하도록 한 것이다.
- **부가가치통신망(value added network; VAN):** 통신회선을 직접 보유하거나 또는 통신사업자가 제공하는 회선을 임차 또는 이용하여 단순히 자료를 전송하기만 하는 것이 아니고 정보의 축적, 가공, 변환, 처리 등을 통해 음성 또는 데이터에 높은 부가가치를 부여하여 제공하는 광범위하고 복합적인 서비스의 집합을 의미한다.
- **신속 대응 시스템(quick response; QR):** 납품업체 위탁 자동상품보충 시스템으로서 소매업체가 자사 POS(point of sales) 정보시스템에 기록된 상품관련 정보를 실제시간으로 납품업체에 제공하고 납품업체는 이 정보에 따라 현재 재고 및 보충상황을 판단하여 소매업체에 납품하는 시스템이다.
- **산업용 로봇(industrial robot):** 생산작업을 수행하는 데 있어 인간의 동작을 모방한 여러 가지 형태의 기능을 반복적으로 수행하도록 프로그램화된 자동화기계이다.
- **유연생산시스템(flexible manufacturing system; FMS):** 기계부품의 배치생산에서 대량생산의 효율성과 생산성향상을 확보하기 위해 설계된 방식이다.

- **유연자동화(flexible automation):** 다양한 제품을 생산할 수 있기 때문에 다품종소량생산체제에 적합한 유연성을 가지고 있다. 유연자동화는 컴퓨터에 의한 작업뿐만 아니라 지능의 대체까지도 가능하고, 생산구성요소를 긴밀하게 연결시키는 시스템의 통합에 의해서 공정흐름을 원활하게 할 수 있는 특징이 있다.

- **자동화된 운반시스템(automated guided vehicle system; AGVS):** 전자적으로 통제되는 기구를 사용해서 물품의 이동방향과 저장지점을 결정할 수 있도록 한 컴퓨터통합 생산시스템의 하위시스템이다.

- **자동창고 시스템(automated storage and retrieval system; AS/RS):** 자동화를 전제로 자재를 신속 정확하게 저장, 회수하는 설비 및 제어기계의 조합으로 정의된다. 즉 입고부터 출고까지의 모든 물류 및 데이터를 중앙에서 컴퓨터로 집중관리 제어함으로써 자재취급과 저장시스템이 제조와 분배과정에 통합된 시스템이다.

- **자동화된 자재관리(automated materials handling; AMH):** 자동화된 자재관리 시스템은 전통적인 자재관리에서 행하던 각종 기능들, 즉 제품의 이동, 포장, 자재창고에 보관 및 기재 등의 업무를 컴퓨터화된 도구를 이용하는 것이다.

- **전자자료교환(electronic data interchange; EDI) 시스템:** 회사간에 업무용 문서를 표준적인 형식을 이용하여 전화선을 통해 컴퓨터간에 교환하는 것이다. EDI는 특수한 통신 소프트웨어를 내장하고 있어 하드웨어나 소프트웨어가 다르더라도 문서화하는 과정이 가능하다.

- **전자 상거래(internet business):** 기업들이 인터넷상에 쇼핑센터를 만들어서 상품이나 서비스에 관한 정보를 제공하면 소비자들이 집에서도 손쉽게 구매결정을 할 수 있어서 기입과 소비지간, 또는 기업과 기업간의 거래가 인터넷상에서 이루어지는 것을 의미한다.

- **종합정보통신망(integrated service digital network; ISDN):** 디지털 통신을 근간으로 하여 음성 및 비음성의 다양한 서비스들을 사용자에게 제공함으로써 사용자의 정보활용 효과성 및 편리성, 시스템의 효율성을 증진시키고자 하는 통신망시스템이다.

- **처방전산 시스템(order communication system; OCS):** 의사가 각종 처방을 직접 컴퓨터에 입력함으로써 서빙진 없이 의사의 처방이 간호부서, 검사부서 및 약국에 전달되는 시스템이다.

- **컴퓨터지원설계(computer-aided design; CAD):** 컴퓨터를 이용하여 새로운 부품과 제품을 개발하거나 기존의 부품이나 제품을 변경하기 위한 설계작업을 하는 기술이다.

- **컴퓨터지원제조(computer-aided manufacturing; CAM):** CIM에서 생산제조 활동을 직접 담당하는 부분이다.
- **컴퓨터통합생산(computer-integrated manufacturing; CIM):** 복잡한 컴퓨터 시스템에 의한 제품설계와 엔지니어링, 공정설계, 생산의 완전한 통합을 총칭하는 용어이다.

[컴퓨터 관련 용어 풀이]

- **Random access memory (RAM):** 일반적으로 직접접근장치라 불리고 특정 저장 위치에서 순서에 상관없이 정보를 저장하거나 읽을 수 있는 정보저장 도구의 일종이다. 이것은 데이터가 특정한 절차나 순서에 따라 읽혀지거나 저장되어야 하는 순차적 접근장치와 구별된다(순차적 접근장치의 종류에는 자성 테이프 장치, CCD메모리, 버블 메모리가 있다). 램은 일반적으로 휘발성을 띠고 있기 때문에 정보저장을 유지하기 위해서는 지속적인 전원공급이 필요하다. 몇 가지의 프로세싱 기술이 RAM, DRAM과 SRAM에 적용되는 두 종류의 장치를 생산하기 위하여 사용된다.
- **Dynamic random-access memory (DRAM):** 실리콘에 대한 효용을 최대화하고 저장 bit당 전원소비를 최소화한 RAM의 한 종류이다. 정보에 대한 각 bit는 1개의 트랜지스터에 의하여 만들어지는 축전기에 의하여 축전됨으로써 저장된다. 전원이 지속적으로 장치에 공급될 때 축전기는 빠르게 흩어지기 때문에 정보는 각 메모리된 위치에서 초당 수백 번씩 재기록되어야 한다. 재충전기능이 외부 회로에 의하여 행해지는 반면 최신 DRAM 칩은 재충전 회로를 내부화하였다. DRAM은 8K, 16K, 64K, 256K가 있고 최근에는 1메가와 그 이상의 것들도 만들어졌다.
- **Static random-access memory (SRAM):** 전원만 지속적으로 공급되어지는 한 재충전이 필요하지 않고 내용이 그대로 유지되도록 고안되어진 램의 종류이다. 각 메모리 셀은 4개의 트랜지스터와 2개의 레지스트 또는 6개의 트랜지스터로 구성되어 있다. DRAM과 비교할 때 같은 공간에 더 적은 메모리 셀이 집적되어 있다. SRAM 메모리는 DRAM보다 접근시간이 빠르게 고안되어졌다. SRAM에 대한 프로세스는 로직 장치에 대한 공정과 매우 비슷하다. 결론적으로 마이크로프로세서에 포함되어 있는 메모리칩을 보통 SRAM이라고 한다.
- **Read-only memory (ROM):** 변경할 수 없는 정보를 저장하고 있는 메모리의 일종으로 비휘발성 메모리라 불린다. 일반적인 컴퓨터 시스템에서 롬칩은 공장에서부터 순차적 자료가 포함되어 나오기 때문에 롬칩은 각 프로그램에 맞게 주문생산되어 만들어진다.
- **Electrically programmable read-only memory (EPROM):** 사용자에 의해

삭제와 프로그램이 가능한 ROM의 한 종류로서 전통적인 EPROM의 경우에는 석영 윈도우와 같이 있고 이 경우에는 자외선이 EPROM의 내용을 지울 수 있게 한다. 그 후 각 메모리 위치에서 필요로 하는 정보를 영구적으로 프로그램이 가능하다. 적은 볼륨의 프로그램 또는 ROM의 주문제작이 시간적 제약을 받을 경우 또는 유저가 비휘발성 메모리에 대하여 잠재적인 변경을 생각할 경우에 EPROM 장치가 사용된다. 때때로 EPROM은 석영 윈도우가 없이 제공된다(이 경우 값이 저렴하다). 이러한 경우 이 장치에서는 삭제를 위한 자외선이 제공되지 않고 단지 단 한번의 프로그램을 할 수 있다.

- **트랜지스터 (Transistor):** 트랜지스터는 1948년 벨연구소에서 최초로 개발되었고 전기스위치로 생각될 수 있는 고정상태의 장치이다. 트랜지스터는 3개의 터미널로 구성되어 있다. 전압은 첫 터미널을 열고 두 터미널 사이의 회로를 닫는데 사용된다. 트랜지스터는 전자 로직 회로에 대한 기본이 되는 장치이다. 트랜지스터의 구성은 로직 기능을 가능하게 한다. 최초의 트랜지스터들은 진공관을 대체하였고 샌드위치구조로 3개의 재료 판이 합쳐짐으로써 트랜지스터가 제조된다. 밥 노이스(인텔)과 Jack Kilby(TI)는 한 회로기판에 많은 트랜지스터를 상호연결 과 제조를 가능하게 하는 planar transistor를 발명하였다. 많은 종류의 트랜지스터가 존재하지만 두 가지 종류가 현재시장에서 주류를 이루고 있다. Bipolar와 MOS(또는 FET) 트랜지스터이다.

- **웨이퍼(wafer):** 실리콘의 얇은 막으로 통합회로에 대한 회로기판의 역할을 한다. 각 웨이퍼는 수천 개의 칩으로 구성되어 있다. 상용화된 첫 실리콘 웨이퍼는 직경이 2인치였다. 종전 인텔에서 제조된 웨이퍼의 대부분은 직경이 6인치이다. 확산 같은 몇몇의 제조방법은 웨이퍼를 25개에서 50정도의 배치로 처리하고 사진석판술 같은 제조방법은 개별 웨이퍼를 한번에 제조가 가능하게 한다. 기술의 진보로 인하여 웨이퍼는 점점 더 복잡해지고 그기는 커지고 있다 부가적인 절차가 배치방법과는 다른 방법으로써 개별 웨이퍼를 제조하는 데 사용되어 오고 있다.

- **플래시메모리 (flash memory):** 소비전원이 작고, 전원이 꺼지더라도 저장된 정보가 사라지지 않은 채 유지되는 특성을 지닌 기억장치(반도체)이다. 곧 계속해서 전원이 공급되는 비휘발성 메모리로, 디램과 달리 전원이 끊기더라도 저장된 정보를 그대로 보존할 수 있을 뿐 아니라 정보의 입출력도 자유로워 디지털텔레비전 · 디지털캠코더 · 휴대전화 · 디지털카메라 · 개인휴대단말기(PDA) · 게임기 · MP3플레이어 등에 널리 이용된다.

- **캐시메모리 (cache memory):** 컴퓨터 속에 장착해 속도를 빠르게 하는 임시메모리이다. 컴퓨터의 속도를 이야기할 때에는 일반적으로 CPU(중앙처리장치)의 속도를 이야기한다. 이는 CPU의 속도에 의해 컴퓨터의 속도가 결정될 정도로 CPU에 비해 상대적으로 주변기기의 속도가 매우 느리다는 것을 나타낸다. 이러한 문제점을 해결하기 위하여 주변기기의 속도를 빠르게 하는 대표적인 방법이 캐시메모리이다. 램캐시(외부캐시),

내부캐시, 디스크캐시 등 여러 종류의 캐시가 있다. 하드디스크의 속도는 램보다 매우 느리다. 매번 프로그램을 실행시킬 때마다 디스크를 읽어야 하므로 속도가 느릴 수밖에 없다. 따라서 램과 디스크 사이에 일정량의 임시메모리를 만들고 처음 프로그램을 실행할 때 램으로 들어오는 내용을 그 임시메모리에도 보관한다. 그런 다음 프로그램을 실행시키면 하드디스크가 아닌 임시메모리에서 읽어오게 되기 때문에 읽어오는 시간이 매우 빨라지게 된다. 이 임시메모리를 캐시메모리라고 한다.

- **비트(bit):** 컴퓨터의 정보처리장치가 저장할 수 있는 이진수의 자릿수, 정보의 최소단위의 자릿수. [8비트, 16비트 따위]
- **바이트(byte):** 컴퓨터가 처리하는 정보량의 기본단위. 8비트(bit)를 1바이트로 하며, 영문자 한 자의 표기능력 단위가 됨.
- **킬로바이트(kilobyte):** 컴퓨터에서, 데이터의 양을 나타내는 단위의 한 가지. 1바이트의 약 1000배. 곧, 1024바이트. [기호는 KB]
- **메가바이트(megabyte):** 컴퓨터에서, 데이터의 양을 나타내는 단위. 1메가바이트는 1바이트의 100만 배임. [기호는 MB]
- **기가바이트(gigabyte):** 컴퓨터에서, 데이터의 양을 나타내는 단위. 1기가바이트는 1,024메가바이트, 또는 10억7374만1824바이트에 해당함. [기호는 GB]
- **액정디스플레이 (liquid crystal display):** 인가전압에 따른 액정의 투과도의 변화를 이용하여 각종 장치에서 발생되는 여러 가지 전기적인 정보를 시각정보로 변화시켜 전달하는 전자소자이다. CRT(Cathode-ray Tube)와는 달리 자기발광성이 없어 후광이 필요하지만 동작 전압이 낮아 소비전력이 적고, 휴대용으로 쓰일 수 있어 손목시계, 컴퓨터 등에 널리 쓰이고 있는 평판 디스플레이의 일종이다. 근년에 널리 쓰이고 있는 박막트랜지스터 액정디스플레이는 박막트랜지스터와 화소 전극이 배열되어 있는 하판과 색상을 나타내기 위한 컬러 필터 및 공통 전극으로 구성된 상판, 그리고 이 두 유리기판 사이에 채워져 있는 액정으로 구성되어 있으며, 두 유리기판의 양쪽 면에는 가시광선을 선평광하여 주는 편광판이 각각 부착되어 있다. 이러한 방식의 액정디스플레이를 TFT-LCD라고 한다.
- **TFT-LCD:** 스위칭소자인 TFT, 상하판 전극 사이에 있는 액정으로 인해 형성되는 충전기(capacitor) 및 보조 충전기, TFT의 on/off를 관장하는 게이트 전극과 영상신호 전극으로 구성되어 있다. 영상정보는 위에서 서술한 두 충전기에 저장된다. 외부의 주변회로에 의해 화소를 이루고 있는 TFT의 게이트에 전압을 인가하여 트랜지스터를 turn-on 상태로 하여 액정에 영상전압이 입력될 수 있는 상태가 되도록 한 후 영상전압을 인가하여 액정에 영상정보를 저장한 뒤 트랜지스터를 turn-off하여 액정 충전기 및 보조 충전기에 저장된 전하가 보존되도록 하여 일정한 시간 동안 영상 이미지를 표시하도록

한다. 액정에 전압을 인가하면 액정의 배열이 변화하게 되는데 이 상태의 액정을 빛이 투과하게 되면 회절이 일어나게 된다. 이 빛을 편광판에 투과시켜 원하는 영상을 얻게 된다.

- **플라스마 디스플레이 패널 (plasma display panel; PDP):** 화면에서 하나의 픽셀에 해당되는 위치에 하나의 네온전구를 배치하고 박막의 판에 가스를 채워서 외부로부터 전입이 인가되면 발생하는 플라스마 현상을 이용하여 정보를 표시하는 장치. 양 유리 사이의 밀폐된 공간에 Ne+Ar, Ne+Xe 등의 가스를 넣은 뒤 전압을 가해 네온 광을 발광시키는 방식의 차세대 디스플레이. 50인치 정도의 대형 화면에 선명한 화질을 내기 때문에 디지털TV나 PC용 디스플레이로 채용되면서 최근 수요가 급증하고 있다. 단점으로는 전력소모가 많고 내구성이 적다는 점이다.

연|습|문|제

1. 기술의 정의를 설명하고 기술의 내용을 요약하라.
2. 기술 S-curve를 설명하고 이 개념이 적용될 수 있는 예를 들어보라.
3. 기술전략의 정의와 내용을 설명하라.
4. 기술의 사이클 개념을 설명하라.
5. 파괴적 기술의 의미를 예를 들어 설명하라.
6. 자동화가 제조업의 미래에 미치는 영향에 대해 설명하라.
7. 서비스분야에서의 정보기술의 도입 영향을 설명하라.
8. 미래의 공장에서 생산관리자의 역할에 대하여 생각해 보라.
9. 대학에서 컴퓨터화된 수강신청 방안의 도입 편익은 무엇인가.

05 장단기 수요예측

학습목표

본 장에서는 다음과 같은 내용의 이해를 목표로 한다.

- 정성적 예측기법, 시계열 예측기법, 인과형 예측기법
- 예측오차의 측정과 통제
- 수요예측기법의 선정
- 집중예측

사례 "또 늘었네" 반도체 성장 전망치 상향

美아이서플라이, 10년來 최고성장 전망/ 삼성 이어 하이닉스도 투자확대 검토(연합뉴스)

반도체시장 성장에 대한 전망치가 갈수록 상승하고 있다. 낙관적 전망의 확산과 수요 부족이 겹치면서 삼성전자가 반도체 투자확대를 공개 천명한 데 이어 세계 메모리 반도체 2위인 하이닉스반도체도 적정 투자시기와 투자규모에 대한 심도 있는 검토에 들어갔다.

9일 반도체업계에 따르면 미국의 정보기술(IT)분야 시장분석기관 아이서플라이는 지난 6일(현지시각) 내놓은 새 반도체시장 전망에서 올해 세계 반도체시장이 작년대비 30.6% 성장하며 시장규모가 3천억 달러에 이를 것으로 내다봤다. 이 성장률 전망치가 달성된다면 전 세계에 '닷컴 버블' 이 꺼지기 시작하던 지난 2000년(36.7%) 이후 가장 높은 것이다.

시장조사기관마다 측정 기준이 다소 다르다는 점을 감안해도, 아이서플라이가 제시한 전망치가 이전의 타 기관 전망치를 능가한다는 점도 주목된다. 앞서 지난 3월 역시 IT 시장분석기관 IC인사이츠는 올해 세계 반도체시장규모가 지난해보다 27% 성장할 것이라는 추정치를 내놓은 바 있다. IC인사이츠의 3월 전망도 자신들의 이전 전망치(15%)를 대폭 올려잡은 것이다.

두 기관 모두 반도체 가운데 한국의 주력인 D램의 성장폭을 가장 크게 잡은 것도 주목되고 있다. IC인사이츠는 반도체 가운데 D램 시장의 성장폭이 무려 74%에 달할 것으로 예상했고 아이서플라이는 이보다 더 높은 77%의 성장률 전망치를 제시하면서 "D램 매출의 극적인 성장세가 전체 반도체시장 성장의 주된 동력원"이라고 평가했다. 아이서플라이는 또 D램 다음으로도 역시 한국 반도체업계의 또 다른 주력품목인 낸드 플래시나 적극 육성 대상인 아날로그 반도체가 높은 성장세를 보일 것으로 예측했다.

이에 따라 반도체업계의 투자확대도 점차 가시화되고 있다. 투자확대에 대한 검토를 사실상 마친 삼성전자가 빠르면 이번 주 결정을 내리고 월내 신(新)라인 기공식에 들어갈 것으로 예상되고 있다. 반도체업계는 특히 삼성이 단순히 기존의 D램이나 낸드 플래시의 생산라인을 늘리는 데 머무르지 않을 것으로 보고 있다. 시장 선점차원에서 차세대 메모리로 주목받는 P램 생산설비를 늘리거나 기존의 D램, 낸드 플래시 생산공정 가운데 상대적으로 효율이 떨어지는 일부 공정에 대한 대대적 보강투자도 단행할 가능성이 큰 것으로 관측하고 있다.

삼성이 대대적 투자에 나설 움직임을 보이자 애초 올해 2조3천억원을 투자하기로 했던 하이닉스도 반도체시장의 지각변동이 불가피하다고 보고 기존의 '현상유지 전략' 을 재검토하고 있다. 대표적으로는 D램보다 점유율이 떨어지는 낸드 플래시 생산설비의 확대 가능성이 점쳐지고 있다. 반도체업계 관계자는 "하이닉스는 투자확대를 결정하더라도 장비를 연내 발주하되 장비입고나 새 설비의 양산시점을 내년으로 조정하는 등의 다양한 방안을 놓고 검토할 것으로 예상된다" 며 "삼성의 확대된 설비투자가 시장에 미칠 영향에 따라 대응방향이 결정될 것" 으로 예측했다.

— 조선일보, 2010. 05. 09 —

제 1 절 수요예측의 개요

1. 수요예측의 기간

수요예측은 예측되는 기간의 길이에 따라서 단기예측, 중기예측, 장기예측으로 나누어진다. 대개의 경우 단기예측은 3개월에서 1년, 중기예측은 1년에서 3년 미만, 장기예측은 3년 이상을 예측대상기간으로 생각하고 있다. 물론 제품의 종류에 따라서 그 기간은 차이가 있다. 예를 들어 제품의 수명주기가 대단히 짧은 전자제품의 경우 3년 이상의 장기예측은 거의 없고 2년 정도의 예측대상기간이 장기예측으로 인식되고 있다.

2. 수요자료의 종류

수요자료는 그 자료가 어떤 시간을 기준으로 기록되었는가에 따라서 시계열자료(time series data)와 종단자료(cross-section data)로 나눌 수 있다. 시간의 흐름 가운데 어느 한 시점을 기준으로 자료가 수집되어 그 시점의 상황을 파악할 수 있도록 기록되었다면 이는 종단자료이고, 일정한 간격의 시간을 두고 자료를 수집하여 시간이 흐름에 따른 변화를 파악할 수 있도록 기록되었다면 이는 시계열자료이다.

3. 시계열 수요자료의 분해

시계열 수요자료를 분해한다는 것은 특정제품 수요에 대한 시계열자료에 내재되어 있는 일정한 패턴을 인식하고자 하는 것을 말한다. 어떠한 시계열자료라도 다음의 네 가지 요인으로 나누어 볼 수 있다.

제일 먼저 발견할 수 있는 요인은 추세변동(trend)이다. 이 추세는 시계열자료가 어떤 경향을 가지고 있는가를 보여준다. 예를 들어서 제품의 수요가 장기적으로는 감소(혹은 증가)하고 있다든가 혹은 아무런 변화가 없다는 것을 보여준다.

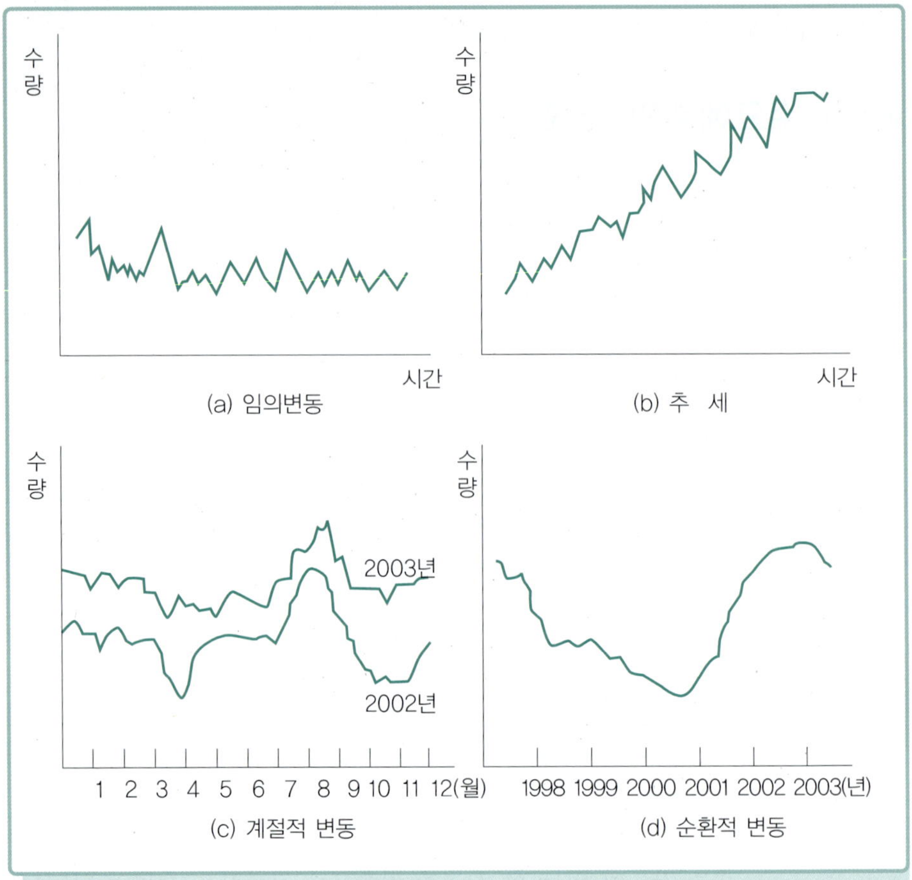

| 그림 5-1 | 시계열 수요자료의 분해

두번째 요인은 순환적 변동(cyclical movement)이다. 이는 경기의 하강, 침체, 회복, 활황의 네 단계를 거치며 이에 따른 제품수요의 변화를 보여주고 있다. 순환적 변동은 몇 년에 걸쳐서 일어나는 것이기 때문에 장기간의 자료를 이용하여 찾아볼 수 있다.

세번째 요인은 계절적 변동(seasonal fluctuation)인데 이는 1년을 주기로 제품의 수요가 기복이 심한 계절적 상품의 경우 뚜렷이 나타난다. 예를 들어 선풍기의 수요는 여름에 절정을 이루었다가 겨울에는 수요가 거의 없을 것이다. 이러한 계절성을 나타내는 것이 계절적 변동이다.

마지막 요인은 임의변동(random variation)으로 앞의 세 가지 요인으로 설명될 수 없는 요인을 모두 묶어서 임의변동으로 본다. 이는 우리가 설명할 수 없는 변동으로써 예측이 불가능하다.

이상과 같은 요소를 그림으로 보면 [그림 5-1]과 같다.

4. 수요예측의 과정

수요를 예측한다는 것은 단순히 어떤 계량적인 방법을 사용하여 미래를 예측할 것인가를 결정하는 것이 아니다. 그것은 끊임없이 관찰하고 수정하는 과정을 거쳐야 한다. 이러한 과정의 일반적인 단계는 [그림 5-2]와 같다.

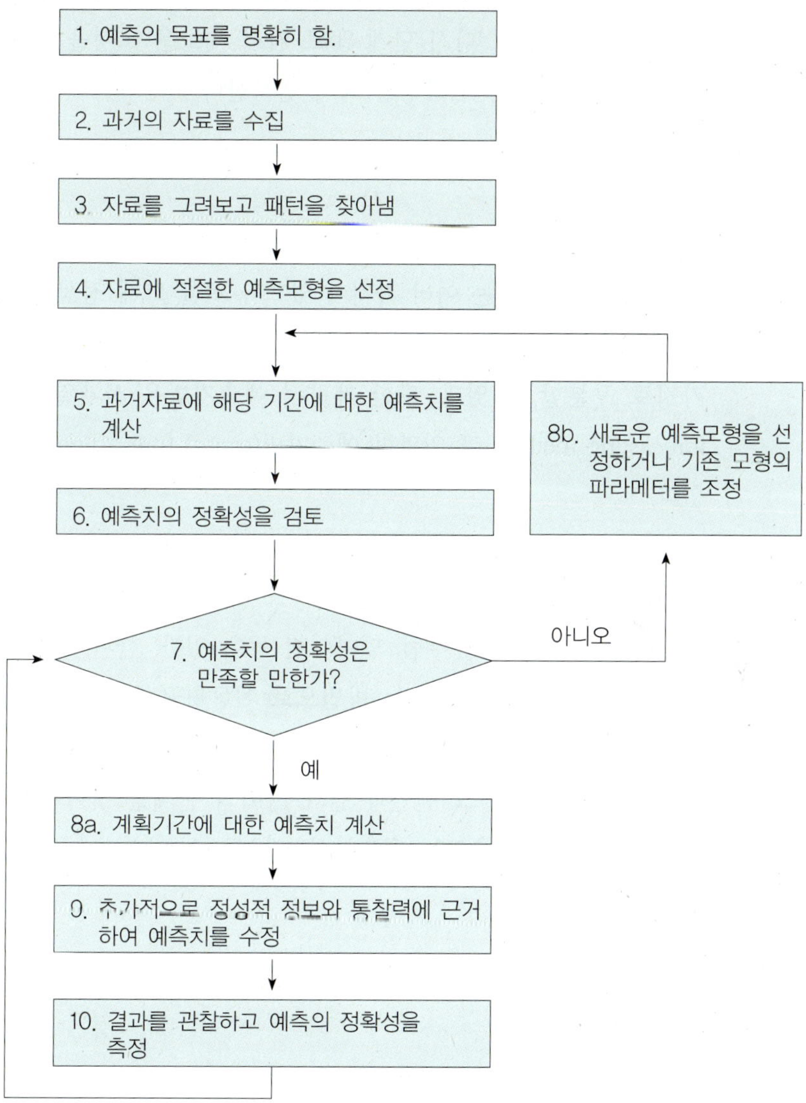

| 그림 5-2 | 예측과정의 단계

앞의 세 가지 단계는 예측의 목적을 명확히 하고 과거의 자료를 구하며 이를 그림으로 그려서 패턴을 찾는 것이다. 이 패턴을 찾으면 그 다음은 이 자료에 적절한 예측모형을 선정하여야 한다. 과거의 자료를 이용하여 예측치를 계산하고 이 예측치가 정확한지를 살펴본 후 정확하지 않으면 새로운 예측모형을 설정하거나 현존하는 모형의 파라메터를 조정한다. 만약 정확하다면 이를 이용하여 미래의 예측기간에 대한 예측치를 계산한다. 그 후 정성적인 정보나 통찰력을 근거로 계산된 예측치를 수정한다. 예측결과를 관찰하고 예측의 정확성을 측정한다. 만약 그 결과가 좋지 않다면 다시 단계 7로 가서 새로운 예측치를 계산하도록 하거나, 다시 단계 8b로 가서 새로운 모형을 선정하거나 새로운 파라메터를 사용하여 이 과정을 다시 반복한다.

5. 수요예측기법의 종류

수요예측기법에는 여러 가지가 있으나 이를 크게 정성적 예측기법(qualitative forecasting method)과 계량적 예측기법(quantitative forecasting method)의 두 가지로 구분할 수 있다. 또한 계량적 예측기법은 시계열 예측기법(time series forecasting method)과 인과형 예측기법(causal forecasting method)으로 나눌 수 있다.

정성적 예측기법은 조직 내외의 사람들의 경험이나 견해와 같은 주관적 요소를 사용하는 예측기법으로써 시장조사법, 패널동의법, 중역의견법, 판매원의 견합성법, 수명주기 유추법, 델파이법 등이 있다. 한편, 시계열 예측기법은 시계열자료를 이용하여 예측하는 방법으로 이동평균법, 가중이동평균법, 지수평활법 등이 있다. 그리고 인과형 예측기법은 어떤 원인에 의하여 수요자료가 영향을 받는다고 생각하여 그 원인과 결과 사이의 관계를 찾아서 예측을 하는 방법으로 그 대표적인 것으로는 회귀분석법을 들 수 있다.

제 2 절 정성적 예측기법

1. 시장조사법

시장조사법(market research)이란 시장의 상황에 대한 자료를 수집하기 위해서 소비자 패널을 사용하거나 설문지, 서베이(survey) 등을 사용하는 것을 말한다. 기업에서는 시장에서의 상황자료를 이용하여 그 기업의 총매출액, 제품군의 매출액, 개별제품의 매출액을 예측할 수 있다. 이 조사방법을 사용하려면 상당한 수준의 통계학적 지식과 기술이 필요하며 특히 설문지를 작성하는 데 많은 주의를 기울여서 타당하고 신뢰성이 있는 설문지를 만들도록 하여야 한다.

이 기법은 단기적인 예측에 아주 좋은 결과를 보이고 있으며 시장의 호황과 불황의 분기점을 비교적 잘 예측할 수 있다고 알려져 있다. 그러나 예측비용과 시간이 다른 기법들에 비하여 비교적 많이 든다는 단점이 있다.

2. 패널동의법

패널동의법(panel consensus)은 소비자, 영업사원, 경영자들을 모아서 패널을 구성하고 이들의 의견을 모아서 예측치로 활용하는 방법이다. 이 방법은 여러 사람들의 의견을 사용하므로 한 사람의 의견보다는 더 낫다고 하는 가정에서 시작한다. 그러나 패널을 어떻게 구성하느냐에 따라서 결과에 큰 차이가 나게 되는 단점이 있고 의견이 강한 사람(즉, '목소리가 큰 사람')의 의견이 패널 전체의 의견을 좌우하게 되는 경우가 많다는 단점이 있다.

3. 중역의견법

경영자들 중에서 상위층의 경영자들(중역들)이 모여서 집단적으로 행하는 예측기법을 중역의견법(executive opinions)라고 한다. 중역의견법은 보통 장기계획이나 신제품개발을 위해서 사용되고 있으며 최고경영자의 독특한 재능과 지식, 경험 등을 충분히 활용할 수 있는 장점이 있으나 앞서 말한 것과 같이 의견이 절대적으로 강한 사람이 있으면 그 유효성이 떨어진다는 단점이 있다.

4. 판매원의견합성법

판매원의견합성법(sales force composite)이란 판매원들에게 각자 담당하고 있는 지역의 수요를 예측하도록 하고 이러한 지역 수요의 예측치들을 모두 합해서 전체의 수요로 간주하는 예측방법이다. 이는 판매원들이 직접 소비자와 접촉하기 때문에 수요에 관해 많은 정보를 가지고 있다고 할 수 있기 때문이다. 그러나 판매원들은 소비자들의 구매의도는 파악할 수 있지만 구매의도를 가진 소비자가 실제로 구매하지 않는 경우도 많기 때문에 그 정확도는 떨어진다고 할 수 있다. 더욱이 판매원들의 최근의 경험에 따라서 예측치가 크게 차이가 난다는 단점이 있다. 즉, 판매량이 저조할 때에는 판매원의 추정이 비관적 예측이 되기 쉬우며 반대로 판매량이 높은 시기에는 낙관적인 예측이 되기 쉽다는 경향이 있다.

5. 수명주기 유추법

수명주기 유추법(life cycle analogy)은 신제품이 개발될 경우에 과거의 자료가 없으므로 신제품과 비슷한 기존 제품의 제품수명주기(product life cycle)의 도입기, 성장기, 성숙기, 쇠퇴기의 단계에서의 수요변화에 관한 과거의 자료를 이용하여 수요의 변화를 유추해 보는 방법이다. 이 방법의 기본적인 가정은 과거의 상황이 미래에도 유사하게 전개된다는 것이다. 이 방법은 중기나 장기의 수요예측에 적합하다고 알려져 있으며 비용이 적게 든다는 장점이 있으나 신제품과 비슷한 기존제품을 어떻게 선정하는가에 따라서 예측결과가 큰 차이가 나는 단점이 있다.

6. 델파이법

델파이법(Delphi method)이란 그리스의 델파이 신전에서 신탁을 받는 것과 같이 전문가 집단의 합치된 의견을 예측치로 받으려는 방법이다. 이 방법에서는 우선 예측하려는 대상에 대한 전문가들을 선정한 후 예측 대상에 대한 질문을 전문가들에게 우송한다. 전문가들은 자신들의 의견을 적은 답을 보내고 이를 모아서 통계를 낸 후 그 결과를 전문가들에게 다시 우송하여 다른 사람들의 의견을 자신들의 의견과 비교할 기회를 준다. 그 후 원래의 질문에 대한 전문가들의 새로운 답을 모아서 또 통계를 내고 피드백을 할 기회를 준다. 전문가들의 의견이 일치할 때까지 이러한 과정을 거치도록 한다. 어떤 경우에는 3회의 의견 수렴의 과정으로도 의견의 일치를 보게 될 수도 있으며 대개의 경우 4회에서 6회 사이에 의견의 일치를 보나 그 횟수는 예측대상의 종류에 따라 다르다.

여기서 주의할 점은 전문가들은 전문가 집단의 다른 사람들이 누구인지를 모르도록 하여야 한다는 점이다. 이러한 익명성은 자유로운 의견을 피력하도록 한다. 이 방법은 기술적 예측이라고 불리는 예측에 잘 맞는다고 알려져 있으나 단점으로는 시간이 오래 걸린다는 점과 설문지 작성의 어려움 등을 들 수 있다.

제 3 절 계량적 예측기법

1. 이동평균법

시계열 예측기법들 중에서 가장 간단한 기법은 이동평균법(moving average method)이다. 이동평균법은 과거의 몇 기간의 실제치를 평균하여 다음 기간의 예측치로 사용하는 것이다. 이를 수식으로 나타내면 다음과 같다. 여기서 t기의 실제치는 D_t, t기의 예측치는 F_t, t기의 이동평균값은 M_t , 이동평균을 위한 기간 수를 N이라고 하자. 만약 t기의 이동평균값을 $(t+1)$기의 예측치로 사용한다면

$$M_t = \frac{D_t + D_{t-1} + \cdot \cdot \cdot + D_{t-N+1}}{N}$$

$$F_t+1 = M_t = \frac{\mathrm{D}_t + D_{t-1} + \cdot \cdot \cdot + D_{t-N+1}}{N}$$

예를 들어 다음과 같은 자료가 있다고 하자.

표 5-1 이동평균법을 위한 자료

2010년 t월	매출액(D_t , 단위 백만원)
1	240
2	250
3	230
4	220
5	210
6	?

이러한 경우 과거 4개월의 평균을 예측치로 사용한다면 4월과 5월의 이동평균값 M_4와 M_5 및 5월과 6월의 예측치 F_5와 F_6은 다음과 같이 된다.

$$M_4 = \frac{220+230+250+240}{4} = 235$$

$$M_5 = \frac{210+220+230+250}{4} = 227.5$$

$$F_5 = M_4 = 235$$

$$F_6 = M_5 = 227.5$$

이동평균법에서 경영자는 평균에 사용할 과거의 기간수(N)를 결정하여야 한다. N이 커지면 미래의 예측치는 우연에 의한 변화를 반영하는 폭이 줄어들어 안정적인 예측치가 되는 장점이 있지만 수요의 변화에 빠르게 반응하지 못하게 된다. 반면에 N이 작아지게 되면 시장의 변화에 잘 적응하는 대신에 우연요인을 상쇄시키지 못하므로 시장의 변화에 과민하게 반응할 염려가 있다.

2. 가중이동평균법

이동평균법이 가지고 있는 단점인 수요의 변화에 대해 민감하게 반응하지 못한다는 점을 개선하려고 하는 방법이 가중이동평균법(weighted moving average method)이다. 이는 단순이동평균법과는 달리 각 실제치에 서로 다른 가중치를 부여한다. 일반적으로 가중이동평균법은 과거 실제치보다는 최근의 실제치에 더 높은 가중치를 부여하는데 그 이유는 미래에 보다 가까운 실제수요가 미래의 수요와 더욱 비슷하리라 생각되기 때문이다.

가중이동평균법을 수식으로 나타내면 다음과 같다.

$$F_t = \alpha_1 D_{t-1} + \alpha_2 D_{t-2} + \cdot \cdot \cdot + \alpha_N D_{t-N}$$

단, 여기서 α_i는 가중치이며 $\alpha_1+\alpha_2+\cdots+\alpha_N=1$이다.

예를 들어 다음과 같은 자료가 있다고 하자.

6월의 예측치를 구하기 위해서 가중치가 바로 전달에는 0.4, 그 전달에는 0.3, 또 그 전달에는 0.2, 그리고 그 전달에는 0.1인 가중이동평균을 계산하면 다음과 같다.

표 5-2 가중이동평균법을 위한 자료

2010년 t월	VTR판매대수
1	180
2	140
3	160
4	170
5	160
6	?

6월의 예측치 =0.1(2월의 실제치)+0.2(3월의 실제치)+0.3(4월의 실제치)+0.4(5월의 실제치)

=0.1(140)+0.2(160)+0.3(170)+0.4(160)=161(대)

가중이동평균의 장점은 시계열의 최근값을 더 중요하게 여길 수 있도록 가중치를 선택할 수 있게 설계되었다는 점이다. 그러나 이 방법의 단점은 가중치를 결정하는 방법이 아직 정해진 것이 없어서 가중치의 결정을 예측하는 사람의 판단에 의존한다는 점이다.

3. 지수평활법

지수평활법(exponential smoothing)은 가중치의 결정을 자동적으로 하는 일종의 가중이동평균법이다. 이동평균법에서는 과거의 자료에 대하여 같은 비중을 두고 미래의 예측치를 만든다. 즉, 과거의 자료에 각각 $\frac{1}{N}$의 비중을 주는 것이다. 그런데 다음 기간의 수요예측에 지금으로부터 N기간 전의 수요보다는 최근의 수요에 더 많은 비중을 주는 것이 더욱 합리적일 것이다. 이러한 논리에서 출발한 가중이동평균법은 가중치 결정의 어려움이라는 단점을 가지고 있으므로 이를 해소하기 위해 지수평활법에서는 평활상수(smoothing constant; α)를 이용하여 현재에서 과거로 갈수록 더 적은 비중을 주는 방법을 채택하고 있다. 이를 수식으로 나타내면 다음과 같다.

$$F_t = \alpha D_{t-1} + (1-\alpha)F_{t-1},\ 0 \le \alpha \le 1$$

또한 이는 다음과 같은 식으로도 쓸 수 있다.

$$F_t = F_{t-1} + \alpha(D_{t-1} - F_{t-1}),\ 0 \le \alpha \le 1$$

위의 식이 어떻게 최근의 실적치일수록 비중을 더 크게 주는지를 알기 위하여 식을 전개하여 보자.

$$\begin{aligned} F_t &= \alpha D_{t-1} + (1-\alpha)F_{t-1} \\ &= \alpha D_{t-1} + (1-\alpha)\{\alpha D_{t-2} + (1-\alpha)F_{t-2}\} \\ &= \alpha D_{t-1} + \alpha(1-\alpha)D_{t-2} + (1-\alpha)^2 F_{t-2} \\ &= \alpha D_{t-1} + \alpha(1-\alpha)D_{t-2} + (1-\alpha)^2\{\alpha D_{t-3} + (1-\alpha)F_{t-3}\} \\ &= \alpha D_{t-1} + \alpha(1-\alpha)D_{t-2} + \alpha(1-\alpha)^2 D_{t-3} + (1-\alpha)^3 F_{t-3} \\ &\ \vdots \\ &= \alpha D_{t-1} + \alpha(1-\alpha)D_{t-2} + \alpha(1-\alpha)^2 D_{t-3} + \cdots \\ &\quad + \alpha(1-\alpha)^{t-2}D_1 + (1-\alpha)^{t-1}F_1 \end{aligned}$$

α는 0과 1 사이에 존재하므로

$$\alpha \ge \alpha(1-\alpha) \ge \alpha(1-\alpha)^2 \ge \alpha(1-\alpha)^3 \ge \cdots \ge \alpha(1-\alpha)^{t-2} \ge \alpha(1-\alpha)^{t-1}$$

가 된다. 그러므로 현재의 예측치는 과거 t기간의 자료들을, 지수적으로 작아지는 비중을 이용하여 고려하는 예측치가 된다.

지수평활법의 경우 경영자는 평활상수(α)를 결정하여야 한다. α가 커지면 예

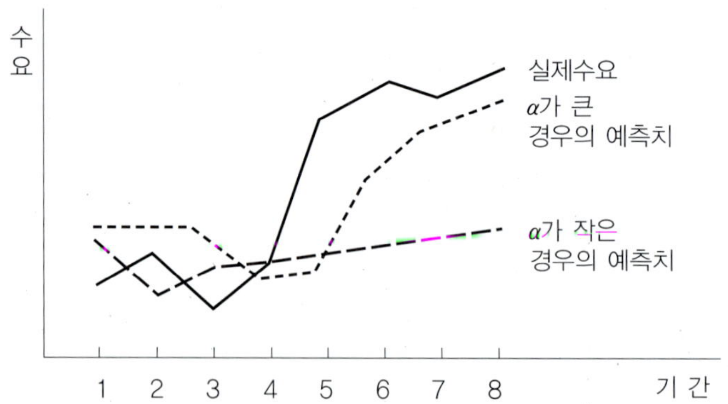

| 그림 5-3 | 평활상수 α의 선택

표 5-3 지수평활법을 위한 자료

2010년 t월	매출액(D_t, 단위 백만원)
1	240
2	250
3	230
4	220
5	210
6	?

측치는 수요의 변화에 빠르게 반응하며 α가 작아지면 그 반대가 된다. 대개의 경우 α는 0.1에서 0.3 사이의 값으로 결정된다. [그림 5-3]은 평활상수(α)가 작은 경우와 큰 경우의 예측치가 실제 수요를 어떻게 반영하는지를 나타내고 있다.

아래의 예는 앞의 이동평균법의 예를 이용하여 $\alpha=0.1$일 때의 예측치를 구한 것이다. 여기서 F_1은 220이라고 가정한다.

이러한 경우 5월과 6월의 예측치 F_5와 F_6은 다음과 같이 된다. 이 때 예측치 F_5와 F_6를 구하기 위해서는 F_2, F_3, F_4를 모두 구하여야 한다.

$$F_2 = 0.1D_1 + (1-0.1)F_1 = 0.1\times240 + 0.9\times220 = 222$$
$$F_3 = 0.1D_2 + (1-0.1)F_2 = 0.1\times250 + 0.9\times222 = 224.8$$
$$F_4 = 0.1D_3 + (1-0.1)F_3 = 0.1\times230 + 0.9\times224.8 = 225.32$$
$$F_5 = 0.1D_4 + (1-0.1)F_4 = 0.1\times220 + 0.9\times225.32 = 224.788$$
$$F_6 = 0.1D_5 + (1-0.1)F_5 = 0.1\times210 + 0.9\times224.788 = 223.3092$$

4. 회귀분석법

대표적인 인과형 예측기법(causal method)인 회귀분석법(regression analysis)은 과거의 수요자료가 어떤 변수와 선형의 관계가 있다고 가정하고 그 관계를 찾음으로써 미래의 수요를 예측하려는 방법이나. 수요는 그 변수가 변함에 따라서 정해진 기준점(예를 들어 y축의 절편) 위에서 일정한 비율로 변한다고 생각한다. 이 때 수요는 그 변수의 변화 정도에 따라서 그 변화량이 정해진다고 생각할 수 있으므로 종속변수(dependent variable)라고 하고 수요의 변화를 유발시키는 변수를 독립변수(independent variable)라고 한다. 독립변수와 종속변수의 관계에서는 독립변수를 원인으로 보고 종속변수를 결과로 볼 수 있으므로 인과형 예측기법이 된다.

인과형 예측기법에서 중요한 것은 예측하려는 종속변수에 가장 큰 영향을 미치는 독립변수를 찾아내는 일이다. 만약 이러한 독립변수가 하나라면 단순회귀분석(simple regression analysis)을 사용하며 이러한 독립변수가 여러 개라면 다중회귀분석(multiple regression analysis)을 사용한다.

종속변수에 가장 큰 영향을 미치는 독립변수를 찾는 방법으로는 상관관계분석(correlation analysis)이 있다. 상관관계란 두 변수 사이에 존재하는 관련정도를 말한다. 상관관계분석에서는 상관관계표(correlation coefficient table)를 이용하여 종속변수에 대해 가장 큰 상관계수를 가진 독립변수를 찾을 수 있다.

회귀분석법에서는 독립변수(또는 독립변수들)와 종속변수 사이에 선형관계(linear relationship), 즉 직선의 비례관계가 있다고 가정한다. 만약 이러한 가정이 적절하지 않다면 회귀분석법은 유효하지 않게 된다. 그러므로 두 변수 사이의 선형관계의 유무를 파악하는 것이 대단히 중요하다.

회귀분석법은 독립변수와 종속변수 사이의 선형관계를 식으로 나타내고 이를 분석하는 것이다. 이러한 선형관계식을 선형회귀방정식(linear regression equation)이라고 부르고 이를 찾아내는 것이 회귀분석의 일차적인 목적이 된다.

본 절에서는 회귀분석법 중에서 단순회귀분석법을 소개하기로 한다.

예를 들어 한국 실리콘밸리 주식회사의 컴퓨터 가격과 판매량에 관한 자료가 다음과 같다고 하자.

여기서 컴퓨터의 가격은 독립변수가 되고 판매량은 종속변수가 된다. 회귀분석법에서는 이 두 변수의 관계를 다음과 같은 선형회귀방정식으로 표현한다.

표 5-4 한국 실리콘밸리(주)의 컴퓨터 가격과 판매량

월	가격(X: 십만원)	판매량(Y: 대)
1	23	150
2	22	155
3	21	165
4	19	170
5	18	175
6	17	180

$$\hat{Y} = a + bX$$

이 때 a와 b는 회귀계수(regression coefficients)라고 부르는데 이 두 계수의 값이 결정되면 독립변수인 X와 종속변수의 예측치인 $\hat{Y}$의 관계가 정확하게 나타난다. a는 X가 0일 때의 Y축의 절편값이고 b는 X의 한 단위 변화에 대한 Y의 변화량, 즉 이 직선의 기울기가 된다.

a와 b를 구하는 방법으로는 최소자승법(least squares method)이 있다. 최소자승법이란 선형회귀방정식에서 구한 $\hat{Y}$과 실제치 Y와의 차이인 오차(error)의 제곱의 합을 최소로 하는 식을 찾는 방법이다. 이를 이용하여 a와 b를 구하면 다음과 같다.

$$b = \frac{\sum_{i=1}^{n} X_i Y_i - \frac{(\sum_{i=1}^{n} X_i)(\sum_{i=1}^{n} Y_i)}{n}}{\sum_{i=1}^{n} X_i^2 - \frac{(\sum_{i=1}^{n} X_i)^2}{n}}$$

$$a = \bar{Y} - b\bar{X}$$

$\bar{Y}$는 Y의 평균값, $\bar{X}$는 X의 평균값을 의미한다.

앞의 예를 이용하여 a, b를 계산하면

$$b = \frac{\sum_{i=1}^{n} X_i Y_i - \frac{(\sum_{i=1}^{n} X_i)(\sum_{i=1}^{n} Y_i)}{n}}{\sum_{i=1}^{n} X_i^2 - \frac{(\sum_{i=1}^{n} X_i)^2}{n}} = \frac{19765 - \frac{120 \times 995}{6}}{2428 - \frac{(120)^2}{6}} = \frac{-135}{28} = -4.82$$

표 5-5 한국 실리콘밸리(주)의 단순회귀분석계산

월	가격(X: 십만원)	판매량(Y: 대)	X^2	XY
1	23	150	529	3450
2	22	155	484	3410
3	21	165	441	3465
4	19	170	361	3230
5	18	175	324	3150
6	17	180	289	3060
Σ	120	995	2428	19765
평균	20	165.83		

$$a = \bar{Y} - b \times \bar{X} = 165.83 - (-4.82) \times 20 = 262.26$$
$$\therefore\ \hat{Y} = 262.26 - 4.82X$$

이 식의 의미는 다음과 같다. 컴퓨터의 가격(X)이 십만원씩 상승하면 컴퓨터의 판매대수(Y)는 4.82대씩 감소한다는 것이다. 이러한 모형을 이용하여 컴퓨터의 가격이 160만원일 때의 판매대수의 예측치를 구하면

$$\begin{aligned}\hat{Y} &= 262.26 - 4.82 \times 16 \\ &= 262.26 - 77.12 \\ &= 185.14 \\ &\fallingdotseq 185\end{aligned}$$

이 된다. 즉, 컴퓨터 가격이 160만원일 때 우리는 185대의 컴퓨터가 팔릴 것이라고 기대할 수 있다.

앞에서 구한 선형회귀방정식이 실제의 자료를 얼마나 잘 나타내고 있는가를 알려면 결정계수(coefficient of determination)를 구하여야 한다. 결정계수(r 2)란 독립변수의 변동이 종속변수의 변동을 얼마만큼 설명하는가를 나타내는 수치이며 이를 계산하기 위한 식은 다음과 같다.

$$\gamma^2 = \frac{\left\{\sum_{i=1}^{n} X_i Y_i - \frac{(\sum_{i=1}^{n} X_i)(\sum_{i=1}^{n} Y_i)}{n}\right\}^2}{\left\{\sum_{i=1}^{n} X_i^2 - \frac{(\sum_{i=1}^{n} X_i)^2}{n}\right\}\left\{\sum_{i=1}^{n} Y_i^2 - \frac{(\sum_{i=1}^{n} Y_i)^2}{n}\right\}}$$

앞의 예를 이용하여 결정계수를 구하면 $\sum Y^2 = 165675$이므로

$$\gamma^2 = \frac{\left\{\sum_{i=1}^{n} X_i Y_i - \frac{(\sum_{i=1}^{n} X_i)(\sum_{i=1}^{n} Y_i)}{n}\right\}^2}{\left\{\sum_{i=1}^{n} X_i^2 - \frac{(\sum_{i=1}^{n} X_i)^2}{n}\right\}\left\{\sum_{i=1}^{n} Y_i^2 - \frac{(\sum_{i=1}^{n} Y_i)^2}{n}\right\}}$$

$$= \frac{\left\{19765 - \frac{120 \times 995}{6}\right\}^2}{\left\{2428 - \frac{(120)^2}{6}\right\}\left\{165675 - \frac{(995)^2}{6}\right\}}$$

$$= \frac{18225}{28 \times 670.83} = 0.9703$$

결정계수는 0부터 1 사이의 값을 갖기 때문에 0.9703인 결정계수는 대단히 큰 수이며 이러한 결정계수의 의미는 종속변수 Y의 변동의 97.03%가 독립변수 X의 변동으로 설명될 수 있다는 것이다. 독립변수 X는 종속변수 Y의 변화를 97.03% 설명할 수 있기 때문에 이 선형회귀방정식은 대단히 예측력이 높은 식이라고 할 수 있다.

한편 상관관계를 나타내는 상관계수(correlation coefficient)는 γ이라고 하며 다음과 같이 나타낼 수 있다. 이 식은 앞에서 나타낸 결정계수에 제곱근을 씌운 것과 같다.

$$\gamma = \frac{\sum_{i=1}^{n} X_i Y_i - \frac{(\sum_{i=1}^{n} X_i)(\sum_{i=1}^{n} Y_i)}{n}}{\sqrt{\sum_{i=1}^{n} X_i^2 - \frac{(\sum_{i=1}^{n} X_i)^2}{n}} \sqrt{\sum_{i=1}^{n} Y_i^2 - \frac{(\sum_{i=1}^{n} Y_i)^2}{n}}}$$

단, $-1 \leq \gamma \leq 1$

앞의 예에서 독립변수인 가격과 종속변수인 컴퓨터 판매대수 사이의 상관계수는 -0.985로 계산된다. 이때의 마이너스 부호는 두 변수 사이의 관계가, 한 변수가 증가하면 다른 변수가 감소하는 관계임을 나타낸다. 이 관계는 선형회귀방정식의 기울기가 마이너스($-$) 부호를 갖는 것으로도 표현된다. 이러한 상관관계를 음의 상관관계라고 하고 두 변수의 관계가 정비례의 관계이면 양의 상관관계를 갖는다. 위의 예에서의 상관계수 -0.985는 음으로 대단히 큰 상관계수이다.

마지막으로 회귀분석의 가정에 관해서 살펴보자. 이 가정들은 대부분 선형회귀방정식에 의해서 예측된 예측치와 실제치와의 차이인 오차(e)에 관한 것이다. 즉, Y는

$$Y = a + bX + e$$

이고 $\hat{Y}$ 는

$$\hat{Y} = a + bX$$

이기 때문에

$$Y - \hat{Y} = (a + bX + e) - (a + bX)$$
$$= e$$

가 된다.

회귀분석의 가정은 다음과 같다.

첫째, 오차는 정규분포를 한다.

둘째, 오차의 평균은 0이다.

셋째, 오차의 분산은 일정하다.

넷째, 오차들은 서로 독립적이다.

현실적으로 우리가 가진 자료들은 이러한 가정들을 완벽하게 충족시키는 것은 아니나 대개의 경우에는 이 가정들이 성립된다고 보고 회귀분석을 진행시킨다. 하지만 가정이 전혀 맞지 않는 경우에는 회귀분석을 실시할 수가 없으므로 다른 예측방법을 모색한다.

제 4 절 예측의 오차와 예측기법의 선정

1. 수요예측의 오차

수요를 예측할 때에는 예측치(forecasted value)와 실제치(actual value) 사이의 오차(error)가 존재하기 마련이다. 이러한 오차는 예측방법의 불완전성에 기인하는 것으로 이를 최소한으로 줄이는 예측방법이 가장 좋은 예측방법일 것이다. 그러나 오차를 최소로 한다는 것은 여러 가지의 의미를 가질 수 있으므로 오차를 측정하는 방법에 대하여 정확히 할 필요가 있다. 그러므로 다음에서 여러 가지 오차측정방법을 살펴보기로 한다.

(1) 평균오차

평균오차(mean error; ME)는 예측된 각 기간의 오차를 모두 합하여 예측기간 수로 나눈 것이다. 이는 계산하기가 간단하지만 아주 큰 양의 오차와 음의 오차가 있더라도 서로 상쇄되어서 평균오차는 작을 수 있으므로 그다지 좋은 측정치는 아니다. 이를 수식으로 표시하면 다음과 같다. 여기서 t기의 예측치는 F_t이고 t기의 실제치는 D_t이며 N은 예측기간의 수이다. 평균오차를 편의(bias)라고 부르기도 하는데 ME가 음의 값을 가지는 경우는 실제치보다 예측치가 더 큰 경우로 예측자가 낙관적으로 예측한다는 것을 의미하고 ME가 양의 값을 가지는 경우는 실제치보다 예측치가 더 작은 경우로 예측자가 비관적으로 예측한다는 것을 알려준다.

$$ME = \frac{\sum_{i=1}^{N}(D_i - F_i)}{N}$$

(2) 평균절대편차

평균절대편차(mean absolute deviation; MAD)는 예측된 각 기간의 오차의 절대치를 모두 합하여 예측기간 수로 나눈 것이다. 이는 평균오차가 가지고 있는 단점인 양과 음의 오차의 상쇄효과를 제거한 것이지만 각 오차의 단위오차는 모두 같은 가중치를 가지고 있다. 이를 수식으로 표시하면 다음과 같다.

$$MAD = \frac{\sum_{i=1}^{N}|D_i - F_i|}{N}$$

(3) 평균절대비율오차

평균절대비율오차(mean absolute percentage error; MAPE)는 예측된 각 기간의 오차의 절대치를 실제치로 나누어 퍼센트를 계산하고 이를 모두 합하여 예측기간 수로 나눈 것이다. 이 방법으로 수요의 규모가 크게 변화할 때 그 규모에 따라서 평균절대편차가 같이 변화하므로 예측기법의 상대적인 정확도를 계산할 수 있다. 이를 수식으로 표시하면 다음과 같다.

$$MAPE = \frac{\sum_{i=1}^{N}\left(\frac{|D_i - F_i|}{D_i} \times 100\right)}{N} (\%)$$

(4) 평균제곱오차

평균제곱오차(mean squared error: MSE)는 예측된 각 기간의 오차의 제곱을 모두 합하여 예측기간 수로 나눈 것이다. 평균제곱오차는 평균오차가 가지고 있는 단점인 양과 음의 오차의 상쇄효과를 제거할 뿐만 아니라 오차를 제곱함으로써 각 오차의 단위오차는 각각 다른 가중치를 가지고 있는 것과 같다. 즉, 작은 오차의 경우는 제곱함으로써 작은 가중치를, 큰 오차의 경우는 제곱함으로써 더욱 큰 가중치를 가지고 있는 것과 같다. 이를 수식으로 표시하면 다음과 같다.

$$MSE = \frac{\sum_{i=1}^{N}(D_i - F_i)^2}{N}$$

2. 예측오차의 통제

우리가 사용하는 예측방법이 정확한 예측치를 제공하고 있다면 예측오차가 크게 나타나지 않을 것이다. 반면에 정확하지 않은 예측치를 제공하는 경우에는 예측오차가 크게 될 것이다. 이렇게 예측방법이 현실에서의 실제치에 잘 맞지 않는 예측치를 제공할 경우에 이를 인식할 방법이 필요하다. 이 때에 사용되는 것이 추적지표(tracking signal; TS)이다.

추적지표란 예측방법이 수요의 실제변화를 정확하게 예측하는가를 나타내는 척도이다. 이 지표는 평균절대편차(MAD)를 가지고 예측오차의 누적치(cumulative sum of forecast errors; CFE)를 나눈 것이다. 만약 예측방법이 정확하게 예측하고 있다면 예측오차의 누적치는 0이 될 것이고 반대로 예측방법이 정확하지 않다면 예측치가 실제치와 다르게 되므로 예측오차는 0보다 크게 될 것이다. 추적지표의 공식은

$$TS = \frac{CFE}{MAD} = \frac{\text{현재기간까지의 예측오차의 합}}{\text{현재기간까지의 평균절대편차}}$$

이 된다. 각 기간마다 *CFE*와 *MAD*는 현재의 오차를 반영하기 위해서 갱신되며 추적지표는 미리 정한 한계치와 비교된다.

만약 예측오차가 평균이 0이고 분산이 σ인 정규분포를 하고 있다면 σ와 MAD 사이에는 다음과 같은 단순한 관계가 성립한다.

$$1\sigma = (\sqrt{\frac{\pi}{2}})(MAD) \simeq 1.25\,(MAD)$$

표 5-6 표준정규분포와 MAD로 표시된 한계치

면 적	확 률
$0 \pm 1\sigma$ (혹은 0 ± 1.25 MAD)	0.6826
$0 \pm 2\sigma$ (혹은 0 ± 2.50 MAD)	0.9545
$0 \pm 3\sigma$ (혹은 0 ± 3.75 MAD)	0.9972

$$1\,MAD = 0.7978\,\sigma \simeq 0.8\,\sigma$$

여기에서 $\pi = 3.1416$

이러한 관계를 사용하면 표준정규분포표를 이용하여 추적지표를 위한 특정 한계를 계산할 수 있게 된다. 만약 추적지표가 이 한계의 밖으로 벗어나면 그 예측방법은 더 이상 실제 수요를 정확하게 예측할 수 없게 된다. 이러한 한계치를 살펴보면 다음과 같다.

위의 표에서도 나타나는 것과 같이 추적지표가 3.75보다 커질 확률은 0.0028로 아주 작은 확률이다. 이것의 의미는 예측기법이 편의(bias)가 없다면 이러한 추적지표의 값이 나타날 확률은 1,000번에 3번이 채 안된다는 것이다.

지수평활법에 추적지표를 사용하면 적응적 평활법(adaptive smoothing)이 되며 이는 지수평활법의 α를 추적지표에 의해서 자동적으로 수정하는 특성을 가지고 있다. 이 때 추적지표는 다음과 같은 두 가지 경우의 편의를 추적할 수 있다.

경우 1: 추적지표가 양의 방향으로 크기가 커지는 경우(과소예측)

예측오차의 누적합(CFE)이 양의 방향으로 커지는 것은 예측치가 실제치보다 작게 예측하기 때문이다. 이 경우에는 α를 증가시킴으로써 예측치를 증가시키면 정확한 예측치를 얻을 수 있다.

경우 2: 추적지표가 음의 방향으로 크기가 커지는 경우(과다예측)

예측오차의 누적합(CFE)이 음의 방향으로 커지는 것은 예측치가 실제치보다 크게 예측하기 때문이다. 이 경우에는 α를 감소시킴으로써 예측치를 감소시키면 정확한 예측치를 얻을 수 있다.

이러한 추적지표는 컴퓨터를 이용하여 예측치를 대량으로 계산할 경우에 매우 유용하게 사용된다. 즉, 컴퓨터는 예측치를 계산하면서 동시에 바로 앞 기간까지의 추적지표를 갱신하고 이러한 추적지표의 결과가 원하는 한계치를 벗어나면 컴퓨터의 사용자에게 자동으로 경고를 주기 때문이다.

3. 예측기법의 선정방법

많은 예측기법들 중에서 우리의 목적에 맞는 기법을 선정하려면 다음과 같은 점들을 고려하여야 한다. 이는 크게 예측기법을 사용하는 환경에 대한 것과 예측에 필요한 자료에 관한 것으로 나눌 수 있다.

예측기법의 환경으로는 우선 예측의 목적을 명확히 하는 것이 중요하다. 또한 예측에 사용할 수 있는 시간과 자원이 예측기법에서 요구하는 정도가 되는지를 고려하여야 한다. 그리고 예측기법을 사용하는 사람들의 수준도 고려할 점이다. 한편 예측에 필요한 자료에 관한 것은 다음과 같다. 예측기법에서 필요로 하는 자료는 어떤 것들이며 이들을 구할 수 있는지를 알아야 할 것이다. 또한 예측기법에서 요구하는 자료의 형태를 알아야 한다.

예측기법을 선정하는 데에는 예측기법 그 자체에 대한 평가도 필요하다. 이러한 평가기준에는 여러 가지가 있을 수 있으나 여기서는 정확성(accuracy), 간편성(simplicity), 그리고 견실성(robustness)을 들 수 있다. 정확성은 예측기법이 가져야 될 가장 중요한 점이다. 간편성은 예측기법이 이해하기 쉽고 사용하기에 간편함을 의미한다. 너무 복잡한 예측기법은 사용하기에 어렵고 적용 중에도 잘못이 일어나기 쉽다. 견실성이란 예측이 자료의 급격한 변동에 대해서도 쉽게 변동하지 않는 것을 말하며 예측의 안정성이라고도 한다.

4. 집중예측

집중예측(focus forecasting)이란 1984년에 스미스(Bernard T. Smith)에 의해 소개된 것으로 복잡한 통계학적 방법보다는 과거의 자료에 잘 맞는 단순한 규칙을 이용하여 미래를 예측하는 것을 말한다. 그 절차는 다음과 같다.

단계 1. 몇 가지의 간단한 예측규칙을 찾는다.

단계 2. 이 규칙들을 최근의 자료에 적용한다.

단계 3. 적용한 결과와 실제치를 비교한다.

단계 4. 실제치에 가장 근접한 기법을 찾는다.

단계 5. 이 기법을 이용하여 바로 앞의 미래를 예측한다.

이 때 예측 사용자들은 5에서 예측한 예측치를 조정하여 사용할 수 있다.

단계 6. 예측기간이 끝나지 않았으면 단계 2로 돌아가고 끝났으면 예측을 종료한다.

여기서 사용되는 간단한 예측규칙은 현실에서 실제로 사용되는 예측규칙이어야 하는데 이 규칙들의 예를 세 가지만 들어보면 다음과 같다.

① 미래의 3개월의 예측치는 과거의 3개월의 실적치와 같다.

② 미래의 3개월의 예측치는 작년 같은 기간의 3개월 실적치와 같다.

③ 미래의 3개월의 예측치는 과거의 3개월의 실적치의 1.1배와 같다.

물론 이 예측규칙에는 지수평활법, 이동평균법들도 포함시킬 수 있으며 예측을 사용하는 사람들이 다른 규칙들을 만들어 사용할 수도 있다. 한편 사용자들은 계산된 예측치를 조정할 수 있는데 그 이유는 과거 자료의 급격한 변동의 이유를 알기 때문에 이 변동에 의해 변화된 예측치를 수정하는 것이 가능하기 때문이다.

이 기법의 장점은 완제품, 서비스부품 등의 수요와 같은 독립수요를 예측하는 데 상당히 좋은 예측치를 나타내고 있다는 점과 단순한 규칙을 사용하기 때문에 아주 많은 품목에 대한 예측치를 계산하는 데에도 컴퓨터 시간이 적게 든다는 점이다.

종합 사례

서양운동화주식회사는 영호남지역에 운동화를 배급하는 도매회사이다. 이 회사에서는 소매상에 운동화를 조달하고 있다. 이 회사는 시장의 20%를 점유하고 있는데 이 시장에는 큰 도매상 하나와 작은 도매상 둘이 더 있다.

서양운동화주식회사는 예측기법을 사용하고 있진 않으나 과거의 매년 평균매출액과 최대월간매출액을 이용하여 얼마나 많은 양의 운동화의 재고를 유지하여야 하는가를 결정한다. 이 회사는 재고량보다 매출주문이 많아서 생기는 판매의 손실은 겪고 있지 않으나 너무 많은 재고를 가지고 있는 것이 아닌가 하는 우려를 하고 있다. 최근에 회사의 창고는 언제나 꽉 차 있기 때문에 어떤 품목은 접수실에 두어서 재고를 취급하는 데 어려움을 겪고 있다.

이 회사는 120종의 운동화를 취급하며 각 운동화는 여러 가지의 사이즈와 형태를 가지고 있다. 그들은 각 운동화를 "프로스타즈 T-200, 테니스 운동화"라는 식으로 정의하며 각 운동화는 최소한 아홉 가지 이상의 사이즈와 세 가지 이상의 형태를 가지고 있다.

이 회사는 프로스타즈 T-200의 매출액을 중심으로 더 나은 예측이 가능할 경우 재고의 수준을 줄일 수 있는지를 살펴보려고 한다.

서양운동화주식회사에서는 매달 각 품목에 대해 주문을 한다. 그들은 주문량을 자신의 재고수준을 작년의 최대월간수요 더하기 10이 되도록 정한다. 주문은 매우 빨리 도착하기 때문에 주문에서 도달까지의 리드타임을 고려할 필요가 없다. 예를 들어 그들은 2009년의 최대월간수요가 145이기 때문에 2010년의 매달에 재고수준이 늘 155가 되도록 주문을 한다. 한편 어떤 관리자는 매달의 재고를 그달의 예측치 더하기 20이 되도록 하는 주문방법도 현재와 같은 고객 서비스가 가능할 것이라고 주장하고 있다.

	2005	2006	2007	2008	2009	2010
1월	72	75	80	78	84	82
2월	71	77	78	76	81	81
3월	102	110	120	131	124	128
4월	115	110	136	140	142	140
5월	81	74	78	84	85	91
6월	60	68	76	71	75	78
7월	58	54	58	61	66	
8월	61	64	66	68	72	
9월	75	78	74	91	88	
10월	92	97	105	101	110	
11월	120	124	121	130	145	
12월	115	116	117	122	128	

이 회사는 이 분석이 행해지는 시점인 2010년 7월까지 프로스타즈 T-200에 대해 과거 5년 6개월 동안의 자료를 축적해 놓고 있다. 그 자료는 앞의 표와 같다.

토·의·문·제

1. 이 회사의 예측방법을 평균오차, 평균절대오차를 사용하여 평가하라(2009년을 기준으로 평가하라).
2. 프로스타즈 T-200의 자료에 대하여 3개월 이동평균과 $\alpha=0.1$을 사용한 지수평활법을 이용하여 2009의 평균오차, 평균절대오차를 계산하라(2009년 1월의 예측치를 84로 가정한다).
3. 위의 두 결과를 비교하여 이떤 예측방법을 추천할 수 있는가?

요 약

- 수요예측은 장기, 중기, 단기로 나누며 수요자료는 독립수요와 종속수요로 나누어 볼 수 있다.
- 시계열자료는 추세변동, 순환적 변동, 계절적 변동, 그리고 임의변동으로 분해할 수 있다.
- 예측기법의 종류로는 정싱직 예측기법과 계량적 예측기법이 있으며 계량적 예측기법은 시계열 예측기법과 인과형 예측기법으로 나눌 수 있다.
- 정성적 예측기법으로는 시장조사법, 패널동의법, 중역의견법, 판매원의견합성법, 수명주기 유추법, 델파이법을 소개하였다.
- 계량적 예측기법들로는 시계열 예측기법들인 이동평균법, 가중이동평균법, 지수평활법이 있으며 인과형예측기법인 회귀분석법을 들 수 있다.
- 회귀분석법은 대표적인 인과형 예측기법이다.
- 모든 수요예측에는 오차가 수반되는데 이러한 오차의 측정치로는 평균오차, 평균절대편차, 평균절대퍼센트오차, 평균제곱오차를 들 수 있다.
- 예측기법의 선정에는 예측기법 자체의 특성과 예측기법을 둘러싼 환경, 예측기법이 필요로 하는 자료의 특성들을 고려하여야 한다.
- 집중예측기법은 간단한 예측규칙들을 사용하여 가장 좋은 성과를 낸 예측규칙을

이용하여 바로 다음 기의 예측을 행하는 방법으로 많은 품목을 동시에 예측해야 하는 실무에서 좋은 결과를 보이고 있다.

용어풀이

- **수요예측(demand forecasting):** 미래수요의 양을 미리 예상하는 일.
- **시계열자료(time series data):** 일정한 시간간격을 두고 정보를 수집하여 시간이 흐르는 가운데 변화하는 모습을 기록한 자료.
- **종단자료(cross-section data):** 시간의 흐름 가운데 어느 한 시점을 기준으로 정보가 수집되어 그 시점의 상황을 기록한 자료.
- **추세변동(trend):** 시계열자료에서 수요의 상승, 하강 또는 유지 등의 장기적 경향.
- **순환적 변동(cyclical movement):** 시계열자료에서 경기의 하강, 침체, 회복, 호황의 네 단계에 따른 장기적 수요의 변화.
- **계절적 변동(seasonal fluctuation):** 시계열자료에서 1년을 주기로 변화하는 수요의 변화.
- **임의변동(random variation):** 시계열자료를 분해할 때 추세변동, 순환적 변동, 계절적 변동으로 설명될 수 없는 변동.
- **정성적 예측기법(qualitative forecasting method):** 과거 자료에 있는 숫자들을 사용하지 않으며 관련된 사람들에게 의견을 묻거나 과거의 패턴을 찾아서 미래의 수요를 예측하려는 방법.
- **시장조사법(market research):** 시장의 상황을 파악하기 위해서 소비자들에게 설문지나 서베이를 사용하여 제품에 대한 선호도, 매출액 등을 예측하려는 방법.
- **패널동의법(panel consensus):** 소비자, 영업사원, 경영자들의 패널을 구성하고 이들의 의견을 모아서 예측치로 활용하는 방법.
- **중역의견법(executive opinions):** 중역들의 의견을 모아서 미래를 예측하는 방법.
- **판매원의견합성법(sales force composite):** 판매원들에게 각자 담당하고 있는 지역의 수요를 예측하도록 한 후 이 예측치들을 합하여 전체의 수요로 삼는 예측방법.
- **수명주기유추법(life cycle analogy):** 과거의 자료가 없는 품목의 수요를 예측하려 할 때 이 품목과 비슷한 품목의 제품수명주기상의 수요변화에 관한 과거의 자료를 이용하여 수요의 변화를 유추하여 예측하는 방법.
- **델파이법(Delphi method):** 전문가들을 대상으로 하여 우편을 통한 질문과 응답에

대한 통계 및 피드백의 과정을 의견의 일치를 볼 때까지 반복적으로 사용하는 방법.

- **이동평균법(moving average method):** 현재에 가장 가까운 과거 N기간 동안의 단순평균치를 미래의 예측치로 사용하는 방법.
- **가중이동평균법(weighted moving average method):** 현재에 가장 가까운 과거 N기간 동안의 가중평균치를 미래의 예측치로 사용하는 방법.
- **지수평활법(exponential smoothing):** 현재에서 멀어지는 과거로 갈수록 점점 더 작은 가중치가 부여되도록 하는 일종의 가중이동평균법. 평활상수 α를 사용하여 가중치를 조정함.
- **회귀분석법(regression analysis):** 독립변수와 종속변수의 관계를 선형회귀방정식으로 표현하여 독립변수의 변화에 따른 종속변수의 변화를 예측하려는 예측기법.
- **평균오차(mean error; ME):** 예측된 각 기간의 오차를 모두 합하여 예측기간 수로 나눈 것.
- **평균절대편차(mean absolute deviation; MAD):** 예측된 각 기간의 오차의 절대치를 모두 합하여 예측기간 수로 나눈 것.
- **평균절대비율오차(mean absolute percentage error; MAPE):** 예측된 각 기간의 오차의 절대치를 실제치로 나누어 퍼센트를 계산하고 이를 모두 합하여 예측기간 수로 나눈 것.
- **평균제곱오차(mean squared error; MSE):** 예측된 각 기간의 오차의 제곱을 모두 합하여 예측기간 수로 나눈 것.
- **추적지표(tracking signal):** 예측오차의 누적치(CFE)를 평균절대편차(MAD)로 나눈 것으로 미리 정해 놓은 한계치와 비교하면 예측방법수정의 필요성 유무를 알 수 있음.
- **집중예측(focus forecasting):** 과거의 자료를 이용하여 여러 가지의 규칙의 유용성을 실험한 후에 가장 잘 맞는 단순한 규칙을 이용하여 미래를 예측하는 방법.

공식

이동평균법: $$M_t = \frac{D_t + D_{t-1} + \cdot \cdot \cdot + D_{t-N+1}}{N}$$

$$F_t+1 = M_t = \frac{D_t + D_{t-1} + \cdot \cdot \cdot + D_{t-N+1}}{N}$$

가중이동평균법: $$F_t = \alpha_1 D_{t-1} + \alpha_2 D_{t-2} + \cdot \cdot \cdot + \alpha_N D_{t-N}$$

단, $\alpha_1 + \alpha_2 + \cdots + \alpha_N = 1$

지수평활법: $$F_t = \alpha D_{t-1} + (1-\alpha) F_{t-1},\ 0 \le \alpha \le 1$$

$$F_t = F_{t-1} + \alpha (D_{t-1} - F_{t-1}),\ 0 \le \alpha \le 1$$

회귀분석법: $$\hat{Y} = a + bX$$

$$b = \frac{\sum_{i=1}^{n} X_i Y_i - \frac{(\sum_{i=1}^{n} X_i)(\sum_{i=1}^{n} Y_i)}{n}}{\sum_{i=1}^{n} X_i^2 - \frac{(\sum_{i=1}^{n} X_i)^2}{n}}$$

$$a = \bar{Y} - b\bar{X}$$

결정계수: $$\gamma^2 = \frac{\left\{ \sum_{i=1}^{n} X_i Y_i - \frac{(\sum_{i=1}^{n} X_i)(\sum_{i=1}^{n} Y_i)}{n} \right\}^2}{\left\{ \sum_{i=1}^{n} X_i^2 - \frac{(\sum_{i=1}^{n} X_i)^2}{n} \right\} \left\{ \sum_{i=1}^{n} Y_i^2 - \frac{(\sum_{i=1}^{n} Y_i)^2}{n} \right\}}$$

상관계수: $$\gamma = \frac{\sum_{i=1}^{n} X_i Y_i - \frac{(\sum_{i=1}^{n} X_i)(\sum_{i=1}^{n} Y_i)}{n}}{\sqrt{\sum_{i=1}^{n} X_i^2 - \frac{(\sum_{i=1}^{n} X_i)^2}{n}} \sqrt{\sum_{i=1}^{n} Y_i^2 - \frac{(\sum_{i=1}^{n} Y_i)^2}{n}}}$$

평균오차: $$ME = \frac{\sum_{i=1}^{N} (D_i - F_i)}{N}$$

평균절대편차: $$MAD = \frac{\sum_{i=1}^{N} | D_i - F_i |}{N}$$

평균절대비율오차: $$MAPE = \frac{\sum_{i=1}^{N} \left(\frac{| D_i - F_i |}{D_i} \times 100 \right)}{N} (\%)$$

평균제곱오차: $MSE = \frac{\sum_{i=1}^{N}(D_i - F_i)^2}{N}$

추적지표: $TS = \frac{CFE}{MAD}$

익 | 힘 | 문 | 제

1. 한강 주식회사에서는 플라스틱 그릇을 판매하고 있는데 과거 1년간의 월별 매출액 자료는 다음과 같다. 만약 6개월 이동평균을 다음 달의 매출액 예측치로 사용한다면 13개월째의 매출액을 예측하라.

기간(월)	1	2	3	4	5	6	7	8	9	10	11	12
매출액(단위: 백만원)	158	222	248	216	226	239	206	178	169	177	290	245

[풀 이] t개월째의 이동평균을 M_t라고 한다면

$$M_6 = \frac{158+222+248+216+226+239}{6} = 218.17$$

$$M_7 = \frac{222+248+216+226+239+206}{6} = 226.17$$

이 된다. 이런 식으로 계속 계산한다면

$M_8 = 218.83$

$M_9 = 205.67$

$M_{10} = 99.17$

$M_{11} = 209.83$

$M_{12} = 210.83$

6개월 이동평균을 다음 달의 매출액 예측치로 사용한다고 하므로 13개월째의 매출액 예측치는

$M12 = 210.83$ (백만원)

이 된다.

[풀이 1] 문제의 자료를 시트에 아래 보기와 같이 셀 A1부터 M4까지 입력한다.

6개월 이동평균을 구하기 위해서는 과거 6개월의 실제 매출자료가 있어야 하므로 7월분 예측부터 시작하여 셀 G6에 넣기로 하자.

셀 G6에 필요한 공식은 1월부터 6월까지의 실제 매출을 모두 더하는 EXCEL 공식 "SUM"과 나누기를 의미하는 "/" 을 사용하여 "=SUM(B4:G4)/6"이 된다. EXCEL에 필요한 모든 공식은 "="부터 시작해야 함을 상기하자.

8월부터 다음해 1월까지의 수요예측공식은 셀 H6에서부터 M6에 넣기로 하자.

마우스를 이미 완성된 셀 G6에 놓은 다음 마우스 오른쪽을 클릭한 뒤 "복사" 기능을 클릭함으로써 셀 G6에 이미 입력된 공식을 복사한다.

셀 H6부터 M6까지 마우스로 드래그한 뒤 다시 마우스 오른쪽을 클릭한 뒤 "붙여넣기" 기능을 클릭함으로써 공식을 H6부터 M6까지 복사해 넣는다.

	A	B	C	D	E	F	G	H	I	J	K	L	M
1	한강 주식회사												
2													
3	기간(월)	1	2	3	4	5	6	7	8	9	10	11	12
4	매출액(단위: 백만원)	158	222	248	216	226	239	206	178	169	177	290	245
5													
6	6개월 이동 평균						218.17	226.17	218.83	205.67	199.17	209.83	210.83
7													
8								=SUM(B4:G4)/6					

2. 다음은 동양 가구회사에서의 주방용 식탁에 대한 2010년의 월별 매출액을 나타낸 자료이다. 이를 토대로 하여 지수평활법을 사용하여 2011년 1월의 예측치를 계산하라. 단 2010년 1월의 예측치는 11이라고 가정하고 $\alpha=0.4$를 사용하라.

월	1	2	3	4	5	6	7	8	9	10	11	12
매출액(단위: 천만원)	10	12	13	16	19	23	26	30	28	18	16	14

[풀 이]

월	이달의 매출액 (1)	지난달 매출액 (2)	$\alpha\times$ 지난달 매출액 (3)	지난달에 대한 예측치 (4)	$(1-\alpha)\times$ 지난달 예측치 (5)	이달의 예측치 (3)+(5)
2010년 1월	10					
2	12	10	4.0	11	6.6	10.6
3	13	12	4.8	10.6	6.4	11.2
4	16	13	5.2	11.2	6.7	11.9
5	19	16	6.4	11.9	7.1	13.5
6	23	19	7.6	13.5	8.1	15.7

7	26	23	9.2	15.7	9.4	18.6
8	30	26	10.4	18.6	11.2	21.6
9	28	30	12.0	21.6	13.0	25.0
10	18	28	11.2	25.0	15.0	26.2
11	16	18	7.2	26.2	15.7	22.9
2011년 1월		14	5.6	20.1	12.1	17.7

[풀이 2] 문제의 자료를 시트에 아래 보기와 같이 셀 A1부터 M4까지 입력한다.

셀 B6부터 N6까지를 사용하여 예측치를 구하기로 하는데 2010년 1월의 예측치는 11이라고 가정되어 있으므로 이를 B6에 넣는다.

2010년 2월의 예측치는 공식을 이용하여 셀 C6에 "=B6+0.4*(B4-B6)"를 입력한다.

2010년 3월부터 2011년 1월까지의 예측치는 셀 C6의 내용을 복사하여 셀 D6부터 N6까지 붙여 넣음으로써 구한다.

	A	B	C	D	E	F	G	H	I	J	K	L	M	N
1	동양 가구 회사													
2														
3	기간(월)	1	2	3	4	5	6	7	8	9	10	11	12	
4	매출액(단위: 천만원)	10	12	13	16	19	23	26	30	28	18	16	14	
5														
6	지수 평활법에 의한 예측치	11	10.6	11.2	11.9	13.5	15.7	18.6	21.6	24.9	26.2	22.9	20.1	17.7
7														
8				=B6+0.4*(B4-B6)										

3. 다음 표는 우리나라의 어느 도시에서 임의추출한 10개 가구의 연간 순수입(X)과 연간 내구재 소비를 위한 지출(Y)을 하나의 표로 나타낸 것이다. Y에 대한 예측치 $\hat{Y}$의 X에 관한 회귀직선방정식을 구하여라. 이 때 순수입(X)의 단위는 천만원, 비용지출(Y)의 단위는 백만원이다.

가구번호	1	2	3	4	5	6	7	8	9	10
순수입	10	2	4	6	8	7	4	6	7	6
비용지출	23	7	15	17	23	22	10	14	20	19

[풀이 2] 문제의 자료를 오른쪽과 같이 셀 A1에서부터 C11까지 입력한다.

	A	B	C
1	가구번호	X	Y
2	1	10	23
3	2	2	7
4	3	4	15
5	4	6	17
6	5	8	23
7	6	7	22
8	7	4	10
9	8	6	14
10	9	7	20
11	10	6	19

엑셀도구 중 "데이타 분석"을 클릭한 뒤 분석도구 중 "회귀분석"을 선택하면 다음과 같은 창이 뜬다.

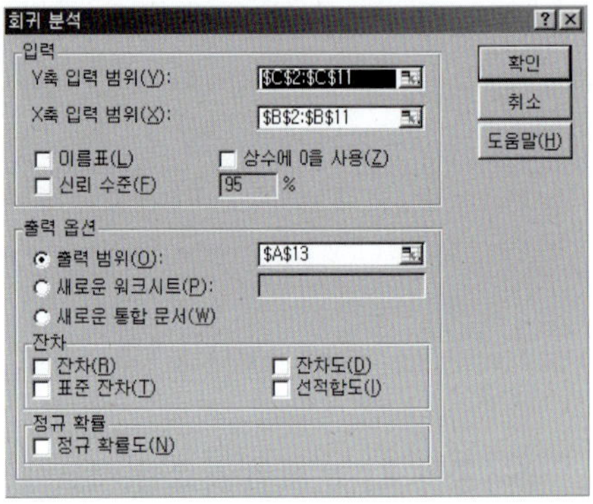

Y축 입력범위와 X축 입력범위에 해당되는 자료의 셀구간을 위 보기와 같이 입력하고 비어 있는 임의의 구간을 출력구간으로 지정한다. 예제의 경우와 같이 셀 A13이 지정된 경우는 엑셀에 의해 분석된 결과치들이 셀 A13부터 자동적으로 쓰여진다. 엑셀에 의해 분석된 결과 중 문제풀이에 필요한 계수들은 셀 B29와 B30에 나타나 있다. 이에 따라 Y = 3.696 + 2.217X라는 식을 얻을 수 있다. 정확한 계수치는 숫자의 반올림 방식에 따라 다소 차이가 있을 수 있다.

	A	B	C	D	E	F	G	H	I
13	요약 출력								
14									
15	회귀분석 통계량								
16	다중 상관계	0.9119							
17	결정계수	0.8315							
18	조정된 결정	0.8105							
19	표준 오차	2.3934							
20	관측수	10							
21									
22	분산 분석								
23		자유도	제곱합	제곱 평균	F 비	유의한 F			
24	회귀	1	226.17	226.1739	39.48387	0.000237			
25	잔차	8	45.826	5.728261					
26	계	9	272						
27									
28		계수	표준 오차	t 통계량	P-값	하위 95%	상위 95%	하위 95.0%	상위 95.0%
29	Y 절편	3.696	2.2485	1.643598	0.138882	-1.48943	8.880737	-1.48943	8.880737
30	X 1	2.217	0.3529	6.283619	0.000237	1.403638	3.031145	1.403638	3.031145

4. 한양 주식회사에서는 새로 구입한 기계의 보수비용이 사용한 기간에 비례하여 증가한다고 생각하고 있다. 이 기계의 과거 10개월 간의 보수비용이 아래와 같을 때 11개월째의 보수비용의 예측치를 구하라. 단 $\Sigma Y=10{,}755$, $\Sigma X=55$, $\Sigma X^2=385$, $\Sigma XY=64{,}070$이다.

X: 사용기간(개월)	1	2	3	4	5	6	7	8	9	10
Y: 보수비용(천원)	880	850	830	950	1000	1125	1310	1260	1300	1250

[풀　이] $\bar{X} = \dfrac{\Sigma X}{10} = 5.5,\ \bar{Y} = \dfrac{\Sigma Y}{10} = 1075.5$

$$b = \frac{\sum_{i=1}^{n} X_i Y_i - \dfrac{(\sum_{i=1}^{n} X_i)(\sum_{i=1}^{n} Y_i)}{n}}{\sum_{i=1}^{n} X_i^2 - \dfrac{(\sum_{i=1}^{n} X_i)^2}{n}} = \frac{64{,}070 - \dfrac{55 \times 10{,}755}{10}}{385 - \dfrac{55^2}{10}} = \frac{4917.5}{82.5} = 59.61$$

$a = \bar{Y} - b \times \bar{X} = 1075.5 - 59.61 \times 5.5 = 747.65$

$\therefore \hat{Y} = 747.65 + 59.61X$

위의 X에 11을 대입하면 11개월째의 보수비용을 계산할 수 있으므로 보수비용은

$\hat{Y} = 747.65 + 59.61 \times 11 = 1403.36$(천원)

이 된다.

5. 다음의 표를 보고 평균오차(ME), 절대평균편차(MAD), 평균제곱오차(MSE)를 계산하여라.

기간	실제치	예측치
1	10	11
2	9	10
3	12	11
4	14	12
5	15	14
6	13	15

[풀이 4] 문제의 자료를 셀 A1에서부터 D7까지 입력한다.

셀 D2, E2, 그리고 F2에 각각 오차, 절대편차, 그리고 제곱오차를 구하는 공식을 넣는다. 절대편차는 EXCEL의 "ABS" 기능을 이용하여 구한다.

셀 D2, E2, 그리고 F2의 공식들을 복사하여 셀 D3:F7에 붙여 넣는다.

셀 D8:F9에는 합과 평균을 아래 보기와 같이 구한다.

	A	B	C	D	E	F	G	H
1	기간	실제치	예측치	오차	절대편차	제곱오차		
2	1	10	11	-1	1	1	=D2^2	
3	2	9	10	-1	1	1	=ABS(D2)	
4	3	12	11	1	1	1		
5	4	14	12	2	2	4	=B2-C2	
6	5	15	14	1	1	1		
7	6	13	15	-2	2	4		
8	합			0	8	12	=SUM(F13:F18)	
9	평균			0	1.33	2	=AVERAGE(F13:F18)	
10								

연 | 습 | 문 | 제

1. 냉장고의 수요예측에 가장 영향을 많이 미치는 요인을 찾아내고 이를 이용하여 예측하는 방법을 고안하라.

2. 새로운 자료저장 및 검색장치인 DVDP(Digital Video Disk Player)의 수요를 예측하기 위해서는 어떤 방법이 가장 적당하겠는지를 논하시오.

3. 자동차의 수요에 영향을 많이 주는 변수들을 찾아보시오.

4. 이동평균법과 지수평활법 등을 사용할 수 있는 자료는 어떤 자료인지 설명하시오.

5. 회귀분석법의 가정 중에서 오차에 대한 가정을 검토하기 위한 방법을 설명하시오.

6. 집중예측기법을 적용하기 쉬운 자료는 어떤 자료인지를 논하시오.

7. 다음 자료는 어느 기업에서의 2010년 1월부터 12월까지 한 해 동안 사용한 복사지의 양을 월별로 나타낸 것이다. 아래에 나타난 자료의 단위는 상자인데 이 자료를 이용하여 3개월 이동평균값을 작성하고 이를 그 다음 달의 예측치로 사용할 때의 평균절대편차를 계산하라.

월	1	2	3	4	5	6	7	8	9	10	11	12
복사지(상자)	50	51	48	60	60	66	59	70	68	74	79	76

8. 문제 7의 자료를 근거로 지수평활법을 사용하여 13개월째의 예측치를 구하라. 첫달의 예측치는 50이라고 가정하고 $\alpha=0.1$을 사용하라.

9. 다음 자료를 사용하여 선형회귀방정식을 구하고 7월의 예측치를 구하라.

월	1	2	3	4	5	6
복사지(상자)	30	40	40	50	55	60

10. 다음은 어느 서점에서 판매한 특정월간지의 12개월 동안의 판매자료이다. 이를 이용하여 (1) 지난 달의 수요를 그 다음 달의 예측치로 사용하는 경우, (2) 3

개월 이동평균값을 그 다음 달의 예측치로 사용하는 경우, (3) $\alpha=0.3$일 때의 지수평활법으로 구한 값을 그 다음 달의 예측치로 사용하는 경우의 평균절대편차를 비교하라. 단, 첫달의 예측치는 185이다.

월	1	2	3	4	5	6	7	8	9	10	11	12
수 요	180	186	179	170	170	165	155	150	170	192	195	205

11. 다이아몬드 자동차 주식회사는 최고급의 승용차를 생산하는 업체이다. 지난 5년간의 수요를 검토한 결과 호경기의 영향으로 꾸준히 수요가 증가하고 있음을 발견하였다. 아래 표에서는 과거 5년 동안의 수요를 나타내고 있다. 이 회사의 기획실에서는 2006년에 대한 수요를 5,300대로 예측하였다. 지수평활법을 사용하여 2007년부터 2011년까지의 수요예측을 행하라(단 $\alpha=0.2$를 사용할 것).

연 도	2006	2007	2008	2009	2010
실제수요	5,400대	5,800대	6,300대	6,900대	7,600대

12. '금수강산' 생수 주식회사는 음료용 생수를 생산하고 있다. 이 회사의 기획실에서는 지난 6년간의 사업경험에 비추어 볼 때 생수의 수요는 지수평활법을 이용하여 예측하는 것이 타당하다는 사실을 발견하였다. 특히 과거의 자료를 이용하여 검토한 결과 $\alpha=0.3$을 사용하는 것이 예측오차를 줄일 수 있다고 판단되었다. 아래 표에서는 과거 6년 동안의 생수의 수요를 나타내고 있다. 매출담당자는 2005년에 대한 수요가 연간 6만톤이 될 것이라고 예측하였다. 지수평활법을 사용하여 2006년부터 2011년까지의 수요예측을 행하고 평균절대편차(MAD)를 구하라. 단위는 만톤이다.

연 도	2005	2006	2007	2008	2009	2010
실제수요	5.9	6.2	6.6	7.1	7.7	8.3

13. 라마 주류판매 주식회사에서는 맥주의 과거의 3개월간 판매량 자료를 이용하여 주문량을 결정하고 있다.

월	실제판매량(병)
5	15,000
6	18,000
7	22,000

(1) 3개월 이동평균법을 이용하여 8월달의 주문량을 결정하라.

(2) 3개월 가중이동평균법을 이용하여 8월달의 주문량을 결정하라. 단 5월, 6월, 7월의 가중치는 각각 0.2, 0.3, 0.5이다.

(3) 5월에 대한 예측치가 14,000병이었다면 지수평활법(α=0.3)을 이용하여 8월달의 주문량을 결정하라.

14. 다음의 자료는 어느 여성 친목회의 회원들의 연령(X)에 대한 남편들의 연령(Y)을 대비한 자료이다. X에 대한 Y의 예측치를 계산하기 위한 선형회귀방정식을 구하여라.

X	65	63	67	64	68	62	70	66	68	67	69	71
Y	68	66	68	65	69	66	68	65	71	67	68	70

15. 어느 도시의 주택전문 건설회사인 SMD건설(주)에서는 과거 6년간의 매출실적이 이 도시의 봉급생활자들의 연봉총액과 밀접한 관계가 있음을 발견하였다. 만약 내년의 연봉총액의 예측치가 60억원이라면 SMD건설(주)의 내년 매출액의 예측치는 얼마가 될지 계산하라. 지난 6년간 이 도시의 연봉총액(X)과 이 회사의 매출액(Y)은 다음과 같으며 연봉총액과 매출액의 단위는 각각 10억원과 100억원이다.

연도	2005	2006	2007	2008	2009	2010
연봉총액(X)	1.0	3.0	4.0	2.0	1.0	7.0
매출액(Y)	2.0	3.0	2.5	2.0	2.0	3.5

16. 청풍에어컨제조회사에서는 과거 5년 동안 꾸준히 수요가 증가하고 있음을 발견하였다. 아래 표에서는 과거 5년 동안의 수요를 나타내고 있다. 매출담당자는 2005년에 2006년에 대한 수요가 410이 될 것이라고 예측하였다. 지수평활법을 사용하여 2007년부터 2011년까지의 예측치를 계산하라. α=0.3을 사용하라.

연도	2006	2007	2008	2009	2010
매출액(억원)	450	495	518	563	584

17. 어느 청바지회사에서는 TV에서 자사의 청바지에 관한 광고가 나가는 횟수에 거의 비례하여 매출액이 증가한다고 생각한다. 아래의 표는 지난 6개월 동안의 매출액과 TV에 나타난 자사의 청바지 광고횟수이다. 이를 이용하여 선형회귀방정식을 만들어라. 만약 7월에 TV의 광고를 100회로 늘린다고 할 때 매출액은 어느 정도가 될지를 예측하라.

월	1	2	3	4	5	6
TV광고	30	40	70	60	80	50
매출액(억원)	3	6	7	5	10	8

18. 어느 화장품회사에서는 TV에서 프라임 타임에 자사의 화장품에 관한 광고가 나가는 시간(소비자들의 광고에 대한 노출시간)에 거의 비례하여 매출액이 증가한다고 생각한다. 아래의 표는 지난 6개월 동안의 TV의 프라임 타임에 실시된 자사의 화장품 광고시간과 매출액이다. 만약 4월에 TV의 광고를 80시간으로 늘린다고 할 때 매출액은 어느 정도가 될 것인가를 선형회귀방정식을 이용하여 예측하라.

연도	2010. 10	2010. 11	2010. 12	2011. 1	2011. 2	2011. 3
광고시간	60시간	55시간	65시간	62시간	66시간	70시간
매출액	134억원	120억원	150억원	145억원	165억원	180억원

19. 어느 공장에서는 60개의 품질분임조가 있는데 이들 분임조 조원들의 출석일수(X)와 불량품의 개수(Y)에 관한 자료를 정리하여 보니 다음과 같았다.

$n=60$ $\quad \Sigma X^2 = 800$ $\quad \Sigma Y^2 = 226{,}000$

$\Sigma X = 180$ $\quad \Sigma Y = 3{,}600$ $\quad \Sigma XY = 9{,}500$

(1) 선형회귀방정식을 구하라.

(2) 결정계수 r^2을 구하라.

20. BUSY BUSINESS(주)는 대학이나 공공건물에 카드용 복사기를 판매 및 수리하는 회사이다. 이 회사에서는 좋은 수리인력의 부족을 늘 겪고 있으므로 수리요청에 대한 예측이 아주 중요하다. 이 회사의 운영담당 이사는 아래의 표에 나타난 과거 5주의 수리요청자료를 이용하여 지수평활법으로 다음 주의 수리요청횟수를 예측하려고 한다. 첫 예측치로 23회를 사용하여 과거 4주 동안의 예

측치를 계산하고 이를 토대로 하여 과거 5주 동안의 평균절대오차(MAD)를 구하라. $\alpha=0.3$을 사용하라.

주	1	2	3	4	5
서비스 요청횟수	28	33	36	35	41

21. 가나다 판매주식회사의 지난 7분기 동안의 판매액 자료는 다음과 같았다.

분 기	1분기	2분기	3분기	4분기
작 년	1,800억원	2,100억원	1,900억원	2,300억원
올 해	2,500억원	2,400억원	2,700억원	

(1) 작년 제 1분기의 예측치가 2,500억원이었다고 가정하고 올해 제 4분기까지의 예측치를 $\alpha=0.2$를 사용한 지수평활법을 이용하여 구하여라.

(2) 이 경우의 평균제곱오차(MSE)는 얼마인가?

(3) 올해 제 4분기의 판매액이 2,500억원이 되었다면 올해 제 4분기까지의 예측오차의 누적치(CFE)와 추적지표를 계산하라.

22. 가노라항공주식회사가 지난 9개월 동안 승객마일(항공사가 수송한 승객들 개인의 수송거리를 마일(mile)로 계산하여 모두 더한 값)을 조사한 결과 다음과 같았다.

기간(2010년)	1월	2월	3월	4월	5월	6월	7월	8월	9월
실제 승객 마일(백만마일)	21	19	17	21	23	27	30	31	25

(1) 1월달의 예측치가 2,100만 마일이었다고 가정하고 2월달부터 9월달까지의 예측치를 $\alpha=0.2$를 사용한 지수평활법을 이용하여 구하여라.

(2) 이 경우의 평균절대편차(MAD)는 얼마인가?

(3) 9월까지의 예측오차의 누적치(CFE)와 추적지표를 계산하고 과소예측인지 과다예측인지를 판정하여라.

23. 서울시의 지하철을 이용하는 사람들의 숫자는 서울을 방문하는 관광객의 수에 따라서 변한다고 추정된다. 과거 6년간의 자료가 다음과 같을 때 아래의 질문에 답하여라.

연도	2005	2006	2007	2008	2009	2010
관광객의 수 (백만명)	8	14	15	16	14	12
지하철이용자의 수 (백만명)	2.5	2.7	2.8	2.9	2.6	2.6

(1) 이 자료를 그림으로 그려보아라.

(2) 이 자료를 이용하여 선형회귀방정식을 구하여라.

(3) 관광객의 수와 지하철 이용자의 수 사이의 상관계수를 구하여라.

(4) 위에서 구한 선형회귀모형의 결정계수를 구하여라.

(5) 2011년의 관광객의 수가 1,700만명으로 추정된다면 지하철 이용자의 수는 몇 명으로 예상할 수 있을까?

(6) 위에서 구한 선형회귀방정식을 이용하여 예측하였을 경우의 평균절대편차(MAD)를 구하여라.

제 2 부

생산시스템 설계 및 운영

제 1 부

제품 · 서비스의 가치창출

1. 녹색경영시대의 가치창출
2. 서비스 전략 및 운영
3. 제품 · 서비스의 품질
4. 기술과 경쟁력
5. 장단기 수요예측

제 2 부

생산시스템 설계 및 운영

6. 제품 · 서비스의 설계와 개발
7. 공급능력계획 및 입지선정
8. 프로세스 설계 및 배치결정
9. 프로젝트의 관리
10. 생산계획

제 3 부

공급사슬 설계 및 운영

11. 공급사슬경영의 구조
12. 공급사슬의 재고관리
13. 전사적 자원관리
14. 적시생산시스템과 린 생산방식

06

제품·서비스의 설계와 개발

학습목표

본 장에서는 다음과 같은 내용의 이해를 목표로 한다.

- 제품설계와 개발의 개념과 중요성
- 제품설계의 과정
- 제품설계와 개발과정의 개선기법
- 제품설계와 개발과정에서의 관리적 고려사항

사례 '삼성 센스 시리즈7 게이머' 출시

삼성전자가 2011년 11월 14일 게임용 노트북 '삼성 센스 시리즈7 게이머'를 출시했다고 밝혔다. 신제품은 인텔 쿼드코어 i7 CPU, 그래픽 카드 HD 6970M 2G, '익스프레스 캐시(Express Cache)' 신기술을 탑재했다. '익스프레스 캐시'는 1TB HDD(7200RPM, 500GB X2)와 연동해 시스템 속도를 높이기 위해 미국 Diskeeper의 기술을 채용한 것으로, 고용량 HDD에서도 노트북 PC의 부팅 속도, 자주 사용하는 애플리케이션의 구동 속도, 인터넷 로딩 속도, 웨이크 업 속도를 개선했다. 제품은 우측에 부착된 모드 다이얼을 돌려 사용자가 이용하기에 적합한 모드를 직접 선택할 수 있다. 선택 모드는 하드코어, 게임을 위한 '게이밍(Gamig) 모드, 일반 사용 환경을 위한 '밸런스드(Balanced) 모드', 도서관 환경에 적합한 '라이브러리(Library) 모드', 배터리 모드를 최소화하는 '그린(Green) 모드' 등 총 네 가지로, CPU · 소음 · 배터리 등이 각각 최적화되었다.

게이밍 모드 선택 시에는 키보드 백릿(Backlit) 색깔이 게임에 주로 사용되는 W · A · S · D 키는 빨간색 · 나머지는 파란색으로 변하고, 바탕화면은 게임 테마로 바뀐다. 이 모드에는 CPU 성능 최적화, '터보 부스트' 기능 활성화, '터보 쿨링'으로 냉각팬 속도 10% 증가, 터치패드 · 윈도우 키 자동 잠금, 보안 · 업데이트 서비스 실행 제한 기능 등도 실행된다. 제품 음향은 서브 우퍼를 포함한 3개의 스피커 · 돌비 홈씨어터 V4를 탑재했다. 디스플레이는 17.3인치 풀 HD LED LCD 디스플레이다. 밝기는 기존 노트북 PC 대비 80% 더 밝은 400 니트의 슈퍼브라이트며, 색상은 1600만 색을 재현했다. 제품 구성은 3D 지원모델도 함께 출시했다.

— 출처: 이투데이, 2011. 11. 14. —

제 1 절 제품 설계와 개발의 의의

신제품의 설계와 개발은 기업의 중요한 과제들의 하나로서 향후 이루어질 기업의 생산, 조달, 물류, 판매과정에 많은 영향을 미치게 된다는 점에서 전략적이고, 체계적인 접근이 요구된다. 신제품의 내역이 확정되면 제품의 기술적인 특성에 따라서 생산라인이 재배치되고 필요한 부품의 조달이 다시 계획되어야 하며 일련의 마케팅활동 또한 다시 조정될 수도 있을 것이다. 이러한 일련의 변화는 다음 제품이 개발될 때까지 유지될 것이므로 새로운 제품의 영향은 공간적으로 넓고 시간적으로 길게 미친다. 이러한 타부서와의 연관성과 영향의 지속성 때문에 제품 개발과정에서 다양한 의견 개진과 수렴은 필수적이며 이 과정을 얼마만큼 효과적으로 수행할 수 있는지가 제품 개발과정의 주요 관리사항이 된다.

기업의 신제품 개발능력은 기업의 성장가능성을 예견하는 데 주요한 지표가 된다. 신기술개발의 속도가 빨라지고 소비자의 기호가 다양해짐에 따라 제품의 수명주기는 점차 짧아지는 추세이다. 새로운 제품을 연속적으로 시의적절하게 개발할 수 없는 기업은 점차 도태될 수밖에 없으며 이를 피하기 위하여 제품개발과정의 전략적 관리가 요구된다.

신제품의 설계와 개발은 구분되어야 할 개념으로서 설계는 제품개발과정의 한 단계로 이해될 수 있다. 통상적인 제품개발과정은 아이디어 창출과 시장성 검증, 필요한 기술의 선택 및 개발, 원형의 개발과 생산가능성 검증으로 요약된다면, 보다 나은 설계는 시장성과 생산가능성을 높여 줄 수 있어야 한다. 선택된 아이디어를 바탕으로 마케팅부서는 시장성을 염두에 두고 설계에 임하는 반면 생산부서는 제안된 설계가 원활히 생산될 수 있는지를 고려한다. 복잡한 설계는 생산과정에서의 비용을 높여 가격경쟁력을 떨어뜨릴 수 있다. 때문에 설계과정에서 마케팅과 생산 부서간의 긴밀한 의사교환은 필수적이다. 설계과정에서 쓰일 수 있는 기법들은 후에 논의될 것이다.

새로운 제품이나 서비스의 개발을 위한 아이디어창출은 대략 두 가지 경로를 통해 이루어진다. 마케팅부서가 소비자의 충족되지 않은 욕구를 이해하는 것이 그 하나인데 이는 마케팅부서가 기존제품에 대한 소비자의 경험을 이해하는 데서부터 시작된다. 다른 하나는 기업의 연구·개발과정에서의 새로운 기술이 신제품을 가능하게 한다. LP와 플로피 디스켓을 대체한 CD, CD와 비디오 플레이어를 대체하는 DVD 등이 그 예이다. 모든 신기술이 신제품으로 연결되는 것은 아니지만 성공적인 R&D 경우를 보면 신제품으로의 전환가능성이 높은 기술을 우선적으로 투자, 개발하는 전략적 R&D는 우연한 기회에 발견된 신기술을 이용한 신상품 개발과는 다름을 알 수 있다. 새로운 기술의 개발은 제품기술(product technology)과 제조기술(process technology)의 두 가지 형태를 띠게 되는데 CD와 DVD의 개발은 신제품 기술에 해당되며, FMS의 개발은 제조기술의 개발의 예이다. 동일한 제품생산에 쓰일 새로운 제조기술의 개발이라도 비용절감과 품질향상으로 이어질 경우 시장성과 가격경쟁력을 높일 수 있다.

제 2 절 제품개발의 과정

기업에 따라서 신제품을 개발하기 위하여 사용하는 접근방법은 상이하지만, 신제품을 개발하는 데는 일반적으로 네 가지 단계를 거친다. 전통적으로 제품의 개발과정은 기업내의 개별부서에서 순차적으로 수행된다. 이와 같은 순차적인 제품개발과정이 다음 [그림 6-1]에 제시되어 있다.

[그림 6-1]에서 보는 바와 같이, 기존제품의 개선 혹은 신제품에 대한 아이디어는 여러 원천으로부터 창출된다. 이들 아이디어를 수집하고 제품개념을 정의하여 제품을 선정하며, 선정된 제품의 타당성을 조사하는 것은 일반적으로 마케팅부서에서 수행된다. 선정된 제품이 특정시장 및 경제적 기대를 충족시켜주면 제품에 대한 성능명세서가 개발된다. 이러한 성능명세서는 설계기술자에게 보내어져서 예비적인 기술명세서와 세부적인 설계명세서가 개발된다.

이 설계명세서는 제조기술자에게 보내어지고, 이들은 장비, 도구 및 고정구에 대한 구체적인 요건과 관련된 공정계획을 개발한다. 이러한 제조명세서는 공장현장의 생산부서로 보내어지는데, 여기서 신제품생산에 대한 일정계획이 수립된다.

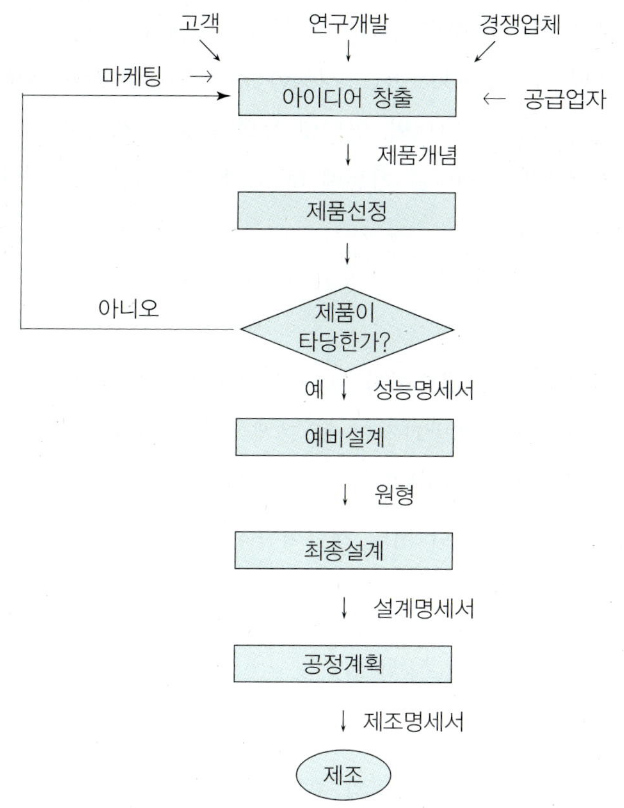

| 그림 6-1 | 제품설계의 과정

1. 아이디어 창출

제품혁신의 아이디어는 고객의 충족되지 않은 욕구를 이해하는 것으로부터 시작한다. 소비자에 대한 이해는 여러 경로를 통해 이루어지는데 현재 시장에 있는 상품을 사용해본 고객과의 인터뷰를 통하거나(focused study), 소비자 상담을 통하여 접수된 불편사항(customer feedback), 경쟁사 제품의 분석(reverse engineering) 등은 아이디어 창출에 도움이 된다. 어떤 아이디어는 기존 제품의 간단한 수정이나 새로운 기능의 추가 등으로 실현될 수 있는 반면 어떤 아이디어는 전혀 새로운 제품의 개발을 요구하기도 한다. 이러한 아이디어들은 때로는 제조기술의 변경 혹은 신기술의 개발로 연결되기도 한다. "필요는 발명의 어머니"라는 격언을 생각할 때 보다 체계적인 아이디어 수렴과정이 필수적이다.

또한 신제품에 대한 아이디어는 기업내부에서부터 이루어지기도 한다. 이용가능한 기술 혹은 신기술의 개발은 생산공정과 제품 모두에 영향을 미치므로 같은 제품을 보다 신속하고 저렴하게(process technology) 혹은 전혀 새로운 제품의 출시(product technology) 등으로 연결된다. 듀퐁사의 나일론 개발이나 개인용 컴퓨터, 네트웍, 인터넷 등의 출현은 소비자들이 미처 알지 못했던 수많은 파생제품의 개발을 가능케 하는 기술적 원천이 되었다.

2. 제품선정

새로운 아이디어가 모두 신제품으로 개발되는 것은 아니다. 일반적으로 마케팅부서는 개발과정의 첫 단계에서 창출된 아이디어로부터 대략적 제품 개념을 정의한다. 아이디어는 "소비자들은 손목에 부담이 적고 외관이 좋은 컴퓨터 키보드를 원한다"처럼 개괄적일 수 있지만 제품 개념은 어떤 식으로 이를 실현할 것인지 보다 구체적이어야 한다. 외형, 기능성, 크기 등에 대해서도 대체적 윤곽을 정의한 다음, 가장 유망한 개념에 대해서는 시장분석으로부터 시작하여 여러 가지 분석이 수행되고 타당성 조사가 실시된다. 제품 개념은 적어도 세 가지 검사, 즉 시장 잠재력, 재무적 타당성 및 생산 적합성을 충족시켜야하는데, 이를 위해 마케팅의 주도 아래, 재무 및 회계, 생산 부서들이 제품선정에서부터 의견을 개진함이 바람직하다. 제품선택을 위한 분석의 목적은 제품의 생산과 출시에 대한 최종 결정이 아니지만 이러한 검사들이 보다 구체적이고 효과적이기 위해서는 실물크기의 모형을 선정단계에서부터 제작사용함이 바람직하다.

3. 예비설계

타당성조사를 통과하여 개발이 승인된 제품 개념은 설계기술부서로 보내져 예비 및 세부설계가 개발된다. 예비설계는 신제품 개념을 구체적인 제품으로 전환하는 것이다. 제품선정 단계에서는 제품에 대한 정의가 개략적으로 이루어지는 반면에, 예비설계단계에서는 제품을 완전히 규정하고, 보다 나은 시장성, 수익성, 생산가능성을 위해 부단한 설계변경 노력을 한다. 이 과정에서 여러 단계의 모형제작이 이루어지게 되는데, 일련의 원형제작(prototyping)은 각 원형으로부터의 시장성, 수익성, 생산가능성 예측에 큰 도움이 된다. 도면상의 설계를 실물로 만들어 봄으로써 원가, 대량생산시 예측되는 문제점들을 생각해 볼 기회가 된다. 원형의 제작 목적은 외형테스트와 기능테스트로 구별될 수 있는데, 외형테스트는 제품의 외관 즉 크기, 형태 등을 주로 고려하는 반면에 기능테스트를 위한 원형제작은 구체적인 기능 설계를 요구한다. 일반적으로 원형제작은 최종 확정 전까지 여러 번 반복되고 적지 않은 시간이 소요되는데 CAD (computer aided design)를 통한 모형제작은 외형테스트와 변경에 걸리는 시간을 줄여줄 뿐만 아니라, 제품에 관한 제반 정보를 데이터 베이스화하여 쓸 수 있는 커다란 장점이 있다.

4. 최종설계

일단 예비설계가 합의되면 최종설계가 개발되는데, 최종설계단계에서는 제품의 설계도와 명세서가 개발된다. 원형시험의 결과로서 설계변경이 요구되면 이는 최종설계에 반영된다. 만일 변경이 이루어지면 최종제품의 성능을 다시 한번 확인하기 위해 재시험을 할 수도 있다. 그런 다음 생산에 착수할 수 있도록 설계명세서를 완전히 결정한다.

최종설계단계는 세 가지 단계, 즉 기능설계(functional design), 형태설계(form design) 및 생산설계(production design)를 거쳐서 예비설계를 개선시키고, 문서화하며, 세부적으로 완성한다.

(1) 기능실계

기능설계는 제품이 어떠한 성능을 지니며 이 성능들이 어떻게 작동될 것인가를 규정하는 과정이다. 기능설계의 목적은 고객에 대한 사용 적합성을 위하여 마케팅부서로부터 제시된 성능 명세서를 충족시키는 것이다. 이 단계에서는 신뢰성(reliability)과 유지보수성(maintainability)이 우선적으로 고려된다. 신뢰성은 생산된 제품이 명시된 수명기간 동안에 의도된 기능을 수행할 확률을 의미하며, 유지보수성은 서비스용이성(serviceability)이라고도 하는데, 이는 제품의 수리 및 보수가 얼마나 저렴하고 용이하게 될 수 있는지를 의미한다.

(2) 형태설계

형태설계에서는 제품의 물리적 외양 즉 기능의 배열, 모양, 색깔, 크기 및 스타일을 결정한다. 제품의 형태는 제품이 갖고자 하는 기능의 내용에 따라서 달라질 수 있으므로 기능설계와 밀접한 연관이 있다. 보다 나은 형태설계는 소비자의 제품이용성(usability)을 높이고, 제품의 고유이미지를 형성함으로써 경쟁제품간의 차별성을 높이는 기회를 제공하기 때문에 산업디자이너들이 일정 역할을 하기도 한다.

(3) 생산설계

생산설계에서는 제품을 생산하는데 있어서의 용이성과 그로 인한 비용의 절감을 주안점으로 한다. 보기에 좋은 형태라도 생산능력에 대한 고려가 없다면 생산하기에 지나치게 까다로워서 품질유지가 힘들고 생산비용을 올릴 수 있으므로 생산설계는 형태설계와 밀접한 관련이 있다. 생산설계를 위해서 일반적으로 사용되는 접근방법에는 단순화, 표준화 및 모듈화설계가 있다.

단순화 단순화(simplification)는 제품을 생산하는데 필요한 부품, 중간 조립품 혹은 옵션의 수를 줄이는 것이다. [그림 6-2] (a)에서 제시된 조립품을 고려해 보자. 이 제품은 24개의 부품으로 구성되어 있으며, 너트와 볼트가 고정도구로 사용되도록 설계되었다. [그림 6-2] (b)에 제시된 설계는 밑부분을 하나로 주조하여 고정도구를 제거함으로써 단순화되었다. 그 결과 부품수는 4개로 줄어들었으며 조립시간 또한 단축될 수 있다. [그림 6-2] (c)는 단지 2개의 부품 즉 밑부분과 굴대로 구성된 훨씬 단순화된 설계를 보여준다. 굴대는

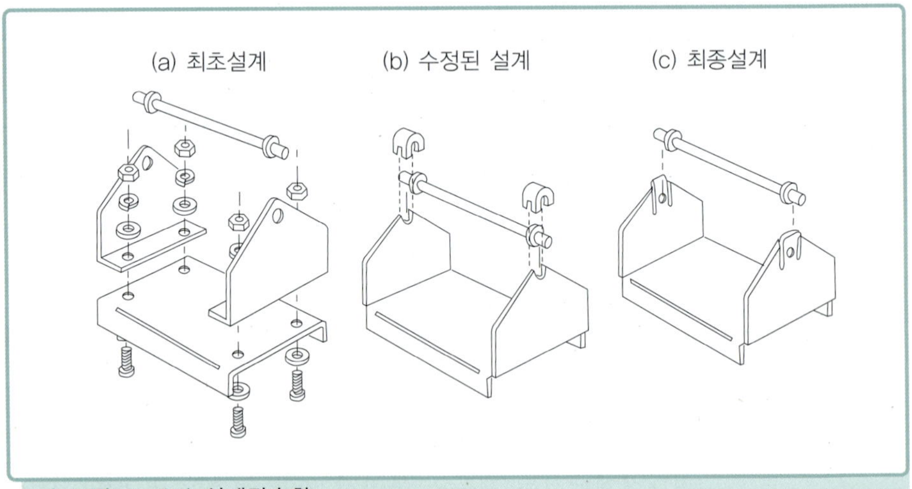

| 그림 6-2 | 설계단순화

신축적인 자재로 만들어져서 한 동작으로 신속하게 조립이 가능케 되었다. [그림 6-2]에서 보듯이 단순화는 부품간의 결합과 새로운 재료의 사용 등을 통하여 이루어지는데, 줄어든 부품의 수는 생산과정의 단순화를 통한 품질향상의 가능성을 열어주며 재고관리를 단순화시킴으로써 부품의 망실과 파손을 줄여 줄 수 있다. 이러한 단순화의 장점 때문에 개인용 컴퓨터의 제작에 있어서도 많은 수의 볼트와 너트를 사용한 케이스 조립방식은 줄어들고 플라스틱 기구를 이용한 끼워 넣는 방식(snap-in)이 보편화되고 있다.

표준화 표준화(standardization)는 부품의 크기, 모양 성능 및 기타의 특징들을 규정하는 과정을 의미한다. 표준화된 부품은 여러 완제품에 사용됨으로써 부품 설계시간의 절감, 부품의 대량생산과 구매로 인한 비용절감, 구매와 자재취급의 용이, 품질검사노력의 절감 등의 효과를 가져올 수 있다. 예를 들어 개인용 컴퓨터에 사용되는 내장형 CD-ROM의 크기를 표준화함으로써 여러 성능의 컴퓨터에 사용되게 한다거나 자동차 타이어의 차종에 따른 표준사이즈의 사용은 조립생산 과정을 용이하게 할 뿐 아니라, 소비자의 관점에서도 제품이 고장났을 때 표준화된 호환성 부품을 이용하여 수리를 쉽게 할 수 있는 장점이 있다. 이러한 표준화는 국가와 산업에 따라서 일관되게 혹은 상이하게 적용되기도 한다. 예를 들어, 가전 제품의 경우 일본의 경우는 110볼트가 표준인 반면, 우리나라에서는 220볼트를 표준으로 규정하고 있다.

여러 제품에 표준으로 사용되기 위해서는 단순화된 부품이 바람직할 것이나, 단순화된 부품이 곧 표준화가 될 수 있음은 아닐 것이다. 표준화의 개념에는 하나의 부품이 다수의 완제품에 사용됨을 전제로 하지만, 단순화는 그 부품이 얼마나 쉽게 생산될 수 있도록 설계하는가가 주안점이기 때문이다.

모듈화 설계 모듈화 설계(modular design)의 기본적인 사고는 제품계열에 있는 여러 가지 상이한 제품에 사용될 수 있는 일련의 기본적인 부품(혹은 모듈)을 설계하는 것이다. 이러한 모듈들은 그 자체로 제품의 한 부분을 구성하기도 하고, 때론 하나의 제품은 이러한 모듈들의 조합만으로 만들어지기도 한다. 모듈화 설계는 각 제품에 사용될 유사기능의 부품을 하나씩 별도로 설계하는 번거로움을 줄일 뿐만 아니라, 생산부서는 제한된 수의 기본 모듈만을 생산함으로써 공정과 장비의 단순화와 효율적인 대량생산이 가능해진다.

Swatch사의 시계는, 손목밴드, 시계바늘, 시계 판, 내장부품들이 모듈로 설계되어 있다. 각 모듈의 크기를 고정시키는 반면 소비자들에게 보여지는 손목밴드, 시계바늘, 시계 판의 여러 가지 디자인을 개발하여 조합함(mix and match)으로써 소비자에게는 기호에 따른 다양한 선택을 주는 동시에 낮은 부품다양성을 가능하게 한다. 예를 들어, 3가지 디자인의 손목밴드, 3가지 색상의 시계바늘, 3가지 디자인의 시계 판은 3×3×3=27종류의 높은 제품다양성을 가능케 해준다. 이러한 모듈화 설계는 자동차 설계에도 많이 이용되어 Toyota, Honda 등의 회사들은 하나의 차대 위에 몇 가지 다른 디자인의 차체를 올리는 방법으로 제품다양화를 추구하고 있다.

모듈화 설계는 제품설계에 대한 사고를 근본적으로 변화시킬 수 있는 방법을 제공한다. 각각의 제품을 별도로 설계하는 대신 표준부품 모듈을 이용하기 위해서는, 제품간의 기능적 유사성이 적절히 고려되어 모듈들이 제작되어야 하며, 일단 모듈들이 구성된 뒤에는 제품간의 차이점이 잘 드러날 수 있도록 표준모듈 이외 부분에 대한 세심한 설계가 요구된다.

제품을 개발하는 일상적인 방법은 제품계열 내에 있는 다른 제품들에 대한 많은 관심을 기울이지 않고 각 제품을 별도로 설계하는 것이다. 그러나 이렇게 함으로써 각각의 개별제품은 최적화되지만, 전체로서의 제품계열은 최적화 되지 않는다. 모듈화 설계는 제품계열에 대한 보다 광범위한 고찰을 가능케 하고, 불필요한 설계노력과 제품 개발비를 줄여 줄 수 있는 장점이 있다.

제 3 절 제품설계과정의 개선

제품설계는 마케팅전략, 생산성, 수리속도 및 제품원가 등에 커다란 영향을 미친다. 특히 제품의 생산원가는 60~80%가 설계과정에서 결정된다고 볼 수 있는데, 필요이상으로 복잡한 설계는 제조과정에 부담을 주어 생산원가를 올리게 된다. 또한 소비자에 대한 이해가 충분치 않아서 잦은 기능설계의 변경이 일어난다든가, 생산기능에 대한 고려가 충분치 않아 잦은 생산설계의 변경이 일어난다든가 하는 경우에는 전반적인 제품개발 일정과 비용에 막대한 차질을 초래할 뿐 아니라 품질의 통제도 어려워져서 소비자로부터 외면당할 가능성이 높아지게 된다. [그림 6-3]은 제품설계 단계에서 설계를 변경한 두 기업을 비교한

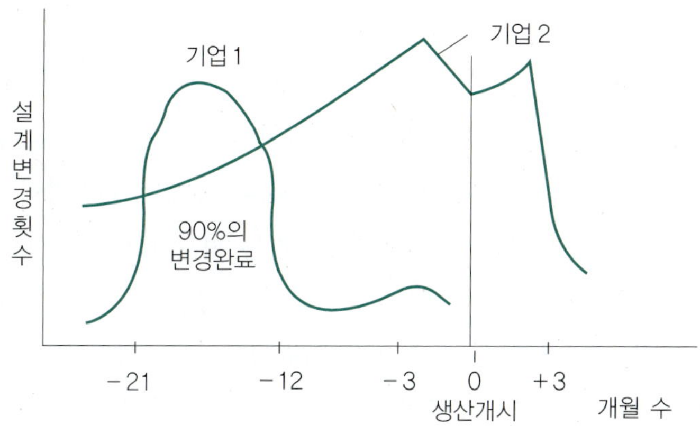

| 그림 6-3 | 두 기업의 설계변경에 대한 분포의 비교

것이다. 기업 2의 경우에는 설계변경의 90%가 생산활동이 시작되기 1~3개월 전과 생산활동이 시작된 이후에 다시 발생했다. 이들 두 기업을 제품 개발비용과 시간의 관점에서뿐만 아니라 제품의 시기적절한 시장 출시와 그에 따른 시장의 선점 효과에서 보면 기업 1이 기업 2보다 효율적임을 알 수 있다.

1970년대와 80년대에 미국기업들이 제품개발과 관련해서 겪었던 문제는 순차적 설계과정(sequential design process) 그 자체와 과정에서의 그릇된 시행에서 비롯되었다. 순차적 설계과정은 제품개발의 단계가 마케팅, 엔지니어링, 그리고 생산부서로 순차적으로 넘어간다는 개발방식이나 각 부서들이 효과적인 의사소통 없이 분리, 운영되어 마케팅이 파악한 소비자의 기호가 설계자에 적절히 전달되지 못하고, 설계자는 생산현장을 적절히 이해하지 못하고 설계를 함으로써 제품개발이 비효율적이 되고 반복되는 설계변경으로 비용과 시간이 증가하는 부작용이 있었다. 이러한 현상은 제품의 수명주기가 점차 짧아지고 소비자의 기호가 다양해지는 기업환경에서 다양한 제품을 자주 개발하여야 하는 기업의 입장에서는 치명적인 것이다.

따라서 전통적인 순차적 설계과정을 개선시키기 위해서는 의사결정과정 및 그 과정에 참여하는 사람을 재구성해야 하고, 순차적 설계과정에서 각 기능 부서들을 분리시켰던 벽은 제거되어야 하며, 새로운 협력관계 및 상호작용이 이루어져야 한다. 따라서 본 절에서는 순차적 설계과정의 문제점과 한계를 극복하고 설계과정을 개선시킬 수 있는 접근방법들을 소개하고자 한다.

1. 가치분석

기업이 경쟁력을 유지하기 위해서는 현재 생산하는 제품이나 서비스를 지속적으로 향상시킬 필요가 있다. 가치분석(value analysis; VA)은 불필요하게 원가를 유발하는 요소를 제거하고자 하는 체계적인 방법이다. 즉 가치분석이란 제품의 기능적 요구조건을 충족시키는 범위 내에서 비용 효율성이 높은 재료나 부품을 사용하거나 생산 · 조립과정을 단순화하여 생산원가를 절감하고자 하는 노력이다. 예를 들어, 개인용 컴퓨터에 있는 하드 드라이브의 케이스의 용도가 내장부품의 보호라면 비싸고 무거운 철제케이스가 아니더라도 적절한 강도의 플라스틱으로도 충분히 그 목적을 이룰 수 있을 것이다.

원가와 가치 사이에는 중요한 차이가 있다. 원가는 제품 혹은 서비스를 만들기 위하여 사용된 자원의 화폐의 절대적 개념인 반면, 가치는 주관적인 것으로 제품이나 서비스의 유용성에 대하여 소비자가 인지하는 정도이다. 가치는

표 6-1 가치분석적 접근방법

1) 상대적으로 높은 비용과 대량으로 구입하는 품목을 선택하라. 이 품목은 부품이나 자재일 수도 있고 서비스일 수도 있다.
2) 품목의 기능을 파악하라.
3) 다음 질문에 답하라.
   ① 그 품목은 반드시 필요한가?
   ② 그것은 가치를 제고시키는 데 기여하는가?
   ③ 그 품목은 유용하게 사용되는가?
   ④ 사용목적을 충족시키면서 그 품목보다 더 적당한 구매가격의 제품은 없는가?
   ⑤ 그 품목이 요구되는 정도보다 더 많은 용도를 가지고 있는가?
   ⑥ 그와 유사한 품목이 재고로 남아 있는가?
   ⑦ 무게를 줄일 수 있는가?
   ⑧ 더욱 엄밀한 허용오차가 필요한가?
   ⑨ 공정마무리가 잘 되어 있는가?
   ⑩ 당신 스스로 그 품목보다 더 저렴하게 만들 수 있는가?
   ⑪ 포장비용을 줄일 수 있는가?
   ⑫ 비용을 줄이기 위한 제안을 공급자에게 요청하는가?
   ⑬ 다른 공급자가 더 좋은 조건으로 그것을 제공하는가?
   ⑭ 더 좋은 조건으로 그것을 구입하는 사람이 있는가?
4) 위의 질문에 대한 대답을 분석하여 구매결정에 참고하라.

소비자가 제품으로부터 얻는 효용 대비 소비자가 지불해야 하는 가격이라 한다면, 제품의 가치는 동일한 가격으로 고객의 효용을 증가시켜 주거나, 동일한 효용을 낮은 가격으로 제공함으로써 향상될 수 있다. 이것은 가치에 공헌하지 못하는 불필요하거나 값이 비싼 기능을 제거함으로써 이루어진다.

〈표 6-1〉에는 기업의 구매과정에 있어 가치분석을 하기 위한 체크리스트가 설명되어 있다.

사례 제품개발에 있어서의 동시공학적 접근

휴렛 팩커드사는 최근 제품개발시간을 2/3 정도 단축시켰다. 보잉사는 777여객기를 설계하는데 이전의 767 개발 때보다 1년 반이란 기간을 단축하였다. 존 디르사는 신형 건설장비를 개발하면서 기존의 개발비용을 30%정도 절감할 수 있었고, 개발시간도 60% 가량 단축시킬 수 있었다. AT&T사는 5ESS 전자전환시스템을 개발하면서 예상개발시간을 50% 단축하는 데 성공하였다. 멀티미디어 인터네트워킹 제품을 생산하는 시스코시스템은 1989년 2백70만 달러의 수입을 1990년에는 7백만 달러로 2.5배 이상 증가시켰다.

이상의 놀라운 성과를 가져온 기업들의 한 가지 공통점은 제품개발과정에서 동시공학의 접근방법을 도입하여 실시하였다는 것이다.

2. 동시설계

동시설계(concurrent design)는 의사결정이 개별 부서에 의해서 이루어지는 순차적 설계과정을 설계팀에 의해 동시에 이루어지도록 하는 설계과정으로 변화시킨다. 동시설계는 제품설계와 공정설계를 마케팅, 엔지니어링, 생산 부서간의 공통의 활동으로 통합하고자 하는 개념이다. 오늘날 이러한 개념은 동시 공학(concurrent engineering; CE)으로 알려져 있다. [그림 6-4]는 기존의 제품 개발 과정인 순차적 방법과 CE의 차이점을 보여주고 있다.

CE는 제품의 설계, 기술, 생산, 마케팅, 서비스 등의 전과정을 거쳐 서로 다른 부서로부터 다기능 팀(multi-functional team)을 구성하고, 팀웍을 중시하며 함께 협력하는 제품개발 방식이다. 마케팅은 소비자조사를 통해 파악된 제품기능의 정확한 설명을 설계담당자에 전달하여 주고 기술 담당자는 파악된 기능이

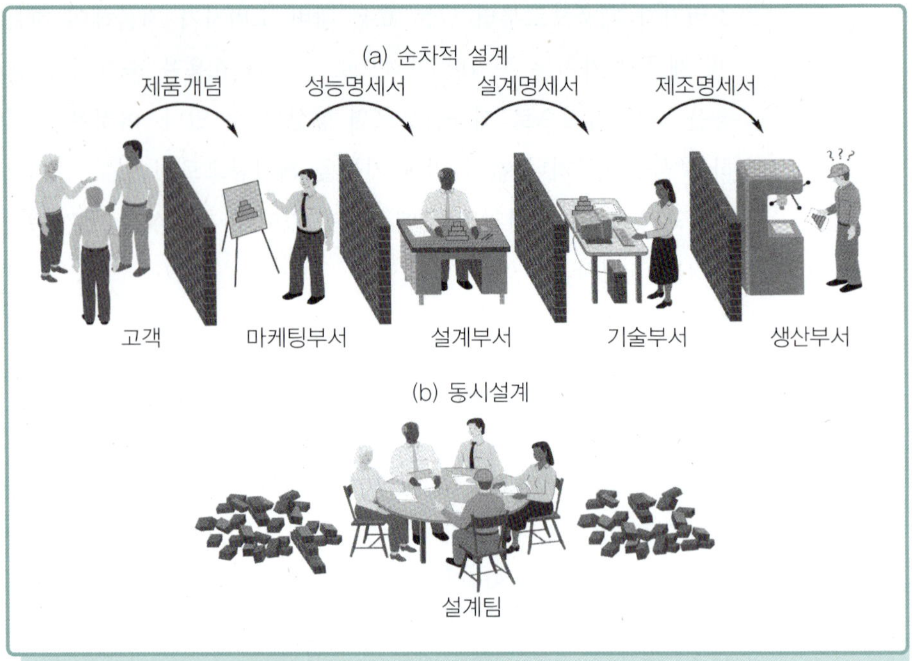

| 그림 6-4 | 순차적 설계와 동시설계의 비교

현재의 기술로 실현 가능한 것인지 검토하고, 만일 가능하지 않다면 기술 개발 계획을 수립하여 차세대 제품개발 계획에 포함시키는 한편 현재로서 가능한 기술적 대안을 제안하여 마케팅부서의 이해와 협조를 구한다. 이를 통해 마케팅부서는 장 · 단기 마케팅전략을 수립할 수 있다. 다른 한편으로 마케팅부서가 파악한 새로운 디자인, 혹은 기능이 기술적으로는 가능하다하더라도 생산라인에서 비용이 지나치게 높은 경우 높은 가격으로 시장성을 잃을 수 있다. 이 경우 생산부서가 설계단계에서부터 참여하여 필요한 정보를 제공함으로써 제품설계의 타협점을 모색한다면, 높은 시장성이 있는 디자인이나 기능의 효과적인 첨가를 위한 생산기술의 개선을 제품개발 초기단계에서부터 고려할 수 있게 된다. 그렇게 함으로써 신제품출시가 보다 예측가능해지며, 생산 및 서비스에서의 원가를 낮출 수 있다. 또한 구매부서는 낮은 원가로 부품과 자재가 조달될 수 있도록 조달계획을 사전에 수립할 수 있다.

전통적인 순차적 설계에서는 [그림 6-4]에서 볼 수 있는 바와 같이, 설계부서에서 제품의 설계, 검사, 원형개발이 이루어진 후에야 다른 부서들의 의견이 반영되므로 문제점이 조기에 발견되지 못하는 경우 설계가 수정되어야 하는 하는 등 효과적인 개발과정이 유지되기 어렵다. 이에 반해 CE의 가장 큰 장점은

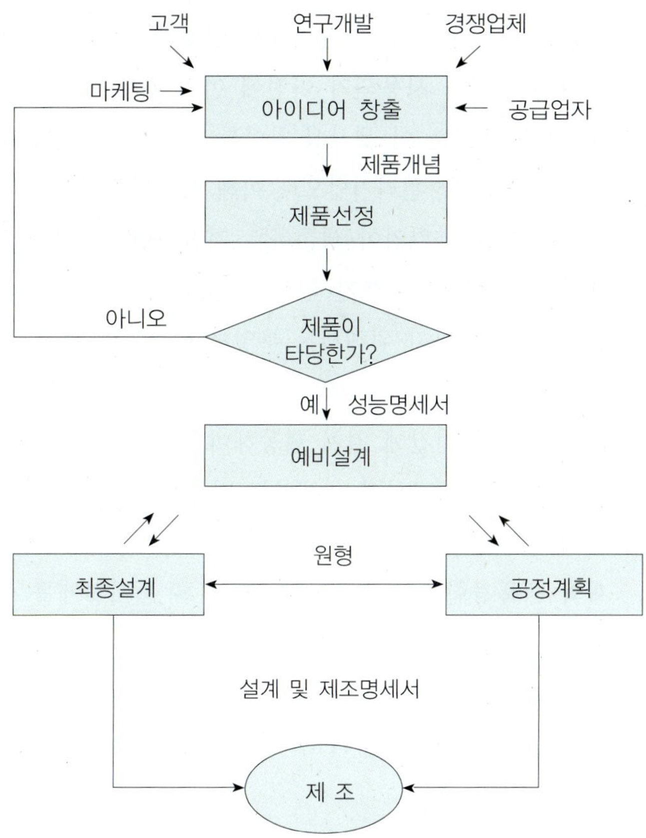

| 그림 6-5 | **동시설계의 과정**

전반적인 제품개발과정을 단축시킨다는 것이다. 이는 제품의 설계단계에서부터 가능한 한 빨리 기업의 자원과 설계, 개발, 생산, 마케팅 및 서비스의 경험을 적절하게 반영함으로써 제품개발 시간의 단축, 비용절감, 품질향상을 동시에 달성하면서 성공적인 신제품을 개발하고자 하는 것이다. 따라서 CE는 성공적인 신제품 개발에 특히 중요하다. CE가 종래의 순차적 개발방법보다 주목을 받게 된 이유는 순차적 개발방법이 더 이상 변화하는 기업환경에 적합하지 않기 때문이다. 새로운 기업환경에서는 새로운 기술의 개발이 빠른 속도로 이루어지고 소비자의 기호 또한 빠른 속도로 변하여 기존제품의 수명주기가 점차 짧아지고 있다. 순차적 개발방법은 본질적으로 시간이 오래 걸리기 때문에 1년 단위로 신제품이 출시되는 환경하에서는 그 효용이 급격히 떨어진다.

1980년대 중반에서 후반에 이르기까지 일본의 자동차 제조 기업의 신형 차

개발 및 생산기간은 미국의 기업의 1/2정도였으며, 이로 인한 양국의 자동차 산업은 품질과 비용, 다양성에서 엄청난 차이가 있었다. 실제로 일본 기업들은 CE라는 용어가 사용되기 이전에 이의 개념을 경영에 도입하여 실시하고 있었다. CE의 용어는 이 생산성 차이를 체계적으로 설명하기 위하여 사용되고 이제는 제품개발 및 관리기법으로 이해 사용되고 있다.

제품개발은 기업이 생존하는 기간동안 지속적으로 이루어지는 과정이므로 CE가 기업문화의 일부가 되도록 하는 전사적 · 전략적 노력이 필요하다. 성공적인 CE를 달성하기 위해서는 무엇보다 팀웍이 주요하며 모든 정보의 공유에 가치를 두어야 한다. 각각의 부서는 제품이 고객의 요구를 반영할 수 있도록 제품수명의 전 기간에 걸쳐 협동해야 한다. 서로 다른 여러 기능 부서간의 효율적인 팀웍을 조장하기 위해서는 가능한 한 빠른 시간 내에 구체적인 공통목표를 설정하는 것이 필요할 것이다. 그 목표는 진보적이지만 실현 가능하면서, 현재의 제품경험에 기초해야 한다. 비록 동시설계를 이용한다 하더라도, 제품을 설계하고 개발하는 것은 많은 과업이 병렬적으로 수행되어야 하는 길고 복잡한 과정이다. 따라서 그 과정에서 일어나는 수많은 상호 관련된 의사결정을 체계적으로 관리하기 위해 PERT/CPM과 같은 프로젝트 일정 기법이 이용된다.

3. 품질기능 전개

(1) 품질기능 전개의 의의

신제품의 개발과정은 여러 가지 기법을 통해서 촉진된다. CE가 부서간의 의사소통을 제품개발 초기단계에서부터 하고자 하는 노력이라면 품질기능 전개(quality function deployment; QFD)는 이러한 의사소통 노력을 원활히 하는 기법으로 이해될 수 있다. QFD는 고객의 요구가 기술적 특성과 연결되어 기업의 각 부서에 전달될 수 있도록 하는 기법이다.

QFD는 1972년 일본의 미쯔비시 고베 조선소에서 개발되었으며, 1978년에 도요타사와 이의 공급업체들에 의해 계속적으로 사용되고 발전되어 왔다. 특히 전자, 가전, 의류, 장비 및 서비스산업에서 널리 이용되고 있다. QFD는 어떤 유형의 제품설계에도 적용이 가능하며 종종 신제품 도입에도 사용된다.

QFD는 고객의 요구를 설계 및 생산에 이용될 수 있는 기술적 특성으로 전환하는 데 유용하도록 발전되어 왔다. QFD의 기본적인 설계구도는 품질의 집

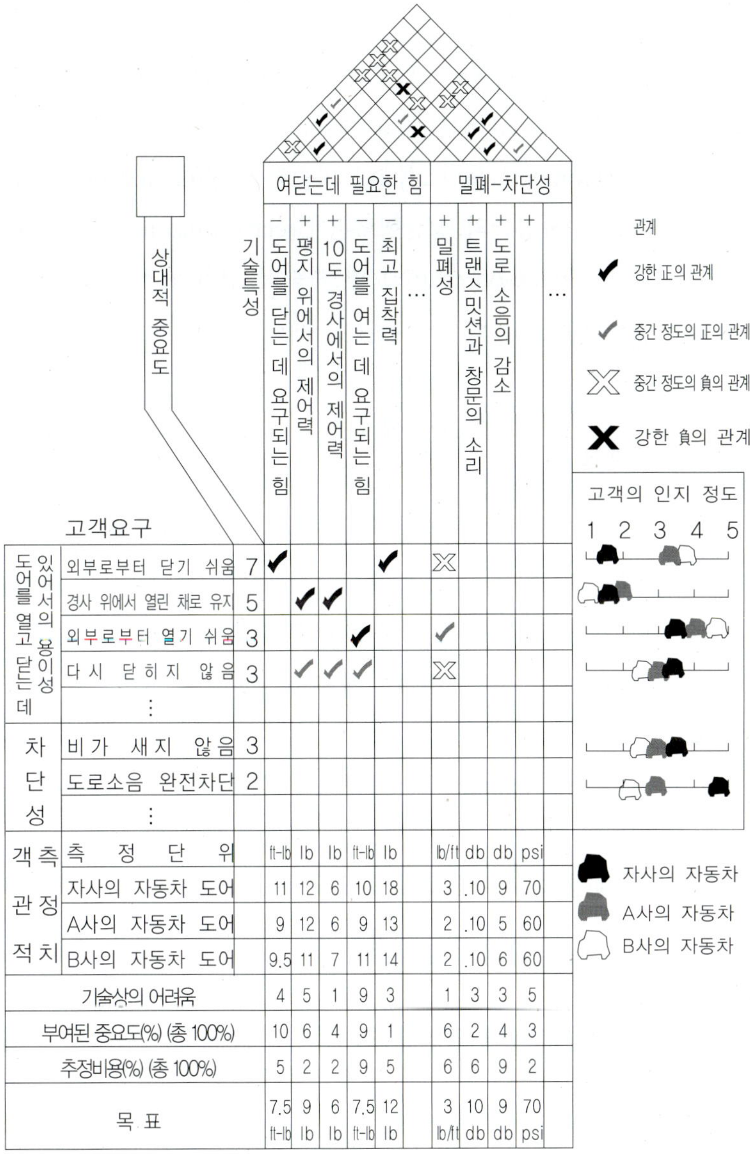

| 그림 6-6 | **품질의 집**

(house of quality)으로 자동차 도어의 설계를 다루는 한 예가 [그림 6-6]에 제시되어 있다. 품질의 집은 행렬의 형태인데, 행렬의 왼쪽에는 마케팅부서에 의해 파악된 고객의 요구를 나열하고 행렬의 위쪽에는 기술적 특성을 나열한다. 행렬의 안쪽에는 고객의 요구가 각각의 기술적 특성과 어떠한 관련이 있는지 나타내는 기호가 표시된다. 어떤 하나의 기술적 특성이 여러 가지의 고객요구

와 관련을 가질 수도 있고 혹은 하나의 고객요구가 여러 기술적 특성과 관련이 있을 수 있다.

[그림 6-6]에서 보는 바와 같이 품질의 집은 크게 보면 여섯 가지의 기본적인 부문 즉 고객요구(customer requirements), 자사제품에 대한 고객의 경쟁력 평가(competitive analysis), 기술적 특성(engineering characteristics), 고객요구와 기술적 특성간의 상관행렬관계(relationship matrix), 기술적 특성들 간의 상쇄관계행렬(trade-off matrix) 및 기술적 평가와 설계목표(technical assessments and design targets)로 구성된다.

고객요구 집의 왼쪽에 나열된 고객 요구부문은 QFD의 시작으로서 전체적 과정을 이끌어 나간다. 이들은 시장조사에서 밝혀진 바와 같이, 고객의 관점에서 고객에게 중요시되는 제품의 속성을 나열한다. 속성은 설계에 반영되어야 하는 고객의 요구사항으로서 시장조사를 통해 드러난 소비자들의 여러 가지 크고 작은 요구를 나타낸다. 이러한 요구들은 그 내용이 다양하고 장황할 수 있으므로 유사성에 따라 몇 가지 그룹으로 모아질 수 있는데, "도어를 열고 닫는 데의 용이성", "외부로부터의 차단성" 등은 각 그룹을 대표하는 주된 요구(primary requirement)라 할 수 있다. 주된 요구와 연결지어서 좀더 구체적인 부차적 요구(secondary requirement), "외부로부터 열기 쉬움," "경사에서 열린 채로 유지" 등을 열거할 수 있는데 요구들이 더욱 구체적으로 파악될수록 요구의 해결에 필요한 제품의 속성과 기술적 특성이 보다 명확히 이해될 수 있을 것이다. 집의 굴뚝은 고객이 각 속성에 대해서 부여하는 가중치 혹은 상대적 중요도를 나타내며 상대적 중요도는 설계의 우선순위를 결정하는 자료로 쓰인다.

경쟁력평가 이 부문에서는 경쟁업체에 비해 자사가 현재 얼마나 고객의 요구를 만족시키고 있는가를 평가한다. 집의 오른쪽에는 각 고객요구와 관련해서 경쟁제품에 대한 고객의 인지도를 비교하는 인지도표가 제시된다. 예를 들어 자사제품이 A이고 B, C의 주요 경쟁제품이 있다고 가정해 보자. 고객으로 하여금 각 고객속성에 대해 자사와 경쟁업체의 등급을 5점척도로 매기게 한다. 5점척도에서 5점은 최상의 만족도를 나타내며, 1은 최하의 만족도를 나타낸다. 이 만족도 평가의 결과도 각 속성의 상대적 중요도의 결정에 반영이 되는데 상대적으로나 절대적으로 뒤지는 부분이 설계에 있어 우선순위를 얻게 된다.

제품특성 집의 위쪽 평면에는 고객속성에 영향을 미치는 제품특성이 기술적 용어로 나열된다. 따라서 이를 기술적 특성이라고도 한다. 이 부문에서는 제품 특성을 찾고, 고객의 요구를 보다 잘 충족시키기 위해서 이들 특성을 어떻게 변화시켜야 하는가를 결정한다. 이들 특성을 고객요구와 마찬가지로 그룹화되어야 하며 측정 가능하여야 한다. 집의 아랫 부분에 위치한 객관적 척도는 고객의 인지를 지지하거나 혹은 반박할 기술적 자료를 제공한다. 예를 들어 고객이 자사 제품의 도어가 무겁다고 느낀다면 도어의 무게를 측량해 봄으로써 보다 객관적인 자료를 가지고 설계에 임할 수 있다.

사례 제품과 서비스 설계에의 QFD적용

IBM사는 1992년 1월에 QFD를 이용하여 학교용으로 PS/2 컴퓨터를 개발, 출시하였다. PS/2-25는 초등학교와 중학교 학생들을 대상고객으로 개발되어 그래픽 능력, 메모리, 컬러, 네트워킹 모드를 갖추었다. IBM사는 고객의 요구를 기술적 특성(제품특성)과 비교하여 독특한 모형을 개발할 수 있었다.

설계단계에서 IBM사의 설계기술자들은 2천번의 인터뷰를 실시하였으며, 학교환경을 셀 수 없을 정도로 많이 관찰하였다. 그들은 또한 학교가 훈련과 유지보수를 단순화하기 위해 한 가지로 표준화된 모형을 원하고 있다는 것도 알아낼 수 있었다.

미국의 미시간주에 있는 Grand Valley State University에서는 QFD를 이용하여 기존의 MBA과정을 평가하였다. 먼저 MBA프로그램의 소비자라고 할 수 있는 기업체 임직원, 채용 담당자, 졸업생, 재학생들과의 인터뷰가 이루어 졌는데 이 과정에서 기업체로부터의 강사 초빙, 기업체 사례연구, 학생들의 기업 방문 등을 통한 웨스트 미시간주 소재의 기업들과의 교류 증진, 경제의 국제화측면 부각, 문제 해결과정에서의 팀 접근방식의 강조, 수리 분석능력 향상 등과 같은 제안들이 조사되었다. 이러한 제안들은 교수들과 재학생들에 전달되어 각각의 제안들이 어떻게 MBA과정에 반영될 수 있는지 분석되었다. 이러한 분석의 결과는 교과목 개편 위원회를 통한 필수 및 선택과목들의 조정과 MBA프로그램의 개편방향의 설정으로 이어졌다. 마지막으로 교과목과 프로그램의 개편방향은 미국 경영대학의 인준에 관한 심사기준들과 비교 분석됨으로써 그 타당성이 검증될 수 있었다.

상관관계행렬 집의 중간부분에 위치한 행렬은 고객속성과 제품특성간의 상관관계(+ 또는 −)를 나타낸다. 이러한 정보는 어떤 고객 속성이 다른 속성과 기술적으로 상충될 경우에 이에 대응하여 설계변경을 조정하는 데 유용하다. 예를 들어 현재의 기술로는 도어의 밀폐성을 향상시킬 경우 도로소음을 감소시킬 수 있으나 도어가 빽빽하게 느껴지면서 외부로부터 문을 닫기가 어려워질 수 있다. 따라서 이 두 고객요구를 동시에 향상시킬 수 있는 기술적 방법을 개발하거나 혹은 절충을 하는 등의 대안을 논의할 수 있다. 이 부문에서는 제품특성에 대한 철저한 이해와 많은 문제를 고려해야 하기 때문에 행렬을 완성하기가 어려울 수도 있다. QFD는 문제해결의 최적 해를 찾는 기법이 아니라 고객으로부터 정보를 얻어내고, 이를 마케팅과 기술부서간의 협력을 통해 고객만족 향상에 효과적으로 사용하는 데 유용한 기법이다.

제품특성의 상관관계행렬 집의 맨 위쪽 지붕은 제품특성간의 상쇄관계에 관한 정보를 제공하는 행렬이다. 하나의 제품특성을 향상시키는 일은 다른 특성에 긍정 또는 부정적인 영향을 미칠 수 있다. 예를

사례 미국과 일본에서의 QFD 적용현황

일본과 미국에서의 QFD 적용현황을 파악하기 위한 설문조사에 따르면 설문조사에 참여한 일본과 미국회사 중에서, 각각 31.5%, 68.5%가 QFD를 제품개발에 사용하고 있다고 답하였다. 가장 활발히 사용되는 업종은 자동차와 가전제품이었으며. 미국의 경우에는 항공기 제작에도 QFD를 사용하는 등 활발한 적용현황을 보이고 있었다. 주된 사용이유를 묻는 질문에는 보다 나은 제품 제작, 소비자 만족, 내부 의사소통의 촉진, 제품개발 시간의 단축 등을 대부분의 회사들이 지적하였다. 대부분의 경우 각 부서에서 차출된 인원들이 QFD 팀을 구성하였으며, 이 팀들은 10명 이하의 인원으로 구성되어 한번에 2시간 혹은 그 이하의 시간을 회의에 사용하고 80% 이상의 결정이 팀에 의해 이루어지고 있었다. QFD 사용에 있어 두 나라간의 차이점은 일본 기업은 기존 제품의 개선에 주로 사용하는 반면 미국기업들은 신제품의 개발에 보다 많이 사용하고 있었으며 보다 빈번한 팀 미팅을 통해 의사결정을 해나가고 있었다.

— "Comparison of QFD Status in Japan and the U.S." Proceedings of the JSQC 25th Anniversary 52nd Research Presentations, June 1, 1996, pp. 1-4.—

들어 도어를 여는 데 필요한 힘을 줄이는 기술적 노력은 도어를 닫는 데 필요한 힘도 동시에 줄여 줄 수 있다. 반면에, 비를 효과적으로 차단하기 위해서는 창문여닫이에 필요한 동력을 증가시켜야 하는데 이는 도어를 무겁게 하여 도어 여닫이를 쉽게 하기 위한 기술적 노력을 어렵게 할 수 있다. 이러한 상쇄관계는 (+)와 (−)부호를 이용하여 지붕에 표시하게 된다.

기술적 평가와 설계목표 집의 맨 아랫부분에는 원가, 난이도 및 중요도 등과 같이 설계의 목표치를 결정하는 데 있어서 중요시되는 요소들이 제시된다. 이러한 요소들과 더불어 자사와 경쟁업체간의 현재 제품특성이 측정 비교되고, 이를 통한 새로운 설계의 목표치가 측정 가능한 값으로 나타내어진다.

(2) 운영 특성으로의 연결

기업은 품질의 집의 첫 단계를 완성함으로써 고객을 만족시키기 위해서 어떻게 제품특성을 변화시켜야 하는지 알게 된다. 또한 변화되어야 하는 제품특성들은 새로운 명세서의 작성을 통해 조직 내부로 전달되어야 하는데 이 전달과정은 고객의 요구(voice of customers)를 이행하기 위한 조직의 일치된 행동으로 연결될 수 있어야 할 것이다.

QFD과정은 여러 단계를 걸쳐 진행될 수 있다. 지금까지의 품질의 집은 첫번째 단계이며 가장 중요하다. 품질의 집에서 얻어진 새로운 목표치가 보다 더 구체적인 분석 없이도 달성 가능한 경우, QFD는 여기에서 멈추는 것으로 충분할 것이다. 그러나 제조기업의 경우 대부분의 목표치는 구성품이나 심지어 그 구성품을 생산하는 공정의 설치를 위하여 훨씬 더 많은 분석이 필요하다.

[그림 6-7]은 QFD과정에서 품질의 집의 다음 단계로 진행되는 과정을 설명하여 주고 있다. 일반적으로 QFD의 두번째 단계는 제품이나 서비스의 부품 및 구성품을 첫 단계에서 얻어진 목표치와 연결시킨다. 그 목적은 구성품의 기술적 측정치가 첫번째 단계에서 이해된 제품특성을 충족시키도록 하는 것이다. 이 과정을 통해서 제품설계자와 부품 담당자간의 의사교환이 일어나게 되고 첫 단계에서 이해되었던 고객의 요구가 부품담당자에게까지 전달되는 것이다. 두번째 단계에서도 각각의 부품이 달성해야 할 목표치가 설정되면 이 정보는 다음 단계인 공정담당자에게 전달될 것이다.

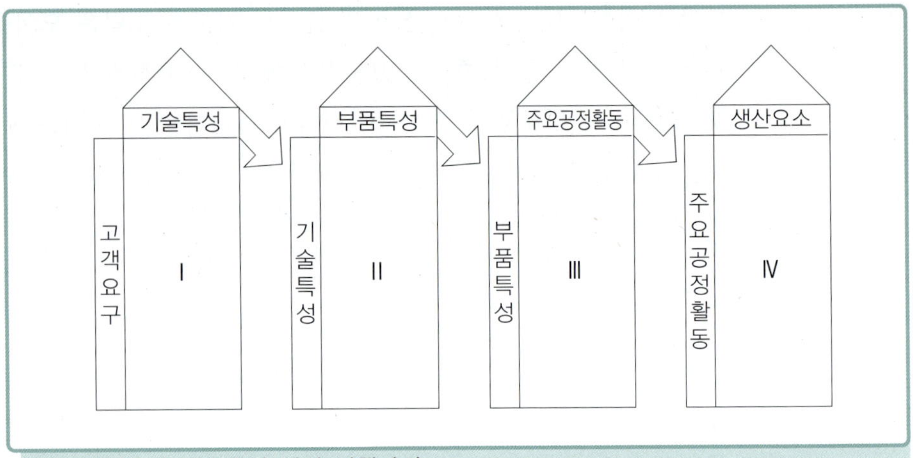

| 그림 6-7 | 품질의 집의 진행과정

공정특성 행렬은 새로운 부품과 구성품을 제조시스템의 성과측정치와 비교한다. 그 목적은 제조시스템이 새로운 특성을 충족시킬 부품과 구성품을 생산하여 전달할 수 있는가를 검토하는 것이다. 이 세번째 행렬의 결과는 구성품의 목표치를 충족시키는 새로운 제조공정의 개발이다.

마지막으로 공정특성 행렬에서 결정된 제조시스템의 명세서는 이 시스템에 투입될 생산요소들의 검토로 이어진다. 새로운 기계나 작업 수행방식이 필요한지의 여부도 검토, 결정될 것이다.

품질의 집은 필요에 따라 추가적으로 전개될 수 있다. 예를 들어 생산요소의 목표치가 설정되면 이를 조달하는 납품업자와의 사이에서도 행렬을 구성하여 고객의 요구를 납품업자에게까지도 연결시킬 수 있을 것이다. 지금까지 살펴본 바와 같이 품질의 집은 고객의 요구뿐만 아니라 각 관련 부서간의 이해와 요구가 조직 깊은 곳까지 전달되어 조직의 일치된 행동을 이끌어낼 수 있는 유용한 관리기법이라 할 것이다.

4. 제조용이성 설계

생산설계는 제품설계의 과정에 포함되지만, 그것의 중요성에 비해서 상대적으로 덜 강조되고 있는 부분이다. 제품설계단계에서 생산설계부분을 강조하는 새로운 기법 및 도구가 필요하다. 제조용이성 설계(design for manufacturability; DFM)는 제품의 생산이 용이하고 경제적으로 이루어질 수 있도록 하는 제품설계를 설명하기 위한 개념이다.

DFM은 제품설계가 제품생산과정 전반에 장기적으로 영향을 미치는 첫번째 단계라는 관점에서 시작한다. 제품설계가 보다 단순하고 쉬운 생산과정을 요구하게 되어 있다면 생산라인의 설치에 보다 적은 비용이 들 것이며 이 낮은 원가는 제품의 수명주기 내내 제품의 시장경쟁력을 높여주는 요인이 될 것이다. DFM은 제품설계가 제품생산과정에 미치는 영향을 미리 고려하여 제조에 용이한 제품 및 설계특성을 확인하고, 제작 및 조립에 용이한 부품을 설계하는데 초점을 맞추며, 제품설계와 공정설계를 통합한다. 커피 메이커 제조회사인 Braun은 저렴한 가격의 커피 메이커를 원하는 소비자를 위하여 폴리프로필렌이란 플라스틱 재료를 사용하여 몸체를 만들고자 하였다. 이 재료는 저렴하고 성형성은 높지만 자칫하면 저급품의 이미지를 줄 수 있고 때로는 거품자국을 남기므로 매끄러운 표면을 만들기는 어려운 단점이 있다. Braun의 디자인 팀은 성형을 담당하는 생산 팀과 협력하여 주름이 디자인된 원통형의 몸체를 개발함으로써 가격경쟁력 있는 커피 메이커를 만들어 낼 수 있었다.

생산설계에 있어서의 단순화(simplification)와 모듈화(modular design)는 DFM을 실현하는 방법들로도 볼 수 있으며, 의류업체인 Benetton이나 컴퓨터 및 프린터 제조업체인 Hewlett Packard는 디자인 변경을 통해 생산순서를 재배치하면서 생산 및 재고비용을 줄일 수 있었다. DFM의 실현은 다양한 아이디어를 통하여 이루어질 수 있는데, 제조부문의 관심사가 설계과정에 고려되도록 하는 설계방법을 개발하고 이용하는 것이 제조용이성의 중요한 요소이다. 제조용이성은 기본개념의 적용상황에 따라 조립용이성(design for assembly), 운송용이성(design for distribution) 등으로 발전, 확장 사용되고 있다.

5. 환경친화형 설계

환경친화형 설계(design for environment)는 재생된 부품을 이용하도록 제품을 설계하거나 소비자가 사용후 회사가 제품을 수거하여 사용 가능한 부품을 손쉽게 재활용할 수 있도록 제품을 설계함을 의미한다. 또한 환경친화형 설계는 불필요한 포장은 최소화하고, 제조, 소비 및 폐기가 이루어지는 동안 자재와 에너지의 소비를 최소화함을 의미한다. 비용의 관점에서도 환경문제가 설계단계에서 빠르게 고려되면 될수록 좋다. 제품수명, 재생가치, 서비스용이성 및 폐기비용 등과 같은 요소들이 소비자의 제품구입에 영향을 미칠 수 있으며, 기업이 부담하여야 하는 환경비용에 영향을 미칠 수 있기 때문이다.

부품의 재활용은 사용주기가 다했다기보다는 신제품의 출시로 인한 폐기가 많은 컴퓨터의 제조업체들에게도 활발하여 Dell과 같은 컴퓨터의 제조업체는 컴퓨터의 몸체부분이 한번의 동작으로 개폐가 가능하도록 디자인함으로써 메모리나 램을 손쉽게 교환 또는 재사용될 수 있게 하였다. 또한 이러한 재활용 부품들을 이용하여 refurbished systems이란 이름 아래 인터넷에서 할인판매하고 있다.

미국기업들은 이미 1990년대 초반에 오염을 예방하고 위험한 자재의 이용을 줄이기 위하여 자발적인 노력을 기울이고 있다. 이는 소비자단체의 압력에 의한 면도 있지만 환경친화적 설계 노력을 게을리하고서는 장기적인 기업성장이

사례 삼성전자의 환경친화형 설계기법

삼성전자는 미국 로드아일랜드 대학교와 공동으로 제품설계 단계에서부터 재활용 등 환경문제를 다룰 수 있도록 고안된 환경친화형 설계기법을 개발하여 전자레인지에 우선 적용키로 했다. 삼성은 이 설계기법을 에어컨, 냉장고, 세탁기 등 자사에서 생산되는 모든 가전제품에 순차적으로 적용하여, 전자제품의 분해, 리사이클링, 제품수명 등 환경관련 요소를 평가하고 개선키로 했다.

이번 설계평가기법은 기초설계 단계에서부터 해당 전자제품의 분해성, 재활용성, 조립성 등이 적절히 고려되었는지를 평가하는 기술이다. 삼성은 이 평가기법을 전사적으로 확대적용해 가전, 정보기기 등 모든 전자제품을 환경친화형으로 설계할 방침이다. 또한 환경영향 평가기법과 연계해 제품의 소재, 생산, 유통, 사용, 폐기에 이르는 각 단계에서 환경에 미치는 영향을 계량적으로 분석하는 '전과정 평가' 제도를 도입키로 했다.

삼성은 환경친화형 설계기술을 시험적으로 전자레인지에 적용한 결과 기존 제품에 비해 제품중량 12% 감소, 분해시간 21% 단축, 조립성 21% 향상, 부품수 24% 감소 등의 효과를 올렸다고 설명했다. 삼성관계자는 "기존 전자제품 설계자들은 제품을 설계할 때 부품표준화나 공정개선 등에만 주력했으나 환경설계 평가기법이 도입되면 이같은 인식이 크게 바뀌게 된다"며 "전자제품의 재활용도를 끌어올리는 데에도 크게 기여할 수 있을 것"으로 전망했다.

— 한국경제신문, 1996. 10. 17. —

불가능하고 나아가 환경을 위한 노력이 궁극적으로 비용절감과 새로운 사업의 기회를 가능케 한다는 적극적 인식이 있기에 가능한 것이다. 또한 환경에 대한 지속적 관심은 ISO 14000(International Organization for Standardization)과 같은 환경 인증의 설치로도 이어져 제품의 설계와 생산에 보다 책임감 있는 기업들을 우대하는 기업환경이 되어가고 있다. 우리나라의 기업들 역시 환경친화형 제품을 개발하는 데 많은 노력을 기울이고 있으며 소비자들 또한 재활용과 환경친화형 제품의 사용에 적극적이 되어 가고 있다.

제 4 절 제품 설계와 개발과정에서의 관리적 고려사항

제품 설계 및 개발과정에서는 제품수명주기, 적절한 자원배분기능 및 제품책임 등과 같은 관리적 측면들이 고려되어야 한다. 따라서 이하에서는 이에 대하여 살펴보자.

1. 제품수명주기의 관리

새로운 제품 및 서비스를 계속적으로 개발, 도입하지 않는 기업은 오늘날과 같은 경쟁상황에서 뒤지게 되고 결국은 도산하게 될 것이다. 특정 제품을 통해 얻을 수 있는 매출액과 이익은 시간이 흐름에 따라 감소할 것이므로, 경영진은 기존의 제품이 절정에 이르기 선에 신제품을 개발해야만 한다. 따라서 제품의 설계, 개발 및 개선에 대한 성패를 결정하는 가장 중요한 요인은 신제품의 시장도입시기라고 할 수 있다. 이와 같은 시기의 중요성에 관한 문제는 일반적으로 제품수명주기를 분석함으로써 잘 인식할 수 있을 것이다.

제품수명주기(product life cycle)는 [그림 6-8]에서 보는 바와 같이 하나의 제품이 신제품으로 출시되어 시장에서 쇠퇴하기까지의 과정을 나타낸다. 제품수명주기는 계획기, 도입기, 성장기, 성숙기 및 쇠퇴기로 구분되며, 각 단계에서의 매출액과 이익의 변화를 보여준다. 따라서 오늘날의 제조기업은 그들이 생산하고 있는 제품이 수명주기상의 어떤 위치에 있느냐를 항상 주시하고 고려해서, 이에 적합하도록 제품을 개선하거나 신제품을 개발해야 할 것이다.

제품계획기에서는 신제품 혹은 서비스에 대한 아이디어가 창출되고 선정되

제품수명주기의 세번째 측면은 제품개발전략 그 자체와 관련된다. 즉 제품수명주기는 제품개발의 빈도, 제품개발 및 시장도입의 시기, 제품개발주기의 길이, 설계변경지시의 빈도 및 시기 및 신제품의 부품의 공유 가능성 및 타당성 등에 영향을 미치는데, 이러한 요소들은 모두가 생산공정기술에 대해서도 상당한 영향을 미친다.

요컨대, 제품수명주기 개념은 시간의 변화에 따른 제품변화와 다양한 시점에서 적시에 개발 가능한 시장을 동시에 고려할 수 있는 틀을 제시해 준다. 또한 제품과 시장의 변화에 따라서 제품개발부서와 생산부서의 활동을 관리하는 우선 순위를 변화시킬 필요성을 강조한다. 그리고 이들 우선순위는 현재 사용되고 있는 공정기술에도 중대한 영향을 미친다.

2. 적절한 자원배분기능

신제품을 설계하고 개발하는 데 소요되는 자금은 기업의 자본예산(capital budget)으로부터 얻어지기 때문에 이를 위해서는 타당성검사가 반드시 선행되어야 한다. 재무적인 관점에서 볼 때, 이러한 계획으로부터 얻을 수 있는 예상수익은 그 기업이 기대하는 최저수익을 초과해야 할 것이다. 특히 이와 같은 예상수익을 계산하는 데 있어서 고려해야 할 요소는 예정된 정상적인 생산비는 물론 설계 및 개발에 관련된 여러 비용과 시장상황을 포함한다.

설계와 개발작업에 대한 계획은 그 성질상 매우 어려운 과업이긴 하지만 반드시 이루어야 할 과제이다. 일반적으로 제품개발은 다양한 프로젝트들이 모아져 이루어지기 때문에 전략적 차원에서 다루어져야 한다. 그 프로젝트들은 한 가지 제품속성의 개선과 같은 비교적 단순한 것에서부터 차세대 제품에 쓰일 신기술의 개발과 같은 복잡하고 성공 여부가 불확실한 것까지 포함할 수 있다. 전략적 제품개발은 이러한 다양한 프로젝트의 관리를 통하여 지속적인 신상품 개발 및 시장도입을 성공적으로 하고자 하는 것이다. 제품개발 관리자는 자본뿐만 아니라 기술적으로 숙련된 개발인력을 여러 가지 계획에 적절하게 배분해야 하는데, 이들 자원은 양적 · 질적인 측면에서 한정되어 있기 때문에 적절한 배분의 문제는 더욱 중요하다. 나아가 배분의 문제는 현재와 미래간에도 고려되어야 할 문제이므로 하나의 제품개발 과정에서 획득된 노하우는 차세대 제품의 개발과정도 활용될 수 있도록 하는 세심한 계획이 필요하다. 또한 잘 짜여진 제품개발 전략은 생산설비의 무분별한 투자와 재투자로 인한 원가의 부담을 줄여 주어 제품의 가격경쟁력과 기업의 수익성을 높일 것이다.

한편 신제품의 설계 및 개발에 있어서 과대한, 즉 낭비적인 물질적 · 시간적 자원의 배분은 혁신주기를 연장할 뿐만 아니라, 시장에서의 막대한 기회상실을 가져오는 결과를 초래할 것이다. 이와 같은 낭비를 배제하고 관리적인 통제를 강화하기 위해서는 그 제품개발 계획에 대한 시간적 · 비용적 산출치의 표준을 설정하는 것이 매우 유용하다. 왜냐하면 현실성이 있는 표준치는 여러 가지 계획과 관련된 자원배분의 유효성을 개선하는 데 매우 효과적이며 이는 효과적인 통제를 위한 기초를 제공할 수 있기 때문이다.

3. 제조물책임

제조물책임(product liability)이란 제품의 생산 · 유통 · 판매 등 일련의 과정에 관여한 자가 그 제품의 결함에 의하여 야기된 생명 · 신체 · 재산 및 기타 권리에 대한 침해로 인해 생긴 손해에 대해서 최종소비자나 이용자 또는 제3 자에 대해 배상할 의무를 부담하는 것을 의미한다. 제조물책임은 제품의 결함으로 인하여 신체상 · 재산상의 손해가 발생한 경우에 그 책임을 추구하는 문제이다. 이러한 제조물책임은 결함의 개념과 유형에 따라 설계상의 결함(design defects), 제조상의 결함(manufacturing defects) 및 경고상의 결함(warning defects)으로 구분된다.

제품설계와 관련된 결함은 설계상의 결함으로서, 이는 구조상의 결함이라고도 하며 설계에 따라 제품이 제조되고 소비자가 적절히 사용하였다 하더라도 잘못된 설계 때문에 신체상 · 재산상의 손해가 발생될 수 있는 결함이다. 제조상의 결함은 제조물의 제조 · 관리과정에서 본래의 설계와 다르게 제품이 제조됨으로써 발생하는 결함유형이다. 제조상의 결함은 제품의 품질검사 단계에서 발견되어야 하는데, 이러한 결함이 검사단계에서 제대로 발견되지 않은 경우가 문제이다. 한편 경고상의 결함은 제품 자체에 위험을 내포하고 있지는 않지만 그 사용방법에 대한 적절한 지시내용이 결여되어 있기 때문에 피해가 발생한 경우에 제품에 결함이 있는 것으로 처리하는 결함유형이다.

제조기업은 제품이 그 용도에 적합하도록 사용하거나 혹은 통상적으로 예견되는 용도 이외의 사용에 있어서 위험이 발생하지 않도록 설계하여야 한다. 그리고 설계 또는 계획단계에서 제품의 목적에 적합하지 않은 사용이나 무리한 사용도 고려하여야 한다. 특히 기계제품의 경우에는 소비자의 부주의한 취급을 고려하여야 하며 반드시 그에 대비한 안전장치를 갖추어야 한다.

또한 제조기업은 그 당시의 기술수준에 입각해서 알고 있는 모든 위험방지 가능성을 동원하여 제품을 설계하여야 하는데, 이는 기업이 신제품을 출하함에 있어서 제품의 이용자를 실험의 대상 내지는 희생물로 삼는다는 것은 용납될 수 없기 때문이다.

사례 IBM사의 Proprinter

IBM사의 Proprinter 모델은 동시설계와 제조용이성 설계의 개념들을 바탕으로 하여 제품과 공정을 동시에 개발한 선도적인 예이다.

IBM사가 처음에 Proprinter의 개발을 검토할 즈음에, 개발 특별팀은 대부분이 일본회사인 경쟁업체들이 제조용이성을 위한 설계를 하지 않고 있음을 주목하였다. 경쟁업체들의 제품은 150 내지 200개의 부품으로 조립되었는데, 이러한 부품들은 대부분이 리벳, 스크류, 케이블, 벨트, 스프링 및 풀리 등의 고정장치들이었다. 이렇게 많은 수의 부품은 조립단계의 수를 늘리고, 보다 많은 조립장치를 필요로 함으로써 생산비용을 증가시킬 뿐 아니라 생산과정에서의 고장과 품질의 통제를 어렵게 만들 가능성이 높았다. 특별팀은 고정장치 및 기타의 비실용적 부품의 사용을 감소시킴으로써 보다 신뢰성 있는 제품을 생산할 수 있을 것이라고 생각하고, 제조용이성(이 사례에서는 복잡하지 않은 자동화된 조립이라고 칭함)의 개념을 설계과정에서의 추진력으로 사용하였다. 자동화된 조립생산이라는 설계지침은 새로운 설계문제를 해결하는 데 창의성을 고무시켰다. 설계초기부터 유능한 생산부서의 인력을 포함시킨 다기능팀은 Proprinter의 각 부품을 개발하는 모든 단계에 관여했다. 특별 팀에게 주어진 제품출시까지의 시간이 매우 짧았기 때문에 제품과 그 제품을 생산할 공정을 동시에 개발하는 것 또한 필연적인 것이었다. 이러한 과정을 통해 Proprinter 모델은 고품질의 제품을 정상적으로 필요한 시간보다 훨씬 짧은 기간 안에 개발 생산할 수 있게 되었다.

제조용이성 설계와 동시개발은 IBM사로 하여금 Proprinter에 대한 제품설계를 완전히 새로 고찰하도록 했다. 동시개발, 검사절차와 중복순서의 수정, 예산책임의 수정, 상이한 조직구조, 밀접한 납품업체관계, 구매절차의 수정, 신축적인 기계의 설치 및 기타의 혁신, 이 모두가 IBM Proprinter의 성공적인 개발에 중요한 역할을 했다.

— Target, 1991, pp. 18-24. —

제품을 안전하게 설계해야 하는 제조기업의 의무는 당해 제품에 의하여 야기될 수 있는 모든 예측 가능한 위험에 이르기까지 광범위하다. 따라서 제조물책임과 관련된 문제는 조직 전체적인 관점에서 이루어진 의사결정에 의해 결정되며, 그러한 의사결정을 수행하는 경영자들은 제품안전이나 제조물책임 측면에서 최적 의사결정을 내릴 수 있는 시각과 권한을 갖추고 있어야 한다.

종합사례 GE사의 회전식 압축기

1981년도에 GE사 가전사업부의 시장점유율과 이익은 계속적으로 하락하고 있었다. 그 이유 중의 하나는 이 회사의 기술은 외국의 경쟁업체들과 비교해서 노후하였다는 것이었다. 예를 들어, 냉장고 압축기를 생산하는 데 소요되는 시간이 일본과 이탈리아에서는 25분이 소요되는 데 비해 GE사에서는 65분이 소요되었다. GE사의 높은 노무비를 감안할 때 GE사가 선택할 수 있는 대안은 분명했다. 즉 일본이나 이탈리아로부터 압축기를 구매하거나 보다 우수한 모형을 만드는 것이다.

1983년에 이르러 GE는 1억2천만 달러에 상당하는 신공장을 건설하여 냉장고에 사용될 새로운 회전식 압축기를 자체적으로 생산하고자 하는 결정을 하였다. GE사는 에어컨에 사용되는 회전식 압축기 기술에 대한 수년간의 경험을 가지고 있었으므로 이를 바탕으로 냉장고용 회전식 압축기를 생산하고자 하였던 것이다. 회전식 압축기는 현재 사용하고 있는 왕복식 압축기보다 무게가 덜 나가고, 부품수가 1/3정도 줄어들며, 에너지 효율성이 더 높았다. 또한 공간을 적게 차지함으로써 냉장고 내부에 보다 넓은 공간을 제공하여 고객의 요구를 보다 잘 충족시킬 수 있는 장점이 있었다.

하지만 이에 반대하는 기술자들도 있었는데, 이들은 과거 경험에 비추어 볼 때 회전식 압축기가 열을 빨리 받는다고 주장하였다. 대부분의 소형 에어컨에서는 냉매가 압축기를 식혀줌으로써 그러한 결점이 나타나지 않았다고 하더라도, 대형의 경우에는 뜨거운 기후에서 고장이 빈번했기 때문에 회전식 압축기의 사용을 중단해야만 했던 경험이 있었다.

이러한 일부의 우려에도 불구하고 GE사의 경영층과 설계기술자들은 오히려 다른 문제에 관심이 있었다. 회전식 압축기는 고음의 윙윙거리는 소리를 내기 때문에, 경영층은 이것이 소비자로부터 인정을 받는 데 좋지 않은 영향을 미칠 것이라고 걱정했다. 이러한 문제를 해결하고자 경영층과 고객 검사패널은 많은 시간을 소요했다. 그들이 최종적으로 설계한 압축기는 한 가지의 변화를 제외하고는 에어컨에 사용된 것과 거의 동일했다. 강철과 주철을 사용해 제작되었던 압축기 내부의 부품들은 이제 분말금속으로 생산되도록 설계되었는데 그 이유는 훨씬 더 정밀한 허용오차까지 기계작업이 가능하며, 기계작업비용이 감소되기 때문이었다. 분말금속의 사용은 10년 전에 에어컨에서 시도되었지만 성공하지는 못했던 방법이었으나, 압축기를 설계하는 데 초보자였던 설계기술자들은 이전의 실패를 중요하게 생각하지 않았다. 또한 새로운 설계에서는 핵심부품의 허용오차가 매우 작아야만 했다. 지금까지의 경험으로는 그와 같은 정밀도를 가지고 대량으로 생산하는 것이 불가능했지만, 생산기술자들은 그것이 가능하다고 확신했다.

한편 컨설턴트는 GE사가 이미 냉장고용 회전식 압축기를 출시하고 있는 일본 기업들과 합작투자를 고려해야 한다고 제안했는데, 이러한 아이디어는 경영층에 의해 거절되었다. 또한 과거에 GE사를 퇴직했던 에어컨용 회전식 압축기의 최초 설계자가 컨설턴트로 봉사하겠다는 제안을 하였으나 GE사는 자사가 충분한 기술적 전문성을 확보하고 있다는 이유로 그의 제안을 거절했다.

1983년에 약 6백대의 압축기가 시범 생산되어 5년간의 가동을 가상하고 높은 온도와 압력 하에서 2개월 동안 계속적으로 실험을 하였으나, 단 하나의 결함도 보고되지 않았다. 이에 고무된 GE사는 신제품에 대한 시장조사를 대규모로 실시하는 한편, 2년 동안 현장에서 모형을 조사하고자 했던 원래의 계획을 프로젝트를 완료하기 위한 시간적 압력을 이유로 9개월로 줄였다.

현장에서 부품을 분해하고 검사했던 기술자들은 과도한 열의 발생으로 모터의 부품들이 변색된 흔적들을 발견하였다. 베어링이 마모되면서 발생한 높은 열이 윤활유를 태우는 것처럼 보였다. 하지만 기술자들의 감독자는 이러한 결과를 무시했으며 상위 경영층에게 보고를 하지도 않았다. 검사결과를 평가한 또 다른 컨설턴트는 지난 조사기간 동안에 단지 하나의 결함만이 발견되었다는 사실에 의구심을 갖고 검사조건을 강화할 것을 권장하였으나 이 또한 경영층에 의해 거절되었다.

1986년까지 이사회의 승인을 받은 지 단지 2년 6개월 만에 새로운 공장은 분당 10개의 비율로 압축기를 생산했다. 그 해 말까지 1백만개 이상이 생산되었다. 시장점유율은 증가했으며 새로운 냉장고는 성공한 것처럼 생각되었다. 그러나 1987년 7월에 압축기가 고장났다는 첫번째 보고가 들어왔고 얼마 안 가서 푸에르토리코에서 다른 불량들에 대한 보고가 들어왔다. 9월이 되어서 가전사업부는 압축기에 중대한 문제가 있음을 알게 되었고 12월에는 압축기의 생산을 중단해야만 했다. 1988년에 비로소 분말금속으로 제조된 두 가지 부품의 과도한 마모가 윤활유를 태웠다고 문제를 진단했다. 이로 인하여 1989년에만 비용이 4억5천만달러나 발생했다. 1990년 중반까지 GE사는 거의 110만개의 압축기를 6개의 공급업체로부터 구매하여 대체했는데, 그들 공급업체 중 5개는 외국업체였다.

토 · 의 · 문 · 제

1. 제품개발과정에서 어떠한 요인들이 중대한 문제를 야기했는가? 이것은 누구의 책임인가?

2. 이러한 중대한 문제는 어떠한 방법으로 에방할 수 있었겠는가? GE식 장래를 위해서 배운 교훈은 무엇이었다고 생각하는가?

3. GE사는 무엇을 토대로 경쟁우위를 가져오고자 시도했는가? 그것들이 어떻게 실패했는가?

요 약

• 신제품은 기업의 이미지를 제고시키고, 종업원을 동기 부여시키며, 기업이 성장, 발전하는 데 중요한 역할을 한다.

• 신제품개발은 생산부서에 중대한 영향을 미친다. 왜냐하면 설계된 신제품은 모두가 생산부서에서 생산되어야 하기 때문이다. 따라서 기존의 생산활동 및 생산 능력은 신제품의 개발에 제약을 가져올 수 있다.

• 신제품의 개발과정은 일반적으로 네 가지 단계, 즉 아이디어창출, 제품선정, 예비설계 및 최종설계로 구성된다. 실제로 이러한 과정은 처음부터 끝까지 순차적으로 진행되기보다는 많은 반복과정이 요구된다.

• 최종설계를 위해서 사용되는 일반적인 접근방법에는 단순화, 표준화 및 모듈화설계가 있다.

• 전통적인 순차적 설계과정의 문제점과 한계를 극복하고 설계과정을 개선시킬 수 있는 접근방법으로서 가치분석, 동시설계, 품질기능전개, 제조용이성 설계 및 환경친화형 설계 등과 같은 개념들이 이용된다.

• 제품을 설계하는 과정에서 제품수명주기를 고려해야 한다.

• 제품설계 및 개발단계에서는 새로운 제품을 시장에 얼마나 신속하게 도입시킬 수 있으며 기술혁신에 참가하는 경영 각 분야의 협동유지, 자원배분기능 및 제조물책임 등과 같은 관리적 기능이 요구된다.

용어풀이

• **단순화(simplification):** 제품을 생산하는 데 필요한 부품, 중간조립품 혹은 옵션의 수를 줄이는 활동.

• **표준화(standardization):** 제품의 크기, 모양, 성능 및 기타의 특징들을 규정하는 과정.

• **모듈화설계(modular design):** 여러 가지 상이한 제품에 조립될 수 있는 일련의 기본적인 부품(혹은 모듈)을 개발하는 것.

• **가치분석(value analysis):** 비용효율성이 높은 재료나 부품을 사용하여 생산원가를 절감하려는 기법으로 무조건 저렴한 재료로 대체하려는 것이 아니라 제품의 기능적 요구조건을 충족시키는 범위 내에서 가급적 저렴한 재료를 선택하는 것.

• **동시설계(concurrent design):** 제품의 설계, 기술, 생산, 마케팅, 서비스 등의 전 과

정을 거쳐 서로 다른 여러 부서로부터 다기능팀(multi-functional team)을 구성하고 팀워을 중시하며 함께 협력하는 경영방식.

- **품질기능전개(quality function deployment):** 제품개발시 부서간의 의사소통을 원활히 하는 기법으로서, 고객의 요구를 기술적 특성과 연결시켜 제품에 최종적으로 반영하는 과정을 의미한다.
- **제조용이성 설계(design for manufacturability):** 소비자의 요구를 바탕으로 제조에 용이한 제품-설계특성을 확인하고, 조작 및 조립에 용이한 구성품을 설계하는 데 초점을 맞추며, 제품설계와 공정설계를 통합하는 개념.
- **환경친화형 설계(design for environment):** 재생된 자재를 이용하도록 제품을 설계하고, 재생될 수 있는 자재나 구성품을 이용하고, 폐기보다는 수리가 용이하도록 제품을 설계하며, 불필요한 포장은 최소화하는 설계를 의미.
- **ISO 14000(International Organization for Standardization):** 1996년에 ISO에 의해 제정된 환경인증으로서 환경에 대한 기업의 책임경영, 생산활동에 있어서의 자원 환경친화적 사용, 환경유해물질 배출에 관한 관리와 통제에 관한 지침을 제공하고 있다.
- **제조물책임(product liability):** 제품의 생산, 유통, 판매 등 일련의 과정에 관여한 자가 그 제품의 결함에 의하여 야기된 생명, 신체, 재산 및 기타 권리에 대한 침해로 인해 생긴 손해에 대해서 최종 소비자나 이용자 또는 제3자에 대해 배상할 의무를 부담하는 것.

연 | 습 | 문 | 제

1. 전통적인 순차적 설계과정의 개념과 문제점을 설명하라.
2. 성능명세서, 설계명세서 및 제조명세서 간의 차이점을 설명하라.
3. 신제품 아이디어를 창출하는 방법을 설명하라.
4. 기능설계, 형태설계 및 생산설계의 개념을 간단하게 비교 설명하라.
5. 표준화의 이점은 무엇인가? 표준화를 유지하면서 제품의 다양성을 확보할 수 있는 방법은?

6. 표준화와 모듈화설계의 차이점을 설명하라.

7. 일상생활에서 모듈화설계의 예를 찾아보라.

8. 제조용이성 설계의 개념을 통해서 제품설계를 개선시킬 수 있는 방법을 설명하라.

9. 동시설계의 개념과 이의 장점을 설명하라.

10. 최근에 환경친화형 설계가 중요시되는 이유를 설명하라.

11. 제품수명주기의 다섯 단계를 설명하고, 이를 제품개발과정에서 고려해야 하는 이유를 무엇인가?

12. 품질기능전개의 개념을 설명하고, 제품설계시 이의 혜택을 설명하라.

13. 품질기능전개를 생산관리에 이용할 수 있는 분야는?

14. 제조물책임의 개념을 설명하고, 이것이 오늘날에 중요시되는 이유는 무엇인가?

15. 제품설계 및 개발과정에서 요구되는 관리적 기능에는 어떠한 것이 있는가?

녹색경영시대의
생산시스템운영관리

07

공급능력계획 및 입지선정

학습목표

본 장에서는 다음과 같은 내용의 이해를 목표로 한다.

- 공급능력계획과 입지선정의 의의
- 공급능력의 측정 및 주요개념
- 공급능력계획시 고려사항과 수요관리
- 공급능력계획의 절차 및 조정전략
- 입지선정과정
- 입지요인
- 입지결정을 위한 기법
- 수송법과 수송모형

사례 그린스토어(Green store) 건설

'획기적인 탄소 저감이 가능한 차세대형 친환경 점포를 개발하라!'

국내 유통업체에서 한 번도 시도되어 본적이 없는 아니, 전 세계적으로 그 선례를 찾기 어려운 과제였다. 홈플러스는 그린스토어 건설에 앞서 5가지 컨셉을 구축했다. 첫째, 획기적인 탄소 저감, 둘째 신재생 에너지의 도입, 셋째 에너지 절감, 넷째 자연 생태 공간 조성, 마지막으로 공신력있는 기관으로부터의 친환경 인증이다.

그리고 이 컨셉에 맞춘 최적의 입지조건과 점포 설계 작업이 이루어졌다. 친 환경적인 주변 환경이 갖추어져 있으면서도 또한 유통 점포로서의 경쟁력이 있는 입지를 찾아내야 했다. 서울의 최근접지역인 부천 여월동은 홈플러스가 찾아낸 최적의 장소였다. 뒤로는 숲과 산이, 옆으로는 학교가, 앞으로는 주택 지역이 어우러진 부천 여월동은 그야말로 그린스토어의 입지로 손색이 없었고 마침내 그린스토어 제 1호점의 입지로 선택되었다.

다음은 홈플러스 기존점포들의 탄소 배출량을 분석하고 그 분석 자료를 토대로 최대한 탄소 배출이 저감 될 수 있는 기술과 요소 연구에 착수했다. 그동안 쌓아온 노하우와 다양한 관련 프로젝트 진행을 통해 기존점포 대비 연간 탄소 저감 50%, 에너지 절감 40%가 가능한 공격적인 그린스토어 건설을 목표로 했다.

그린 스토어에는 크게 세 가지로 친환경 요소(Green Initiatives)를 구분해 적용했다. 첫째, 에너지 생산이다. 태양광 발전 시스템, 건물 일체형 태양광 발전 시스템, 풍력 발전, 풍력 및 태양광 하이브리드 가로등이 포함된다. 둘째, 에너지 효율이다. 그린 스토어의 탄소 및 에너지 절감에 가장 큰 비중을 차지하고 있는 이 효율부분은 LED조명, T5 램프, CO_2냉매, 폐열 재활용, 인버터, 조명 디밍 시스템, 중수/우수 재활용 등 다양한 최첨단 에너지 절감 기술이 집약되었다. 마지막으로, 고객이 동참할 수 있는 친환경 요소이다. 사실 국가적인 기후변화 차원에서 바라보았을 때 점포의 탄소 저감보다 더 중요한 부분이 바로 소비자들의 기후변화 대응 필요성 인식 및 동참이다. 그린 스토어에는 고객이 기후변화의 심각성을 인식할 수 있도록 기후변화 전시관이 운영됨은 물론, 점포 쇼핑 시 실체험이 가능할 수 있도록 "자전거 방문 시 그린 마일리지 제공", "2차 포장재 줄이기 캠페인", "냉동 평대도어 설치" 등 다양한 고객 체험형 친환경 요소들이 적용되어 있다.

2008년 10월 말 국내 최초로 한국에너지기술연구원에서 수여하는 판매시설본부 친환경 건축물 최우수 인증을 획득하였다. 현재 그린스토어는 대한민국의 친환경 유통 건축물의 표준을 제시했다는 평가를 받고 있다.

— 녹색성장위원회, 기업의 녹색혁신 사례집, 성신프린팅, 2009년 7월, pp.198-199. —

제 1 절 공급능력계획과 입지선정의 의의

공급능력이란 어떤 공정에 대하여 산출물의 최대산출률을 의미한다. 경영자는 현재와 장래의 수요를 충족시킬 수 있는 공급능력계획을 준비해야 한다. 그래야만 그 기업은 성장과 이익을 창출할 수 있다. 공급능력은 고정비용이 많이 드는 부문이다. 공급능력을 통해 수요충족 여부 또는 시설의 100% 활용여부를 결정할 수 있다. 시설의 규모가 너무 크면 사용되지 않는 부분들이 생길 것이며 이로 인해 추가로 비용이 발생된다. 시설이 너무 작을 경우 고객 또는 전체 시장을 잃을 수도 있다. 따라서 시설규모를 결정할 때 높은 사용률 및 투자대비 높은 수익을 목표로 하는 것이 매우 중요하다.

공급능력계획(capacity planning)은 기업의 공급능력을 장기적인 관점에서 확정하는 것이다. 따라서 공급능력계획은 생산시스템의 구조에 관한 전략적 의사결정을 하는 것이기 때문에 공급능력 의사결정(capacity planning)이라고도 한다. 공급능력 의사결정은 기업의 규모나 형태에 관계없이 매우 중요하며, 기업이 수행해야 하는 일차적 의사결정 중 하나이다.

일반적으로 공급능력을 갖추는 데는 많은 자본이 소요될 뿐만 아니라 공급능력의 소요량이 감소할 경우에는 막대한 손실을 유발할 수 있기 때문에, 공급능력 의사결정은 신중하게 이루어져야 한다. 예를 들어 공급능력을 증가시키기 위해서 새로운 공장을 신축하고자 하는 결정을 한다면, 새로운 공장과 장비에는 많은 자금이 소요될 것이다. 만약 추가적인 공급능력의 요구가 발생하지 않는다면, 과잉공급능력으로 인해서 손실을 유발하는 결과를 가져올 것이다. 품질과 생산성을 향상시킴으로써 공급능력을 증가시킬 수도 있지만, 그러한 향상 역시 추가적인 지출을 수반한다.

공급능력계획의 목적은 기업의 장기적인 경쟁전략을 최대로 지원해 줄 수 있도록 자원 즉 설비, 장비 및 노동력에 대한 전반적인 공급능력수준을 확정하는 것이다. 이와 같이 확정된 공급능력수준은 기업의 수요대응능력, 비용구소, 재고정책 및 관리와 스탭의 지원요구 등에 중대한 영향을 미친다.

공급능력에 대한 정의는 산업에 따라 다양하다. 생산관리분야에서는 산출을 결정하는 요인들을 고려해서 이러한 정의를 수정하는 경향이 있다. 즉 생산관리자는 공급능력을 고찰할 때, 자원의 투입과 제품의 산출을 동시에 고찰할 필요가 있다. 계획을 목적으로 하는 경우에, 실제 혹은 유효공급능력은 생산될 제품에 따라 달라지기 때문이다. 예를 들면 다수의 제품을 생산하는 기업은 일정 수준의 자원을 투입해서 다른 기업보다 한 종류 이상의 제품을 생산할 수 있다.

생산관리자는 공급능력의 시간적 측면을 강조하기도 한다. 이것은 장기, 중기 및 단기의 공급능력계획을 구분할 때 분명히 나타난다. 끝으로 공급능력계획은 생산부서 내의 상이한 계층에 따라서 서로 다른 의미를 갖는다.

한편 공급능력계획을 양(how much)을 결정하는 문제로 분류한다면, 시설물의 입지선정은 생산시스템에서 제설비와 건물을 위치시킬 장소(where)를 결정하는 문제이다. 시설물의 입지선정문제는 신설기업의 경우 실제적인 기업활동의 출발이라고 할 수 있으며, 기존기업의 경우에도 시설물의 입지선정문제는 계속적으로 다루어져야 하는 의사결정문제이다. 왜냐하면 노동력, 원자재, 에너지, 시장수요 등과 같은 요인이 변화함으로써 새로운 입지선정문제가 제기되기 때문이다. 예를 들면 생산요소들의 가격, 수량 및 품질이 변화하는 경우와 인구의 이동이나 시장범위가 변화하는 경우에도 새로운 입지선정문제는 발생한다. 또 기존시설로는 수요의 증가를 충족시킬 수 없을 때 시설확장, 하청, 새로운 시설의 건설을 대안으로 생각할 새로운 시설을 건설하게 되는 경우에는 언제나 입지선정문제가 발생한다.

이러한 시설의 입지선정문제는 기업활동에 있어 중요한 의사결정문제인데, 그 이유는 다음과 같다.

첫째, 입지선정은 미래의 불확실성에도 불구하고 대규모의 자본투자가 이루어지는 장기적 의사결정문제라는 점이다. 오늘날에는 많은 기계와 설비를 이용하여 생산활동이 수행되므로 시설물의 입지가 선정되어 시설투자가 이루어지면 이를 이전한다거나 확장하는 것은 매우 어렵다.

둘째, 시설물의 입지가 선정되면 관계법규, 노동시장, 지역사회, 시장범위 등과 같은 조건들이 반영구적으로 생산시스템에 영향을 미치게 된다. 특히 이러한 문제는 최근에 기업이 외국에서 생산활동을 수행하는 경우가 많아짐에 따라 더욱 중요한 문제가 되고 있다.

셋째, 시설물의 입지선정은 제품의 생산비, 유통비 등에 중대한 영향을 미친다. 예를 들어 입지선정이 부적절하게 되면 수송비, 노동비용 등이 증가할 수 있다.

시설의 입지선정 문제는 매우 중요한 의사결정문제 이므로 입지선정은 보다 장기적 관점에서 전략적 · 분석적으로 이루어져야 한다. 즉, 시설물의 입지선정은 기업전략, 생산전략, 마케팅전략과 밀접한 관계가 있으므로 이와 관련된 전략적 분석이 이루어져야 하고, 이는 이익 · 비용의 관점에서 분석적으로 평가되어야 한다.

의사결정의 유효성 측면에서 보면, 시설물의 입지선정에 대한 문제는 법률적, 경제적, 기술적, 사회적, 정치적 환경의 동적인 변화를 고려하여 경쟁기업과의 경쟁적 위치를 분석하고 이에 따라 정기적으로 검토하는 것이 바람직하다. 이것은 제조시설뿐만 아니라 소비자와 직접 접촉하는 소매점, 은행, 식당 같은 서비스시설의 경우도 마찬가지이다.

제 2 절 공급능력의 측정 및 주요개념

1. 공급능력의 측정

공급능력에 대한 정의는 다양하며, 그 척도 역시 상황에 따라 다양하다. 어떤 시스템이 단위기간 동안에 달성가능한 최대생산량을 그 시스템의 공급능력이라고 할 때, 시스템의 공급능력은 측정기준에 따라 그 값이 다르게 된다. 따라서 공급능력의 측정을 위해서는 척도나 조건이 명확하게 정의되어야 한다.

단일품목을 생산하는 시스템의 경우에는 공급능력의 척도를 결정하는 데 어려움이 없다. 즉 전자제품이나 자동차회사는 대수, 제철이나 제당공장은 톤수를 척도로 사용하면 된다.

그러나 다수품목을 생산하는 시스템의 경우에는 공통적으로 사용되는 척도가 없기 때문에, 시스템의 전체적인 공급능력을 측정하는 데 어려움이 있다. 또한 서비스산업의 경우에도 시스템의 산출량을 측정하는 데 어려움이 있다.

이와 같은 어려움이 있기 때문에 단일품목을 생산하는 시스템의 경우는 산출척도(output)로 공급능력을 측정하고, 다품목을 생산하는 시스템이나 서비스시스템은 산출척도 대신에 투입척도(input) 즉 서비스를 제공하기 위해서 투입되는 자원의 양으로 공급능력을 측정하는 경우가 많다. 예를 들면 병원은 병상수, 항공사는 좌석 수, 식당이나 극장의 경우는 좌석수로 공급능력을 측정할 수 있다.

2. 공급능력계획과 관련된 주요개념

(1) 공급능력이용률

공급능력계획을 수립하기 위해서는 현재의 공급능력과 공급능력이용률을 알아야 한다. 일반적으로 공급능력을 설비의 최대생산량 혹은 공정의 최대산출률이라고 정의할 때, 최대공급능력을 결정하는 방법에는 여러 가지가 있다. 생산관리자는 설계공급능력(design capacity)에 관심을 가지는 경우가 많은데, 이것은 생산설비가 설계되는 시점에서의 목표산출률 혹은 최대공급능력을 의미한다.

다른 일반적인 용어로는 유효공급능력(effective capacity)이 있는데, 이것은 주어진 품질표준, 일정상의 제약, 기계의 유지보수, 노동력의 능력 및 제품믹스 하에서 달성 가능한 최대산출률을 의미한다. 이러한 공급능력은 정상적인 작업조건을 반영해서 설계공급능력을 감소시킨 것이다. 따라서 유효공급능력은 설계공급능력을 초과할 수 없으며 일반적으로 설계공급능력 이하가 될 것이다.

또한 실제공급능력(actual capacity) 혹은 실제산출률(actual output rate)은 유효공급능력 이하가 되는데, 그 이유는 기계고장, 작업자의 결근, 자재의 불량 및 자재 혹은 중간조립품의 고갈 등이 발생하기 때문이다.

한편 기업들은 생산시스템의 효과성을 평가하는 데 유용한 공급능력 측정방법을 사용한다.

$$\text{공급능력이용률} = \frac{\text{실제공급능력(산출)}}{\text{설계공급능력}}$$

$$\text{공급능력효율성} = \frac{\text{실제공급능력(산출)}}{\text{유효공급능력}}$$

이러한 척도는 퍼센트(%)로 표현되며, 분모와 분자는 같은 단위와 기간으로 측정되어야 한다. 공급능력이용률(capacity utilization rate)은 기업이 설계공급능력 즉 최적조업도에 얼마나 근사하게 공급능력을 이용하고 있는가를 나타내 준다. 공급능력효율성은 기업이 생산시스템을 얼마나 잘 이용하고 있는가에 대한 단기 및 중기의 척도로서, 이것을 시스템능률(system efficiency)이라고도 한다.

예제 1

광양공장의 유효공급능력은 주당 175,000 roll이며 지난 주 148,000 roll을 생산하였다. 생산라인은 1주에 7일, 일일 8시간 3교대로 운영된다. 이 생산라인은 시간당 1,200 roll을 생산한다. 이 공장의 공급능력이용률과 공급능력효율성을 구하라.

[풀 이]

설계공급능력 = (7일 × 3교대 × 8시간) × (시간 당 1,200 roll) = 201,600 roll

$$\text{공급능력이용률} = \frac{\text{실제공급능력(산출)}}{\text{설계공급능력}} = \frac{148,000}{201,600} = 73.4\%$$

$$\text{공급능력효율성} = \frac{\text{실제공급능력(산출)}}{\text{유효공급능력}} = \frac{148,000}{175,000} = 84.6\%$$

(2) 최적조업도

공급능력은 달성 가능한 산출률을 의미하지만, 이것은 산출률이 지속되는 기간에 대해서는 설명해주지 못한다. 따라서 어떤 공장의 공급능력이 20,000단위라고 한다면, 이것이 하루의 최대생산량인지 혹은 6개월 평균생산량인지를 알 수 없다. 이러한 문제를 해결하기 위해서 사용되는 개념이 최적조업도이다. 최적조업도(best operating level)는 공정을 설계하는 시점에서의 목표공급능력 수준이다. 따라서 최적조업도는 단위당 평균원가가 최소가 되는 산출량이다.

설비가 과소 이용되어서 산출량이 이러한 최적조업수준 이하로 떨어지는 경우에는, 단위당 고정비가 상승하기 때문에 단위당 평균원가가 증가한다. 반면에

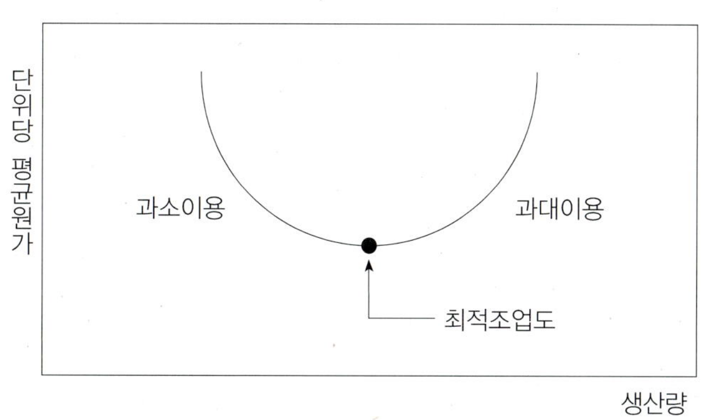

| 그림 7-1 | 최적조업도

설비가 과대 이용되어서 산출량이 최적조업수준 이상일 경우에도, 잔업, 장비마모의 증가 및 불량률의 증가로 인해서 단위당 평균원가가 증가하게 된다.

이러한 관계가 [그림 7-1]에 제시되어 있다.

(3) 규모의 경제

전통적으로 많은 기업들은 공급능력 의사결정을 할 때, 규모의 경제(economies of scale)라는 개념을 이용해 왔다. 설비의 규모가 커지고 생산량이 증가하게 되면, 추가적인 생산량이 고정비를 흡수하게 됨으로써 단위당 고정비가 줄어들게 되어 단위당 평균원가가 감소하게 된다. 단위당 평균원가의 감소는 설비의 규모가 너무 커져서 복잡성, 커뮤니케이션의 장애, 자재흐름에 대한 조정의 어려움 및 충원문제 등이 제기될 때까지 계속된다. 어떤 생산량 수준에서는 설비의 규모가 너무 커져서 규모의 비경제(diseconomies of scale)가 발생한다. [그림 7-2]는 규모의 경제와 규모의 비경제를 보여주고 있다.

아래의 [그림 7-2]에는 연간 생산량이 각각 1,000단위, 2,000단위, 3,000단위, 4,000단위인 공장의 최적조업도가 제시되어 있다. 생산량이 1,000단위에서 3,000단위로 이동함에 따라 최적조업도에서의 단위당 평균원가가 감소하고 있음을 볼 수 있다. 규모의 경제 관점에서 3,000단위인 공장이 가장 선호되고 있다. 한편 생산량이 3,000단위에서 4,000단위로 확장되면, 최적조업도에서의 단위당 평균원가가 다시 증가함으로써 규모의 비경제가 발생한다.

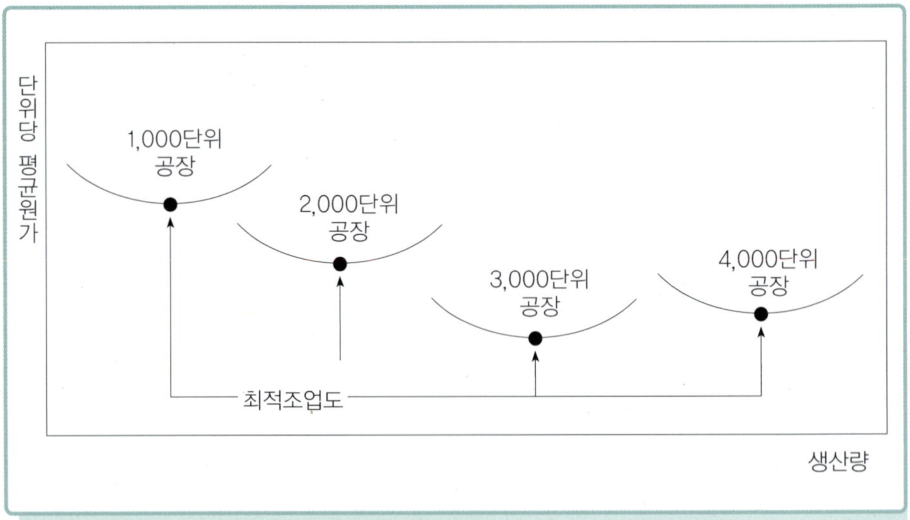

| 그림 7-2 | 규모의 경제와 규모의 비경제

(4) 가동률

가동률이란 장비, 공간, 또는 노동력이 현재 사용되는 정도를 말한다. 즉 가동률은 평균산출률을 최대생산능력으로 나누어 100을 곱한 것으로 %로 표시된다. 가동률은 생산능력을 추가해야 할 필요성 혹은 불필요한 생산능력의 제거를 알려준다. 여기서 최대생산능력은 피크생산능력과 유효생산능력이다. 피크생산능력(peak capacity)은 어떤 설비나 공정이 이상적인 상태에서 도달할 수 있는 최대산출량이다. 피크생산능력은 한 달에 몇 일간, 하루에 몇 시간 같이 극히 짧은 시간 동안 만 유지할 수 있다. 피크생산능력은 잔업, 교대제, 증원, 하청 등의 방법을 동원하여 도달할 수 있다.

제 3 절 공급능력계획시 고려사항과 수요관리

1. 공급능력계획 고려사항

공급능력 결정을 위해 전략과 투자를 통합하는 것도 중요하지만 4가지가 고려되어야 한다.

(1) 정확한 수요예측

정확한 수요예측은 공급능력 결정에 매우 중요하다. 새로운 제품이 무엇이든지, 새 제품의 전망과 현존하는 제품의 수명을 계산해야 하며 관리자는 추가되는 제품이 무엇이며, 단종되는 제품이 무엇이고 또한 그들의 예상규모는 얼마인지도 인지해야 한다.

(2) 기술 및 공급능력 증가 인지

공급능력의 규모가 결정된 후 기술 관련 내용은 비용, 소요인력, 품질 및 신뢰성 분석을 통해 수월하게 결정될 수 있다. 이러한 검토는 대안의 수를 상당히 축소시킨다. 기술은 공급능력의 증가를 통제할 수 있다. 음식점에 식탁 수를 늘려 늘어난 수요를 충족하는 것은 쉬울 수 있지만 제철회사에 새로운 생산라인을 추가하여 새 철강의 증가 수요를 충족하는 것은 매우 어렵고, 비용이 많이 드는 과제일 수 있다.

(3) 최적화된 운영 수준(규모) 측정

최적화된 시설 크기는 기술 및 공급능력의 증가에 따라 변동된다. 한 모텔이 효율적으로 운영되기 위한 객실 수가 50개라고 하자. 이보다 적은 수의 객실을 운영한다면 고정비용의 부담이 크고, 이보다 많은 수의 객실이라면 1명 이상의 관리자가 추가로 필요할 것이다.

(4) 변 화

현대 사회에서 역동적인 변화는 필연적이다. 따라서 생산관리자들은 시설과 장비에 유연성을 추가한다. 그들은 여러 잠재적 위험도들을 사용하여 공급능력을 검증한다. 건물, 유틸리티와 주차장과 같은 내부구조들은 단계별로 건축될 수 있다. 건물과 장비는 향후 상품 및 상품 생산의 변경을 수용할 수 있도록 개조가 가능하게 설계될 수도 있다. 관리자들은 공급능력을 전략적으로 관리하는 것보다 수요를 전술적으로 관리할 수도 있다.

2. 공급능력계획시 수요관리

정확한 수요예측과 이에 맞게 설계된 시설이 있더라도 실제 발생한 수요와 사용 가능한 공급능력에 상당한 차이가 날 수도 있다. 이 차이는 수요가 공급능력을 초과하거나 그 반대일 수도 있으며 이 두 경우 모두 업체가 수행할 수 있는 대책이 존재한다.

(1) 공급능력을 초과한 수요

수요가 공급능력을 초과하였을 경우 업체는 가격을 인상하거나 수익이 낮은 산업에 대한 투자를 줄여 수요를 감소시킬 수 있다. 하지만 시설이 부적절하면 가능한 공급능력 이하로 소득이 줄어들기에 이 경우 장기대책은 공급능력을 증가시키는 것이다.

(2) 수요를 초과한 공급능력

공급능력이 수요를 초과하였을 경우 업체는 가격 인하, 적극적인 홍보 또는 상품 변화를 통하여 수요를 증가시킬 수 있다.

(3) 계절 수요에 대한 조정

계절적 또는 주기적인 수요 변동은 공급능력 측정의 또 다른 변수이다. 이 경우 관리자는 한 제품의 수요가 낮으면 다른 제품의 수요가 높은 서로 상호보완하는 수요 패턴을 가진 제품들을 생산할 수 있다.

(4) 공급능력과 수요 조절을 위한 전술

공급능력과 수요의 조화를 위해 다양한 전술이 있다. 내부 변화는 다음 사항들을 통해 운영규모에 맞게 프로세스를 조정하는 것을 포함한다.

1. 인사 변동(직원 수의 증가 또는 감소)
2. 장비 추가구매, 기존 장비 매도 또는 대여 등 장비 및 절차 조정
3. 생산량 증가를 위한 방법 개선
4. 공급능력 증가를 위한 제품 개선

위 전술들을 통해 기존 시설에 수요를 조정할 수 있다.

제 4 절 공급능력계획의 절차 및 조정전략

1. 공급능력계획의 절차

공급능력계획은 시장수요를 충족시키기 위해서 공급능력의 규모를 확정하는 것이다. 일반적으로 기업들은 다음과 같은 다섯 가지 이유 때문에 공급능력계획을 추진한다.

① 수요증가: 기업들은 시장점유율을 높이고자 하는데, 이것이 공급능력계획을 추진하는 가장 일반적인 이유이다.

② 수요감소: 수요가 감소하는 경우에, 공급능력을 검토하기 위해서 공급능력계획을 이용하는데, 이것은 공장을 폐쇄하거나 매각하게 되는 과정이다.

③ 기술변화: 중요한 기술변화가 이루어지면, 기업은 공장의 설비를 대체하거나 개선하고자 하는 변화를 계획하게 된다.

④ 상황변화: 정부의 규제 혹은 경쟁여건의 중대한 변화 등과 같은 기업의 외부환경이 변화하면, 그러한 도전에 대응하기 위해서 공급능력계획을 추진하게 된다.

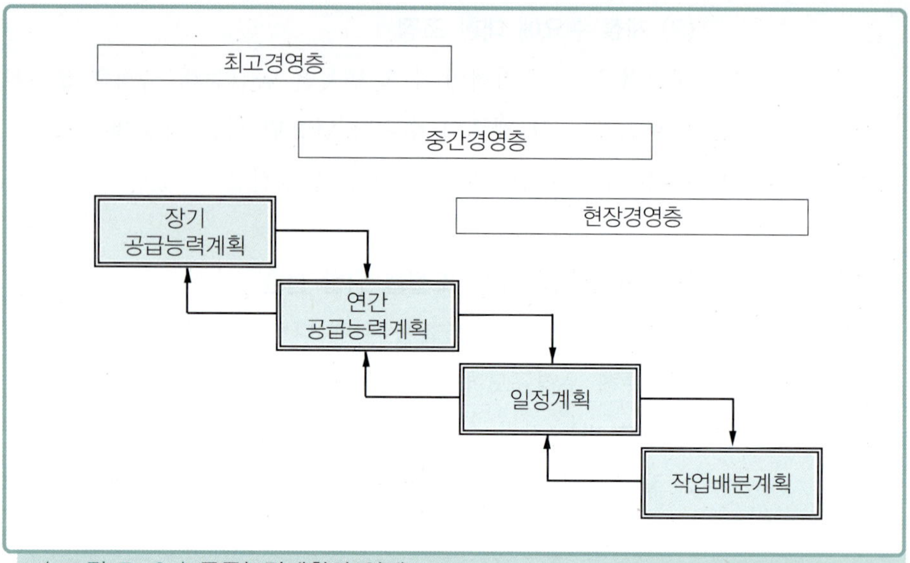

| 그림 7-3 | 공급능력계획의 연계

⑤ 기회포착: 경쟁우위를 추구하는 기업은 제시된 기회를 이용하기 위해서 공급능력계획을 추진한다. 기업에 따라 그리고 공급능력계획을 추진하는 이유에 따라 다르겠지만, 공급능력계획을 효과적으로 수립하기 위해서는 일반적으로 다음과 같은 일련의 단계를 거친다.

(1) 단계 1: 기존공급능력의 측정

이 단계의 중요한 목적은 개별설비 및 기업전체의 공급능력을 확인하고 측정하는 것이다. 이러한 단계는 이들 설비에 이용되는 기술의 성능특성과 비용구조를 고려해서 포괄적으로 이루어져야 한다.

(2) 단계 2: 미래 공급능력소요량의 추정

기업은 보통 이 단계를 첫 번째 단계와 병행해서 실행한다. 이 단계는 기술, 제품 혹은 시장 및 지역별로 미래의 소요량을 예측하는 단계로서, 내부요소뿐만 아니라 외부요소도 고려해야 한다. 이 단계에서의 중요한 결정은 공급능력계획의 수립과정에 적합한 기간을 선정하는 것이다. 공급능력계획은 일반적으로 장기적(1년 이상)이다. 그러나 기업은 장기공급능력계획을 보다 단기의 다른 계획들과 연계시켜야 한다. 위의 [그림 7-3]은 공급능력계획이 다음과 같은 네 가지 상이한 시간구조로 구분되어지는 연계(linking) 접근방법을 제시해 준다.

[그림 7-3]은 각각의 공급능력계획이 보다 장기 및 단기의 다른 공급능력계획과 본질적으로 연계되어 있음을 강조한다. 각각의 공급능력계획과 관련된 경영자계층은 각 기간에 따라 상이하다.

(3) 단계 3: 공급능력 차이 확인

공급능력 차이란 예상수요와 현재공급능력의 차이를 말한다. 공급능력 차이를 확인하기 위해서는 정확한 공급능력 척도를 사용해야 한다.

(4) 단계 4: 공급능력 조정대안의 개발

예상되는 공급능력의 차이를 해결하기 위한 대안을 개발하는 단계이다. 단순히 기존의 공급능력을 확장하는 대안 이외에 잔업, 임시고용, 하청 등과 같은 다른 대안들도 고려해야 한다. 따라서 이 단계는 창의성과 독창성을 요구한다.

(5) 단계 5: 대안의 평가 및 선택

공급능력의 대안이 개발되었으면 이 대안을 정량적, 그리고 정성적으로 평가해야 한다. 정성적 평가는 각 대안이 전체적인 공급능력 전략에 어떻게 부합되는지와 재무적인 분석을 할 수 없는 경영상의 다른 측면들을 평가하는 것이다. 정량적 평가는 각각의 대안에 대하여 기본대안과 비교하여 일정기간 동안의 현금흐름의 변화를 추정하는 것이다. 여기서 현금흐름(cash flow)이란 수익, 비용, 자산과 부채의 변화와 같이 일정기간 동안 한 조직에서의 자금 유입, 유출의 차이를 말한다.

2. 공급능력의 조정전략

공급능력전략은 개별적이고 단기적인 공급능력 의사결정을 장기적 관점에서 고찰할 수 있도록 제시해준다. 기업은 전형적으로 기술혁신, 장기적 마케팅 및 경쟁업체의 행태에 관한 일련의 가정과 예측을 토대로 공급능력전략을 결정한다. 공급능력전략은 기업의 전반적인 생산전략의 핵심요소이다. 따라서 본 절에서는 공급능력전략으로 여유공급능력과 공급능력확장에 관해서 설명하고자 한다.

(1) 여유공급능력의 이용전략

일반적으로 기업들은 높은 공급능력이용률을 추구하지만, 공급능력이용률이

100%에 근사하게 되면 위험에 직면하게 된다. 실제로 대부분의 기업들은 공급능력이용률을 80~85%수준으로 유지해 나간다. 공급능력을 85% 이상으로 이용하게 되면, 품질과 생산성의 하락을 야기하거나 주문의 상실을 야기할 수도 있다. 많은 기업들이 여유공급능력(capacity cushion)을 이용하는데, 이것은 평균이용률이 100%로부터 떨어진 정도라고 정의된다.

$$여유공급능력(\%) = 100 - 평균이용률$$

여유공급능력은 산업에 따라 다르며, 동일산업에 속해 있다고 하더라도 기업에 따라 다르게 유지된다. 자본집약적 산업에서는 전형적으로 10% 이하의 보다 적은 여유공급능력을 보유한다. 한편 전력회사의 경우는 자본집약적이지만, 정전과 같은 사태를 방지하기 위해서 15% 이상의 여유공급능력을 유지한다.

(2) 공급능력의 확장전략

수요가 안정적으로 증가하게 되면, 기업은 공급능력의 확장을 고려하게 된다. 이때 기업은 다음과 같은 세 가지 공급능력 시기전략(capacity-timing strategies)을 이용할 수 있다.

1) 전략 1: 수요를 예상하고 선도하는 전략

이것은 확장주의전략(expansionist strategy)이라고 하는데, 공급능력의 확장을 자주하지는 않지만 큰 규모로 하는 전략이다. 이러한 전략을 이용하는 기업

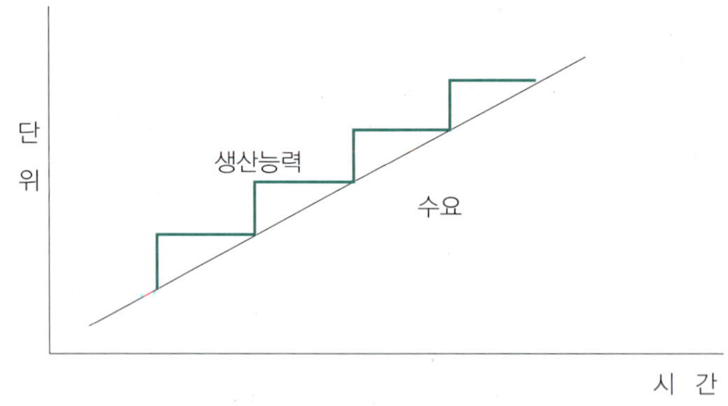

| 그림 7-4 | 수요선도 전략

은 정(+)의 여유공급능력을 유지한다. 이것은 공격적인 전략이다. 이러한 전략은 기업으로 하여금 공급능력이 제한된 경쟁업체의 고객을 끌어 올 수 있도록 해준다. 이러한 전략이 [그림 7-4]에 제시되어 있다.

2) 전략 2: 수요를 추종하는 전략

이 전략은 공급능력과 수요예측을 연계시켜서, 시간의 흐름에 따라 적절한 규모의 공급능력을 유지하고자 하는 전략이다. 예컨대 이러한 전략을 추구하는 기업은 추가적인 공급능력의 요구에 정확하게 대응해서 새로운 공장의 건설시기를 조절한다. 이러한 전략이 [그림 7-5]에 제시되어 있다.

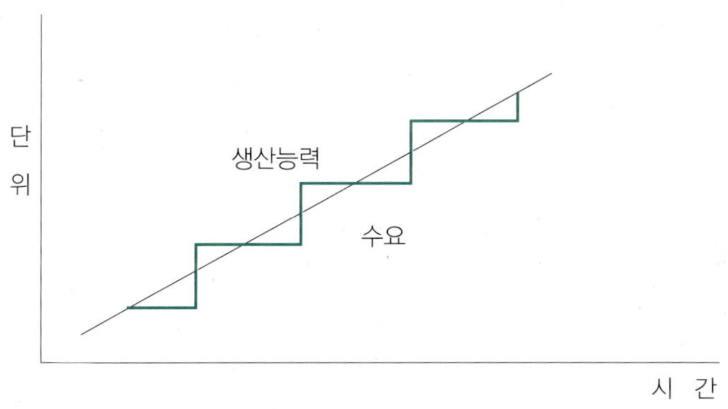

| 그림 7-5 | 수요추종 전략

3) 전략 3: 수요를 지연시키는 전략

이것은 두고보기전략(wait-and-see strategy)으로서 보수적인 전략이다. 이러한 전략을 사용하는 기업은 부(-)의 여유공급능력을 추구한다. 이러한 전략을 사용하면 공급능력이용률과 투자수익률을 높일 수 있다. 이것은 미국기업의 전형적인 전략으로서 기존공급능력을 과소이용하게 되는 위험을 최소화할 수는 있지만, 장기적으로는 시장점유율을 하락시키게 된다는 비판이 있다. 이러한 전략이 [그림 7-6]에 제시되어 있다.

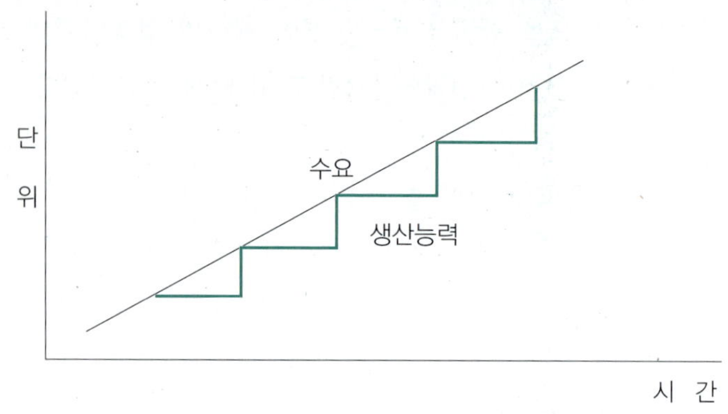

| 그림 7-6 | 수요지연 전략

제 5 절 공급능력계획 결정기법

1. 공급능력결정을 위한 손익분기점분석

손익분기점분석은 수익 달성을 위하여 시설의 공급능력을 결정하는데 중요한 요소이다. 손익분기점분석의 목적은 비용과 수익이 일치하는 지점을 비용과 제품 수량 단위로 나타내는 것이다. 이 지점을 상회하여 운영상 순이익이 발생할 수 있다. 손익분기점분석을 위해서는 고정비용, 변동비용 및 수익예측이 필요하다. 고정비용은 제품을 생산하지 않더라도 발생하는 비용을 뜻한다. 이는 감가상각, 세금, 채무, 대부상환 등을 포함한다. 변동비용은 생산 제품의 수에 따라 변동하는 비용을 뜻하며, 주로 인건비, 자재비 등이나 규모에 따라 달라지는 설비의 일부도 포함될 수 있다. 판매가와 변동비용의 차이는 공헌이라고 하며 총 공헌이 총고정비용보다 많을 때 이익이 발생한다.

손익분기점분석의 또 다른 요소는 수익공식이다. [그림 7-7]에서 보는 바와 같이 소득선은 영점에서 시작하며 판매가 증가할수록 우측 상단으로 이동한다. 소득선이 총 비용선과 교차하는 지점이 손익분기점이며 이 점을 넘어서면 이익이 발생한다.

손익분기점공식은 다음과 같다.

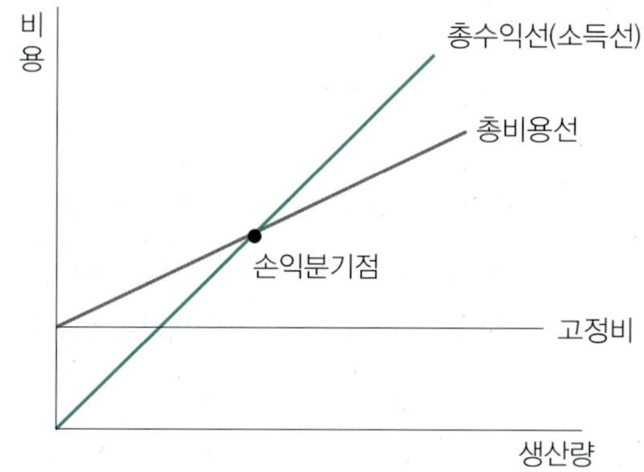

| 그림 7-7 | 기본 손익분기점

$$BEF = \frac{F}{P - V}$$

BEP=손익분기점 *TR*=총 수익
F=고정비용 *P*=제품 단가(할인 후) *V*=제품 당 변동비용

2. 공급능력 결정을 위한 의사결정나무

의사결정나무는 특정한 대안과 다양한 형태의 환경이 필요하다. 공급능력 결정 시 환경 요소는 보통 미래 수요나 시장 선호도이다. 다양한 환경요소에 확률적 수치를 적용하여 최적의 대안을 결정할 수 있다.

병원 가운을 만드는 남부병원공급자는 공급능력 확장을 고려중이다. 주요 대안은 확장하지 않거나, 소규모 공장, 중규모 공장 또는 대규모 공장 건축이다. 새 시설은 새로운 형태의 가운을 만들 것이고 이 제품의 잠재력이나 시장 경쟁력은 아직 알려지지 않았다. 대규모 공장이 건축되고 좋은 시장 선호도를 얻을 경우 1억원의 이익이 발생할 것이지만 시장 선호도가 낮다면 9천만원의 손실을 가져다 줄 것이다. 중규모 공장은 좋은 시장 선호도의 경우 6천만원의 이익을, 낮은 시장 선호도의 경우 1천만원의 손실을 가져다 줄 것이다. 소규모 공장은 4천만원의 이익과 5천만원의 손실이 예상되며 이 업체에게는 현 상태를 유지할 수 있는 방안도 존재한다.

근래의 시장 조사는 40%의 확률로 시장 선호도가 좋을 것이라 예측하였는

데 이는 시장 선호도가 낮을 것이라는 확률이 60%라는 것을 뜻한다. 이 정보를 통하여 가장 높은 기대 현금가치(EMV: Expected Monetary Value)를 가진 대안이 선정될 수 있다.

EMV(대규모)＝0.4×1억원＋0.6×(−9천만원)＝-1천4백만원
EMV(중규모)＝0.4×6천만원＋0.6×(−1천만원)＝1천8백만원
EMV(소규모)＝0.4×4천만원＋0.6×(−5천만원)＝−1천4백만원
EMV(현상태)＝0원

기대현금가치를 고려할 시 이 업체는 중규모 공장을 건축하여야 한다.

사례 공장 없는 기업시대 소니 사례

소니는 최근 일본에 공장소유를 통해 제품을 생산하는 전통적인 방식을 버리고 '생산시설의 완전분리' 라는 새로운 명제를 수행하고 있다. 이를 위해 이데이 노부유키 회장의 주도하에 소니가 강력하게 추진하고 있는 정책은 엔지니어링 매뉴팩처링 커스터머 서비스(EMCS)이다.

EMCS는 미국 등지에서 유행하고 있는 일렉트로닉 매뉴팩처링 서비스(EMS)형태의 생산서비스회사를 벤치마킹한 것으로 이것의 핵심은 일본내 생산거점들을 3개의 카테고리로 통합후 분리하는 것이다. 소니의 이러한 전략은 본사기능만을 남긴 채 공장을 따로 떼내 제품생산을 외부에 위탁하는 일본 기업들의 최근 유행과 궤를 같이하는 것이다.

소니는 '소니EMCS' 를 통해 일본내 공장들을 조립 · 반도체 · 부품의 세 가지 범주로 분류한 후 각 분야별로 통합해 나간다는 방침이다. 이같은 정책이 본궤도에 오를 경우 소니는 각 범주의 통합을 통해 새롭게 탄생한 3개의 회사를 순차적으로 분리해 나갈 예정이다. 또한 소니는 분리된 3개의 총괄회사에 대해서는 이익창출을 위해 소니 이외의 다른 업체들로부터도 자유롭게 물량을 수주할 수 있도록 할 방침이다.

소니의 이같은 전략이 성공할 경우 현재 64개인 공장들이 3개 생산총괄회사로 재편 · 분리되게 된다. 일본을 대표하는 기업 중 하나인 소니가 이같이 생산시설의 개편에 뛰어들게 된 것은 최근 급격하게 변하고 있는 기업환경의 변화 때문인 것으로 전문가들은 풀이하고 있다. 신제품의 개발속도는 갈수록 빨라지는데 비해 갈수록 불투명해지고 있는 수익전망의 영향으로 대규모 설비투자에 대한 위험이 증대되었기 때문이다.

이같은 환경하에서 기업들이 선택할 수 있는 방법 중 하나가 생산공장들을 독립시켜 독자

적으로 경영하게 하는 것이다. 소니가 EMCS에 걸고 있는 기대는 대단하다. EMCS의 성공적 수행을 위해 본사기능까지도 개편했을 정도다. 소니는 지난달 본사기능을 3개로 재편하는 내용의 본사구조개혁안을 발표했다. 이 내용에 따르면 오디오, 비디오기기 등 전자사업을 총괄하고 있던 본사기능을 경영전략을 입안하는 '글로벌 허브', 회계 · 법무 등을 담당하는 '경영 플랫폼', 전자분야총괄조직인 '일렉트로닉스 헤드쿼터' 로 나누게 된다.

이같은 개편작업에 따라 각 사업부문의 역할분담이 분명해졌을 뿐만 아니라 EMCS하에서 업무협조도 증진될 수 있을 것으로 보인다. 또한 소니는 전 사업부문이 대등한 관계로 발전함에 따라 각 부문간의 상승효과를 높여 신규 비즈니스를 창출하는 부수효과도 이끌어 낼 수 있을 것으로 내다보고 있다.

제 6 절 입지선정과정

기업의 입지선정과정은 시설의 성격, 크기에 따라 다르나 대부분 체계적으로 입지를 선정하게 된다. 입지를 선정할 때에는 시설입지와 기업의 전략적 목표와의 관계 그리고 시설입지가 다른 관리적 기능에 미치는 영향을 검토하여야 한다. 일반적인 입지의사결정과정은 [그림 7-8]과 같이 단계적으로 진행된다.

1) 타당성 조사: 수요증가 또는 새로운 시장진입에 따른 시설의 필요성이 인식되었을 때, 예비적인 타당성 조사를 실시하여 입지문제의 발생가능성을 검토한다.

2) 새로운 시설의 필요성 검토: 생산량의 증가가 예측될 때 생산량을 증가시킬 수 있는 다음과 같은 대안을 검토한 후 새로운 시설의 신설이 필요한 경우 입지문제의 발생을 확인한다.

① 기존시설의 확장

② 새로운 시설의 신설

③ 하청확대

3) 평가기준을 설정: 입지대안을 평가하기 위하여 평가기준을 설정한다. 일반적으로 사용되는 평가기준은 입지에 따른 비용이나, 입지에 따라 증가하는 수익 또는 서비스 등을 들 수 있다.

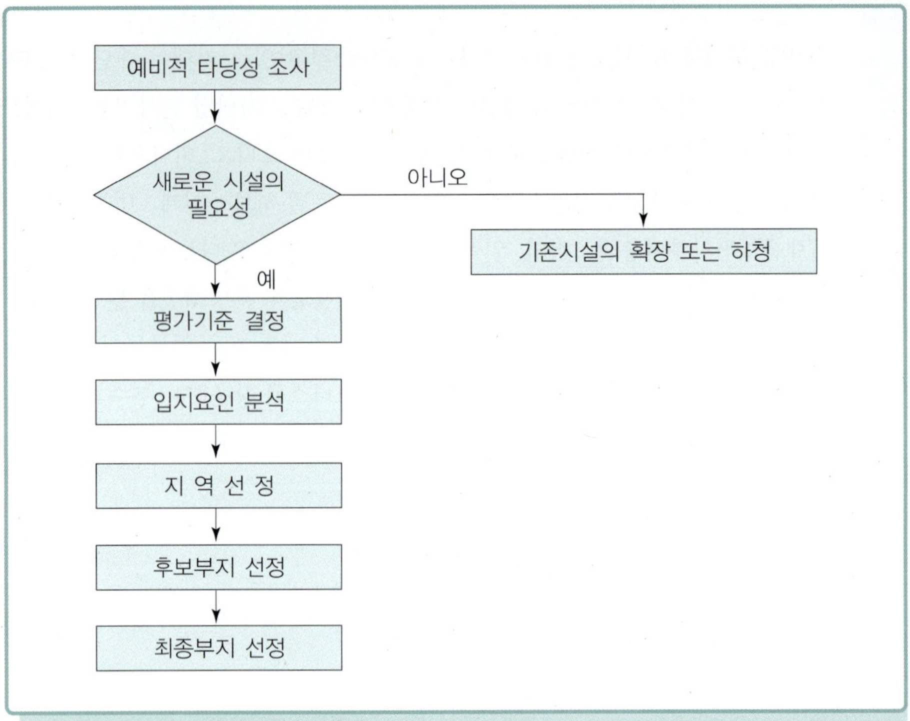

| 그림 7-8 | **입지선정의 과정**

4) 입지요인 분석: 시설물의 입지에 영향을 미치는 요인들을 분석하고 이러한 요인 중에서 대안적인 입지장소에 서로 다르게 영향을 미치는 요인들을 찾는다. 입지에 영향을 미치는 요인은 아래에서 별도로 설명하고자 한다.

5) 입지대안을 개발: 지역의 선정은 시설물의 성격에 따라 입지에 결정적인 영향을 미치는 자연적, 법률적, 정치적인 주요인에 의하여 입지가능한 넓은 범위의 지역을 선정하고, 부지의 선정은 입지가능한 지역내에서 부지(site)가 선정되는데 각 대안적인 부지는 경제적 평가가 가능하여야 한다.

6) 최종부지 선정

제 7 절 입지요인

입지요인이라 함은 입지선정에 영향을 미치는 요인을 말한다.

일반적으로 입지선정은 넓은 범위의 지역을 선정하는 첫번째 단계와 선정된 지역내에서 부지를 결정하는 두번째 단계로 나눌 수 있다. 지역을 선정하는 데

표 7-1 주요입지 결정요인

지역 결정요인	특정부지 결정요인
호의적 노동여건	철도 이용가능성
시장근접성	고속도로 이용가능성
납품업자 및 원자재 수급시 근접성	공공시설의 이용가능성
노동력 이용가능성	지방지역
오염규제 정도	오염규제 정도
시설부지의 이용가능성	광역시 지역에 포함
일반적 운송	용수
조세 및 금융	운송(항공 및 트럭)
기타	기타

중요한 요소로는 인구밀도, 자연적 조건, 수송비와 관련된 요소를 들 수 있고, 특정부지선정에 있어 중요한 요소는 시설물을 운영하는 데 필요한 기본요소(예를 들어 주유소 시설은 도로변에 위치)와 운영의 성과에 영향을 미칠 것으로 생각되는 주관적 요소 및 객관적 요소를 들 수 있다. 지역선정단계와 부지결정단계에서 영향을 미치는 입지요인을 정리하면 다음 〈표 7-1〉과 같다.

본 절에서는 입지결정에 영향을 미치는 입지요인 중에서 중요한 몇 가지만 설명하고자 한다.

1. 자연자원

광업이나 수산업과 같이 육지나 바다에서 원재료를 확보한다든지, 조선업처럼 조업을 위해서는 해안에 위치하여야 하는 경우 자연자원은 결정적으로 입지선정에 영향을 미친다. 자연자원은 선결조건으로서 입지선정에 영향을 줄 수 있을 뿐만 아니라 상대적 조건으로서 입지선정에 영향을 미칠 수 있다. 예를 들어 중량이 무거운 원료를 대량으로 투입해야 한다든지 부패 · 변질되기 쉬운 원료를 소요로 할 때나 자재의 수송 중에 중량이 감소하는 경우에는 원료산지 인근에 입지선정을 함으로써 비용을 줄일 수 있으므로 자연자원은 중요한 입지요인이 된다. 자연자원 중에 용수능력, 수질, 그리고 최근에 와서는 환경오염에 대한 통제가능성 등이 중요한 자연자원으로 인식되고 있다.

2. 인　구

인구는 수요의 원천인 동시에 노동력의 공급원으로 매우 중요하다. 입지를 선정할 때에는 인구수의 변화뿐만 아니라 소비시장과 관련된 인구변수의 변화도 함께 고려하여야 한다. 우리나라의 경우 1970년대에 서울에 인구가 집중되다가 1980년 후반부터는 분당, 일산 등의 주변도시로 인구이동이 일어나고 있다. 이러한 인구의 지역적인 이동과 연령구성의 변화는 기업의 활동에 큰 영향을 미친다.

3. 노동력

기업에서 이용가능한 노동력의 유무는 입지선정에서 중요하다. 기업활동을 함에 있어 이용가능한 노동력의 규모, 기술 및 교육정도, 전반적인 임금수준, 노동조합의 특성 등은 매우 중요하다. 예를 들어 다량의 노동력 혹은 특정한 기술인력을 필요로 하는 기업에게는 적절한 노동시장에의 근접성이 입지선정의 주요인이 된다. 즉, 노동집약적인 조립라인공장은 노동력이 풍부한 대도시나 그 근교에 입지하려는 경향이 있다.

최근에 기업활동이 해외로 이동함에 따라 제조업의 경우 노동력이 풍부하고 임금이 비교적 싼 국가로 진출하고 있다. 기업활동을 해외로 확장하는 경우 단순한 기능인력뿐만 아니라 자국에서 보낼 수 있는 상위관리자의 인원수도 문제가 될 수 있다. 국가에 따라서는 관리자도 현지국 내의 인력을 채용하기를 요구할 수도 있기 때문이다.

4. 세금과 보조금

세금은 지역에 따라 다를 수가 있기 때문에 입지결정을 하기 전에 분석하여야 할 필요가 있다. 입지예정지역이 자유무역지역이든지, 공단지역일 경우에 세금의 혜택이 있을 수 있기 때문에 기업에서 입지를 선정할 때 고려하여야 한다. 또한 지방자치단체에서 공장을 유치하기 위하여 세금을 내지 않는 지역을 설정한다든지 보조금을 지급하는 경우가 많으므로 입지를 선정할 때 이를 반드시 검토하여야 한다. 예를 들어 일본의 자동차회사인 닛산, 혼다, 마쯔다가 새로운 공장을 테네시, 오하아오, 미시간주에 입지시킴으로써 많은 세금혜택을 받아 GM의 경쟁력에 영향을 미치고 있다는 보고도 있다.

5. 수송비

새로운 시설의 입지를 선정할 때는 입지에 따른 수송비용은 매우 중요한 요소이다. 시설입지에 따른 수송비용은 공급지와 시장 사이의 거리, 수송수단 그리고 수송되는 상품의 성격에 의하여 결정된다. 공급지와 시장 사이의 거리는 실제적 거리를 이용하는 경우와 지도상의 거리를 이용하는 경우로 나눌 수 있다. 입지가능한 후보장소를 미리 정해 놓고 그 중에 하나의 장소를 선정하는 경우는 실제거리를 이용하는 것이 대부분이다.

그러나 입지가능한 장소를 미리 선정한 후 선정된 장소에 대해서만 평가하는 것이 아니라 지도상에서 입지장소를 찾아가는 경우는 지도상의 거리를 이용하게 된다. 지도상의 거리는 수송하는 상품의 성격과 수송경로의 성격에 따라 실제적 거리를 이용하지 않고 수송비용을 가장 잘 반영하는 거리를 이용한다. 이 경우에 일반적으로 많이 이용되는 거리는 유크리드거리, 유크리드 자승거리, 격자거리 등을 들 수 있다. 수송비용을 고정비적인 성격의 하역비용과 변동비적 성격인 운반비용으로 구분하면, 수송거리를 기준으로 한 수송수단에 따른 단위거리당 수송비용은 차이가 있으므로 이러한 점을 비용의 관점에서 잘 검토하여야 한다. 최근에 물류비용의 비중이 점차 증가하므로 수송비에 대한 분석을 신중하게 하여야 한다.

6. 에너지

대부분의 제조 및 유통시설은 전기 또는 다른 에너지 자원을 필요로 하기 때문에 입지를 선정할 때는 이용가능한 에너지원과 그 비용에 대하여도 관심을 가져야 한다. 예를 들어 알루미늄산업이나 철강산업은 막대한 에너지를 필요로 하며 이러한 경우에는 전력 · 연료의 공급이 쉬운 지역을 선택하여야 한다.

7. 기　　타

기타 입지선정에 영향을 미치는 요인으로 사회문화적 여건, 생활환경, 지역기술수준, 자사 및 경쟁사의 기존 설비위치, 새로운 기업에 대한 주민의 태도, 공해에 대한 규제 등을 생각할 수 있다. 예를 들어 시설물이 소음을 내거나 악취를 내는 공정이 사용되는 경우에는 주거지에서 멀리 떨어져 입지하여야 한다.

사례 자동차 선진국 현지 경영시대가 열리고 있다.

현대차가 16일(현지시간) 미 앨라배마주 몽고메리에서 현지공장 설립을 위한 기공식을 갖고 도요타, 혼다, BMW 등 일본·유럽업체에 이어 미국 입성을 위한 첫발을 내디뎠다. '2010년 세계 5대 메이커 도약'을 위한 글로벌 경영의 신호탄인 셈이다. 그동안 국내 자동차 회사들이 해외 현지 공장을 설립한 사례는 많았으나 '자동차의 메카'요, 세계 최대시장으로 손꼽혀온 미국에서 현지공장을 세우는 것은 이번이 처음이다.

현대차의 미국 현지공장 설립은 그동안 발목을 잡았던 자동차업계의 대미통상마찰을 완화하는 데도 크게 도움이 될 것으로 업계는 보고 있다. 현대모터 앨라배마공장의 연간 생산목표는 공장 완공 첫해인 오는 2005년 12만8,000대, 2006년 21만7,000대, 2007년 22만5,000대로 잡고 있다. 현대차는 미국 현지 판매법인(HMA)이 100% 투자하는 방식으로 올해부터 3년간 10억달러를 나눠 투입하되 7억달러는 본사 및 HMA가 이익잉여금 등으로 조달하고 나머지 3억달러는 현지에서 차입하기로 했다. 현지 법인대표에는 인도공장장 출신인 김양수 부사장을 선임했다. 지난해 미국시장에서 현대차 34만6,000대, 기아차 22만4,000대 등 모두 57만대를 팔아 닛산에 이어 7위 메이커로 올라선 현대·기아차는 현지 공장 설립으로 제품 적기공급, 소비자 만족도 제고, 수출·물류 관련 비용절감 등을 꾀할 수 있을 것으로 기대하고 있다.

현대차가 미국에서 현지화에 성공하기 위해서는 과제도 적지 않다는 게 전문가들의 지적이다. 동원경제연구소 관계자는 "현대차가 지난 1980년대 캐나다에서 현지공장을 운영할 당시 일본 업체와 등급이 유사한 쏘나타로 승부하는 바람에 좌절을 겪었다"면서 "생산모델 선택에 신중을 기해야 할 것"이라고 말했다. 현대차가 공장이 가동될 3~4년 내에 얼마나 브랜드 가치를 높여 '제값'을 받느냐도 성공 여부를 가름하는 중요한 관건이 될 전망이다. 현대차는 그러나 최근 미국시장에서 현대차의 인기가 급상승하는 등 당시의 상황과 지금은 판이하게 다르기 때문에 앞으로의 전망은 매우 밝다고 설명하고 있다.

한편, 현대차 미국 현지공장 설립은 통상마찰 해소에도 큰 도움이 될 것으로 기대되고 있다. 제프리 존스 주한 미 상공회의소 회장은 "그동안 미국 자동차업계가 한국에서 수십만대를 수입한 데 비해 수출은 고작 몇천대에 불과했기 때문에 정부 차원의 지원을 촉구했지만, 제너럴 모터스(GM)가 대우차를 인수하고 현대차가 미국 현지공장을 짓기로 하는 등 여건이 대폭 바뀌었다"고 말했다.

글로벌 시대에 생산시설을 어느 국가에 설치하여야 할 것인가 하는 문제는 매우 중요하다. 입지분석에서 국가를 선정할 때 고려하여야 할 요소는 앞에서 언급한 기준 등을 포함하여 다음과 같은 사항을 고려하여야 한다.

• 경제적 기준: 화폐금융제도, 운송시스템, 산업구조, 과학기술의 수준 등.

• 사회적 기준: 제품과 서비스에 대한 인식 및 수요, 정부의 정책, 경제수준 등.

• 정치적 · 법적 기준: 해외 투자자에 대한 정책 및 정책의 일관성, 기업경영에 영향을 미치는 법적 제약 등.

제 8 절 입지결정을 위한 기법

입지의 결정방법은 공장과 창고 같이 시설의 성격에 따라서 차이가 있고, 미리 선정된 후보지만을 고려하는 경우와 후보지를 미리 선정하지 않는 경우에 따라서도 차이가 있다. 후보지를 미리 선정하지 않는 경우에는 수요지(시장)가 결정되어 있는 상태에서 신설되는 시설과 수요지 간의 거리에 따른 비용함수를 설정하고 이 비용함수를 최소화하는 장소를 선정한다. 만약 선정된 장소가 입지에 부적합한 장소로 판단되면 또 다른 장소를 찾는다. 이에 반하여 한정된 후보지만을 고려하는 경우에는 입지가능한 한정된 수의 장소를 미리 선정하고 이러한 한정된 장소에 대해서 평가기준에 따라 평가하고 입지선정을 한다.

이러한 접근방법상의 장 · 단점은 다음과 같다.

첫째, 후보지를 미리 선정하지 않고 입지결정을 하는 경우에는 고려해야 할 질적 · 양적 요인들의 수가 많고 다양하기 때문에 적절한 비용함수를 설정하기가 어렵다는 점이다. 대부분의 경우 비용함수 설정이 어렵기 때문에 수송비만을 고려하여 비용함수를 설정하게 되는데, 이 경우에도 해를 구하기가 쉽지 않을 뿐만 아니라 문제를 너무 단순화하여 해를 구하기 때문에 해의 유효성에서 문제가 발생한다.

둘째, 한정된 후보지만을 고려하여 입지결정을 하는 경우에는 모든 가능한 부지를 전부 선택하여 각 입지가능장소에 대해 평가한다는 것은 엄청난 시간과 비용을 소요하기 때문에 적은 수의 한정된 부지에 대해서만 평가를 하게된다. 이 경우에는 미리 선정된 후보지가 모든 입지가능한 부지를 다 포함하고 있지 못하므로 제한적인 선택을 하게 된다.

이러한 입지결정방법의 한계 때문에 경영자는 하나의 입지선정방법을 고수하지 않고 여러 가지 방법을 결합하여 사용하는 경우가 많다. 또 대부분의 계량적인 방법은 질적 요인을 고려하지 않기 때문에 계량적 입지결정방법들은 최선의 해를 찾기 보다는 개략적인 해를 찾는 것이라 할 수 있다. 입지결정에서의 이러한 성격 때문에 경영자는 최적입지를 추구하기 보다는 입지를 통하여 어느 정도 성취하고자 하는 수준만 달성되면 입지결정을 하게 된다. 이러한 의미에서 이를 만족입지라고 하는데 의사결정의 유효성의 관점에서 보면 최적입지를 추구하기보다는 만족입지를 추구하는 것이 바람직하다.

여기에서는 생산시설의 입지결정에서 일반적으로 사용할 수 있는 기본적인 방법들과 서비스시설의 입지결정 방법들을 소개한다.

1. 한정된 후보지만 고려하는 경우 사용되는 방법

(1) 입지손익분기분석을 이용하는 방법

생산량에 따른 비용과 수익의 변화를 분석하는 손익분기도표를 이용하여 유용하게 입지분석을 할 수 있다. 입지손익분기분석(locational break-even analysis)은 입지가능한 부지에 대하여 입지요인을 고정비적인 성격의 비용요인과 변동비적인 성격을 갖는 비용요인으로 구분하고, 각 입지가능한 부지에 대하여 입지손익분기도표를 작성하여 최소비용 또는 최대이익이 발생하는 입지가 어디인지를 찾는 것이다. 이 방법은 입지장소에 따라 시설 규모가 변동하는 경우에도 사용할 수 있을 뿐만 아니라 시설규모가 변동하지 않는 경우에도 사용할 수 있다. 예를 들면 규모가 결정되어 있는 공장이나 창고의 입지결정은 입지장소에 따른 고정비와 변동비를 분석한 후 규모에 따른 총비용이 최소가 되는 장소를 선택할 수 있을 것이다. 반면에 입지장소에 따라 요구되는 시설규모가 달라지는 경우 예를 들면 소매점이나 음식점과 같이 입지장소에 따라 수요가 달라지는 경우에는 시설규모와 입지장소에 따른 비용뿐만 아니라 수익도 같이 분석하여 입지결정을 하여야 할 것이다.

입지손익분기분석은 다음의 세 단계로 이루어진다.

1. 각 입지대안별로 고정비와 변동비를 구한다.
2. 각 입지대안별 생산수량에 따른 비용을 그래프로 그린다.
3. 각 입지대안별 생산수량과 비용 또는 이익을 분석하여 입지대안을 선택한다.

가능입지장소	고정비	생산단위당 변동비
A	100	6
B	200	4
C	300	3

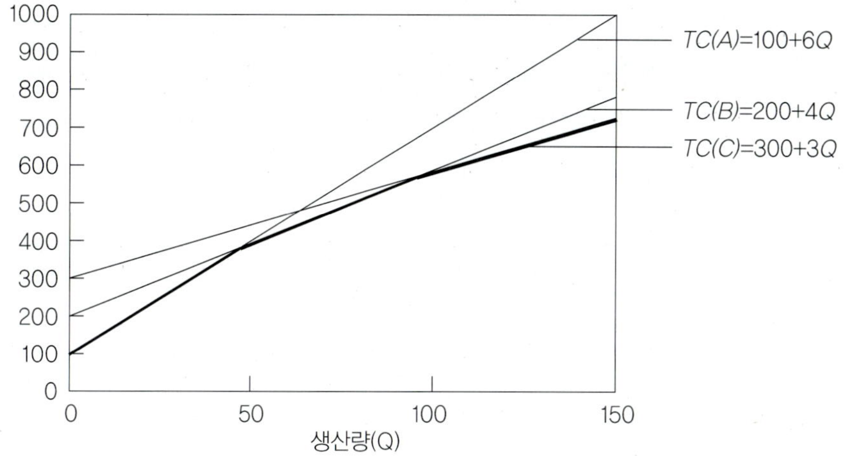

| 그림 7-9 | 입지손익분기도표

예를 들어 입지가능한 부지가 A, B, C가 있고 비용구조가 다음과 같을 때, 각 가능 입지장소에 따른 입지손익분기도표는 다음과 같이 나타낼 수 있다.

위의 예에서 생산량에 따른 부지간 손익분기점을 찾아보면

$Q=50,\ TC(A)=TC(B)$

$Q=100,\ TC(B)=TC(C)$이 된다.

따라서 생산규모가 100 이상의 시설이 만들어져야 하는 경우는 C장소가 입지로 선정될 수 있을 것이다.

(2) 체크리스트를 이용하는 요소분석방법

체크리스트를 이용하는 방법은 입지에 관련된 양적인 요인과 질적인 요인을 동시에 고려할 수 있다는 장점이 있다. 이 방법은 입지가능한 부지에 대하여 입지요인별로 다음 식에 의하여 점수를 계산하고 가장 높은 점수를 얻은 후보지를 선택하게 된다.

$$S_j=\sum_{i=1}^{m} W_i \cdot F_{ij} \qquad (j=1,\ 2,\ \cdots\ n)$$

여기서

S_j=입지 j의 총점수

W_i=요인 i의 가중치

F_{ij}=입지 j의 요인 i의 점수

n=입지의 수

m=요인의 수

예를 들어 대형 할인매장을 갑, 을, 병 세 장소 중 하나에 세우려 한다고 하자. 대형 할인매장 입지에 영향을 미치는 요인과 그 중요도 그리고 각 후보지별 평가는 다음과 같다.

입지요인	중요도	입지		
		갑	을	병
지역사회의 태도	10	우수	보통	보통
수송의 편의성	20	좋음	우수	좋음
생활의 수준	20	보통	좋음	우수
인구의 수	15	보통	좋음	우수
경쟁업체	20	좋음	보통	나쁨
예상되는 투자수익률	15	11%	12%	11%
계	100			

입지요인	중요도	입지		
		갑	을	병
지역사회의 태도	10	10×9= 90	10×5= 50	10×5= 50
수송의 편의성	20	20×7=140	20×9=180	20×7=140
생활의 수준	20	20×5=100	20×7=140	20×9=180
인구의 수	15	15×5= 75	15×7=105	15×9=135
경쟁업체	20	20×7=140	20×5=100	20×3= 60
예상되는 투자수익률	15	15×7=105	15×9=135	15×7=105
계	100	650	710	670

각 입지요인에 대한 평가점수를 우수 9점, 좋음 7점, 보통 5점, 나쁨에 3점을 부여하기로 한다면 입지후보지에 대한 평가점수는 다음과 같이 계산된다.

이 예에서 을이 가장 점수가 높으므로 을 장소를 선택하게 된다.

2. 후보지를 미리 선정하지 않는 경우 사용되는 방법

입지가능한 후보지를 미리 선정하지 않고 수요지(시장)만 결정되어 있는 경우에는 다음과 같은 단계로 입지선정이 이루어진다.

〈단계 1〉 신설되는 시설과 수요지를 지도의 좌표로서 나타낸다

〈단계 2〉 수요지와 새로운 시설 사이의 수송비용을 좌표 사이의 거리와 수송량의 곱으로 계산한다. 이를 식으로 나타내면 다음과 같다.

$$C=\sum_{i=1}^{n}\sum_{j=1}^{m} c \cdot Q(i, j) \cdot D(i, j)$$

여기서

i=새로 입지할 시설의 수(단일시설인 경우는 1)

j=수요지의 수

$Q(i, j)$=시설 i와 수요지 j 사이의 수송량

$D(i, j)$=시설 i와 수요지 j 사이의 거리함수

c=단위당 단위거리의 수송비

〈단계 3〉 수송비용을 계산하여 비용이 최소화되는 입지장소를 선정한다.

〈단계 4〉 만약 선정된 장소가 입지에 부적합한 장소라면 차선의 비용이 발생하는 입지가능한 새로운 입지장소를 찾는다.

일반적으로 수송비를 계산하는 데 사용되는 거리는 유크리드거리(Euclidean distance), 유크리드 제곱거리(square of Euclidean distance), 격자거리(rectilinear distance) 등이 이용되고 있다. 이러한 거리에 따른 방법상의 특성을 다음 〈예제 1〉을 이용하여 설명하고자 한다.

예제 1

기존 설비의 좌표와 수요는 다음 표와 같다.

수송비 1,000원/단위거리-단위량

기존 j번째 설비	신 설비와의 연간 수송량	현 설비의 좌표	
		a_j	b_j
F_1	10	0	0
F_2	10	0	10
F_3	10	5	0
F_4	10	12	6

(1) 유크리드거리(Euclidean distance)를 이용하는 방법

신설되는 설비와 j번째 설비 사이의 유크리드거리는 다음과 같이 표현된다.

$$D(i, j) = \{(x-a_j)^2 + (y-b_j)^2\}^{1/2}$$

여기서

(x, y)=신설되는 설비의 좌표

(a_j, b_j)=수요지의 좌표

예제 문제의 경우 비용을 최소로 하는 입지장소는 다음 식을 미분하여 해를 구함으로써 얻을 수 있다.

$$\begin{aligned} C(x, y) = 1000[&10 \cdot \{(x-0)^2 + (y-0)^2\}^{1/2} \\ &+10 \cdot \{(x-0)^2 + (y-10)^2\}^{1/2} \\ &+10 \cdot \{(x-5)^2 + (y-0)^2\}^{1/2} \\ &+10 \cdot \{(x-12)^2 + (y-6)^2\}^{1/2}] \end{aligned}$$

$$(x^*, y^*) = (4.0, 2.0)$$

유크리드거리의 특성은 두 점 사이의 거리가 직선거리이므로, 이 거리에 따라 표현되는 수송비의 성격은 비용과 거리와의 관계가 선형적인 비례관계이다. 앞에서 설명한 바와 같이 수송비는 수송수단, 수송되는 상품의 성격, 도로의 특성에 따라 다르게 나타나므로 유크리드거리를 이용하려면 수송비의 성격이 유크리드거리의 성격과 유사한지를 먼저 검토하여야 한다.

(2) 유크리드 제곱거리(square of Euclidean distance)를 이용하는 방법

유크리드 제곱거리는 거리를 기준으로 하여 입지를 선정할 경우 최적해가 무게중심점으로 나타나기 때문에 이를 무게중심법(center of gravity method)이라고도 한다. 유크리드 제곱거리는 다음 식과 같이 표현된다.

$$D(i, j) = \{(x-a_j)^2 + (y-b_j)^2\}$$

여기서

(x, y)=신설되는 설비의 좌표

(a_j, b_j)=수요지의 좌표

거리를 유크리드 제곱거리를 이용하는 경우 수송비를 최소로 하는 좌표(x^*, y^*)는 다음과 같다.

$$x^* = \frac{\sum_{j=1}^{m} \omega_j a_j}{\sum_{j=1}^{m} \omega_j}$$

$$y^* = \frac{\sum_{j=1}^{m} \omega_j b_j}{\sum_{j=1}^{m} \omega_j}$$

여기서 (x^*, y^*)는 무게중심점이므로 예제 문제의 해를 다음과 같이 간단하게 구할 수 있다.

$$x^* = \frac{5 \times 10 + 10 \times 12}{40}$$

$$y^* = \frac{10 \times 10 + 10 \times 6}{40}$$

$$(x^*,\ y^*) = (4.25,\ 4)$$

이러한 유크리드 제곱거리의 특성은 두 점 사이의 거리가 직선거리의 제곱으로 나타나므로, 수송비의 성격이 좌표상의 두 점 사이의 거리의 제곱에 비례하여 나타나게 된다. 유크리드거리를 이용하여 입지선정을 한 경우 선정되는 장소는 수요량이 큰 값에 더 큰 영향을 받는다. 이 경우는 상품의 성격이 수송 중에 부패하거나 손실이 있는 경우라든지, 제품의 신속한 수송이 요구될 때 유용하게 이용될 수 있다.

(3) 격자거리(rectilinear distance)를 이용하는 방법

격자거리는 다음의 식과 같이 표현된다.

$$D(i, j) = \{|x - a_j| + |y - b_j|\}$$

여기서

(x, y) = 신설되는 설비의 좌표

(a_j, b_j) = 수요지의 좌표

예제 문제의 경우 수송비를 최소로 하는 입지장소는 다음과 같은 식의 해를 구함으로써 얻을 수 있다.

$$C(x,\ y)=1000\{10\cdot(|x-0|+|y-0|)$$
$$+10\cdot(|x-0|+|y-10|)$$
$$+10\cdot(|x-5|+|y-0|)$$
$$+10\cdot(|x-12|+|y-6|)\}$$

이러한 격자거리의 특성은 두 점 사이의 거리가 x좌표와 y좌표상의 거리 합으로 나타나는데, x좌표상의 거리와 y좌표상의 거리는 서로 영향을 미치지 않는다. 즉, $\text{Min}C(x,\ y)=\text{Min}C(x)+\text{Min}C(y)$이므로 x좌표와 y좌표를 분리하여 구하면 된다.

각 좌표를 구하는 방법은 다음과 같다. 먼저 총운송량의 중위수를 구한다. 다음에는 각 좌표의 누적 운송량이 중위수와 같거나 중위수를 포함하는 시설의 좌표를 선택하면 된다.

예제에서 수송량는 10, 10, 10, 10이고, 총수송량은 40이므로 중위수는 20, 21이다. x좌표의 누적수송량은 10, 20(10+10), 30(10+10+10), 40(10+10+10+10)이 되고, y좌표의 누적수송량은 10, 20(10+10), 30(10+10+10), 40(10+10+10+10)이 된다. 따라서 x좌표는 두번째 또는 세번째의 좌표값을 선택하면 된다. y좌표도 같은 방법으로 구하면 두번째 또는 세번째 좌표값이 된다. 실제로 두번째 x좌표값이 0이므로 이 경우 수송비는 $1000(10|0-0|+10|0-0|+10|5-0|+10|12-0|)=170{,}000$으로 계산되고, 세번째 x좌표값은 5이므로 이때의 수송비도 $1000(10|0-5|+10|0-5|+10|5-5|+10|12-5|)=170{,}000$으로 같은 값을 가진다. 그러므로 최소비용을 실현시키는 좌표는 (0, 0) (0, 6) (5, 0) (5, 6)이 된다. 이러한 계산과정에서 중위수를 이용하므로 이 방법을 중위수법(median model)이라고 하기도 한다.

3. 서비스시설의 입지결정방법

서비스 시설의 입지문제는 생산시설의 입지문제와는 달리 서비스 시설의 성격에 따라 의사결정문제의 성격이 달라진다. 서비스시설은 백화점이나 대형 마트처럼 고객이 시설을 이용하기 위하여 오는 경우가 있고, 병원에서의 간호사, 소방서와 같이 고객에게 서비스를 제공하기 위하여 가는 경우가 있다.

(1) 서비스가 고정장소에서 이루어지는 경우

이 경우에는 가격, 품질 등의 경쟁조건이 같다면 제공되는 서비스시설의 입지장소에 따른 고객의 편의성에 의하여 서비스시설의 이용이 결정된다. 고객의 편의성은 접근의 편의성, 시설의 크기, 고객의 시설이용을 위한 이동시간 등에 의하여 결정된다.

일반적으로 편의점이나 소매점 같은 서비스시설의 입지의사결정에서 중요한 입지요인은 수익(판매액)이라고 할 수 있는데, 특정부지의 수익은 근처 동업자와의 경쟁의 집중정도와 시설입지에 따른 서비스구역의 범위(covering area), 그리고 유동인구수가 중요하다.

Huff는 소매점의 경우에 입지분석을 소매점의 수익이 시설의 크기(size)에 비례하고 고객의 시설이용을 위한 이동시간(time)에 반비례한다는 가정하에 다음과 같은 모형을 제시하였다.

$$\text{고객의 시설선호도} = \frac{\text{시설의 크기}(S)}{\text{소매점까지 거리}(T)^{a}}$$

a: 서비스 시설의 성격에 따른 업종지수

이러한 모형은 적용하기에는 간단하지만 지수성격을 갖는 a값을 측정하는 것이 어렵다는 한계가 있다.

(2) 서비스가 유동장소에서 이루어지는 경우

이 경우는 서비스를 제공하기 위하여 서비스시설이 이동하는 소방서비스, 경찰, 간호서비스, 구급차 등의 경우이다. 이러한 경우에 서비스를 제공하기 위한 대기장소문제를 결정하는 것이 중요한데, 이러한 서비스 제공을 위한 대기장소 결정은 서비스의 성격에 따라 다르게 결정된다.

일반적으로 이러한 경우에 입지결정은 서비스를 제공받기 위하여 필요한 최대한의 대기시간, 서비스제공을 받기 위한 평균대기시간, 서비스가 적절한 시간안에 이루어지지 않을 경우의 손실 등이 중요한 기준이 된다. 예를 들어 소방서의 경우 서비스 제공에 필요한 최대 이동거리를 최소화하는 방법(Minimax Criteria)으로 입지결정을 하게 되며, 최대이동거리가 기준보다 큰 경우에는 시설의 수를 증가시키는 방법으로 입지결정을 하게 된다.

보 론 수송법과 수송모형

1. 기본개념

수송법(transportation method)은 선형계획법의 한 유형으로서, 복수의 공급지인 생산지로부터 복수의 수요지인 목적지까지 재화 또는 서비스를 최소의 비용으로 수송하기 위해 사용되는 의사결정기법이다. 즉, 상품운송에 따른 총 수송비용을 최소화하면서 다수의 공급원으로부터 다수의 수요지까지 상품을 운송하는 문제해결을 위해 사용된다.

수송모형의 일반적 구조는 다음과 같다.

최소화(Min) $Z = C_{11}X_{11} + C_{12}X_{12} + \cdots + C_{1n}X_{1n}$

$$+ C_{21}X_{21} + C_{22}X_{22} + \cdots + C_{2n}X_{2n}$$

$$\vdots$$

$$C_{m1}X_{m1} + C_{m2}X_{m2} + \cdots + C_{mn}X_{mn}$$

제약조건(s.t) $X_{11} + X_{12} + \cdots + X_{1n} = S_1$

$$X_{21} + X_{22} + \cdots + X_{2n} = S_2$$

$$\vdots$$

$$X_{m1} + X_{m2} + \cdots + X_{mn} = S_m$$

$$X_{11} + X_{21} + \cdots + X_{m1} = D_1$$

$$X_{12} + X_{22} + \cdots + X_{m2} = D_2$$

$$\vdots$$

$$X_{1n} + X_{2n} + \cdots + X_{mn} = D_n$$

$$X_{ij} \geq 0$$

(X_{ij}은 i에서 j까지의 수송량, S는 공급량, D는 수요량)

2. 수송법

수송문제는 선형계획문제의 특수한 형태로 선형계획모형을 이용하여 해결되거나 특별히 고안된 수송법을 사용하여 해결된다.

수송법에는 초기해를 얻는 방법으로 북서코너법(northwest corner rule), 최소비용법(minimum cell cost method), 보겔의 추정법(Vogel's approximation method) 등이 있으며, 초기해로부터 최적해를 얻는 방법으로는 디딤돌법(stepping stone method), 수정배분법(modified distribution method) 등이 있다.

2-1 초기해를 얻는 방법

1) 북서코너법(northwest corner rule)

북서코너법에 의한 초기해는 다음과 같이 구한다.

① 수송표의 북서코너에서 시작하여 그 행의 공급량과 그 열의 수요량 중 적은 것을 할당한다.

② 행의 공급과 열의 수요에서 할당된 양을 뺀다.

③ 열의 수요가 0이면 우측의 난으로 옮긴다. 만약 둘 다 0이면, 먼저 우측의 다음 난으로 옮기고 그 다음은 아래 난으로 옮긴다.

④ 일단 한 난이 위의 (3)으로 확인되면 그것은 북서난이 되고 ①에 의해 수량을 할당한다.

⑤ 모든 나머지 수요와 공급이 없어질 때까지 위의 ① ④를 반복한다.

2) 최소비용법(minimum cell cost method)

최소비용법은 수송표에서 수송비가 가장 적은 난에 우선적으로 수송량을 할당하는 방법이다. 관련된 다른 난의 수송비와의 관계를 전혀 고려하지 않기 때문에 최소절대비용우선원칙에 입각한 방법이라 할 수 있다. 최소비용법으로 수송문제의 초기해를 찾는 과정을 설명하면 다음과 같다.

① 수송표에서 수송비가 가장 적은 난을 선정한 후 공급량과 수요량을 비교하여 적은 양을 이 난에 할당하고 할당된 양을 작은 원으로 표시한다.

② 할당된 양을 선정된 난의 공급량과 수요량에서 각각 빼서 공급량과 수요량을 수정한다.

③ 수정된 수요량이나 공급량이 0이 된 행이나 열에 있는 난은 수송량 할당대상에서 제외되어야 하므로 그 난을 X로 표시한다.

④ 할당되지 않고, 할당대상에서 제외되지 않은 난 중에서 수송비가 가장 적은 난을 선정하여 ①부터 ③까지의 절차를 모든 난이 할당되거나 할당대상에서 제외될 때까지 반복하되, 수요량과 공급량은 수정된 양으로 비

교하여야 한다.

3) 보겔의 추정법(Vogel's approximation method)

보겔의 추정법은 최적해에 상당히 근접한 해를 구할 수 있는 탐색적 방법이다. 따라서 북서코너법보다 많은 계산시간이 소요되는 것이 보통이나 의사결정자가 최적해는 아니더라도 좋은 해를 쉽게 구해보고자 할 때에 쓸 수 있는 유용한 방법이다.

보겔의 방법의 기본적 아이디어는 소위 기회비용(opportunity cost)을 감안하여 기회비용이 가장 크게 발생하게 되는 곳부터 수송량을 배정하는 것이다.

[보겔의 추정법의 제단계]

① 각 행에 대하여 그 행에 있는 수송비 중 최소수송비와 두번째 최소 수송비와의 차이를 구하여 이를 기회비용이라 부른다.

② 각 열에 있는 수송비 중 최소수송비와 두번째 최소수송비와의 차이를 구하여 이를 기회비용이라 부른다.

③ 모든 행과 열의 기회비용을 비교하여 그 값이 가장 큰 행 또는 열을 선정, 이 행 또는 열에 있는 칸들 중에서 수송비가 최소되는 칸을 찾는다.

④ ③에서 구한 칸에 배정할 수 있는 최대의 수송량을 배정한다. 이에 따라 각 공급지와 수요지의 공급량 및 수요량을 수정한다. 공급량 또는 수요량이 0이 되는 행 또는 열을 삭제한다.

⑤ 행이 삭제되면 각 열의 기회비용을 수정하고 열이 삭제되면 각 행의 기회비용을 수정한다.

⑥ 모든 공급 및 수요량이 다 배정되었으면 계산을 끝마치고 그렇지 않으면 ③으로 돌아간다.

2-2 초기해로부터 최적해를 얻는 방법

1) 디딤돌법(stepping stone method)

디딤돌법은 시행하는 방법이 아닌 할당된 난(closed or occupied cell)에 표시한 원을 디딤돌로 하여 건너는 모습과 비슷하다는 것에서 유래된 이름이다. 디딤돌법은 최적해 여부를 판정하는 과정과 최적해가 아닌 경우 수송량을 재할당하여 더 나은 수송방법을 찾는 과정으로 구성되어 있다.

최적해 여부는 할당되지 않은 빈난(empty cell)에 수송량이 할당된다면 수송비가 어떻게 변하는가를 모든 빈난에 대해 검토하는 빈난평가(empty cell evaluation)의 결과를 가지고 판정한다. 빈난에 수송량을 할당하여 수송비가 감소한다면 현재 검토하고 있는 수송방법은 최적해가 아니라고 할 것이며, 수송비가 감소하지 않는다면 최적해라고 할 것이다.

디딤돌법에서 빈난평가의 선행조건은 할당된 난의 수가 $(m+n-1)$개로서 초기해의 요건을 갖추어야 한다는 것이다. 이것은 할당된 난의 수가 $(m+n-1)$개보다 적으면 빈난평가를 실시할 수 없기 때문이다. 또한 디딤돌법은 최적해는 기본가능해라는 사실에 입각하여 실시하므로 빈난에 수송량을 할당한다 하더라도 할당된 난의 수는 $(m+n-1)$개이어야 한다는 전제를 두고 있다.

디딤돌법을 요약하면 다음과 같다.

① 빈난에 대해서 수송비가 감소하는지 계산을 실시한다.

② 평가결과 모두 비음(최소화 경우)이면 그 해는 최적이다. 그렇지 않으면 해의 개선이 가능하다.

③ 개선된 해를 얻기 위해서는 진입란을 확인하고 가능한 한 많은 양을 그 난에 할당한다. 그리고 닫힌 루프를 따라 그 양을 + 또는 −하여 조정한다.

④ 개선된 해가 검사된다. 최적이 아니면 다른 개선된 해를 구한다.

2) 수정배분법(modified distribution method)

수정배분법은 선형계획법의 쌍대이론에 근거하여 최적해를 구하는 방법이다. 수정배분법은 디딤돌법과는 달리 모든 빈난의 폐쇄경로를 찾을 필요가 없고 재할당이 필요한 난의 폐쇄경로만 찾으면 될 뿐만 아니라 그 결과는 아주 유용한 정보를 제공하고 있다.

수정배분법의 절차를 요약하면 다음과 같다.

① 초기해가 도출된 수송표의 모든 행과 열에 선형계획법의 쌍대변수가 되는 U_i(i=1부터 m, m=공급지 수)와 V_j(j=1부터 n, n=수요지 수)를 도입한다.

② 할당된 난이 행에 도입한 변수와 열에 도입한 변수의 합이 할당된 난의 수송비와 같다는 다음과 같은 방정식을 모든 할당된 난에서 유도하여 변수의 값을 구한다.

$$U_i + V_j = C_{ij}$$

위의 방정식관계는 선형계획법의 쌍대이론에 근거를 두고 있는 것으로 최적해가 되기 위한 필요조건이다. 위 방정식은 모든 할당된 난에서 유도하기 때문에 $(m+n-1)$개의 방정식이 만들어진다. 변수는 U_i가 m개, V_j가 n개로 모두 $(m+n)$개이고 방정식은 $(m+n-1)$개이므로 변수의 값을 구할 수 없다. 그러므로 $(m+n)$개의 변수 중 하나를 임의로 골라 그 값을 0(일반적으로 $U_i=0$)으로 하면 다른 변수들의 값을 구할 수 있다.

③ ②에서 구한 변수값을 아래의 방정식에 대입하여 모든 빈난에 대해 C_{ij}^* 값을 구한다.

$$C_{ij}^* = C_{ij} - U_i - V_j$$

③ C_{ij}^* 는 빈난에 수송량을 한 단위 할당함으로써 변하는 총 수송비를 나타낸다.

④ C_{ij}^* 값 중 음수가 없으면 검토하고 있는 기본가능해는 최적해이다. 음수가 있으면 최적해가 아니므로 음수 중 가장 작은 값을 가진 빈난을 선택하여 폐쇄경로를 찾고 디딤돌법과 같은 방법으로 수송량을 재할당한다. 즉 폐쇄경로에서 −가 부여된 난에 할당된 양 중에서 작은 값을 선택하여 −가 부여된 난의 할당량에서 빼고, +가 부여된 난의 할당량에 더하여 수송량을 조정한다.

⑤ C_{ij}^* 값에 음수가 없을 때까지 ①에서 ④까지의 절차를 반복한다.

종합사례 공급능력계획 및 입지선정

빨강, 초록, 노랑 등 강렬한 원색의 옷으로 유명한 세계적 의류업체 베네통. 계절마다 5천여가지 의류스타일을 개발하고 있다. 2백50여개 색상과 결합해 한 계절에 1백25만 종류 2천5백만 벌의 옷을 만들어 낸다. 베네통은 소비자 반응을 미리 측정하기 위한 몇몇 안테나숍이나 핵심 염색공장을 제외하고는 자체 생산시설과 판매조직을 갖고 있지 않다. 4백50여개 협력업체들이 생산을 대신하고 전세계에 퍼져 있는 8천여개 점포들이 옷을 팔아 준다. 특이한 것은 이 모든 공장과 판매점들이 이탈리아 로마 베네통 본사 중앙컴퓨터와 연결돼 있다는 점. 중앙컴퓨터는 각 매장의 판매현황, 주문내용, 재고물량과 하청공장의 공장가동상황, 고객들의 취향변화에 대한 정보 등을 끊임없이 수집하고 모니터링한다.

이를 통해 중앙컴퓨터는 어떤 제품을 어느 공장에서 얼마나 만들어 어느 매장으로 보내야 할지를 즉시 결정한다. 회사는 컴퓨터의 결정대로 실행한다. 이 시스템 덕분에 판매점이 어느 곳에 있든 주문물량은 가장 가까운 공장에서 생산되고 1주일 안에 도착한다. 판매시즌 중간에도 필요한 물량을 주문하면 차질없이 공급된다. 세계 각지의 시장에서 일어나는 수요변화에 즉각 대응할 수 있는 것이다. 반면 대개의 다른 의류회사의 경우 판매점들은 적어도 6개월 이전에 수요를 예측해 옷을 미리 주문한다. 의류업계의 오랜 구매방식이다. 베네통은 이같은 아웃소싱 경영으로 세계 의류시장을 장악했다. 생산과 판매를 모두 외부에 맡기는 대신 제품개발 디자인 광고에 모든 능력을 쏟아붓는다. 베네통의 원색 디자인 옷은 언제나 인기를 모았다.

특이한 모델과 충격적인 내용을 담은 베네통의 광고는 항상 눈길을 끌며 화제를 불러일으켰다.

베네동의 성공은 가장 경쟁력있는 핵심역량(Core Competence)에 집중한 결과다. 핵심역량은 다양한 제품에 사용되는 중요한 기술이나 독점적인 기술(능력)을 말한다. 기업은 이런 능력을 갖게 되면 경쟁기업보다 훨씬 빠르게 좋은 제품을 계속 내놓고 시장에서 앞서 나갈 수 있다. 베네통은 개발, 디자인, 글로벌광고 등 "노른자위"만 키우고 나머지는 아웃소싱에 의존한다. 그것을 가능케 하는 것이 디지털 네트워크다. 베네통 아웃소싱의 인프라는 세계 구석구석을 그물처럼 엮어 주는 컴퓨터 통신망이다.

4백50여개 공장과 8천여개 매장을 잇는 네트워크를 통해 생산, 판매, 마케팅 등의 모든 정보가 로마의 중앙컴퓨터 한곳으로 모이고 전세계로 동시에 퍼져 나간다. 이처럼 디지털 네트워크는 세계 각지에 있는 수백개 기업이나 공장을 연결해서 필요한 것을 주고받을 수 있게 해준다. 모든 정보가 공유되고 비용을 줄이면서 새로운 제품과 부가가치를 만들어 낼 수 있다. 고객이 무엇을 원하는지를 바로 알 수 있고 고객의 욕구가 변할 때 빠르고 정확하게 대응할 수 있다. 기업은 설계, 디자인, 개발, 생산, 판매 어느 분야든 가장 경쟁력있는 곳에만 집중하면 되는 것이다.

토·의·문·제

1. 공장없는 기업시대가 열리고 있다. 이는 입지결정이 생산전략과 어떻게 연계되어야 함을 의미하는가?
2. 베네통은 생산시설을 가지고 있지 않으면서도 세계적으로 경쟁력을 갖추고 있다. 그 이유가 무엇이라고 보는가?
3. 공급능력을 확장하려는 기업에게 베네통회사가 제시하는 시사점은 무엇인가?

요 약

- 공급능력계획은 기업의 공급능력을 장기적인 관점에서 확정하는 의사결정이다.
- 공급능력 의사결정은 기업의 규모나 형태에 관계없이 매우 중요하며, 기업이 수행해야 하는 일차적 의사결정 중 하나이다.
- 공급능력계획을 수립하기 위해서는 공급능력이용률, 최적조업도, 규모의 경제 및 집중화설비 등과 같은 개념이 고려되어야 한다.
- 공급능력계획의 수립을 위해서는 기존공급능력의 측정, 공급능력소요량의 측정, 공급능력 조정대안의 개발, 대안의 평가와 선택 등의 절차를 걸친다.
- 기업들이 일반적으로 사용하는 공급능력 조정전략으로는 여유공급능력의 활용전략과 공급능력의 확장전략이 있다.
- 시설물의 입지결정이란 공급시스템에서 제설비와 건물의 지리적 장소 또는 지역을 결정하는 것이다.
- 입지요인이라 함은 입지결정에 영향을 미치는 요인을 말하며, 넓은 범위의 지역을 선정할 때와 지역선정이 이루어진 후 결정하는 부지선정에 영향을 미치는 입지요인은 서로 다르다.
- 입지결정에 영향을 미치는 요인은 질적 · 양적 요인이 많고 평가하기가 어렵기 때문에 의사결정자는 최적의 입지를 선택하고자 하는 것이 아니라 만족입지를 선택하려는 경향이 있다.

- 분석적인 입지결정과정이란 기업의 전략적 목표와 다른 관리기능과의 관계를 분석하여 전체적이며 객관적인 과정을 통하여 입지를 결정하는 것을 의미한다.
- 입지결정방법은 입지를 결정하고자 하는 후보지가 한정되어 있느냐의 여부에 따라 그 특성이 매우 다르다. 후보지가 한정되어 있지 않은 경우에는 거리에 따른 비용함수를 설정하고 이 비용함수를 최소화하는 장소를 선정한다. 후보지가 한정된 경우에는 한정된 후보지에 대해서만 평가기준에 따라 평가하고 입지선정을 한다.

용어풀이

- **공급능력(capacity):** 조직이 일정기간 동안에 달성할 수 있는 설비의 최대생산량 혹은 공정의 최대산출률.
- **설계공급능력(design capacity):** 생산설비가 설계되는 시점에서의 목표산출률 혹은 최대공급능력.
- **유효공급능력(effective capacity):** 주어진 품질표준, 일정상의 제약, 기계의 유지, 노동력의 능력 및 제품믹스하에서 달성가능한 최대산출률.
- **실제공급능력(actual capacity):** 생산설비가 실제로 달성하는 산출률.
- **공급능력이용률(capacity utilization rate):** 기업이 설계공급능력 즉 최적조업도에 얼마나 근사하게 공급능력을 이용하고 있는가를 나타내는 척도.
- **공급능력효율성(capacity efficiency):** 기업이 공급시스템을 얼마나 잘 이용하고 있는 가에 대한 단기 및 중기의 척도.
- **최적조업도(best operation level):** 공정을 설계하는 시점에서의 목표공급능력수준 즉 단위당 평균원가가 최소로 되는 산출량.
- **여유공급능력(capacity cushion):** 평균이용률이 100%로부터 떨어진 정도.
- **시설입지문제(facility location problem):** 비용을 최소화(이익을 최대화)하기 위하여 시설의 수, 크기, 장소를 결정하는 것.
- **입지손익분기분석(locational break-even analysis):** 입지가능한 부지에 대하여 입지를 결정함에 따라 달라질 수 있는 입지요인을 고정비적인 성격의 비용요인과 변동비적인 성격을 갖는 비용요인으로 구분하고, 각 입지가능한 부지에 대하여 입지손익분기도표(locational break-even chart)를 작성하여 최소비용을 나타내는 입지가 어디인지를 찾는 방법.
- **무게중심법(center of gravity method):** 유크리드 제곱거리는 거리척도를 기준으로 하여 입지결정을 할 경우 최적해가 무게중심점으로 나타나기 때문에 이를

무게중심법이라고 한다.

- **중위수법(median model):** 격자거리를 거리척도로 할 경우 최적해를 중위수를 이용하여 구할 수 있으므로 이 방법을 중위수법이라고 한다.
- **유크리드거리 (Euclidean distance):** 좌표상의 두 점 사이를 잇는 직선거리.
- **격자거리 (rectilinear distance):** 좌표상의 x축에서의 거리와 y축에서의 거리를 합한 값으로 두 점 사이의 거리로 할 때 이를 격자거리라고 한다.

공식

$$\text{공급능력 이용률} = \frac{\text{실제공급능력(산출)}}{\text{설계공급능력}}$$

$$\text{공급능력 효율성} = \frac{\text{실제공급능력(산출)}}{\text{설계공급능력}}$$

여유공급능력 = 100 − 평균이용률

유크리드거리: $D(i, j) = \{(x-a_j)^2 + (y-b_j)^2\}^{1/2}$

유크리드 제곱거리: $D(i, j) = \{(x-a_j)^2 + (y-b_j)$

격자거리: $D(i, j) = (|x-a_j| + |y-b_j|)$

무게중심점 $x^* = \frac{\sum_{j=1}^{m} \omega_j a_j}{\sum_{j=1}^{m} \omega_j}$ $y^* = \frac{\sum_{j=1}^{m} \omega_j b_j}{\sum_{j=1}^{m} \omega_j}$

익 | 힘 | 문 | 제

1. K기업은 다음 그림과 같이 공장과 시장을 가지고 있는데 새로운 유통센터를 설치하고자 한다. 각 시장수요는 시장 1이 10톤/월, 시장 2는 6톤/월, 시장 3은 5톤/월의 수요가 있다.

(1) 유크리드 제곱거리를 거리척도로 할 때, 유통센터의 입지장소는 어디가 좋겠는가?

(2) 격자거리를 거리척도로 할 때 유통센터의 입지장소는 어디가 좋겠는가?

[풀 이] (1) 공장과 수요지를 연결하는 유통센터의 누적수송량은 시장수요에다 공장에서 유통센터로 가는 수요를 합하여야 하다. 유크리드 제곱거리를 거리척도로 이용하는 경우 최적입지장소는 무게중심점으로 나타나므로 최적입지장소의 좌표는 다음과 같이 계산하면 된다.

$x^* = (0\times10+0\times6+20\times5+100\times21)/(10+6+5+21) = 52.38$

$y^* = (80\times10+40\times6+20\times5+50\times21)/(10+6+5+21) = 52.14$

(2) 누적수송량은 $5+6+10+21=42$이므로 중위수는 21 또는 22가 된다. 이 중위수 값은 x좌표의 경우 누적수송량이 (10, 10+6, 10+6+5, 10+6+5+21)이므로 세번째 또는 네번째 좌표값이 된다. y좌표의 경우 누적수송량이 (5, 5+6, 5+6+21, 5+6+21+10)이므로 세번째 좌표값이 된다.

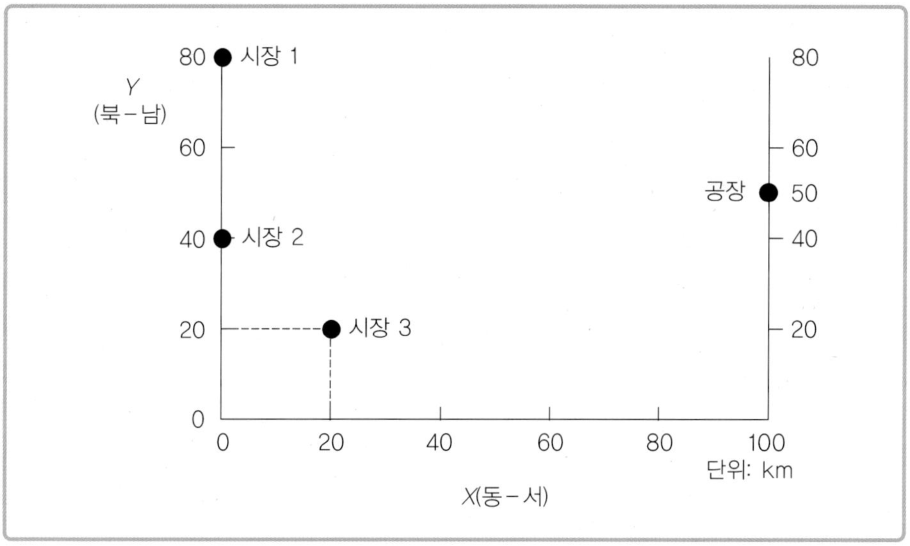

실제로 계산하여 보면 다음과 같이 계산된다.

$x=20$인 경우 $(10|0-20|+6|0-20|+5|20-20|+21|100-20|)=2{,}000$

$x=100$인 경우 $(10|0-100|+6|0-100|+5|20-100|+21|100-100|)$

$=2{,}000$

$y=50$인 경우 $(10|80-50|+6|40-50|+5|20-50|+21|50-50|)=510$

그러므로 최적입지장소는 (20, 50), (100, 50)이 된다.

연 | 습 | 문 | 제

1. 공급능력계획과 입지선정간에는 어떤 관계가 있는가를 설명하라.

2. 설계공급능력과 유효공급능력간의 차이를 설명하라.

3. 공급능력의 측정방법을 설명하라.

4. 공급능력계획의 절차를 설명하라.

5. 공급능력의 조정전략을 설명하라.

6. 해외공장의 입지문제는 국내문제와 어떻게 다른가를 설명하라.

7. 서비스시설의 입지결정과정에 대하여 설명하라.

8. 우리나라의 공단지역, 수출자유지역의 입지조건에 대하여 조사하여 보라.

9. 입지결정시 연속적 평면을 가정하는 경우와 불연속적 평면을 고려하는 경우 서로의 장단점을 논하라.

10. K기업은 다음 그림과 같이 공장과 수요지를 가지고 있는데 새로운 유통센터를 설치하고자 한다. 수요지 1은 월 10톤, 수요지 2는 월 6톤 그리고 수요지 3은 월 12톤의 수요가 있다.

(1) 유크리드 제곱거리를 거리척도로 할 때, 유통센터의 입지장소는 어디가 좋겠는가?

(2) 격자거리를 거리척도로 할 때 유통센터의 입지장소는 어디가 좋겠는가?

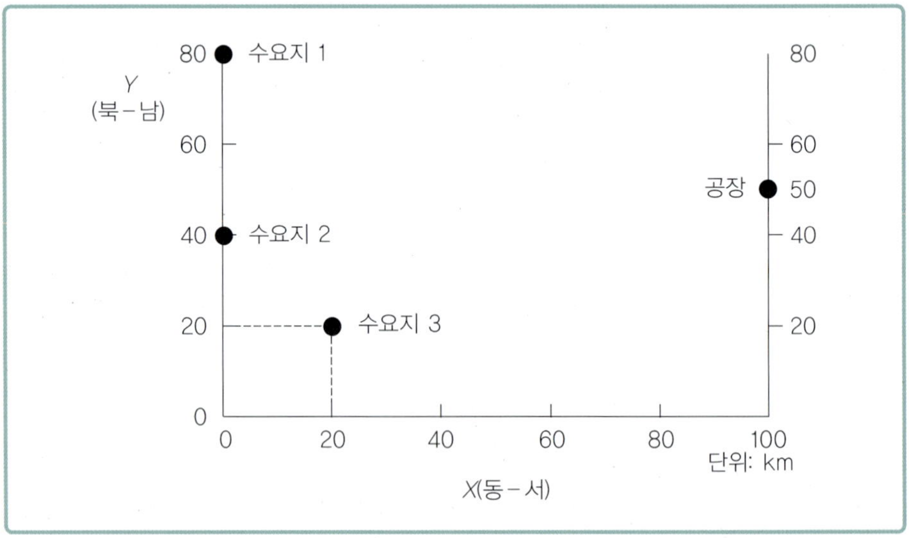

11. 서로 다른 세 군데의 공장에서 매월 10,000개의 TV튜브를 생산하는 공장이 있다. 이 회사의 수요처는 5군데의 조립공장이며 수요량은 1,000개/월이다. 이 자료를 이용하여 수송표를 만들어라. 그리고 문제를 해결하기 위해서는 무슨 자료가 필요한지 설명하라.

12. 가나 주류회사에서는 서울, 부산, 대구, 광주, 대전, 강릉에 대리점을 가지고 있으며 현재는 서울에 있는 공장에서 직접 수요를 충당하고 있다. 앞으로 유통을 위한 창고시설을 대구와 대전 중 한 장소에 건설할 예정이다. 이에 관련된 자료는 아래와 같다.

지역간 수송비 (천원/상자)

	대리점 수요	서울	부산	대구	광주	대전	강릉
서울	1,000상자/월	–	10	8	8	3	12
부산	400상자/월		–	4	9	5	15
대구	350상자/월			–	7	4	10
광주	150상자/월				–	3	18
대전	200상자/월					–	13
강릉	150상자/월						–

(1) 대구와 대전의 창고건설에 따른 비용은 같고 한 장소에만 규모가 연간 10,000상자를 보관 · 처리할 수 있는 창고를 건설할 경우 어디에 창고를 두는 것이 유리하겠는가?

(2) 월 1,500상자를 보관처리를 할 수 있는 창고시설을 건설하는 경우 대구는 연간 비용이 30,000원, 대전은 38,000원이 발생한다면 어디에 창고를 두는 것이 유리한가?

(주: Excel을 이용하여 문제를 풀어보시오.)

08 프로세스설계 및 배치결정

학습목표

본 장에서는 다음과 같은 내용의 이해를 목표로 한다.

- 공정설계의 의의
- 공정전략
- 공정계획
- 배치설계의 내용과 방법
- 직무설계 및 작업측정

사례 녹색 관련 제조업

에너지 관련 산업 - 신재생 에너지 등 : 에너지 기술 및 에너지 산업은 저탄소 녹색성장의 가장 핵심이 되는 요소이다. 신재생에너지 개발, 기존 에너지 생산 및 이용의 효율성 개선 등이 추진되는 과정에서 연구개발, 설비개발 및 운영, 유지 보수 등의 모든 관련 직종에서 새로운 유망직업이 대거 파생될 것으로 전망된다. 특히 신재생에너지 관련 분야는 과학기술적 측면에서 고도한 기술력을 기반으로 급속한 성장이 예상된다. 현재는 국제 시장이 활성화되어 있지 않지만 향후 몇 년 안에 그 규모는 비약적으로 늘어날 것이며, 향후 우리나라의 대외진출이 적극 추진될 전망이다.

운송장비 관련 산업 - 자동차 등 : 근래의 온실가스 규제강화 속에서 자동차산업은 환경규제를 충족시키기 위해서 다양하고 경제성이 있는 친환경 그린카 개발에 집중하고 있다. 연비 개선을 위한 엔진 고성능화, 소재 경량화, 부품 직접화를 도모하는 가운데 하이브리드자동차, 연료전지자동차 개발이 더욱 촉진되고 있다. 자동차 산업은 첨단기술개발 능력을 보유한 기업을 중심으로 전 세계 자동차업체가 기술협력의 합종연횡을 반복하며 새로운 국제분업구조를 가지는 글로벌 과점체제로 지속적으로 전환하리라 예상된다.

첨단기술개발만으로는 기존 자동차 산업내 인력구조를 근본적으로 전환시킬 필요는 없으나, 새로운 국제분업구조의 확대는 글로벌 생산효율성에 대한 요구를 더욱 증가시키며 기존 생산라인의 글로벌 이동을 초래할 것이다. 자동차산업에 대한 의존도가 상당히 높은 한국의 입장에서는 하이브리드자동차와 연료전지자동차의 핵심기술을 확보하며, 이를 기반으로 국제 분업구조에서 유리한 위치를 점하는 것이 무엇보다 중요할 것이다.

한편 자동차산업에서도 그린카 개발과 함께, 현재 생산공정상에서의 에너지 소비를 줄이는 것도 중요한 사항이다. 생산공정상의 효율성 개선은 자동차산업에서 뿐만 아니라 조선산업 등 모든 산업에서도 중요한 과제이다. 조선산업에서는 자동차산업에서와 함께 엔진 효율 증대, 친환경소재 사용 증대, 생산조립공정에서의 에너지 효율 증대가 중요한 과제로 제기되고 있다.

기반 산업- 철강, 석유화학, 시멘트 : 철강, 석유화학, 시멘트 등은 여타 산업의 기반을 제공하는 한편 대표적인 에너지 다소비산업이다. 그러나 탄소배출에 대한 규제 강화와 에너지-원료 가격의 인상 압력 속에 에너지 효율 개선 등이 가파르게 진행되고 있다.

철강산업의 글로벌 경쟁은 생산공정상 에너지 소비를 줄이고 탄소배출을 축소하도록 요구한다. 한편 제품생산 자체도 고에너지 효율과 친환경 요구에 부응할 것이 요청된다. 이를 위해 자원-에너지 순환형 생산체제를 구축하는 한편, 수요업체와의 요구에 부응하기 위한 선제적 신제품 개발이 추진되고 있다.

석유화학산업에서도 생산공정 상의 개선과 함께 친환경적 제품 생산이 요구된다. 공정개선을 통해 오염물질 배출을 억제하고 에너지 및 원료 효율성을 높이는 한편, 고분자재료인 엔지니어링 플라스틱이 가벼운 무게에도 높은 강도와 내구성을 허용함으로써 금속재료를 대신할 수 있도록 요구된다.

— 권대봉 편저, 녹색성장 녹색직업 녹색인재, 박영사, 2009년 11월, pp.153-156. —

제 1 절 공정설계

1. 공정설계의 의의

공정설계의 핵심문제 중 하나는 어떻게 제품을 생산하고 서비스를 제공할 것인가이다. 공정설계 의사결정은 기업에 전략적인 경쟁목표를 도와야 한다. 공정설계 의사결정을 할 때 우리는 품질, 원가, 납기, 유연성 등 경쟁우선순위를 통제하는데 중점을 둔다.

공정(Process)이란 가치 있는 제품과 서비스를 제공하기 위해 기업의 자원을 활용하는 것이다. 공정이 없으면 제품이나 서비스를 제공할 수 없으며 제품이나 서비스가 없는 공정도 존재할 수 없다. 공정관리는 투입물, 운영작업, 작업흐름 그리고 투입물을 산출물로 변환시키는 방법 등을 선정하는 것이다. 공정설계의 의사결정이 필요한 경우는 다음과 같다.

- 제품과 서비스를 개량하여 제공하고자 할 때
- 기업의 경쟁우선순위가 변경되었을 때
- 제품 및 서비스의 수요가 변화할 때
- 투입물의 원가나 획득가능성이 변화되었을 때
- 신기술을 활용할 수 있거나 품질을 향상시키고자 할 때

공정관리와 관련하여 중요한 두 가지 전제가 있다. 하나는 공정이 모든 작업 활동의 기저에 있으며 모든 조직과 조직의 모든 기능부문에서 발견된다는 점이다. 두 번째는 공정이 조직의 공급체인상의 다른 공정 안에 포함된다는 점이다. 공정설계 의사결정은 직접적으로 공정자체에 영향을 미치지만 간접적으로는 공정이 공급하는 제품과 서비스에도 영향을 미친다. 공정설계를 하기 위한 최초 의사결정은 공정선택으로서 이는 자원을 제품 중심으로 조직할 것인지, 공정위주로 조직할 것인지를 결정하는 일이다.

2. 공정전략

(1) 공정의 유형

모든 상품과 서비스는 다음 4가지의 공정전략의 하나를 조금 변형시켜 생산된다. 공정중심생산, 반복중심생산, 제품중심생산, 대량고객화 등이다. 이 4가지 공정전략과 생산량과 종류의 관계가 [그림 8-1]에 나타나 있다. 그림에는 4가지의 공정만 나타나 있지만 자신이 필요로 하는 양과 종류에 맞는 공정을 구축할 수도 있다.

① 공정중심생산(Process Focus)

전 세계 4분의 3의 생산은 "Job Shop"의 형태에서 다양한 제품을 소량 생산한다. 이러한 시설은 특정한 활동이나 공정을 중심으로 구성되어 있다. 공장을 예로 들면 용접부서, 분쇄부서, 페인트 부서 등이, 사무실에는 회계, 판매, 임금 관련 부서 등이, 레스토랑에는 바(Bar)나 그릴 스테이션이나 제과 스테이션이 있을 것이다. 이와 같은 시설들은 장비, 배치, 감독 면에서 공정중심으로 되어 있다. 공정중심생산은 제품이 공정들을 오갈 때 제품의 다양성을 제공하게 한다. 각 공정은 다양한 활동을 하며 빈번한 변화에 대처 할 수 있게 설계되어 있기 때문에 단속적 공정(intermittent processes)이라고 불린다.

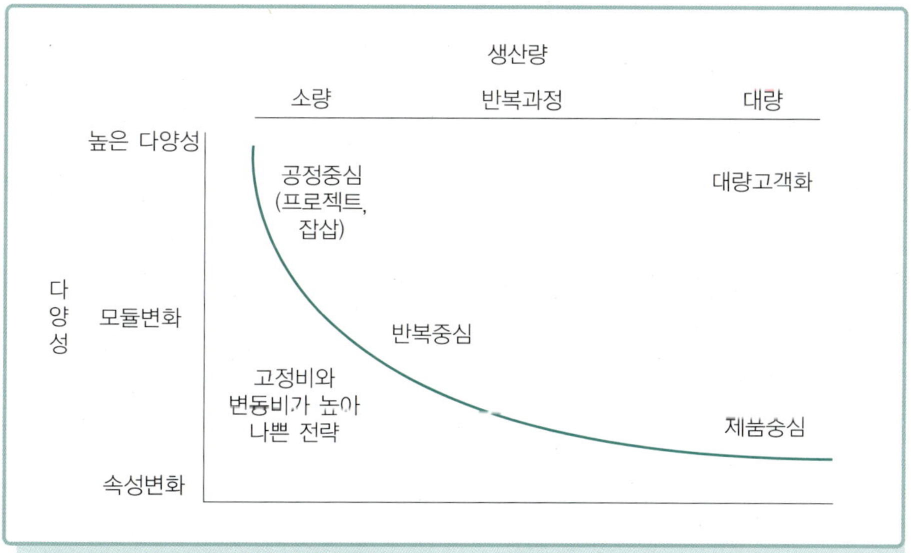

| 그림 8-1 | 네 가지 공정유형

이러한 설비들은 높은 변동비용을 가지고 있으며 5%가량의 아주 낮은 시설 사용률을 가지고 있다. 많은 레스토랑과 병원과 공작소가 여기에 해당한다. 하지만 오늘날 일부 시설들은 혁신적인 전산 장비의 도입으로 보다 나은 운영을 하고 있다. 컴퓨터 제어장치의 개발로 인해 도구제어, 부품이동, 도구 교체, 자동 부품 설치 등을 손쉽게 실행할 수 있다.

사례

미국의 Standard Register사는 Job Shop형태로 이 회사는 인력과 기계를 인쇄부서, 절단부서, 묶음부서와 같이 특정 부서로 나누어 제품을 생산한다. 모든 주문은 하나의 묶음으로 처리되어 부서간 이동 시 한 묶음씩 이동한다. 이 모든 과정은 회사 대표와 고객이 함께 서식을 디자인 하는 것으로부터 시작된다. 디자인이 마무리 되면 제조공장 판매지원부서의 전산으로 주문이 입력된다. 제품 생산을 위해 필요한 자재(잉크, 종이, 라벨 등)와 제품 생산 기간과 각 장비에 할당 될 일이 결정된다.

인쇄 부서는 CAD를 사용하여 제품 디자인을 알루미늄 인쇄판에 옮기고 서식을 판에 새긴다. 인쇄부서의 장비제어담당은 인쇄판을 기계에 장착하여 서식을 인쇄한다. 인쇄 후에는 14장씩 한 묶음으로 옆 기계에서 정리된다. 이 중 일부는 접착, 바인딩, 봉합, 라벨 등의 추가적 절차를 거치게 된다. 이렇게 서식 묶음이 생산되면 비닐 포장 후 박스에 넣어 발송된다. 제품이 발송 된 후에는 회계부서로 "작업표"가 보내지고 배송된 물품의 운송장이 고객에게 전달된다.

자료원 : Jay Heizer & Barry Render, *Operations Management*, Pearson Prentice Hall, 2007.

② 반복중심생산(Repetitive Focus)

반복중심생산은 [그림 8-1]에서 나타난 것처럼 제품중심생산과 공정중심생산의 중간쯤 위치한다. 반복중심생산에는 모듈이 사용된다. 모듈이란 연속과정생산에서 이미 생산되어 있는 부품이나 구성요소를 말한다. 반복중심생산 라인은 가장 보편적인 일관작업라인이다. 대부분의 자동차나 가전제품의 생산에 사용된다. 반복중심 생산라인은 명확한 구조를 가지고 있기 때문에 공정에 중점을 두는 공장보다는 융통성이 떨어진다. 패스트푸드 회사가 모듈을 사용하는 반복중심 생산의 좋은 예가 된다. 이와 같은 생산 법을 사용하면 연속 중심 생산보다 자유로운 고객화가 가능하다. 그 예로 고기, 치즈, 소스, 토마토, 양파 등의 모듈을 사용하여 치즈버거와 같은 유사 주문제작 상품을 생산할 수 있다. 이렇게 함으로써 연속 중심적으로 제품을 생산을 했을 때 보다 많은 경제적 이익을 얻는 동시 소량의 다양한 제품을 주문 생산 할 수 있다는 이점이 있다. 반복중심생산 기업들의 경우 대부분 모듈이 생산라인을 거치며 다양한 조합으로 다양한 완성제품이 생산된다. 혼다사는 2종의 엔진, 3가지 크기, 13가지 색상, 2가지의 바퀴 옵션이 있기 때문에 총 156개의 조합이 가능하다.

③ 제품중심생산(Product Focus)

대량으로 적은 종류의 제품을 생산하는 공정을 제품중심생산이라 한다. 이 생산과정의 시설들은 제품을 중심으로 구성되어 있다. 이 방법은 상당히 길고 연속적인 생산과정을 가지고 있기 때문에 연속생산이라 불리기도 한다. 유리, 종이, 양철판, 전구, 맥주, 볼트 등은 연속생산을 통해 생산된다. 제품 중심공장은 일정한 기준이 있고 품질보증 절차를 갖추고 있기 때문에 무리 없이 가동될 수 있다. 언제나 같은 전구나 핫도그 빵을 만드는 기업은 제품을 중심으로 공장을 구성할 수 있다. 인쇄소나 종합병원과 같이 언제나 일정하지 않고 색다른 제품 생산과 용역을 제공해야 하는 기관과는 달리 이런 기업들은 일정한 기준과 품질을 유지할 수 있다.

제품중심 시설은 적은 종류의 제품을 대량으로 생산한다. 시설을 특수화하기 위해 많은 비용이 들지만 가변비용이 적기 때문에 시설 가동률이 높다. 제철은 제품중심 시설에서 생산된다.

제철공장의 작업순서를 보면 차가운 철 조각이 전기 용광로에 들어가 20초만에 녹는다. 녹은 철은 가열되어 있는 탱크로 옮겨진다. 이 탱크는 캐스터 위로 옮겨진다. 탱크가 열리고 액체상태의 철이 캐스터에 투입된다. 철은 일정크기의 판의 모양을 갖춰 캐스터에서 나온다. 이때 철판이 얇게 펴질 수 있게 일정한 온도가 유지된다. 일정한 온도가 유지 되어야만 고품질의 철판을 생산할 수 있다. 그 후 철은 압연기에 들어간다. 철판을 말기 전 물로 뜨거운 철판을 식힌다. 얇게 펴진 철판을 약 25톤의 철판으로 만다. 마지막으로 구매자의 요구에 따라 추가 처리를 한다.

④ 대량고객화(Mass Customization Focus)

계속해서 부유해지고 복잡해지고 있는 현시대는 점점 더 개별화된 상품과 서비스를 요구한다. 다양화 현상은 자가용, 영화, 시리얼 및 다른 여러 분야에서 발생하고 있다. 이런 물품들의 확산에도 불구하고, 상품의 질은 향상되었으며 가격은 하락했다. 따라서, 이 상품들은 그 어느 때보다도 많은 사람들에게 제공 가능해졌다. 생산관리자는 이 상품들을 생산하는 데에 있어 흔히 알려진 대량고객화를 사용한다. 하지만 대량고객화는 다양화에만 국한되는 것이 아니라, 경제적으로 말하자면 소비자가 원하는 것을 원하는 때에 정확하게 제공하는 것을 뜻한다.

대량고객화는 점점 세분화되는 소비자들의 욕구를 충족시켜주는 신속하고, 저렴한 상품 및 서비스의 생산방식이다. 대량고객화는 상품을 생산 및 제공하는데 있어 기존의 공정중심의 소량생산에서 현재의 제품중심의 대량생산으로의 변화를 가능하게 한다. 대량고객화는 향상된 운영능력을 필요로 한다. 판매, 생산 및 로지스틱스의 상호관계는 더욱 가까워졌으며, 생산관리자들은 개별 상품들을 빠르고 저렴하게 생산하는 과정을 위해 자원을 창의적이고 적극적으로 사용해야 한다.

서비스 산업 전체가 이제 대량고객화를 향해 나아가고 있다. 예를 들어, 몇 년 전만 해도 대부분의 사람들은 같은 통화 서비스를 이용하였다. 그러나 현재는 전화 서비스가 발신자 번호 표시 서비스부터 음성 메일 등의 추가 사항을 많이 포함하는 것은 물론이고, 최근 전화들은 단순히 전화기의 기능만 갖고 있지 않다. 이 전화기들은 카메라, 컴퓨터, 게임기 또는 인터넷 연결기의 기능까지 포함하고 있다. 보험 회사들 역시 소비자들의 특수한 요구를 충족시키기 위해 새로운 상품들을 빠르게 추가하며 수정하고 있다.

대량고객화의 가장 중요한 부분은 구성의 디자인에 있다. 이 구성 디자인에 많은 부분을 의지하고 있다. 효과적인 계획과 빠른 생각의 적용이 역시 필요하다. 창의적인 구성, 효과적인 계획 및 빠른 생각 적용은 모든 결정에 영향을 미치기 때문에 완벽한 운영관리를 필요로 한다. 예를 들어, 대량고객화가 성공적으로 이루어졌을 경우 조직은 판매 예상 및 계획생산과정에서 발생할 수 있는 추측 및 억측을 피해갈 수 있다. 주문생산은 예상치보다 구매자의 요구에 맞추어 상품을 제작하는 것을 뜻한다. 주문생산과 대량고객화는 쉽지 않지만, 많은 수의 조직들이 이를 향해 나아가고 있다.

(2) 생산공정의 선택 비교

일반적으로 공정선택 의사결정을 하는 데 고려되어야 할 요인들은 다음과 같다.

첫째로, 시장여건을 고려해야 한다.

둘째로, 자본을 고려해야 한다.

셋째로, 노동력의 이용가능성과 비용을 고려해야 한다.

넷째로, 각 공정에 요구되는 관리기술을 고려해야 한다.

다섯째로, 원자재의 이용가능성과 가격을 고려해야 한다.

끝으로, 공정 및 제품에 관련된 기술의 상태를 고려해야 한다.

올바른 공정선택 의사결정을 하기 위해서는 여러 가지 종류의 연구를 통해서 위에서 살펴본 여섯 가지 요인을 신중하게 분석해야 한다. 잠재수요 및 시장여건을 평가하기 위해서는 시장조사를 통한 마케팅분석이 수행되어야 한다. 가능하면 미래의 매출액을 단일치로써 예측할 뿐만 아니라 가능한 추정치의 범위로도 예측해야 한다.

대부분의 다른 요인들은 여러 가지 공정대안의 경제성분석을 통해서 고려될 수 있다. 경제성분석에서 가장 중요한 것은 매연도별로 투자액, 수익 및 비용을 산정함으로써 각 대안의 현금흐름을 고려하는 것이다. 각 대안에 대한 순현금흐름을 현가로 할인하거나 투자수익률을 계산할 수 있다. 경제성의 측면에서는 현가 혹은 수익률이 가장 큰 대안이 선호된다.

네 가지 다른 생산공정의 성격은 〈표 8-1〉에 표시되어 있다. 각 생산공정은 많은 이점이 있으며, 기업들은 모든 생산공정에 있어 전략적인 장점도 얻을 수 있다. 각 생산공정은 적절한 수량 및 다양성과 부합된다면 비용의 절감도 가져올 수 있다. 예를 들어, 만일 대량생산을 해야 할 시에는 반복중심생산이 비용을 낮출 수 있다. 하지만 항상 반복중심생산을 하다 보면 소량 및 유연성이 필요할 때 원가의 불필요한 상승을 초래한다. 소량의 특수한 상품 및 서비스는 공정중심생산을 사용하면 효과적이다. 고품질의 식당 및 종합 병원들이 이 방법을 채택하고 있다. 모든 네 생산공정은 적절히 선택되고 관리될 때에는 저비용의 효과를 가져 오는 동시에 다양한 제품을 제공 할 수 있다.

공정설계결정시 고려사항은 다음과 같다.

① 수직적 통합 : 어떤 기업도 전문서비스, 원재료, 제조된 부품 등 공정에

표 8-1 4가지 공정 유형별 특성 비교

공정중심 (소량, 다양)	반복중심 (모듈화)	제품중심 (대량, 소수 종류)	대량고객화 (대량, 다양)
1. 다양한 제품 소량 생산	1. 오래 가동, 옵션 포함 표준화된 품목, 모듈 사용 제작	1. 대량, 소수 종류 물품 생산	1. 대량, 다양한 제품
2. 다목적 장비	2. 특수 장비 필요	2. 특수 장비 필요	2. 융통성 있는 장비의 잦은 전환
3. 운영관리자 다재다능	3. 고용인 보통 수준의 훈련	3. 작업자 다재다능할 필요 없음	3. 운영관리자는 맞춤 제작시 필요한 기술만 습득
4. 각 임무별 지침 다수	4. 반복 업무 훈련과 지침의 필요 줄임	4. 표준화로 인해 대부분의 지침 불필요	4. 맞춤 주문에 의해 많은 지침 필요
5. 원자재 재고 높음	5. 적시조달기술 사용	5. 원자재 재고 낮음	5. 원자재 재고 낮음
6. 생산에 비해 높은 작업률	6. 적시재고기술 사용	6. 생산에 비해 낮은 작업률	6. 작업률 JIT, kanban, lean production에 의해 결정
7. 제품 느리게 이동	7. 일/월로 이동기간 측정	7. 제품의 빠른 이동	7. 제품 아주 빠르게 이동
8. 주문 후 제작	8. 예측에 따라 제작	8. 예측에 의해 생산 및 재고	8. 주문 후 제작
9. 구매 스케줄 복잡. 목록, 가용성, 수용량, 고객 서비스에 관련	9. 다양한 모듈 사용하여 다양한 모델 제작 예측하여 스케줄 관리	9. 스케줄 관리 단순, 생산율 측정 기초	9. 고객의 요구에 맞추기 위해 복잡한 스케줄링 필요
10. 고정비용 낮음 가변 비용 높음	10. 융통성과 시설에 따라 고정 비용 다름	10. 고정비용 높음 가변 비용 낮음	10. 고정비용 높음 가변 비용 낮음
11. 비용을 예상은 하나 실제비용은 작업 후 확정	11. 경험을 통해 비용 예측	11. 수용량 가동률에 의해 비용 결정	11. 비용 예측 어려움

의 투입요소를 일부라도 다른 업체에서 구매한다. 수직적 통합(vertical integration)이란 특정생산 시스템이나 서비스시설이 전체 공급체인 중에서 자체적으로 수행하는 정도를 말한다. 기업이 어떤 공정을 직접 수행하지 않을 경우 아웃소싱(outsourcing)에 의존해야 한다. 수직적 통합은 두 방향이 있는데 후방통합(backward integration)은 원재료와 부품의 원천인 상류 쪽으로 통합하는 것이고, 전방통합(forward integration)은 기업이 유통센터나 소매점포와 같은 유통채널을 확보하는 것이다. 최근에는 정보기술의 발전에 의해 공급업체들이 가상적인 기업을 조직할 수 있게 되었다. 가상기업(virtual corporation)은 시장에서의 수요에 부응하기 위해 경쟁업체들이 파트너십을 형성하여 상이한 기업과 서로 다른 지역에 있는 팀들이 전자적으로 인터넷을 이용해 설계, 생산, 마케팅에 협력하는 것이다. 아웃소싱의 또 다른 예로 네트워크 회사(network company)가 있는데 이는 대부분의 생산을 비롯해 많은 기능들을 외부에서 아웃소싱하는 것이다.

② 자원유연성 : 경쟁우선순위에 대한 경영진의 선택에 따라 종업원, 설비, 장비 등 기업에 필요한 자원의 유연성 정도가 달라진다. 자원유연성(resource flexibility)이란 종업원이나 장비가 제품, 산출량 수준, 기능 등의 관점에서 다양성을 처리할 수 있는 정도이다.

③ 고객참여도 : 고객이 공정의 일부가 되거나 또는 고객이 공정에 참여하는 정도를 말한다. 고객 참여도는 셀프서비스에서부터 제품의 고객화, 서비스를 제공받을 시간 및 장소의 결정에 이르기까지 다양하다.

④ 자본집약도 : 새로운 공정을 설계하거나 기존의 공정을 재설계하거나 생산관리자는 필요한 자본집약도 수준을 결정해야한다. 자본집약도(capital intensity)는 공정에서 장비와 노동력의 혼합정도를 말하는 것으로 장비의 비중이 크면 자본집약도는 높다.

(3) 제품-공정전략

지금까지 공정선택은 정태적 의사결정문제로 취급되어 왔다. 그러나 공정은 시간이 흐름에 따라 한 단계에서 다른 단계로 계속해서 변화하기 때문에, 공정선택은 본질적으로 동태적인 문제라고 할 수 있다. 또한 공정의 변화는 제품의 변화와 밀접한 관계가 있다.

헤이즈와 휠라이트(Hayes and WheelWright, 1979)는 공정과 제품 간의 관계를 [그림 8-2]와 같이 행렬의 두 측면으로 표현하였는데, 이를 제품-공정행렬(product-process matrix)이라 한다. 행렬상의 제품측면에는 좌측에서 우측으로 제품수명주기가 전개된다. 제품구조는 개별제품의 소량생산으로부터 표준제품의 대량생산으로 이동한다.

행렬상의 공정측면에는 공정의 형태가 잡샵으로부터 연속공정으로 전개된다. 제품수명주기와 마찬가지로 공정도 공정수명주기(process life cycle)를 거친다. 이러한 경우에 공정은 행렬 상단의 유동적이고 신축적인 공정으로부터 하단의 효율적이고 표준화된 공정으로 이동한다.

일반적으로 기업들은 제품수명주기와 공정수명주기의 단계에 따라 제품-공정행렬의 대각선상에 위치한다. 예를 들어 행렬상의 좌상단에는 인쇄업이 위치하는데, 이들 기업에서는 각 잡(job)이 독특하기 때문에 제품 혹은 시장의 수요를 충족시키기 위해서는 잡샵공정이 가장 효과적이다. 시장은 다양한 제품을 소량으로 요구하기 때문에 경쟁은 다양한 제품특성을 제시하는 많은 기업들간에 이루어진다. 잡샵공정은 소량의 럿(lot)을 경제적으로 생산할 수 있어야 하

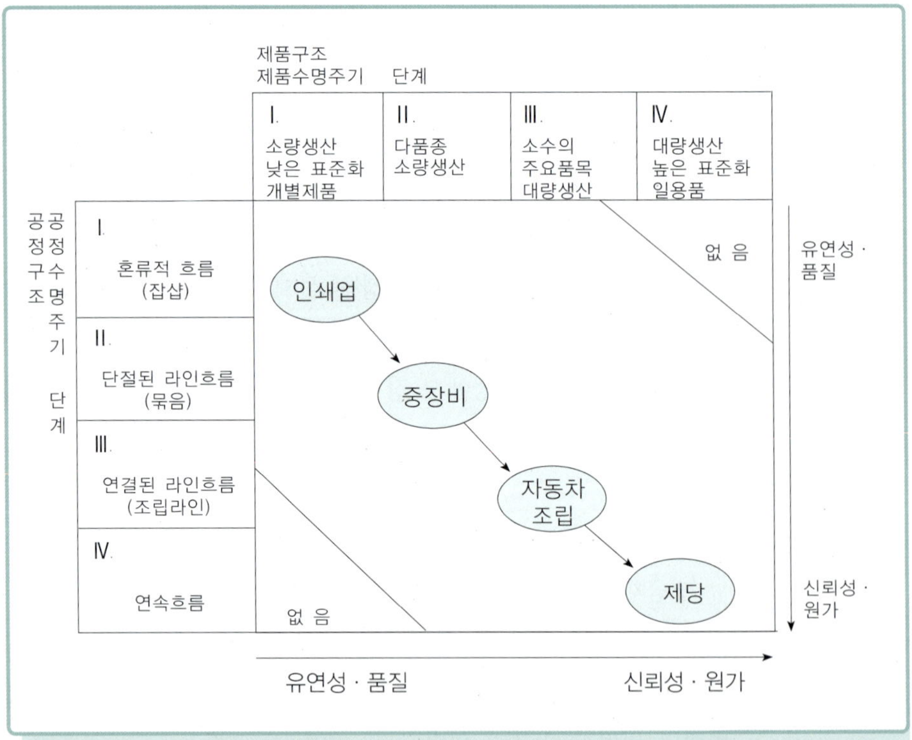

| 그림 8-2 | 제품-공정행렬

는데 이를 위해서는 작업자와 설비의 유연성이 크게 요구된다.

행렬의 대각선을 따라 좀 더 하향이동하면, 단절된 라인흐름, 즉 묶음공정의 특징을 나타내는 중장비제조업체가 위치한다. 이러한 공정에서는 잡샵의 경우보다는 많은 양을 보다 낮은 원가로 생산이 가능하지만, 상대적으로 제품의 다양성과 설비의 유연성은 감소한다. 경쟁은 소수의 기업들 간에 제품의 품질, 특성 및 이용가능성에 입각해서 이루어진다.

대각선을 따라 더욱 더 하향이동하면, 자동차 혹은 가전제품을 생산하는 기업들이 위치한다. 이들 기업들은 이동조립라인 즉 상대적으로 기계화되고 연결된 생산공정을 이용하여 표준화된 소수의 제품계열을 대량으로 생산한다. 따라서 단위당 생산원가는 더욱 더 절감되는 반면에 유연성이 감소한다. 이러한 공정의 능력과 제약은 시장의 요구와 경쟁행태에 따라 달라진다.

끝으로 대각선의 우하단에는 완전히 표준화된 제품(예, 일용품)을 대량으로 생산하는 제당 혹은 정유회사가 위치한다. 따라서 가격과 납기는 기업마다 약간 상이하지만, 기타의 제품특성은 표준화되어 있다. 생산공정이 연속흐름이기 때문에 변동비를 절감하고 제품일관성을 높이는 것은 가능한 반면에, 고정비가 증가할 뿐만 아니라 제조유연성이 감소한다.

한편, 제품-공정행렬의 우상단과 좌하단에 위치하는 기업은 거의 없다. 우상단은 잡샵공정을 이용하여 일용품을 생산하기 때문에 높은 변동비가 발생하여 비경제적이다. 그리고 좌하단은 높은 고정비를 수반하는 연속공정을 이용하여 소량으로 생산하는 기업의 예이다. 따라서 이러한 공정은 유연성이 너무 떨어지기 때문에, 다양하고 독특한 시장수요의 변화에 대응할 수 없다.

또한 기업들은 경쟁업체와 차별화하기 위해서 행렬의 대각선으로부터 이탈하는 전략을 추진할 수도 있다. 기업이 대각선으로부터 멀리 이탈할수록 경쟁업체와 크게 차별화할 수는 있지만, 이러한 경우에는 차별화전략의 성공여부에 따라 기업의 경쟁능력이 달라질 것이다. 그리고 이러한 전략을 추진하는 경우에는 마케팅부서와 생산부서가 서로 상이한 기회 및 압력에 직면하게 됨으로써 이들 부서 간의 조정이 매우 어려워질 수도 있다. 따라서 대부분의 기업들은 대각선상에 위치하는 전략을 추구하며, 비록 이탈을 하더라도 다시 대각선으로 복귀하게 된다.

이상에서 살펴본 바와 같이 기업들이 상이한 제품 및 공정을 선택함으로써 행렬상의 위치를 변화시키게 되면, 기업의 경쟁우선순위와 관리적 과업 역시 커다란 영향을 받게 된다.

(4) 중점화된 공정과 공정의 변화

효율성 문제에 있어 현대 산업사회는 세분화를 그에 대한 해답으로 내놓고 있다. 세분화에 초점을 맞추면 효율성이 향상된다. 제한된 양의 활동, 물품, 기술 등에 초점을 두는 경영자들은 더 나은 실적을 올린다. 이와 비슷하게 물품, 고객 및 기술이 다양해짐에 따라 복잡성 또한 다양해진다. 이러한 다양해진 복잡성에 대응하기 위한 자원의 수요 또한 천정부지로 증가한다. 세분화, 단순화, 단일화 및 특정 대상에 대한 초점은 효율성을 낳는다. 생산관리자들이 그들의 분야에서 좋은 성과를 거두기 위해 명심해야 할 것은 제품, 기술, 고객, 절차 및 재능에 집중하고 끊임없이 세분화를 위해 투자하는 것이다.

하나의 생산 체계에서 다른 생산 체계로 바꾸는 일은 어려울 뿐만 아니라 비용도 많이 든다. 어떤 상황에서는 변화란 새로운 시작을 뜻하기도 한다. 맥도날드가 숯불로 구운 햄버거를 메뉴에 추가시키는 단순한 변화에 필요한 것들을 고려해보자. 이처럼 단순해 보이는 변화도 수많은 운영관리에 대한 결정이 필요할 것이다. 예를 들면 (가) 구입에 대한 변화(지방이 더 많이 함유된 고기의 양과 숯의 공급 등); (나) 품질 기준(몇 분 동안 몇 도에서 고기를 조리할 것인가); (다) 장비(숯불구이 판); (라) 건물 구조(새로운 절차와 통풍 장치 등을 위한 공간); (마) 교육. 따라서 공정전략의 연속선상에서 매우 중요한 사안은 도입하는 첫 순간부터 올바르게 결정되어야 한다.

3. 공정계획

공정계획수립의 결과로써 얻어지는 산출물은 제품 및 구성품을 생산하는 방법을 명시하는 일련의 문서들로 구성된다. 이러한 문서는 전형적으로 청사진 혹은 부품설계도면, 조립도표 혹은 자재명세서, 공정계획표, 작업표 및 기타 제조명세서들로 구성된다. 이들 문서들을 공정계획(process plan)이라 한다.

대량생산 및 연속생산의 경우에는, 조립라인 혹은 공정설비가 설치된 후에 공정계획이 개발되기도 한다. 묶음생산의 경우에는 생산현장에서 수행되는 모든 작업 혹은 생산될 부품에 대해서 공정계획이 수립되어야만 한다. 프로젝트의 경우에는 공정계획이 프로젝트의 네트워크상에 제시된 각각의 활동과 관련된다.

공정계획의 수립은 어렵고, 장황하며, 지루한 과업이다. 따라서 이것은 공장의 생산능력, 기계와 공정의 특성, 도구, 자재, 표준실무 및 비용의 상쇄관계 등에 관해서 숙련도를 갖춘 사람을 필요로 한다. 이러한 정보는 문서로 남아 있는 경우가 거의 없다. 즉 이러한 정보는 공정계획수립자만이 기억하고 있을 뿐이다. 이전에 수립된 공정계획을 참고하기 위해서 공정정보를 보관하는 문서가 사용되기도 한다. 그러나 새로운 부품을 생산하기 위해서 기존공정을 수정할 수 있는 능력은 계획수립자의 기억력에 의존할 수밖에 없다. 이러한 어려움과 더불어, 공정계획은 장황할 수도 있다. 예를 들어, 우주산업의 경우에는 단 하나의 부품에 대한 공정계획이 100페이지 이상을 차지하는 것이 보통이다.

다행히도, 최근에는 컴퓨터지원공정계획(computer-aided process planning; CAPP)을 이용함으로써 공정계획을 수작업으로 준비하는 것과 관련된 어려움을 덜어 준다. CAPP는 공정계획을 자동화하는 전문 소프트웨어시스템이다.

사례 캐논코리아 안산공장 '셀 생산 방식 10년'

캐논코리아비즈니스솔루션의 경기도 안산 공장은 일본 캐논과 롯데가 50대50 합작한 회사로 주로 소형 복합기와 프린터를 생산한다.

롯데캐논은 캐논 본사에서 기술을 이전 받아 1999년 셀(Cell)이란 생산 방식을 도입했다. 그전 15년 동안 써 오던 108m 길이의 컨베이어 벨트를 뜯어내고 1,000~2,000개의 부품을 한 명이 조립 생신하는 셀 생산체제를 갖춘 것. 이미 공장 안은 여유 공간이 없어 새로운 컨베이어를 깔기 힘들었다. 물건은 쏟아지는데 수요 변동은 심해 재고 관리가 어려웠다. 컨베이어 곁에서 종일 단순작업을 반복하는 생산직 근로자들도 지쳐 갔다. 이제는 셀을 관장하는 '셀장' 이 26명에 달한다. 그 중 한 명은 "제품 생산 전반의 공정을 두루 익히며 복합기를 혼자 만들어 내게 돼 성취감을 느낀다" 고 말했다.

한국형 셀 방식의 정착 : 셀 방식을 처음 도입한 99년 이 공장의 생산량은 연 5만 대였으나 지난해 100만 대로 늘었다. 20배 급성장의 비결은 '한국형 셀 방식' 이었다.

김영순(생산본부장) 상무는 "초창기에 무늬만 셀 방식인 경우가 많았다. 그래서 핑계 없는 공장을 만들자는 목표를 세웠다" 고 회고했다. 생산라인과 구매 · 검사 · 재고부서가 떨어져 있다 보니 생산효율이 좋지 않게 나오면 다른 부서 탓으로 돌리는 일이 잦았다. 그래서 2002

셀 생산 방식은

제품 / 작업자 / 부품적재대 (자유롭게 이동 가능)

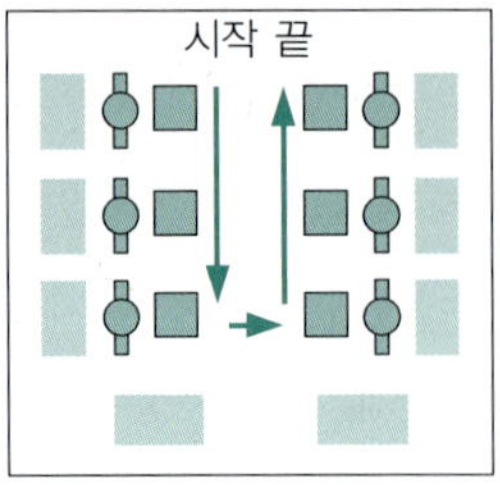

6인 셀

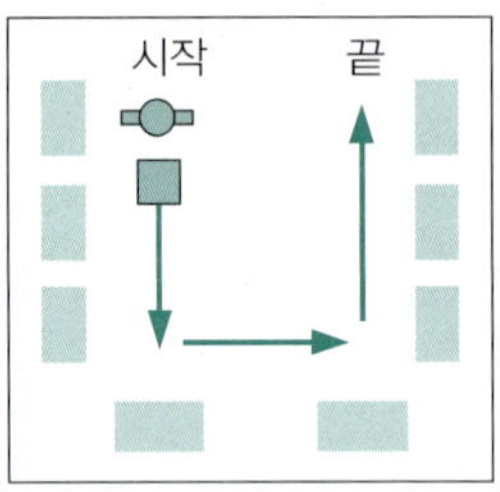

1인 완결 셀

- 직원 한 사람이 수십 개의 부품을 앞에 두고 혼자 조립하는 방식
- 1인 생산부터 4인, 6인, 수십 명 생산 방식 등 주문물량에 따라 다양한 조합이 가능
- 숙련도가 뛰어난 사람이 할당량을 채운 뒤 같은 셀 내 숙련도가 떨어지는 사람의 작업을 도와줄 수 있는 환경

- 제품을 혼자서 조립하면서 지루함을 덜 수 있다.
- 부품구매에서부터 품질검사와 출고, 재고관리까지 기종장이 책임지고 진행
- 다품종 소량생산에 최적화

기존 컨베이어 방식은

제품 / 작업자 / 부품적재대

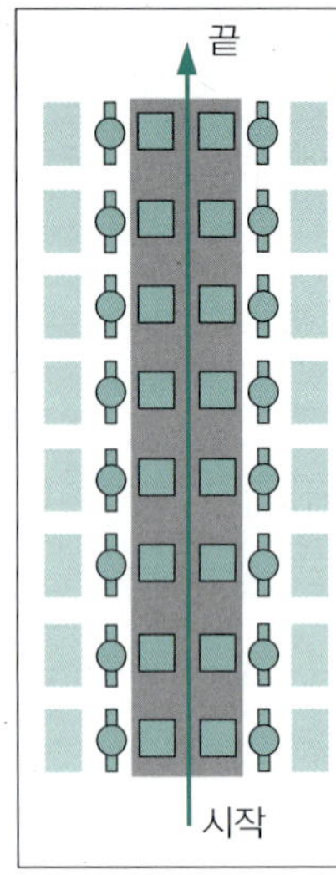

- 여러 명의 작업자가 컨베이어 벨트를 통해 공정을 분할한 단순 생산 방식
- 부품구매 · 생산관리 · 자재 · 출고 · 재고관리 등을 담당하는 부서가 생산 라인과 별도로 존재, 재고관리에 어려움 발생
- 컨베이어 벨트 속도가 숙련도 중상으로 맞춰져 초급 생산 인력은 적응하기 힘든 편
- 똑같은 단순 작업을 계속 하다보니 생산성 떨어지고 사기 저하하기 쉬워

자료: 캐논 코리아.

년 한 기종을 책임지는 '기종장 제도'를 만들면서 공장 직원 600여 명에 대한 대규모 조직 개편을 했다. 200여 명의 연구인력 외에 50~100명의 직원을 6명의 기종장 밑에 배치했다. 자재 등 부품 발주는 물론 원가와 재고관리 · 제품검사까지 기종장이 독립적으로 처리한다.

김 상무는 "부품 구매부터 출하까지 모든 걸 책임지는 포장마차 주인을 벤치마킹했다"고 말했다. 여기에 다양한 경쟁체제를 도입하자 재고는 거의 '제로'로 줄고 1인당 생산성은 단순 셀 방식보다 25% 정도 높아졌다.

복합기 등을 일정 시간 내에 조립하는 직원에게는 '마에스터'라는 이름의 역할을 부여하고 수당까지 지급했다. 연말 '왕중왕' 경연에도 출전할 수 있다.

또 생산관리샘플링검사 등을 담당하는 기능공은 '마이다스'라고 명명했다. 실적이 가장 좋은 기종장을 한 달마다 선정해 소속원에게 인센티브를 제공하기도 했다.

김 상무는 "컨베이어 벨트만 없는 게 아니라 노사 분규와 제품창고가 없어 '3무(無) 공장'으로 불린다. 중국과도 가격경쟁력을 겨뤄 볼 만하다는 자신감에 차 있다"고 말했다.

— 중앙일보, 2009.10.06. —

제 2 절 배치설계의 내용 및 방법

제품설계와 생산공정에 대한 계획이 결정된 후 사무실, 작업장, 기계 등과 같은 설비들의 물리적 위치를 결정하는 설비배치(facility layout)가 이루어진다. 즉, 배치는 시스템을 통하는 고객이나 자재의 흐름에 알맞도록 작업장, 시설, 작업부서 등을 배열하는 것을 의미한다.

일반적으로 배치결정에서의 목표는 작업장의 효율적 연계, 생산설비의 효율적 이용, 자재취급비용과 운반비용의 감소, 기계 · 인원 · 공간의 이용률 향상, 물리적 · 심리적 작업환경의 개선, 장래 배치변경의 용이성 등을 들 수 있다.

관리적 관점에서 보면 배치의 목표는 장기적인 조업의 효율성을 높이기 위한 것이라 할 수 있으며, 이는 작업 또는 업무의 연계성, 제품디자인 및 수량, 공정장비 및 능력, 노동의 질, 공간적 제약 등과 같은 조건을 고려하여 경제적인 배치를 하는 것을 의미한다. 따라서 배치에 관련된 목표들이 다양하고 계량화하기도 어렵지만 배치문제 자체는 그리 애매한 것이 아니고 기술적인 것이라 할 수 있다. 왜냐하면, 업무의 성격, 업종 · 규모 · 생산기술에 따라 알맞게 선택할 수 있는 배치의 모델유형과 분석방법들이 잘 개발되어 있기 때문이다. 그러므로 배치분석이나 배치안 작성은 주로 산업공학 엔지니어들에게 맡겨지는 것이 보통이다. 그러나 배치목표들간의 우선순위 및 달성목표치의 제시나 최종적인 배치안의 선택은 물론 경영자의 의사결정사항이다. 왜냐하면 배치결정은 조직시스템, 생산시스템, 제품결정, 생산능력계획, 입지결정 등과 밀접한 관계를 가지고 있기 때문이다. 즉 생산능력의 확장이 필요할 때 일차적으로 배치의 수정을 고려하지만 배치수정만으로 어려울 경우, 새로운 생산시설을 고려할 수도 있고 이것은 결과적으로 입지결정에까지 영향을 미칠 수 있다. 따라서 배치결정은 생산능력계획과도 관계가 밀접하다. 배치결정문제는 어떠한 문제에 적용하느냐에 따라 그 성격이 달라진다. 사무부서의 배치 문제는 업무의 효율적 연계가 중요한 문제이지만 생산설비의 배치는, 경제성이 중요한 의사결정 기준이 된다. 여기서는 생산시스템 설비배치를 중심으로 설명하고자 한다.

생산시스템 설비배치유형은 생산시스템의 유형에 따라 다르게 나타난다. 생산시스템의 성격에 따라 배치방식은 공정별 배치, 제품별 배치, 고정형 배치,

셀룰러배치 등으로 구분할 수 있다.

1. 공정별 배치

(1) 공정별 배치의 성격

공정별 배치(process layout)는 작업기능의 종류에 따라 공정(기계 · 인원)들을 분류하고, 같은 종류의 작업기능을 갖는 공정들을 한 곳에 모아 배치하는 형태로 이를 기능별 배치(functional layout)라고도 한다. 이는 다품종 소량생산에 적합하고 범용기계설비의 배치에 많이 이용된다. 공정별 배치에 의하여 작업하는 전형적인 생산시스템을 잡샵시스템이라고 한다. 공정별 배치에서의 공정흐름은 개별제품의 작업순서에 의하여 결정된다. 공정별 배치에 있어 작업순서를 결정하는 것과 작업일정을 결정하는 것이 가장 어려운 의사결정문제이기 때문에 단속적인 수요가 있는 제품의 공정별 배치시스템은 탄력적 운영이 요구된다.

공정별 배치에서 같은 기능을 수행하는 작업장사이의 인적 · 물적 이동량을 부하량(load)이라고 하는데, 공정별 배치의 주요한 목적은 작업장 사이의 부하량의 이동거리를 최소화하고자 하는 것이다.

이를 수식으로 나타내면 다음과 같다.

$$MH = \sum_{j=1}^{n} \sum_{i=1}^{n} a_{ij} x_{ij}$$

MH = 연간 총자재운반량

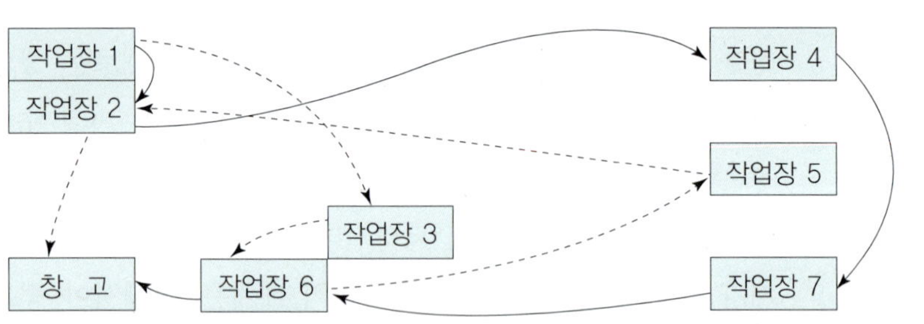

제품 A의 작업순서 : 작업장 1 → 작업장 2 → 작업장 4 → 작업장 7 → 작업장 6
제품 B의 작업순서 : 작업장 1 → 작업장 3 → 작업장 6 → 작업장 5 → 작업장 2

| 그림 8-3 | 공정별 배치의 예

i, j = 작업장번호
a_{ij} = i에서 j까지의 연간운반량
x_{ij} = i에서 j까지의 운반거리
n = 작업장 총수

(2) 공정별 배치 방법

도 해 법 도해법은 작업장 사이의 부하량과 운반거리를 도표로 이용하여 나타내고 이를 이용하여 바람직한 배치안을 찾는 방법이다. 도해법을 이용하면 이러한 작업장들 간의 복잡한 운반상황을 명확히 정리하여 표현할 수 있으며, 각 배치안들을 평가하는 데에도 도움이 된다. 도해법은 운반총괄표의 작성, 배치안의 평가 두 단계로 이루어진다.

특정 배치안에 대한 운반총괄표는 제품별 공정순서와 작업장 사이의 거리, 작업장간 운반요구량의 자료를 이용하여 이동되는 자재의 수량 · 거리를 표로 나타낸 것이다.

특정 배치안에 대한 운반 총괄표들이 작성되면 각 특정 배치안의 평가는 다음과 같은 방법 중의 한 가지를 이용한다.

① 배치가능한 몇 가지의 배치안을 시행착오적으로 찾아내어 평가하고 그 중 제일 나은 것을 선택하는 방법,
② 체계적인 방법으로 배치안을 찾고 이러한 배치안을 평가해 나가는 방법. 이러한 방법은 주로 컴퓨터프로그램을 이용하는 경우가 대부분이다.

체계적 배치계획법 작업장 간의 자재흐름자료를 얻을 수 없거나, 자재운반량보다는 다른 질적 요인(qualitative factors)들이 배치결정을 좌우하는 경우가 많다. R. Muther 등이 제시한 체계적 배치계획법(systematic layout planning; SLP)은 배치결정에 영향을 미치는 질적 자료를 효과적으로 고려할 수 있기 때문에 사무실의 공간배치, 서비스 시설의 배치에 널리 이용된다.

체계적 배치계획법의 절차는 분석, 탐색, 선택의 세 단계로 이루어지는데 이를 도표로 나타내면 [그림 8-4]와 같다.

[그림 8-4]에서 제시된 절차를 간략하게 설명하면 다음과 같다.

〈단계 1〉 흐름공정도표(flow process chart)를 그려서 자재의 흐름과 기능지역(function area) 간의 근접 필요성에 대하여 분석하고, 배치에 따른 다음과 같은 환경적

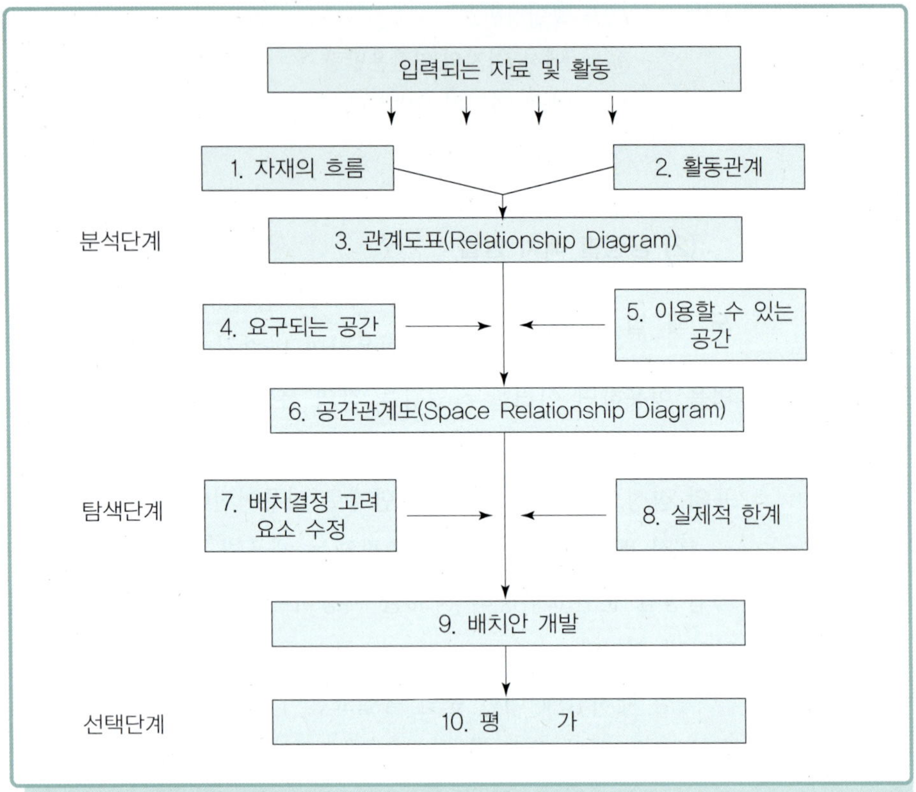

| 그림 8-4 | SLP의 절차

제약을 파악한다.

1. 어떤 기능지역은 출입문과 인접하게 있어야 한다(예, 수납부서).
2. 어떤 설비는 항구적으로 고정되어야 한다(예, 냉난방시스템).
3. 어떤 기능지역 간에는 서로 인접하여야 한다(예, 출입통제실과 대기실).

〈단계 2〉 기능지역 2개씩을 뽑아 쌍별로 상호관계를 따져 본다. 즉 양자의 근접배치 요구의 정도는 어느 정도이며 그 이유는 무엇인가를 알아내는 것이다. 이러한 쌍별 상호관계의 수는 ${}_nC_2$이다.

먼저 배치결정에 작용하는 모든 질적 요인들을 한 마디로 묶어 표현한 용어가 곧 활동관계(activity relationship) 또는 관계(relationship)라는 것이다. 이런 관계를 분석하여 근접배치요구의 정도를 아래와 같이 구분하고 기호로 표시한다.

절대 필요(absolutely necessary)　　A
특히 중요(especially important)　　E

중요(important)	I
보통(ordinary)	O
무관(unimportant)	U
근접불가(undesirable)	X

〈단계 3〉 현재 다루고 있는 배치문제를 전반적으로 볼 때, 어떤 요인들이 위치결정을 좌우하는가를 찾아 기록한다. 예컨대, 작업감독의 편의성, 시설공동사용, 인원공동근무, 소음공해관계, 자재운반부담, 업무상 빈번한 접촉, 심리적 요인 등 무엇이나 중요한 요인은 모두 열거할 수 있다. 이 요인들 각각에 적당히 번호를 붙여준다.

기호 해석	
근접 배치 요구 (분 류)	A(절대필요) O(보 통) E(특히중요) U(무 관) I(중 요) X(근접불가)
분류 이유	1. 이용자 편의 2. 관리 및 감독 3. 소음, 방해 4. 근무자 공동활용

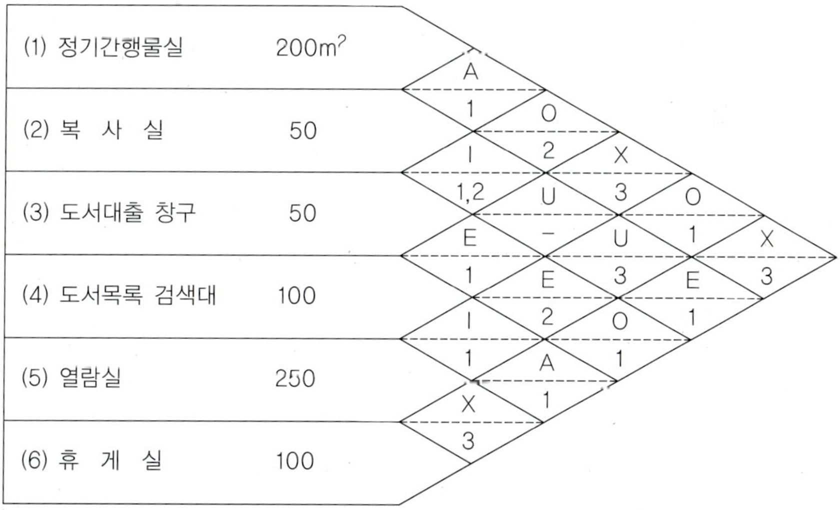

| 그림 8-5 | **관계도표(relationship chart)**

〈단계 4〉 이상의 관계를 분석하여 근접필요성에 따른 활동관계도를 작성한다. 관계도표는 작업장 간의 쌍별 상호관계 ${}_nC_2$개를 빠짐없이 기록할 수 있도록 [그림 8-5]와 같은 특수한 모양으로 작성된다.

[그림 8-5]는 도서관에서 6개의 시설을 배치하려고 하는 경우이다. 이 경우, 모두 15 가지의 쌍별 상호관계들이 교차지점에 마름모꼴로 표시되어 있다. 여기에 A, E, I, O, U, X로 근접배치요구의 정도가 기록되며 아울러 그 이유가 번호로 나타나 있다. 예컨대, 정기간행물실과 복사실은 이용자 편의 때문에 근접이 절대적으로 필요하다고 표시되어 있다.

이제 남은 문제는 관계도표 내용을 충분히 반영할 수 있는 배치안을 [그림 8-6]과 같은 활동관계도(activity relationship diagram)를 이용하여 시행착오적인 방법(이 방법을 paper & pencil simulation이라고도 한다)으로 찾는다.

〈단계 5〉 관계도의 결과를 기초로 하여 요구되는 공간과 이용할 수 있는 공간을 고려한 공간관계도를 작성한 다음 이어서 건물의 형태와 배치공간을 고려하여 배치안을 만들고 이를 평가하여 바람직한 배치방법을 결정함으로써 SLP에 의한 배치결정이 모두 끝난다.

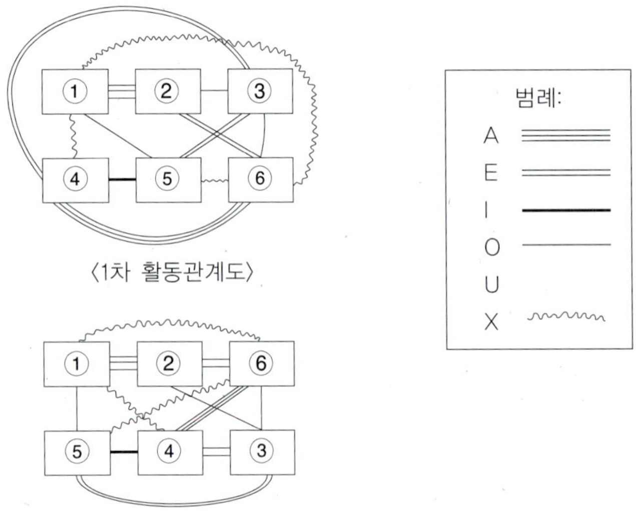

| 그림 8-6 | 활동관계도(activity relationship diagram)

기타 배치방법 또 다른 배치결정방법으로 배치결정을 위한 컴퓨터프로그램들을 이용하는 방법이 있다. 배치결정에 이용되는 소프트웨어 중 대표적인 것만 간략하게 소개하면 다음과 같다.

- CRAFT(Computerized Relative Allocation Facilities Technique): 이 프로그램은 물량의 이동거리를 최소화하는 배치방법을 찾도록 설계되어 있는 소프트웨어로서 부서 간에 이동거리와 이동량이 주어졌을 때 이에 따른 비용을 최소화하도록 부서 및 장비를 배치한다.
- CORELAP(Computerized Relationship Layout Planning): 이 프로그램은 근접순위에 따라 배치방법을 결정하도록 설계되어 있는 소프트웨어이다.
- ALDEP(Automated Layout Design Program): 이 프로그램은 시뮬레이션과 유사한 과정을 거쳐 다양한 배치의 형태를 제공한다. 이 시스템은 모든 부서 및 작업장이 사각형의 모양을 가진다고 가정하고 배치형태를 만들기 때문에 비교적 현실적인 공간의 모양을 제시한다.
- Factory Flow[1]: 이 프로그램은 사용자가 생산수준, 부품이동경로까지 조건을 부여할 수 있도록 만들어져 있고 결과도 다양하게 산출될 수 있도록 되어 있는 그래픽시스템이다.

그러나 이러한 프로그램들은 배치의사결정문제의 최적해를 찾는다기 보다는 의사결정을 위한 안을 제시하는 정도로 사용된다.

공정별 배치의 장단점 이상의 공정별 배치는 같은 기능을 하는 작업기계가 한 장소에 모여 있으므로 다음과 같은 장점이 있다.

① 범용기계로 설비되어 있는 경우, 기계의 이용도가 높고 적은 수의 기계가 필요하다.
② 제품설계나 작업순서변경에 유연성이 크다.
③ 기계고장, 작업자결근, 재고부족에도 설비가동률이 높고, 생산시스템의 유지가 용이하다.
④ 다품종소량생산에 유리하다.
⑤ 다양한 제품과 다기능적인 작업을 할 수 있어 직무만족이 높다.
⑥ 전문화된 감독과 통제가 용이하다.

1) V. M. Tamashunas, J. Labban, and D. Sly, "Interactive Graphics Offer an Analysis of Plant Layout and Material Handling Systems," *Industrial Engineering*, June 1990.

그러나 공정별 배치는 작업순서에 따라 기계가 배치되지 않음으로 다음과 같은 단점이 있다.

① 자재이동의 거리가 길고, 대기시간이 길어 자재취급비용이 증가한다.
② 재공품재고가 늘어나서 비용이 증가한다.
③ 주문별로 생산계획과 작업일정계획이 다르므로 이를 통제하는 시스템이 필요하다.
④ 총생산시간이 늘어난다.
⑤ 직무의 다양성이 요구되기 때문에 숙련된 작업자들이 필요하다.

2. 제품별 배치

제품별 배치(product layout)는 제품의 작업순서에 따라 기계설비를 배치하는 방법이다. 자동차공장의 조립라인(assembly line)은 대표적인 제품별 배치의 예이다. 이것은 단일품종의 대량생산, 연속적 생산에서와 같이 제품의 표준화가 이루어져 있는 경우에 많이 이용된다. 컨베이어를 이용하여 제품별 배치가 되어 있는 경우 작업이 연속적으로 동시에 이루어지기 때문에 직무설계에서 유연성을 확보하기가 어렵다. 그러므로 이를 고려한 시스템을 만드는 것이 매우 중요하다.

이러한 조립라인의 성격 때문에 최근에는 작업자의 작업속도에 맞춘 조립라인(worker-paced assembly line)이 기계중심의 조립라인(machine-paced assembly line)보다 많이 선호되고 있다.

(1) 조립라인균형

제품별 배치유형의 전형적인 예는 조립라인이라 할 수 있다. 제품별 배치는 제품의 작업순서에 따라 설비를 배치하면 되므로 배치결정은 쉽다. 그러나 조립라인의 경우 각 작업의 소요시간이 서로 다르고 각 작업장의 생산능력도 다르기 때문에 공정흐름의 불균형이 발생하고 이에 따라 작업장에는 유휴시간(idle time)이 발생한다. 다른 작업장에 비하여 상대적으로 작업시간이 긴 병목(bottleneck)작업장이 있는 경우에는 작업장의 작업량을 균형있게 조정함으로서 유휴시간을 최소화되도록 하는 것이 공정설계에서 중요한 목표가 된다. 이와 같이 작업장에 균형적인 업무를 부여하는 문제를 조립라인균형문제(assembly

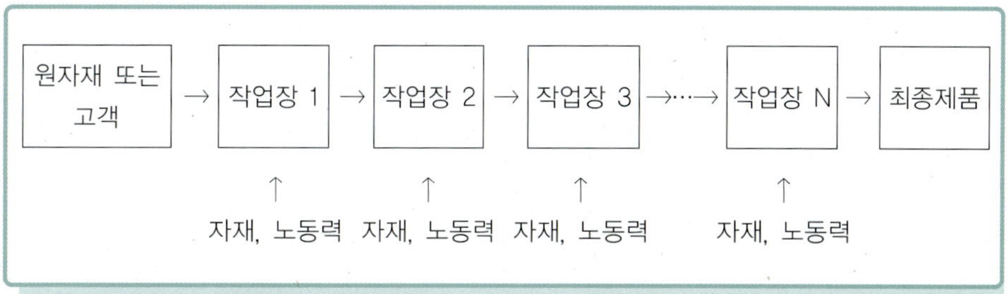

| 그림 8-7 | **제품별 배치시스템**

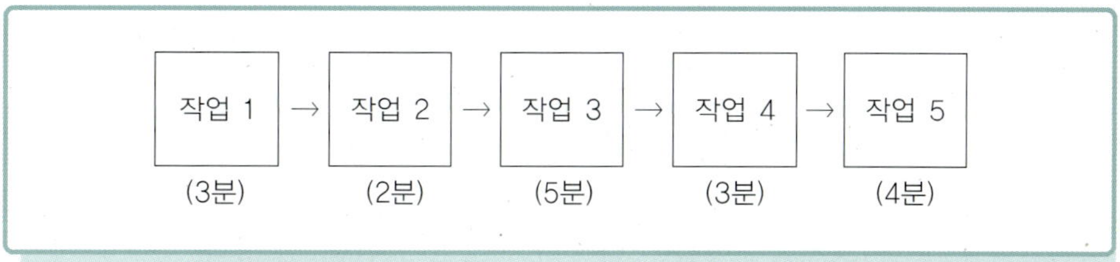

| 그림 8-8 | **작업순서**

line balancing problem)라고 한다.

조립라인 균형문제를 이해하기 위해서 먼저 생산라인에서 작업이 이루어지는 예를 들어보자. 가령 어떤 제품을 생산하는 데에는 다섯 가지의 작업이 필요하며 작업시간과 작업순서는 [그림 8-8]과 같이 이루어져야 한다고 하자.

[그림 8-8]의 경우에 혼자서 작업을 한다면 제품생산에 17분이 걸린다. 그러므로 제품 한 개가 생산되는 데 소요되는 생산주기는 17분이다. 조립라인이나 제품별 배치에 있어서 생산능력은 생산주기에 의하여 결정된다. 만약 두 사람이 작업을 하는 경우, 한 사람이 작업 1, 2, 3을 묶어서 10분 동안 작업하고 다른 사람은 작업 4, 5를 하여 제품을 완성하는 경우 총작업시간은 17분으로 같지만 10분마다 제품 하나가 생산되므로 생산주기는 10분이 된다. 이와 같이 작업자의 수가 늘어날수록 생산주기는 줄어들게 되며 생산주기는 최소한 개별작업시간보다는 같거나 커야 하므로 앞의 예의 경우 5분까지 생산주기가 줄어들 수 있을 것이다.

이와 같이 조립라인에서 작업장을 세분하면 생산주기는 줄어드나 대신 조업에 따른 비용은 증가하게 된다. 그러므로 기업에서는 이러한 생산속도와 비용을 고려하여 적정한 작업장의 수를 결정하게 된다. 그러나 작업장의 수를 결정하고 난 후 작업을 할당하게 되면 작업장 간의 작업시간이 다르므로 공정불균형이 생기게 된다.

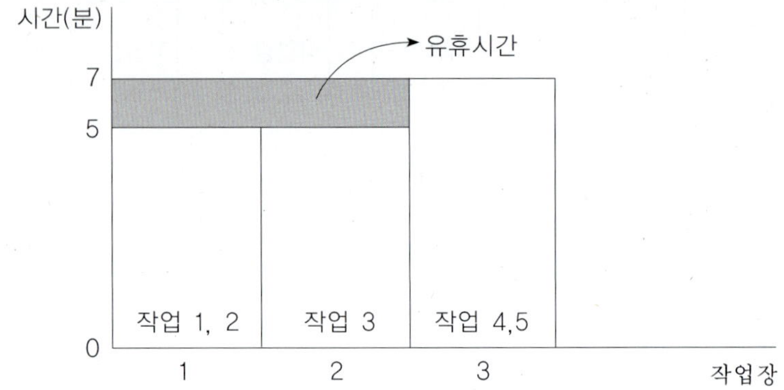

| 그림 8-9 | 설비이용도

공정불균형률은 다음의 식으로 표현할 수 있다.

$$\text{공정불균형률} = \frac{N \times C - T}{N \times C}$$

여기서

N = 작업장의 수

C = 생산주기(생산율의 역수이며, 이 값은 가장 느린 작업공정의 작업시간보다 적어서는 안된다.)

T = 1개 생산하는 데 소요되는 실제 총작업시간

앞의 예에서 작업장을 3개로 나누는 경우, 작업 1, 2 작업 3 그리고 작업 4, 5로 작업장을 나누면 생산주기가 7분이므로 공정불균형은 $\frac{3\times7-17}{3\times7}=\frac{4}{21}$로 계산된다. 이 경우 작업장 1(작업 1, 2)과 작업장 2(작업 3)에서 [그림 8-9]와 같이 각각 유휴시간이 2분씩 발생한다.

공정균형화의 가장 중요한 목적은 주어진 생산량을 달성하면서 작업장별 작업시간이 균형을 이루어 유휴시간이 최소화되도록 하는 것이며 그 다음은 작업장의 숫자를 최소화하는 것이다. 작업장 사이의 업무가 균형화되면 노동과 설비의 이용이 최대화되며, 생산라인에서의 흐름이 원활하게 되어 작업의 동시화(synchronization)가 가능하여진다.

사례

창원에 있는 LG전자 에어컨공장은 단일공장으로는 세계최대의 규모이다. 이 공장에서는 3년동안 채산성 혁신작업을 수행하여 372m이던 생산라인을 170m로 단축하고 1개 라인에 22초당 한 대씩 만들던 것을 16초당 1대로 만들고 있다. 이 공장은 세계 여러 유수기업으로부터 벤치마킹의 대상이 되고 있다.

(2) 공정균형화의 방법

대규모의 라인균형(line balancing)문제는 작업의 순서와 작업의 다양한 조합가능성 때문에 복잡한 문제가 된다. 라인균형의 문제는 다음과 같은 단계를 거쳐 해결한다.

〈단계 1〉 제품생산을 위한 업무를 결정하고 각 업무의 완료시간을 측정한다. 이 단계에서는 앞절에서 논의한 시간연구를 이용할 수도 있다.

〈단계 2〉 작업시간과 순서를 나타내는 선행도표(precedence diagram)를 작성한다. 이러한 업무의 순서를 표시하기 위해서는 PERT네트웍이 많이 이용된다.

〈단계 3〉 생산주기(cycle time; C)나 라인의 생산속도를 계산한다. 여기서 생산주기란 한 상품을 생산하는 데 소요되는 시간을 의미하며 다음과 같이 계산한다. 생산주기는 단계 1에서 분석된 업무 중 최대의 시간이 소요되는 업무의 시간보다 같거나 커야 한다.

$$\text{생산주기 } (C) = \frac{\text{1일 생산시간}}{\text{1일 생산량}}$$

〈단계 4〉 필요한 작업장 수(N)을 정한다.

$$\text{작업장 수 } (N) = \frac{\text{작업시간의 총합}(\sum t_i)}{\text{생산주기}(C)}$$

실제로, 작업장의 수는 N값보다 큰 정수값이 되어야 한다. 왜냐하면 작업장을 소수로 나타낼 수 없기 때문이다.

〈단계 5〉 작업을 작업장에 배정한다. 작업을 작업장에 부여하는 방법은 여러 가지가 있다. 여기서는 작업배정을 위한 규칙 중 해크맨이 제시한 규칙을 소개하면 다음과 같다.

① 각각의 작업(task)에 점수를 부여한다. 점수를 부여하는 방법은 다양한데 후속작업수, 각각의 작업시간 또는 자신의 작업시간에 후속작업의 작업시간을 합한 값을 일반적으로 이용한다.

② 생산능력과 선행관계를 위반하지 않는 작업 중에서 가장 높은 점수를 가진 작업을 배정한다.

③ 작업배정이 이루어지지 않은 작업에 대하여 새로운 점수를 부여한다. 모든 작업의 배정이 이루어질 때까지로 가서 다시 배정한다.

〈단계 6〉 결정된 생산라인에 대하여 유효율을 계산하여 평가한다.

$$유효율(E) = \frac{T(=\sum t_i)}{N \times C}$$

여기서 N은 정수의 값을 갖는 실제 작업장의 수

이러한 절차를 다음 예제를 통하여 살펴보자.

예제 1

어느 공장에서는 점심시간 1시간을 포함하여 하루 8시간을 작업하고, 제품의 1일 수요량은 500개라고 한다. 연속조립라인에서 수행되는 작업의 시간과 순서는 다음과 같다고 할 때에 공정을 균형화하여 보자.

표 8-2 공정균형화 자료

작업	작업시간(초)	직전 선행작업
A	45	–
B	11	A
C	9	B
D	50	–
E	15	D
F	12	C
G	12	C
H	12	E
I	12	E
J	8	F, G, H, I
K	9	J

[풀 이]

〈단계 1〉 이 자료를 이용하여 공정선행도표 만들면 다음과 같다. 여기서 원은 작업을 나타내고 화살표는 진행방향을 나타낸다.

공정선행도표 작성은 먼저 〈표 8-2〉의 선행작업 열(column)에서 선행작업이 전혀 없는 작업을 고른다. 즉, A와 D를 정한 후에 선행작업 열에 있는 A와 D를 전부 지운다. 다음으로 선행작업이 없는 작업, 즉 B와 E를 정한 후에 선행작업 열에 있는 B와 E를 전부 지운다. 이렇게 계속해 나가면 공정선행도표를 작성을 할 수 있다.

〈단계 2〉 생산주기(C)를 계산하여 보면,

$$C = \frac{1\text{일 생산시간}}{1\text{일 생산량}} = \frac{7 \times 60 \times 60(\text{초})}{500} = 50.4(\text{초})$$

이며, $50(t_{max}) \leq C \leq 195(\sum t_i)$이다.

〈단계 3〉 필요한 작업장 수(N)를 정한다.

$$\mathrm{N} = \frac{\text{작업시간의 총집합}(\sum t_i)}{\text{생산주기}(C)} = \frac{195}{50.4} = 3.87\text{작업장} \rightarrow 4\text{개의 작업장}$$

〈단계 4〉 작업을 작업장에 배정하기 위해 여기서는 다음의 규칙을 이용하기로 한다.

① 후속작업의 수가 가장 많은 작업을 우선 배정하기로 한다.

② 가장 작업시간이 긴 작업을 배정한다.

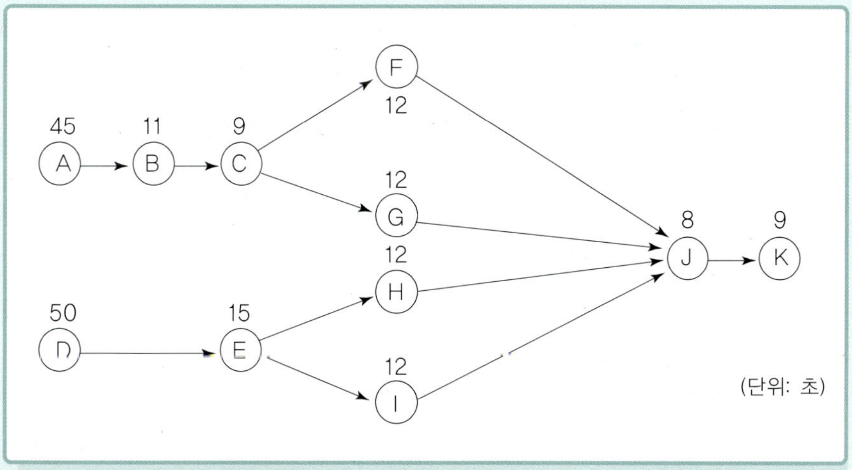

| 그림 8-10 | **공정선행도표**

| 표 8-3 | 후속작업수에 따른 작업배정 |

작업장	작업	작업시간 (초)	배정잔여 시간	배정가능 작업	시간을 고려한 배정가능작업	후속작업수가 가장많은작업	작업시간이 가장 긴 작업
1	A	45	5.4	B,D	없음	B,D	D
2	D	50	0.4	B,E	없음	B	B
3	B	11	39.4	C,E	C,E	C,E	E
	E	15	24.4	C,H,I	C,H,I	C	C
	C	9	15.4	F,G,H,I	F,G,H,I	F,G,H,I	F,G,H,I
	F*	12	3.4	G,H,I	없음	G,H,I	G,H,I
4	G*	12	38.4	H,I	H,I	H,I	H,I
	H*	12	26.4	I	I	I	I
	I*	12	14.4	J	J	J	J
	J	8	6.4	K	K	K	K
5	K	9	41.4	없음			

* 작업시간이 가장 긴 것 중에 임의로 선택한 것임.

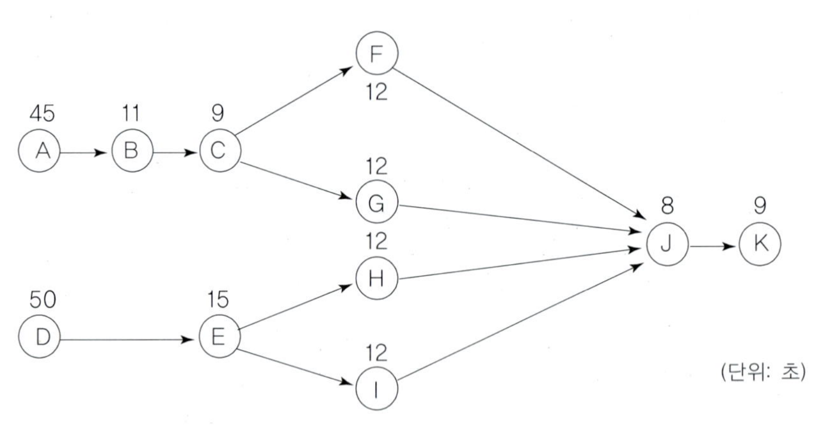

| 그림 8-11 | 균형화된 공정

이제 각 작업장에 작업을 배정하면 〈표 8-3〉과 같고, 그 결과를 도표로 나타내면 [그림 8-11]과 같다.

〈단계 5〉 유효율(efficiency)을 계산하면 다음과 같다.

$$\text{유효율}(E) = \frac{T(=\sum t_i)}{N \times C} = \frac{195}{5 \times 50.4} = 0.77$$

작업	후속작업의 수	후속작업
A	6	B, C, F, G, J, K
B, 또는 D	5	C, F, G, J, K(B의 경우)
C, 또는 E	4	H, I, J, K(E의 경우)
F, G, H, 또는 I	2	J, K
J	1	K
K	0	–

이상의 결과를 보면 작업장 5는 유휴시간이 41.4초나 되어 바람직하지 못한 것을 알 수 있는데 이 경우에 더 나은 조립라인공정이 가능할 것인가를 고려하여 보아야 한다.

위 예제의 경우 작업배정원칙을 바꾸어, 즉 ①, ② 순서로 하지 않고 ②,①의 순서로 하면, 작업장이 4개로 줄어들게 된다. 이 경우의 풀이는 익힘문제를 참조하기 바란다.

앞의 예에서 본 바와 같이 조립라인균형문제는 작업장간의 작업시간 불균형을 가져오는데, 생산주기가 짧을수록 이러한 가능성은 커진다. 이러한 문제를 해결하기 위하여 유연성있는 라인배치(flexible line layout)가 필요하다. 예를 들어 만약 어떤 작업자가 다른 작업자의 작업을 볼 수 있다면, 서로 도울 수 있

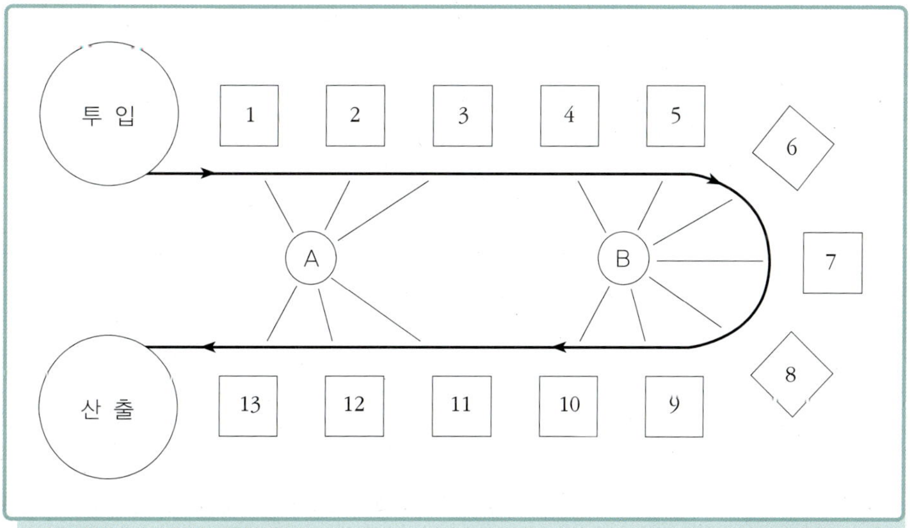

| 그림 8-12 | U형 배치

는 방법을 찾아낼 수 있을 것이다. U자형 생산라인은 이러한 것에 유리하다. U자형 생산라인의 중간에서 작업하는 사람은 앞 단계의 작업상태를 볼 수 있으므로 상대적으로 쉽게 생산라인의 재균형(rebalance)을 이룰 수 있다.

앞의 예에서는 작업시간의 변동은 고려하지 않았는데 조립라인에서 작업시간이 변동하면 많은 관리상의 문제가 발생한다. 이러한 문제를 해결하기 위해서는 되도록 작업시간의 변동이 적도록 라인을 관리하여야 한다. 만약 결정적인 작업시간의 변동이 발생하면 다시 배치결정을 하여야 한다.

(3) 제품별 배치의 장 · 단점

제품의 조립순서에 따라 배치를 하는 제품별 배치는 다음과 같은 장점이 있다.

① 배치가 작업순서에 따라 되어 있기 때문에 흐름이 부드럽고 논리적이다.

② 작업공간의 자재운반거리가 짧고, 대기시간이 줄어든다.

③ 재공품재고의 수준은 낮고, 보관면적이 적다.

④ 표준화된 제품을 반복생산하므로 단위당 생산비용이 적어지고, 일정계획이 단순하여 관리가 용이하다.

⑤ 작업기술이 단순하여 작업자의 감독과 훈련이 용이하다.

그러나 제품별 배치는 소수의 제품을 대량으로 생산하기에 적합한 배치방법이므로 다음과 같은 단점이 발생할 수 있다.

① 배치가 제품에 따라 이루어져 있기 때문에 제품디자인의 변화가 있는 경우에 설비변경이 어렵다.

② 생산라인 중에서 한 부분이 고장나거나 원자재가 부족한 경우 전체공정에 영향을 준다.

③ 단순작업으로 인하여 작업자의 직무만족이 떨어진다.

④ 작업흐름의 속도가 가장 속도가 느린 기계에 의하여 결정된다.

⑤ 상대적으로 많은 투자가 필요하다.

3. 고정형 배치

공정별 배치, 제품별 배치들의 경우는 제품이 고정된 작업장들을 통과하면서 작업이 이루어지지만 고정형 배치(fixed position layout)에서는 제품이 한

장소에 고정되고 장비 · 공구 · 재료 · 인원이 이동하면서 작업을 한다. 예컨대, 비행기 · 선박 · 미사일 등의 생산은 고정형 배치의 전형적인 예이다. 때로는 빌딩처럼 프로젝트가 바뀜에 따라 제품위치가 바뀌는 프로젝트형 배치(project layout)를 고정형 배치와 구분하기도 한다. 그러나 프로젝트형 배치의 성격이 고정형 배치와 같기 때문에 넓은 의미에서 프로젝트형 배치도 고정형 배치의 일종으로 분류할 수 있다.

고정형 배치의 특별한 형태로서 서비스시설의 배치문제를 들 수 있다. 예를 들어 소매점이나 창고시설의 경우, 상품은 특정장소에 보관되어 있고 작업자 또는 고객이 이동하여 작업을 하므로 고정형 배치의 성격을 가지고 있다. 이러한 시설의 배치는 저장장소 또는 설비에 작업자가 빠르게 접근할 수 있고 통제가 용이하며 미래의 확장이 가능하도록 배치결정을 하고 있다. 그리고 병원의 경우에는 대부분의 서비스가 간호사에 의하여 이루어지기 때문에 작업지역 설계에서 중요한 기준은 빠른 대응시간(response time)과 인력의 효율적 이용에 초점을 맞추어 배치결정이 이루어진다.

서비스시설의 배치결정방법은 서비스시설의 성격에 따라 배치결정기준이 틀리고 배치결정과정이 매우 다르다. 창고시설의 배치결정에 많이 이용되는 배치결정방법으로는 보터[2)](Boter)가 제시한 방법을 들 수 있는데 보터는 AS/RS (automated storage and retrieval system)에서 품목의 배치결정을 효과적으로 할 수 있는 방법을 제시하고 있다.

4. 셀룰러 배치

근래에 와서 대부분의 경우 많은 제조업체들은 위에서 설명한 설비배치방법 중의 한 가지만을 선택하여 설비를 배치하지 않고 제품의 생산량을 상황에 맞게 조정할 수 있는 유연성을 가질 수 있도록 혼합하여 배치를 하는 경향이 있다. 이러한 혼합배치(hybrid layouts)에는 셀룰러배치(cellular layouts), 유연생산시스템(FMS), 혼합모형조립라인(mixed model assembly lines) 등을 들 수 있는데 여기서는 셀룰러배치에 대해서만 설명하고자 한다.

셀룰러배치는 유사한 제조공정을 가지는 제한된 종류의 부품을 몇 개의 그룹으로 나누고 각 그룹별로 필요한 기계 및 설비를 작업 셀로 나누어 배치하는

2) Y. A. Boter and J. A. White, "Design and Performance Models for End of Aisle Order Picking System," *Management Science*, July 1990.

방법이다. 셀룰러배치에서는 그룹테크놀러지(group technology; GT)방법을 이용하여 유사한 형태를 가지고 있거나 유사한 가공을 요하는 제품을 한 작업장(work center 또는 cell)에서 생산할 수 있도록 한다. 셀룰러배치는 작업의 효율성을 높이기 위하여 자동자재운반설비(AG/VS)경로를 설치하고 통제를 효과적으로 하기 위하여 컴퓨터통합생산(CIM)과 연결되어 구성되어진다. 셀룰러배치는 다음과 같은 단계로 이루어진다.

〈단계 1〉 유사한 공정흐름을 가지는 부품의 군을 찾는다.

〈단계 2〉 부품군에 맞추어 기계들을 그룹화한다.

〈단계 3〉 부품군의 이동이 최소화되도록 셀을 배열하고 이용의 측면에서 기계를 물리적으로 배치한다.

다음과 같은 예제를 통하여 셀룰러배치를 설명하고자 한다.

예제 2

아래 그림을 열두 가지와 기계를 사용하여 8가지 부품을 생산하는 경우 3가지 부품의 작업경로를 보여주고 있다. 초기의 공정별 배치는 [그림 8-13]과 같고 부품의 작업경로 행열은 〈표 8-4〉와 같을 때 셀룰러배치를 하여보자.

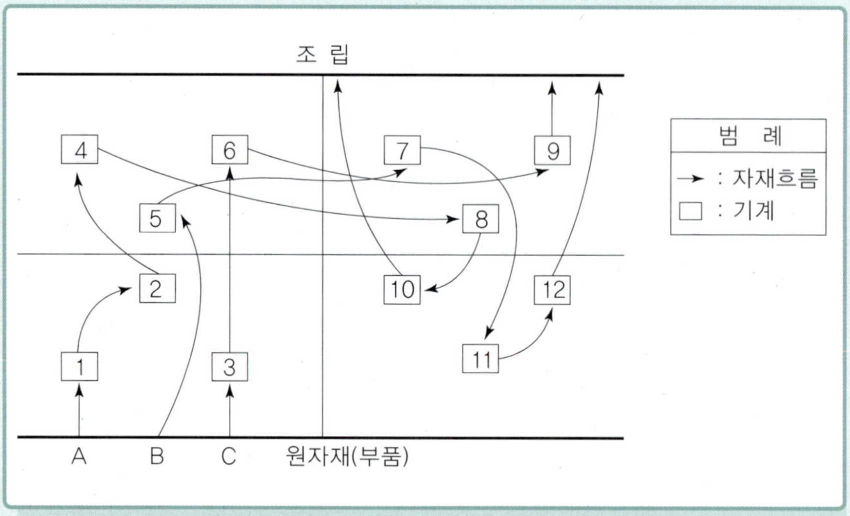

| 그림 8-13 | 초기의 공정별 배치

표 8-4 부품의 작업경로 행열(Part Routing Martix)

	기계											
부품	1	2	3	4	5	6	7	8	9	10	11	12
A	×	×		×				×		×		
B					×		×				×	×
C			×			×			×			
D	×	×		×				×		×		
E					×	×						×
F	×			×				×				
G			×			×			×			×
H							×				×	×

[풀 이]

〈단계 1〉 유사한 공정흐름을 가지는 부품의 군을 찾는다.

〈단계 2〉 부품군에 맞추어 기계들을 그룹화한다. 단계 1과 2는 부품과 기계의 수가 많을 경우에는 시행착오적인 방법으로 찾기가 어렵기 때문에 계량적인 방법을 많이 이용한다. 이러한 방법에 대해서는 참고문헌을 참조하기 바란다.

표 8-5 재배열된 부품의 작업경로 행열

	기계											
부품	1	2	4	8	10	3	6	9	5	7	11	12
A	×	×	×	×	×							
D	×	×	×	×	×							
F	×		×	×								
C						×	×	×				
G						×	×	×				×
B									×	×	×	×
H										×	×	×
E							×		×			×

〈단계 3〉 부품군의 이동이 최소화되도록 셀을 배열하고, 이용의 측면에서 기계를 물리적으로 배치한다.

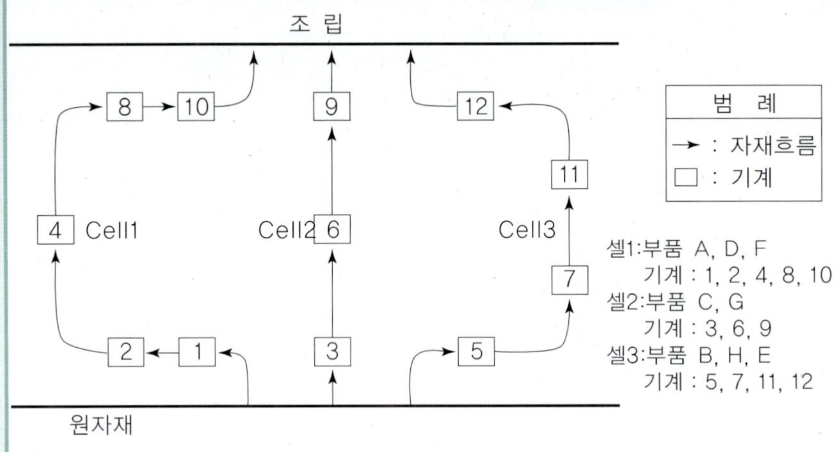

| 그림 8-14 | 완성된 셀룰러배치

셀룰러배치의 장단점

제품별 배치와 공정별 배치의 특성을 결합한 셀룰러 배치는 다음과 같은 장점이 있다.

① 준비시간을 줄일 수 있다.

② 자재처리 및 가공대기시간을 줄일 수 있다.

③ 재공품재고를 줄일 수 있다.

④ 인력자원을 효과적으로 이용할 수 있다.

⑤ 통제하기가 쉽다.

⑥ 자동화하기가 쉽다.

⑦ 흐름작업(flowshop)의 형태가 가능하다.

그러나 셀룰러배치는 다음과 같은 단점을 가지고 있다.

① 부적절한 부품군을 만들 수 있다.

② 셀간의 균형을 맞추기가 어렵다.

③ 작업자의 훈련에 비용이 많이 들고 일정계획을 세우기가 어렵다.

④ 투자비용이 증가한다.

5. 초점공장(focused factory)

초점공장은 공장 내의 공장(A plant within a plant or a subplant)을 의미한다. 공장 내 공장은 서로 비슷한 제품군(product family)을 생산하기 위하여 별도의 관리조직, 노동력, 장비 및 생산통제기법 등을 가진다. 이 경우에 전체 제품들은 한 건물 내에서 생산된다하더라도 건물내의 각 공장은 선택된 제품군에 맞추어 독립적으로 운영된다. 이와 같이 공장 내 공장은 생산 각 부분을 어느 정도 비슷한 제품군에 맞추어 생산라인을 결정함으로써 생산능력의 효율성을 제고하기 위한 관리방법 중의 하나이다.

초첨공장은 초기에 개별 제품에 초점이 맞추어졌으나 근래에는 제조공정 및 운영에까지 그 개념이 확장되고 있다.

초점공장의 가장 대표적인 배치형태는 [그림 8-15]에서 보는 바와 같다. 초점흐름공정(focused flow lines)은 제품별 배치와 비슷하나 차이점은 부품군의 전부를 생산한다는 점을 들 수 있다. 작업셀(workcells)은 좀 일반적으로 적용될 수 있는 배치방법이다. 이 경우는 잡샵의 작업에서 유리한 배치형태라고 할 수 있으며 작은 규모의 주문을 반복적으로 작업할 경우에 유용하다.

초점작업장(focused workcenter)은 비슷한 기능을 가진 기계들이 같은 장소에 모여있다는 점에서 공정별 배치와 성격이 유사하다. 그러나 차이는 초점작업장에서는 특정한 부품군만 생산한다는 점에 있다. 이상의 세 가지 초점공장의 형태들은 잡샵시스템보다 생산통제를 잘 할 수 있고, 설비의 이용도를 높일 수 있다는 장점이 있다.

이상에서 여러 가지 설비배치의 형태를 설명하였다. 배치형태를 선택하는 기준은 계량적으로 확립되어 있지 않으나, 일반적으로 소품종대량생산에는 제품별 배치, 다품종소량생산에는 기능별 배치가 유용하다. 최근에는 앞에서 설명한 바와 같이 다품종소량생산의 납기준수를 위하여 셀룰러배치방식이 이용되고 있다. 대부분의 경우 많은 제조업체들은 위의 여러 가지 설비배치 중의 하나만을 선택하는 것이 아니라 혼합하여 배치를 하는 경향이 있다. 공장내부 어느 한 곳에서는 제품별로, 또 다른 곳에서는 기능별로 설비를 배치하는 경우가 흔히 있다.

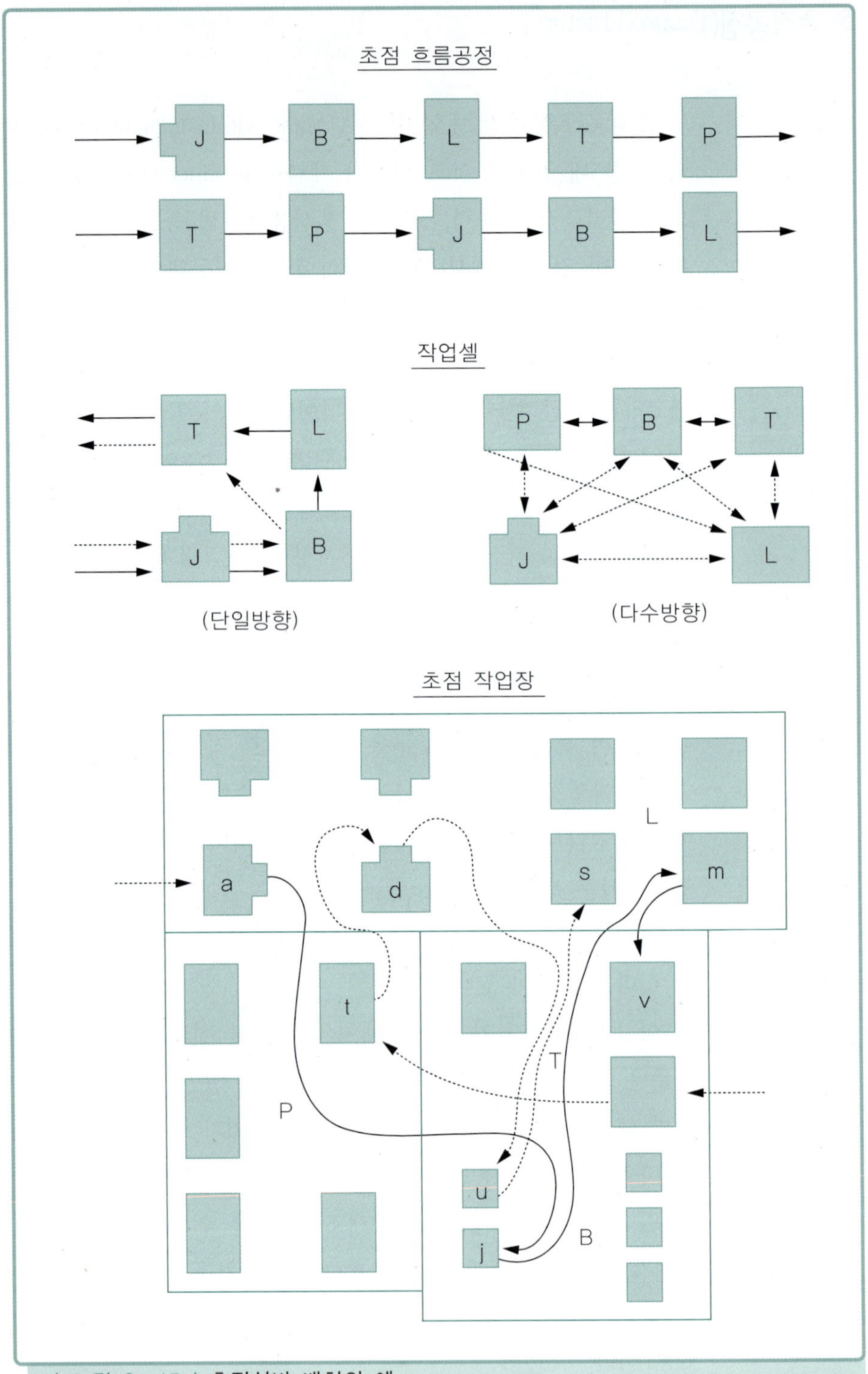

| 그림 8-15 | 초점설비 배치의 예

보 론 직무설계 및 작업측정

1. 직무설계

(1) 직무설계의 내용과 결정요인

직무란 개별 작업자나 작업자의 그룹이 수행하는 일련의 작업(과업)들을 의미하며 직무설계는 개별 작업자나 그룹에 할당되는 직무의 내용과 수행방법을 결정하는 것이다. 그러므로 직무설계는 그 직무의 내용, 그 직무를 수행하는 작업자(들)에게 필요한 기술이나 훈련, 그 직무에 필요한 전문화의 정도를 명시하게 된다. 훌륭한 직무설계는 직무의 작업요소를 분석함으로써 작업효율을 개선하며, 기술적이며 인간적인 요소를 고려하기 때문에 생산성을 향상시키고, 제품이나 서비스의 질을 높이며 결과적으로 작업자의 만족을 증대시킨다.

직무를 설계하기 위해서는 세 가지의 분석이 선행되어야 하는데 이는 과업분석, 작업자분석, 환경분석이다. 이러한 분석들이 끝나면 그 결과를 가지고 직무설계를 행하는데, 이러한 결과 중에서 직무설계를 결정하는 중요한 요인들은 직무의 수행자, 직무의 내용, 직무수행 장소, 직무수행 시기, 직무수행 이유, 직무수행 방법 등 여섯 가지이다.

최근에는 위의 결정요인들에 영향을 주는 다음과 같은 경향들이 있으므로 직무수행의 의사결정시에 참고하여야 한다.

① TQM의 영향으로 품질향상 노력이 작업자 직무의 한부분으로 포함된다.

② 다기능 직무를 수행할 수 있도록 작업자들을 교차훈련(cross-training)시키고 있다.

③ 직무를 설계하고 조직하는데 종업원의 참여와 팀 접근법을 사용한다.

④ 통신네트워크와 컴퓨터의 발달로 인하여 작업자들의 정보화 능력이 더욱 중요시된다.

⑤ 임시직 근로자를 광범위하게 고용하고 있다.

⑥ 어려운 수작업들이 자동화되고 있다.

⑦ 모든 종업원들에게 의미있고 충분한 보상이 있는 직업을 제공하려고 노

력한다.

(2) 직무설계의 접근방법

전통적인 직무설계는 테일러(Frederick W. Taylor)에 의해 처음으로 시도되었다. 그의 접근방법은 과학적 관리법(scientific management)으로 알려져 있는데 그는 작업을 더 작은 세부요소로 분해하고 이 분해된 요소들을 연구함으로써 작업방법을 개선할 수 있다고 생각하였다. 그는 경영자들이 분석하고 실험하며 가장 경제적인 방법으로 작업을 수행하는 방법을 찾기 위해 흐름도표와 공정도표를 사용함으로써 직무를 과학적으로 연구해야 한다고 믿었다.

테일러의 방법은 주로 직무설계의 공학적인 측면을 다룬 것들이었다. 물론 20세기에 들어와 1950년대까지 미국의 생산성 향상에 그의 방법이 중요한 역할을 한 것은 틀림없으나 이를 적용하는 사람들이 너무나 공학적인 측면만을 강조하는 바람에 1930년대와 1940년대에 인간관계론이 등장하는 배경이 된다. 한편 최근에는 직무설계에 TQM과 일본의 영향으로 새로운 직무설계 접근법이 사용되고 있는데 여기서는 공정의 기술적인 필요와 작업자의 사회적 필요를 동시에 고려하고 있다.

이와 같은 직무설계의 변화를 표로 나타낸 것이 〈표 8-6〉이다.

표 8-6 직무설계의 진화

과학적 관리법/조립라인	현재의 추세/일본식 접근법
1900년부터 1960년대까지 직무전문화 최소한의 작업자 기능 반복 최소한의 직업 훈련 대량생산 성과급의 임금 효율성으로의 시간 최소한의 직무책임 엄격한 감독자의 통제	1970년대부터 현재까지 수평적 직무확대 수직적 직무충실화 광범위한 직업훈련 확대된 직무의 책임 확대된 직무의 통제 교차훈련 직무순환 더 높은 기능수준 문제해결팀의 활용 작업자의 상호작용 종업원의 참여 품질에 중점을 둠

지금까지의 직무설계는 대부분 직무전문화(job specialization)를 달성하는데 중점을 두었는데 직무전문화란 과업의 범위가 좁고 많은 반복을 행하도록 직무를 설계하는 방식을 말한다. 이는 아담 스미스가 '국부론'(The Wealth of Nations)에서 언급한 분업을 의미한다. 그러므로 직무전문화의 정도가 높은 과업은 효율성이 높을 것으로 기대된다.

그러나 직무전문화는 장점뿐만 아니라 단점들도 많이 나타난다. 경영자의 측면에서 장점으로는 작업자를 훈련하는데 시간이 많이 들지 않으며 새로운 작업자를 쉽게 구할 수 있고 단순하고 반복적인 일이기 때문에 높은 산출을 기대할 수 있다는 점과 단순작업이기 때문에 작업자의 임률이 낮고 작업의 흐름과 작업부하(work load)에 대한 자세한 통제가 가능하다는 점들이다. 한편 작업자의 측면에서도 일거리를 구하기 위해 교육을 받을 필요가 거의 없고 직무를 배우기가 쉽다는 장점이 있다.

반대로 단점으로는 경영자의 입장에서 볼 때 제품전체에 대해 책임을 지는 사람이 없기 때문에 품질을 통제하기가 힘들고 작업자의 불만족이 전직, 결근, 고정, 생산공정에 대한 의도적 방해 등으로 인한 잠재적인 비용이 발생한다는 점이다. 또한 작업자의 좁은 직무범위 때문에 공정개선의 기회가 줄어든다는 점도 간과할 수 없다. 한편 작업자 측면에서는 반복적인 작업 때문에 지루함이 생기고 전체 제품중에서 자신의 기여가 아주 작은 부분이기 때문에 직무에 만족을 거의 느끼지 못한다. 또한 작업장에 대한 통제가 불가능하므로 좌절과 피로를 느끼게 된다. 마지막으로 작업의 성격상 의미있는 학습이 불가능하므로 더 나은 직무에 대한 진보의 기회가 거의 없다.

이러한 직무전문화에 대한 단점들 때문에 이에 대한 대안들이 개발되었는데 이 대안들로는 직무순환, 직무확대, 직무충실화 등이 있다.

주기적으로 직무를 바꾸기 때문에 과업의 할당에 있어서 더 많은 다양성을 얻을 수 있는 시스템을 직무순환(job rotation)이라고 한다. 이 접근법은 직무들이 동등한 수준의 기술을 요할 때 가장 효과적이다. 작업자들은 직무의 여러가지 측면을 배우기 때문에 직무순환은 작업자의 기술을 향상시키고 관리자들에게는 결근한 근로자를 대체하거나 필요할 때에 다른 작업장으로 근로자를 이동시킬 수 있는 유연성을 준다. 또한 직무순환은 각 작업자들로 하여금 생산문제와 다음 사람에게 좋은 품질만을 넘기는 것의 가치를 더욱 잘 평가할 수 있게 한다.

직무확대(job enlargement)는 직무의 수평적인 확대를 의미하는 데 그것은 같은 수준에서 과업의 범위를 확대하는 것을 말한다. 종업원은 제품이나 서비스에 필요한 전체의 일들 중에서 더 넓은 부분을 완성한다. 전형적으로 이 접근법은 작업자들이 여러 가지의 기술들을 가지도록 요구하기 때문에 훈련비용과 임률의 상승을 수반한다. 직무확대는 반복적인 작업에서 오는 무료함을 감소시킬 뿐만 아니라 작업자가 더 많은 책임감, 자신감, 성취감 등을 느끼기 때문에 종업원만족을 증대시키는 잠재력을 가지고 있다.

직무설계에 대한 접근법에 있어서 가장 종합적인 접근법이 직무충실화(job enrichment)이다. 직무충실화는 직무에서의 의무를 수직적으로 확대하는 것이다. 즉, 작업자들은 특정한 기술이나 특정한 작업이 아니라 전체 과정에 대한 더 많은 책임과 권한을 갖게 된다. 이러한 접근법은 종업원에 대한 권한위양과 자율경영팀의 개발을 지원한다. 여기서는 작업자들이 자신들의 직무에 관하여 기본적인 결정을 하는데 이는 자신의 일을 계획하고 통제하는 것을 포함한다. 직무충실화는 작업자들에게 많은 과업을 숙달하는데 있어서의 성취감을 주며, 산출물에 대해서 고객들로부터의 인정이나 직접적인 피드백, 그리고 산출물의 품질에 대한 책임감을 주기 때문에 직무만족을 증대시킨다.

(3) 작업표준

산출율은 공정의 선택, 기술, 직무설계에 의해서 영향을 받는다. 공통적으로 수용할 수 있는 비교의 근거는 작업표준(work standard)이 되는데 이는 훈련된 작업자가 정상적인 노력과 기술을 가지고 정해진 방법을 사용하여 과업을 수행하는데 걸리는 시간을 말한다. 같은 종류의 로봇은 산출율에 있어서 거의 변동없이 반복적인 임무를 수행하고 있지만 인간의 경우는 종업원들마다 기술, 노력, 체력 등이 다르기 때문에 평가하기가 더욱 어렵다.

작업표준은 경영자들에게 꼭 필요한데 그 이유로는 작업표준이 다음과 같은 경영자의 임무를 도울 수 있기 때문이다.

① 가격과 비용의 결정: 노동력시간표준, 기계시간표준들을 이용하여 현재와 새로운 제품에 대한 비용을 계산할 수 있고, 예산을 수립하고 가격을 결정하며 제조 혹은 구매(make-or-buy) 의사결정을 할 수 있다.

② 작업자들에 대한 동기유발: 작업표준은 하루에 해야 할 일을 결정하거나 작업자들에게 자신들의 성과를 더 높이도록 격려하는데 사용할 수 있다.

③ 공정설계의 대안비교: 시간표준은 한 품목에 대한 각기 다른 작업경로(route)를 비교하거나 새로운 작업방법과 새로운 설비들을 평가하는데 사용될 수 있다.

④ 일정계획: 경영자들은 시간표준을 이용하여 가장 효과적으로 자원이 사용되도록 과업을 작업자와 기계에 할당할 수 있다.

⑤ 생산능력계획: 경영자들은 시간표준을 사용하여 주어진 수요량에 대한 현재와 미래의 생산능력요구량을 결정할 수 있다.

⑥ 업적평가: 작업자의 성과와 생산성을 평가하기 위하여 정해진 기간동안에 산출된 작업자의 산출결과는 표준산출과 비교된다.

2. 작업측정

(1) 작업측정의 목적

지금까지 우리는 방법연구를 통한 직무설계를 소개하였는데 하나의 직무나 과업을 수행하는 새로운 방법이나 개선된 방법을 개발하는 데에는 방법연구만으로는 충분하지 않으며 기업은 이 작업이 얼마나 오래 걸릴 것인지를 알아야 한다. 왜냐하면 특정한 수준의 생산능력을 조달하기 위해서는 어떤 자원이 필요한지를 알아야 하고, 작업자들에게 얼마만큼의 임금을 주어야 하는지를 결정해야 하며 소비자들에게는 얼마를 받을지를 결정하여야함과 동시에 한 직무를 수행하는 여러가지 방법들 중에서 어떤 방법을 선택할 지를 결정하여야 하기 때문이다. 작업측성(work measurcment)은 적절한 과업시간을 결정하는 과정을 말한다. 작업측정은 적절히 훈련된 작업자가 정상적인 직무환경에서 필요한 도구를 사용하여 정해진 수준의 성취도를 가지고 특정한 직무를 행하는 시간표준을 수립한다.

작업측정에 사용되는 방법들 중에서 다음과 같은 것들이 가장 많이 쓰인다.

① 시간연구(time study method)

② 기정자료접근법(predetermined data approach)

③ 작업표본조사법(work sampling method)

이상의 방법들을 선택하는 기준은 자료의 목적에 있다. 예를 들어 분석가가 실제 작업방법의 결과를 표준에 비교하는 데 높은 정확도를 필요로 한다면 시간연구나 기정시간법들이 사용될 수 있다. 또 종업원들이 원자재 때문에 쉬고 있는 시간의 비율을 추정하려면 작업표본조사법이 필요하다. 더우기 필요한 작업측정정보를 얻기 위해서 분석가는 하나 이상의 접근법을 필요로 할 지 모른다.

(2) 시간연구

1) 시간연구의 내용

시간연구(time study method)는 시간표준을 설정하는데 가장 많이 사용되는 방법이며 다음의 네 가지 단계로 구성되어 있다.

① 작업요소의 선택: 각 작업요소는 스톱워치의 사용을 원활하게 하기 위해서 명확한 시작시점과 종료시점이 있어야 한다. 3초 이내의 작업요소들은 회피되어야 하는데 이는 시간을 측정하기가 쉽지 않기 때문이다.

② 작업요소의 시간측정: 작업요소가 규정되면 분석가는 초기 관찰자료를 얻기 위해서, 작업방법으로 훈련된 작업자의 작업시간을 측정한다. 분석가는 연속방법(continuous method)을 사용하거나 스냅-백 방법(snap-back method)을 사용하여 측정할 수 있다. 연속방법은 각 작업요소를 그 완성시간에 대해 스톱워치를 읽는 것이며 스냅-백 방법은 하나의 작업요소가 끝나면 스톱워치를 0으로 다시 조정하는 방법을 말한다. 스냅-백 방법에서 분석가는 두 개의 스톱워치를 가지고 하나는 바로 직전의 작업요소를 기록하고 다른 하나는 현재의 작업요소의 시간을 측정하는데 사용한다. 대표적인 시간만을 근거로 하여 측정된 평균관찰시간은 선정시간(select time)이라고 불리우며 $\bar{t}$ 라고 표시된다.

③ 표본크기의 결정: 전형적으로, 표준시간을 결정하기 위해서 시간연구법을 사용하는 사람은 평균시간추정치가 대개는 장기간의 실제평균에 가깝기를 기대한다. 정규분포에 근거한 공식을 사용하면 필요한 표본크기 n을 결정할 수 있다.

$$n = [(\frac{z}{p})(\frac{\sigma}{\bar{t}})]^2$$

이때 n = 요구되는 표본크기
p = 실제값의 비율로 표시되는 추정치의 정확도
$\bar{t}$ = 작업요소의 선정시간
σ = 작업요소에 대한 대표적 관찰시간의 표준편차
z = 원하는 신뢰도를 위해 필요한 정규표준편차의 배수

이 공식에서 많이 사용되는 z를 예를 들면 90%의 신뢰수준에서는 1.64, 95%에는 1.96, 99%에서는 2.33을 사용한다. 추정치의 정확도 p는 작업요소에 대한 실제의 평균시간(현실적으로는 모르는 평균시간)의 비율로 표시된다.

④ 표준의 결정: 마지막 단계는 표준을 결정하는 것이다. 이를 위해서 분석가는 각 작업요소에 대한 정상시간(normal time)을 결정하여야 하는데 이 정상시간의 계산을 위해서 관찰된 작업자의 작업속도를 평가하여야 한다. 분석가는 작업자의 작업속도를 평가하는 경우에는 성과평정요소(performance rating factor: RF)를 사용한다. 성과평정요소는 작업자의 성과가 평균적인 작업자의 성과보다 얼마만큼 더 많은지 적은지를 나타내는 것으로 1보다 크면 평균적인 작업자보다 빠른 속도로 작업을 하는 것이고 1 보다 작으면 평균적인 작업자보다 느린 속도로 작업을 하는 것이다.

분석가는 특정한 작업요소가 하나의 작업사이클(work cycle)에 얼마만큼 자주 나오는지를 나타내는 발생빈도 F를 결정하여야 하는데 그 이유는 어떤 작업요소는 매 사이클마다 발생하는 것이 아니기 때문이다. 분석가는 선정시간($\bar{t}$), 사이클 당 작업의 빈도(F), 평정요소(RF)를 곱하여 작업요소에 대한 정상시간(NT; normal time)을 계산한다. 즉, i번째 작업요소에 대한 정상시간(NT_i)은

$$NT_i = \bar{t}_i(F_i)\ (RF_i)$$

이 된다. 한 주기에 대한 정상시간(NTC; normal time for the cycle)을 발견하기 위해서 분석가는 각 작업요소에 대한 정상시간을 합하여야 한다.

$$NTC = \sum NT_i$$

우리는 정상시간에 여유시간(allowance time)을 더하여 표준시간을 구한다. 여유시간은 피로, 휴식, 피할 수 없는 지연들을 고려하여 표준시간을 조정하여 주는 요소가 된다. 그러므로 표준시간(ST; standard time)은

$$ST = NTC(1+A)$$

가 되며 이 때 A는 여유시간을 정상시간의 비율로 표시한 것이다. 대개의 경우 여유시간은 정상시간의 10 내지 20%가 되며 이는 측정하기 힘든 부분을 묶어서 넣은 것이다.

2) 시간연구의 단점

시간연구의 단점은 다음과 같다. 첫째, 시간연구는 매 작업마다 하는 일이 다른 경우에는 사용되기 힘들다. 예를 들어 TV를 수리하는 경우나 자동차를 수리하는 경우 고장난 부위가 다르기 때문에 매 작업마다 하는 일이 다르다. 이런 경우에는 시간연구를 사용하기 힘들다. 둘째, 시간을 재기 위해서는 훈련이 많이 필요하다. 시간을 잘못 재거나, 잘못 기록하게 되면 정상적인 시간표준을 얻을 수 없다. 셋째, 시간연구는 생각하는 작업에는 적용될 수 없다. 예를 들어서 학생들이 문제를 푼다던가 교수가 논문을 쓰기 위해서 연구를 한다던가 하는 일에는 적용될 수 없다. 마지막으로 어떤 작업자들은, 자의성이 개재될 수 있기 때문에 시간연구를 거부하기도 하기 때문에 사용에 제약이 있다는 점이다.

(3) 기정자료접근법

기정자료접근법(predetermined data approach)은 시간연구의 필요성을 완전히 없애버린 방법이다. 분석가는 각 작업요소를 일련의 미세동작으로 나누는데 이 미세동작은 각 과업(task)에 공통적으로 적용될 수 있는 것들이다. 분석가는 이러한 각각의 미세동작에 관한 정상시간을 수록하고 있는 기존의 출판된 데이터베이스를 이용하여 정상시간을 계산할 수 있다.

기정자료접근법 중에서 가장 많이 사용되는 것이 방법시간측정(methods time measurement; MTM)이다. 실제로 시중에서 쓰이는 MTM의 데이터베이스는 여러 가지이지만 여기서는 그들 중 가장 정확한 MTM-1을 이용하여 설명한다. MTM-1에서 기본적인 미세동작은 8가지(reach, move, disengage, apply pressure, grasp, position, release, turn)이다. 이러한 미세동작에 대한 정상시간은 여러 가지 산업의 작업자들을 대상으로 한 동영상연구(motion picture study)로부터 얻어진다.

각 미세동작은 시간측정단위(TMU; time measurement unit)로 계측된다. 1 TMU는 0.0006분이다. 기정자료접근법을 사용하여 표준을 구하는 절차는 다음과 같다.

① 각 작업요소를 기본적인 미세동작으로 나눈다.

② 각 미세동작에 대해 표에서 적정한 값을 찾는다. 표의 값은 중량, 거리, 대상의 크기, 어려움의 정도들에 따라서 달라진다.

③ 전체 직무에 대한 정상적인 시간을 얻기 위해서 표로부터 각 동작에 정해진 값을 더한다

④ 표준시간을 구하기 위해서 정상시간에 여유시간을 더한다.

기정자료접근법의 장단점을 살펴보면 다음과 같다. 우선 장점으로는 첫째, 시간연구 없이도 생산이 시작되기 전에 새로운 직무에 대한 표준을 산정할 수 있다. 둘째, 새로운 작업방법의 경우 시간연구를 수행하지 않고도 기존의 방법과 비교될 수 있다. 셋째, 시간연구에서 발생하는 자료기록오차 같은 것들이 발생하지 않으므로 시간표준을 정하는 데 높은 일관성을 유지할 수 있다. 마지막으로 이 접근법은 표준을 정하기 위해서 성과평정이 필요하지 않으므로 판단의 공정성 같은 문제가 적어진다는 점들이다.

반대로 단점으로는 첫째, 작업은 미세동작으로 분할되어야 하나 직무의 반복성이 낮은 공정중심의 작업장에서는 이 방법을 사용할 수 없다. 둘째, 기정자료를 개발하기 위해 사용되었던 작업자들의 표본은 특정한 시설에 있는 작업자를 대표할 수 없다. 셋째, 기정표준자료에는 요소들의 특성이 잘 반영되어 있지 않은 것들도 있다. 예를 들어 물체를 이동하는 시간은 물체의 모양에 따라서 이동시간이 달라질 수 있는데 기정표준자료에는 이를 고려하고 있지 않다. 마지막으로 이를 사용하는 데에는 상당한 훈련과 경험이 필요하다.

(4) 작업표본조사법

작업표본조사법(work sampling method)은 어떤 활동에 사람들이나 기계들이 얼마만큼의 시간을 소비하는지를 많이 관찰하여 그 시간의 비율을 추정하는 방법이다. 이때 관찰되는 활동은 모든 작업자의 모든 활동을 대상으로 하여야 하지만 물리적으로 불가능하므로 통계학적인 표본이론을 이용하여 표본으로 뽑힌 활동들만이 대상이 된다. 이러한 이유 때문에 작업표본조사법이라는 이름이 붙게 되었다. 여기서 활농이란 제품이나 서비스를 생산하는 활동이나 서류작업, 지시를 기다리는 일, 설비보전을 기다리거나 휴식하는 일 들을 총칭한다. 이 기법의 가정은 표본으로 뽑힌 시간에 관찰되는 활동의 비율은 실제로 활동에 소비되는 시간의 비율과 같다는 것이다. 작업표본조사법의 자료들은 기계나

작업자가 얼마나 효과적인지를 추정하는데 사용할 수도 있고 다른 작업측정방법들과 함께 사용되어 표준시간을 설정하기 위해 고려되는 허용시간의 추정에 사용될 수도 있다. 또한 직무의 내용을 결정하는데나 직무나 활동들의 비용을 평가하는 데 사용할 수 있다.

1) 작업표본조사법의 절차

작업표본조사법의 절차는 다음과 같다.

① 활동을 정의한다.

② 관찰양식지를 만든다.

③ 연구의 시간을 얼마동안 할지를 정한다.

④ 초기의 표본크기를 결정한다.

⑤ 난수표를 이용하여 임의의 관찰시간들을 정한다.

⑥ 분석가의 관찰일정을 수립한다.

⑦ 활동들을 관찰하고 자료를 기록한다.

⑧ 추가적인 표본추출이 필요한지를 결정한다.

작업표본조사법은 사용되는 시간에는 정상적인 작업조건을 갖추어야 한다. 이 시간에는 각 활동들이 대표적인 횟수만큼 나타나야 한다. 예를 들어 어떤 활동이 일주일에 한 번 나타난다면 조사는 여러 달 걸려야 할 것이다. 그러나 활동이 한 주에 연속적으로 나타나고 일년에 걸쳐서 매주 나타난다면 조사는 단지 몇 주에 걸쳐서 수행하면 될 것이다

2) 표본의 크기

작업표본조사법의 목표는 실제의 비율에 어떤 정해진 수준의 오차를 포함하는 만큼 정확하게 추정할 수 있는 활동시간의 추정치를 구하는 것이다. 즉, 분석가가 표본을 선정하고, 표본비율($\hat{p}$)을 계산하면, 추정의 최대오차를 e 라고 할 때 다음과 같은 식이 성립한다.

$$\hat{p} - e \le p \le \hat{p} + e$$

표본의 크기는 분석가가 원하는 어떠한 신뢰수준하에서도 작업표본 추출로부터 기대될 수 있는 정확도에 영향을 준다. 작업표본추출은 비율을 추정하는 것이기 때문에 표본분포는 이항분포이다. 그러나 표본의 크기가 크면 우리는

정규분포를 사용하여 이항분포를 근사하게 계산할 수 있다. 정규분포를 사용하면 최대오차는 다음과 같이 계산된다.

$$e = z\sqrt{\frac{\hat{p}(1-\hat{p})}{n}}$$

여기서 z는 표준정규분포에서 원하는 신뢰수준을 얻기 위해 필요한 표준편차의 배수이다.

위의 식에서 보면 n이 분모에 있기 때문에 n이 커지면 최대오차인 e는 감소하게 된다. 주어진 오차에 대해서 적절한 표본의 크기(n)를 구하려면 위의 식을 n에 관하여 정리한 다음의 식을 이용한다.

$$n = (\frac{z}{e})^2\hat{p}(1-\hat{p})$$

처음에 분석가는 활동이 점하는 시간의 비율인 $\hat{p}$를 모르기 때문에 이에 대한 합리적인 추정이 필요하다. 예를 들어서 과거의 경험이나 동종의 산업에서의 평균치 등을 시험적으로 사용할 수 있다. 이를 이용하여 n을 결정한 후에 n만큼의 표본을 추출하여 작업표본조사법을 사용하여 비율을 다시 추정한다. 비율에 대한 새로운 추정치를 근거로 위의 식을 이용하여 n의 크기를 다시 계산하여 추가적인 표본이 필요한가를 결정한다.

3) 표본추출일정

분석가가 표본을 조사하는 시각은 연구기간에 걸쳐서 임의로 선택되어야 한다. 이러한 임의의 표본조사는 체계적인 오류인 편의(bias)의 양을 줄인다. 예를 들어 만약 종업원이 오후 3시에 관찰될 것을 안다면 그들은 그 시간에 자신들의 행동을 바꿀 것이다. 이러한 일이 일어나면 자료는 실제 상황을 반영하지 못하게 된다. 사용될 관찰시간을 결정한 후에 분석가는 관찰일정을 잡는다.

4) 작업표본조사법의 장단점

작업표본조사법은 몇 가지 장점을 가지고 있어서 자주 쓰이는 기법이다. 우선 관찰자들에게 특별한 훈련이 필요하지 않으며 스톱워치도 필요없으며 몇 가지 조사를 동시에 실시할 수 있다. 또 작업자들은 이 기법이 개인보다는 그룹의 활동에 초점을 맞추어 진행되기 때문에 이 기법을 선호한다. 반면에 이 기법의 단점은 많은 관찰횟수가 필요한데 그 이유는 비율에 관한 추정치를 결정하여야 하기 때문이다. 그리고 반복적이고 잘 정의된 직무에는 보통 쓰이지 않는다.

3. 학습곡선

(1) 학습효과

지금까지 우리는 작업표준에 관하여 고찰하여 보았는데 이러한 작업표준은 약점을 가지고 있다. 이 약점은 작업표준이 인간의 학습능력을 고려하지 않았다는 것이다. 인간은 학습을 할 수 있으며 이러한 학습은 개인적인 학습이나 조직적인 학습이나 할 것 없이 기존의 작업표준시간을 단축시킬 수 있게 한다.

노동력에 있어서 학습이란 작업이 반복수행됨에 따라서 그 작업에 소요되는 시간이 줄어드는 것을 말하며 그 줄어드는 비율이 규칙적이다. 원래 학습효과(learning effect)는 1936년에 라이트(T. P. Wright)가 미국에서 비행기를 조립하는 데 소요되는 직접노동시간이 비행기의 대수가 누적됨에 따라서 규칙적으로 줄어드는 것을 발견한 데서 출발한다. 즉, 생산된 비행기의 누적된 대수(cumulative productuion unit)가 2배가 될 때마다 일정한 비율 $p(0 \leq p \leq 1)$만큼씩 직접노동시간이 줄어든다는 것이다. 이 때의 학습률을 $(1-p) \times 100\%$ 학습률이라고 한다. 예를 들어서 누적생산량이 두 배가 될 때마다 10%씩 직접노동시간이 감소한다면 이는 90% 학습률이 되는 것이다.

라이트는 자료를 통하여 비행기 조립에서는 80%의 학습률이 나타났다는 것을 발견하였다. 한편 미국의 포드 자동차회사의 유명한 모델 T라는 자동차에 관한 역사적인 자료를 이용하여 연구한 결과 1909년부터 1926년 사이에 86%의 학습률을 보였다는 것이 발견되었다.

학습효과에서 학습률을 낮추려면(즉, 감소되는 직접노동시간의 비율을 높이려면) 학습에 영향을 주는 요소들을 발견하여 이를 조절할 필요가 있다.

(2) 학습곡선의 산출

학습곡선은 다음과 같은 가정들을 가지고 계산된다.

첫째, $(n+1)$번째의 제품을 생산하는 데 소요되는 직접노동시간은 n번째의 제품을 생산하는 데 드는 직접노동시간보다 언제나 적게 든다.

둘째, 직접노동시간은 누적되는 생산량이 증가함에 따라서 감소되는 비율

(decreasing rate)로 감소한다.

셋째, 시간의 감소는 지수곡선에 따른다.

이러한 가정들 아래에서 학습곡선을 그리기 위해서 로그를 사용한다. 즉, n 번째 단위의 직접노동시간, k_n은

$$k_n = k_1 n^b \qquad ①$$

가 된다. 여기서 k_1는 첫번째 제품의 직접노동시간이고 n은 생산된 제품의 누적생산량을 말한다. 그리고 r은 학습률(learning rate)을 말하며 b는

$$b = \frac{\log r}{\log 2} \qquad ②$$

이다.

(3) 학습곡선의 이용

학습곡선은 여러 가지 용도로 사용되는데 다음과 같이 입찰준비, 재무계획, 노동소요량 계산과 같은 전술적인 분야와 기업의 경영전략수립과 같은 전략적인 분야에서 사용된다. 이를 자세히 살펴보면 다음과 같다.

① 입찰준비: 학습률, 생산예정단위, 임률 등을 알면 학습곡선을 사용하여 노무비용을 계산할 수 있으며 이를 자재비용과 합하고 예상이윤을 합하여 입찰금액을 결정할 수 있다.

② 재무계획: 학습곡선을 이용하여 프로젝트기간 중 초기 동안에 수입을 초과하는 비용의 증가분을 계산할 수 있다. 즉, 대부분의 경우 계약된 프로젝트의 총생산단위에 근거하여 평균직접노무비를 계산하기 때문에 학습곡선의 초기 동안에는 단위당 들어오는 수입보다는 나가는 노무비용이 증가하여 자금의 부족이 생기기 쉽다. 물론 이 부족분은 프로젝트 후기에 수입보다 지출이 적기 때문에 모두 보전이 된다. 하지만 프로젝트의 진행 초기에 재무담당부서에서는 예상되는 비용의 증가분이 얼마나 되는지를 알고 자금을 융통하는 것이 자금고갈을 막는 중요한 역할을 한다.

③ 노동소요량 계산: 생산일정이 주어져 있을 때 계획자는 학습곡선을 사용하여 직접노동소요량을 계산할 수 있다. 이러한 정보는 훈련이 필요한

인원을 추정하거나 충원계획을 세우는 데 필수적이다.

④ 경영전략수립: 직접노동비용이 원가에서 큰 비중을 차지하는 제품시장에 새로 진입하려는 회사는 종업원들이 새로운 제품생산을 시작하였을 때에 얼마만큼의 학습률을 올릴지를 고려하여야 한다. 만약 그 학습률이 시장점유율이 가장 큰 가격선도자보다 월등히 좋지 않을 경우에는 진입을 포기하게 된다. 이와 같이 학습곡선을 이용하여 새로운 시장에 진입할 것인가를 결정할 수 있다.

(4) 학습곡선 사용의 주의점

학습곡선은 대단히 유용한 도구이기는 하지만 전략적 혹은 전술적인 이용에는 주의할 점들이 있다. 첫째로 학습곡선을 사용하기 위해서는 학습률을 추정하여야 하는데 이는 쉬운 작업이 아니다. 물론 산업의 표준이 존재하기는 하지만 작업의 종류와 자사의 노동력의 질 등은 회사마다 다르기 때문에 산업표준을 사용하는 데에는 위험이 따른다. 또한 제품이 단순할수록 학습률은 뚜렷하지 않다. 그리고 제품이 복잡하면 제품의 수명주기 동안에 작업방법, 원자재, 공정 등을 개선할 여지가 더 많다. 한편 직접노동을 자동화로 바꾸면 학습률이 바뀌게 되며 단위당 시간이 감축될 여지가 더 적게 된다.

둘째로 학습곡선에 의한 계산에 필요한 제일 먼저 생산되는 제품의 생산시간의 추정이 힘들다는 것이다. 이러한 추정치는 기정시간자료법과 같은 작업측정방법을 사용하여 개발될 수 있다.

셋째로 학습곡선의 이점은 제품이나 서비스의 수명주기상의 초기에 두드러지게 나타나며 누적생산량이 커질수록 학습효과는 줄어들게 된다.

마지막으로 경영자들이 학습곡선을 사용하는 경우에 학습률의 변화를 계속 주시하여야 하는데 그 이유는 학습곡선이 동태적이어서 계속 변하기 때문이다. 앞에서 언급한 바와 같이 학습곡선은 여러 가지 요소에 의해서 영향을 받는다. 제품이나 서비스의 수명주기가 짧은 경우에 기업은, 제품이나 서비스가 변화되기 전까지의 기간이나 신제품이나 새로운 서비스가 도입되기 전까지의 기간이 짧기 때문에 학습곡선의 이점을 충분히 누리지 못한다. 조직의 측면에서 팀제를 도입한 조직은 이를 도입하기 전에 가지고 있던 학습률과는 다른 학습률을 가지게 될 것이다. 또한 종합적 품질경영(total quality management; TQM)과 지속적인 개선프로그램들도 학습곡선에 영향을 미치게 될 것이다.

종합사례 천일제염(주)

천일제염은 소금과 관련된 제품을 생산하는 업체이다. 천일제염공장은 숙련 및 비숙련 종업원을 200명 고용하고 있다. 이 회사는 정수용, 식용, 공업용 및 농업용으로 소금제품을 생산하고 있다. 식용제품은 옥소처리된 소금을 1kg단위의 원통형 캔에 담는다. 식용제품은 전체 생산량 중에서 차지하는 비율은 상대적으로 작지만, 수익성 면에서는 가장 중요한 제품이다. 이 회사는 2006년에 연간 50억의 매출액을 달성했다.

기본 원재료인 소금은 수면 속 800m에 위치한 소금가마에 물을 투입함으로써 얻어진다. 거기서 소금용적물은 물에 용해된다. 그 결과로 얻어진 소금물은 표면까지 끌어 올려진다. 소금물을 끓이면 대부분의 액체는 증발되고 소금결정체와 약간의 수분만 남는데, 이러한 수분은 건조과정에서 제거된다. 그런 다음에 소금은 저장창고에 이동된다. 이러한 과정은 1회 가동으로 약 6주 동안 계속된다. 처음에는 시간당 약 45톤의 소금이 생산된다. 그러나 이물질이 쌓여감에 따라서 산출률은 감소하게 되어서 6주후에서는 처음 산출률의 75%밖에 되지 않는다. 그 때 공정을 중단하고 장비를 유지보수하며 이물질을 제거한 다음에 소금생산은 재개된다.

소금은 생산이 요구될 때까지 저장창고에 보관되거나 공업용으로 사용하는 고객에게 납품된다. 컨베이어를 통해서 네 개의 전용장비를 가진 생산지역에 소금을 이동시키는데, 이들 중 하나가 원통형 캔 생산이다. 여기서 토론의 초점은 원통형 캔의 생산에 맞춘다.

원통형의 연평균생산량은 약 3백8십만 캔이다. 생산량의 약 70%는 천일제염사의 상표가 붙여지고, 나머지는 개별고객의 상표가 붙여진다. 이 회사에는 두 개의 병렬식 고속생산라인이 갖추어져 있다. 두 개의 라인은 처음에는 공통의 공정을 통과하다가 각각의 특유의 라인으로 갈라진다. 각 라인은 시간당 9,600캔을 생산할 수 있다. 장비의 유연성이 없기 때문에 생산율은 고정되어 있다. 공정은 완전히 표준화되어 있다. 따라서 유일한 변수는 부착되는 상표명이다. 하나의 라인에서는 12명의 작업자가 필요하지만 공통공정이 있기 때문에 두 라인은 모두 18명의 작업자에 의해서 가동된다. 라인에서 작업하는 사람은 낮은 숙련도를 가지고 있으며, 반복적인 과업을 수행한다.

품질은 생산공정의 여러 지점에서 검사된다. 처음에는 바다물로부터 소금이 확보되는 과정에서 순도가 검사된다. 옥소가 소금에 첨가되고, 그 정도가 화학적 분석을 통해서 검사된다. 소금결정체의 크기는 중요한 요인이다. 요구되는 크기를 확보하고 덩어리를 제거하기 위해서 분쇄스크린장치를 거친다. 생산라인의 장비는 불량 캔에 민감하게 반응하며, 이는 생산의 지연을 유발한다. 이러한 과정은 공정을 통해서 불량 캔를 감소시켜주지만 생산성을 감소시키기도 한다. 품질비용은 분쇄되는 제품의 양, 검사원의 수 및 실험검사에 따라서 상당히 높게 발생한다.

이 공장은 생산되는 소금을 모두 판매한다. 생산일정계획 수립자의 일은 창고에 저장된 소금을 여러 생산지역에 분배하는 것인데, 이 때 각 지역의 생산능력과 재고수준을 고려한다.

장비는 1950년대에 제작된 것으로 훌륭한 작업조건을 유지시키기 위해서는 많은 유지보수활동이 필요하다. 낡은 부품으로 인해서 고장이 발생한다. 이 공장은 자체적으로 정비소를 운영하고 있어서 숙련공이 부품을 수선하거나 부품교체를 위해 새로운 부품을 만든다.

토 · 의 · 문 · 제

1. 소금이 생산되는 과정을 공정유형 중 어디에 속하는가?

2. 소금 생산과정에서 생산성을 향상시키는 방안과 품질관리를 잘할 수 있는 방안에 대하여 생각해 보자.

요 약

- 공정설계는 제품설계를 제조를 위한 작업지시로 전환하는 것을 의미한다.
- 공정계획의 결과는 조립도표, 공정흐름도표, 작업공정도표 및 제조명세서의 형태로 문서화된다.
- 포괄적인 의미에서 공정계획은 공정선택 및 제조–구매 의사결정 등과 같은 의사결정을 포함한다.
- 생산공정의 유형은 공정중심생산, 반복중심생산, 제품중심생산, 대량고객화 등오로 분류된다.
- 공정선택을 위해서 고려되어야 할 요소에는 시장여건, 자본, 노동력, 관리기술, 원자재 및 기술 등이 있다.
- 제품-공정행렬은 제품과 공정의 수명주기단계를 설명한다. 기업은 행렬상의 한 점을 선택함으로써 공정과 제품의 관점에서 독특한 경쟁능력을 정의할 것이다.
- 시설물의 배치결정이란 시설의 공간적인 위치를 결정하는 문제이다.
- 배치에 있어 가장 중요한 목표는 작업의 흐름을 효과적으로 하는 데 있으며 이러한 배치결정에 영향을 미치는 요인은 자재의 이동거리에 관련된 양적인 요소와 질적인 요인이 있다.

- 배치결정에 영향을 미치는 요인의 성격에 따라 배치기법이 달라지나 본 장에서는 제품별 배치와 공정별 배치 그리고 셀룰러 배치에 대하여 집중적으로 설명하였다.
- 공정별 배치에 있어서는 제품의 지배적 흐름이 가장 중요한 의사결정요인이라고 할 수 있으며, 제품별 배치에 있어서는 조립공정의 균형문제가 중요한 의사결정문제이다.
- 전략적인 측면에서 보면 미래의 상품의 수요와 제품믹스의 변화에 대응할 수 있도록 어떻게 배치결정을 하여야 하는가가 중요하다.

용어풀이

- **제조-구매의사결정(make-or-buy decision):** 어떤 품목을 구매하고 어떤 품목을 생산할 것인가와 관련된 의사결정
- **공정중심생산(process focus):** 제품이 공정들을 오갈 때 제품의 다양성을 제공하게 하며 각 공정을 다양한 활동을 하며 빈번한 변화에 대처할 수 있게 설계되어 있어 단속적 공정이라고도 한다.
- **반복중심생산(repetitive focus):** 모듈이 사용되며 자동차나 가전제품의 생산에 사용되는 일괄작업라인이다.
- **제품중심생산(product focus):** 대량으로 적은 종류의 제품을 생산하는 공정으로 연속적인 생산과정을 가진다.
- **대량고객화(mass customitation focus):** 점점 세분화되는 소비자들의 욕구를 충족시켜주는 신속하고 저렴한 상품 및 서비스의 생산방식이다.
- **제품-공정행렬(product-process matrix):** 제품과 공정 간의 관계를 행렬의 두 측면에 표시하여 제품구조와 공정형태를 동시에 고려하는 전략
- **설비배치(facility layout):** 시설구성요소들의 기능적 관계를 고려하여 장소적 위치를 결정하는 것을 말한다.
- **공정별 배치(process layout):** 같은 종류의 작업기능을 갖는 설비를 같은 기능지역(작업장)에 배치하는 것을 말한다.
- **제품별 배치(product layout):** 제품의 공정순서에 따라 작업장을 배치하는 것을 말한다.
- **조립라인균형문제(assembly line balancing problem):** 각 작업장에 작업을 배분할 때 생산주기를 넘지 않는 범위에서 작업장의 유효율을 최대한 높일 수 있도록 배분하는 것을 말한다.

- **고정형 배치(fixed position layout):** 생산하는 제품은 고정되어 있고 설비 및 도구를 이동시키는 것을 말한다.
- **셀룰러배치:** 유사한 형태를 가지고 있거나 유사한 가공을 요하는 부품을 한 작업장에서 생산할 수 있도록 배치한 것이다.

공식

$$MH = \sum_{j=1}^{n} \sum_{i=1}^{n} a_{ij}x_{ij}$$

$$\text{공정불균형률} = \frac{N \times C - S}{N \times C}$$

$$\text{유효율}(E) = \frac{T}{N \times C}$$

익 | 힘 | 문 | 제

앞의 예제 문제에서 작업장 배정규칙을 다음과 같이 하였을 때, 유효율을 계산하여 보자.

① 가장 작업시간이 긴 작업을 우선 배정한다.

② 후속작업의 수가 많은 작업을 배정한다.

[풀　이] 작업시간에 따른 작업배정

$$\text{유효율}(E) = \frac{T}{N \times C} = \frac{195}{4 \times 50.4} = 0.967$$

작업시간에 따른 작업배정							
작업장	작업	작업 시간(초)	배정잔여 시간	배정가능 작업	시간을 고려한 배정가능작업	작업시간이 가장 긴 작업	후속작업수가 가장많은작업
1	D	50	0.4	A,E	없음	A	A
2	A	45	5.4	B,E	없음	E	E
3	E	15	35.4	B,H,I	B,H,I	H,I	H,I
	H	12	23.4	B,I	B,I	I	I
	I	12	11.4	B	B	B	B
	B	11	0.4	C	없음	C	C
4	C	9	41.4	F,G	F,G	F,G	F,G
	F	12	29.4	G	G	G	G
	G	12	17.4	J	J	J	J
	J	8	9.4	K	K	K	K
	K	9	0.4	없음			

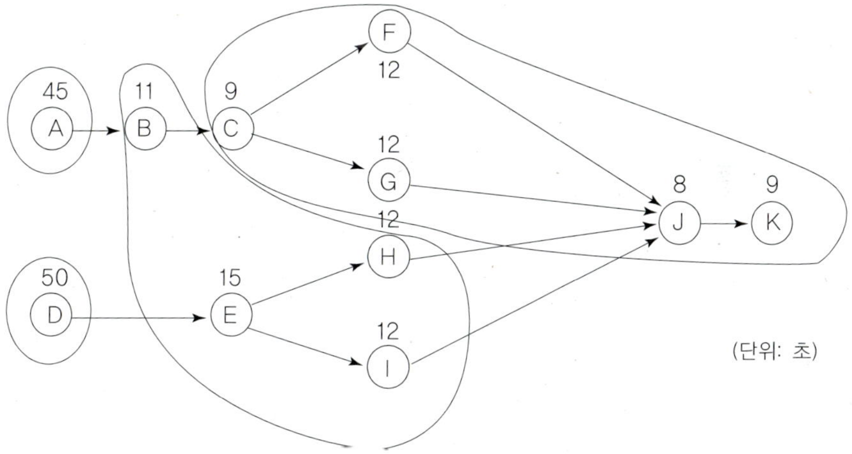

연 | 습 | 문 | 제

1. 공정중심생산의 개념과 특징 및 이의 예를 설명하라.

2. 반복중심생산의 개념과 특징 및 이의 예를 설명하라.

3. 제품중심생산의 개념과 특징 및 이의 예를 설명하라.

4. 대량고객화생산의 개념과 특징 및 이의 예를 설명하라.

5. 다음 각 제품의 생산에 사용되는 공정형태는 무엇인가?

– 맥주

– 자동차

– 전화

– 햄버거

– 주문주택

6. 제조-구매 의사결정에 영향을 미치는 여섯 가지 요인을 설명하라.

7. 제품-공정행렬을 설명하라.

8. 다음 각각 배치문제가 공정별 배치, 제품별 배치, 고정형 배치 중 어디에 속하는가? 이유를 들어 보라.

(1) 대학에서 연구소들의 배치

(2) 혈액기증센타

(3) 셀프 서비스 카페

(4) 건물건축부지

(5) 공항의 면세점

9. 병원과 같은 서비스시설의 배치결정은 어떠한 방법으로 하는 것이 좋겠는가?

10. 아래의 그림은 상가건물에 들어가는 업종들에 대한 관계도이다. 시설이 입지되어야 하는 장소는 가로가 60피트, 세로가 100피트이다. SLP방법으로 배치결정을 하여 보라.

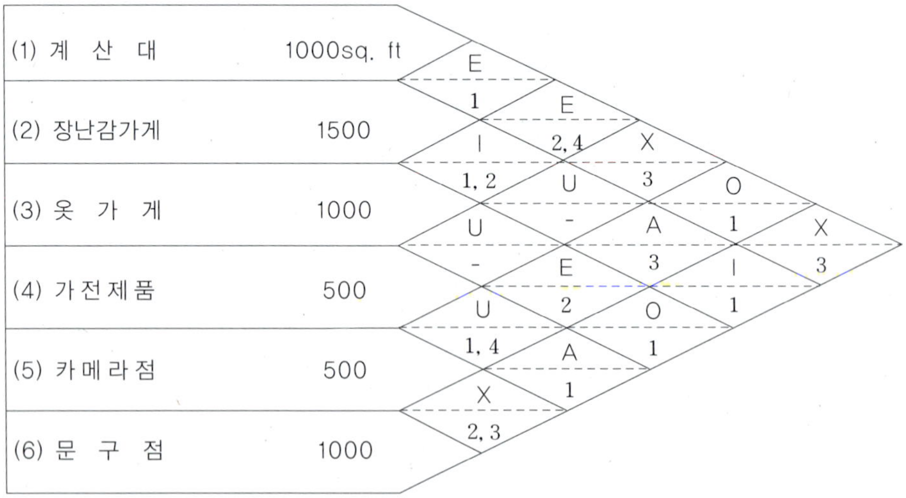

11. 좋은 인형(주)에서는 신제품 인형을 다음의 공정을 거쳐서 생산하기로 결정하였다. 일일 생산량은 300개이고, 작업시간은 8시간이다. 이 공정균형화 문제를 풀어라.

작 업	작 업 시 간(초)	선 행 작 업
A	30	–
B	25	A
C	20	A
D	10	A
E	15	A, B, C
F	40	A, B, C, D, E

12. 좋은 인형(주)에서는 다음의 생산라인은 8시간 조업으로 일일 400단위를 생산하도록 설계되어 있다. 공정을 균형화하고 유효율을 계산하라. 만약 2시간 초과조업이 가능하다면 어떻게 되겠는가?

작 업	작 업 시 간(초)	선 행 작 업
A	20	–
B	10	A
C	25	A, B
D	5	–
E	10	D
F	26	D, E
G	12	D, E, F
H	15	D, E, F, G
I	13	A, B, C, D, E, F, G, H

13. 다음은 어린이용 세발자전거 공장의 작업장과 자재흐름량을 표시한 것이다. 작업의 성격을 고려하여 개별부서의 근접순위를 결정하여보라.

	①인수부	②가공부	③도장부	④조립부	⑤품질관리부	⑥출하부
①인수부	–	18	14	14	24	20
②가공부		–	14	8	21	
③도장부			–	14	24	
④조립부				–	28	
⑤품질관리부					–	15
⑥출하부						–

녹색경영시대의 생산시스템운영관리

09 프로젝트의 관리

학습목표

본 장에서는 다음과 같은 내용의 이해를 목표로 한다.

- 프로젝트의 특성 이해
- 프로젝트 관리의 성격에 대한 이해
- 프로젝트 완성에 필요한 활동과 활동들의 수행 순서 이해
- 프로젝트 완성을 위한 핵심적인 활동의 발견
- 각 활동간의 자원배분에 대한 이해
- 계획된 프로젝트 완성 시간을 달성할 확률의 계산
- 프로젝트가 계획대로 수행되고 있는가에 대한 검토
- 지체된 프로젝트의 일정 단축 방안에 대한 이해

사례

미국 공공 IT 전문 매체인 GCN이 역대 최악의 정부 프로젝트 7선을 발표했다.

수십억달러를 들여 실패하고 중단됐거나 다시 시작된 이 프로젝트들은 IT 프로젝트가 때로 걷잡을 수 없는 재앙으로 돌아온다는 사실을 알려준다. 비용만큼 투입된 시간도 천문학적이다. 무려 20년을 끌다 결국 실패한 프로젝트도 있다.

물론 정부 IT 프로젝트는 생활 편의성을 대폭 향상시키고 기술 진보를 이뤄냈다. 대표적인 것이 GPS와 인터넷이다. 그 반대편에 선 미국 역사상 최악의 IT 프로젝트 7선을 소개한다.

① FBI의 가상사건파일시스템

FBI의 가상사건파일(VCF)시스템 구축 프로젝트는 2001년 6월에 3년간의 프로젝트로 시작됐다. 하지만 FBI는 4년 후 VCF 프로젝트를 중단했고, 투입된 비용은 1억7,000만 달러(한화 약 1,847억2,000만원)에 이른다. 주 사업자였던 SAIC는 프로젝트 차질의 원인을 FBI에 돌렸는데, FBI가 개발 작업 중에도 요구 사항을 수백 가지 변경했다는 것이다.

② 미 국세청 업무시스템 현대화 프로젝트

미 국세청의 마스터 파일시스템을 교체하는 이 프로젝트는 무려 20년 전인 케네디 행정부 시절에 프로젝트를 시작해 8년의 시간과 20억 달러(한화 2조3,090억원)을 투입하고 1995년 국세청은 의회에 '최소한의 개선을 이뤘다' 고 보고했다. 시간이 흘러도 나아진 것은 없었다. 1999년 국세청 자문위원은 정부조달전시회(FOSE)에서 이 프로젝트를 '33억 달러짜리 실패' 라고 언급하며 기술 대부분이 제대로 구동되지 않는다고 토로했다. 또한 동시에 CSC와 50억 달러(한화 약 5조7,725억원) 규모의 계약을 새로 체결했다고 밝혔다.

미 국세청이 CSC에게 발주한 고객회계데이터엔진(Customer Account Data Engine; CADE) 구축 프로젝트는 성과와 실패를 반복해 가며 진행되고 있는 CADE 프로젝트는 2008년말 기준 세금신고 25% 이상을 처리했다. 그러나 2009년 6월 CADE 프로젝트는 개발이 중단돼 표류 상태에 있다.

③ 운동에너지요격미사일 개발 프로젝트

2009년 5월 발주자편익에 의한 계약해지(termination for convenience)로 중단된 '운동에너지요격미사일(Kinetic Energy Interceptor)' 프로젝트는 원래 60억 달러(한화 약 6조9,270억원) 규모의 프로젝트였다.

이 탄도탄 요격 미사일 프로그램의 목표는 적군의 전투기가 상승하기 전에 적기에 탑재된

미사일을 파괴하는 것이 목표였다. 그러나 오바마 행정부는 이 목표가 사실상 불가능하다는 로버트 게이트 미 국방장관의 의견을 받아들여 프로젝트를 중단했다. 계약해지 전 주 사업자였던 노드롭 그루먼은 무려 12억 달러(한화 약 1조3,854억원)를 투자했다.

④ 텍사스주 보건복지 수혜적격성 자동화 프로젝트

텍사스주 보건복지위원회(Texas Health and Human Services Commission)와 액센츄어의 계약이 해지된 것은 2007년의 일이다. 이 프로젝트는 2005년 저소득층 지원 등 보건복지 수혜 적격성 심사를 자동화한다는 취지로 시작됐으며, 5년간 8억9,900만 달러(한화 약 1조378억 9,550만원)가 투입될 예정이었다.

액센츄어는 수혜 가능 여부를 판단하고 적격성심사시스템을 유지보수해 왔다. 콜센터를 운영하고 명부등록중개서비스도 제공했다. 일부 기능은 아웃소싱 전례가 없는 기능들이었다. 2006년 12월 프로젝트 규모는 5억4,300만달러(한화 약 6,268억9,350만원)로 축소됐지만 관계 당국은 성능에 불만스러워 했다. 결국 이 시스템은 수혜가능자임에도 수혜가 거부되는 등 성능과 서비스 속도 문제로 많은 불만을 일으키고 2007년 3월 중단되고 말았다.

⑤ 미시시피주 세제자동화 프로젝트

AMS(American Management System Inc.)는 현재 캐나다 몬트리올 소재 CGI그룹으로 편입됐지만 2000년 당시 회사 파산의 큰 위기에 직면했다. 미시시피주 정부기관 2곳이 AMS를 대상으로 10 억달러(한화 약 1조 1,545억원)에 이르는 손해배상을 청구했기 때문이다. AMS가 제대로 이행하지 못한 세제자동화(automated tax system) 프로젝트가 소송 사유였다.

초기 구축 비용만 1,120만 달러(129억3,040만원)가 투입된 이 프로젝트에 AMS는 36개의 애플리케이션을 구축해야 했다. 하지만 엄청난 일정 지연과 기술 장애가 발생하자 미시시피주 국세위원회와 정보서비스부는 계약 불이행을 이유로 AMS에 소송을 제기했다. 이들은 실질적인 피해와 손해배상금 명목으로 10억 달러를 요구했다.

AMS는 13년 동안 미시시피주에 1억8,500만 달러(2,135억8,250만원)를 지불하는 것에 동의했다. AMS가 지불한 비용은 2,350만 달러(한화 약 271억3,075만원)이며, 나머지는 AMS의 보험회사가 지불했다.

⑥ 미 해군의 IT서비스 아웃소싱

미 해군과 해병대를 위한 IT서비스 기관인 미해군해병대인트라넷(Navy-Marine Corps Intranet; NMCI)이 EDS와 1999년 계약을 체결했을 때 IT 아웃소싱 업계는 미 정부가 IT를 관리하는 방법에 큰 변화를 가져다줄 대표적 계약이라며 열렬한 환영을 보냈다.

그러나 EDS와 미 해군은 자신들이 지나치게 야심적이었다는 사실을 곧 알아차렸다. 예상치 못했던 문제들이 줄줄이 발생했는데, 해군이 사용하고 있던 애플리케이션의 숫자를 매우 과소평가했던 것이다.

이로 인해 프로젝트에 차질을 빚었고 EDS는 큰 손해를 봤다. 궁극적인 방향은 옳지만 미 해군은 보다 강력한 통제를 원하고 있다. 내년 계약 만료를 앞두고 해군과 EDS가 재계약을 체결할지 혹은 어떤 내용으로 계약을 대체할지 아직 확실하지 않다.

⑦ 국토안보부의 SBI넷

미 국토안보부는 국경지역 밀입국 방지를 위해 대규모 감시시설 구축 사업을 벌이고 있다. SBI넷(Secure Border Initiative-Network)도 그 중 하나다. SBI넷은 기대만큼 순조롭게 운영되고 있지 않다.

우선 소프트웨어가 제대로 작동되지 않고 있으며, 구축 작업은 지연되고 있다. 주 사업자인 보잉과, 이 시스템의 주 사용자인 미 국경수비대(Border Patrol)의 커뮤니케이션도 부족했다. SBI넷의 일정은 지연되고 예산도 초과했지만 국토안보부는 신념을 꺾지 않았다. 국토안보부는 지난 9월, 보잉과의 계약을 2010년으로 연장했다.

— CIOBIZ, 2009.11. 23. —

제 1 절 프로젝트란 무엇인가?

1. 프로젝트의 중요성

기업에서 프로젝트의 성공여부는 기업생존을 좌우할 수도 있다. 예를 들면, 제조기업이 시장에서 신제품개발 프로젝트가 실패하여 상품을 적기에 출하하지 못하여 경쟁적인 기반을 상실할 수도 있고, 건설업체의 건설프로젝트가 제시간에 끝나지 못하여, 지체로 인한 위약금의 부담뿐 아니라 과중한 이자부담을 받을 수도 있을 것이다. 이와 반대로 치열한 시장경쟁구조에서 신제품개발 프로젝트의 성공적 관리는 제품의 조기 출시를 가능하게 하고, 그럼으로써 경쟁장벽을 구축할 수 있게 하고 과시장 선점을 노릴 수 있게 될 것이다.

이와 같이 프로젝트의 성패에 따른 위험 및 보상은 기업의 경영활동에 매우 그 영향이 크기 때문에 기업들은 프로젝트를 관리하기 위해 프로젝트팀을 구성하고, 이를 성공적으로 완성하기 위한 노력을 아끼지 않는다.

프로젝트란 계획, 작업, 업무 등의 용어와는 구분되어 사용된다. PMI(Project Management Institute)에서 프로젝트란 새로운 제품이나 서비스를 창출하기 위한 한시적인 노력(A temporary endeavor undertaken to create a unique product or service)이라고 정의하고 있다. 여기서 한시적이란 말의 의미는 모든 프로젝트가 명확한 시작점과 종결점이 있다는 의미이다. 즉, 프로젝트는 프로젝트의 목표가 달성되었거나 또는 목표달성이 명확하게 불가능하다고 판단될 때 종결된다. 또한 프로젝트는 이전에 한 일과 차별적인 부분이 있기 때문에 기존의 사업과 구분된다는 특성을 가지고 있다.

프로젝트 관리가 근래에 와서 주목을 받는 이유는 다음과 같은 몇 가지의 시대적인 추세 때문에 과거에 개인의 판단에 의하여 문제가 해결되는 수준을 지나 팀을 이용하여야만 하는 문제해결이 가능하게 된 것이 중요한 원인으로 생각할 수 있다.

- 인간의 지식이 시간이 지나갈수록 기하급수적으로 늘어나고 있다.
- 상품과 서비스가 점점 복잡해지고 정교해지면서 고객화되는 데 따른 광범위한 관리 노력이 필요해지고 있다.

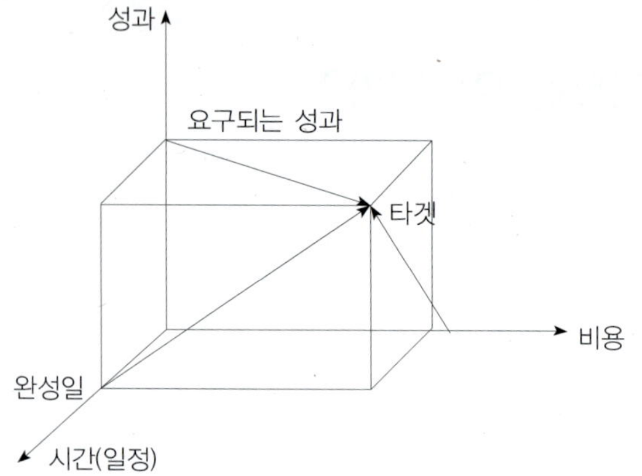

| 그림 9-1 | 프로젝트의 목표

• 상품과 서비스의 생산과 소비시장의 전세계적인 경쟁이 심화되고 있다.

이러한 시대적 추세는 프로젝트관리와 연관되어 기업관리 특성에도 다음과 같은 영향을 미치고 있다.

• 전통적이고 계층적인 관리가 참여적인 경영으로 점차 바뀌고 있다.
• 문제해결을 위한 시스템적 접근방법(시스템 공학이라고도 함)의 도입이 증대하고 있다.
• 조직이 전략의 변화를 가져오고자 할 때 필요한 많은 특정한 변화를 이루는 방법으로서 조직은 프로젝트를 선호한다.

프로젝트는 복잡성, 필요자원, 소요 시간, 그리고 위험도 면에서 각기 상당한 차이가 있을 수 있다. 대부분의 프로젝트들은 목적을 가지고 수행되며 조직에서 프로젝트를 수행할 때 성취하고자 하는 목표는 한정된 기간 안에 예산의 범위 안에서 요구되는 성과를 얻고자하는 것이다.

프로젝트의 관리는 크게 계획과 통제로 대별될 수 있는데, 그 목표는 주어진 예산과 기대 품질 하에서 정시에 프로젝트를 마치는 것이다.

2. 프로젝트의 특성

넓은 의미에서 프로젝트는 달성되어야 하는 한정적인 특정한 업무이다. 프로젝트의 규모와 기간의 장단기에 관계없이 일반적으로 프로젝트에는 다음과 같은 특성을 가지고 있다.

목 적 프로젝트는 대개 달성하고자 하는 최종 결과가 명확한 1회성 활동이다. 프로젝트는 프로젝트의 목적을 달성하기 위하여 세부적인 과업으로 나누어지기도 한다. 프로젝트가 복잡한 경우 세부적인 과업은 시간, 비용, 과정, 성과의 측면에서 세심한 조정과 통제가 요구되기도 한다.

수명주기 프로젝트의 처음 단계는 완만하게 프로젝트가 진행되기 시작하여 빠른 진전이 이루어지고 난 후 천천히 마무리가 되는 생명체의 일생과 유사한 수명주기를 가지고 있다. 프로젝트는 진행 과정상에 비슷한 단계 즉, 프로젝트의 구상, 선정, 계획, 통제, 종료의 단계를 거치게 되는데 이러한 단계별 투입자원은 [그림 9-2]와 같이 나타난다.

상호 의존성 기업에서 프로제트가 여러 개 동시에 수행되기도 하며 하나의 프로젝트가 다른 프로젝트와 연관을 가지고 수행되기도 한다. 뿐만 아니라 조직의 기능부서 즉, 생산, 마케팅, 재무 등의 부서와 정기적 또는 정해진 방법으로 상호 작용을 한다. 대부분 마케팅은 시작과 마지막에 생산 부서는 프로젝트 전 과정에 상호 관련을 갖는 경우가 많다. 프로젝트를 구성하는 활동들은 그 숫자가 매우 크며, 상호 의존적 경우가 많음으로 프로젝트 관리자

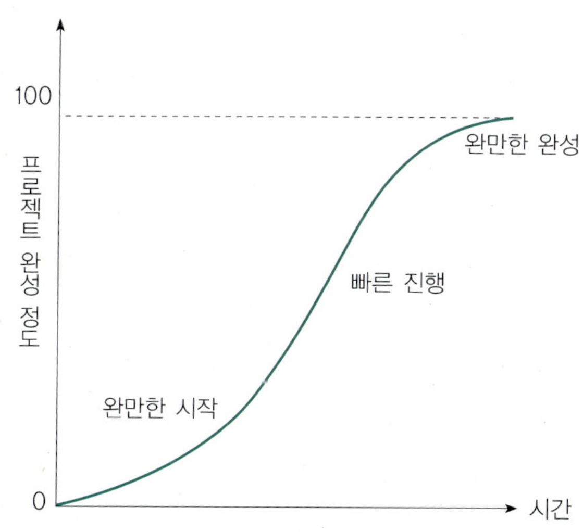

| 그림 9-2 | **프로젝트 수명주기**

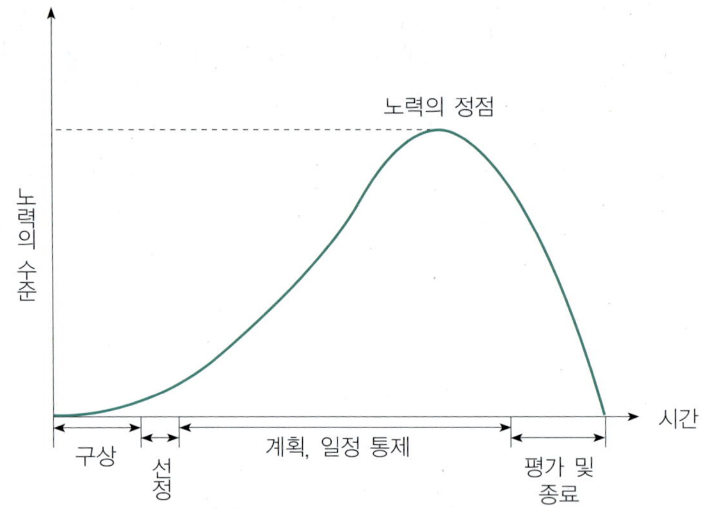

| 그림 9-3 | **프로젝트 단계별 투입자원**

(Project Manager; PM)는 조직의 다른 부서와 명확하고 적절한 관계를 유지하도록 노력하여야 한다.

개별성 모든 프로젝트는 특유의 부분을 가지고 있다. 어떠한 건축 또는 R&D 프로젝트도 다른 유사한 프로젝트와 서로 완전하게 같을 수는 없다. 건축프로젝트는 연구개발 프로젝트보다 좀 일상적인 부분이 많기는 하지만 대부분의 경우 프로젝트는 위험이 존재하고 완전하게 일정한 과정을 거치지는 아니하므로 프로젝트 관리자의 역할은 중요하다. 특히 프로젝트는 매우 많은 예외적인 경우가 발생하므로 예외관리(management by exception)에 관심을 가져야 한다.

이해관계 프로젝트 관리자는 인력과 자원을 확보하기 위하여 다른 프로젝트 또는 기능부서와 언제나 경쟁을 하게 된다. 프로젝트의 수가 증가하게 되면 이러한 경쟁은 더욱 심하여 지고 프로젝트 문제해결을 위한 프로젝트 관리자 역할은 더욱 중요해진다. 프로젝트의 이해관계자(고객, 본부기업, 프로젝트팀, 협력처 등)들은 프로젝트의 수행 결과에 대해서 서로 다른 견해를 가질 수 있다는 것을 고려하여 프로젝트관리자는 목표를 달성하도록 노력하여야 한다.

제 2 절 프로젝트관리의 특성

1. 프로젝트 관리프로세스

근래의 기업환경은 매우 급격하게 변화하고 있으며 그 변화의 중심에 기술의 발전과 시장구조의 변화가 있다고 할 수 있다. 이러한 환경변화에 대응하여 기업은 새로운 신제품 개발이나 사업을 적기에 완성하여야 할 필요가 있으며 이는 적절한 프로젝트 관리와 매우 관계가 있다. 근래에 올수록 프로젝트의 규모가 커지고 있고 프로젝트의 성공여부가 미치는 영향이 크므로 프로젝트 관리의 중요성이 증대되고 있다. 프로젝트 관리란 짧은 생산주기, 급격한 시장변화 환경에서 신제품을 준비한다든지 고객의 요구에 따른 프로그램을 개발하는 경우든지 공사를 하는 경우와 같은 프로젝트를 수행함에 있어 계획, 조직, 통제의 관리과정을 통해 목표를 달성하고자 하는 것이다. 프로젝트의 관리는 프로젝트의 부문간 연계성 때문에 프로젝트 한 부문에서의 변화는 다른 부문에 영향을 주므로 통합적인 노력이 필요하다. 예를 들어 프로젝트 범위의 변화는 프로젝트 비용에 영향을 미치며 또한 이것은 프로젝트 팀의 사기나 제품품질에 영향을 미칠 수도 있다. 이와 같은 프로젝트 부문간의 상호작용은 대부분 부문간의 목표가 상충관계에 있는 경우가 많으므로 성공적인 프로젝트관리를 위해서는 이러한 상호작용을 잘 관리하여야 한다.

프로젝트 관리 프로세스(project management process)은 프로젝트의 업무를 기술하고 조직화하는 것과 관련이 있다. 이러한 프로젝트 관리프로세스는 대부분의 프로젝트에 언제나 적용이 된다. 이의 세부적인 내용으로는 프로젝트 통합관리, 프로젝트 범위관리, 프로젝트 시간관리, 프로젝트 비용관리, 프로젝트 품질관리, 프로젝트 인적자원관리, 프로젝트위험관리, 프로젝트 의사소통관리, 프로젝트 조달관리 등이 포함된다. 관리적 측면에서의 프로세스와는 달리 제품지향의 프로세스(product-oriented process)는 프로젝트 제품을 규정하고 만드는 것과 관련이 있다. 제품지향의 과정은 프로젝트 수명주기에 의하여 일반적으로 정의되며 이것은 적용되는 분야에 따라 매우 다양하다.

프로젝트 관리과정과 제품지향의 과정은 서로 겹쳐지는 부분이 많으며 프로젝트를 수행하는 중에 서로 영향을 주고받는다. 예를 들면 프로젝트의 범위는 어떻게 제품을 만들 것인가에 대한 기본적 이해가 없이는 정의될 수 없다.

프로젝트 관리프로세스는 다음의 다섯 단계로 나눌 수 있다.

1) 제안단계(initiating process): 프로젝트의 필요성을 인정하거나 동의하는 단계가 제안단계이다. 이 단계는 개략적인 계획을 수립하는 단계라고 할 수 있으며 프로젝트의 발주자, 고객으로부터 의뢰서(request for proposal: RFP)를 받거나 요구에 의하여 계획서를 제출하여 프로젝트선정이 되는 단계라고 할 수 있다. 이 단계에서는 다음의 중점관리 대상의 내용들이 기술되어야 한다.

- 프로젝트 목적 설정
- WBS(Work Breakdown Structure: 작업분류구조) 구축: 작업범위 및 업무 정의
- 주요일정(milestone schedule) 추정
- 비용 추산

2) 계획단계(planning process): 계획단계는 사업의 필요성을 달성하기 위하여 실행가능한 체계를 마련하거나 유지하는 단계라고 할 수 있다. 이 단계에서는 제안단계에서 정의된 사항을 가지고 구체적 실행계획서를 마련하는 단계이다. 이 단계에서는 제안단계에서 제시된 작업을 명확하게 정의하고 선정하며, 선정된 작업의 시작시각 및 완성시각에 따른 일정을 계획상 확정하고 프로젝트를 위한 예산이 잠정적으로 결정된다. 이 단계는 가용자원을 고려하여 기준계획(base line plan)을 확정한다.

제안 단계와 계획단계에 Work Breakdown Structure(WBS) 기법이 많이 이용되고 있는 데 이 방법은 어떤 목표 작업에 대해 순차적으로 그것을 수행하는 데 필요한 세부작업들로 나누어 가는 방법인데 WBS기법은 활동별 예산의 합산 작업을 통해서 프로젝트의 예산을 추정하는 데 도움이 된다.

WBS을 만들고 이용하는 일반적 절차는 다음과 같이 이루어진다.

① 활동 계획에 따라서 책임단위별 또는 관리단위별로 높은 관리수준에서 낮은 관리수준으로 업무(작업)을 분류한다. 최하위 수준에서는 몇 개 이내의 단위작업 또는 활동으로 구성되도록 분류한다.

② 각 작업에 대하여 WBS와 관련된 자료(밴더, 작업기간, 장비, 자재, 특별사양 등)를 파악하고 각 업무를 책임질 인력과 조직을 나열한다.

③ 정확한 WBS를 위하여 각 작업을 지원 또는 실행하는 조직(원)을 검토하고 각 작업을 위한 자원, 일정 및 세부작업들을 제일 하위 단계에서부터 상위단계로 더하여 나간다. 제일 상위 단계에서 프로젝트를 위한 예산과 기간의 계산이 가능해진다.

④ 프로젝트 제안의 가격을 결정하거나 손실을 평가하기 위하여 포로젝트 예산은 프로젝트에 필요한 직접비용, 관리비를 포함한 경상비용, 마이케팅비용, 잠재적인 패날티비용, 예비비용 등을 포함하고 있어야 한다.

⑤ 일정정보와 계획점검과 관련된 중요한 단계들이 포함된 프로젝트 대일정계획(Project master schedule)을 작성한다. 이것은 작업순서와 공정을 진행함에 있어 계약사항검토, 진척도 검토 보고서 등에 이용될 수 있다.

⑥ 프로젝트의 진행이 계획에 따라 진행이 되고 있는지 여부와 사용되는 자원이 적절하게 사용되고 있는지 검토하여 필요한 관리적 노력을 한다.

프로젝트를 구성하는 각 활동의 시작과 완성 시점에 대한 계획은 컴퓨터에 의해 주로 이루어지며, 활동간의 자원 배분 또한 이와 병행하여 이루어진다.

3) 실행단계(executing process): 계획을 수행하기 위하여 인력과 다른 자원을 조정하는 단계가 실행단계이다. 프로젝트 관리는 실제 사용한 비용 및 작업수행정도의 자료에 의하여 이루어지며 이는 매주기별로 관리되어야 한다.

4) 통제단계(controlling process): 프로젝트의 목표가 달성되고 있는가를 알기 위해 모니터링 및 진척정도를 측정하고 필요한 경우 수정활동을 하는 단계가 통제단계이다. 즉 프로젝트의 통세란 프로젝트를 집행하고, 또한 이를 구성하는 활동들이 계획된 시간에 맞추어 제대로 수행되고 있는지를 감시하는 작업을 말하며, 또한 프로젝트가 계획된 예산에 맞추어 수행되고 있는가에 대한 컴토가 함께 이루어진다. 프로젝트가 계획대로 수행되지 못하는 경우 프로젝트의 목표가 달성될 수 있도록 그것이 수정되는 것이 필요하다.

5) 종료단계(closing process): 프로젝트 결과수용을 공식화하는 단계가 종료단계이다.

프로세스는 서로 투입과 산출시스템의 관계로 연결되어있다. 즉 한 프로세스의 결과는 다음 프로세스의 투입이 된다. 이들의 관계는 다음 [그림 9-4, 9-5]와 같다.

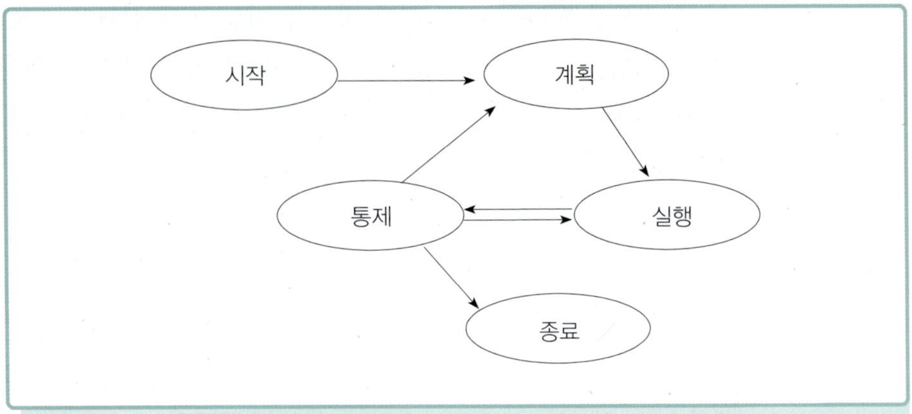

| 그림 9-4 | **프로세스간의 관계**

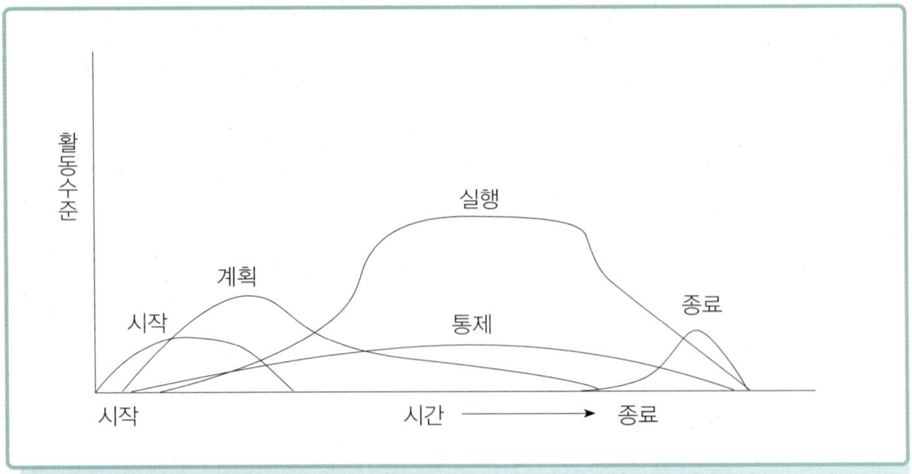

| 그림 9-5 | **프로세스의 중복성**

2. 프로젝트관리자

성공적인 프로젝트 관리는 팀구성원들과 효과적으로 업무를 진행시키는 것이라고 할 수 있다. 포스너(B. Z. Posner)는 프로젝트관리자의 능력을 각 연주자들을 동일한 박자에 맞추어 연주하도록 하는 취주악단의 악단장과 비슷하다고 비유하고 있다. 일반적인 사업과의 특성과는 다른 프로젝트관리의 특성 때문에 프로젝트관리자에게 요구되는 사항도 매우 독특하다고 할 수 있다. 프로젝트관리자에게 필요한 능력은 다음과 같은 것을 들 수 있다.

- 프로젝트 관리자는 프로젝트 수행에 필요한 적절한 자원을 확보할 수 있어야 한다.

- 프로젝트 관리자는 필요한 인적자원을 확보하고 동기부여시킬 수 있어야 한다.
- 프로젝트 진행과정에 나타나는 장애를 잘 처리할 수 있어야 한다.
- 비용, 시간, 성과에 대한 프로젝트 목표간 트레이드-오프를 잘하여야 한다.
- 프로젝트의 성공여부와 위험에 대한 인지능력이 있어야 한다.
- 협상력을 포함하여 의사소통 능력이 있어야 한다.

따라서, 프로젝트의 관리자의 선발에는 다음과 같은 자질이 고려되어야 한다.

1) 신뢰성: 프로젝트 관리자는 프로젝트관련 이해당사자와 팀구성원에게 프로젝트를 이끌고 나갈 충분한 기술적 능력이 있다고 인정되어야 할 뿐만 아니라 및 관리 능력이 있어야 한다.

2) 민감성: 프로젝트 관리자는 정치적 감각이 있어야 하며 팀구성원간 또는 외부조직원 사이에 발생할 수 있는 갈등을 처리하는 능력도 필요하고 기술에 민감해야 한다.

3) 스트레스 관리 능력: 프로젝트 관리자는 프로젝트 관리가 합리적 일관성을 유지하기 힘들고 어려운 상황에서 많은 것을 성취하여야 하기 때문에 스트레스를 다른 구성원보다 많이 받는다. 이러한 환경 하에서 효과적으로 스트레스를 관리할 수 있는 능력이 필요하다.

4) 리더십: 프로젝트 관리자는 리더가 되어야 하며 이러한 프로젝트 관리자에게 특히 목표달성을 위한 조직 통합력 및 열정, 집요함, 인간적 성숙 등이 중요하다.

3. 프로젝트팀의 구축

프로젝트팀의 구성은 프로젝트의 성격과 규모에 따라 달라질 수 있다. 일반적인 프로젝트팀의 구성은 WBS가 된 후 각 작업에 필요한 인력을 계약, 채용, 파드타임 등으로 확보하고 프로젝트팀을 구축한다. 그러나 프로젝트 규모가 큰 경우에는 프로젝트를 관리하기 위한 인력이 필요하다. 예를 들어 프로젝트가 크고 많은 인력이 동원되는 엔지니어링 프로젝트인 경우에는 프로젝트 관리자 외에 프로젝트 엔지니어, 제조 엔지니어, 현장관리자, 계약담당자, 프로젝트 통제자, 서비스 지원인력 등과 같은 핵심적인 구성원이 필요하다. 프로젝트팀을 구축하게 되면 낯선 사람들이 협력하여 일하게 되는 경우가 흔히 발생하므로 프로젝트의 효율적인 관리를 위해서는 인적인 요소도 고려하여야 한다. 팀의 구성원들이 프로젝트의 목표달성을 위해 노력하도록 동기부여를 하고 구성원 간의 인간적 관계를 형성하는 일이 필요한데, 이를 위해 이용되는 관리방법으로 참여경영(participative management), 목표관리(management by objective), 종업원 참여(employee involvement), TQM의 방법들이 근래에 많이 이용되고 있다.

프로젝트 팀개발(team development)을 위한 방법으로 다음과 같은 것들을 들 수 있다.

① 팀 구축활동: 예를 들어 계획단계에서의 난상토론을 한다든지, 갈등을 해소하는 행동원칙을 설정한다든지 하는 것은 부가적으로 팀으로서의 성과를 향상시킨다.

② 일반적인 관리 기술

③ 보상 및 인정 시스템: 보상시스템은 성과와 보상의 관계가 명확하고 명시적이어야 하며 보상기준은 성취가능한 수준이어야 한다.

④ 동일장소 배치(collocation)

⑤ 훈련

제 3 절 프로젝트관리를 위한 기법

프로젝트의 중요성에 대한 관심은 프로젝트 일정과 비용에 관련된 일련의 관리기법을 발전시키게 되었는데, 간트 차트(Gantt chart), PERT/CPM(Program Evaluation and Review Technique/Critical Path Method), GERT(Graphical Evaluation and Review Technique) 등이 그 대표적 기법에 속한다. 다음에서는 간트 차트(Gantt chart), PERT/CPM을 간략하게 설명하겠다.

1. 간트 차트

1916년 Henny Gantt에 의해 개발된 간트 차트는 프로젝트를 구성하는 활동들의 시간을 계획하기 위해 사용된다. 간트 차트에서는 각 활동의 수행시간이

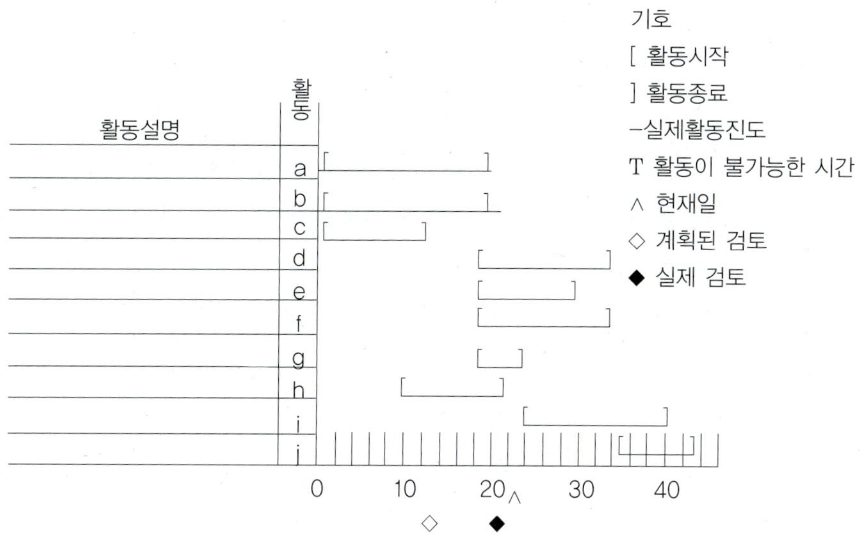

| 그림 9-6 | **간트 차트**

시간표 상에 선으로 표시되는데, 이는 활동들의 일정을 시각적으로 나타내어 주어 프로젝트가 계획대로 진행되고 있는가를 확인하는 데에 편리하다. 앞서 언급한 바와 같이. 활동들의 일정이 시간표 상에 그려지기 전에 선행되어야 할 작업으로 프로젝트를 활동(activity)들로 분할하는 일이다. WBS의 수행 순서는 여러 가지 대안이 있을 수 있고, 또한 이해 당사자들의 다양한 의견이 수렴되어야 하므로 이에 대한 결정과 집행에는 프로젝트관리자의 업무 능력이 많은 역할을 하게 된다.

간트 차트는 간헐적이며 반복적인 프로젝트의 일정을 계획하는 데에 유용하게 쓰일 수 있는데, 그 이유는 활동간의 선후관계가 비교적 잘 이해되고 있으며 각 활동의 소요 시간이 경험에 의해 쉽게 추정될 수 있기 때문이다.

간트 차트의 장점은 그것이 보기 쉽고 작성하기 쉬우며, 이해하기 용이하다는 것이다. 이보다 더욱 중요한 점은 프로젝트 관리자가 도표를 그리는 과정에서 활동별 일정과 필요 자원에 대해 깊이 있게 생각해 보는 기회를 제공한다는 것이다. 그러나 간트 차트가 활동간의 상호의존 관계를 나타내기가 어렵고 대규모의 복잡한 프로젝트를 계획하는 데는 부적합하다는 단점이 있다.

2. PERT/CPM

PERT/CPM은 네트워크 모형을 이용한 프로젝트 관리의 대표적인 방법이라고 할 수 있다.

이들 중에서 가장 유명한 것이 PERT와 CPM이다. PERT는 폴라리스 미사일 약 20만개의 부품의 개발과 부품조달 및 조립에 관한 일정계획을 관리하고 통제하기 위해 즉 프로젝트의 성공 및 시간의 단축을 목적으로 개발되었다. 그러나 후에 PERT기법을 사용하면서도 비용을 줄이는 측면이 중요해져서 비용감축을 위한 PERT기법도 개발되었다. 이렇게 되자 이들을 구별하기 위하여 시간을 고려하는 경우를 PERT/TIME, 그리고 비용을 고려하는 경우를 PERT/COST기법이라고 명명하였다.

CPM은 1957년 미국의 듀퐁(Du Pont)사에 의하여 개발되었다. 듀퐁사는 미국의 대규모 화학회사로서 주사업인 중화학분야는 막대한 투자액 때문에 설비의 가동률을 높여야 할 필요가 있는 분야이다. 하지만 중화학분야의 공장들은 매년 설비보전을 위하여 공장을 가동중지해야 하는 특성을 가지고 있다. 그러므로 설비보전에 들어가는 시간을 최소화시키는 것이 대단히 중요해진다. 이러한 이유 때문에 듀퐁사의 엔지니어링 서비스부서의 워커(M. R. Walker)와 레밍톤 랜드(Remington Rand)사의 켈리(J. E. Kelly)는 CPS(Critical Path Scheduling)라는 기법을 개발하였다. 이 기법은 설비보전에 적용한 결과 평균 125시간이 소요되는 설비보전을 73시간으로 단축시켜서 100만 달러의 원가절감을 달성하였다. 듀퐁사는 이 기법을 공장건설에도 적용하였으며 이 기법의 이름을 CPM으로 바꾸었다. CPM의 특징은 그 대상이 기존에 있었던 임무, 예를 들면 설비보전이나 공장건설과 같은 과거의 경험이 있는 프로젝트들이라는 점이다. 그러므로 CPM은 프로젝트의 달성이 문제가 되는 것이 아니라 어떻게 하면 가장 최소의 시간과 비용으로 프로젝트를 완성하는가에 그 목적이 있다.

PERT의 목적이 시간의 통제를 목적으로 개발된 반면에 CPM은 각 작업활동의 시간단축과 비용감소를 목적으로 개발되었다. 그러나 PERT도 후에는 PERT/COST와 같이 CPM에서 달성하려는 목적을 추구하는 등 두 기법의 차이가 없게 되었다. 그러므로 요즈음에는 두 기법을 PERT/CPM으로 통합하여 부르고 있다.

PERT/CPM은 네트워크를 작성하여 분석되는데 네트워크란 작업들 사이의 연관성과 선행관계를 나타내는 그림이다. 네트워크는 마디(node)와 가지(arc, arrow, branch)로 구성되어 있다. 아래의 그림에서 ○는 마디이고 →는 가지이다.

네트워크에서는 마디와 가지를 이용하여 프로젝트의 활동(activity)과 단계(event)를 표시하는데 프로젝트의 활동이란 프로젝트를 완성시키는 데 시간과 자원을 소비하는 작업을 말하며 단계란 이러한 활동의 시작과 끝을 의미한다. 네트워크에서 마디와 가지를 이용하여 활동과 단계를 표시하는 데에는 두 가지 방법이 있다.

1) 활동-마디 네트워크(Activity on node network: AON): node가 활동 그 자체를 나타내며, arrow는 활동의 순서만을 표시할 뿐이다.

2) 활동-가지 네트워크(Activity on arrow network: AOA): arrow가 활동을 나타내며, node는 활동의 시작과 끝을 의미할 뿐이다.

AON와 AOA는 본질적으로는 차이가 없으나 점차로 AON법이 보다 많이 쓰이고 있다. 그 이유는 AOA법이 활동를 가지에 표시하게 되면 활동에 대해서 뿐만 아니라 단계에도 정보를 표시할 수 있다는 장점이 있으나 AON법이 네트워크 그림을 그리기가 간편하고 AOA법에서 필요로 하는 dummy activity를 설정할 필요도 없기 때문이다.

다음 프로젝트 A를 생각해 보자. 프로젝트 A는 기존에 있던 집을 팔고 새 집을 사서 이사가는 프로젝트이다. 이 프로젝트를 이용하여 PERT의 목적은 프로젝트가 완료될 수 있는 시간을 계산하고 이 시간에 완료하려면 어떤 활동을 중점적으로 관리해야 할 것인가를 알아내는 데 있다. 이러한 목적을 위해서 다음의 문제 해결절차를 거친다.

1 단계: 프로젝트 완성에 필요한 활동과 단계의 결정 및 활동시간의 추정
2 단계: 활동시간의 평균과 분산을 계산
3 단계: 네트워크 그리기
4 단계: 각 단계에서 시작하기에 가장 빠른 시간과 가장 늦은 시간을 계산
5 단계: 프로젝트의 완료시간과 애로경로의 결정
6 단계: 정해진 기간내에 프로젝트의 완성확률 계산

되게 된다. 아래에서 AON네트워크를 가지고 각 단계에서 시작하기에 가장 빠른 시간과 가장 늦은 시간을 계산하는 방법과 이를 이용한 프로젝트의 완료시간과 애로경로의 결정하는 방법을 살펴보자.

위의 네트워크 그림(network chart)에서 보면 모두 7개의 활동이 나타내고 있다. 이 프로젝트의 완성에는 모두 7개의 활동의 완수가 필요하고 이 활동들이 완성되려면 모두 70일의 노력이 필요하다. 그러나 연일수는 70일이지만 활동 '가', '다', '라'와 활동 '나', '마'는 동시에 이루어질 수 있기 때문에 실제로 걸리는 기간은 단축된다. 예를 들어서 프로젝트의 완성이 이루어지려면 활동 '바'는 활동 '라'와 활동 '마'가 모두 이루어져야 시작될 수 있고, 활동 '마'는 활동 '나'가 끝나야 시작될 수 있다. 그러므로 프로젝트의 완성 시간은 활동 '가'－'다'－'라' 라는 경로의 완료시간과 활동 '나'－'마' 라는 경로의 완료시간 중에서 어느 것이 늦게 끝나며 그 시간은 얼마인가에 달려 있다고 할 수 있다. 즉,

프로젝트의 완성시간 ＝ 최대치(활동 '가'－'다'－'라'의 완료시간, 활동 '나'－'마'의 완료 시간)＋활동 '바'－'사'의 완료시간

이 된다. 이를 계산하여 보면

＝최대치(10 ＋ 14 ＋ 10 , 14 ＋ 14) ＋ (1＋7)
＝최대치(34, 28) ＋ 8
＝34 ＋ 8
＝42(일)

이 된다. 그러므로 우리는 프로젝트의 완성시간은 여러 경로들 중에서 가장 많은 시간이 걸리는 경로에 따라 결정되는 것을 알 수 있으며 이러한 경로에서 지체가 일어나면 전체 프로젝트의 완성시간이 지체되므로 이 경로를 중점적으로 관리할 필요가 있다. 이러한 경로를 애로경로(critical path) 혹은 주공정로라고 부르는데 우리의 예에서는 활동 '가'－'다'－'라'－'바'－'사'로 이어지는 경로가 애로경로가 된다.

네트워크 그림이 큰 경우 애로경로를 계산하기 위해서 가능한 모든 경로를 탐색한다는 것은 대단히 시간이 많이 드는 방법이다. 그러므로 이를 좀 더 효율적으로 계산할 수 있는 방법을 찾도록 하자.

표 9-2 CPM에 사용되는 부호

항 목	부 호	정 의
예상소요시간	t	활동의 예상소요시간
빠른 시작(early start)	ES	활동을 가장 빨리 시작할 수 있는 시각
빠른 끝남(early finish)	EF	활동을 가장 빨리 끝낼 수 있는 시각
늦은 시작(Late start)	LS	프로젝트 완료시간 내에서 활동을 최대한 늦추어 시작할 수 있는 시간
늦은 끝남(Late finish)	LF	프로젝트 완료시간 내에서 활동을 최대한 늦추어 끝낼 수 있는 시간
여유시간(slack time)	TS	프로젝트 완료시간 내에서 활동에 주어진 여유시간

CPM을 찾기 위해서는 빠른 시각(*ES*와 *EF*), 늦은 시각(*LS*와 *LF*), 여유시간을 계산하여야 한다. 빠른 시각은 시작활동으로부터 다음 활동의 예상소요시간을 순서대로 계산하여 가면 된다. 이를 전진계산이라고 하며 최초 활동에서는 $ES=0$, 그 이후 활동에서는 $ES=$직전 활동의 *EF*, $EF=ES+t$로 나타난다.

앞의 예를 이용하여 이를 설명하기로 하자. 활동 '가' 에서는 시작시점이 0 이므로 ES가=0, *EF*(가)=0(가)+10=10이 된다. 활동 '다' 에서는 *ES*(다)=10(직전 활동 '가' 의 *EF*), *EF*(다)=10(다)+14(*t*)=24가 된다. 또한 활동 '라' 에서는 *ES*(라)=24(직전 활동 '다' 의 *EF*), *EF*(라)=24(라)+10(*t*)=34가 된다. 활동 '바' 에서는 활동 '라' 와 활동 '마' 가 완성된 이후에 활동이 시작될 수 있으므로 '라' 와 '마' 의 *EF*값 중에 큰 값을 '바' 의 *ES*값으로 하여야 한다. 즉 활동 '가' – '다' – '라' 를 통한 경로의 경우에 *EF*(라)=10+14+10=34이고 '나' 와 '마' 의 경로를 사용할 경우에 *EF*(마)=14+14=28이므로 '바' 활동을 시작할 수 있는 가장 빠른 시간은 34와 28 중에서 더 큰 값인 34가 된다. 왜냐하면 시점 28에는 활동 '마' 는 종료되었지만 활동 '라' 는 종료되지 않았기 때문에 활동 '바' 가 시작될 수 없기 때문이다. 활동 '바' 는 활동 '마' 와 활동 '라' 중에서 더 늦게 끝나는 활동 '라' 가 끝나지 않으면 시작될 수 없다. 이를 규칙으로 정리하여 보자.

규칙 1 직전 활동이 다수 개가 있으면 다음 활동의 *ES*는 직전 활동의 *EF*값 중에서 가장 큰 값이 그 단계의 *ES*가 된다.

그러므로 활동 '바'의 ES는 활동 '라'의 *EF*의 값 24가 되며 활동 '바'의 *EF*는 '바' 활동시간인 1을 더한 35가 된다. 활동 '사' *EF*는 35에 활동 '사'의 활동시간인 7을 더한 42가 된다. 단계 '사'는 프로젝트의 완료시점이므로 이 프로젝트는 42일 걸려서 완료될 수 있다는 것이다.

늦은 시간은 빠른 시간과 반대로 최후의 활동으로부터 역으로 계산되는데 이를 후진계산이라 한다. 앞의 네트워크를 이용하여 이를 설명하기로 하자. 활동 '사'는 최후의 활동이므로 최후활동 '사'의 *EF*를 최후활동 *LF*로 놓는다. 즉, *EF*(사)=42가 *LF*(사)=42이 된다. 활동 '바'는 전체 프로젝트의 완성시간인 42에 영향을 주지 않으려면 활동 '사'의 활동시간인 7를 뺀 35에 완성되어 있어야 한다. 이와 같이 최후 활동에서 *LF*=최후단계의 *EF*이고, 그 이전 활동에서는 *LF*=바로 뒤 활동의 *LS*, 그리고 $LS=LF-t$의 관계가 된다. 이 경우에도 바로 뒤 활동이 다수 개이면 전 활동의 LF는 바로 뒤 활동의 가장 작은 *LS*값이 된다. 이를 규칙으로 정리하여 보자.

규칙 2 **같은 단계에 여러 가지 값의 *LS*값이 있으면 이들 중에서 가장 작은 값이 그 단계의 *LF*값이 된다.**

여유시간은 각 활동에서 *LF*와 *EF*의 차이 또는 *LS*와 *ES*의 차이가 되며 여유시간이 0인 활동들을 연결한 것이 바로 애로공정이 된다. 앞의 프로젝트 A를 예를 들어 보면 다음과 같다.

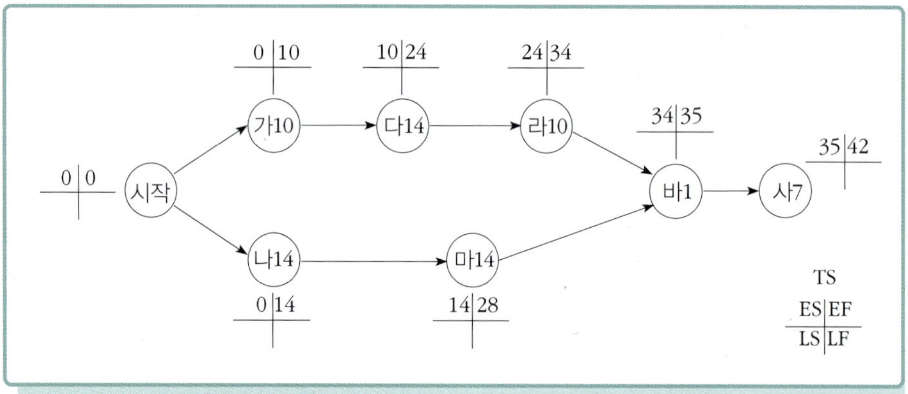

| 그림 9-9 | 활동별 빠른 시간 계산

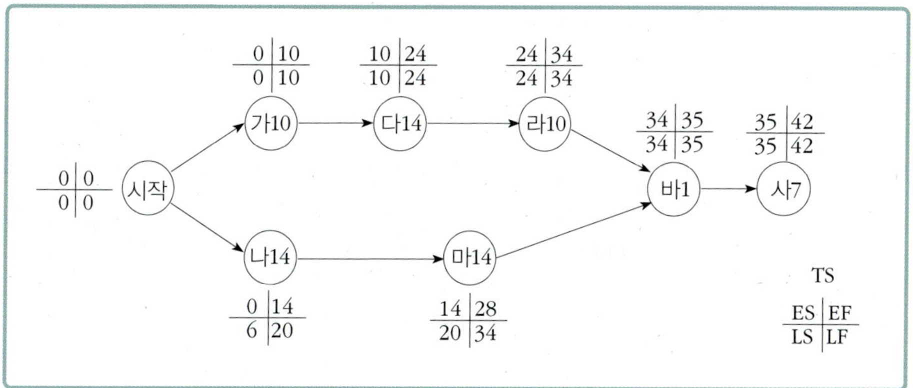

| 그림 9-10 | 활동별 늦은 시간 계산

위의 그림에서 활동별 여유시간(*TS*)이 표시되어 있다. *TS*가 0인 활동을 연결한 시작 → 가 → 다 → 라 → 바 → 사 가 바로 애로공정이며 이 애로공정의 완료시간이 프로젝트의 완료시간이다.

(3) 프로젝트 완성 확률의 계산

앞에서도 말한 것과 같이 원래 PERT는 지금까지 해본 적이 없는 프로젝트의 완성시간을 단축시키기 위해서 개발된 관리방법이다. PERT에서는 개별 활동의 활동시간이 확률적이기 때문에 프로젝트의 완성시간도 확률적이다. 전체 프로젝트의 완성시간을 T라고 한다면 T의 기대값(즉, 평균)은 앞의 활동의 다음 활동에 영향을 미치지 않는다고 할 때 개별활동의 평균활동시간의 합으로 나타난다. 즉, T의 기대값을 E_T로 한다면 E_T = 애로경로에 속한 활동들의 평균활동시간의 합이 되고 T의 분산을 σ^2_T라고 한다면 σ^2_T = 애로경로에 속한 활동들의 분산의 합이 된다. 이를 이용하여 앞의 표에서 구한 값을 이용하여 프로젝트 A의 완료시간 T의 기대값 E_T와 분산 σ^2_T 를 구하면 아래와 같다.

$$E_T = 10 + 14 + 10 + 1 + 7 = 42$$
$$\sigma^2_T = 4 + 2.78 + 1 + 0 + 0.44 = 8.22$$

다음으로 할 일은 우리가 가지고 있는 통계학의 지식을 이용하여 프로젝트 A가 44일 만에 끝날 확률을 계산하는 일이다. 프로젝트 A의 각 활동시간이 서로 독립적이라고 가정하자. 그러면 프로젝트의 완료시간은 애로공정상에 있는 활동시간들의 합이 된다. 이때 프로젝트의 완료시간이 독립적인 확률변수의 합이므로 중심극한정리에 의하여 정규분표를 하며 그 평균은 애로공정의 평균활동시간의 합이 되고 분산은 애로공정의 활동시간의 분산을 합한 값이 된다. 이 경우 우리는 프로젝트 A가 특정한 시간 T_S내에 끝날 확률을 평균이 0이고 분산이 1인 표준정규분포에 의해 아래와 같이 쉽게 계산할 수 있다.

$$P(T \leq T_S) = P\left(\frac{T - E_T}{\sqrt{\sigma^2_T}} \leq \frac{T_S - E_T}{\sqrt{\sigma^2_T}}\right) = P\left(Z \leq \frac{T_S - E_T}{\sqrt{\sigma^2_T}}\right)$$

그러므로 프로젝트 A가 44일 만에 끝날 확률은

$$P\left(Z \leq \frac{44 - 42}{\sqrt{8.22}}\right) = P(Z \leq 0.70)$$

이 되고 이 확률을 정규분포표에서 찾아보면 0.758이 된다. 그러므로 우리는 75.8%의 확률로 44일 만에 끝낼 수 있다고 생각할 수 있다.

(4) 시간과 비용의 최적관리

지금까지 우리는 PERT 네트워크를 이용하여 애로경로를 계산하고 프로젝트의 완료시간과 특정한 시간에 프로젝트를 끝낼 확률을 계산하였다. 일반적으로 프로젝트의 완료시간은 확률적인 것이지만 정상적인 비용보다 더 많은 비용을 들이면 더욱 빠른 시간에 프로젝트를 끝낼 수 있다. 즉, 더 많은 인원과 장비를 투입하여 활동에 드는 시간을 줄일 수 있다는 것이다. 물론 아무리 많은 비용을 들인다고 하더라도 더 이상 단축시킬 수 없는 절대소요시간은 존재한다. 다음에서는 이러한 시간과 비요의 상쇄관계를 살펴보고 프로젝트의 완료시간을 줄이기 위한 최소비용촉진법(minimum cost expedition)을 설명한다.

1) 시간과 비용의 함수관계

프로젝트에는 많은 비용이 소요되는데 이러한 비용은 크게 두 가지로 나눌 수 있다. 첫째는 프로젝트에 드는 직접비용으로서 각 활동이 완료에 직접적으로 소요되는 비용을 만한다. 이 비용에는 작업자에게 주는 임금, 자재비, 장비사용료 등이 포함된다. 둘째는 간접비용으로서 프로젝트의 완성시까지 부담해야 하는 자본비용(즉, 이자), 경상비, 현장관리유지비, 보험료, 그리고 기회비용 등이 여기에 포함된다.

프로젝트의 완성시기를 단축시키면 앞에서 설명한 직접비용과 간접비용은 서로 다른 방향으로 증감한다. 즉, 직접비용은 공사기간을 단축시키면 증가하게

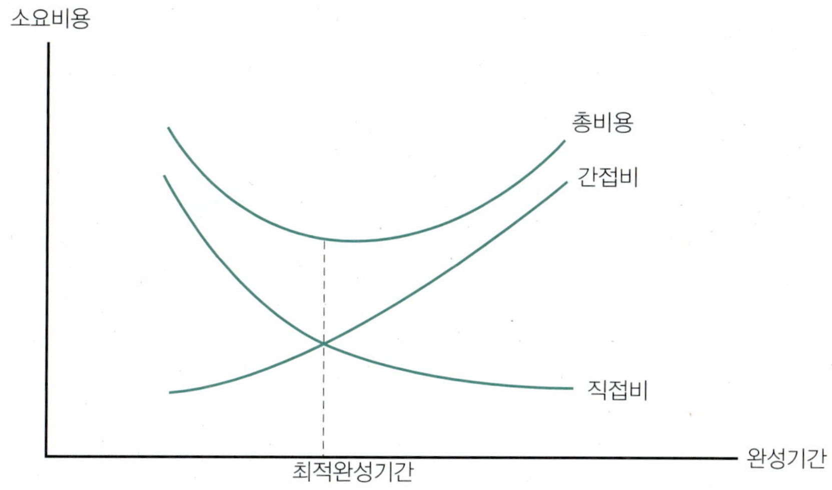

| 그림 9-11 | 프로젝트 최적완성기간

되고 간접비용은 공사기간을 단축하면 감소하게 된다. 그 이유는 다음과 같다. 공사기간을 단축시키기 위해서 더 많은 작업자를 고용하고 더 많은 장비를 임대하거나 추가로 구입하여 사용하므로 직접비용은 증가하게 된다. 반대로 자본비용이나 경상비, 현장관리유지비 및 보험료 등은 시간에 비례하므로 공사기간을 감축시키면 감소하게 되는 것이다. 이를 그림으로 나타내면 [그림 9-11]과 같다.

[그림 9-11]에서 우리는 어느 특정한 기간에서 총비용이 최소가 되는 점이 있음을 볼 수 있다. 어느 프로젝트이든 이론적으로는 이와 같이 최소비용을 가져다 주는 최적의 프로젝트 완성기간이 존재한다. 우리의 목표는 이러한 완성기간을 찾는 데 있다.

(2) 개별 활동시간의 단축

총비용을 최소화하는 프로젝트의 완성기간을 찾으려면 우선 프로젝트를 구성하는 활동의 활동시간과 활동비용 간의 관계를 알아야 한다. 프로젝트의 활동시간은 정상적으로 완료되는 시간과 긴급하게 최대한 단축시킬 필요가 생겨서 단축된 시간으로 나눌 수 있다. 앞의 시간을 정상시간(normal time), 뒤의 시간을 긴급시간(crash time)이라고 한다. 긴급시간의 경우는 우리가 더 이상 단축시킬 수 없는 시간을 말한다. 또한 비용도 정상시간에 드는 비용인 정상비

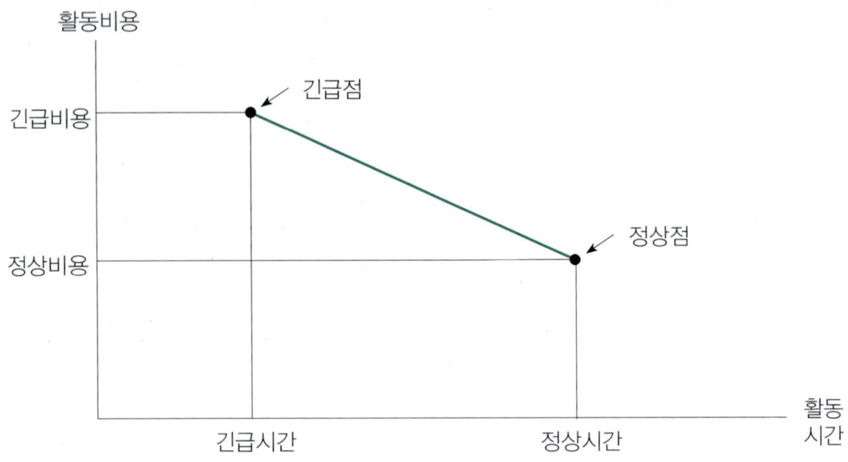

| 그림 9-12 | 긴급점과 정상점

용과 긴급시간을 달성하는 데 필요한 긴급비용으로 나눌 수 있다.

[그림 9-12]에서는 이 두 가지 비용과 두 가지 시간의 관계를 보여주고 있다.

[그림 9-12]에서는 긴급점과 정상점을 연결시키는 선을 직선이라고 보았으나 실제로는 점선과 같은 볼록의 곡선이나 오목의 곡선이 될 수 있다. 그러나 여기서는 이론 전개의 편의상 직선으로 가정한다. 앞에서 우리가 가정한 것과 같이 활동시간과 활동비용과의 관계가 직선의 관계를 가지고 있다면 다음과 같이 정상점과 긴급점 사이의 직선의 기울기를 구할 수 있다. 그 후 가장 작은 기울기를 가진 활동부터 시간을 감축시켜 나가는 것이 가장 경제적인 활동시간 감축이 될 것이다. 왜냐하면 정상점과 긴급점 사이의 직선의 기울기는 감축단위시간당 비용을 나타내기 때문이다. 즉,

$$\text{감축단위시간당 비용} = \frac{\text{긴급비용} - \text{정상비용}}{\text{정상시간} - \text{긴급시간}}$$

이러한 공식과 앞에서 나온 프로젝트 A를 이용하여 프로젝트 완료시간 단축의 예를 들어보자. 〈표 9-3〉은 프로젝트 A의 정상시간과 긴급시간, 정상비용과 긴급비용, 그리고 감축되는 단위시간당 비용을 계산한 것이다. 여기서 프로젝트 A의 개별활동들의 정상시간과 긴급시간은 평균활동시간을 말한다.

원래 프로젝트 A의 애로경로는 경로, '가-다-라-바-사' 이고 소요되는 시

표 9-3 감축단위시간당 비용

활 동	정상시간 (일)	긴급시간 (일)	정상시간 (만원)	긴급비용 (만원)	감축단위시간당 비용 (만원)
가	10	8	20	50	15
나	14	14	30	∞	∞
다	14	9	80	100	4
라	10	5	60	85	5
마	14	12	50	62	6
바	1	1	100	∞	∞
사	7	3	30	66	9

간은 42일이며 총비용은 370만원이다. 이때 총비용을 계산하는 데 사용되는 비용은 모두 정상비용이며 총비용은 다음과 같이 계산된다.

20만원+30만원+80만원+60만원+50만원+100만원+30만원=370만원

〈표 9-3〉에서 보면 활동 '다'가 감축시간당 비용이 가장 작고 애로경로의 변화를 가져오지 않음으로 제일 먼저 시간을 줄일 수 있는데 정상시간(14일)에서 긴급시간(9일)까지 모두 5일을 줄일 수 있다. 이 때 증가되는 비용은 20만원이며 시간을 줄인 결과는 [그림 9-13]에 나타나 있다.

[그림 9-13]은 활동 '다'의 시간이 5만큼 감축되어 있음을 보이고 있다. 프로젝트 A의 애로경로는 여전히 경로 '가-다-라-바-사'이고 소요되는 시간은 37일이며 총비용은 390만원이나. [그림 9-13]에서 활동 '다'에 '*'가 표시되어 있는 것은 이 활동은 단축작업후 이미 최소 소요시간에 도달하여 더 이상 단축이 불가능함을 표시하고 있다. 그 다음으로 줄일 수 있는 활동은 감축시간당

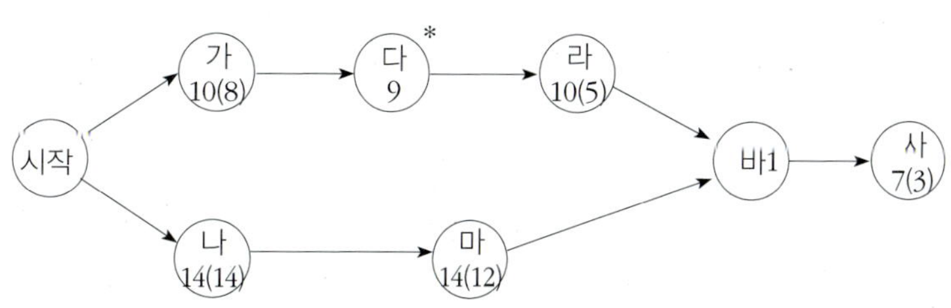

| 그림 9-13 | 감축단위시간당 비용

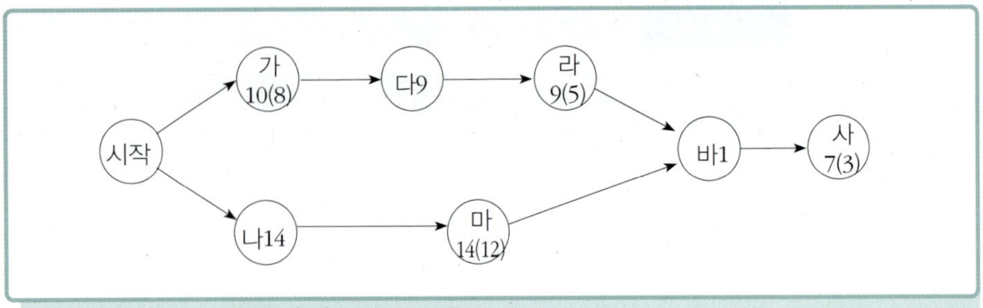

| 그림 9-14 | 활동 '라'의 시간단축

비용이 5만원인 활동 '라'이며 줄일 수 있는 시간은 5일(정상시간은 10일이고 긴급시간은 5일이므로 그 차이인 5일만큼 줄일 수 있다.)이다. 그러나 이 단계에서는 하루만을 줄일 수 있다. 왜냐하면 지금 [그림 9-13]에서 경로 '가-다-라'는 모두 29일이 걸리는 데 비하여 경로 '나-마'는 28일 걸리므로 그 차이는 하루뿐이기 때문이다. 즉, 경로 '가-다-라'에서 하루보다 더 많이 줄이면 그 때의 애로경로는 경로 '나-마'가 되기 때문에 경로 '나-마'를 동시에 줄이지 않는 한 프로젝트 A의 완료시간을 더 줄일 수 없기 때문이다. 그러므로 활동 '라'를 하루 줄이고 그 결과를 그림으로 나타내면 [그림 9-14]와 같다.

이와 같은 방법으로 프로젝트 단축작업을 진행하여 단계별 총비용을 계산한 것이 다음 〈표 9-4〉에 나타나 있다.

표 9-4 완료시간에 따른 총활동비용의 변동

완료시간(일)	총활동비용(만원)
42	370
37	390
36	395
32	431
30	453

위에서 계산한 총활동비용은 직접비용이다. 간접비용을 계산하기 위해서 다음과 같은 것을 가정하자. 이사 프로젝트에 하루를 소비할 때의 기회비용이 10만원이라고 가정하자. 그렇다면 어느 시점에 프로젝트를 끝내는 것이 우리에게 최소한의 비용이 들게 되는 때인가? 이를 위해서 완료시간에 따른 프로젝트의 총비용을 다음의 〈표 9-5〉과 같이 계산해 보자.

표 9-5 완료시간에 따른 프로젝트의 총비용

완료시간(일)	직접비용(만원)	간접비용(만원)	총비용(만원)
42	370	420	790
37	390	370	760
36	395	360	755
32	431	320	751
30	453	300	753

위의 표에서 보면 가장 적은 비용은 751만원으로 32일 걸려 프로젝트 완료될 때 달성된다.

이상에서 살펴본 바와 같이 PERT/CPM은 매우 간편하고 유용한 기법이다. 하지만 이 기법이 프로젝트관리의 모든 문제를 해결해 주는 것은 아니다. PERT/CPM의 사용과 관련하여 다음과 같은 점을 고려하여야 한다. 문제점은 활동간 우선 추진 순위를 결정할 때 어느 활동을 먼저 추진할 것인가에 대해서는 여러 가지 대안이 나올 수 있으며, 기술적 요인뿐 아니라 인적 영향력이 대안의 선택을 좌우할 수도 있는 점을 고려하여야 한다. 또한 프로젝트의 진행 과정에서 네트워크를 재점검하고 수정하는 작업도 Microsoft Project for Windows와 같은 컴퓨터 소프트웨어에 의해 지원될 수는 있으나 쉬운 일이 아니다.

마지막으로는 각 활동의 소요 시간을 추정의 어려움을 고려하여야 한다. 어떤 활동은 과거의 실적이 전무하여 기술적으로 정확한 추정을 하기가 힘이 들 뿐 아니라, 이해 당사자들간의 이해관계로 인해 활동별 소요 시간 추정을 인위적으로 왜곡될 수도 있다는 점을 고려하여야 한다.

종합 사례

모나리자 가구 주식회사는 주문가구를 전문적으로 생산하는 회사이다. 이 회사는 우아한 디자인과 높은 수준의 품질을 가진 제품을 정해진 납기에 납품하는 것으로 유명하며 이로 인하여 상류층의 고정 고객들을 많이 확보하고 있다. 모나리자 가구의 전체 수요는 새로 결혼하는 신혼부부들의 신접살림용 가구와 기존에 보유하고 있는 가구를 대체하는 대체용 가구의 수요로 나눌 수 있으며 이 둘의 비율은 약 4:6 정도이다. 이 회사 제품의 납기는 특히 중요한데 신접살림용 가구는 정해진 결혼날짜에 꼭 맞추어야 하기 때문이고 대체용 가구의 경우는 많은 경우 이사를 가거나 집수리를 하고 새로 들여놓는 경우가 많기 때문에 그러하다.

이 회사의 김갑성 사장은 최근의 수요 증가로 인하여 많은 주문이 밀려 있는 상황을 우려하고 있다. 가구를 만드는 공정은 수공업적인 요소가 많기 때문에 기술이 좋은 종업원을 구하는 것은 쉽지 않으며 그 결과 생산능력의 급격한 확충은 어렵다. 따라서 최근의 수요 증가가 일시적인 현상이 아니라면 장기적인 관점에서 생산능력의 확충을 고려해 볼 수 있다. 하지만 지금 당장에 김 사장이 취할 수 있는 조치는 그리 많지 않으며 가장 효과적인 조치는 생산일정계획을 잘 조정하는 일이다. 기존의 자료에 의하면 현종업원으로 생산기일을 하루 단축하면 생산비용은 1.5배 증가하는 것으로 나타나고 있다.

지금 모나리자 가구 주식회사가 가지고 있는 주문과 생산시간, 납기까지 남은 날을 살펴보면 다음과 같다.

주문번호	생산시간(일)	납기까지 남은 시간(일)
A470	6	11
A340	3	8
C410	8	14
D580	9	26
E290	2	6
F460	5	10
G530	4	21

토·의·문·제

1. 프로젝트 수행에 있어 비용, 시간 그리고 성과간의 상충관계를 보여줄 수 있는 사례로 만들어보라.

2. Gantt 차트는 이러한 문제에 적용될 수 있는 유용한 프로젝트 관리 기법인가?

3. 프로젝트의 완성시간에 대한 추정치는 항상 낙관적으로 치우치게 되는데 그 이유는 무엇인가?

요 약

- 프로젝트의 일정계획 관리기법으로는 PERT/CPM이 있다.
- PERT/CPM에서는 네트워크를 이용하여 일정을 계획하며 네트워크는 마디와 가지로 구성되어 각각 단계와 활동을 표시한다.
- 활동시간이 확률적인 시간일 경우에 활동시간들은 베타분포를 이룬다고 가정한다.
- 확률적인 활동시간을 가지는 경우에는 평균활동시간을 구한 후 전진계산과 후진계산을 통하여 각각 최단시작시간과 최지시작시간을 찾는다.
- 각 가지에서 최지시작시간에서 최단시작시간을 뺀 것을 여유시간이라고 하고 여유시간이 0이 되는 활동들을 모은 것을 애로경로라고 한다.
- 프로젝트가 애로경로상의 활동들의 평균활동시간의 합인 예상종료시간에 끝나려면 애로경로의 활동들이 지체가 없도록 집중관리하여야 할 것이다.
- 원하는 종료시간에서 예상종료시간을 뺀 것을 애로경로상의 활동시간들의 표준편차를 모두 합한 것으로 나누어 얻어진 값이 표준정규분포에 따르므로 이 값을 표에서 찾아서 프로젝트가 원하는 종료시간 내에 끝날 확률이 얼마나 될지를 계산할 수 있다.
- 감축단위시간당 비용이 가장 적게 드는 활동들을 골라서 시간을 단축시킴으로써 최소의 비용으로 최대의 시간을 절약할 수 있다.
- 간접비와 직접비의 합인 프로젝트 전체의 비용을 최소로 하는 최적 프로젝트 기간을 결정할 수 있다.

용어풀이

- **CPM(Critical path method):** 개별활동의 시작과 종료시기를 결정하는 프로세스로 프로젝트의 주공정로를 산출하는 것.
- **PERT 차트(PERT chart):** 순서를 표시하는 화살표와 활동을 표시하는 마디를 이용하여 활동 사이의 관계를 도식적으로 표현하는 것.
- **간트 차트(Gantt chart):** 각각의 활동 기간에 상응하는 막대기의 길이로 일의 진행상황을 표시하는 프로젝트 일정관리의 도식적 표현.
- **마일스톤(Milestone):** 주요 성과, 단계 그리고 측정 목표 등의 완성.
- **선행활동(Predecessor):** 반드시 다른 활동에 앞서서 이루어져야 하는 활동.

- **작업분할 구조(Work breakdown structure):** 프로젝트 목표를 달성하기 위해서 소요되는 노력을 가계도처럼 분할하여 그린 것.
- **애로활동(Critical activities):** 프로젝트의 활동 중에서 만약 지연되면 프로젝트 전체가 지연되게 하는 주공정로 상의 활동.
- **프로젝트(Project):** 명확한 비일상적인 목표를 달성하기 위해서 필요한 활동과 단계의 집합
- **후행활동(Successor):** 다른 활동을 따르는 활동.

공식

활동시간의 평균과 분산: $ET = \dfrac{a+4m+b}{6}$

$$\sigma^2 = \left(\frac{b-a}{6}\right)^2$$

프로젝트의 기한내 완료확률: $P(T \le T_S) = P\left(Z \le \dfrac{T_S - E_T}{\sqrt{\sigma^2_T}}\right)$

감축단위시간당 비용: $\dfrac{\text{긴급비용} - \text{정상비용}}{\text{정상시간} - \text{긴급시간}}$

익 | 힘 | 문 | 제

1. 다음의 자료를 이용하여 AOA와 네트워크를 그려라.

시작단계	끝단계	활동
1	2	가
1	3	나
1	4	다
2	5	라
3	6	마
4	6	바
5	7	사
6	7	아

[풀 이]

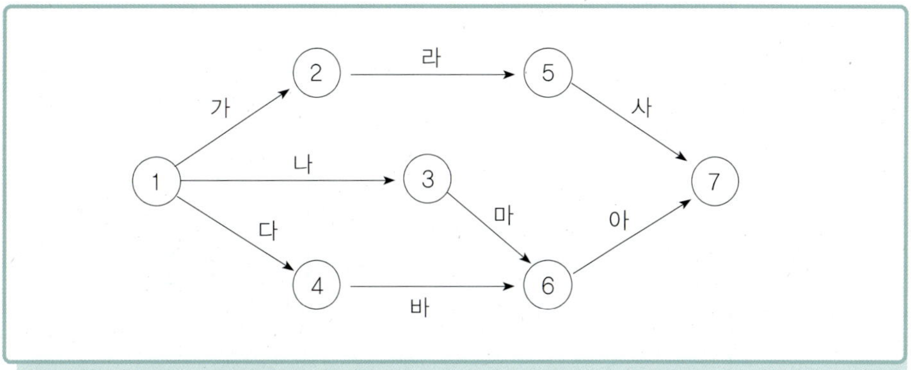

| 그림 9-15 | 문제 1의 네트워크

2. 다음의 자료를 보고 각 활동의 활동시간의 평균과 분산을 계산하라.

활동	a	m	b
가	6	8	10
나	2	6	10
다	10	12	14
라	12	14	16

일정관리 엑셀 풀이

엑셀을 이용한 각 활동시간의 평균과 분산의 계산은 다음과 같다.

	A	B	C	D	E	F	G	H
1	활동	a	m	b	a+4m+b	ET	(b-a)/6	분산
2	가	6	8	10	48	8	0.666667	0.444444
3	나	2	6	10	36	6	1.33	1.7778
4	다	10	12	14	72	12	0.67	0.4444
5	라	12	14	16	84	14	0.67	0.4444
6								
7								
8								
9								
10								
11								
12								

=b2+4*c2+d2

=e2/6

=(d2-b2)/6

=g2^2

3. 다음 AON 네트워크를 보고 각 단계에서의 EF와 LF를 구하여라. 애로 경로를 찾아라.

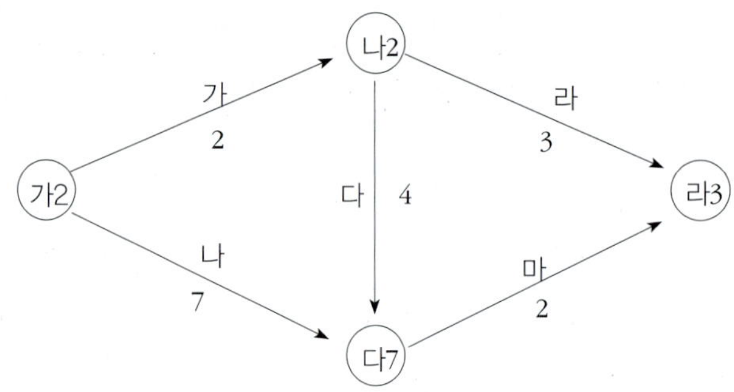

| 그림 9-16 | 문제 3의 네트워크

[풀 이]

단 계	*EF*	*LF*	여유시간
가	2	2	0
나	4	4	0
다	11	11	0
라	14	14	0

연|습|문|제

1. 효과적인 프로젝트 관리란 무엇을 말하는가?

2. 프로젝트를 위한 네트워크를 그리는 데 필요한 정보를 서술하라.

3. PERT/CPM에서 정규분포 대신에 베타분포를 사용하는 이유를 생각해보고 이를 설명하라.

4. 왜 프로젝트 관리에서는 애로경로가 중요한가?

5. 프로젝트의 완료확률을 계산할 때에 가정은 무엇인가?

6. 다음의 자료를 이용하여 네트워크를 그려라.

시작단계	끝단계	활동
1	2	A
1	3	B
2	4	C
2	5	D
3	5	E
4	6	F
5	6	G

7. 다음의 자료를 보고 각 활동의 활동시간의 평균과 분산을 계산하라.

활동	a	m	b
A	2	4	6
B	10	12	14
C	4	8	12
D	4	10	16
E	4	10	12

8. 다음 네트워크를 보고 각 활동에서의 여유시간을 구하고, 애로경로를 찾아라. 활동을 나타내는 가지 밑(혹은 옆)에 쓰여진 숫자는 활동시간(주)를 나타낸다.

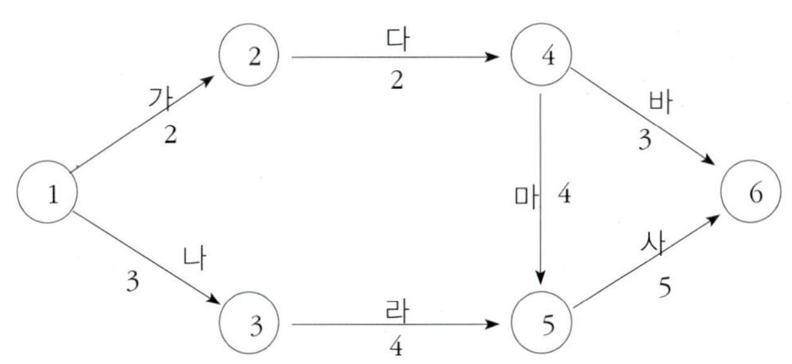

9. 문제 8의 네트워크에서 여유시간을 구하고 애로경로를 찾아라.

10. 어떤 소프트웨어 개발 프로젝트가 다음과 같은 7가지의 활동들로 이루어져 있다. 이 소프트웨어를 개발하는데 드는 활동에 대한 정상시간, 긴급시간, 정상비용, 긴급비용이 아래와 같을 때 이를 이용하여 다음의 물음에 답하라. 여기서 시간의 단위는 주이고 비용의 단위는 만원이다.

활동	정상시간	긴급시간	정상비용	긴급비용	직전선행활동
A	4	3	2000	2600	
B	2	1	2200	2800	
C	3	3	500	500	
D	8	4	2300	2600	A
E	6	3	900	1200	B
F	3	2	3000	4200	C
G	4	2	1400	2000	D,E,F

(1) 정상시간으로 진행된다면 이 프로젝트의 완료시간은 언제인가?

(2) 정상시간에 이 프로젝트를 완수한다면 총비용은 얼마나 들 것인가?

(3) 만약 이 프로젝트를 정상시간으로 진행하였을 때보다 최소비용으로 한 주 줄여서 완성한다면 비용이 얼마 더 들 것인가?

11. PERT 네트워크를 사용하여 이초현 양의 집에서는 전원주택을 지으려고 하고 있다. 이 프로젝트의 평균완성기간은 21개월이고 완성기간의 분산은 4개월이다. 이 프로젝트의 완성기간이 정규분포를 한다고 가정할 때 아래의 물음에 답하여라.

(1) 이 프로젝트를 16개월내에 끝낼 확률은 얼마인가?

(2) 이 프로젝트를 21개월내에 끝낼 확률은 얼마인가?

(3) 이 프로젝트를 24개월내에 끝낼 확률은 얼마인가?

12. 유갑을 군이 다니는 회사에서는 최근에 새로운 놀이공원을 개발하는 프로젝트를 계획 중에 있다. 계획상 이 프로젝트는 40주의 평균완성시간과 5주의 표준편차를 가지고 있다. 이 프로젝트의 완성시간은 정규분포를 가정한다고 할 때 아래의 물음에 답하여라.

(1) 이 프로젝트를 45주 이내에 끝낼 확률을 계산하여라.

(2) 이 프로젝트를 37주 이내에 끝낼 확률을 계산하여라.

(3) 이 프로젝트가 95%의 완성확률을 충족시킬 수 있는 기한으로 프로젝트의 마감

시간을 잡으려고 한다면 언제로 하는 것이 좋겠는가?

13. '멋진 정원' 주식회사에서는 최근에 신도시를 위한 조경사업 프로젝트를 계획 중에 있다. 계획에 의하면 이 프로젝트는 50주의 평균완성시간과 7주의 표준편차를 가지고 있다. 이 프로젝트의 완성 시간은 정규분포를 가정한다고 할 때 아래의 물음에 답하여라.

(1) 이 프로젝트를 57주 이내에 끝낼 확률을 계산하여라.

(2) 이 프로젝트를 36주 이내에 끝낼 확률을 계산하여라.

(3) 이 프로젝트가 95%의 완성확률을 충족시키려면 프로젝트의 마감시간은 언제로 하는 것이 좋겠는가?

10 생산계획

학습목표

본 장에서는 다음과 같은 내용의 이해를 목표로 한다.

- 생산계획의 개념과 유형
- 총괄생산계획의 기초개념
- 총괄생산계획의 논리
- 대생산일정계획
- 균등일정계획
- 일정계획

사례 LG전자, 올해 온실가스 감축 목표 610만 톤

LG전자(대표 南鏞)는 생산계획 수립시 우선적으로 온실가스 감축을 가장 큰 과제로 설정해 놓고 있다. 올해 감축 목표량은 지난해 저감한 온실가스 570만 톤 대비 7% 증가된 수치로 LG전자는 지난해부터 누적 1,180만 톤을 줄인다는 계획이다. 올해 온실가스 감축량은 서울시 12배 면적(약 7,200㎢)에 잣나무 묘목 20억 그루를 심는 효과와 맞먹는다(온실가스 감축 1톤당 323그루 효과). LG전자는 지난해 초 온실가스 감축 중장기 목표를 세우고 2012년까지 연간 1,200만 톤, 2020년까지 연간 3,000만 톤, 누적 2억 톤을 감축하기로 한 바 있다. LG전자는 올해 온실가스 감축 목표 달성을 위해 생산단계와 사용단계로 나누어 감축활동을 진행할 계획이다.

생산단계: LG전자는 생산단계에서 공정 혁신을 통해 공정에너지를 저감한다. 이에 따라 LG전자는 공장에서 지역 생활 폐기물 소각장 에너지를 재활용하는 폐열 회수시스템, 공장의 공조 시스템 효율화를 위한 직배기 설치 등 고효율 설비투자를 지속적으로 실시할 계획이다. LG전자는 온실가스 감축실적과 목표관리를 할 수 있는 기업탄소관리시스템(CCMS; Corporate Carbon Manage System), 국내 업계 처음으로 도입한 실시간 탄소 배출량 모니터링 시스템 도입 등 IT투자도 확대하기로 했다. 또 국내외 온실가스 제 3자 검증으로 온실가스 관리 프로세스 강화, 데이터 신뢰도 향상, 낭비제거를 통한 저감기회 발굴이 가능하게 된다.

사용단계: LG전자는 제품 사용단계에서만 지난해 감축량인 540만 톤보다 11% 늘어난 600만 톤 감축을 목표로 하고 있다. LG전자는 제품별 에너지 기술로드맵(TRM ; Technology Road Map)에 따라 고효율 모델 비중을 점차 늘려 감축 목표를 달성한다는 계획이다. 제품별로 보면 LG전자는 에어컨 제품군에서 북미의 우수 에너지효율 인증인 '에너지스타' 인증 모델을 늘리고, 냉장고에서는 고효율 리니어 컴프레서 기술을 확대 적용하기로 했다. 또 TV분야에서는 에너지 절약 소프트웨어들을 개발하고 LED 모듈, 저 전력 LCD 모듈 등 에너지 저감 기술을 확대하기로 했다. LCD모니터에서도 저전력 구현이 가능한 백색 LED 모듈 채용을 늘리기로 했다.

LG전자 최고기술책임자(CTO) 백우현 사장은 "지난해 전사적인 온실가스 감축 노력으로 목표를 50% 이상 초과 달성했다"며 "올해도 기술개발과 전 임직원의 노력으로 목표를 초과 달성해 2020년 감축목표를 조기 달성할 것"이라고 말했다.

— 자료원: K모바일, 박동민 기자, news@kmobile.co.kr —

제 1 절 생산계획의 개념과 유형

1. 생산계획의 개념

기업은 사업계획서나 연간계획서가 마련되면 기업은 그 계획의 실행을 위해서 수요예측치와 공급능력의 한계를 고려해 생산량, 고용수준, 재고보유량에 관한 계획인 총괄계획을 수립하게 된다. 이 총괄계획은 기간별로 마련되는데 미래의 여러 기간에 걸친 예상안이다. 생산계획이라 불리우는 제조기업의 총괄계획은 일반적으로 가동률과 재고량에 초점을 맞추는 반면에 충원계획이라 불리는 서비스기업의 총괄계획은 인력충원과 노동력 관련 요인에 중점을 둔다. 이러한 전략은 고용수준을 평활하게 하고 재고수준을 낮추며 높은 수준의 서비스를 달성하는 것이 그 목표이다. 제조자에게 있어 총괄계획은 회사의 전략적 목표를 생산계획과 관련시키지만 서비스 조직에게 있어 총괄계획은 전략적 목표를 노동력 스케쥴과 관련시킨다. 생산계획(production planning)이란 예측된 수요를 충족시키기 위하여 생산활동을 어떻게 운영해 나갈 것인가를 장 · 단기적으로 계획하는 것을 말한다. 즉, 기업이 재화나 서비스를 효율적으로 생산하기 위하여 인적 · 물적 생산요소를 어떻게 활용할 것인가에 대한 계획을 수립하는 것을 의미한다. 이러한 생산계획의 수립과정에는 생산관리자 이외에도 최고경영자가 참여해야 하며 마케팅부서 등 관련부문과의 조정이 이루어져야 한다.

2. 생산계획의 분류

생산활동의 계획은 시스템적 관점에서 운영되어야 한다. [그림 10-1]은 계획의 전체적인 흐름을 나타내고 있다. 또한 총괄생산계획이나 대생산일정계획 등이 다른 제조활동과 어떤 관련성을 가지고 있는지를 보여주고 있다. 이들의 계획은 장기 · 중기 · 단기로 구분된다.

장기계획은 일반적으로 2년 이상의 기간을 대상으로 수립된다. 반면에 중기계획은 보통 6개월에서 18개월의 기간을 대상으로 하며 월별 혹은 분기별로 수립된다. 그리고 단기계획은 월별 혹은 3~4주를 주기로 수립된다. 생산관리에

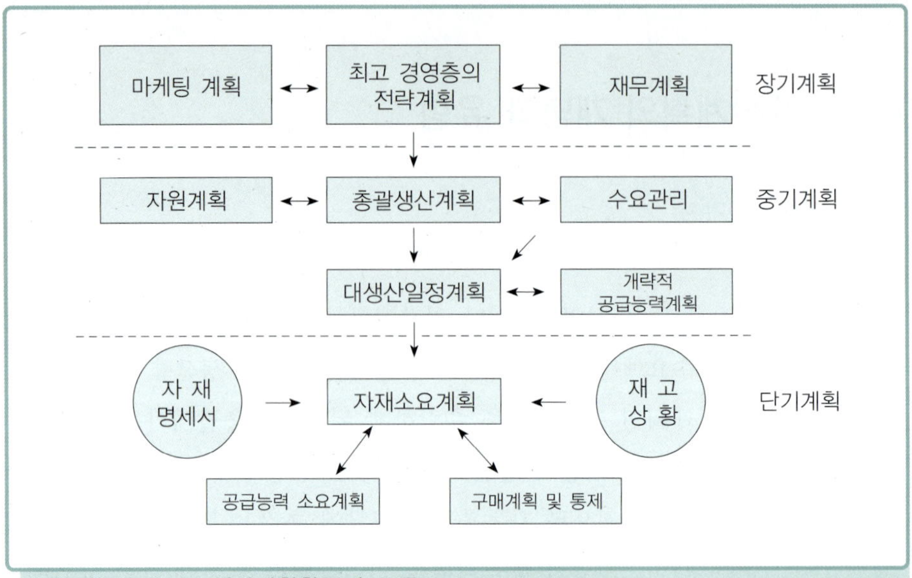

| 그림 10-1 | 생산계획활동의 흐름

서는 장기계획보다는 중기 · 단기계획에 더 많은 비중을 두고 있으므로 본 장에서도 이 두 계획에 대한 설명을 중심적으로 다룬다. 장기계획은 일반적으로 2년 이상의 기간을 대상으로 수립된다. 반면에 중기계획은 보통 6개월에서 18개월의 기간을 대상으로 하며 월별 혹은 분기별로 수립된다. 그리고 단기계획은 월별 혹은 3~4주를 주기로 수립된다. 생산관리에서는 장기계획보다는 중기 · 단기계획에 더 많은 비중을 두고 있으므로 본 장에서도 이 두 계획에 대한 설명을 중심적으로 다루고자 한다.

(1) 장기계획

장기계획은 향후 2년에서 10년 사이에 달성해야 할 조직의 목표에 대한 진술에서부터 시작한다. 조직이 처해 있는 경제적, 정치적 환경과 조직능력의 범위 내에서 이러한 목표가 어떻게 성취되어야 하는가를 규정한 것이 전략계획(strategic planning)이다. 전략계획에는 생산라인의 설계, 품질 및 가격의 수준, 그리고 시장침투의 구체적인 목표 등이 포함된다.

그리고 이들을 시장별 목표와 제품계열별 목표로 전환한 것이 마케팅계획(marketing planning)이다. 또한, 재무계획(financial planning)에서는 투자수익 목표와 관련된 조직의 목표에 대한 재무적 타당성이 분석된다.

(2) 중기계획

일반적으로 월별 혹은 분기별로 수립되는 중기계획은 6개월에서 18개월의 기간을 대상으로 하며 노동자의 수와 산출량 그리고 재고수준에 관한 전반적인 수준을 계획하는 것이다. 중기계획에는 다음과 같은 내용이 포함된다.

먼저, 총괄생산계획(aggregate production planning)을 들 수 있다. 이것은 주요 제품군별 산출요구량을 구하는 것이다. 이 산출요구량은 향후 18개월까지의 월별 노동시간으로 나타낼 수도 있고 월별 생산량으로 나타낼 수도 있으며 계획기간에 대한 총생산비용을 최소화할 수 있는 월별 노동력의 수와 재고수준을 구하게 된다. 총괄생산계획과 밀접한 관련이 있는 계획으로 [그림 10-1]에 제시된 바와 같이 수요관리(demand management)와 자원계획(resource planning)이 있다. 수요관리에서는 주문처리와 제품수요예측이 주된 활동이 되며 이 결과는 대생산일정계획의 기초자료가 된다. 그리고 자원계획에서는 장기생산계획을 달성하기 위한 생산설비, 장비 그리고 인적자원에 대한 계획을 수립하게 되며 장기공급능력계획이라고도 한다.

총괄생산계획을 기초로 하여 수립되는 대생산일정계획(master production scheduling)에서는 완제품의 생산량과 생산시기가 산출된다. 그리고 개략적 공급능력계획(rough-cut capacity planning)은 대생산일정계획이 주요작업장의 공급능력에 비추어 실현가능한지를 확인하는 것이다.

(3) 단기계획

단기계획은 향후 2개월에 대한 계획이다. 단기계획의 가장 대표적은 것으로 자재소요계획(material requirements planning)이 있다. 여기에서는 정해진 기일에 완제품을 생산하기 위하여 각 부품에 대한 주문과 중간조립품의 생산이 언제 이루어져야 하는가를 계획하게 된다. 따라서 대생산일정계획에서 산출된 최종완제품에 관한 자료가 자재소요계획에 직접 투입된다. 자재소요계획과 관련된 활동으로 공급능력소요계획(capacity requirements planning)과 구매계획 및 통제(purchase planning and control)가 있다. 공급능력계획이란 각 작업장에서 작업이 언제 시작해서 언제까지 계속될 것인지에 관한 상세한 일정을 산출하는 계획이다. 따라서 공급능력계획을 정확히 표현하자면 공급능력일정계획(capacity requirements scheduling)이라 할 수 있다. 그리고 구매계획 및 통제에서는 자재소요계획에서 요구하는 구매품목의 취득과 통제를 다루게 된다.

이상의 생산계획 활동에서는 모든 계획과정에서 이용 가능한 공급능력과 요구되는 공급능력과의 조화가 필요하다는 점이 무엇보다 중요하다. 또한 계획활동이 효율적으로 이루어지기 위해서는 계획을 실행하는 모든 조직구성원들이 그 시스템에 대하여 신뢰감을 가져야 한다.

제 2 절 총괄생산계획의 기초개념

총괄생산계획이란 일반적으로 6개월 내지 18개월의 기간 동안 제품집단별로 생산율을 결정하는 것이다. 총괄생산계획의 궁극적은 목적은 생산율과 고용수준 그리고 재고수준의 최적 조합을 구하는데 있다.

이러한 총괄생산계획의 형식은 기업마다 다양하다. 즉, 어떤 기업은 계획수립의 목표와 계획수립의 전제조건을 포함한 공식화된 보고서 형태를 갖추고 있지만 어떤 경우에는 구두로 지시를 내리거나 일관된 체계가 없이 이루어지는 경우도 있다. 특히, 규모가 작은 기업의 경우에는 이러한 경향이 많다. 총괄생산계획의 수립과정 또한 다양하다. 대부분의 기업은 앞에서 설명한 [그림 10-1]에서와 같이 연간계획을 기초로 총괄생산계획을 수립한다.

1. 총괄화의 개념

총괄생산계획은 구체적인 계획을 수립하기 위하여 전체적은 윤곽을 그린 그림이라고 할 수 있다. 이것은 어떤 기업의 주요 제품 또는 서비스가 단 하나의 종류가 아닐 경우에 개별 제품이나 개별 서비스에 대한 계획을 수립하기 보다는 유사제품군이나 제품계열 전체에 대한 계획을 먼저 수립해야 하기 때문에 필요하다.

예를 들면, TV를 생산하는 기업의 계획입안자들이 총괄생산계획을 수립할 때에는 21인치 TV나 25인치 TV혹은 27인치 TV 등을 개별적으로 고려하지 않으며 그 대신 모든 모델들을 총괄적으로 다루어 처리하게 된다. 이러한 의미에서 총괄(aggregate)이라는 용어가 사용되는 것이다. 자전거 회사의 경우에도 총괄생산계획을 수립하기 위해서는 서로 다른 크기와 서로 다른 스타일의 자전거를 '자전거'라는 한 범주로 총괄적으로 취급하는 것이다. 비슷한 예로 맥도날드, 버거킹, 웬디스 같은 패스트푸드 회사들이 고용수준과 생산율을 계획 할 때에도 제품종류별 수요를 고려하지는 않으며 총괄적인 수요와 총괄적인 공급능력에 초점을 맞추는 것이다.

마지막으로 총괄생산계획이 백화점에서 어떻게 적용될 것인가를 고려해 보자. 이 경우 판매를 위한 공간의 할당은 총괄적인 의사결정의 한 유형이 될 수 있다. 즉, 관리자는 의류매장에서 여성 스포츠웨어를 위한 공간을 20% 정도, 주니어를 위해서는 30% 정도 등을 할당하는 의사결정을 해야 할 것이다. 이 경우 각 브랜드를 얼마만큼씩 할당할 것인가를 고려할 필요는 없는 것이다.

이들 예에서 알 수 있는 바와 같이 총괄적인 접근은 계획입안자들이 세부적인 사항들을 다루지 않고 중기 정도의 공급능력에 관한 개괄적 결정을 하도록 하는 것이다. 즉 세부적인 사항보다는 생산율, 고용수준 그리고 재고수준 등의 총괄적인 의사결정이 이루어지게 되는 것이다.

2. 총괄생산계획의 목적

총괄생산계획의 기본목적은 최소의 비용으로 기업의 생산자원을 효율성있게 사용할 수 있는 최적생산계획을 개발하는 데 있다. 즉, 장기계획에 의해 추정된 가용된 자원의 범위 내에서 예측된 수요를 가장 경제적으로 만족시키기 위한 최적전략을 결정하는 일이다. 이처럼 장기계획의 일정한 제약 하에서 수립되는 총괄생산계획은 단기계획의 수립 및 집행을 위한 의사결정의 방침을 제시해주는 장기계획과 단기계획의 교량적 역할을 수행한다.

여러 기능부서로부터 총괄계획에 전달되는 경영상의 투입자료는 다음과 같다.

첫째, 생산부문에서 현재의 기계설비 생산능력, 미래의 기계설비 확장 계획, 현재의 고용인력 수준, 둘째 유통과 마케팅부문에서는 고객의 요구, 수요예측, 경쟁사 동향, 셋째 자재부문에서는 공급업자의 공급능력, 저장용량, 자재 가용량, 넷째 회계와 재무부문에서는 원가자료, 기업의 재무상태, 다섯째 엔지니어링부문에서는 신제품, 제품설계변경, 기계표준, 여섯째 인적자원부문에서는 노동시장 여건, 훈련계획 등이다. 생산계획을 수립하는 동안 여러 부서의 입장에서 파생되는 갈등은 다음의 목적 하에서 해결되어질 수 있다.

첫째, 비용최소화, 이윤최대화, 둘째 고객 서비스의 최대화, 셋째 재고투자의 최소화, 넷째 고용수준 변동의 최소화, 다섯째 생산량 변동의 최소화, 여섯째

공장과 장비이용의 최대화 등의 요인이 감안되면 갈등 문제는 해결된다.

3. 총괄생산계획을 위한 전략

(1) 수요변동에 의한 전략

① 가격을 조정하는 전략: 이 전략은 성수기와 비성수기의 시기에 따라 가격을 조정함으로써 수요의 양과 시기를 조절하는 전략이다. 이 전략의 경우 수요의 가격탄력성이 큰 제품일수록 그 효과가 크게 나타난다.

② 광고에 의한 수요를 조정하는 전략: 이 전략은 마케팅을 이용한 수요 조절 전략으로 광고나 그 외의 기타 판촉활동을 통해 이루어진다. 광고를 이용한 전략의 경우 비교적 그 실행이 용이한 반면 수요의 양과 시기를 조절하는 것은 통제력이 부족한 단점이 있다.

③ 추후납품(back-order)을 통한 수요를 조정하는 전략: 이것은 제품의 납기를 연기함으로써 성수기의 수요를 비성수기로 이동시키는 전략을 말한다. 이 전략의 경우 납품연기에 대한 고객의 불만으로 인한 기업의 이미지 손상과 판매상실로 인한 기회비용이 발생하는 단점이 있다.

④ 새로운 수요 창출: 현재 기업이 보유하고 있는 노동력 및 시설을 기준의 제품이나 서비스와 보완적 형태의 다른 제품 및 서비스를 개발함으로써 새로운 수요를 창출하는 전략을 말한다. 새로운 수요 창출의 전략은 실행이 어려운 반면, 기존의 노동력 및 시설을 이용하여 최대의 효과를 기대할 수 있다.

(2) 공급능력에 의한 전략

총괄생산계획에서 선택할 수 있는 공급능력 대안은 다음과 같다.

① 노동력의 규모를 조정하는 전략: 이것은 월간 생산요구량에 따라 노동력의 규모를 조정시키는 전략으로 추종전략(chase strategy)이라고 한다. 즉 수요의 변동에 직접 연관시켜 고용이나 해고를 하는 방법이다. 이러한 방법의 한계점은 다음과 같다.

첫째, 수요의 변동에 따라 노동력의 규모가 변화하기 때문에 채용과 해고 등에 소요되는 직접비의 발생이 크다.

둘째, 신규채용 작업자에 대한 교육, 훈련비와 같은 간접비의 발생이 커진다. 해고시에는 작업자의 사기가 떨어지는 문제가 있다.

셋째, 요구되는 숙련도가 항상 확보 가능한 것은 아니다.

넷째, 감원에 대한 노동조합과 지역사회의 반발이 있을 수 있다.

② 노동력의 이용률을 조정하는 전략: 이 전략은 노동력규모는 일정하게 유지하되 이용률(rate of utilization)을 조정하여 수요의 변동에 대비하는 것이다. 이 전략의 가장 큰 이점은 , 첫째, 전략의 단점인 빈번한 채용과 해고로 인한 부작용을 없앨 수 있다는 점이다. 반면에, 초과조업으로 인한 추가비용의 발생과 종업원의 피로누적으로 인한 불량품의 발생이라는 문제점도 있다.

③ 재고수준을 조정하는 전략: 이 전략은 수요의 변동성을 극복하기 위하여 완제품의 재고를 가지는 것으로 고용수준이나 생산율을 고정시키고 재고수준을 조절함으로써 수요의 변동을 흡수하는 방법이다. 이것은 수요가 평균치 이하로 내려갈 때는 초과 생산된 제품을 재고로 비축하게 되며, 수요가 평균치 이상일 때는 재고가 감소되는 것을 의미하므로 평준화전략(level strategy)이라고 한다. 즉, 예상된 수요가 적더라도 계속적으로 일정수준 이상의 조업을 유지함으로써 수요변동폭을 극복하는 전략이다, 이 전략의 장점은 다음과 같다.

첫째, 안정된 고용수준을 유지할 수 있다.

둘째, 유휴시간을 없앨 수 있다.

셋째, 초과조업비를 최소화 할 수 있다.

이와 같은 장점이 있는 반면에 완성품재고로 인한 재고유지비 발생과 재고부족에 따른 재고부족비용을 발생시키며 대고객에게 나쁜 영향을 미쳐 장래의 판매에 중대한 폐해를 끼칠 수 있다는 약점도 지니고 있다.

④ 하청을 이용하는 전략: 이 전략은 완제품, 중간조립품, 부품 등의 공급을 다른 기업에 의뢰하는 것이다. 하청을 줌으로써 기업은 일정한 생산율을 유지할 수 있고 필요한 경우 하청업자들의 공급능력을 이용할 수 있게 된다.

⑤ 시간제 근무자 활용: 특히 서비스 부문에서 시간제 근무자는 기술이 없는 노동력의 필요에는 만족할 수 있다. 이는 식당, 소매점, 슈퍼마켓 등에서는 일반적이다.

비록 각각 다섯 가지의 공급능력 대안과 네 가지 수요대안이 효과적인 총괄계획을 만들지라도 일부 생산능력 옵션과 수요옵션을 결합한 것이 더 좋을 수도 있다. 생산 관리자는 이러한 예측에 기초하여 총괄계획을 수립한다. 다섯 가지의 공급능력 대안을 사용하여 여러 가지 가능성 있는 계획을 만들 수 있다.

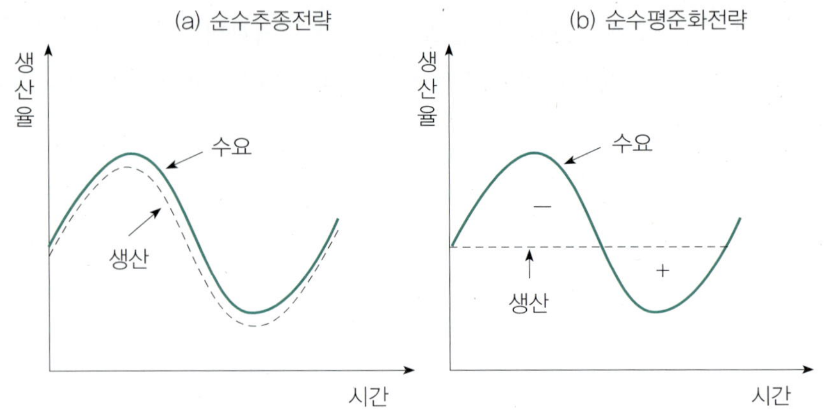

| 그림 10-2 | 평준화전략과 추종전략의 비교

이러한 계획의 한 가지 극단은 추종전략이고 다른 반대의 한 가지 극단은 평준화 전략이 될 수 있다. 물론 그 중간에 위치한 전략도 있을 수 있다.

이상과 같은 전략 중 어느 한 가지의 전략만을 사용하여 생산계획을 수립하는 경우를 순수전략(pure strategy)이라고 한다. 반면에 두 가지 이상의 전략을 혼합하여 사용하는 경우에는 혼합전략(mixed strategy)이라고 한다. 기업에서는 순수전략보다 혼합전략을 활용하는 경우가 많다.

순수추종전략(pure chase strategy)과 순수평준화전략(pure level strategy)을 비교한 것이 [그림 10-2]이다. 즉 [그림 10-2]의 (a)는 순수추종전략으로 수요의 변화에 따라 생산율을 조정하는 것이며, (b)는 순수평준화전략으로 수요의 변화와 무관하게 생산율이 일정하게 유지되고 있음을 알 수 있다.

대부분의 조직은 위에서 제시한 순수전략만을 사용하는 경우는 드물고, 이들 순수전략 등 몇 가지 혹은 전부를 혼합하는 혼합전략(mixed strategy)을 채택할 것이다. 그래야만 경영자들이 시시각각으로 변동하는 수요에 대처함에 있어서 유연성을 가질 수 있기 때문이다. 그러나 이러한 전략을 택할 경우 뚜렷한 초점이 없음으로 인하여 조직구성원들에게 혼란을 야기시킬 수도 있다는 점을 간과해서는 안 된다.

총괄생산계획에 있어서 기업이 어떠한 전략을 선택하든 고려해야 할 가장 중요한 두 가지의 요소는 기업의 방침과 비용이다. 왜냐하면 고용문제나 하청관계 등에 대하여 어떠한 방침을 견지하고 있느냐에 따라 총괄생산계획에서 선택할 수 있는 선택적 전략의 제약조건이 될 수 있으며 또한 여러 가지 선택적 대안의 가장 대표적인 선정기준은 총비용이기 때문이다. 이러한 총비용의 관점에서 총괄생산계획을 수립하기 위한 몇 가지 기법은 본 장의 제3절에서 설명될 것이다.

제 3 절 총괄생산계획의 논리

1. 총괄생산계획의 접근방법

총괄생산계획에는 여러 가지 접근방법이 있다. 일반적으로 두 가지 방법 즉 시행착오적 기법과 수리적 기법으로 구분된다. 이들 중에서 시행착오적 기법이 실무에서 많이 활용된다. 그럼에도 불구하고 총괄생산계획의 기법에 관한 연구의 상당부분이 수리적 기법에 집중되어 있다. 이것은 비록 광범위하게 사용되지는 않지만 총괄생산계획의 몇 가지 대안의 유효성을 비교하는 역할을 하기 때문이다. 여기에서는 시행착오적 기법을 개괄적으로 설명하기로 한다.

일반적으로 총괄생산계획의 절차는 다음과 같은 단계로 이루어진다.

첫째, 각 기간의 수요를 결정한다.

둘째, 각 기간의 공급능력(정규시간, 초과시간, 하청)을 결정한다.

셋째, 회사 혹은 부서별 방침(예를 들어, 수요의 5%를 안전재고로 유지한다)을 피악한다.

넷째, 정규시간, 초과시간, 하청, 보유재고, 미납주문, 다른 관련비용에 대한 단위원가를 결정한다.

다섯째, 몇 가지의 대안을 개발하고 각 대안의 총비용을 계산한다.

여섯째, 만족할 만한 계획이 있으면 선택하여 목표를 달성하도록 한다. 그렇지 않으면 다섯 번째 단계로 돌아간다.

이 경우 수요량과 생산능력 그리고 각 대안별 비용 등을 요약하는 〈표 10-1〉과 같은 작업계획표를 활용하는 것이 편리하다.

표 10-1 작업계획표

기 간	1	2	3	4	5	……	합 계
예측수요량							
산출량							
정규시간							
초과조업시간							
하 청							
산출량-예측수요량							
재고							
기초재고							
기말재고							
평균재고							
납품연기							
비용							
산출량							
정규시간							
초과조업시간							
하 청							
고용/해고							
재고							
미납주문							
합 계							

(1) 도표법

총괄생산계획에서 대안을 개발하는 시행착오적 방법으로 가장 대표적인 것이 도표법(graphical method)이다. 여기에서 도표는 총괄생산계획을 위한 대안을 개발하는 수단으로 사용되며 여기에서 사용되는 도표는 누적도표이다. 예를 들면, [그림 10-3]은 일정한 생산율을 유지할 경우의 누적도표이다. 여기에서 점선은 일정한 생산율을 나타내며 초기에는 재고가 발생하고 후반기에 접어들면서 재고부족이 발생함을 보여주고 있다. 도표법의 가장 큰 이점은 이와 같이 계획을 시각적으로 나타낸다는 데 있다. 그러나 총비용의 관점에서 최적성을 보장받을 수 없다는 점이 이 방법의 한계점이다.

이 절에서 설명하는 예는 총괄생산계획의 개발과 대안비교에 관한 것이다. 즉, 생산율을 일정하게 유지하는 생산계획의 예와 생산율을 낮추고 초과조업을 활용하는 생산계획의 예이다. 이들 예에서 적용되는 관계식은 다음과 같다.

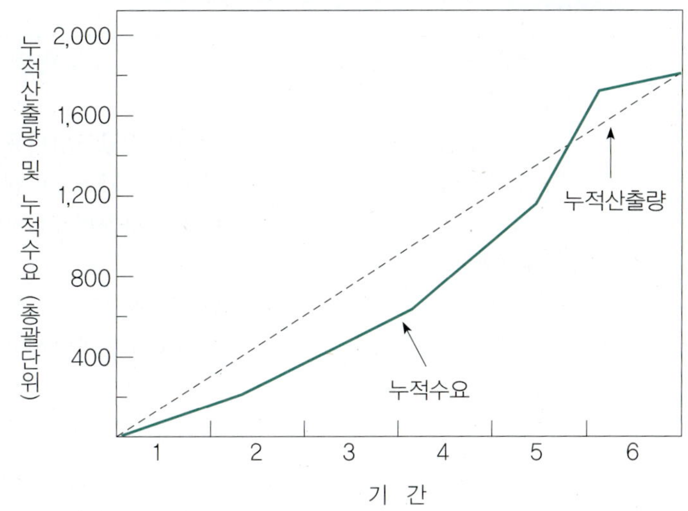

| 그림 10-3 | **누적도표**

- 특정기간의 노동자 수:

$$\text{특정기간의 노동자 수} = \text{전기 말의 노동자 수} + \text{특정기간의 신규 노동자 수} - \text{특정기간의 초기에 해고된 노동자 수}$$

- 특정기간의 재고량:

$$\text{특정기간 말의 재고량} = \text{전기 말의 재고량} + \text{현 기간의 생산량} - \text{현 기간의 수요량}$$

- 특정기간의 평균재고량: $\dfrac{\text{기초재고량} + \text{기말재고량}}{2}$

- 특정기간 동안의 비용은 다음과 같은 관련비용의 합으로 산정된다:

  특정기간 동안의 비용 = 생산비(정규조업 + 초과조업 + 하청)
  + 고용 및 해고비용 + 재고비용 + 미납주문비용

또한, 이들 각각의 관련비용은 〈표 10-2〉와 같이 계산한다.

표를 이용해서 다음의 예를 풀어보자. 이 예는 최소비용을 실현하는 총괄생산계획을 찾기보다는 총괄생산계획을 평가 · 개발하는 과정을 설명하는데 목적을 두고 있다.

표 10-2 총괄생산계획 관련비용 계산방법

비용의 유형	계 산 방 법
생산	
정규조업	단위당 정규조업비용×정규생산량
초과조업	단위당 초과조업비용×초과근무량
하청	단위당 하청비용×하청계약량
고용/해고	
고용	단위 고용원가×고용된 인원수
해고	단위 해고원가×해고된 인원수
재고	단위당 재고유지비용×평균재고량
미납주문	단위당 미납주문비용×미납주문량

예제 1

어느 회사에서는 총 여섯 기간에 걸친 총괄생산계획을 수립하려고 한다. 그들은 다음과 같은 정보를 수집하였다.

기 간	1	2	3	4	5	6	합 계
예측수요량	200	200	300	400	500	200	1,800
비용							
생산비							
정규조업	=단위당 2,000원						
초과조업	=단위당 3,000원						
하청	=단위당 6,000원						
재고비	=기간별 평균재고 단위당 1,000원						
미납주문비	=기간별 단위당 5,000원						

그들은 현재 일정한 생산율의 정규조업 계획에 대하여 평가하고자 한다. 초과수요에 대해서는 재고를 활용하도록 하고 미납주문도 허용한다.

정규조업에 의한 기간별 생산량은 300단위이며 계획된 기말재고량을 0으로 할 경우의 총괄생산계획을 수립하라. 종업원 수는 15명으로 정규조업의 경우 종업원 1인당 산출률은 20단위가 된다.

[풀 이]

(단위 : 천원)

기 간	1	2	3	4	5	6	합 계
예측수요량	200	200	300	400	500	200	1,800
생산							
정규조업	300	300	300	300	300	300	1,800
초과조업	–	–	–	–	–	–	
하청	–	–	–	–	–	–	
생산–예측수요	100	100	0	(100)	(200)	100	0
재고							
기초	0	100	200	200	100	0	
기말	100	200	200	100	0	0	
평균	50	150	200	150	50	0	600
미납주문	0	0	0	0	100	0	100

위의 예에서 정규조업의 총생산량 1,800단위는 총예측수요량과 같다. 기말재고량은 (생산량–예측수요량)의 양을 기초재고량에서 빼거나 더한 양이 된다. 만일 재고량이 충분치 않다면 기간 5에서와 같이 미납주문량이 부족량과 같게 된다. 또한 원가는 다음과 같이 계산한다. 각 기간별 정규조업비용은 300단위 2,000원/단위로서 600,000원이다. 재고비용은 평균재고량 1,000원/단위이다. 미납주문비용은 5,000원/단위이다. 결국 이 계획의 총 비용은 4,700,000원이다.

(단위 : 천원)

비용							
정규조업	600	600	600	600	600	600	3,600
초과조업	–	–	–	–	–	–	
하청	–	–	–	–	–	–	
	–	–	–	–	–	–	
재고	50	150	200	150	50	0	600
미납주문	0	0	0	0	500	0	500
합 계	650	750	800	750	1,150	600	4,700

예제 2

앞의 예에서 제시된 생산계획의 대안을 제시하기 위하여 정규조업을 280단위로 줄이는 대신 초과조업을 활용하기로 했다고 하자. 이렇게 정규조업을 줄이기 된 것은 15명의 종업원 중 1명이 퇴직하기 때문이며 초과조업은 기간당 40단위까지만 허용된다고 할 경우 총괄생산계획을 작성하라.

[풀 이]

(단위 : 천원)

기 간	1	2	3	4	5	6	합 계
예측수요량	200	200	300	400	500	200	1,800
생산							
정규조업	280	280	280	280	280	280	1,680
초과조업	–	–	40	40	40	–	
하청	–	–	–	–	–	–	
생산–예측수요	80	80	20	(80)	(180)	80	0
재고							
기초	0	80	160	180	100	0	
기말	80	160	180	100	0	0	
평균	40	120	170	140	50	0	520
미납주문	0	0	0	0	80	0	80

(단위 : 천원)

비용							
정규조업	560	560	560	560	560	560	3,360
초과조업	0	0	120	120	120	0	360
하청	–	–	–	–	–	–	
고용/해고	–	–	–	–	–	–	
재고	40	120	170	140	50	0	520
미납주문	0	0	0	0	400	0	400
합 계	600	680	850	820	1,130	560	4,640

초과조업에 의한 생산량은 총수요량인 1,800단위에서 정규조업에 의한 총 생산량인 1,680단위를 뺀 120단위가 되어야 한다. 또한, 수요가 3, 4, 5기간에 증가할 것으로 예측되고 있으므로 초과조업은 이 기간에 이루어지는 것으로 계획되었다. 초과조업이 미리 이루어지면 초과생산으로 인한 재고유지비의 증가가 유발될 것이며, 반대로 초과조업이 늦어지게 되면 수요를 충족시키지 못하여 미납주문비가 발생할 것이기 때문이다. 결과적으로 총비용이 4,640,000원으로 앞의 예보다는 총비용을 60,000원 줄일 수 있는 것으로 나타났다.

예제 3

앞의 예와 같이 초과조업을 이용하는 대신 임시적 근로자를 활용하는 방법을 대안으로 고려하기로 했다고 하자. 그런데 임시직 근로자를 고용하여 훈련을 시키는데도 한 명당 100,000원의 비용이 추가로 든다고 한다. 임시직 근로자의 산출률은 15단위로 정규직 근로자보다 낮다고 한다. 총괄생산계획을 수립하여 앞에서 제시한 대안과 대안과 비교해 보라.

[풀 이]

임시직 근로자에 의한 생산량은 앞의 예와 마찬가지로 총수요량인 1,800단위에서 정규근로자에 의한 총생산량인 1,680단위를 뺀 120단위가 되어야 한다.

(단위 : 1,000원)

기 간	1	2	3	4	5	6	합 계
예측수요량	200	200	300	400	500	200	1,800
생산							
정규조업	280	280	280	340	340	280	1,800
초과조업	–	–	–	–	–	–	
하 청	–	–	–	–	–	–	
생산–예측수요	80	80	(20)	(60)	(160)	80	0
재고							
기초	0	80	160	140	80	0	
기말	80	160	140	80	0	0	
평균	40	120	150	110	40	0	460
미납주문	0	0	0	0	80	0	80
비용							
정규조업	560	560	560	680	680	560	3,600
초과조업	–	–	–	–	–	–	
하 청	–	–	–	–	–	–	
고용/해고	0	0	0	400	400	0	800
재고	40	120	150	110	40	0	460
미납주문	0	0	0	0	400	0	400
합 계	600	680	710	1,190	1,520	560	5,260

그런데 임시직 근로자의 산출률은 15단위 이므로 총 8명(120단위/15단위)이 되어야 한다. 기간별 예측수요량이 4, 5기간에 증가하고 있으므로 이 기간에 각각 4명의 임시직 근로자를 채용하기로 하고 관련비용을 계산하면 앞의 표와 같다. 이와 같이 임시직 근로자를 활용할 경우의 총비용은 5,260,000원으로 앞의 두 가지 대안보다는 총비용이 높은 것으로 나타났다.

(2) 서비스업에서의 총괄생산계획

총괄생산계획은 서비스조직에서도 적용될 수 있다. 서비스 조직에서는 산출물이 무형의 용역이므로 재고가 존재하지 않으며 공급능력을 효율적으로 활용하기 위한 방법으로 납품연기가 활용된다. 다음의 예를 통하여 서비스조직에서 총괄생산계획이 이루어지는 과정을 이해하도록 하자.

예제 4

어느 시청의 도로정비과에서는 도로보수작업이나 도로신설작업, 그리고 동절기의 제설작업 등을 주로 담당하고 있다. 현재 이 부서에 소속된 작업자는 400명이며 이들은 한 달에 2,000km의 도로작업을 할 수 있다. 즉, 작업자 한 명당 한 달에 5km, 하루에 0.24km의 작업을 하는 것이다. 초과수요가 발생할 경우에는 다음 세 가지 방법을 활용하여 대처할 수 있다.

1. 초과조업을 한다. 초과조업의 수당은 월급여 1,500,000원의 150%이다.
2. 1km의 도로당 400,000원의 비용으로 하청을 줄 수 있다.
3. 5월부터 9월까지는 최대한 100명의 보조작업자를 월 1,200,000원의 임금으로 고용할 수 있다. 고용 및 해고비용은 보조작업자 한 명당 100,000원이다.

도로정비과에서 담당하고 있는 작업 중 가장 우선적으로 해야 할 작업은 제설작업이다. 그 다음의 우선순위 작업은 도로신설작업과 도로보수작업이다. 현재 이 부서의 책임자는 [그림 10-4]와 같은 작년의 수요자료를 확보하고

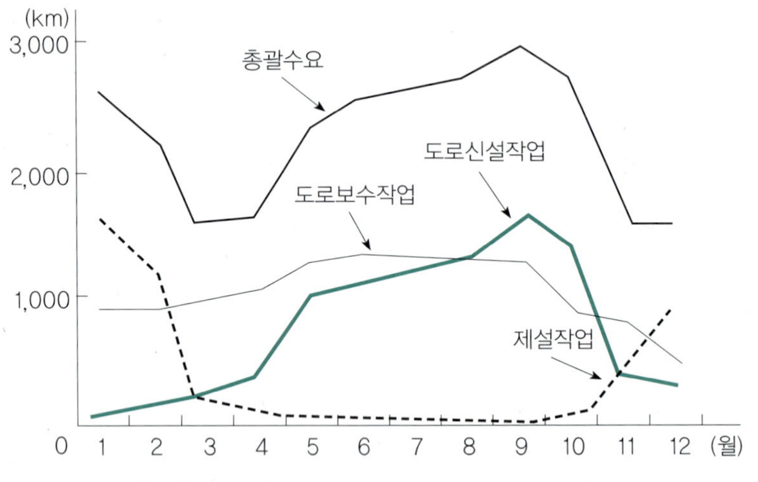

| 그림 10-4 | 도로공사에 대한 총괄수요

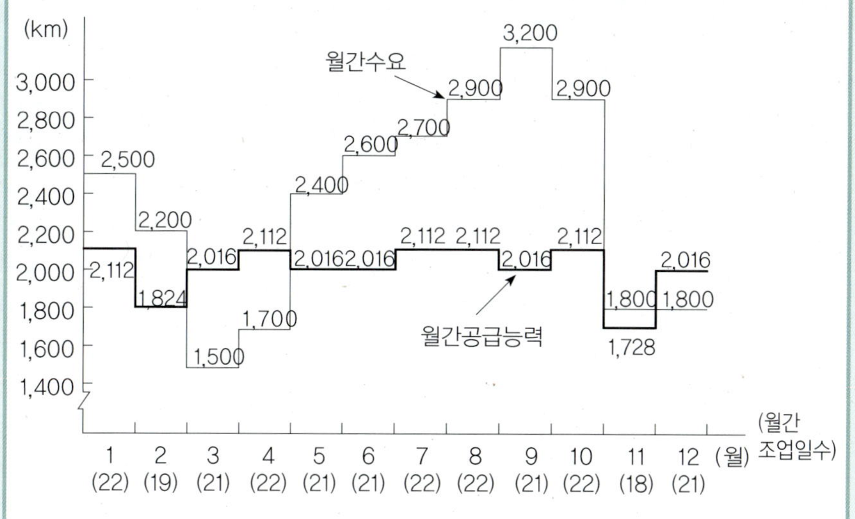

| 그림 10-5 | 도로공사에 대한 월간수요와 월간공급능력

세 가지 총괄계획에 대한 평가를 하고자 한다.

계획 1: 일 년간 400명의 정규작업자를 고용한다. 단, 초여름부터 가을까지의 성수기에는 하청을 이용할 수도 있다. 정규작업자들의 생산능력은 96km(400명 0.24km/인)이며 주당 5일간의 작업을 할 경우 정규작업에 의한 월간 공급능력은 [그림 10-5]와 같다.

도로공사에 대한 작업유형별 수요와 공급능력을 월별로 비교하면 〈표 10-3〉과 같다. 즉, 400명의 정규작업자가 수행하는 작업량(④열)이 제설작업 및 도로신설작업의 수요량(③열)보다 충분히 크므로 가장 우선적인 제설작업을 수행하는 데에는 문제가 없음을 알 수 있다.

그러나 가장 낮은 우선순위인 도로보수작업(②열)은 정규작업자의 작업만으로는 감당하기가 불가능하며 총 9회의 납품연기가 이루어짐을 알 수 있다. 1년간 하청이 없을 경우에는 납품연기의 연말 누적량(⑥열의 −4,172km)이 정규작업자들의 2개월 작업량을 상회함을 알 수 있다. 따라서 5월부터 11월까지는 하청에 의하여 납품연기량을 줄일 수 있을 것이다. 그러나 1월부터 3월까지는 하청이 불가능하므로 이 기간 동안의 납품연기는 해결할 수 없다.

계획 2: 1년간 480명의 정규작업자를 고용한다. 정규작업자들의 공급능력은 115.2km(480 0.24km/인)이므로 계획 1보다 납품연기를 줄일 수 있게 된다. 〈표 10-4〉와 같이 3월과 4월에는 상당한 양의 유휴노동력이 발생하게 된다. 그러나 납품연기는 많이 줄어들어 연말에는 정규작업자들의 1개월 작업량의

표 10-3 계획 1에 대한 평가(단위:km)

월	① 총수요	② 도로보수	③ 제설 및 도로신설	④ 생산능력	⑤ 납품연기 혹은 초과생산능력	⑥ 누적 납품연기
1	2,500	850	1,650	2,112*	-388**	-388
2	2,200	870	1,330	1,824	-376	-764
3	1,500	1,000	500	2,016	+516	-248
4	1,700	1,150	550	2,112	+412	0
5	2,400	1,300	1,100	2,016	-384	-384
6	2,600	1,350	1,250	2,016	-584	-968
7	2,700	1,350	1,350	2,112	-588	-1,556
8	2,900	1,350	1,550	2,112	-788	-2,344
9	3,200	1,300	1,900	2,016	-1,184	-3,528
10	2,900	1,150	1,750	2,112	-788	-4,316
11	1,800	800	1,000	1,728	-72	-4,388
12	1,800	600	1,200	2,016	+216	-4,172

** 400명×0.24km/명/일×22일=2,112km

** 2,112km(④열)-1,650km(③열)-850km(②열)=-388km(납품연기)

반에도 미치지 않게 된다. 물론 6월에서 10월 사이에 하청을 늘림으로써 연말의 납품연기량을 더욱 줄일 수도 있다.

계획 3: 400명의 정규작업자를 고용하고 5월에서 9월 사이에 성수기에는 100명의 보조작업자를 채용하고 하청도 활용한다. 보조작업자를 활용함으로써 성수기동안의 납품연기를 줄일 수 있게 된다. 그리고 〈표 10-5〉에 나타난 연말의 누적 납품연기량 1,724km에 대해서는 km당 400,000원의 하청으로 해결한다.

앞의 세 가지 계획에 대한 비용분석을 요약하면 〈표 10-6〉과 같다. 즉. 계획 3의 총비용이 8,599,600,000원으로 가장 낮으며 계획 2의 총비용이 가장 높다. 특히, 정규작업자를 추가로 고용하기로 한 계획 2는 향후에 수요가 감소하였을 경우 유휴노동력이 발생할 위험을 지니고 있다.

표 10-4 계획 2에 대한 평가

월	① 총수요	② 도로보수	③ 제설 및 도로신설	④ 생산능력	⑤ 납품연기 혹은 초과생산능력	⑥ 누적 납품연기
1	2,500	850	1,650	2,534*	+34	0
2	2,200	870	1,330	2,189	−11	−11
3	1,500	1,000	500	2,419	+919	0
4	1,700	1,150	550	2,534	+834	0
5	2,400	1,300	1,100	2,419	+19	0
6	2,600	1,350	1,250	2,419	−181	−181
7	2,700	1,350	1,350	2,534	−166	−347
8	2,900	1,350	1,550	2,534	−366	−713
9	3,200	1,300	1,900	2,419	−781	−1,494
10	2,900	1,150	1,750	2,534	−366	−1,860
11	1,800	800	1,000	2,074	+274	−1,586
12	1,800	600	1,200	2,419	+619	−967

** 480명×0.24km/명/일×22일=2,543km

표 10-5 계획 3에 대한 평가

월	① 총수요	② 도로보수	③ 제설 및 도로신설	④ 생산능력	⑤ 납품연기 혹은 초과생산능력	⑥ 누적 납품연기
1	2,500	850	1,650	2,112*	−388	−388
2	2,200	870	1,330	1,824	−376	−764
3	1,500	1,000	500	2,016	+516	−248
4	1,700	1,150	550	2,112	+412	0
5	2,400	1,300	1,100	2,520**	+120	0
6	2,600	1,350	1,250	2,520	−80	−80
7	2,700	1,350	1,350	2,640	−60	−140
8	2,900	1,350	1,550	2,640	−260	−400
9	3,200	1,300	1,900	2,520	−680	−1,080
10	2,900	1,150	1,750	2,112	−788	−1,868
11	1,800	800	1,000	1,728	−72	−1,940
12	1,800	600	1,200	2,016	+216	−1,724

** 400명×0.24km/명/일×22일=2,112km
** 500명×0.24km/명/일×21일=2,520km

표 10-6 계획 1에 대한 평가(단위: km)			(단위 : 천)
비용요소	계획 1	계획 2	계획 3
정규작업자 임금	7,200,000*	8,640,000	7,200,000
보조작업자 임금	–	–	600,000***
고용/해고비용	–	–	10,000
하 청	1,668,800**	386,800	689,600
합 계	8,868,800	9,026,800	8,599,600

* 400명 × 1,500,000 × 12개월 = 7,200,000(천)
** 4,172 × 400,000 = 1,668,800(천)
*** 100명 × 1,200,000 × 5개월 = 600,000(천)

2. 총괄생산계획에서의 관리적 고려사항

총괄생산계획에서 선택할 수 있는 전략으로는 크게 수요변동에 의한 전략과 공급능력에 의한 전략으로 나눌 수 있다.

(1) 계획과정에서의 배려

계획과정에서 야기되는 중요한 문제라면 계획과정의 복잡성과 이를 해결하기 위한 인력의 한계성 때문에 발생하는 문제라고 할 수 있을 것이다. 논리적으로 살펴보면 가능한 선택적인 계획은 무한히 많으나, 이를 다룰 수 있는 충분한 능력을 구비한 사람이 그렇게 많지 않다는 것이다. 즉, 통합능력, 기억력, 객관성과 같은 속성은 극히 제한되어 있는 것이 일반적이다.

또 다른 측면에서 보면 최적계획을 위하여 소요되는 시간의 문제이다. 문제의 복잡성이 가중되어 가면 갈수록 보다 많은 시간이 소요되는 것이 일반적이지만, 어떤 실험의 결과에 의하면 그렇지만은 않다는 것을 알 수 있다.

비록 주관적 판단과 경험에 기초를 둔 단기적 계획이 보통의 경우보다 상당히 높은 비용을 발생시킨다고 하더라도 긴 시간을 소요한다는 것은 어려운 정신적 과업을 포함하고 있으며, 몇몇의 연구는 다음과 같은 두 개의 문제를 이와 관련하여 증명하고 있다.

첫째, 긴 소요시간을 어떻게 잘 처리해 나갈 수 있는가에 관한 훈련이 계획하는 사람에게 반드시 필요하다.

둘째, 긴 소요시간을 포함할 수 있도록 모형을 구성할 수 있기 때문에, 계획 과정에 인적 요소에 대한 배려가 반드시 이루어져야만 한다.

또 다른 행동적 측면에서의 문제라면 거의 관련성이 없는 정보가 존재하고 있다는 점이다. 일반적으로 모형화에서 분석자들은 계획자들에 대하여 여과자의 기능을 하게 되므로, 관련성이 없는 정보를 이와 같이 배제하게 하는 것은 열등하고 육감적인 총괄계획으로 유도될 수 있는 가능성을 낮추는 것이라고 할 수 있다.

이상에서 제기된 바와 같은 여러 가지의 문제들은 계획모형의 중요성을 다시한번 설명하는 것이라고 할 수 있다. 특히 경험과 판단은 계획을 적용하기 전에 수정하는 데 유용하게 사용되어야 할 것이다.

(2) 적용과정에서의 배려

계획의 적용은 조직의 행동에 대하여 여러 측면에서 영향을 미칠 수 있다. 이를 간단하게 요약한다면 총괄계획의 수용이라는 것은 조직을 통하여 의사결정 활동을 가능하게 하는 것이라고 할 수 있다는 것이다. 또한 계획의 적용은 조직분위기에도 큰 영향을 미친다고 볼 수 있다. 즉 사기와 직무만족은 이에 의하여 크게 영향을 받게 되는 것이다. 예를 들면 노동력규모가 점차 줄어들고 있다면 사기와 직무만족도는 떨어져 갈 것이며, 생산성도 크게 하락 할 것이다. 그리고 만일 수요의 변화에 따라 고용과 해고가 지속적으로 이루어져 간다면 해고가 예상될 경우는 직무안정성이 크게 위협을 받게 되므로 역시 사기와 직무민족도는 떨어지게 될 것이다.

이와 같은 영향은 작업자에 한정되지 아니하고 전체 조직에까지 미치게 되는 것이다. 예를 들어 일반적으로 관계가 없다고 생각되는 직무설계와 총괄생산계획의 관계를 살펴본다면, 만일 특정의 직무가 직무만족도를 충분히 성취하지 못했다면 생산성은 떨어지게 될 것이며, 이렇게 된다면 수요량을 만족시킬 수 없게 되는 것이다. 이와 같이 생산계획이 직무의 모든 부분과 관련성을 가지고 있기 때문에 이를 조정하는 것은 매우 어려운 과제이기는 하지만 이것 또한 생산관리 담당자의 중요한 직무라고 할 수 있을 것이다.

총괄생산계획 기법은 앞에서 설명한 시행착오적 기법이외에도 다음과 같은 수리적 기법들이 있다.

① 선형계획법(Linear programming: LP): 보우먼(E.H. Bowman)은 수송계획법

형태의 계획모형을 제안하였다. 이 모형에서는 정상작업, 잔업 및 하청에 의한 생산량과 재고보유량과의 합이 공급량이 되고, 각 기간별 수요량과 기말 필요 재고량을 합한 것이 수요가 된다. 주어진 기간의 생산비용과 생산 후 다음기간까지 보유함으로써 발생되는 생산 및 재고비용이 각 칸 내에 작은 네모로 표시된다. 최소비용 칸에 각각 생산을 할당함으로써 최적해가 구해진다.

② 선형결정기법(linear decision rule: LDR): 선형결정기법은 최적화 기법 중의 하나로서 홀트(C.C Holt), 모디글리아니(F.Modigliani), 무스(J.F. Muth), 사이먼(H.A. Simon) 등에 의해서 1955년에 개발된 기법으로 고용수준 및 조업도 등의 결정문제를 계량화하여 이들의 최적결정을 위한 모델을 제시한 것으로, 판정함수로는 2차 비용함수를 사용하고 결정식은 선형이 되도록 하였다.

③ 경영계수이론(management coefficient theory): 보우먼(E. H. Bowman)이 제시한 것으로 경영자가 항상 접하는 변수에 민감하다는 가정 아래 과거의 경영자의 행동을 회귀분석하여 경영계수를 결정함으로써 최적에 가까운 의사결정을 할 수 있다는 발견적 기법(heuristic technique)의 대표적 이론이다.

④ 매개변수생산계획법(parametric production planning): 매개변수계획법은 존스(C. H. Johnes)가 1960년대 말에 제안한 것으로서 작업자 수 및 생산율에 대한 두 가지 결정법을 찾아내는 모형이다. 이 모형은 여러 측면에서 선형결정법과 유사하다. 즉, 2차 근사비용 함수를 사용하고 두 가지 결정법을 구한다.

⑤ 탐색결정기법(search decision rule: SDR): 탐색결정기법은 1967년 타우버트(W. H. Taubert)가 개발한 것인데, 이것은 생산수량계획문제를 컴퓨터를 이용해서 최적해를 구하는 방법으로 가장 최근에 나온 기법이다. 이 방법은 수학적인 기법을 적용하기가 곤란할 정도로 난해할 경우에 이상적인 결정을 내리기 위하여 이용한다.

제 4 절 대생산일정계획

1. 총괄생산계획의 분해

생산계획이 현장에서 적용되기 위해서는 총괄생산계획의 분해(disaggregation)가 필요하다. 총괄생산계획의 분해란 생산계획을 추진하는 데 필요한 노동력이

표 10-7 총괄생산계획의 분해

(a) 총괄생산계획의 월별 계획 산출량(단위 : 총괄생산단위)

1월	2월	3월	4월	5월
200	300	400	400	500

(b) 총괄생산계획의 월별 계획 산출량(단위 : 총괄생산단위)

	1월	2월	3월
기계 1	100	100	100
기계 2	75	150	200
기계 3	25	50	100
합 계	200	300	400

나 자재의 양, 재고소요량 등을 결정하기 위하여 총괄생산계획을 보다 구체적으로 분해하는 것을 의미한다. 이것은 다음 장의 MRP시스템과 밀접한 관계가 있으므로 본 절에서는 분해의 필요성과 의미를 이해하는 정도로만 설명하고자 한다.

총괄생산계획에서 산출된 총괄적 단위는 실제로 생산되거나 혹은 서비스되어야 할 제품 혹은 서비스 단위로 변환되어야 한다. 예를 들어 잔디 깎는 기계 제조업자가 1월에 200대, 2월에 300대, 3월에 400대의 잔디 깎는 기계에 대한 총괄생산계획을 수립했다고 하자. 그런데 이 회사는 세 종류의 잔디 깎는 기계를 생산해 오고 있다. 비록 그 기계들이 상당히 비슷하거나 동일한 기능을 가지고 있다 하더라도 소요자재나 부품 그리고 작동에 있어서도 어느 정도의 차이점이 있을 것이다. 그러므로 3개월 동안 생산해야 하는 200, 300, 400대의 총괄적 개념의 잔디깎는 기계는 소요자재의 부품에 대한 구매결정이 이루어지기 이전에 각 유형별 기계의 생산대수로 변환되어야 한다. 이와 같은 총괄생산계획의 분해결과를 대생산일정계획(master production schedule)이라 한다.

총괄생산계획의 분해에 관한 개념은 〈표 10-7〉에 잘 나타나 있다. 이 표는 분해의 개념을 명확히 제시하기 위하여 간단하게 예시한 것이다.

2. 대생산일정계획의 수립

대생산일정계획은 특정 제품의 요구량과 시기에 관한 것이며 그 자체가 생산에 대한 계획을 의미하지는 않는다. 대생산일정계획은 공급능력의 변경에 대해서는 고려하지 않으며 일정한 기간 내 생산하여야 할 최종제품의 수를 상세하게 나타내게 되는데 보통 주단위로 계획된다.

예를 들어 5월 1일에 50상자의 사과쥬스가 납품되어야 한다는 대생산일정계획이 있을 경우 이 자체가 50상자의 사과쥬스 생산을 의미하지는 않는 것이다. 왜냐하면 200상자의 재고가 있을 경우에는 생산할 필요가 전혀 없기 때문이다. 만약, 40상자의 재고가 있다면 10상자를 생산해야 할 것이다. 이 경우에 10상자를 생산하는 것보다 70상자를 생산하는 것이 경제적이라면, 즉 경제적 생산량(economic lot size)이 70상자라면, 실제생산량은 70상자가 되는 것이다.

대생산일정계획의 목적은 생산일정을 수립하며, 생산계획을 달성하는데 필요한 자원과 재료의 정확한 관계를 제공해 주며, 모든 부품과 구매품의 소모량을 제공해 준다. 따라서 잘 수립된 대생산일정계획은 기업이 중요한 자원을 효과적으로 이용할 수 있도록 해준다.

대생산일정계획을 수립하는 과정은 [그림 10-6]에 제시되어 있다.

투입물 대생산일정계획을 위한 위한 투입물에는 기초재고량, 예측된 수요량, 고객으로부터의 주문량 등 세 가지가 있다.

산출물 대생산일정계획의 산출물은 예상보유재고, 생산요구량 그리고 약정가능재고(available-to-promise; ATP) 등이 있다. 약정가능재고량을 알게 됨으로써 마케팅 부서에서는 고객의 신규주문에 대한 약정을 할 수 있게 된다.

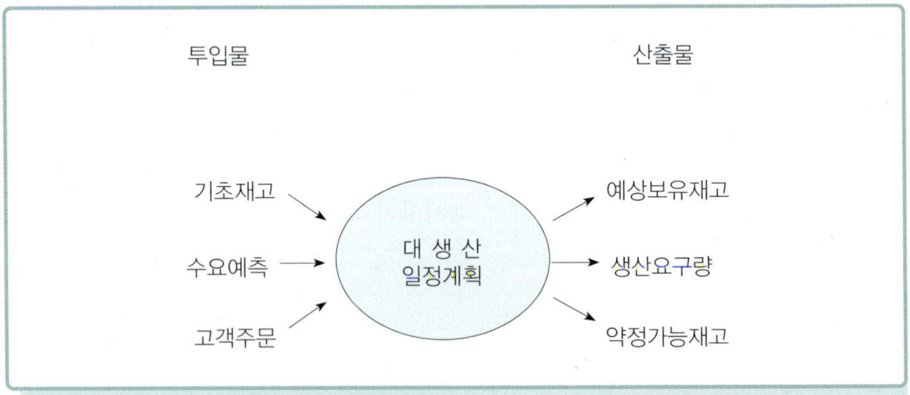

| 그림 10-6 | 대생산일정계획의 과정

제 5 절 균등일정계획

총괄계획을 수립할 때 고용수준의 변동, 잔업 및 유휴시간, 재고수준의 변동, 하청 그리고 납기지연 등의 변수가 있다. 균등일정계획(level production schedule)은 일정한 기간 동안 생산량을 균등하게 유지하는 것이다. 균등일정계획은 다음과 같은 이점을 가지고 있다. 첫째, 재고 및 재공품 수준을 최소화할 수 있으며, 둘째 전체 시스템을 통한 흐름이 원활하며, 셋째 재공품 수준이 적어 제품 수정을 곧바로 할 수 있고, 넷째 구매해야 할 품목은 필요 시 생산라인에 공급자가 직접 배달할 수 있다는 점이다.

균등일정계획이 성공하는 이유는 생산의 평준화(Production smoothing) 이점 때문이다. 총괄생산계획은 생산시스템을 통하여 제품의 순서를 결정하는 월간계획과 세부일정계획으로 변환된다. 자동차 산업의 경우 자동차의 종류와 생산량은 생산 2개월 전에 결정하고 세부계획은 1개월 전에 확정하여 이를 공급업자에게 줌으로써 모기업의 요구를 만족시킬 충분한 시간적 여유를 준다. 자동차의 종류별, 월별 생산량은 일간 일정계획으로 변환된다. 예를 들어 어느 달에 20일을 작업하여 자동차 가형은 10,000대, 나형은 8,000대, 다형은 6,000대를 생산해야 한다면 이는 매일 가형은 500대, 나형은 400대, 다형은 300대를 생산해야 한다. 그리고 매일 가형을 500대를 모두 생산하고 다음 나형 400대를 모두 생산하는 것이 아니라 가형 5대, 나형 4대, 다형 3대의 순서로 반복하여 계속 생산하는 것이 균등생산이다.

균등생산일정계획이 가능하기 위해서는 다음과 같은 전제가 요구된다. 첫째, 생산이 반복적이어야 하며, 둘째 생산량은 일정기간동안 고정되어 있어야 하고, 셋째 설비비용이 낮아야 하고, 넷째 다기능작업자가 있어야 하며 다섯째, 재고유지비용은 높아야 한다.

보 론 일정계획

1. 제조업의 직업일정계획

(1) 작업일정계획문제

제조업에서는 총괄생산계획에 의하여 대생산일정계획이 수립되며 또한 대생산일정계획에 의해서 자재소요계획(MRP)이 수립된다. 총괄생산계획이 장기계획이라면 대생산일정계획은 중기계획이라고 할 수 있으며 자재소요계획은 단기계획이 된다. 이러한 계획들에 의해서 생산명령(production order)이 있으면 작업일정계획을 수립하여 구체적인 생산일정을 짜게 된다.

일정계획은 주어진 기간에 정해진 생산자원(노동력 및 기계)를 이용하여 납기를 준수하기 위하여 생산자원을 최대한 활용하기 위한 계획이다. 여기서 두 가지 목표는 회사의 생산전략에 따라서 그 우선순위가 달라지게 된다. 생산이 주문생산(make-to-order)의 경우에는 납기준수가 더욱 중요하며 생산이 재고생산(make-to-stock)의 경우에는 생산자원의 이용률이 더욱 중요한 목표가 된다.

본 보론에서는 잡 샵(job shop)의 일정관리에 관해서 다루게 된다. 이를 위해서 우선 잡 샵에 관하여 알아보자. 잡 샵이란 생산자원이 기능에 따라서 조직되어 있는 제조(혹은 서비스) 조직을 말한다. 작업물은 럿별로 기능별 부서를 지나가게 되며 각 럿은 각기 다른 작업경로를 갖게 된다.

제조업에 있어서의 잡 샵의 예는 과거에 동네에 있는 목공소나 철공소를 들 수 있다. 목공소에서는 한 구석에 전동 톱을 배치하고 또 다른 한 구석에서는 칠을 하였다. 한편 철공소에서는 한쪽에서 철판을 재단할 수 있는 도구가 있고 다른 한쪽에는 용접을 할 수 있는 용접도구를 배치하였다. 이와 같이 기능에 따라서 작업장을 조직화하는 조직을 우리는 잡 샵이라고 한다.

한편 서비스업에 있어서의 잡 샵의 예는 종합병원, 백화점, 관청 등이 있다. 여기서는 고객의 요구에 따라서 각기 다른 경로를 거치게 되며 대개의 경우 럿의 크기는 하나이거나 작은 수이지만 어떤 경우에는 상당히 큰 럿도 가능하게 된다. 큰 규모의 럿의 예는 오늘 운전면허시험을 신청하고 필기시험에서 통과한 사람들의 럿이나 종합병원에서 단체로 종합검진을 받는 사람들의 럿을 들 수 있다.

일정계획은 기업의 수익과 흥망에 대단히 중요한 역할을 하기 때문에 과거로부터 많은 연구들이 있었음에도 불구하고 여전히 개척되지 않은 부분이 많이 존재한다. 그 이유는 대개의 일정계획문제가 조합문제(combinatorial problem)이기 때문에 너무나 많은 대안이 존재할 수 있고 또 정해진 시간 안에 그 대안들을 모두 평가하기가 불가능하기 때문이다.

다음은 잡 샵에서의 일정계획수립과 통제를 실시하는 작업장에서 수행되어야 할 기능들이다.

기능 1. 작업지시, 설비, 작업자를 작업센터나 다른 특정한 위치에 할당한다. 이는 단기의 공급능력계획이 된다.
기능 2. 성과척도를 이용하여 작업의 우선순위를 수립한다.
기능 3. 일정계획상의 작업을 수행한다.
기능 4. 작업장 통제(혹은 생산활동통제)를 행한다.
기능 5. 주문의 상태변화에 따라서 일정을 조정한다.

여기서 작업장 통제는 두 가지의 활동을 포함하는데 첫째는 작업자들이 작업하고 있는 주문의 상태를 검토하고 그 주문의 진척도를 통제하는 것이며, 둘째는 지연되고 있는 중요한 주문을 재촉하는 것이다.

일정계획자는 하루의 작업이 시작될 때 개개의 작업센터에서 수행될 수 있는 일감들을 선정하고 작업순서를 정한다. 이 결정은 각 일감의 운영과 경로요구, 기계들에 대한 기존의 일감의 상태, 각 기계가 가지고 있는 일감들의 대기행렬, 일감의 우선순위, 자재의 가용성, 나중에 내려질 것으로 예상되는 작업명령, 그리고 작업자와 기계의 가용성 등을 고려한다. 일정계획자는 일정계획을 수립하기 위하여 그 전날의 작업장의 정보, 중앙생산통제실로부터 제공되는 외부정보 등을 이용한다. 일정계획자는 일정의 현실성, 노동인력과 잠재적인 병목작업(bottleneck) 등에 관하여 부서의 관리자와 상의할 수 있다.

(2) 잡 샵 일정계획문제의 여섯 가지 요소

잡 샵 일정계획에는 다음의 여섯 가지 요소들을 고려하여 문제를 해결하여야 한다. 이 여섯 가지의 요소들은 다음과 같다.

요소 1. 주문에 대한 일정계획수립형태

요소 2. 작업장내 기계의 수와 다양성

요소 3. 작업장내 기계와 작업자의 비율

요소 4. 작업장에서의 일감의 흐름형태

요소 5. 일감을 배정하는 우선순위규칙

요소 6. 일정의 성과척도

요소 1은 주문이 들어왔을 때마다 주문에 대한 일정계획을 수립하는지 혹은 주문을 모아서 한꺼번에 일정계획을 수립하는지를 나타낸다. 앞의 일정수립방법을 동적일정계획(dynamic scheduling)이라고 하고 뒤의 일정수립방법을 정적일정계획(static scheduling)이라고 한다.

요소 2는 작업장의 기계의 수와 종류를 의미하는데 이들의 수와 종류가 많아지면 일정계획문제는 더욱 풀기가 어려워진다.

요소 3은 작업장의 기계의 수가 작업자들보다 많아지면 이를 인력제약시스템(labor-limited system)이라고 하고 반대의 경우에는 기계제약시스템(machine-limited system)이라고 한다.

요소 4는 일감의 흐름형태가 늘 일정한 흐름공정작업장(flow shop)의 경우에서부터 일감의 흐름형태가 전혀 같지 않은 임의경로의 잡 샵(randomly routed job shop)에 이르기까지 여러 가지 형태의 흐름을 가질 수 있다. 여기서는 임의경로의 잡 샵을 그냥 잡 샵이라고 부르기로 한다. 흐름생산에서는 모든 일감이 일정한 경로를 따라서 흐르기 때문에 잡 샵과는 구별되는 일정계획수립방법이 존재한다.

요소 5에서 우선순위규칙이란 일감의 작업순서를 구하는 데 사용되는 규칙을 말한다. 우선순위규칙은 단순한 자료를 근거로 계산될 수 있어야 하는데 이때 단순한 자료란 작업시간, 납기, 일감의 도착시간 등을 말한다. 이 규칙들은 다음 항에서 아주 자세하게 설명된다.

요소 6은 일정계획의 성과를 평가하기 위한 성과척도를 말하여 이는 다음과 같이 여러 가지가 있다. 이 성과척도들은 잡 샵뿐만 아니라 흐름공정작업장(flow shop)에서도 유효하게 사용된다.

① 총생산시간(total production time): 가장 늦게 끝나는 작업의 완료시간

(C_{max}; maximum completion time)으로 총소요시간(makespan)이라고도 한다. 예를 들어서 흐름생산의 경우 어느 럿이 n개의 작업으로 이루어졌을 때 n번째 작업이 끝나는 시간이 총생산시간이 된다. 총생산시간은 짧을수록 좋다.

② 평균생산시간(mean production time): 작업의 완료시간들의 평균($\bar{C}$; mean completion time)으로 짧을수록 좋다.

③ 최대흐름시간(maximum flow time): 흐름시간은 작업의 완료시간(completion time)에서 준비시간(ready time)을 뺀 값이다. 그러므로 직접 가공에 걸린 시간을 의미한다. 최대흐름시간은 각 작업의 흐름시간들 중에서 가장 긴 흐름시간을 말한다. 이 또한 짧을수록 좋은 일정계획이 된다.

④ 평균흐름시간(mean flow time): 흐름시간들의 평균을 의미하며 역시 짧은 것이 좋다.

⑤ 최대 납기지연도(maximum tardiness): 납기가 지연된 정도가 가장 큰 값을 나타낸다. 납기가 지연된 정도란 생산시간이 납기를 지난 날 수를 말하면 일정계획의 기간단위를 사용해서 나타낸다. 예를 들어 8월의 첫 주에 납품하기로 했지만 실제로는 둘째 주에 납품이 된 경우는 일주일의 지연도가 있는 것이다. 납기가 지나지 않은 주문의 납기지연도는 0이 된다. 납기지연도(tardiness)는 납기지체도(lateness)와 다른데 납기지체도는 생산시간에서 납기를 뺀 것을 말하며 납기가 지나지 않은 완성된 주문은 음수값의 납기지체도를 갖는다. 하지만 앞에서도 언급한 것과 같이 이때의 납기지연도는 0이 된다. 지연이 없을수록 좋은 일정계획이 된다.

⑥ 평균 납기지연도(mean tardiness): 지연도를 평균한 값으로 역시 적을수록 좋다.

⑦ 납기가 지연된 작업의 수(the number of tardy jobs): 납기를 지키지 못한 작업의 수를 나타내며 적을수록 좋은 척도이다.

⑧ 기계이용률(utilization rate): 하나의 기계를 대상으로 가동된 기계시간 중에서 실제로 작업을 한 시간의 비율을 말하며 이를 기계 전체로 확대하면 평균 기계활용률이 된다. 이 척도는 높을수록 좋은 척도이다.

⑨ 시스템 내의 평균 대기작업수(the mean number of jobs waiting for machines): 시스템 내에서 기계에 가공되기 위해서 대기하고 있는 작업의 수를 평균한 값으로 이 값이 크면 재공품재고가 많다고 할 수 있다. 그러므로 이 척도도 작을수록 좋다.

⑩ 시스템 내의 평균 미완성작업수(the mean number of unfinished jobs): 시스템 내에서 완성이 안된 작업의 수를 평균한 값으로 이 값 또한 재공품재고의 크기와 관련되어 있다. 그러므로 이 척도도 작을수록 좋은 일정계획이 된다.

⑪ 평균완성작업수(mean number of completed jobs): 시스템에서 완성이 되어 밖으로 반출되지 않은 작업의 수를 평균한 값으로 이 값은 완성품재고의 크기와 관련이 되어 있으며 이 또한 작을수록 좋은 일정계획이 된다.

위에서 제시된 11가지의 성과척도들 중에서 1에서 4까지는 생산시간과 흐름시간에 관한 것들이고 5와 6은 작업의 납기와 관련된 척도들이며 8은 기계의 이용률, 9에서 11까지는 재고에 관련된 것들이다.

(3) 우선순위규칙

1) 우선순위규칙의 종류

앞의 여섯 요소 중의 다섯번째 요소인 우선순위규칙들 중에서 가장 많이 쓰이는 규칙들을 보면 다음과 같다.

① 선입선출 규칙(FCFS; first-come first-served rule): 남아 있는 작업들 중에서 작업장에 먼저 도착한 것부터 처리한다.

② 최소가공시간 우선규칙(SPT; shortest processing time rule): 남아 있는 작업들 중에서 가장 가공시간이 짧게 걸리는 것부터 처리한다.

③ 최대가공시간 우선규칙(LPT; longest processing time rule): 남아 있는 작업들 중에서 가장 가공시간이 길게 걸리는 것부터 처리한다.

④ 최근납기 우선규칙(EDD earliest due date rule): 남아 있는 작업들 중에서 납기가 제일 가까운 것부터 처리한다.

⑤ 최소여유시간 우선규칙(STR; slack time remaining rule): 납기까지 남은 시간에서 남아 있는 작업시간을 제외한 값을 여유시간(slack time)이라고 부르는데 남아있는 작업들 중에서 여유시간이 제일 짧은 것부터 처리한다.

⑥ 최소작업당여유시간 우선규칙(STR/OP; slack time remaining per operation rule): 앞에서 나온 여유시간을 남아있는 작업의 수로 나눈 것이 STR/OP인데 남아 있는 작업들 중에서 이 STR/OP가 제일 작은 것부터 처리한다.

⑦ 최소긴급률 우선규칙(CR; critical ratio rule): 긴급률이란 현재 시점에서 남아 있는 작업일수를 가지고 납기까지 남은 날을 나눈 값을 말하는데 남아 있는 작업들 중에서 긴급률이 제일 작은 것부터 먼저 처리한다.

⑧ 후입선출 규칙(LCFS; last-come first-served rule): 남아 있는 작업들 중에서 작업장에 가장 최근에 도착한 것부터 처리한다.

2) 단일기계에의 적용

위에서 본 우선순위규칙들을 다음의 예를 가지고 설명하기로 하자. 이 예에서는 기계는 하나뿐이고 원자재와 인력은 충분하다고 가정한다. 즉, 기계제약시스템인 경우이다. 이러한 환경에서는 기계가 제약된 자원이므로 이를 어떻게 사용하느냐를 결정하는 것이 일정계획자가 해야 할 일이다. 가상의 기업인 ABC공업사에서는 〈표 10-8〉과 같이 다섯 가지 일감을 주문받았다. 여기서의 납기는 지금부터 남은 기간을 의미하며 모든 작업은 즉시 작업시작이 가능하다고 가정한다.

표 10-8 총괄생산계획의 분해

일감	일감의 도착순서	가공시간(일)	납기(일)
A	1	2	4
B	2	6	9
C	3	4	7
D	4	1	2
E	5	3	8

이를 토대로 FCFS, SPT, EDD, STR, LCFS를 이용하여 작업순서를 결정하고 총흐름시간, 평균흐름시간, 평균납기지연도를 구해 보자.

우선 FCFS에 의한 작업순서를 구하면 다음과 같다.

표 10-9 FCFS에 의한 작업순서

일감	가공시간(일)	납기(일)	흐름시간	납기지연도
A	2	4	0+2=2	0
B	6	9	2+6=8	0
C	4	7	8+4=12	5
D	1	2	12+1=13	11
E	3	8	13+3=16	8

총흐름시간=2+8+12+13+16=51일

평균흐름시간=51/5=10.2일

평균납기지연도=(0+0+5+11+8)/5=4.8일

여기서 총생산시간은 총흐름시간과 같게 되는데 그 이유는 다음과 같다. 앞에서도 정의된 것과 같이 흐름시간(flow time)은 생산시간(completion time)에서 작업이 시작가능한 시간(ready time)을 뺀 것으로 정의되지만 여기서는 모든 작업이 즉시 작업시작이 가능하다고 가정되므로(즉, 작업의 시작가능한 시간이 0으로 가정되므로) 흐름시간과 생산시간이 같게 되기 때문이다.

다음은 SPT에 의한 작업순서를 구한다.

표 10-10 SPT에 의한 작업순서

일감	가공시간(일)	납기(일)	흐름시간	납기지연도
D	1	2	0+1= 1	0
A	2	4	1+2= 3	0
E	3	8	3+3= 6	0
C	4	7	6+4=10	3
B	6	9	10+6=16	7

총흐름시간=1+3+6+10+16=36일

평균흐름시간=36/5=7.2일

평균납기지연도=(0+0+0+3+7)/5=2일

다음은 EDD에 의한 작업순서이다.

표 10-11 EDD에 의한 작업순서

일감	가공시간(일)	납기(일)	흐름시간	납기지연도
D	1	2	0+1= 1	0
A	2	4	1+2= 3	0
C	4	7	3+4= 7	0
E	3	8	7+3=10	2
B	6	9	10+6=16	7

총흐름시간=1+3+7+10+16=37일

평균흐름시간=총흐름시간/5=7.4일

평균납기지연도=(0+0+0+2+7)/5=1.8일

다음은 STR에 의한 작업순서를 구한다. 먼저 일감별 여유시간을 구해보면 A(4−2=2), B(9−6=3), C(7−4=3), D(2−1=1), X(8−3=5)이다.

표 10-12 STR에 의한 작업순서

일감	가공시간(일)	납기(일)	흐름시간	납기지연도
D	1	2	0+1= 1	0
A	2	4	1+2= 3	0
C	4	7	3+4= 7	0
B	6	9	7+6=13	4
E	3	8	13+3=16	8

총흐름시간=1+3+7+13+16=40일

평균흐름시간=40/5=8일

평균납기지연도=(0+0+0+4+8)/5=2.4일

여기서 C와 B는 여유시간이 모두 3으로 같으나 C를 앞에서 처리할 경우 전체의 흐름시간이 줄어들기 때문에 C를 앞에 놓았다.

마지막으로 LCFS에 의한 작업순서를 보면 다음과 같다.

표 10-13 LCFS에 의한 작업순서

일감	가공시간(일)	납기(일)	흐름시간	납기지연도
E	3	8	0+3= 3	0
D	1	2	3+1= 4	2
C	4	7	4+4= 8	1
B	6	9	8+6=14	5
A	2	4	14+2=16	12

총흐름시간=3+4+8+14+16=45일

평균흐름시간=45/5=9일

평균납기지연도=(0+2+1+5+12)/5=4일

이상의 다섯 가지의 우선순위규칙들의 성과를 비교하면 다음의 표와 같다.

표 10-14 우선순위규칙에 의한 일정들의 성과비교

우선순위규칙	총생산시간(일) (=총흐름시간)	평균생산시간(일) (=평균흐름시간)	평균납기지연도
FCFS	51	10.2	4.8
SPT	36	7.2	2
EDD	37	7.4	1.8
STR	40	8	2.4
LCFS	45	9	4

위의 표에서 보는 바와 같이 SPT 규칙은 총생산시간을 줄이는 역할을 하기 때문에 평균생산시간을 최소로 하고 있다. 그러므로 재공품재고를 최소로 줄일 수 있는 규칙이다. 한편 평균납기지연도를 최소로 하는 규칙은 EDD로 그 다음으로 적은 SPT의 2일보다 10%가 적은 1.8일을 나타내고 있다. 그러므로 단일기계의 경우에는 기계의 효율적인 사용 및 재공품재고의 최소화를 위해서는 SPT를 사용하고 납기를 지키는 것이 목적인 경우에는 EDD를 사용하는 것이 낫다는 결론을 얻는다.

실제로 많은 연구들에 의해 알려진 바에 의하면 SPT 규칙은 일반적으로 작업의 흐름시간을 최소화하고 작업장안에 있는 재공품의 평균량을 최소화한다. 그러나 긴 작업시간을 가진 작업은 늘 뒤로 밀리는 단점이 있다. FCFS 규칙은 대부분의 경우에 좋은 결과를 얻지 못하나 고객들의 입장에서 보면 공정하다고 생각되는 규칙이다. EDD규칙은 최대납기지체도(maximum lateness)를 최소화하는 것으로 알려져 있다.

3) 두 대의 기계를 가진 흐름공정작업장

다음으로는 두 대의 기계를 가진 흐름공정작업장(flow shop)의 경우를 생각해 보자. 흐름공정작업장이기 때문에 모든 일감은 두 개의 기계를 같은 순서로 지나가야 한다. 어떤 일감이라도 A라는 기계를 거치고 나면 B 라는 기계를 거쳐야 작업이 완성된다. 반대의 경우는 성립하지 않는다. 이 말은 A기계가 바쁠 때에 B기계에 일감이 없어서 놀고 있다하더라도 B기계에서 먼저 가공하고 A 기계로 보낼 수 없다는 것이다. 이러한 것을 다음의 예를 들어 설명해 보기로 하자.

〈표 10-15〉는 어떤 흐름공정작업장에서의 가공시간을 기록한 것이다. 가공시간의 단위는 시간이며 모든 주문은 일정계획을 세우는 시점에 준비가 되어 있다고 하다. 이때의 목적은 가장 늦게 끝나는 작업의 완성시간을 최소로 하는 것이다.

표 10-15 다섯 가지 주문의 가공시간

주문	기계 1	기계 2
A	7	4
B	3	5
C	5	6
D	3	1
E	2	5

이와 같은 두 기계를 가진 흐름공정작업장에 관한 일정계획은 1954년에 발표된 존슨의 규칙(Johnson's rule)에 의해서 쉽게 세울 수 있다. 이 규칙은 다음과 같다.

단계 1. 각 주문에 대한 기계 1과 기계 2에서의 작업시간을 리스트에 적는다.

단계 2. 가장 작은 작업시간을 가진 주문을 선택한다.

단계 3. 이 작업시간이 기계 1의 작업시간이면 이 주문을 작업의 순서에서 가능한 한 앞에 놓고 기계 2의 작업시간이면 이 주문을 가능한 한 뒤에 놓는다.

단계 4. 이 주문을 리스트에서 제거한다.

단계 5. 모든 주문의 작업의 순서가 정해졌으면 멈춘다. 아니면 단계 2부터 5까지 계속한다.

이 규칙을 사용하여 앞의 예제의 작업순서를 정하면 다음과 같다. 제일 먼저 가장 작은 작업시간을 가진 주문을 찾으면 주문 D의 기계 2에서의 가공시간 1시간이 된다. 이 주문의 가공시간은 기계 2에서 나왔으므로 주문 D를 가능한 한 작업의 순서에서 뒤에 놓는다. 이때 지금까지 어떤 주문도 작업순서상에 오르지 않았으므로 주문 D는 가장 늦게 작업을 하게 된다. 이를 표시하면 아래와 같다.

① ② ③ ④ D

작업 D에 관한 정보를 지우고 나머지 작업시간중에서 가장 작은 시간은 주문 E의 기계 1에서 나타난다. 가장 작은 작업시간이 기계 1에서 나타나므로 주문 E는 가능한 한 제일 앞에 놓게 된다. 이를 표시하면 다음과 같다.

E ② ③ ④ D

이와 같은 방식으로 계속하면 다음과 같다.

주문 B의 기계 1에서 작업시간이 3시간이므로

E B ③ ④ D

주문 A의 기계 2에서 작업시간이 4시간이므로

E　B　③　A　D

마지막으로 남은 주문 3은 가운데에 들어가게 된다.

E　B　C　A　D

그러므로 작업순서는 주문 E−B−C−A−D의 순서가 된다.

4) n개의 주문, m대의 기계의 일반적인 잡 샵

일반적인 잡 샵에서 n개의 주문을 m $(m>2)$개의 기계에 할당하여 작업순서를 결정하는 문제는 대단히 복잡하다. 그 이유는 앞에서도 나타난 것과 같이 대단히 많은 대안들을 검토해야 최적의 대안이 나타나기 때문이다. 이 때 가능한 해의 가지수는 $(n!)^m$개가 된다. 이 수는 n과 m이 작은 값이라도 대단히 크게 되므로 이렇게 많은 가지수의 해를 모두 검토할 수 없는 것이다. 그러므로 이러한 경우에는 우선순위규칙을 이용하거나 컴퓨터 시뮬레이션을 통하여 일정계획을 짜는 방법이 사용된다.

(4) 작업장통제

일정계획은 작업장통제(shop-floor control)의 한 부분이다. 작업장통제는 요즈음 생산활동통제(production activity control)라고도 불리는데 이는 작업장의 운영을 실행하고 통제하는 활동들을 말한다. 작업장통제시스템은 작업주문과 작업센터에 관한 현재상태의 정보를 보유하고 의사소통하기 위하여 작업장의 자료와 자료처리파일을 활용하기 위한 시스템을 말한다. 작업장통제의 중요한 기능은 다음과 같다.

① 각 작업주문에 대한 우선순위를 할당하기.

② 재공품재고의 수량에 관한 정보를 유지하기.

③ 작업주문의 현재상태에 관한 정보를 사무실에 전달하기.

④ 공급능력통제를 위한 목적으로 실제 산출량 자료를 제공하기.

⑤ 재공품재고와 회계상의 목적으로 작업주문별로, 작업센터별로 수량에 관한 정보를 제공하기.

⑥ 효율성, 활용도에 대한 측정치와 노동력과 기계의 생산성에 관한 측정치를 제공하기.

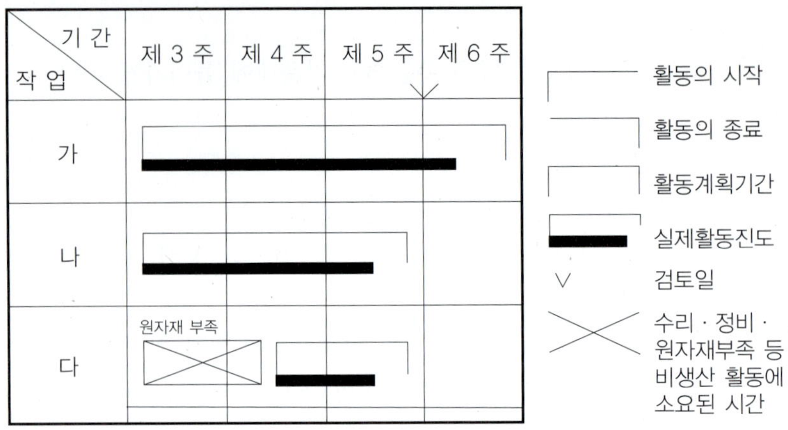

| 그림 10-7 | **간트도표**

1) 간트도표

간트도표(Gantt Chart)는 미국의 간트(Henry L. Gantt)에 의해 고안되어 일정의 계획 및 통제에 쓰이는 도표이다. [그림 10-7]에서 간단한 간트도표의 예를 볼 수 있다. 여기에서 보면 검토일인 제5 주말에 작업 '가'는 계획보다 약간 앞서 있으나 작업 '나'는 계획보다 약간 지연되어 있음을 볼 수 있다. 한편 작업 '다'는 예상치 못한 원자재 부족으로 인하여 작업이 지연되었슴을 알 수 있다. 그러므로 이 도표를 이용하면 작업의 일정계획과 현재까지의 진척상황을 쉽게 알 수 있기 때문에 통제를 원활하게 할 수 있다.

2) 작업장통제의 도구

작업장통제를 위한 기본적인 도구는 다음과 같다.

① 매일의 작업배정목록

이는 매일 매일 작업감독자에게 어떤 주문이 생산되어야 하며 그 우선순위는 어느 정도이고 작업시간이 얼마 만큼인지를 알려준다.

② 상태보고서

여기에는 여러 가지가 있는데 이를 다섯 가지로 나눌 수 있다.

가. 예산지연보고서

이는 매주 한번, 혹은 두번씩 작업일정계획자가 작성하고 그의 책임자가 검토하는 데 주로 대생산일정계획에 영향을 줄 수 있는 중대한 지연이 있는지를 검토한다.

나. 작업폐기물보고서

다. 재작업보고서

라. 종합성과보고서

일정계획기간내에 생산된 주문의 번호와 백분율, 미충족주문의 지연도, 산출량 등을 보고한다.

마. 부족분 목록

③ 투입/산출통제보고서

이는 각 작업센터의 계획된 공급능력과 실제 공급능력을 비교하여 나타내는 보고서이며 감독자에 의해서 사용된다. 이 보고서에 관해서는 다음에서 자세히 알아본다.

3) 투입/산출통제

투입/산출통제(Input/Output(I/O) control)는 제조계획과 통제시스템의 중요한 특징이다. 이것의 중요한 원칙은 작업센터에 대한 계획된 투입은 계획된 산출보다 커서는 안 된다는 것이다. 왜냐하면 투입이 산출을 초과하면 납품연기되는 주문이 늘어나게 되고 이는 작업센터에 자재를 공급하는 직전 작업센터 및 그 전의 작업센터에서의 생산리드타임의 추정치를 늘리게 되기 때문이다. 더구나 작업이 작업센터에 쌓이게 되면 혼잡이 생기게 되어 가공공정은 비효율적이 되고 다음 공정을 수행하는 작업센터로의 작업의 흐름이 산발적이 된다. 〈표 10-16〉에 작업센터 0125에 대한 투입/산출통제보고서를 예시하였다.

이 표에서 보면 실제의 산출이 계획에 훨씬 못 미치는 것을 발견한다. 이것만을 보면 이 작업센터의 공급능력에 문제가 있는 것으로 보이지만 계획된 투

표 10-16 투입/산출 통제보고서 작업센터 0125

그 주의 끝나는 날	8월 6일	8월 13일	8월 20일	8월 27일
계획된 투입	320	320	320	320
실제 투입	210	250	240	230
누적 편차	−110	−180	−260	−350
계획된 산출	320	320	320	320
설계 산출	240	220	260	220
누적 편차	−80	−180	−240	−340

입부분을 보면 이 작업센터에 자재를 흘려보내주는 상류흐름의 작업센터에 중대한 공급능력문제가 존재하는 것이 명백해진다. 즉, 공급능력이 모자라는 것이다. 이를 해결하기 위해서는 공급능력이 모자라는 작업센터의 공급능력을 늘리거나 이에 대한 투입을 줄이는 방법이 사용된다. 통제과정에서는 이와 같이 직전 작업센터 및 그 전의 작업센터의 공급능력문제를 발견하여 공급능력을 조정하고 이에 따라 투입을 조정하게 된다.

2. 설비보전의 일정계획

설비의 사용계획은 설비에 대한 수요, 설비의 공급능력, 설비의 이용가능성에 의해서 크게 영향을 받는다. 설비의 이용가능성이란 그 설비가 생산적인 활동을 위해 얼마만큼 오랜 기간동안 사용될 수 있는가를 의미한다. 비생산적인 활동이란 다른 종류의 제품을 생산하기 위해 설비를 준비하는 것, 기계를 분해하거나 수리하는 것, 혹은 작업자, 자재, 서비스 등을 기다리는 것들을 말한다.

기계는 주의를 기울이지 않고는 계속 가동할 수 없다. 보전활동(maintenance activity)은 기계가 고장났을 때 원상태로 되돌리기 위해서 이루어지거나 기계의 고장을 방지하기 위해서 정규적으로 가동중의 기계에 대해 이루어진다. 이때 전자의 경우를 고장시의 설비보전(breakdown maintenance), 후자를 예방적 설비보전(preventive maintenance)이라고 부른다. 이 두 가지의 설비보전은 각각 다른 비용과 장단점을 가지고 있다.

대체로 기계가 고장이 났을 때에는 수리공이 올 때까지 작업자들은 쉬게 되고 전체의 조립라인은 정지된다. 고객의 주문은 배달이 지연되고 매출이 감소될 수도 있다. 또한 생산량의 감소, 품질의 저하 등이 발생하기도 한다. 더욱이 고장시의 설비보전은 일반적으로 예방적 설비보전보다 더 비용이 많이 든다. 이러한 이유 때문에 대부분의 기업들은 고장시의 설비보전에만 의존하는 것이 비용상 효과적이 아니라는 것을 알고 있다. 이 경우에 문제는 얼마나 자주 예방적 설비보전을 행해야 하는지 그리고 언제 이것이 행해져야 하는지가 된다.

예방적 설비보전이 설비가 고장나는 것을 모두 막을 수는 없다. 여전히 설비는 고장이 나지만 그 빈도가 더 적게 될 것이 기대된다. 비록 우리가 확실하게 언제 설비가 고장날지는 모르지만 설비의 가동과 설비보전에 대한 자료를 계속 가지고 있다면 설비의 고장과 고장 사이의 시간간격과 설비고장의 발생빈도를 알아낼 수 있다. 이 정보와 설비보전의 기대비용에 관한 정보로부터 우리는 적절한 설비보전 일정계획을 수립할 수 있다.

JIT와 TQM의 사고방식이 광범위한 지지를 얻게 되자 설비보전에 대한 경영진의 태도가 변화하였다. 총생산적 설비보전(total productive maintenance; TPM)이라고 불리는 개념이 등장하였는데 이는 예방적 설비보전과 총품질(total quality), 그리고 종업원의 참여를 합친 것이다. TPM에서는 예방적 설비보전을 확대하였다. 원래 예방적 설비보전은 다음의 세 가지 관련된 활동들로 볼 수 있다.

① 매일의 설비보전: 이는 설비의 마모를 막기 위한 것으로 윤활유 급유, 청소, 조정, 설비의 검사 등이 포함된다. 이러한 활동들은 설비의 작업자에 의해서 수행된다.

② 주기적 검사: 이는 설비의 성과의 감소를 측정하고 문제를 진단하기 위한 것이다. 이것도 설비의 작업자에 의해서 수행될 수 있지만 가끔 설비보전요원에 의해서 수행되기도 한다. 이러한 검사는 항상 정규적으로 실행되도록 계획된다.

③ 예방적 수리: 이는 마모가 어떤 정해진 수준에 도달한 설비에 대해 고장이 나기전에 행해진다. 이것은 주로 설비보전요원에 의해서 수행되지만 설비의 작업자가 할 수 있으면 이상적이다.

그러므로 예방적 설비보전에 대한 TPM 접근법은 설비를 유지하는데 있어서 설비의 작업자의 역할을 강조한다. 일본에서는 이를 자주적 설비보전이라고 한다. 또한 TPM에서는 예방적 설비보전을 예방적 수리 이상의 것으로 본다. 지저분한 작업환경, 부주의한 작업, 일상의 주의부족 같은 것들이 설비에 영향을 주어 설비의 성과를 감소시킨다. TPM을 수행하기 위해서 각 설비에 대한 설비보전과 운영자료는 주의깊게 정리되어야 하며 설비의 작업자들도 수집된 자료에 근거하여 설비보전을 할 수 있도록 훈련되어야 한다. 자료를 수집하고 고장이 나기 전에 마모의 징조를 파악하는 과정을 예언적 설비보전(predictive maintenance)이라고 한다.

이렇게 확대된 예방적 설비보전을 가지고도 설비의 고장을 아주 없앨 수는 없는 것으로 알려져 있다. TPM은 여기서 한 걸음 더 나아가 기존의 설비에서 더 쉽게 생산될 수 있는 제품을 설계한다든지, 더 쉽게 작업, 공구교환, 설비보전을 할 수 있도록 설비를 설계한다든지 작업자들이 설비를 더 잘 운영하고 유지할 수 있도록 훈련 및 재훈련을 시키며 잠재적인 생산력을 극대화하도록 설비를 들여오고 각 설비의 수명에 걸친 예방적 설비보전계획을 수립하는 활동들을 수행한다. TPM의 목표는 기계의 고장을 전혀 없게 만들어서 불량품을 없애는 것이다.

TPM의 예로 아이신 세이키라는 일본의 회사를 들 수 있다. 이 회사는 데밍품질상을 받은 기업인데 TPM을 실행하기 전에는 한 달에 700회 이상의 설비 고장을 경험하였으나 TPM을 실행한 이후로 4년이 지나는 동안 단 한 차례의 설비 고장도 경험하지 않았다고 한다.

3. 서비스업의 일정계획

서비스업에서는 서비스 공급을 재고로 유지할 수 없기 때문에 서비스 수요가 공급을 초과하는 경우 제한된 서비스 공급자원을 이용하여 최대한의 고객을 만족시키는 것이 중요한 과제이다. 예를 들어서 병원의 수술실과 수술팀(외과의사, 마취과의사, 간호사, 의료기사 등)의 자원은 한정되었기 때문에 수술에 관련된 자원을 최대한 활용하여 많은 수술환자들에게 서비스를 제공하는 것이 필수적인 과제이다.

반대로 서비스 수요가 공급에 미치지 못할 경우, 시간제 노동력을 제외한 서비스의 공급자원은 늘 유지하여야 하기 때문에 서비스 공급과잉으로 인한 비용부담을 감수하여야 한다. 예를 들어 호텔업에는 성수기와 비수기가 존재하는데 비수기에 호텔을 이용하는 손님들이 적기 때문에 많은 서비스 인력의 유휴화를 초래하게 된다.

이와 같이 서비스업에 있어서 공급과 수요가 균형을 이루지 못할 경우에 일정계획을 세우는 일은 더욱 어렵게 되므로 서비스의 공급과 수요를 균형있게 만드는 일이 중요하게 된다. 따라서 본 절에서는 서비스 수요를 조절하는 방법들을 살펴보고 서비스의 공급에 있어서 중요한 요소인 서비스 인력의 일정계획을 수립하는 방법을 소개한다.

(1) 서비스 수요의 조절

서비스 수요를 조절하는 방법들은 여러 가지가 있는데 대개의 경우 주어진 서비스 공급능력에 맞추어서 수요의 발생을 조절하는 방법들이다. 여기에는 약속시스템(appointment system), 예약시스템(reservation system)들이 있고 서비스의 공급능력에 비해 수요의 발생이 과다할 경우에는 납품연기(backlog)라는 방법을 쓸 수 있다. 한편 서비스의 수요를 일정하게 발생시키는 방법도 있는데 이는 전략적 가격정책(strategic pricing policy)이라는 방법이다.

1) 약속시스템

약속시스템은 의사, 치과의사, 변호사, 컨설턴트 등의 전문서비스를 제공하는 사람들이 사용하고 있는 방법으로서 고객들이 전문서비스 제공자들과 정해진 시간에 만나기로 미리 약속하는 방법이다. 이 시스템에서는 고객의 도착시간을 조정하여 고객과 만나는 시간을 서비스 공급자의 측면에서 가장 효과적으로 배치한다. 그 결과 고객은 많이 기다리지 않으며 서비스 공급자는 인적자원을 최대한 활용시킬 수 있게 된다.

약속시스템에서는 약속시간에 나타나지 않는 고객에게 벌과금을 부과하는 경우도 있다. 예를 들어 미국의 경우 어떤 의사는 약속시간에 나타나지 않은 고객에게도 기본적인 진찰료를 청구한다. 이러한 요금청구에는 약속을 어긴 고객 때문에 의사는 다른 사람이라도 진료할 수 있는 시간을 사용하지 못하였다고 하는, 기회비용의 개념이 내포되어 있다.

2) 예약시스템

예약시스템은 서비스를 제공하는 서비스 공급자가 고객의 요청에 따라서 서비스 공급을 위한 인력과 상비를 동시에 사용하도록 일정을 계획하는 시스템이다. 예약시스템을 사용하는 서비스 기관은 호텔, 항공사, 레스토랑, 병원 등이 있다. 예를 들어, 레스토랑의 경우 예약을 하게 되면 그 고객을 위해서 좌석을 확보하고 예약석(reserved seats)으로 표시하여 다른 손님들이 사용하지 못하도록 하고 있다.

예약시스템은 예약을 통해서 미래에 있을 고객의 수요를 파악할 수 있으며 고객에 대한 서비스를 차질없이 진행할 수 있도록 서비스 공급을 위한 노동력과 설비의 일정을 계획할 수 있다. 그러므로 예약시스템은 고객에게는 약속된 시간에 서비스를 제공받을 수 있다는 장점과 서비스공급자에게는 서비스 조직의 효율적 자원사용을 가능하게 한다는 장점이 있다.

3) 납품연기

납품연기란 서비스의 공급능력에 비해서 서비스의 수요가 훨씬 클 경우에 사용되는 방법으로 서비스 공급능력이 제한되어 있을 때 고객에게 행해지는 서비스를 지연시키는 것을 말한다. 이 방법은 자동차수리, 전자제품수리, 은행, 레스토랑 등에서 사용한다. 예를 들어, 은행의 경우 월말에 많은 고객들이 몰리게 되어 서비스를 원활하게 받지 못하는 경우가 생긴다. 이 때 은행에서는 순서를 나타내는 번호표를 교부하여 고객들이 대기행렬을 이루도록 유도하고 그 순서에 따라서 서비스를 제공한다. 한편 레스토랑 중에서도 예약을 받지 않는 경우에는 고객들이 오는 순서대로(선착순으로) 고객들에게 서비스를 제공하고 좌석이 없으면 좌석이 생길 때까지 고객들은 대기행렬에서 기다려야 한다.

납품연기는 서비스의 공급능력에 제약이 있기 때문에 생기는 방법이지만 여기에는 두 가지 고려하여야 할 측면이 있다. 첫째는 은행 등과 같이 서비스가 차별화되지 않는 업체에서는 납품연기를 계속 사용하게 되면 고객들은 불편을 느끼고 다른 업체로 옮겨가게 되는 일들이 발생한다. 즉, 차별화되지 않은 서비스는 다른 업체에서도 제공받을 수 있으며 기다리지 않는다는 이점이 있기 때문에 고객의 이동을 초래하게 되는 것이다.

둘째로는 레스토랑과 같이 맛이나 가격 등으로 차별화 되는 서비스를 제공하는 경우에는 차별화되지 않는 서비스의 경우보다는 고객의 이동이 대단히 작을 뿐만 아니라 오히려 더 많은 고객을 유인할 수도 있다는 것이다. 그 이유는 기다린다는 것이 그 레스토랑의 서비스의 우수성을 증명하는 것과 같이 느껴져서 오히려 더 많은 고객을 유인하는 역할을 하기 때문이다.

4) 전략적 가격정책

계절적 수요를 가진 서비스의 경우에는 절정기에 있는 수요를 근거로 서비스의 공급능력을 결정하면 비수기 때의 수요의 저하 때문에 공급능력의 유휴화가 생기게 된다. 그러므로 대개의 경우 서비스의 공급능력은 일년 전체의 평균수요와 절정기의 수요 사이에서 결정되기 마련이다. 이러한 경우에 사용되는 것이 전략적 가격정책이다. 이는 절정기의 서비스 수요를 줄이기 위해서 절정기에는 더 비싼 요금을 부과하고 비수기에는 수요를 창출하기 위해서 더 싼 요금을 부과하는 것이다. 이러한 정책을 사용하는 서비스조직은 전력회사, 전화회사, 호텔, 항공사 등이 있다.

예를 들어, 호텔의 경우 관광성수기에는 비싼 요금을 부과하여 수요가 공급을 초과하는 것을 막고 관광비수기에는 싼 요금을 부과하여 수요를 더 많이 창출하려고 한다. 한편 전력회사는 여름철 에어컨으로 인한 전력수요의 급증을 전력요금할증제를 통해서 조절하려고 한다. 또한 전화회사는 아침 9시부터 정오까지 수요가 폭주하는 시간에는 전화요금을 비싸게 책정함으로써 수요를 줄이려고 하고 있다.

이와 같이 서비스의 수요를 평준화시키는 경우의 장점은 서비스 공급능력을 효율적으로 사용할 수 있다는 점이다. 즉, 서비스 공급능력을 늘 일정하게 유지함으로써 노동력을 안정적으로 사용하게 되어 종업원들의 직무만족을 향상시키며 이는 더 나은 서비스 제공 및 더 높은 서비스 생산성을 가능하게 한다.

(2) 서비스 인력의 일정계획

서비스업은 대개의 경우 노동집약적이다. 그러므로 서비스업의 일정계획은 노동력의 일정계획이 가장 중요한 부분을 차지한다. 이러한 노동력의 일정계획의 종류에는 두 가지 종류가 있다. 첫째는 고정일정계획(fixed schedule)이고, 둘째는 순환일정계획(rotating schedule)이다. 고정일정계획은 작업자가 늘 일정한 요일에 출근하고 일정한 요일에 휴무를 하게 되는 일정계획이고, 순환일정계획은 작업자들의 일하는 요일과 휴무를 하게 되는 요일이 변하는 일정계획이다. 순환일정계획에서는 모든 사람들의 일정이 정해져 있는 것이 아니라, 정해진 순번에 따라서 다음 주에는 내 앞의 순번을 가지고 있는 사람의 일정을 내가 물려받고 내 다음 순번을 가지고 있는 사람은 내 일정을 물려받는 식으로 일정이 순환되는 것을 말한다.

대개의 경우 고정일정계획보다는 순환일정계획을 사용하는데 그 이유는 작업자들에게 동등한 기회가 주어지기 때문이다. 예를 들어서 병원의 병동에서 일하는 간호사들의 경우에는 수간호사를 제외하고는 아침근무(morning shift; 오전 7시부터 오후 2시 반까지), 저녁근무(evening shift 오후 2시 반부터 오후 10시 반까지), 밤근무(night shift; 오후 10시 반부터 오전 7시까지) 등의 근무를 일주일 단위로 순환일정계획에 따라 근무하고 있다.

다음과 같은 인력수요를 가지고 있는 A백화점의 B매장의 일정계획을 수립하기로 하자. 이 백화점의 노동정책은 각 매장의 판매원들이 주 5일 일하고 2일의 휴일을 갖도록 한다. 문제는 어떻게 일정계획을 잡아야 판매원들이 2일을 연속하여 휴일을 갖도록 하는가이다. 이 일정계획의 결과는 고정일정계획이나 순환일정계획에서 모두 사용할 수 있다.

A백화점에서는 토요일과 일요일에 가장 많은 인력수요가 발생한다. 이 백화점의 B매장에서의 인력수요를 요일별로 나타내면 〈표 10-17〉과 같다.

표 10-17 요일별 인력수요

요일	월	화	수	목	금	토	일
수요	2	4	5	6	7	10	9

이러한 경우에 다음과 같은 절차를 따라서 일정계획을 잡는다.

단계 1: 수요가 가장 작은 날을 포함하는 연속된 이틀의 조합을 찾는다.
단계 2: 조합이 여러 가지이면 그 수요의 합이 가장 작은 것을 정한다.
단계 3: 동률일 경우의 우선순위를 정한다.
단계 4: 한 종업원에게 이틀을 연휴로 준다.
단계 5: 이 종업원의 근무량을 수요에서 뺀다.
단계 6: 수요가 만족될 때까지 단계 1에서 5까지를 반복한다.

단계 3에서의 우선순위를 결정하는 방법은 많으나 여기서는 월요일부터 순서대로 조합을 할당하기로 하자. 다른 방법으로는 종업원이 스스로 선택하게 하는 방법도 있고 사전에 노사간의 단체협약에 의해서 결정될 수도 있다. 위의 일정계획절차에 따라서 앞의 예를 사용하여 일정계획을 잡으면 〈표 10-18〉과 같다.

표 10-18 요일별 인력계획 작성

종업원	월	화	수	목	금	토	일	휴무일
가	2	4	5	6	7	10	9	월, 화
나	2	4	4	5	6	9	8	월, 화
다	2	4	3	4	5	8	7	월, 화
라	2	4	2	3	4	7	6	월, 화
마	1	3	2	3	3	6	5	수, 목
바	1	3	1	2	2	5	4	수, 목
사	0	2	1	2	1	4	3	월, 화
아	0	2	0	1	0	3	2	수, 목
자	0	1	0	1	0	2	1	월, 화
차	0	1	0	0	0	1	0	수, 목
	0	0	0	0	0	0	0	

위의 일정계획을 각 종업원별로 근무일과 휴무일을 살펴보면 다음과 같다.

표 10-19 요일별 인력계획 작성결과

종업원	월	화	수	목	금	토	일	휴무일
가	X	X	O	O	O	O	O	
나	X	X	O	O	O	O	O	
다	X	X	O	O	O	O	O	
라	O	O	X	X	O	O	O	
마	X	X	O	O	O	O	O	
바	O	O	X	X	O	O	O	
사	X	X	O	O	O	O	O	
아	O	O	X	X	O	O	O	
자	X	X	O	O	O	O	O	
차	O	O	X	X	O	O	O	
능력	4	4	6	6	10	10	10	50
수요	2	4	5	6	7	10	9	43
여유	2	0	1	0	3	0	1	7

위의 일정계획에는 1명이 넘는 여유인원(7/5=1.4명)이 존재한다. 예를 들어서 종업원 '차'는 화요일과 토요일에만 근무하면 전체의 수요를 채울 수 있다. 만약 이러한 인원의 여유가 경제적으로 부담이 된다면 종업원 '차' 대신에 화요일과 토요일에만 근무하는 시간제 인력을 고용할 수 있다.

종합사례 경상제약의 생산계획

경상제약에서 시판하고 있는 드링크류의 내년도 수요예측치가 다음과 같다.

드링크류의 수요예측치

월	예측수요	월	예측수요
1	400	7	500
2	300	8	400
3	500	9	200
4	600	10	200
5	500	11	300
6	600	12	300

현재 이 회사가 보유하고 있는 완제품 재고는 300단위이며, 38명에서 48명의 작업자가 작업을 할 경우 한 명의 작업자가 일평균 0.5단위의 생산을 하는 것으로 나타났다. 만약 38명 미만의 작업자가 작업을 할 경우에는 작업자 한 명당 평균 0.416단위를 생산하여 생산성이 떨어지는 것으로 나타났으며 49명 이상의 작업자가 작업을 할 경우에는 작업자 한 명당 평균 생산성이 0.446단위가 되는 것으로 나타났다. 단위당 원재료비는 30,000원이다.

이 회사는 9월부터 2월까지는 월 300단위의 생산을 하고 3월부터 8월까지는 500단위의 생산을 함으로써 노동력의 변화를 가급적 줄이려 하고 있다. 종업원 한 명당 임률은 시간당 평균 10,000원이며 한 달 조업일수는 20일, 그리고 하루에 8시간씩 작업을 하고 있다. 신규 종업원을 채용하고 교육시키는 데 소요되는 비용은 2,000,000원, 해고비용은 종업원 한 명당 1,000,000원이다. 완제품의 월간 재고비는 재고가액의 4%이며 단위당 미납주문비는 월 15,000원이다.

토·의·문·제

1. 이 회사의 생산담당 이사인 이태영은 이 회사의 원가절감운동의 일환으로 생산비를 10% 절감하려 하고 있다. 현재의 생산계획을 대체할 수 있는 생산계획을 수립하고 생산비를 얼마나 줄일 수 있는지 계산하라.

요 약

- 생산계획은 예측된 수요를 충족시키기 위하여 생산활동을 어떻게 운영해 나갈 것인가를 장 · 단기적으로 계획하는 것이다.
- 총괄생산계획은 6개월 내지 18개월의 기간동안의 제품집단별 생산율을 결정하는 것이다. 즉, 생산율과 고용수준 그리고 재고수준의 최적 조합을 구하는 것이다.
- 총괄생산계획에서 선택할 수 있는 전략으로는 노동력의 규모를 조정하는 전략, 노동력의 이용률을 조정하는 전략, 재고수준을 조정하는 전략 등이 있다.
- 총괄생산계획을 위한 기법으로는 일반적으로 두 가지 방법, 즉 시행착오적 기법과 수리적 기법이 있다.
- 총괄생산계획에서 대안을 개발하는 시행착오적 방법으로 가장 대표적인 것이 도표법이다.
- 총괄생산계획은 서비스조직에서도 적용될 수 있으며 서비스조직에서는 재고가 존재하지 않으며 공급능력을 효율적으로 활용하기 위한 방법으로 납품연기가 주로 활용된다.
- 총괄생산계획을 효율적으로 추진하는 데 있어서 계획과정에서의 배려와 적용과정에서의 배려가 필요하다.
- 총괄생산계획의 분해란 생산계획을 추진하는 데 필요한 노동력이나 자재의 양, 재고소요량 등을 결정하기 위하여 총괄생산계획을 보다 구체적으로 분해하는 것을 의미한다.
- 대생산일정계획은 총괄생산계획을 기초로 특정 제품의 요구량과 시기에 관하여 수립하는 계획을 말한다.

용어풀이

- **생산계획(production planning):** 예측된 수요를 충족시키기 위하여 생산활동을 어떻게 운영해 나갈 것인가를 장 · 단기적으로 계획하는 것.
- **전략계획(strategic planning):** 조직이 처해 있는 경제적, 정치적 환경과 조직능력의 범위내에서 이러한 목표가 어떻게 성취되어야 하는가를 규정한 것.
- **총괄생산계획(aggregate production planning):** 주요 제품군별 산출요구량을 구하는 계획으로 이 산출요구량은 향후 18개월까지의 월별 노동시간으로 나타낼 수도 있고 월별 생산량으로 나타낼 수도 있으며 계획기간에 대한 총생산비용을 최소화할 수 있는 월별 노동력의 수와 재고수준을 구하게 됨.

- **대생산일정계획(master production scheduling):** 생산계획을 추진하는데 필요한 노동력이나 자재의 양, 재고소요량 등을 결정하기 위하여 총괄생산계획을 보다 구체적으로 분해한 계획.
- **추종전략(chase strategy):** 월간 생산요구량에 따라 노동력의 규모를 조정시키는 전략.
- **평준화 전략(level strategy):** 완제품의 재고를 보유함으로써 수요의 변동성에 대처하는 전략.
- **순수전략(pure strategy):** 생산계획을 위한 전략으로 노동력의 규모를 조정하는 전략, 노동력의 이용률을 조정하는 전략, 재고수준을 조정하는 전략을 들 수 있으며 이러한 세 가지의 전략 중 어느 한 가지의 전략만을 사용하여 생산계획을 수립하는 경우를 순수전략이라고 함.
- **혼합전략(mixed strategy):** 생산계획을 위한 전략으로 노동력의 규모를 조정하는 전략, 노동력의 이용률을 조정하는 전략, 재고수준을 조정하는 전략을 들 수 있으며 이러한 세 가지의 전략 중 두 가지 이상의 전략을 혼합하여 사용하는 경우에는 혼합전략이라고 함.
- **균등일정계획(level production schedule):** 일정기간 동안 생산량을 균등하게 유지하는 것.

익|힘|문|제

1. (주)한국회로에서는 컴퓨터에 들어가는 회로기판을 생산하는데, 13대의 로봇을 보유하고 있는 (주)한국기판이 다음의 두 가지 생산전략을 고려할 때의 총비용을 비교하라.

분 기	1	2	3	4
예측 수요량	8000	7000	13000	10000

비용자료	비용
로봇 1단위 유지비용/분기	3000
재고유지비용/단위/분기	20
로봇 1단위 생산량/분기	500
잔업생산비용/단위/분기	5
잔업생산량	500
전기이월재고량	150

전략 1: 현재의 비용 자료를 유지한다

전략 2: 로봇의 수를 10대로 유지한다.

[풀 이] 1

다음의 엑셀 표는 문제 자료를 정리한 것이다.

	A	B	C	D	E
1	분기	1사분기	2사분기	3사분기	4사분기
2	예측 수요량	8000	7000	13000	10000
3					
4	로봇의 수	13			
5					
6	비용 자료				
7	로봇 1단위 유지비용/분기	3000			
8	재고 유지 비용/단위/분기	20			
9	로봇 1단위 생산량/분기	500			
10	잔업 생산비용/단위/분기	5			
11	잔업 생산량/분기	500			
12	전기 이월 재고량	150			

위의 엑셀 표에서 셀 B4에 입력된 로봇의 수는 가변 변수로 이용하여 다음과 같은 분석표를 작성하면 다양한 로봇의 수가 비용에 미치는 영향을 간편하게 알아볼 수 있다. 이를 위해 아래의 엑셀풀이에서 셀 C16:F16에는 “=$B$4”로 입력한다.

전략 1의 경우에 엑셀풀이는 다음과 같다.

	A	B	C	D	E	F	G
14	분기		1사분기	2사분기	3사분기	4사분기	
15	예측 수요량		8000	7000	13000	10000	
16	로봇의 수		13	13	13	13	
17	로봇 1 단위 생산량		500	500	500	500	
18	정규 생산량		6500	6500	6500	6500	
19	잔업 생산량		500	500	500	500	
20	총 생산량		7000	7000	7000	7000	
21	총 생산량 - 수요량		-1000	0	-6000	-3000	
22	재고량	150	0	0	0	0	
23	재고 부족량		850	850	6850	9850	
24							
25	비용 계산						합계
26	재고 유지 비용		0	0	0	0	0
27	재고 부족비용		4250	4250	34250	49250	92000
28	로봇 유지비용		39000	39000	39000	39000	156000
29	잔업 비용		2500	2500	2500	2500	10000
30	총비용		45750	45750	75750	90750	258000

위의 표에 사용된 주요 수식은 다음과 같다.

셀번지	수식
C16	=$B$4
C22	=IF(B22+C20>C15+B23,B22+C20-C15-B23,0)
C23	=IF(C15+B23>B22+C20,C15+B23-B22-C20,0)

전략 2의 경우는 셀B4에 로봇의 수를 10으로 바꾸어 입력하면 총 비용이 297,000이 됨을 확인할 수 있다.

2. 서강(주)는 잔디깎는 기계인 모델 A와 모델 Z를 생산한다. 다음 네 분기의 총괄계획을 수립한 결과는 다음과 같다. 각 모형의 과거 판매비율, 현재고, 조립시간이 다음과 같다고 할 때 조립부의 개략능력계획을 계산하라.

분 기	1	2	3	4
생산량	80	100	60	40
생산능력(시간)	2400	2400	2400	2400

모 델	비 율	현재재고	조립시간/단위
A	0.51	20	35
Z	0.49	10	45

엑셀의 ROUND 기능을 이용하여 계산하기로 하자.

[풀 이] 2

이 예제의 분석은 다음의 엑셀표와 같다.

	A	B	C	D	E
1		개략 생산능력 계획			
2	분기	1	2	3	4
3	총생산량	80	100	60	40
4	생산능력	2400	2400	2400	2400
5					
6		현재고	생산비율	조립시간	
7	모델A	20	0.51	35	
8	모델B	10	0.49	45	
9					
10	분기	1	2	3	4
11	A생산량	21	51	31	20
12	B생산량	29	49	29	20
13	A조립시간	735	1785	1085	700
14	B조립시간	1305	2205	1305	900
15	총조립시간	2040	3990	2390	1600
16	생산능력	2400	2400	2400	2400
17	초과능력	360	-1590	10	800

사용된 수식은 다음과 같다.

셀번지	수식
B11	=ROUND(B3*$C$7,0)-B7
C11	=ROUND(C3*$C$7,0)
B12	= ROUND(B3 * $C$8,0) - B8
C12	= ROUND(C3 * $C$8,0)
B13	=B11*$D$7
B14	=B12 * $D$8
B15	=B13 + B14
B16	=B4
B17	=B16 - B15

알고 갑시다!

자동 채우기 기능은 동일한 함수 공식이 적용되는 복수의 셀에 대하여 단 한개의 셀에 대해서만 수식을 입력하고 나머지 셀은 자동으로 수식이 입력되는 기능이다.

위 예제에서 B17의 수식은 B16−B15이었다. 나머지 2, 3, 4분기에 대해서는 동일한 공식이 적용되므로 B17 값을 구한 후, 마우스 포인터를 B17셀의 오른쪽 하단에 맞추면 마우스 포인터가 +모양으로 바뀐다. 이때 E17까지 드래그하면 된다.

3. 주식회사 건양은 컬러 에어컨을 제조함에 있어 다음과 같은 분기별 총괄수요를 계획하고 있다. 현재의 작업자 수는 35명이며 각 작업자는 분기에 15개의 에어컨을 생산한다.

분 기	1	2	3	4	계
수요 예측	400	650	1500	250	2800

비용자료(단위: 원)	비용
재고유지비용/단위/분기	150
재고부족비용/단위/분기	200
고용비용/분기	1,200
해고/분기	1,000
잔업비용/단위	100
정규임금/1인/분기	1,500
기초재고량	0

엑셀을 이용하여 다음의 두 개의 전략을 분석하시오.

전략 1: 작업자는 정규임금/작업시간을 따르고, 일정한 잔업으로 225를 유지한다. 이상의 수요는 추후납품을 계획한다.

전략 2: 작업자수를 수요예측량에 비례하여 1,4분기는 25명, 2사분기는 현재인원 유지, 3사분기는 50을 유지하고 정규작업시간/임금을 따른다.

[풀 이] 3

다음의 엑셀 표는 전략 1의 경우를 분석한 것이다. 볼드체는 기본 고정값을 나타낸다.

	A	B	C	D	E	F	G
1	분기	0	1	2	3	4	합계
2	수요량		**400**	**650**	**1500**	**250**	**2800**
3	작업자	**35**	**45**	**35**	**35**	**35**	
4	정규생산량		675	525	525	525	2250
5	잔업생산량		225	225	225	225	900
6	총생산량		900	750	750	750	3150
7	총생산량-수요량		500	100	-750	500	350
8	재고	**0**	500	600	0	350	
9	재고부족	**0**	0	0	150	0	
10	고용인원		10	0	0	0	
11	해고인원		0	10	0	0	10
12	잔업비용		22500	22500	22500	22500	90000
13	재고유지비용		75000	90000	0	52500	217500
14	재고부족비용		0	0	30000	0	30000
15	고용/해고 비용		12000	10000	0	0	22000
16	정규임금		67500	52500	52500	52500	225000
17	총비용		177000	175000	105000	127500	584500

위의 표에 사용된 수식은 다음과 같다.

셀번지	수식
C4	=C3*15
C6	=SUM(C4:C5)
C7	=C6-C2
C8	=IF(C7+B8-B9>0,C7+B8-B9,0)
C9	=IF(B9-C7-B8>0,B9-C7-B8,0)
C10	=IF(C3>B3,C3-B3,0)
C11	=IF(B3>C3,B3-C3,0)
C12	=C5*100
C13	=C8*150
C14	=C9*200
C15	=(C10*1200)+(C11*1000)
C16	=C3*1500
C17	=SUM(C12:C16)

전략 2의 경우도 유사한 방법으로 분석될 수 있으나, 이 경우는 잔업 생산량이 가변적이므로 셀 C5에는 "=IF(C2>C4,C2−C4,0)"을 입력함으로써 정규생산으로 수요량이 만족되지 않는 경우만 잔업 생산량을 지정한다.

연 | 습 | 문 | 제

1. 총괄생산계획의 목적은 무엇이며 왜 필요한가?

2. 계획기간을 결정할 때 고려해야 할 요소는 무엇인가?

3. 제조업의 총괄생산계획에서 고려되는 의사결정변수는 무엇이며 서비스업의 경우에는 무엇인가?

4. 단일 제품을 생산하는 기업에 비하여 여러 종류의 제품을 생산하는 기업이 총괄생산계획을 수립할 때 직면하게 되는 어려운 점은 무엇인가?

5. 총괄생산계획을 수립하기 위한 도표법의 장점과 단점을 설명하라.

6. 대생산일정계획의 투입물과 산출물은 무엇인지 설명하라.

7. 수요예측을 토대로 총괄생산계획이 수립되고 난 후 일정 기간이 지나고 나면 실제 수요와 예측수요의 차이가 발생하게 된다. 이러한 경우 총괄생산계획은 어떻게 되는지 설명하라.

8. 총괄생산계획을 수립하는 데 있어서 제조업과 서비스업의 유사점과 차이점을 설명하라.

9. 총괄생사계획과 직무만족의 관련성을 설명하라.

10. 경성주식회사의 내년도 4분기에 대한 수요예측치와 생산율이 다음과 같을 때 미납주문을 고려할 경우의 생산계획을 수립하고자 한다.

분 기	수 요	생 산
1	4,000	3,800
2	7,500	6,000
3	2,200	4,100
4	6,400	6,000

1분기의 기초재고가 200단위일 경우 각 분기별 기초재고, 기말재고, 평균재고 그리고 미납주문을 계산하라.

11. 평준화 생산전략을 추진 중인 경상주식회사의 수요예측치가 다음과 같았다. 기초재고가 0일 경우에 다음 물음에 답하라.

분 기	수 요
1	10
2	2
3	11
4	9
5	8

(1) 기간 5의 기말재고가 0이 되려면 기간별 생산율을 얼마로 해야 하는가?

(2) 미납주문은 언제 얼마나 발생하는가?

(3) 미납주문이 발생하지 않게 하려면 생산율을 얼마로 해야 하는가?

(4) (3)번에서 계산된 생산율로 평준화생산을 할 경우 기간 3의 기말재고는 얼마가 될 것인가?

12. 다음 연도에 대한 수요예측치가 다음과 같다.

월	예측수요	월	예측수요
1	500	7	900
2	600	8	900
3	600	9	800
4	700	10	700
5	700	11	600
6	800	12	600

재고보유비는 단위당 3,000원이며 재고부족비용은 단위당 10,000원이다. 현재 생산율은 월 700단위이며 생산비는 단위당 70,000원이다. 단, 700단위를 초과하여 생산할 경우에는 초과 생산량은 단위당 5,000원의 추가비용이 발생한다. 또한, 700단위 미만으로 생산될 때에는 모든 생산량의 단위당 비용은 12,000원이 추가된다.

현재 생산율을 유지하는 순수평준화전략과 순수추종전략에 대한 생산계획을 수립하고 비용을 분석하라.

13. 다음 자료는 내년의 수요 예측치로서 계절적 수요의 특성을 지니고 있음을 알 수 있다.

월	1	2	3	4	5	6	7	8	9	합계
예측 수요량	190	230	260	280	210	170	160	260	180	1,940

이 회사는 20명의 종업원이 단위당 6,000원의 비용으로 단위 기간당 10단위의 제품을 생산하고 있다. 재고보유비는 단위당 5,000원이며 미납주문비는 단위당 10,000원이다. 이 회사는 기간 1에서 두 명의 종업원을 채용할 것을 검토하고 있다. 이들 중 한 명은 정규근로자이며 나머지 한 명은 임시근로자로서 기간 5까지 근무할 예정이다. 이와 관련된 채용 및 해고비용은 각각 1인당 200,000원과 100,000원이다.

이러한 상황에 대한 총괄생산계획을 수립하고 생산비와 재고비, 미납주문비 등에 관한 비용분석을 하라.

14. 13번 문제에서 단위당 9,000원, 단위기간 동안의 최대 산출량은 25단위인 초과 조업을 고려한 총괄생산계획을 수립하라. 단, 미납주문은 가능한 한 줄이도록 한다. 또한, 기간 9의 기말재고량은 0이 되어야 하며 미납주문의 한계는 기간당 60단위이다. 여기에서 수립된 총괄생산계획의 비용을 분석하고 13번 문제의 답과 비교하라.

15. 본문 〈예제 1〉의 회사가 여름휴가로 기간 4 동안 휴무하기로 결정하였다고 한다. 여름휴가 후의 단위당 비용은 동일하지만 정규작업의 산출률은 450이 될 것으로 예상되고 있다. 즉, 기간 1과 기간 2, 기긴 3의 산출률은 〈예제 1〉과 동일하며 기간 4는 0 그리고 그 후의 산출률은 450이 된다. 총괄생산계획을 수립하고 비용을 분석하라.

제 3 부

공급사슬 설계 및 운영

제 1 부

제품 · 서비스의 가치창출

1. 녹색경영시대의 가치창출
2. 서비스 전략 및 운영
3. 제품 · 서비스의 품질
4. 기술과 경쟁력
5. 장단기 수요예측

제 2 부

생산시스템 설계 및 운영

6. 제품 · 서비스의 설계와 개발
7. 공급능력계획 및 입지선정
8. 프로세스 설계 및 배치결정
9. 프로젝트의 관리
10. 생산계획

제 3 부

공급사슬 설계 및 운영

11. 공급사슬경영의 구조
12. 공급사슬의 재고관리
13. 전사적 자원관리
14. 적시생산시스템과 린 생산방식

11 공급사슬경영의 구조

학습목표

본 장에서는 다음과 같은 내용의 이해를 목표로 한다.

- 공급사슬경영(SCM)의 개념
- SCM의 구성요소
- SCM의 효율적인 추진방법
- SCM의 정보지원기술

사례

Hewlett-Packard(HP)는 1939년 William Hewlett와 David Packard에 의해 설립되어 기술, 과학, 의학, 교육, 비즈니스분야에서 사용되는 전자제품과 계측기, 컴퓨터와 통신제품 등 2,400가지 이상의 제품을 제조하여 판매하는 회사이다.

이 회사는 미국의 대표적인 글로벌 기업으로 유럽과 아시아, 남미와 캐나다 등 전 세계 170여개 국가에 연구소와 생산 공장, 영업사무소와 유통 체인점, 합작사 등을 두고 있다. 회사의 2009년도 순이익은 약 87억 6천 달러이며 순이익의 60 % 정도는 해외에서 얻어질 정도로 글로벌화된 기업이다.

회사가 국제 경제 환경의 어려움 속에서도 꾸준한 성장과 안정적인 순이익을 가져오는 데에는 남 다른 배경이 있다. 회사는 전 세계를 영업 대상으로 하며 제품의 생산 · 판매 구조 때문에 공급 사슬(supply chain) 구조가 길고 복잡하며 관련된 기관들도 많았다. 회사는 길고 복잡한 공급사슬구조로 인하여 전체 공급사슬(supply chain) 내에 재고가 많게 되었고 이것이 비용으로 전체 수익에 나쁜 영향을 주게 되었고 또한 재고 보유가 많음에도 불구하고 제품 전달이 늦어져 고객 불만이 높아지는 문제점이 발생하였다.

회사는 구조적인 문제점을 해결하기 위해 1988년 스탠포드 대학과 협력하여 관련 연구자들로 구성된 문제해결 팀(SPaM; Strategic Planning and Modeling)을 조직하였다. 이 팀은 문제 해결을 위해 우선 PC 및 데스크젯 프린트 부문에 대하여 원재료 입수에서에서부터 전달까지 전체 공급사슬의 각 단계에 대한 상호관계를 파악하였고 각 단계 별 생산성과 수요특성, 주문에 따른 처리절차 등 방대한 자료를 수집하여 분석하였다.

분석 결과 많은 문제점을 발견하였다. 회사가 하고 있는 제품의 유통 방법은 공장에서 생산된 제품을 전 세계의 유통센터에 보내어 소비자에게 전달하고 있었다. 그러나 이 방법은 다음과 같은 문제점들이 있었다.

전체 공급사슬 내에는 각 국가별 제품 수요의 불확실성과 이에 대한 대응관리가 늦어짐으로써 재고의 불균형이 발생되었고 제품별로는 초과재고가 있거나 재고 부족 현상이 나타났다. 프린터 제품은 해상 운송을 하여 유통센터에 공급해 줌으로써 빠른 수요 변화가 발생할 경우에는 즉각적인 대응을 하지 못하고 있었다. 회사는 공급사슬의 불합리한 구조로 인하여 많은 재고를 보유하고 있고 이 재고는 비용을 발생하였으며 기업 수익구조에 악영향을 미쳤다. 고객의 측면에서는 제때에 제품을 전달받지 못함으로써 고객 불만도 높아졌다.

이에 대해 문제해결 팀은 공급사슬구조에 대한 개선 대책을 제시하였다. 우선 제품설계 및 생산 단계에 대한 해결방안을 제시하였다. 고객의 요구와 바람을 반영한 설계 개선을 하여 전체 공급사의 효율성을 높일 수 있는 방법을 찾아냈다. 예를 들면 프린터의 전기 콘센트의 경우 유럽시장은 220볼트를 선호하며 북미시장은 110볼트를 선호하는 등 국가별 지역별 약간씩 차이가 있었다. 따라서 이 요구조건을 반영하기 위해 두 요구조건을 근본적으로 공용할 수 있는 유연성을 가진 제품설계의 재설계를 시도하였으며 동시에 각 부품을 표준화하였다. 이를 통해 각 제품별 표준부품의 수를 최대화하였고 생산 공정을 모듈화하였다. 공장에서는 표준화된 부품을 활용하여 반제품을 생산하여 각 국가별 유통센터에 배송하였다. 유통센터에서는 그 국가별 지역별 특성에 적합하도록 이 반 제품을 조립하여 완제품을 생산하여 판매할 수 있도록 하였다.

기업 외적으로는 공급사슬 전반에 걸쳐 있는 기관들에 대한 효율적인 구조 조정을 실행하였다. 네트워크상의 창고 및 공장 수, 유통시설의 입지와 수량, 구조, 운송수단 등을 효율적으로 개편하였다.

이렇게 함으로써 회사는 그 동안 산적된 문제점들을 해소할 수 있게 되었다. 유럽과 북미간의 유통 및 물류는 유연성 있게 대응능력을 갖게 되었고 관련 운송비와 관세도 절감하게 되었고 또한 고객에게는 정확하게 납기를 이행할 수 있게 되었다.

또한 회사는 1995년 초부터는 완제품을 재고로 보유하거나 부분적으로 완성된 부품을 재고로 보유하여 과다재고 혹은 재부부족 발생의 원인을 제공하였던 이전의 관행을 개선시켜 모든 유통센터에서 표준품을 이용한 완제품 조립생산 방법을 채택함으로써 주문생산(make-to-order)방식을 가능하게 하였다.

회사는 이러한 새로운 공급사슬경영 방법을 도입함으로써 어느 경쟁업체보다 더 저렴하고 신속하게 고도로 고객화된 제품을 제공할 수 있게 하였다.

— 김태현, 「Supply Chain Management 개념과 사례」, 박영사, 2000에서 발췌 요약 —

제 1 절 공급사슬경영 구조의 개요

1. 공급사슬경영의 필요성

기업은 급격한 글로벌화와 시장 변화로 인하여 그 어느 때보다도 높은 경쟁에 휩싸이고 있다. 제품 및 서비스에 대한 고객의 기대는 높아지고 있으며 빠르고 정확한 제품 서비스의 전달, 낮은 가격, 높은 품질에 대한 요구가 그 어느 때보다도 높다. 이러한 요구를 반영하여 경쟁력을 확보하기 위해서는 기업 자신 뿐만 아니라 제품 및 서비스 제공에 관련된 모든 조직체들과 협력이 필요하다. 제품 및 서비스 제공에 관련되는 전체 조직체 즉 공급체인(supply chain)전체의 최적화를 통한 효율성 개선이 필요하다.

일반적으로 제품 및 서비스가 최종 소비자에게 전달되기까지에는 [그림 11-1]과 같은 여러 과정을 거치게 된다. 제품의 경우 원재료 생산업체가 원유, 철광석, 원목, 곡류 등의 원재료를 생산하여 2차 가공업체에게 전달한다. 가공업

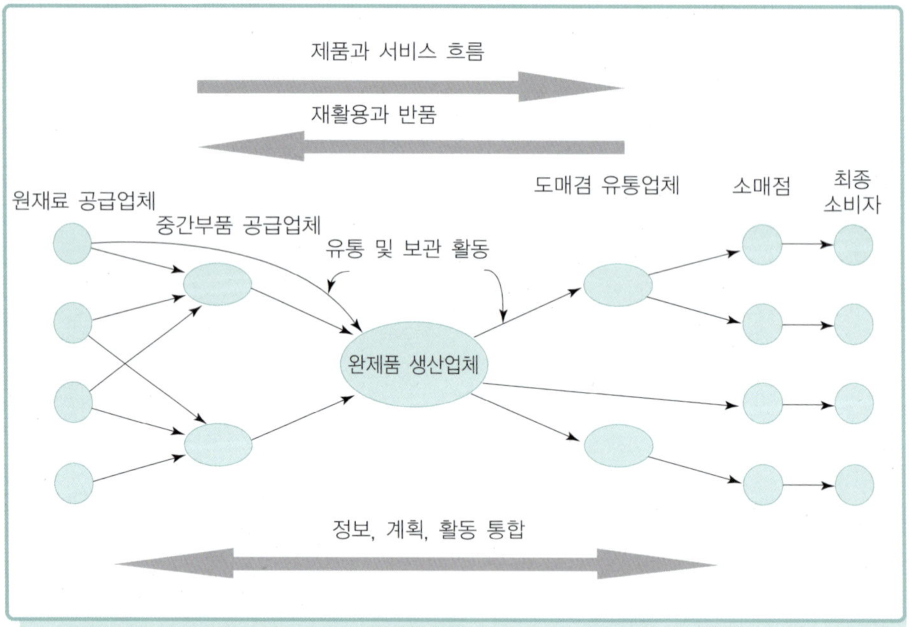

| 그림 11-1 | 제품 및 서비스 전달 과정

자료: Joel D. Wisner, Keah-C. Tan, G. K. Leong, "Principles of Supply Chain Management" 2th ed. South-Western Cengage Learning, p. 7.

체는 가공처리 과정을 거쳐 석유화학 제품의 원료인 납사, 철판, 목재, 식품 재료 등으로 가공하며 이것들은 또 다시 처리과정을 거쳐 고객이 원하는 제품을 만들기 위한 중간재인 직물, 플라스틱 부품, 볼트, 너트, 각종 강관, 합판, 가공 식품 등으로 만들어 진다. 완제품 조립업체는 이들 중간재를 구매하여 조립과 가공 과정을 거쳐 완제품을 생산한다. 완제품은 물류센터, 배송업체를 거쳐, 도매점, 소매점, 혹은 직접 판매, 전자상거래 등을 통하여 최종 소비자에게 전달된다. 소비자는 전달받은 제품에 대하여 만족과 불만족을 느끼게 되며 후속 요구사항으로 반품, 애프터서비스, 재활용 처리 등을 요구하게 된다. 서비스의 경우도 이 과정과 유사한 과정을 거치게 된다.

이러한 공급사슬은 고객과 시장 변화에 따라 점차 확대되며 복잡해진다. 이러한 환경변화는 공급사슬에 대하여 종전과 다른 접근 방법을 필요로 한다.

첫째, 제조과정 이외에서 발생되는 부가가치에 대한 관리가 필요하다.

제품 및 서비스가 최종 소비자인 고객에게 전달되는 과정에는 많은 공급 과정을 거치며 이 과정에는 많은 조직체들이 관여하게 된다. 따라서 제품 및 서비스의 생산 및 창출 과정 이외의 과정에서 부가가치가 발생된다. 최종 소비자가 느끼는 제품 및 서비스의 부가가치는 그림과 같이 원재료의 투입, 가공, 운송, 완제품의 생산, 유통 및 판매 등 여러 단계를 거쳐 부가된다. 관련 분야의 연구에 의하면 제조의 경우 전체 부가가치의 60~70%가 완제품 생산 이외의 과정에서 부가되며 주문으로부터 조달되기까지 걸리는 시간인 리드타임의 경우도 같은 유형을 보이고 있다. 또한 업종에 따라 매출원가의 10%~15%가 전체 공급사슬 내의 참여 조직 간의 정보 전달 지연 및 왜곡에 의하여 비용으로 발생 된다. 특히 채찍효과(Bullwhip Effect)로 인한 정보전달 왜곡은 과다 재고 혹은 재공품 재고 보유를 가져오며 이는 비용을 높이게 된다. 따라서 제품 및 서비스의 효율적인 부가가치 부과를 위해서는 제조 및 조립을 포함한 공급사슬 전반에 대한 관리가 필요하다.

둘째, 불규칙하고 빠른 수요 변화에 대한 대책이 요구된다.

급격한 글로벌화와 시장 변하는 고객에게 불규칙하고 빠른 수요 변화를 가져왔다. 불규칙하고 빠른 수요 변화는 납기에 어려움을 주게 되며 수량과 품실 관리에도 어려움을 주게 된다. 이러한 변화와 어려움을 단순히 제조나 조립과정에서 흡수하여 해결하기에는 한계가 있다. 공급사슬 전체 내에서 변화와 변동 요인을 흡수시켜 개선하지 않고는 불확실성에 관련된 문제들을 해결할 수 없다. 따라서 공급사슬 전체 내에서 이 같은 불확실한 요인을 흡수시켜 개선시키지 않고는 불확실성에 관련된 문제들을 해결할 수 없다.

셋째, 확대되고 복잡한 공급사슬 구조는 종전과 다른 경영 접근 방법을 필요로 한다.

현대의 공급사슬 구조는 점차 확대되고 복잡화되었다. 원재료 및 중간 부품 공급자의 증가, 물류센터의 확대, 유통 및 판매업자의 증가, 전자상거래 활성화 등은 점차 공급사슬 구조를 확대시키고 복잡하게 한다. 확대되고 복잡화된 공급사슬구조의 관리를 위해서는 종전과 다른 경영 접근 방법을 필요로 한다.

넷째, 고객의 대량개별화 요구에 대한 구조적인 접근이 필요하다.

고객의 다양한 요구에 부응하여 경쟁력을 유지하기 위해서는 대량개별화가 필요하다. 이를 위해서는 다양한 제품을 공급해야 하며 따라서 공급사슬 내에 종전보다 많은 재공품 재고나 완제품 재고가 필요하게 된다. 또한 동시에 보다 낮은 가격에 공급하기 위해서는 관련비용을 절감시켜야 된다. 그러나 이 같은 전략은 공급사슬 어느 곳에서 과다 재고의 누적을 유발시킬 수 있다. 이렇게 될 경우 이 완제품 재고 혹은 재공품 재고는 비용으로 산정되어 공급사슬 내에 있는 기업들의 현금흐름에 나쁜 영향을 미치게 된다. 따라서 고객의 다양한 요구에 부응하면서 동시에 낮은 가격, 짧은 수명 주기의 제품 및 서비스를 제공하기 위해서는 구조적인 개선 방법이 필요하다.

다섯째, 공급사슬 내 복잡한 정보흐름을 지원할 수 있는 기반기술의 지원이 가능하다.

공급사슬이 복잡하고 확대됨에 따라 공급사슬 내에 관련된 조직체 들 간에 통합적 관리와 빠른 정보 교류가 필요하다. 종전에는 이를 지원할 수 있는 기반 기술이 부족하였으나. 지금은 이론상에서 논의되었던 관리 방법을 지원할 수 있는 새로운 정보 기술들이 개발되고 있다. 따라서 이러한 기술들을 활용한 관리가 필요하게 되었다.

2. 공급사슬경영의 구조

공급사슬은 제품 및 서비스를 제공하는 연쇄구조로 소매점, 도매점 혹은 직접 판매, 전자상거래, 배송업체, 유통업체, 완제품 조립업체, 부품 공급업체, 가공업체, 원재료 생산업체 등으로 구성되어 있다. Hines(2004)가 정의 하였듯이 고객의 관점에서 고객만족을 가져올 수 있도록 하기 위해서는 공급사슬 내에 있는 조직체들 간에 협력을 바탕으로 정보기술을 활용하여 제품 및 서비스에 대한 이동과 관련 정보, 자금의 흐름들을 공유하여야 한다. 공급사슬경영(SCM; Supply Chain Management)은 최종 소비자의 가치를 높이기 위해 원재료의 공급업체로부터 최종 소비자에게 이르기 까지 상품, 정보, 서비스의 흐름을 통합적으로 관리하여 재고를 최적화하며 리드타임을 감축함으로써 높은 품질의 제품과 서비스를 제공하고자하는 경영전략이다. 공급사슬경영은 공급사슬 내에 부문별 최적화, 기업별 최적화에 머물렀던 물류, 정보, 그리고 자금에 관련된 업무의 흐름을 공급사슬 전체의 관점에서 재검토하여 정보의 공유화와 공급사슬 흐름의 개선을 통해 공급사슬 전체의 효율을 향상시키고자 하는 것이다. 이렇게 하여 공급사슬 내의 병목현상을 제거함으로써 낮은 비용과 빠른 제품 및 서비스 흐름 유지, 정확한 납기 준수, 생산 유연성을 유지하고자 한다.

지식경제부에서는 공급사슬경영을 '제품생산을 위한 프로세스(부품조달, 생산계획, 납품, 재고관리)를 효율적으로 처리할 수 있는 관리 솔루션으로 물자, 정보, 재정 등이 공급자로부터 생산자, 도매업자, 소매상인, 그리고 소비자에게 이동함에 따라 그 진행과정을 감독하는 방법' 으로 정의하고 있다. 정호상 등(2008)은 삼성경제연구소 자료에서 '제품 생산에서 유통에 이르는 전체 프로세스에 걸쳐 협력업체와의 정보 공유, 협업 등을 통해 재고관리 등 공급망 관련 의사결정에 있어 최적화를 추구하는 경영기법' 이라고 하고 있다. 정리하면 공

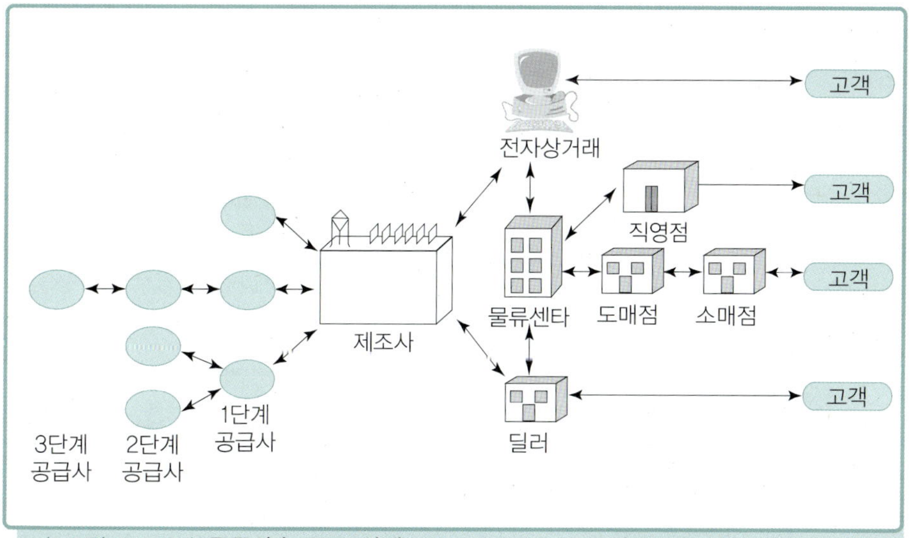

| 그림 11-2 | 공급사슬 구조 사례

급사슬경영은 공급사슬 연쇄구조 내에 있는 각 조직체들이 상호 협력을 통해 제품 및 서비스의 물자, 정보, 재정의 흐름을 공유하여 통합적 관리를 추구함으로써 공급사슬 전체의 최적화를 추구하는 경영개념이다.

공급사슬은 앞에서 논의한 것과 같이 원재료 생산업체, 가공업체, 중간 부품 공급업체, 완제품 조립업체, 유통 및 배송업체, 도매점, 소매점 혹은 직접판매, 전자상거래로 이루어진 연쇄구조로 [그림 11-2]와 같다.

제 2 절 SCM의 구성요소

1. SCM 프로세스

SCM프로세스에는 [그림 11-3]에서 보는 바와 같이 여러 가지 관리 활동이 필요하다. 일반적으로 공급업체 관리, 생산업체 관리, 고객 및 구매업체 관리로 분류할 수 있다.

효율적인 SCM 관리를 위해 생산업체에서는 제품개발과 상품화관리, 생산 및 운영관리활동을 하게 된다. 제품 및 상품화 관리에는 원활한 흐름 관리를

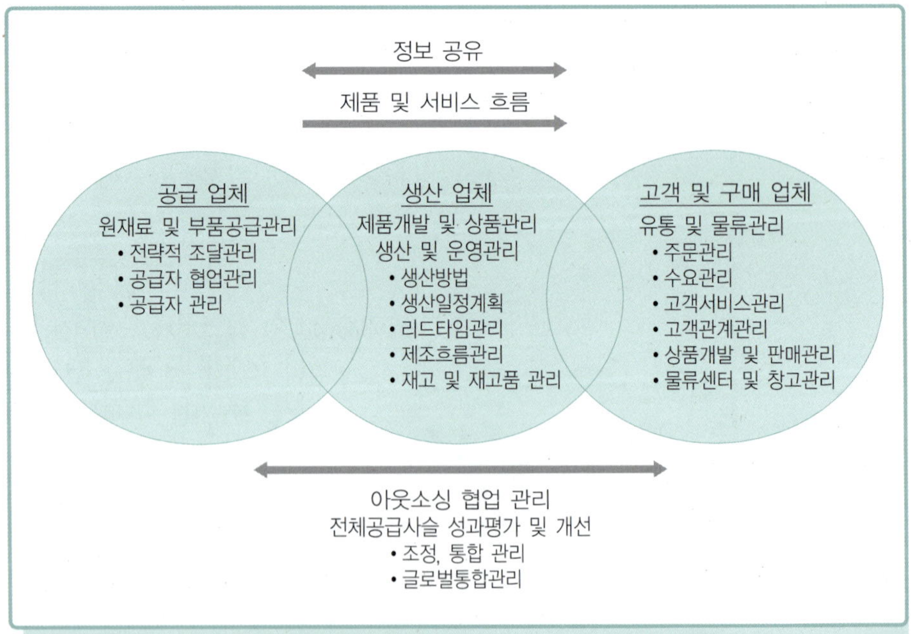

| 그림 11-3 | 공급사슬경영의 관리요소

종합 사례

• **크로스 도킹 시스템(Cross Docking)이란?**

크로스도킹 시스템은 창고나 물류센터로 입고되는 상품을 보관하는 것이 아니라 곧바로 소매 점포에 배송하는 물류시스템으로 그림에서 보는 바와 같이 완제품이 파레트 형태로 창고나 물류센터에 입고되면 파레트를 해체하여 유통업체별 제품 수요에 따라 제품을 다시 포장(혼합 파레트)하여 배송하는 시스템으로 보관 및 피킹작업 등을 제거함으로써 물류비용을 상당히 절감하는 방법이다.

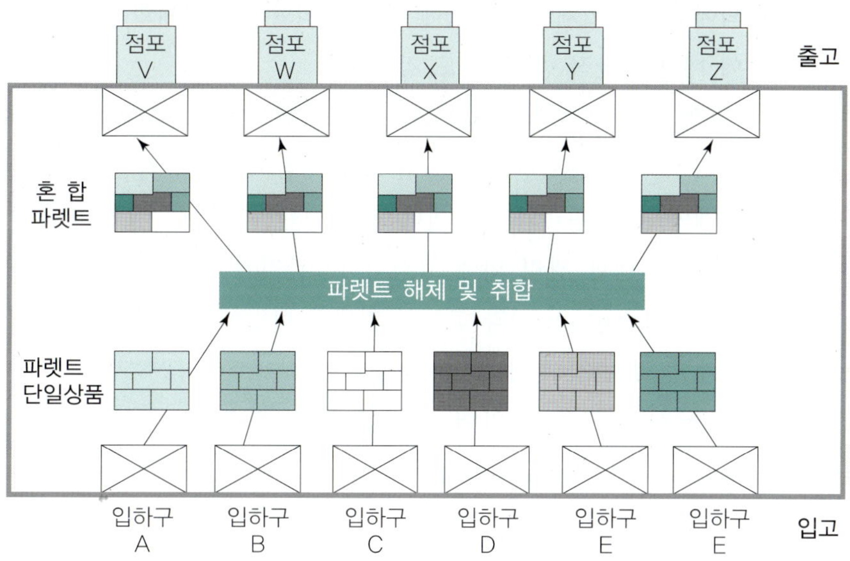

• **자동 발주 시스템(CAO: Computer Assisted Odering)**

자동발주시스템은 POS(Point of Sales System: 팔린 상품에 대한 정보를 판매시점에서 즉시 기록함으로써 판매정보를 집중적으로 관리하는 체계) 판매정보를 근거로 하여 수작업 없이 점포에서 주문을 할 수 있게 하는 방법이다. 주문은 EDI(Electronic Data Interchange: 기업간에 데이터를 효율적으로 교환하기 위해 지정한 데이터와 문서의 표준화 시스템)를 통해 물류센터로 전송되어 즉각적으로 재고보충이 이뤄지게 된다. 이러한 방법을 통해 물류의 동기화 및 수요관리의 통합화가 가능해진다.

위해 단순화, 표준화, 모듈화 개념을 활용하며 제조용이성 설계와 운송 편리성, 환경친화성 등도 고려한다. 생산 및 운영관리에는 생산 방법과 생산 일정계획, 리드타임 관리, JIT, ERP(13장, 14장 참조) 관리 등 제조 흐름 관리와 재고 및 재공품 관리 등 전체 공급사슬의 효율성을 높일 수 있는 관리 요소를 반영한다. 특히 재고 및 재공품을 줄이기 위해 크로스 도킹, 자동발주 시스템 등도 고려한다.

공급업체와 관련하여서는 원재료 및 부품공급관리 계획을 수립하며 전략적으로 현재 및 미래에 확대할 수 있는 공급업체에 대한 관리 계획도 실행한다. 이외에도 공급업체와의 협업에 대한 관리와 공급업체의 물류 및 운송, 재고 부분에 대한 전반적 공급관리도 검토한다.

고객 및 구매업체에 대한 관리에는 물류센터와 창고의 수, 위치, 유통단계의 운송비 및 운송 수단과 방법, 설비, 도매점, 소매점, 직판점, 전자상거래 등 유통단계에 대한 관리와 물류센터 및 창고관리가 포함된다. 고객에 대하여는 주문과 수요 대한 관리 외에 고객서비스관리와 고객관계관리(CRM; Customer Relation Management)와 고객의 기대와 바람에 대한 파악과 변화를 반영하는 상품개발 및 관계 관리도 실시한다.

공급사슬구조에 있어 아웃소싱과 협업에 대한 검토도 반영한다. Kalafatis(2000)은 공급업체와 생산업체, 고객 및 구매업체들 간의 활발한 의사소통, 진보된 재고관리시스템, 더 많은 조정활동, 문제해결 활동은 SCM의 효율성을 높이는 데 중요한 요소로 평가하고 있다. 이러한 요소들은 협업 활동에 있어 필수 요소이다.

SCM이 효율적으로 실행되기 위해서는 공급사슬에 대한 평가와 개선이 있어야 한다. 평가는 공급사슬 전체적인 관점에서 낭비요소와 불합리한 요소에 대한 성과평가로 이루어지며 이 평가를 근거로 개선을 한다. 예를 들면 〈표 11-1〉에서 보는 바와 같이 여러 성과 측정지표들을 고려한다. 재무지표의 경우에는 수익률, 시장점유율, 매출액 등 전통적인 재무성과 지표들이 있다. SCM목적 중에 하나는 이러한 측정지표들을 활용하여 전체 시스템의 비용을 절감함으로써 재무효율성을 높이는 데 있다.

이 외에도 〈표 11-1〉에 언급된 성과지표를 고려하여 성과평가를 실시한다. 공급사슬 내에 있는 모든 조직체들의 활동영역과 운영범위들을 고려하여 성과평가를 실시하여 기능상의 통합 및 조정을 한다. 이러한 활동은 공급사슬 내의

표 11-1 SCM 성과 측정지표의 종류

성과측정지표의 종류	내용	연구자
재무지표	수익률, 시장점유율, 매출액 등의 전통적인 재무적 성과를 측정함	서윤주 · 류춘호(1999), Jayaram et al.(1999), Curkovic et al.(2000), Frohlich and Westbrook(2001) 등
생산운영지표	생산관리의 성과 측정에 사용되는 생산원가, 재고비용, 주문처리시간, 배송리드타임, 품질, 납품성과, 유연성, 고객서비스, 기업 경쟁력 등을 포함함	서아영 · 신경식(2001), 홍관수 · 정기웅(2004), 서창적외 2인(2004), 김수욱(2005), Stewart(1995), Dyer(1996), Li et al.(2005), Guimaraes et al.(2002) 등
프로세스 중심지표	공급사슬 흐름의 단계 또는 계층적 부분으로 나누어 성과를 측정함	Beamon(1999), Gunasekaran et al.(2001)
SCOR 모형 성과지표	계획, 조달, 생산, 배송, 반품의 5개프로세스로 나누어 수준별로 성과지표의 표준을 제시함	김유정외 3인(2001), Supply Chain Council(2005) 등
균형점수표(BSC)성과지표	재무성과, 고객 내부프로세스, 학습과성장의 관점, 4개 관점에서 성과를 측정함	이견직(2004), Kaplan and Norton(1992) 등

자료: 정용균 외(2007), "기업간 협력관계가 SCM성과에 미치는 영향"에서 발췌.

각 개체에 대한 부문별 최적화나 공급자 개별 기업단위 최적화에서 탈피하여 전체 공급사슬 구성요소들 간에 이루어지는 전 과정을 대상으로 한 최적화를 가능하게 한다. 이렇게 함으로써 공급사슬 내에 존재하는 불확실한 변동요인과 낭비요소를 제거하고 고객이 요구하는 기대수준에 부응함으로써 기업의 가치를 최대화할 수 있게 된다.

2. SCM 프로세스의 특징

SCM 프로세스 중 중요한 것 중의 하나가 고객의 수요변동에 대한 능동적인 대응이다. 고객 수요변동은 각종 수요 예측기법을 활용하여 대응할 수 있다. 즉, 거시적 영향 변수인 경제관련 지표, 관련 업종의 동향, 원자재 동향 등과 함께 미시적 영향요인 관련 제품의 라이프사이클, 계절적 수요변화 특성 등을 고려하여 적절한 예측기법을 활용하여 대처할 수 있다. 그러나 이러한 예측 가능한 부분의 변동에 대한 대처는 가능하나 단기적 불규칙 변동요인 등 예측 불가능한 변동에 대한 미진한 대응이 문제가 되는 것이다. 최종 소비자의 단기적 불규칙 수요에 변동 폭은 작다하더라도 소매점, 도매점, 혹은 제조사 등으로 갈수록 그 변동 폭은 커지게 된다. 즉 공급사슬 내에서 역으로 거슬러 올라갈수록 불확실성 때문에 그 변동 폭은 커지게 된다.

[그림 11-4]는 Procter & Gamble사의 소매점, 도매점, 제조회사, 공급회사에 대한 아기용 기저귀 제품에 대한 수요변화의 예이다. 최종 소비자의 수요변화는 적었다. 그러나 소매점이 이 수요변화에 부응하기 위해 혹은 수요증가에 대한 불안심리, 안전재고 확보욕구, 리드타임의 불안요인 등으로 인해 도매점에 대한 주문은 더 많은 변동을 가져오게 된다. 도매점에서는 이러한 다수의 소매

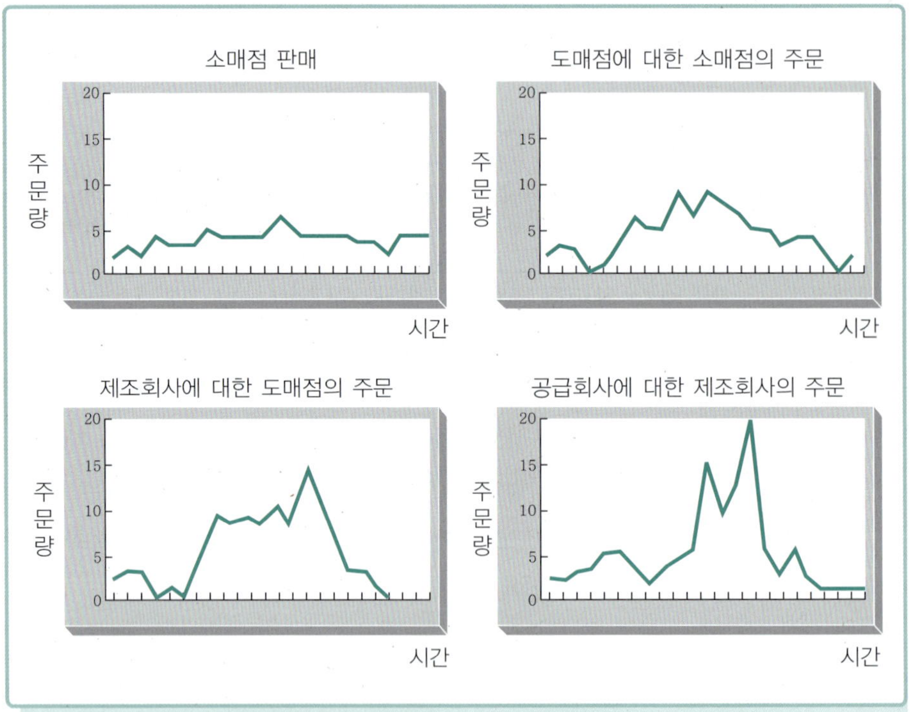

| 그림 11-4 | 공급체인 내 각 개체들의 주문변동 증가

자료: H. Lee, P. Padmanabhan, and S. Whang, "The bullwhip effect in supply chains, Sloan Management Review 38. (1997), 93-102.

점 수요와 도매점 자체의 불안심리, 안전재고 확보욕구, 그리고 제품 리드 타임의 불안요인 등에 의해 제조회사에 대한 주문량은 더 큰 변동을 가져오게 되며, 제조회사의 공급회사에 대한 주문 변동은 극적으로 확대된다. 따라서 공급사슬 내 각 개체들은 불필요한 과다재고를 보유하게 되며 이로 인해 주문지체, 지연 등이 발생하며 리드타임이 길어지게 되고, 재고 과다보유는 결국 전체 공급사슬의 현금흐름을 악화시키게 된다.

공급사슬 내에서 소비자로부터 생산자로 갈수록 수요변동 폭이 확대되는 것을 채찍효과라 한다. 소를 몰 때 쓰는 긴 채찍의 경우 손잡이 부분에서는 작은 힘이 가해져도 끝 부분에서는 큰 힘이 생기는 것과 마찬가지로 공급사슬 내에 최종 소비자 수요의 작은 변동이 제조업체에 전달될 때는 크게 확대된다.

수요변동에 대해 공급이 부응하지 못하게 되면 공급사슬 내 여러 조직체와 단계에 재고가 누적되게 되며, 재고부족, 주문지체 등이 발생하게 된다.

이 사례는 공급사슬 다이나믹스에 관한 세 가지 주요 사항을 설명하고 있다.

첫째. 공급사슬은 아주 높은 상호작용시스템이다. 공급사슬 내에 있어 각 부문의 결정은 다른 부문에 영향을 미친다.

둘째, 수요변화에는 채찍효과가 있다. 상위부문 개체(창고와 공장)는 진짜 수요변화가 아닌 하위부문 개체로부터의 과장된 주문에 과잉반응하지 않도록 주의하여야 한다. 모든 수준에서 완벽한 정보가 있더라도, 리드타임 때문에 공급사슬에 있어 채찍효과가 있을 수 있다.

셋째, 공급사슬을 향상시키는 데 있어 가장 좋은 방법은 전체 리드타임을 줄이고, 모든 개체가 실제 수요정보를 피드백하는 것이다. 공급사슬 내에 있어 시간지체(time lag)는 수요와 재고의 급한 변동에 일조할 뿐이다.

이 사례에서 가장 큰 문제는 공급사슬 내 급격한 수요변동에 대한 불확실성으로부터 발생되는 각 개체별 과잉반응이다. 이 문제에 대한 효과적인 관리방법은 불확실성을 제거하기 위하여 실시간 정보를 공유함으로써 전체 공급사슬이 전략적 제휴시스템 즉 협업이 강화되도록 하는 것이다. 이렇게 함으로써 공급사슬 내의 갑작스런 수요변화에 빠르게 대응할 수 있도록 하고, 안전재고 등을 감소시켜 전체 재고를 감소시키게 할 것이다. 물론 보다 효율적인 예측방법은 각 개체에 도움을 줄 수 있을 것이다. 그러나 수요변화를 정확히 예측한다는 것은 극히 어렵다. 따라서 전체 공급사슬의 실시간 정보공유를 통한 전략적 제휴 시스템이 필요하며 이러한 정보공유에 의해 전체 시스템의 효율성 추구는

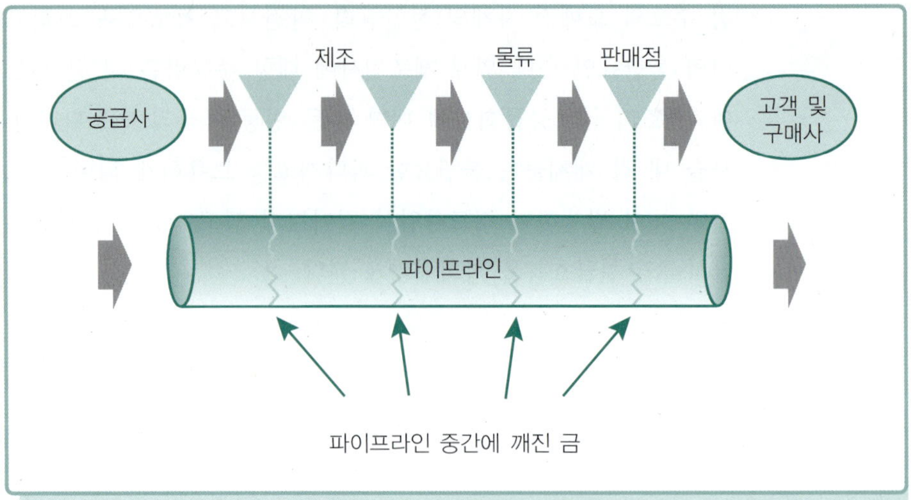

| 그림 11-5 | SCM 프로세스

자료: SCM (http://my.netian.com/~arira/SCM) 발췌 재정리.

불필요한 지체, 지연을 감소시켜 리드타임의 단축을 가져오게 한다.

공급사슬 내에 있는 모든 개체들은 정보를 공유하여 물 흐르듯이 흘러가야 한다. 즉 공급사슬 내의 모든 개체들은 동기화(synchronization)되어야 한다. 그러기 위해서는 공급사슬 내에 있는 개체들이 하나의 통합된 주체에 의해 운영되듯이 정보를 공유하여, 서로 도움을 주고받는 전략적 공동협력 즉 협업체제가 필요하다.

[그림 11-5]는 SCM프로세스를 파이프라인으로 비유하고 있다. 여기서 파이프라인 중간에 깨진 금은 이 파이프라인이 서로 다른 개체들이 전략적으로 연결되어 하나의 파이프라인을 구성함을 의미한다. 전략적으로 더 잘 연결될수록 파이프라인에서 새는 물이 없게 될 것이다. 그림에서 보는 바와 같이 공급사슬 내의 여러 개체들이 공동 협력에 의해 원재료 및 중간 부품 제공, 제조, 물류, 판매에 있어 새는 구간이 없이 흐르는 물처럼 운영되면 전체 제품 및 서비스의 수명주기의 단축뿐만 아니라 각 개체 혹은 개체 내 각 부문에서 필요 재고가 아예 없거나 최소한의 재고만을 가지게 된다. 따라서 고객 요구와 시장변화에 능동적으로 대처할 수 있으며 또한 재고로 인한 불필요한 자금보유를 축소시켜 현금흐름을 제고시킬 수 있는 것이다. 또한 흐름의 연속성 때문에 고객에 대한 납기약속을 정확히 지킬 수 있으며, 납기제시도 명확히 할 수 있게 된다.

제 3 절 SCM의 효율적인 추진방법

1. 공급사슬의 통합

공급사슬을 효율적으로 운영하기 위해서는 고도의 기능적 조직적 통합이 필요하다. 통합단계는 [그림 11-6]과 같이 3단계로 이루어진다. 단계 1에서는 원재료 및 중간 부품 등을 공급하는 공급사는 독립된 조직체로 운영되며 공급사슬 운영에 있어 관련 정보는 서로 공유하지 않는 다. 완제품 생산 기업 내부적으로도 구매, 생산통제, 유통 및 물류 기능이 독립적으로 운영되고 각 기능별 최적화만을 추구한다. 따라서 공급사슬 내부에는 수요 및 생산 왜곡이 발생하게 되며 이로 인해 재고와 재공품 재고가 증가하게 되어 비용이 높아지고 제품 및 서비스 흐름의 비능률을 가져오게 된다.

단계 2에서는 완제품 생산기업 내부적으로 구매, 생산통제, 유통 및 물류기능에 대한 통합을 시도한다. 통합을 통하여 관련 정보의 흐름을 공유하며 각 부문별 최적화가 아닌 전체적 최적화를 추구한다. 이로 인해 기업 내 제품 및 서비스 흐름을 원활하게 하지만 원재료 및 중간 부품 공급사와는 독립된 조직체로 운영한다.

단계 3에서는 공급사슬 내에 있는 조직체인 공급사, 제조사, 고객 및 구매사

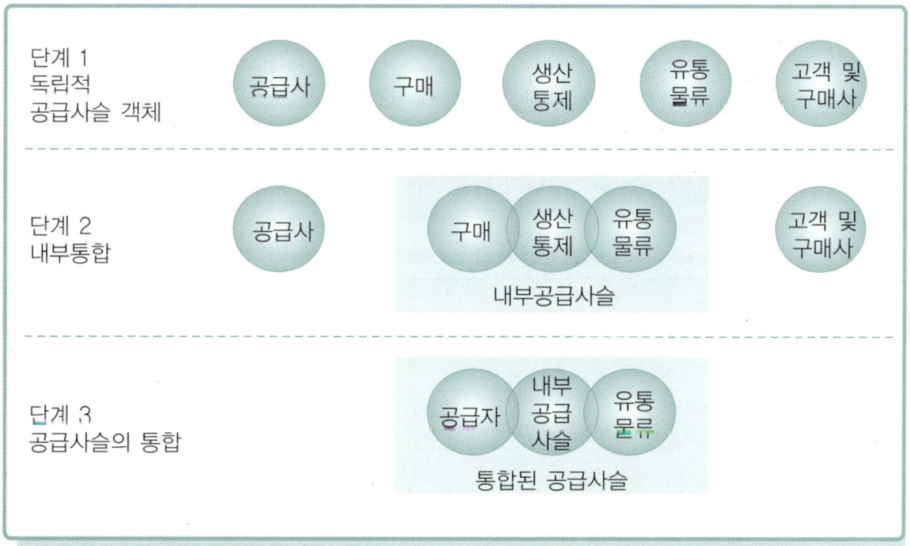

| 그림 11-6 | 공급사슬의 통합단계

자료: 이우용 외(2003) "경영의 원론적 이슈와 경영학의 본질", 409쪽에서 발췌 재정리.

모두를 통합한다. 이렇게 함으로써 제품 및 서비스 흐름에 대한 관련 정보를 공유하여 공급사슬 전체에 대한 최적화를 실행한다.

이러한 통합과정은 공급사슬 내의 각 조직체들이 하나의 조직체처럼 활동하도록 각 기능들을 통합하는 것이다. 통합적 접근 방법에는 공급사슬 내 각 조직체의 개별 이익 극대화와 상반되는 경우도 있을 수 있다. 그러나 공급사슬의 통합을 효율적으로 실행하려면 통합 장애물에 대한 지속적 제거 노력과 적대적 관계의 해소, 각 부문 간 장벽 극복 등 지속적인 보완과 개선이 필요하다.

이를 위해서 장기적인 측면에 SCM 전략을 공동 개발하고 이를 실행하며 공급사슬 평가 측정지표의 개발(〈표 11-1〉 참조)과 이 지표에 의한 정기적인 평가와 개선이 이루어져야 한다.

2. 공급사슬 효율성을 위한 중점 관리요소

SCM의 효율성을 높이기 위한 중점관리 요소는 헤이즈와 휠라이트(Hayes & Wheelwright, 1984)의 분류에 기반을 두어 〈표 11-2〉와 같이 공급사슬의 전체 구조에 대한 개선 방법과 운영방법에 대한 개선의 두 가지로 분류하여 생각할 수 있다.

구조개선 방법은 공급사슬 내의 각 조직체들에 대한 구조에 대한 변화 방법으로 공급사슬의 수직적 통합, 가상통합(virtual integration), 네트워크 구성 및 입지개선, 공급사슬 프로세스의 단순화, 주요제품의 재 디자인, 그리고 아웃소싱 등이 있다. 이 방법은 공급사슬 망 구조에 대한 넓은 범위의 개선이며 많은 자

표 11-2 SCM의 중점 관리 방법

SCM의 개선방법	세부내용
구조 개선방법	공급사슬의 수직적 통합 혹은 가상통합
	네트워크의 구성과 입지 개선
	주요 제품설계 개선
	아웃소싱
운영 개선방법	공급사슬 내의 상호협력 구축
	정보시스템의 통합
	상호기능팀의 구성
	셋압(set-up) 준비시간의 감축

본을 필요로 한다. 반면에 운영에 대한 개선 방법은 공급사슬 내 각 조직체들에 대한 관리와 운영에 대한 변화로 공급사슬 내의 상호 협력체제의 구축, 정보시스템의 통합, 상호 기능 팀의 구성과 운영, 그리고 준비시간의 감축 등이 있다.

3. 구조 개선방법

구조 개선방법에는 다음과 같이 네 가지로 분류할 수 있다.

- 공급사슬의 수직적 통합 혹은 가상통합
- 네트워크의 구성과 입지 개선
- 주요 제품설계 개선
- 아웃소싱

(1) 공급사슬의 수직적 통합과 가상통합

공급사슬의 수직적 통합이나 가상통합(virtual integration)은 공급사슬 내의 조직체들이 하나의 통합된 관리체제를 추구함으로써 불확실한 시장에 능동적으로 대처하고자 하는 전략이다. 이 전략은 조직체 간에 강한 유대관계를 형성하며 통합된 관리체제를 실행하고자 하는 개선방법이다. [그림 11-7]에서 보는 바와 같이 공급사슬의 수직적 통합은 원재료 및 중간 부품을 제공하는 공급업체를 완제품 생산업체를 중심으로 통합하거나 유통 및 판매사, 구매사를 완제

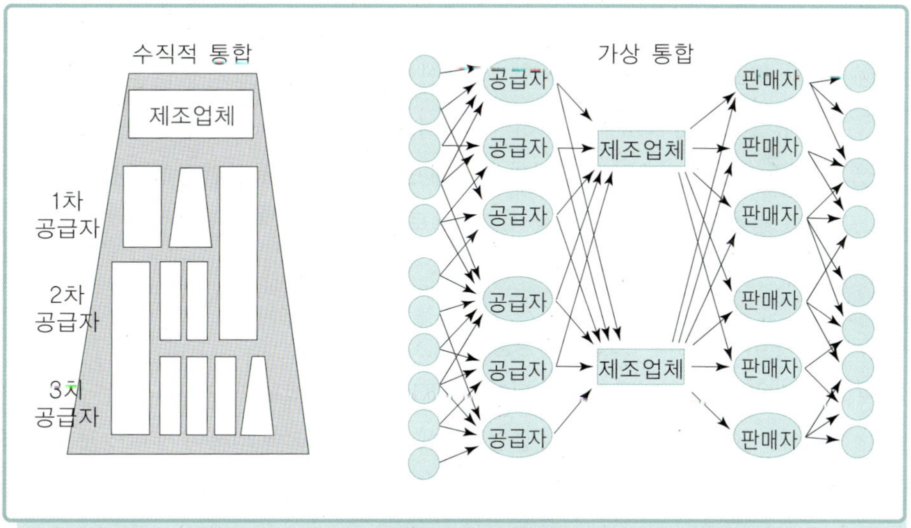

| 그림 11-7 | 수직적 통합(후방통합)과 가상 통합

자료: 이우용 · 서창적 · 박영석, 「경영의 원론적 이슈와 경영학의 본질」, 형설출판사, 2002, p.415.

품 생산업체와 같이 통합하는 방법이다.

이 통합 방법은 기술변화에 대한 유연성의 상실, 규모 경제의 상실과 같은 결점을 가질 수 있으나 강력한 관리체제의 구축에 따라 효율적 공급사슬 관리가 가능한 방법이나 많은 자본의 투자가 요구되는 문제이므로 투자평가 분석을 한 후 공급사슬의 특성에 따라 신중히 실행해야 한다.

공급사슬의 가상통합(virtual integration)은 정보통신 기술을 기반으로 전체 공급사슬 조직체들이 통합관리체계를 구축하여 통합의 효과를 가져 오도록 하는 것이다. 이를 통하여 공급체인 내의 각 조직들은 비용절감, 제품개발기간 단축, 고객만족도 제고, 지식의 공유 등과 같은 공동의 목적을 달성하는 것이다. 즉 고객의 고객(customer's customer)에서부터 공급자의 공급자(supplier's supplier)에 이르기까지 필요한 기능을 최적의 구조로 통합하여 마치 하나의 기업처럼 움직이게 하는 가상의 조직체를 구성하는 것이다. 이러한 가상의 조직체하에서는 제조업체와 공급업체가 상호 대등한 위치에서 상호 협력하기 때문에 신뢰를 바탕으로 한 협력관계 및 이를 하는 시스템이 구축됨으로써 공급사슬 전체의 최적화를 추구하는 방법이다.

사례 베네통과 미국자동차 산업의 수직적 통합과 가상 통합

• 베네통의 수직적 통합

베네통(Benetton)은 패션 의류의 국제적 회사이다. 이 회사는 자신의 공장, 창고, 프랜차이즈 한 소매 아웃렛점, 그리고 공급사까지 소유하여 통합함으로써 성공한 회사이다. 베네통의 경우 공급사슬 강력한 통합으로 경쟁업체에 비하여 빠른 시장 대응을 가능하게 하며 여기로부터 시장 경쟁이 유지되며 지속적인 수익을 자져온다. 베네통은 공급사슬 통제로부터 전체 최적화를 추구함으로써 고객의 요구에 능동적으로 부응하면서 공급사슬 내에 존재하는 불확실한 변동요인과 낭비요소를 제거함으로써 기업의 가치를 최대화하여 세계적인 패션 의류회사로 도약할 수 있었다.

• 미국자동차 산업의 가상통합

1984년 미국 자동차관련 단체인 AIG(automotive industry group)는 산업표준 EDI를 작성하여 미국 내 자동차 부품 공급업체들에 표준화 양식에 의하여 상호 정보 교류를 가능하게 하였다. AIG의 동일한 정보 포맷 EDI는 미국 내 모든 자동차 제조업체에 통용될 수 있도록 하였고 1996년에는 ANX(automotive network exchange)라는 정보 교환 시스템을 구축하여 제조업체와 공급업체가 인터넷을 기반으로 거래할 수 있는 기반을 공급하였다. ANX를 통해 미국의 자동차 산업은 강력한 네트워크를 구축 즉 공급사슬의 가상통합을 통하여 상호 경쟁력과 이익을 확보할 수 있는 기반을 구축하였다.

(2) 네트워크의 구성과 입지 개선

공급사슬 구조에는 유통과정에서 최적의 분배시스템을 가져온다 해도 공장, 창고, 그리고 소매점 등의 위치와 형태, 수 등의 구조적인 문제로 인해 더 이상의 개선의 여지가 없는 경우가 있다. 공급사슬의 평가를 통해 구조를 검토하면 공장, 창고, 소매점의 수와 위치, 형태, 등을 변경할 필요성을 발견하게 될 것이고 이를 재배치, 통합, 축소함으로써 개선을 한다.

공급사슬의 네트워크의 구성과 입지개선은 공장, 창고, 혹은 소매점 위치, 형태, 그리고 수를 변화하여 전체 공급사슬의 효율성을 구축하는 전략이다. 전체 공급사슬 차원에서 생산 및 판매비용, 재고비용, 설비비용(보관, 운영, 고정비), 운송비용 등을 고객요구 수준에 부응하면서 최소화하도록 네트워크를 구성하고 동시에 관련 입지의 개선을 추구할 수 있다. 일반적으로 이 방법에는 다음과 같은 관련정보들의 분석들을 필요로 한다.

① 고객, 소매점, 기존 창고 및 물류센터, 제조공장 및 공급자의 수와 입지
② 제품정보 및 운송수단 형태
③ 지역별 제품수요
④ 운송비(운송수단별)
⑤ 인건비를 포함한 주문비, 재고유지비
⑥ 배송을 위한 적재 규모 및 빈도
⑦ 주문처리비
⑧ 고객서비스 요구 및 목표

(3) 주요 제품 및 생산 설계 개선

주요 제품 및 생산 설계 개선방법은 제품개발 및 상품화에 대한 설계를 재검토하거나 생산 방법에 대한 개선을 통하여 고객의 다양한 요구 충족과 함께 공급사슬 전체 비용과 제품 수명 주기를 단축하고자 하는 방법이다. 이 방법에는 다음과 같은 요인들이 고려된다.

① 공급업체, 유통업체, 소비자 등의 제품개발 및 상품화 참여

② 생산 공정에 대한 단순화, 표준화, 모듈화 설계 개선

③ 공급자의 물류, 유통을 고려한 제품 및 생산 설계 개선

④ 경제적 포장과 수송을 위한 설계: 제품을 잘 쌓을 수 있고 저장 공간을 줄이며 배송의 효율성을 고려한 설계 개선

⑤ 동시 프로세싱 가능하도록 설계: 생산 프로세스를 수정하여 순차적으로 진행되는 프로세스를 동시에 진행하도록 제품설계를 반영하여 생산 리드 타임을 줄이고 재고비용을 감소시키는 방법

⑥ 지연된 차별화 전략: 제품생산에 생산프로세스 연기가 가능하도록 하는 방법으로 예를 들면 베네통사의 울 스웨터 제품의 경우 고객의 색상에 대한 기호가 다변화 되므로 염색과정을 마지막 단계로 연기가 가능토록 함으로써 유연성을 제고시키는 방법

(4) 아웃소싱

이 방법은 재고관리 및 물류 등을 제 3자에게 아웃소싱 함으로써 전체 사이클 타임의 단축은 물론 불필요한 비용의 낭비를 배제하고자 하는 방법이다. 예

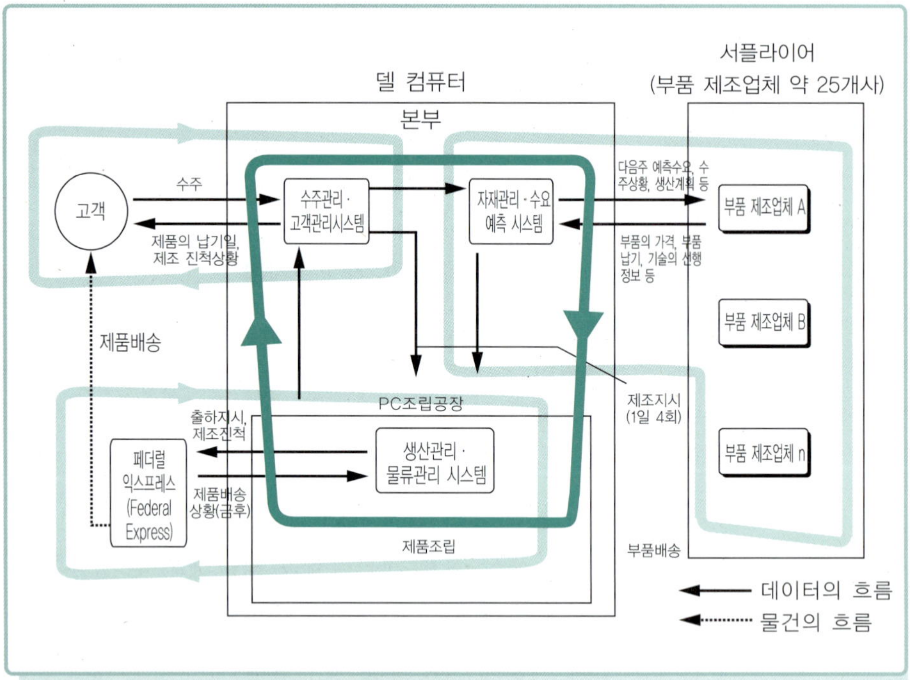

| 그림 11-8 | 델 컴퓨터사의 SCM 시스템

자료: 「닛케이 컴퓨터」, 1998년 7월.

를 들면 [그림 11-8]에서 보는 바와 같이 델 컴퓨터사는 고객으로부터 수주된 주문을 수주관리 · 고객시스템과 자재관리 · 수요예측시스템, 생산관리 · 물류관리시스템과 연계하여 생산한 후 생산된 제품의 유통단계를 과감히 없애 그 업무를 페더럴 익스프레스사에 위탁하였다. 이와 같은 방법으로 델컴퓨터 회사는 유통비용의 절감은 물론 전체 사이클 타임의 단축 효과를 볼 수 있었다.

4. 운영 개선방법

운영 개선방법은 다음과 같이 네 가지로 분류할 수 있다.

- 공급사슬 내의 상호협력체제 구축
- 정보시스템의 통합
- 상호 기능 팀의 활용
- 준비시간(set-up)의 감축

(1) 공급사슬 내의 상호협력체제 구축

공급사슬 내에 공급자와 고객 등의 각 조직체들이 상호 협력관계를 구축하여 공급사슬 전체 최적화를 추구하는 것이다. 물론 각각의 기업 활동은 독립된 의사결정기구를 가지고 있지만 시장변화에 대한 정보를 공유하여 상호 협력한다. 공급사슬 내의 각 조직체들은 전체가 사실상 하나의 조직체처럼 기능함으로써 최적의 대응을 하도록 하는 것이다. 예를 들면 공급사슬 내 일선 판매점에서 단기 수요가 변하하면 각 조직체들은 공급 리드타임 등의 요인으로 인해 연계된 상위 공급자의 납기 지연과 결품 등의 문제가 발생할 수 있다. 이 경우 수요예측을 근거로 상호 협력에 의해 일정한 수요 변동 폭을 설정하고 일선 판매점으로부터 상위 공급사에게 다단계 발주를 통해 상위 공급자의 대응능력을 향상 시키는 방법이다. 고려 요인으로 다음 사항이 있다.

① 공동 협력에 의한 제품 및 서비스 개발

② 공동 협력에 의한 수요예측 및 수요변동 공동 협력 대응

(2) 정보시스템의 통합

공급사슬의 운영 효율성을 위해서는 각 조직체들에 대한 정보시스템의 통합이 필요하다. 공급사슬 내의 각 조직체들은 관련 정보들을 실시간으로 상호

공유하여 활용함으로 전체 공급 사슬의 효율성을 가져올 수 있다. 일반적으로 전체 공급사슬 내의 각 개체들은 각기 다른 정보시스템을 가질 수 있다. 그러나 공급사슬 내의 각 개체들의 고객주문사항, 수요변동내역, 고객 요구 및 취향, 각 기업들의 재고수준, 비용, 납기, 그리고 생산계획 및 일정 등 각종의 정보들을 교환하기 위해서는 상호 정보교환이 가능한 정보 교환 인터페이스가 필요하다.

(3) 상호 기능적 팀의 활용

상호 기능적 팀의 사용은 오늘날 많은 기업영역에서 활용되는 방법이다. 이 방법의 목적은 기업 내 여러 부서와 팀의 기능이 상호 다름에 따라 상호 이해 부족에서 오는 문제점을 해결하려는 방법이다. 예를 들면, 대 생산일정계획 등을 계획하고 통제하는 데 마케팅/영업, 생산시스템 운영, 인적자원관리, 그리고 회계/재무 운영 담당자나 대표자들로 구성된 상호 기능적 팀을 구성하는 것이다. 상호 기능적 팀은 서로의 업무를 이해하고 논의하여 주문의 예측, 생산능력 계획 등에 관련된 의사결정을 함으로써 서로 이해 부족에서 오는 문제점을 제거하는 것이다. 만약 이런 형태의 상호기능 팀이 없다면 많은 부작용이 발생할 수 있다. 예를 들면 마케팅부서는 예측을 하지만 생산부서는 이 예측과는 다른 부서 최적화에 집중하는 다른 생산계획을 수립하고 재무부서는 이 계획들과 연관성이 미흡한 자본조달 및 투자를 조성하는 경우가 있을 수 있다. 상호기능 팀의 운영 없이는 부서 혹은 팀의 최적화를 추구하게 되어 공급사슬 전체의 효율성을 저하시키는 경우가 발생할 수 있다.

(4) 준비시간(set-up time)의 감축

공급사슬에 있어 설비교체나 생산의 전환을 위한 준비에 대한 시간을 단축하게 되면 정지 없이 생산을 지속하여 운영 효율성을 높일 수 있다. 13장, 14장에서 논의되는 JIT, ERP 운영 시스템의 활용은 제조준비시간을 단축하여 전체 공급사슬의 효율성을 높이게 된다.

제 4 절 SCM의 구축방법

SCM을 도입하려는 기업은 [그림 11-9]와 같이 다음 단계를 거치게 된다.

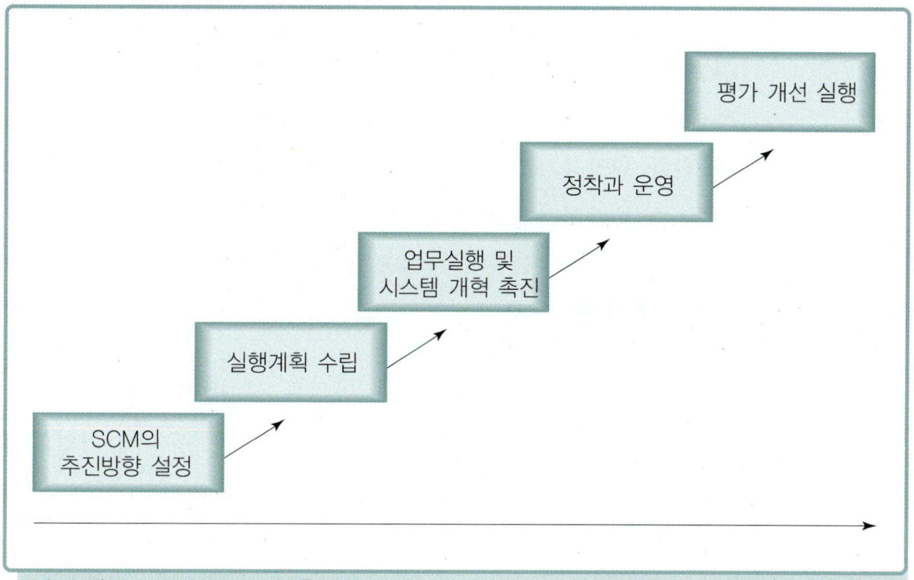

| 그림 11-9 | SCM 구축단계

- SCM의 추진방향 설정
- 실행계획의 수립
- 업무실행 및 시스템 개혁 추진
- 정착과 운영
- 평가 및 개선 실행

1. SCM의 추진방향 설정

SCM을 추진하려는 기업은 우선 SCM 추진에 대한 목표와 방향을 설정하여야 한다. SCM 추진에 대한 목표는 구체적으로 수립한다. 예를 들면 유통 및 물류비용의 30% 감축 등과 같은 실제적인 목표를 설정한 후 기업이 운영 중인 SCM 구조에 대한 구조를 분석한다. 분석된 SCM구조를 기반으로 SCM 목표를 달성하기 위해서는 이를 추진할 수 있는 조직을 구성하며 구성원에 대한 관련 교육도 실시한다.

2. 실행계획의 수립

분석된 SCM의 구조와 추진 목표를 실행할 수 있는 실행계획을 수립한다.

여기에는 현재 공급사슬구조에 대한 분석과 개선 목표에 대한 각 사안별 구체적인 세부 실천사항을 정하며 담당 조직별 세부 업무를 할당한다. 업무 할당은 제품 및 서비스 흐름 순서에 따라 관련 조직에 배부하며 이때 업무의 중복사항과 권한 위양을 고려한다. 업무의 진행 확인을 위해 실천사항에 대한 측정 지표와 중점 확인사항 등을 결정한다.

3. 업무실행 및 시스템 개혁 추진

전 단계의 구상에 따라 실제 업무를 실행하며 전 단계에서 구축한 SCM 추진 목표 달성을 위한 시스템 개혁을 추진한다. 동시에 기업의 공급사슬 특성과 정보시스템에 부응할 수 있는 SCM 솔루션에 대한 도입을 검토한다. 검토 요인에는 향후 정보기술 변화와 산업 트렌드 분석을 포함하여 도입에 따르는 효과분석, 공급사슬 관계 기업과의 호환성 등을 같이 고려한다. 솔루션은 여러 종류가 있으나 검토를 통해 기업 특성에 맞도록 고객화를 실시한다.

4. 정착과 운영

SCM 정착과 운영을 위해서는 기업의 중장기적인 비전, 추진전략에 부응할 수 있도록 도입이 결정된 SCM 솔루션에 대한 고객화를 실시한다. 이때에는 기업에서 실행하고자 하는 업무 실행을 지원할 수 있도록 각종 기능들을 부가하여야 하며 공급사슬내의 다른 조직체들과의 협업이 가능하도록 한다. 또한 기존 정보시스템과의 조화와 통합이 가능하도록 한다.

5. 평가 및 개선 실행

기업에 정착되어 운영되고 있는 SCM은 최초 설정한 측정지표(〈표 11-1〉 등 참조)에 의하여 정기적인 측정을 실시한다. 측정결과는 분석하여 개선에 활용한다.

제 5 절 SCM의 정보지원기술

SCM의 정보기술은 [그림 11-10]에서 보는 바와 같이 공급업자에서부터 제조업자, 창고, 그리고 소매업자의 최종 고객에 이르기까지 전체 정보의 흐름을

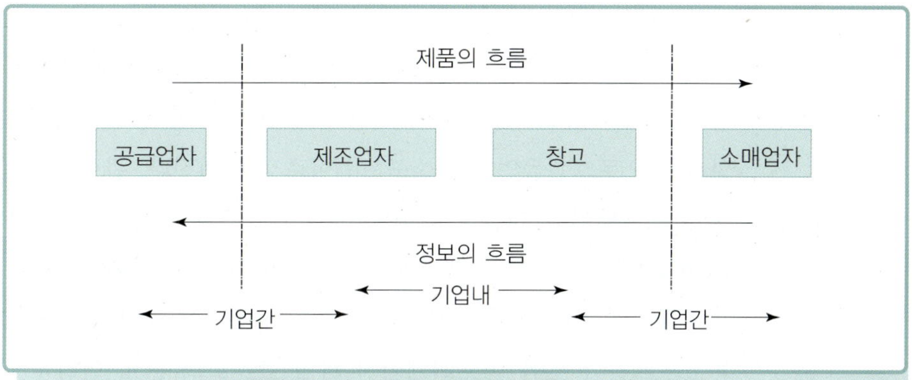

| 그림 11-10 | 공급체인에서 제품과 정보의 흐름

자료: 김태현 · 문성암 역, 「물류 및 공급체인관리」, 교보문고, 2001, p. 264.

지원하는 기술이다. 따라서 전체 공급사슬 내의 각 개체인 기업 내 정보 흐름인 내적 정보시스템 지원기술뿐만 아니라 전체적인 정보시스템인 외적 정보시스템자원기술을 포함한다. SCM의 지원 정보기술에는 다음과 같은 네 가지 사항을 고려한다.

- 정보기술의 표준화
- 정보기술의 지원 장치(커뮤니케이션장치, 데이터베이스, 시스템 구조)
- 전자상거래
- 정보기술의 통합
- 기타 지원 정보기술

(1) 정보기술의 표준화

공급사슬 전체를 하나의 통합된 개체로 경영하기 위해서는 각 개체들의 정보흐름이 필수적이며 이를 위해서는 공급사슬 내에 있는 각 개체들은 이 정보에 원활히 교환되며 접속할 수 있어야 한다.

정보의 원활한 교환과 접촉을 위해서는 정보기술의 표준화가 필수적이다. 정보기술의 표준화는 전체 공급사슬 시스템의 개발, 통합 및 유지 관리를 효율적이게 한다. 또한 글로벌화되는 공급사슬 구조로 인한 국제간의 정보기술의 표준화도 요구된다.

일반적으로 정보기술 표준화 대상으로는 컴퓨터를 작동시키는 모든 하드웨어의 구성체와 이를 운용하는 소프트웨어로 구분할 수 있다. 하드웨어 구성체의 표준화는 기술개발 등 관련 업체의 노력에 의해 해소되고 있으며 특별히 문제가 되지 않는다.

소프트웨어는 응용 소프트웨어의 주요 조정자(coordinator)로서의 기능을 수행하는 시스템 소프트웨어와 사용자를 위해 특정 정보처리 작업을 수행하도록 설계된 프로그램들인 응용소프트웨어로 나누어진다. 관련 시스템의 통합 및 관련 소프트웨어의 개발을 위해 시스템 소프트웨어의 경우 MS사의 윈도우 체제를 이용하거나 관련 어플리케이션이 개발되어 큰 문제가 되지 않는다. 응용소프트웨어의 경우는 각 개체 사용자의 사용목적에 맞게 개발된 소프트웨어인 전용소프트웨어 호환 어프리케이션 파일 표준화와 EDI, 인터넷 등 정보교환시스템의 표준화를 통해 파일 포맷 등의 차이에서 오는 시스템 통합의 장애를 제거할 수 있으며 사용 소프트웨어는 개방형 인터페이스 정도에 따라 공급사슬 전체의 정보 통합 및 운용의 원활함을 제고시킬 수 있다.

(2) 정보기술의 지원장치

정보기술의 지원장치는 정보시스템을 지원하는 기반구조 정보시스템으로 일반적으로 인터페이스 장치, 정보교환시스템, 데이터베이스 시스템으로 구분할 수 있다.

① 인터페이스 장치

인터페이스 장치는 사용자가 컴퓨터 하드웨어와 의사소통할 수 있는 환경구축을 의미하며 개인용 컴퓨터(P/C), 음성메일, 터미널, 인터넷 장치, 바코드 스캐너, 개인용 PDA 등이다. 이러한 인터페이스 장치는 공급사슬 내의 제품 및 서비스의 추적과 관리 등에 활용된다.

② 커뮤니케이션 장치

공급사슬 내에 각 조직체들이 의사소통 및 정보 교환에 활용하는 장치로써 이메일(e-mail), EDI, 그룹웨어(Groupware) 등이 있다.

③ 데이터베이스

데이터베이스는 대량의 정보를 관리하도록 설계된 시스템으로 공급사슬에 관련된 데이터와 정보들을 저장하며 필요에 따라 추출하여 활용하는 데 사용한다. 이 시스템의 적절한 활용을 위해서는 여러 사용자의 접속 및 활용에 따르는 시스템 에러 및 정보 제공 지연과 보안 문제, 동일한 데이터 중복 저장과, 일관성 문제(동일한 데이터에 대한 여러 값들의 불일치 문제), 데이터 및 정보에 대한 접근성 등에 대한 검토와 개선이 고려되어야 한다.

④ 시스템 구조

시스템 구조는 인터페이스 장치, 커뮤니케이션 시스템, 데이터베이스 등의 공급체인 정보지원시스템의 구성요소를 서로 연결하여 설정하는 방법을 말한다. 효율적인 SCM 관리를 위해서는 높은 수준의 유연성과 상호작동이 가능하도록 구조화하여야 한다.

(3) 전자상거래

전자상거래란 1997년 7월에 규정된 「전자거래기본법」에 의하면 "재화나 용역의 거래에 있어 전부 또는 일부가 전자자료 교환 등 전자적 방식에 의해 처리되는 거래"로 정의하고 있다.

넓은 의미로는 제품의 설계, 개발, 생산에서 물류, 폐기에 이르기까지 라이프 사이클 전반에 관련된 데이터를 복수 기업이 공유·교환함으로써 코스트 삭감 및 리드타임 단축을 도모하는 CALS(commerce at light speed)와 사이버 상에서 홈페이지 혹은 쇼핑몰 등을 구축하여 재화나 서비스 거래를 수행하는 활동을 의미한다.

공급사슬 구조가 복잡해지고 글로벌화된 현재 시점에서 SCM의 효율성 제고를 위해 전자상거래 도입은 필수적이다. 그 기반요소와 구성요소를 보면 다음과 같다.

① 전자상거래의 기반요소

전자상거래를 위해서는 〈표 11-3〉에서 보는 바와 같이, 첫째 기술기반으로 화상, 음성, 텍스트 등 정보지원 하드웨어와 소프트웨어, 그리고 정보가공기술, 전송기술 등과 같은 통신관련 기술기반, 그리고 정보보호를 위한 보안관련 기술기반이 필요하며, 둘째 기능기반으로 기술표준(전체 네트워크 내에서의 정보의 생산, 교환, 이전 및 호환성을 보장하는 기술적 표준), 지원서비스 기술, 보

표 11-3 전자상거래의 기반요소

구 분	관련기술
기술기반(technical infrastructure)	통신기술, 보안기술
기능기반(functional infrastructure)	표준(데이터 포멧, 보안표준)
조직기반(organizational infrastructure)	법·제도, 교환약정(Interchange Agreement)
협의의 기반(social infrastructure)	거래관행/규칙(상거래의 윤리, 신뢰 등)

자료: 한국전산원, 「CALS/EC도입·확산을 위한 정부의 역할」, 1996, p. 27 재인용.

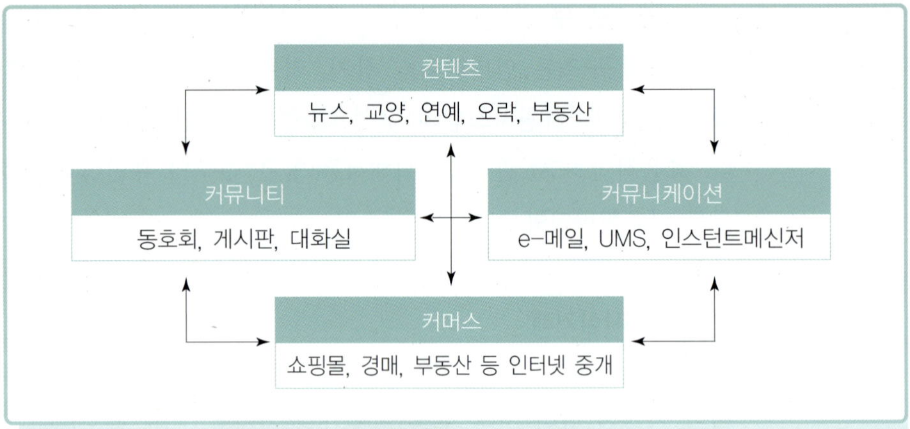

| 그림 11-11 | 전자상거래의 구성요소

자료: 강승원 외,「전자상거래의 이해」, 학현사, 2002, p. 86.

안, 서명 확인 등 관련보안 표준이 필요하다. 셋째, 관련 법, 규정, 약정 등이 요구되며, 넷째 협의의 사회기반으로 거래관행, 규칙 등이 요구된다.

② 전자상거래 구성요소

전자상거래를 수행하기 위해서는 [그림 11-11]에서 보는 바와 같이 다음과 같은 네 가지의 요소가 필요하다.

- 컨텐츠(contents): 홈페이지, 쇼핑몰 등의 글, 사진, 그림 등 구성요소
- 커뮤니티(community): 게시판, 동호회 등 활용 공동의 주제와 관심을 가진 가상공동체
- 커뮤니케이션(communication): 문자, 음성, 화상, 동영상 등 정보교환 시스템
- 커머스(commerce): 인터넷을 이용한 재화 및 서비스 교환

(4) 공급사슬 정보기술의 통합

공급사슬 내 각 조직체의 정보기술의 통합은 공급사슬 전체 효율성 측면에서 중요하다. 각 조직체의 정보기술이 효율적일지라도 전체적인 측면에서 접근하여 상호 통합되면 보다 더 효율적일 수 있다. 예를 들어 공급사슬 내의 한 개체인 어느 회사의 재고관리시스템은 그 기업 내에서는 효율적일 수 있으나 전체 공급사슬 관점에서는 비효율적일 수 있다. 따라서 이 같은 문제들을 방지하기 위해 공급사슬 전체적인 관점에서 상호 호환과 연계가 가능한 정보기술의 통합이 필요하다.

(5) 기타 지원정보기술

기타 지원 정보기술에는 거래에서 발생하는 자금흐름을 전자적으로 관리할 수 있는 전자자금 결제(EFT: Electronic Fund Transfer)와 바코드시스템(BCS: Bar Code System), 판매점의 자료를 전자적으로 처리할 수 있는 EPOS(Electronic Point of Sale), 구매자가 구매주문서를 전자적으로 송신하면 공급자는 이 주문서에 의해 제품을 생산하거나 조달하여 납품할 수 있는 사전 선적통보(ASN: Advanced Shipping Notice), 라디오 주파수에 의해 전자적으로 제품의 추적과 관리가 가능한 RFID(Radio-Frequency Identification) 등이 있다.

종합 사례

델(Dell) 컴퓨터사는 1984년 Michael Dell에 의해 설립된 회사로 기존의 소매유통경로를 통해 판매하던 표준화된 PC 대신 고객의 요구조건에 부응한 맞춤식 PC를 제조 · 판매하는 회사이다. 델사는 미국의 데스크 탑 시스템 시장에서 1위를 차지하고 있으며 PC산업에서 2위를 유지하고 있는 회사이다.

델사가 추구하는 전략은 고객으로부터 인터넷, 전화, 팩스 등을 통해 주문을 받고 고객의 요구에 부응하여 생산하는 주문생산(make-to-order)방법을 채택하고 있다.

고객전화 혹은 인터넷(www.dell.com)을 통해 다양한 옵션의 컴퓨터를 주문받은 후 이 주문은 데이터베이스 시스템을 통해 공장에 전송되고 공장에서는 바로 생산을 시작하고 생산이 완료된 제품은 포장을 거쳐 공급업체에 인계된다. 공급업체는 제품추적시스템을 이용하여 전세계 고객에게 4일에서 5일 사이에 전달된다.

델사는 고객으로부터 고객의 다양한 요구를 수용한 직접주문을 받으므로 고객에게 대량 개별화된 PC제품을 제공할 수 있으며, 제조부문에 있어서는 수요변동으로 인한 불필요한 재고를 방지하기 위해 제조공장과 부품공급사의 상호 전략적 제휴에 의해 전체 공급사슬 네트워크를 분석하여 상호 근접토록 조정하였고 따라서 제조의 정확성과 관련 비용의 절감을 가져오도록 하였다. 배송의 경우는 Fedex, Bax Global사 등과 전략적 제휴에 의한 아웃소싱 전략을 채택함으로써 불필요한 비용 절감 및 사이클 타임 단축, 그리고 납기를 준수하는 전략을 수행하고 있다.

델사는 SCM 전략을 충실히 이행하여 짧은 기간 내에 최고의 경쟁력을 지닌 컴퓨터사로 성장할 수 있었다.

토·의·문·제

1. SCM 도입이 어떤 측면에서 델 컴퓨터사의 경쟁력 제고에 도움을 주는지 토론해 보라.

2. SCM의 효율적인 추진방법에 대해 생각해 보라.

요 약

- 공급사슬경영(SCM)는 종전의 접근방법과 전혀 다른 접근방법을 채택하고 있다. 이 방법은 공급사슬 내에 있는 기업, 혹은 관련 기업들의 부서, 팀의 최적화 즉 공급사슬 구성요소들의 부분최적화가 아닌 공급사슬 전체적인 관점에서 전체최적화를 추구하는 전략이다. 그러므로 공급사슬 내에 있는 모든 구성요소들은 하나의 통합된 운영체제를 추구함으로써 불확실한 시장에 능동적으로 대처하고자 하는 전략이다.
- 여기서 SCM의 목적은 공급사슬 내의 부문별 최적화나 공급자 개별 기업단위 혹은 각 국가별 제조공장에서의 최적화에서 탈피하여 공급사슬 구성 요소들 간에 이루어지는 전 과정을 대상으로 최적화를 추구한다.
- 공급사슬은 아주 높은 상호작용시스템이다. 공급사슬 내에 있어 각 부문의 결정은 다른 부문에 영향을 미친다.
- 수요변화에는 채찍효과가 있다. 공급업체는 고객 및 구매사의 과장된 주문에 과잉반응하지 않도록 주의하여야 한다. 모든 수준에서 완벽한 정보가 있더라도 공급사슬 내의 조직체 간에 협업이 부족하면 채찍효과가 있을 수 있다.
- 공급사슬을 향상시키는 데 있어 가장 좋은 방법은 공급사슬 내의 모든 조직체들이 견고한 협업체제를 구축하고 지속적인 평가와 개선을 실행하는 것이다.
- 공급사슬 내의 여러 개체들이 공동협력에 의해 정체구간이 없이 물 흐르듯이 운영됨(동기화)으로서 전체 리드타임의 단축뿐만 아니라 비용 절감 및 운영 효율성을 가져올 수 있다.
- 공급사슬의 효율적 추진의 목적은 고객의 기대에 부응하면서 전체 제품 및 서비스의 사이클 시간의 단축과 비용을 감소시키는 것이다. 이를 위한 중점 고려 요소에는 구조개선 방법과 운영 개선 방법이 있다.
- 공급사슬 내에서 한 개체만 개선되는 것이 아니라 전체 공급사슬이 개선되는 것이 중요하다. 또한 공급사슬의 개선에 있어 중요한 점은 한 부문의 개선이 다른 부문에 해를 주지 말아야 하고 전체 공급사슬의 수익을 위해 협력하여야 한다.

용어풀이

- **공급사슬(supply chain):** 부품, 자재의 공급자로부터 제조, 유통점, 그리고 최종 소비자에게까지 분배하는 제품 혹은 서비스를 제공하는 활동들과 정보의 연쇄구조.
- **공급사슬경영(supply chain management: SCM):** 공급사슬의 각 부문들을 하나의 통합된 개체로 보고 물류, 정보, 그리고 자금의 흐름을 총제적으로 관리하여 이의 최적화를 추구하는 경영전략. 따라서 각 공급사슬 개체에 있어서 자재 및 정보의 흐름을 계획, 통제, 디자인, 그리고 관리하는 기능을 포함.
- **채찍효과(bullwhip effect):** 공급사슬 내에서 소비자로부터 생산자로 갈수록 그 주문변동폭이 확대되는 것을 말함.
- **동기화(synchronization):** 공급사슬 내에 있는 모든 개체들이 서로 정보를 공유하여 실시간 동시에 같이 반응할 수 있도록 하는 방법.
- **전자상거래:** 재화나 용역의 거래에 있어 전부 또는 일부가 전자문서교환 등 전자적 방식에 의해 처리되는 거래.
- **컨텐츠(comtents):** 홈페이지, 쇼핑몰 등의 글, 사진, 그림 등 구성요소.
- **커뮤니티(community):** 게시판, 동호회 등 활용 공동의 주제와 관심을 가진 가상공동체.
- **커뮤니케이션(communication):** 문자, 음성, 화상, 동영상 등 정보교환 시스템.
- **e-커머스(e-commerce):** 인터넷을 이용한 재화 및 서비스 교환.
- **크로스도킹시스템(cross docking system):** 크로스도킹은 배달된 상품을 수령하는 즉시 중간 저장단계가 거의 없거나 전혀 없이 배송지점으로 배송하는 것을 말한다. 즉 물류센터에서의 크로스도킹은 중간단계가 매우 짧다는 것이 특징이다. 그렇게 함으로써 보다 빠르고 저렴한 배송을 가능하게 하는 것이다.

연|습|문|제

1. SCM이 출현하게 된 배경에 대하여 설명하라.
2. SCM이 기존 경영전략과 다른 점을 요약하라.

3. SCM의 적용이 현금흐름을 개선시키는 이유에 대하여 설명하고 현금흐름의 강조가 필요한 이유를 요약하라.

4. 공급사슬 내에서 채찍효과를 설명하고 채찍효과를 제거하기 위한 방법을 제시하라.

5. SCM을 효율적으로 추진하기 위한 상부구조 변화방법에 대하여 요약하라.

6. SCM을 효율적으로 추진하기 위한 하부구조 변화방법에 대하여 요약하라.

7. SCM의 정보기술 지원방법에 대하여 요약하라.

8. SCM과 전자상거래와의 관계에 대하여 요약하라.

9. 전자상거래의 핵심 구성요소에 대하여 요약하라.

녹색경영시대의
생산시스템운영관리

12

공급사슬의 재고관리

학습목표

본 장에서는 다음과 같은 내용의 이해를 목표로 한다.

- 자재관리의 개념과 필요성
- 재고의 개념 및 유형
- 경제적 주문량 모형과 경제적 생산량 모형
- 고정주문량시스템과 고정주문간격시스템의 비교
- ABC 재고관리 방식
- 수량할인모형과 단일기간 재고모형 등 특수한 재고모형

사례 사무용품의 환경 구매

상품에 따라서는 환경제품(Green Product)을 사용하는 것이 즉시 재정적 혜택을 가져온다고 판명내리기 어려울 수도 있다. 하지만 사무용품에 관해서는 확실히 혜택을 얻을 수 있다는 것이 사무용품 공급업자인 Staples와 Corporate Express의 생각이다.

친환경 사무용품의 구매를 통해 '환경 지속적 경영' 을 실행하려는 기업들이 가장 먼저 구입을 결정하는 제품은 아마 재생사무용지일 것이다. 하지만 '환경 지속적 경영' 이란 단순히 재생사무용지 구입을 넘어선 기업의 장기적 비용절약 방법이다. Staples에서 환경 분야 부책임자인 Mark Buckley는 "환경적으로 지속가능한 구매란 단순히 친환경제품을 구매하는 것이 아니라 제품이 어떻게 사용되고, 폐기시점에서 어떻게 재활용될 수 있는가?" 를 생각하는 제품수명주기 관점에서 다루어야 한다고 말하고 있다. 또한 "친환경 구매가 전통적인 관점에서의 구매와 상충한다는 관점도 존재하지만, '환경 지속적 경영' 은 자원을 좀 더 효율적으로 사용할 수 있게 한다." 라고 하였다. 그는 기업이 재활용제품을 구입하는 것에 더 많은 선행투자를 한다면 추후에 명백하게 총체적인 비용을 절감할 수 있다고 주장하였다.

주로 의료, 은행, 교육, 정부부문의 구매자들이 친환경제품에 관심이 많은데, 이들은 모두 많은 양의 종이를 사용하는 분야이다. 하지만 Staples와 Corporate Express는 산업 전반적으로 친환경 제품에 대한 수요가 증가하고 있다고 말하고 있다. 또한 공급자들은 제품카탈로그에 제품의 다양한 정보와 더불어 재활용가능에 대한 정보들을 많이 포함하고 있다. 그리고 공급업자들은 구매자들이 사무용품 구매 시 하나의 구매기준으로서 친환경제품의 구매를 포함하도록 독려하고 있다.

Staples와 Corporate Express 두 기업 모두 자체 구매프로세스를 친환경화함으로써 얻게 된 혜택을 강조하고 있다. 전자조달과 웹기반 서비스를 통한 '종이 없는 거래' 는 대표적인 예라고 할 수 있다. Corporate Express에서 일어나는 거래의 80%는 온라인에서 이루어지며, 배송거리 단축을 통한 배송비용을 줄이기 위해 배송거리 분석도구를 사용하고 있다. 이러한 노력은 구매자들의 조달 비용을 절감할 수 있다. Staples의 수석 부사장인 Tom Heisroth는 구매계약부서에서 이루어지는 거래의 90%가 전자상거래를 통해 이루어지며, 더 많은 전자지불시스템의 사용으로 구매비용을 절감하고 있다고 설명하였다.

— 유한주 외 3인 공역, 공급사슬경영, 한경사, p. 113. —

제 1 절 자재관리와 구매 결정

1. 자재관리의 의의

(1) 자재의 개념

넓은 의미의 자재(material)라면 생산시스템을 구성하는 물적 · 인적 요소까지를 포괄하는 광범위한 개념이 된다. 예를 들어 토지, 건물, 기계공구와 같은 물적 시설, 동력, 인력, 운송과 같은 서비스, 그리고 생산을 위해 직접 투입되는 여러 가지 재료 등과 같은 모든 것들을 말한다. 반면에 협의의 자재라면 제조를 위해 직접, 간접으로 투입해야만 하는 원료(raw material)와 재료를 의미한다. 때로는 원료와 개념을 구분하여 사용하는 경우도 있다.

일반적으로 이들을 구분하여 사용하는 경우, 원료는 자연으로부터 직접, 간접으로 채취한 것을 가공에 의하여 형태나 질이 크게 변화되지 않은 것을 의미하는 것으로, 예컨대 철광석, 솜, 누에고치 등과 같은 것들이다. 그러나 재료는 가공이나 조작에 의하여 질이나 형태가 크게 변화한 것을 의미한다.

(2) 자재관리의 의미와 내용

일반적으로 제조에서의 자재투입(material input)과 관련해서 중요한 과제로 삼고 있는 것은 "원가절감" 및 "생산과 판매촉진"이라고 할 수 있다. 미국에서는 보통 제조기업의 경우 판매수입(sales income)의 50% 정도를 원재료 구매에 소비하고 있으며, 음식물가공회사의 경우에는 거의 70% 이상을 소비하는 것으로 나타나고 있다. 반면에 정유, 탄광과 같은 업종에서는 25% 미만을 소비하고, 자동차, 전자제품은 50% 정도를 판매수입 중에서 원재료 구매에 소비한다. 따라서 원재료비에서 작은 변화가 발생하더라도 이는 기업이익에 직접적으로 반영될 수 있음을 추측할 수 있는데, [그림 12-1]은 이를 잘 설명하고 있다.

그러므로 원료비절감의 중요한 기능을 담당하고 있는 자재관리(material management)를 합리화함으로써 기업이익을 크게 개선할 수 있다. 그러면 여기서 현대적 자재관리의 기능이 과연 무엇인지를 알아두어야 할 필요가 있는데, 먼저 이의 중요한 기능을 분석한다면 다음과 같은 것들이 있다.

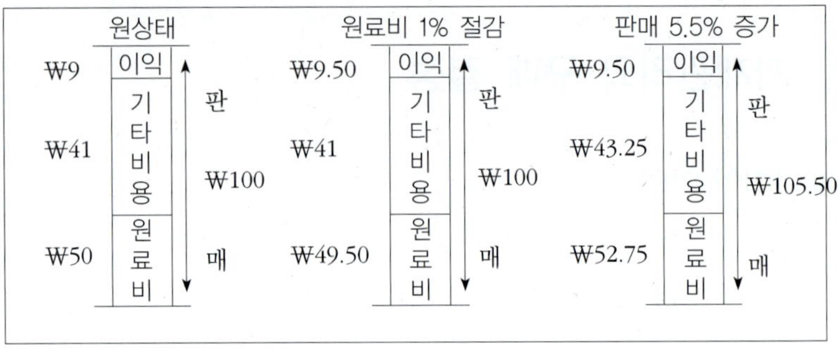

| 그림 12-1 | 원료비와 판매수입

① 구매(purchasing)

② 공급품에 대한 통제(control of supply item)

③ 생산품의 재고통제(inventory control of production item)

④ 인수(receiving)

⑤ 운반(traffic and shipping)

이와 같은 자재관리의 내용을 크게 요약한다면 다음과 같다.

① 구매

② 재고통제

③ 자재취급(material handling)

여기에서는 자재관리의 내용을 구매관리의 관점에서만 설명하고자 한다.

2. 자재관리의 전개과정

구매(purchasing)와 조달(procurement)의 두 개념은 흔히 혼용되고 있다. 그러나 구매란 재화를 취득하기 위해 규격을 결정하고 공급원을 선정하고 거래를 교섭하여 계약을 체결하고 납입을 확보하는 기능을 말하며, 조달이란 재고통제, 구매 및 인수와 창고관리의 기능을 가지는 것이다. 그리고 오늘날에 이르러서는 구매의 기능도 단순한 행위로 한정되는 것이 아니라 훨씬 광범위한 의미를 가지게 되었다.

일반적으로 테일러의 과학적 관리에서는 생산직장(production foreman)이

전생산활동을 장악하였다고 알려지고 있다. 즉 생산직장이 작업자를 채용하고, 해고시키고, 승진시키고, 필요한 자재를 구매하고, 생산계획을 하는 등 생산의 모든 측면에 걸쳐 활동하였다. 그리고 만약 직장의 그러한 활동이 바람직하기만 하다면 최고경영층의 간섭은 거의 없었다고 볼 수 있다. 다시 말하면 이는 직장활동의 성패 여부에 대한 기준은 바로 이윤을 얼마만큼 내는가에 있었다.

그 후 공장의 규모가 점차로 확대되었고, 생산공정의 성격도 크게 전문화되어 보다 작은 종류의 제품을 생산하게 됨으로써 다른 기업의 완제품을 재료로 사용하는 기업이 생겨났는가 하면 어떤 기업은 전혀 생산치 아니하고 오직 타사의 완제품만을 조립하는 기업까지 생겨나게 되었다. 반면 생산방법은 고도로 기계화되어 품질이 숨겨져(hidden quality) 있게 됨으로써 구매기능이 오직 발주활동(order-placing activity)만으로는 불가능하게 되었을 뿐만 아니라 기업전반에 걸친 적절한 지식이나 경험을 요구하게 되었다.

따라서 구매활동도 역시 전문가에 의하여 이루어지게 되었다. 따라서 이전까지 생산담당직장에 의해서 수행되던 구매보다 훨씬 능률적이며 경제적인 구매가 이루어지게 되었는데, 이러한 체계화와 정비는 최근의 변화라고 할 수 있다. 뿐만 아니라, 보다 적극적으로 외주기업에 대한 관리까지 이루어지고 있는 실정에 비추어 보면 구매기능이 매우 복잡하게 되었음을 이해할 수 있다.

3. 자재관리조직의 경제적 한계

기업에서 자재관리는 생산, 판매, 재무와 함께 대단히 중요한 기능이 되고 있다. 따라서 어떤 기업에서는 조직상 최고경영수준에 자재관리담당 경영자를 두고 있는 경우도 볼 수 있는데, 이와 같은 상황은 자재비용(material cost)이 이윤에 대단히 큰 영향을 미치므로 당연한 구상이라고 할 수 있다.

구매활동은 자재관리에 관련되는 모든 비용의 지출을 요구하기 때문에 재무와 밀접한 관계를 맺고 있다. 왜냐하면 지출된 모든 비용은 사업예산의 중요한 부분을 차지하고 있기 때문이다. 또한 판매와 자재관리와의 상호관계도 중요하다. 뿐만 아니라 제조와 자재관리기능과의 관계는 매우 밀접한 관계가 있다. 왜냐하면 제조성과는 구매된 원재료의 양과 질에 크게 의존하기 때문이다. 따라서 이와 같은 부문 상호간의 긴밀한 조정은 기본적으로는 최고경영층의 조직구조에 대한 의사결정으로 해결할 수 있을 것이다.

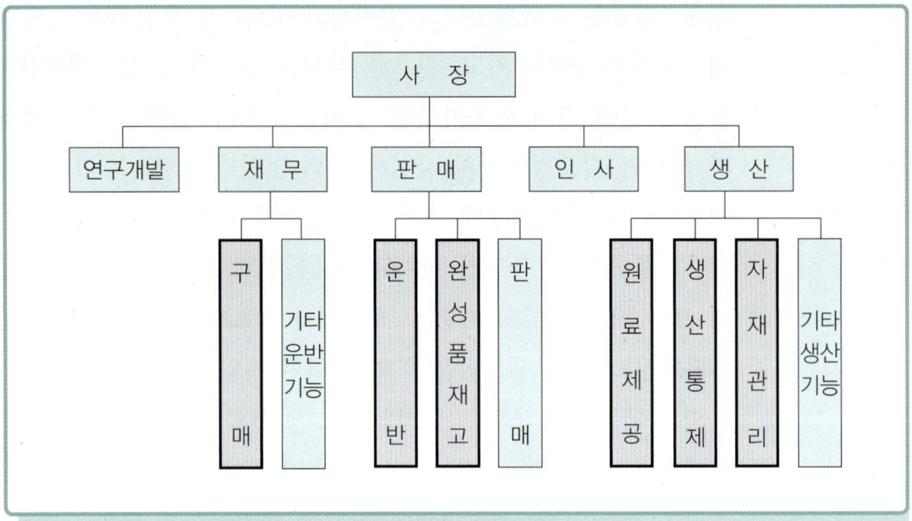

| 그림 12-2 | 자재관리를 위한 분권적 조직

(1) 분권적 자재관리조직

분권적(decentralized) 자재관리조직은 자재관리에서 요청되는 여러 가지 기능을 자재관리를 전담하지 아니하는 여러 부서에 분산시켜 놓은 조직이라고 할 수 있다.

[그림 12-2]는 자재관리를 위한 전형적인 분권적 조직도이다.

이와 같은 조직은 자재관리에 관한 권한과 책임을 특정부서에 부여하지 아니하고, 전조직에 걸쳐 분산시킨 것이라 할 수 있다. 즉 이는 자재관리의 여러 기능이 한 사람의 관리자에 의해서 통괄되게 설계하지 않은 경우이다. 그러나 원칙적으로 조직의 전문화(departmentation)에서는 주어진 기능에 대한 전체적인 통제와 책임은 한 사람에게 주는 것이 가장 능률적이라고 인정되고 있다. 그러나 자재관리의 기능이 이와 같이 분산된 경우는 이 기능이 전체기업의 관점에서 보아 그렇게 중요하지 않다는 것을 반영하고 있는 것이다.

(2) 집권적 자재관리조직

어떤 조직에서는 자재관리가 중요하다는 사실을 충분히 인식하여 조직에 이를 반영시킴으로써 자재관리의 각 기능을 조직상 특정부서에 전담시키고, 그 조직상의 계층도 재무, 판매, 제조부문 등의 최고 담당자와 같은 조직계층에 위치시켜 자재관리활동을 하게 하는 경우가 있는데, 이를 집권적 자재관리조직이라 한다.

집권적(centralized)이라는 의미는 자재관리활동을 할 수 있는 모든 권한과 책임을 조직의 특정부서에 집중시키고 있음을 뜻한다. 그러므로 이 경우는 분권적 조직

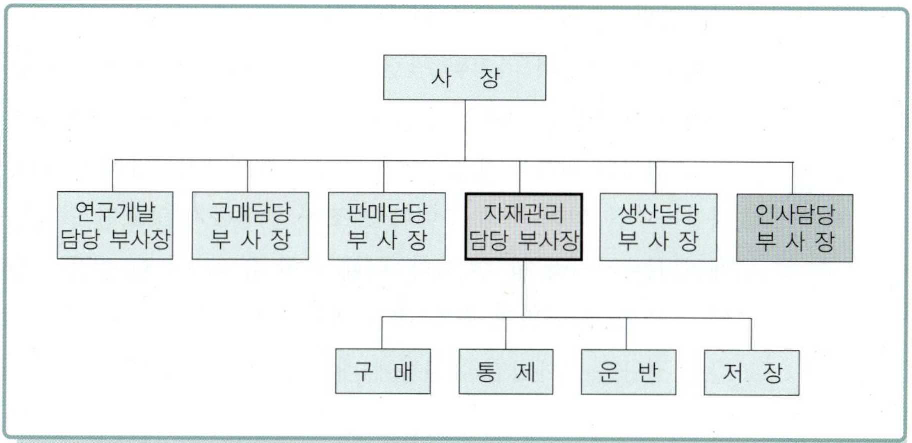

| 그림 12-3 | 자재관리를 위한 집권적 조직

과는 달리 전문가에 의해서 자재관리활동이 이루어질 수 있기 때문에 자재관리활동의 질적 측면에서 매우 높게 평가할 수 있을 것이다. 그러나 조직유지비의 측면에서 보면 분권적 자재관리조직 보다는 더 많은 유지비가 필요하다는 단점이 있다.

(3) 집권적, 분권적 조직의 경제적 한계

집권적, 분권적 조직에 관한 경제적 한계의 문제는 이상에서 설명한 바와 같이 조직상 자재관리를 전담하는 조직부문을 독립시켜 집중적인 자재관리를 하여야 할 것인지, 그렇지 않으면 그 기능을 조직의 각 부문에 분산시켜 분권적인 자재관리를 하여야 할 것인지의 결정문제, 즉 분권적 자재관리조직이 유리한지 집권적 자재관리 조직이 유리한지를 결정하는 문제이다. 이것을 결정하는 가장 중요한 요인으로는 조직의 규모, 업무량, 비용, 기타 여러 가지 요소가 있을 수 있다.

4. 자재구매방침

(1) 구매와 가치분석

가치분석은 1947년 미국의 제네랄 일렉트릭 회사(General Electric Co.)의 마일즈(R. E. Miles)에 의해 창시되었는데, 처음에는 구매분석 또는 구매공학(purchase engineering)이라고 불리워졌었다.

가치분석(value analysis)이란 가치공학(value engineering)과 동의어로서, 미

국경영관리협회의 정의에 의하면 "얻고자 하는 기능을 최소의 자원비용으로 획득하고자, 제품의 가치와 관련되는 여러 요인과 그 제품의 원가 내지 비용과 관련되는 여러 요인과의 관계를 검토함으로써 제품가치를 높이기 위한 기능추구 중심적인 과학적 방법"이다. 따라서 여기에서 "가치"란 기능이나 효용 내지 사용가치를 얻기 위해 구매나 제조에 투입하지 않으면 안되는 최소의 금액과 대비되는 것이라 할 수 있다. 이때 특히 유의해야 할 것은 일단 기능은 고정적인 것으로 보는 반면 원가 내지 비용은 변동적인 것으로 본다는 것이다. 이와 같은 접근은 구매방침의 결정에 매우 유용하게 사용될 수 있다.

(2) 구매영향요인 분석

합리적인 구매방침을 결정하기 위해서는 구매에 영향을 미치는 여러 가지 요인을 분석하고 파악해 두는 것이 필요한데, 중요한 영향요인을 분석하면 대략 다음과 같은 것들이 있을 수 있다.

① 구매요구에 관한 권한: 어떤 구매라 하더라도 적절한 절차에 의해 이루어져야만 한다. 즉 구매요구서에 결제함으로써 이루어지는 것이다. 또한 자재구매를 통제하려면 가능한 한 소수인에 의해서 결제가 이루어지도록 하며, 경영계층에 따라 결제할 수 있는 상한이 결정되어 있다면 보다 합리적일 것이다.

② 제조의 형태: 연속생산의 경우에는 최소한의 재고는 항상 준비되어 있어야 하고, 따라서 일시에 비교적 많은 양의 자재를 확보하는 반면, 묶음생산의 경우는 전자에 비해 상대적으로 적은 양의 자재를 확보해도 된다. 그러므로 후자인 경우에는 전자보다 자재확보에 시간적인 유연성이 있다.

③ 외주(외부주문): 일반적으로 외주가 이루어지는 경우는 자사보유의 시설로 생산이 불가능한 때이다. 그러므로 이 때에는 "make-or-buy"에 관한 광범위한 연구가 요구되는데, 여기에서 성공을 거두려면 회사내 각 부서와의 긴밀한 관계의 유지가 전제되어야 한다.

④ 제품의 표준화: 구매측에서 볼 때 만일 구매자재에 표준화가 이루어져 있는 경우는 이루어져 있지 않은 경우에 비하면 구매비가 절약될 것이며, 나아가 자재비가 절약될 수 있다.

⑤ 경제적 구매 럿: 너무 과다한 양의 구매는 불필요한 재고유지비가 지출되는 반면, 과소한 양이라면 제조를 불가능하게 할 것이다. 따라서 이와 같은 관점에서 결정된 적정구매량을 경제적 구매 럿(economic purchase lot)이라 하

는데, 이것이 어느 정도인가에 따라 구매량이 달라질 것이다.

⑥ 자재시장의 성격: 자재의 구매원, 즉 자재시장을 결정한다는 것은 구매 장소를 결정하는 것이라 할 수 있다. 그런데 시장은 그 성격에 따라 매우 짧은 기간 동안만 형성되거나, 양적으로 제한되어 있는 시장이 있는데, 이 경우에는 자재구매에 관한 유연성이 없다.

⑦ 구매계약의 성격: 자재의 공급측 또는 구매측 중 어느 쪽의 사정에 따라, 물론 지켜지도록 노력을 경주하겠지만, 반드시 구매계약이 잘 지켜진다고 장담할 수는 없는 것이다. 이에 대비하기 위해서 구매측에서는 기술, 제조, 그리고 구매 등 여러 부서간의 협조가 이루어져야 한다. 왜냐하면 계약 불이행의 가능성에 관한 정보를 빨리 파악하면 할수록 보상해야 할 비용을 절약할 수 있기 때문이다.

⑧ 거래방식: 만일 구매한 자재가 요구되는 품질이 확보되지 못한 경우에 이의 반품 여부에 대한 기준을 설정하는 것은 구매에 크게 영향을 미칠 것이다.

(3) 구매방침의 종류와 특징

① 생산조달 또는 구매조달에 관한 결정: 구체적으로 자재의 구매방침을 결정하기에 앞서 조달을 위해서 구매할 것인가 아니면 생산할 것인가에 관한 결정문제(make or buy decision)는 모든 기업의 중대한 관심사이다. 과거에는 수직적 후방통합(backward vertical integration)과 수직적 전방통합(forward vertical integration) 등에 의한 자체 생산을 선호하였으나 최근에는 공급사슬 구축과 결합된 구매조달, 즉 외주를 선호하는 추세이다. 수직적 후방통합은 공급원을 인수하는 것이며, 수직적 전방통합은 수요원을 인수하는 것이다. 완제품 제조업체가 부품공급업체를 인수하는 것은 후방통합의 예이며, 배송업체나 아웃바운드 물류 서비스 업체를 인수하는 것은 전방통합의 예이다. 때로는 필요로 하는 모든 자재를 구매할 수도 있고, 때로는 생산할 수도 있다. 그러면 이와 같은 결정은 일반적으로 무엇에 의해 이루어지는가? 물론 어느 정도는 현실적이고 구체적인 비용에 의존하며, 어느 정도는 추상적이고 관념적인 비용에 의존한다고 할 수 있다. 이들 결정의 특징을 비교하면 다음과 같다.

기업이 자재와 부품 혹은 서비스를 구매하거나 외주를 주는 이유는 다음과 같이 여러 가지가 있다.

1. 비용상의 이점: 많은 기업의 경우 비용은 구매 혹은 외주를 하는 중요한 이유이며, 조직의 경쟁력에 중요하지 않은 부품에 대해서는 특히 그러하다. 공급자가 동일한 품목을 다수의 사용자에게 공급하기 때문에 규모의 경제 이점을 가질 수 있는 자재에 대해서는 비용이 중요하게 된다. 외주를 하는 대부분의 경우에는 필요한 수량이 매우 적어서 자체 생산에 필요한 자본투자를 정당화시킬 수 없다. 외국의 공급자는 저렴한 인건비와 자재비를 이용하여 비용상의 이점을 가질 수 있다.

2. 불충분한 생산능력: 부품을 생산할 수 있을 만한 생산능력이 갖추어지지 않은 경우와 수요가 예상보다 갑자기 증가하여 충족시킬 수 없을 경우에는 구매나 외주를 해야 한다.

3. 전문성의 결여: 기업이 특정 품목을 생산할 만한 기술과 전문성이 없을 때가 있다. 또는 공급자가 공정이나 제품에 대한 특허를 보유하고 있어서 기업이 생산하는 것이 불가능할 수도 있고 환경이나 안전 기준을 충족시킬 수 없어서 생산하지 못하는 경우도 있다.

4. 품질: 공급자는 우량한 기술과 공정, 숙련된 작업자, 그리고 규모의 경제 이점을 가지고 있어서 구매 부품은 품질 면에서 우수할 수 있다. 공급자가 연구개발에 더욱 많이 투자할 수 있기 때문이다. 급속한 혁신이 이루어지는 하이테크 산업에서 더욱 그러하다.

반면에 기업이 자재 · 부품 · 서비스 · 설비를 생산하는 것은 다음과 같은 이유 때문이다.

1. 특허기술의 보호: 생산을 하는 주된 이유는 특허기술을 보호하기 위해서이다. 기업이 개발한 설비 · 제품 · 공정은 경쟁우위를 위해서 보호될 필요가 있을 수 있다. 기술이 공개되지 않도록 보호함으로써 경쟁자를 압박할 수도 있고 신제품을 시장에 먼저 출시할 수도 있다.

2. 경쟁력 있는 공급자의 부재: 우량 부품을 공급하는 공급자가 없거나 부품을 생산하는 기술이나 역량을 갖춘 공급자가 없을 경우, 기업은 단기간이라도 그 부품을 생산할 수밖에 없다. 장기적으로는 그 부품을 생산할 수 있도록 신규 공급자나 기존 공급자를 개발할 수 있다.

3. 품질관리의 용이함: 자체 생산을 함으로써 설계, 제조공정, 노동력, 기타 생산요소에 대한 직접적인 통제가 가능하게 되어 고품질의 부품을 생산할 수 있게 된다. 반면에, 공급자가 양질의 부품을 생산할 수 있는 기술과 생산공정을

보유할 수도 있어 어떠한 방식이 부품의 품질수준을 제고하는 데 유리한지는 논란의 여지가 있다.

4. 기존의 유휴 생산능력 활용: 유휴 생산능력을 가진 기업은 부품을 생산함으로써 과잉 생산능력을 활용할 수 있다. 이러한 전략은 계절수요의 제품을 생산하는 기업에 유용하다. 부품생산에 과잉 생산능력을 단기간 활용함으로써 숙련된 작업자의 해고를 회피할 수도 있다.

5. 리드타임, 수송, 창고비의 통제 가능: 자체 생산을 하게 되면 설계, 제조 및 배송 프로세스 등을 통제할 수 있게 되어 리드타임과 물류비를 쉽게 통제할 수 있게 된다.

6. 비용절감: 부품을 지속적이고 대량으로 생산하는 경우라면 자체 생산을 하는 것이 더욱 경제적이다. 자체 생산을 하려면 자본투자가 필요하므로 고정비가 높아지지만, 공급자에게 이윤을 보장하지 않아도 되므로 변동비는 낮아지기 때문이다.

② 집중구매방침과 분산구매방침: 가장 능률적으로 구매하려면 바로 집중구매방법(centralized purchasing method)과 분산구매방침(decentralized purchasing method)을 유효 적절히 선택, 결정하여야 한다. 이 문제는 경영규모가 확대됨에 따라 더욱 중요한 관심사가 되고 있다. 대규모의 기업에서는 각 부서에서 필요로 하는 자재의 주문을 한 군데에 집중시켜 구매를 하게 되므로 보통 대량의 구매가 이루어지게 되는데, 이와 같은 구매방법이 바로 집중적 방법이다. 그러나 분산구매방법이란 기업의 각 부서에서 소요되는 자재를 각기 독립적으로 분산시켜 구매하는 방식이다.

집중구매방법이 가지는 이점으로는 다음과 같은 것이 있다.

- 단위당 자재가격을 저렴하게 할 수 있다. 왜냐하면 대량으로 구매하므로 주문비, 운반비 등 구매간접비를 절약할 수 있을 뿐만 아니라, 수량할인(quantity discount)을 받을 수도 있기 때문이다.
- 구매자재를 표준화하여 보다 유리한 구매를 할 수 있다.

그러나 이 방법은 다음과 같은 불리한 점도 있다.

- 신속한 구매를 할 수 없다.
- 소량으로 구매하는 경우에는 오히려 비용이 많이 소요된다.
- 각 분야의 특수한 상황을 고려한 구매를 할 수 없다.

그리고 집중구매방침이나 분산구매방침은 서로 상반되는 득실이 있으므로

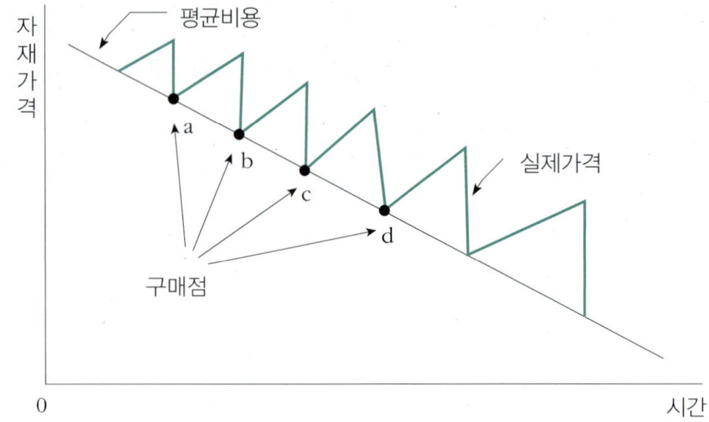

| 그림 12-4 | **평균가격에 의한 구매**

대부분의 기업에서는 이 두 가지 방법을 조화하여 채용하고 있는 경우가 많다.

③ 당용구매방침: 당용구매(hand-to-mouth purchasing)방침은 보통 단기적으로 필요할 때마다 필요량만큼 구매하며 결코 재고를 남기지 않는 것을 원칙으로 하는 방침이다. 당용구매는 첫째, 가격이 정상보다 높으나 하락되리라 예상되는 경우, 둘째 현재 가격이 떨어지고 있는 경우, 셋째 가격이나 소요되는 자재의 양 또는 질이 불확실한 경우 등에 이루어진다. 이 방침의 기본적인 목표는 불리한 상황에서 재고수준을 최소화함으로써 재고손실을 줄이려는 데 있다.

④ 평균가격에 의한 구매방침: 이 구매방침은 일반적으로 자재의 가격이 시장에서 끊임없이 상승 또는 하락을 계속하고 있는 경우에 이용되는 것이며, 가격이 변화하는 과정 중 유리한 시점에서 구매하려는 방침으로서, 당연히 어느 특정기간 또는 특정시장에서 실현되는 자재의 평균가격보다 낮은 가격에서 구매가 이루어진다. 특히 이는 특정자재에 대한 수요가 이미 확정되어 있고, 가격이 지속적으로 변화하는 경우에 유리하다. [그림 12-4]는 이 방침에 의한 구매를 설명하고 있다.

⑤ 상호구매방침: 이 구매는 상호구매협약에 의하여 기업상호간에 생산되는 생산품을 상호구매하기로 결정함으로써 이루어지는 것으로, 주로 화학공업과 같이 계열기업간에 많이 채용되고 있으며, 안정된 구매를 기업상호간에 유지함으로써 조업을 안정화할 수 있다는 이점이 있다. 그러나 이는 자유로운 거래방

식에 의해 거래상대를 선정하고 가격을 결정하므로 본래의 구매에서 얻을 수 있는 이점을 그다지 확보할 수 없을 것이다.

제 2 절 공급자 선정과 전략적 발주

1. 공급자 선정의 고려 요인

사무용품이나 별로 중요하지 않은 자재의 공급자를 결정하는 일은 별로 어렵지 않다. 그러나 기업의 경쟁우위에 영향을 미칠 수 있는 주요 자재의 공급자를 선정하는 과정은 복잡하며 다수의 기준에 의하여 이루어져야 한다. 원가와 납기뿐만 아니라, 제품기술과 공정기술에 공급자가 어떻게 기여할 수 있는가도 고려해야 한다. 공급자를 선정할 때 고려해야 하는 요인은 다음과 같다.

① 제품기술과 공정기술: 공급자는 구매기업이 필요로 하는 자재를 생산하기 위한 최신의 제품기술과 공정기술을 보유해야 한다.

② 기술과 정보의 공유 의지: 자신의 핵심역량에 집중하고 비핵심분야는 외주를 통하여 공급자의 역량을 활용하는 것이 추세인데, 이런 추세를 따르는 기업에게는 기술과 정보를 기꺼이 공유하려는 공급자를 찾아내는 일이 매우 중요하다. 공급자는 구매자의 신제품 개발과 설계에 조기 참여하여 개념설계 대안을 개발하고, 부품 · 기술의 선정 및 설계 평가를 지원하여, 비용효과적인 제품 · 공정의 설계를 선택할 수 있도록 도움을 줄 수 있다. 설계과정에 공급자를 참여시킴으로써 구매기업은 핵심역량에 더 집중할 수 있게 된다.

③ 품질: 구매품목의 품질수준은 공급자 선정의 매우 중요한 요소이어야 한다. 부품의 품질은 완제품의 품질에 직접적인 영향을 미치므로 높은 수준이고 일관성이 있어야 한다.

④ 원가: 자재의 단가는 공급자 선정의 유일한 기준은 아니지만, 총소유비용(total cost of ownership)은 중요한 요소이다. 총소유비용은 자재의 단가, 지불기간, 현금할인, 주문비, 재고유지비, 물류비, 유지비, 그리고 기타의 평가하기 쉽지 않은 정성적 비용 등이다. 총소유비용 분석은 단위당 가격을 제외한 기타 비용이 어떻게 구매결정에 영향을 미치는지를 보여준다.

⑤ 신뢰성: 신뢰성은 공급자를 믿고 함께 협력할 수 있는지에 관한 것이다.

예를 들어, 공급자가 재무적으로 안전한가? 그렇지 않다면 연구개발에 투자를 할 수 없을 지도 모른다. 또, 공급자의 납기는 믿을 만한가? 그렇지 않다면 자재부족으로 생산공정에 차질이 생길지도 모른다.

⑥ 주문 시스템과 주문 사이클타임: 주문 시스템의 편리성과 주문 사이클타임은 매우 중요하다. 즉, 공급자에게 주문을 하는 것은 쉽고, 빠르고, 효과적이어야 한다. 배송 리드타임은 짧아서 소량을 자주 주문하여 재고보유비를 줄일 수 있어야 한다.

⑦ 생산능력: 공급자가 주문량을 충족시킬 만한 생산능력을 보유하고 있는지, 그리고 필요할 경우 대량주문을 충족시킬 수 있는지를 고려해야 한다.

⑧ 의사소통 역량: 공급자는 당사자 간의 의사소통을 촉진시키는 역량을 가지고 있어야 한다.

⑨ 입지: 공급자의 지리적 위치는 배송 리드타임, 수송, 물류비 등에 영향을 미치므로 공급자 선정에서 중요한 요소가 된다. 어떤 기업은 생산설비의 근거리에 공급자가 입지할 것을 요구하기도 한다.

⑩ 서비스: 공급자는 필요할 경우 제품에 대한 좋은 서비스를 제공함으로써 제품을 뒷받침할 수 있어야 한다. 예를 들어, 제품 정보나 보증 서비스가 필요할 때 공급자가 즉시 대처할 수 있어야 한다.

이외에도 공급자를 선정할 때 고려해야 하는 전략적인 혹은 전술적인 요인들이 많이 있다. 전략 품목에 대하여 최저가 경쟁입찰을 하던 시기는 이미 지나갔다. 경쟁력 있는 전략적 공급자를 선정하는 능력은 기업의 경쟁력에 직접 영향을 미친다. 전략적 공급자는 기업의 파트너로 인식되고 기업의 설계 및 생산노력의 한 부분이 되고 있다.

각 구매품목에 대하여 얼마나 많은 공급자를 선정할 것인가는 복잡한 문제이다. 여러 문헌에서 구매자와 공급자의 파트너십을 촉진하기 위해서 핵심 자재에 대해서는 단수조달(single-sourcing)방식을 제안하지만, 이 방식은 매우 위험할 수도 있다. 제록스와 크라이슬러가 1980년대에 공급기반을 실질적으로 감축했지만, 주요 자재와 부품에 대해서 단수조달방식을 채택했다는 기록은 없다. 조달방식에 관한 현재의 추세는 반드시 단수조달을 해야 하는 것은 아니지만, 공급기반을 줄이는 것이다. 이론적으로는 최선의 공급자와 긴밀한 관계를 유지하려면 단수조달이나 소수의 조달방식을 활용해야 한다. 그러나 단일 공급자에 대한 의존도를 높이면, 공급자의 문제로 완제품의 품질이 나빠지거나 공장가동을 중단하게 되는 위험이 증가한다. 단일공급자 발주(sole sourcing)와 단수공급자 발주는 혼용해서 사용되어 왔지만, 단일공급자 발주는 공급자가 유일할 경우에 해당하며 단수공급자 발주는 많은 공급자 중 하나로부터 공급을 받는 경우를 말한다.

먼저 단수공급자 조달의 선호이유는 다음과 같다.

① 좋은 관계를 구축함: 단수공급자 조달방식은 서로 신뢰할 수 있고, 도움이 되는 관계를 유지하는 데 유리하며, 특히 공급자의 기술과 역량을 이용할 수 있을 때는 더욱 그러하다. 그래서 특정 자재의 공급기반을 줄여서 공급자와 전략적인 협력관계를 구축하는 경우가 있다.

② 품질의 변동을 줄임: 단수공급자로부터 부품을 공급받게 되면 부품생산에 동일한 기술과 공정이 활용되므로 복수공급자로부터 부품을 공급받는 경우보다 품질수준의 변동을 줄일 수 있다.

③ 원가절감: 단수공급자에게 구매할 경우 구매량을 집중시키게 되므로 단위당 구매원가를 줄일 수 있다. 특히, 특정 부품이 고가의 제조준비를 필요로 하는 경우 중복되는 고정비를 단수공급에 의하여 줄일 수 있다.

④ 수송의 경제성: 단수공급자 조달방식에서는 구매량을 집중시키게 되므로 부분적재(less-than-truckload) 수송방식보다 단위당 수송원가가 저렴한 완전적재(full- truckload) 수송방식을 활용할 수 있게 된다.

⑤ 특허제품이나 특허공정의 구매: 공급자가 제품이나 공정에 대한 특허를 보유하고 있을 경우에는 단수공급자로부터 구매할 수밖에 없다.

⑥ 소량의 구매량: 부품의 수량이나 구매액을 기준으로 구매량이 매우 적다면, 주문을 나누는 것은 별로 의미가 없게 된다. 또한, 주요 부품이 아닌 경우에는 단수공급자 조달방식이 바람직하다.

다음으로 복수공급자 조달의 선호이유는 다음과 같다.

① 생산능력의 부족: 수요가 단수공급자의 생산능력을 초과하면 복수공급자를 활용할 수밖에 없다.

② 공급장애의 위험 분산: 복수공급자 조달방식은 공급자의 파업, 품질문제, 정지적 불안성 혹은 기타의 문제로 인한 공급장애의 위험을 분산시킨다.

③ 경쟁 촉진: 복수공급자 조달방식은 가격과 품질 면에서 공급자들 간의 경쟁을 촉진시킨다. 현대적인 공급자관리 철학에서는 단순히 경쟁만 촉진시키는 복수공급자 조달방식을 지양하고 있지만, 기업의 경쟁우위에 영향을 미치지

않는 단순부품에 대한 조달방식으로는 선호될 수 있다. 단순부품에 대하여 단수공급자 조달방식을 활용하는 것은 비용면에서 효과적이지 않을 수 있기 때문이다.

④ 정보: 복수공급자들은 시장상황이나 신제품개발, 신제품기술 등에 관한 정보를 일반적으로 더 많이 보유하고 있다. 제품수명주기가 짧은 제품의 경우 이러한 특성은 더욱 중요하다.

⑤ 사업상의 특별한 배려: 정부와 계약으로 하는 사업의 경우 기업이 자발적으로 혹은 법에 의하여 소규모 공급자나 지방 공급자, 혹은 여성이 운영하는 공급자에게 구매량의 일부를 할당할 필요가 발생하는 경우가 있다.

공급자의 수는 전통적인 방식인 복수공급자에서 현대적인 방식인 소수의 믿을 만한 공급자 그리고 경우에 따라서는 단수의 공급자로 변화해 오고 있다. 구매자와 공급자 간의 관계는 전통적으로는 단기적이고, 적대적이며, 주로 원가에 기초했는데 결과적으로 상호간의 신뢰부족을 야기하게 되었다. 그러나 오늘날과 같은 통합된 공급사슬 환경에서 구매자와 공급자의 관계는 신뢰와 협조 그리고 장기적인 상부상조의 관계로 발전하게 되었다. 또한 기업은 품질과 납기, 서비스, 가격 및 정보 성과를 지속적으로 개선하는 공급자를 더욱 개발하면서 공급기반을 최상의 공급자들로 줄이고 있다.

2. 공급자의 조기참여

동시공학(concurrent engineering)과 제조성 설계(design for manufacturability) 기술이 일반화되고 공급자와의 관계가 더욱 신뢰할 만하며 장기적으로 됨에 따라, 신제품 설계와 프로세스 설계와 같은 내부 생산과정에 주요 공급자가 더 깊이 관여하게 된다. 주요 공급자들은 구매기업 내 신제품 및 프로세스 설계팀의 중요한 의사결정에 기여한다. 그들은 구매기업의 제품조립 설계, 신제품 자재활용, 심지어 신제품 생산에 활용되는 공정의 설계에까지 관여하게 된다. 그래서 이러한 관계가 증가함에 따라 전략적 공급자들은 조직의 의사결정과정 내에서 더욱 중요한 역할을 하게 되고, 더 나아가 공급사슬관계를 더욱 공고히 한다.

이러한 가치공학 활동은 기업의 원가절감과 품질 향상, 신제품 개발시간의 단축 등에 도움을 준다. 원가절감은 부품을 좀 더 표준화하고, 수를 더 줄이고,

그리고 덜 비싼 자재 등을 활용함으로써 가능하게 된다. 원가, 품질, 그리고 타이밍 개선은 부품이나 공정설계 등과 같은 단계에 조기참여함으로써 얻은 정보를 공급자가 활용할 때 가능해진다. 또한, 공급자가 구매자의 신제품설계 프로세스에 일찍 관여하기 때문에 부품과 프로세스의 변경은 조절될 수 있다. 공정과 제품설계의 변경이 더 좋은 품질과 원가를 가능하게 하므로 이러한 활동들은 조직의 지속적인 개선노력에 기여하게 된다. 가치공학을 활용하게 되면 품질 개선과 비용절감이 가능하다.

아마도 공급자의 조기참여는 가장 효과적인 공급사슬통합기술 중 하나일 것이다. 제조 및 설계 정보를 공유하면서 함께 일하면 일정 수준의 신뢰와 협력을 구축하여 미래의 많은 프로젝트에서 성공을 거둘 것이다. 다음의 공급자 재고관리와 JIT Ⅱ는 공급자의 초기참여 활동의 대표적 예이다.

(1) 공급자 재고관리(Vendor Managed Inventories)

재고유지비를 최소화하고 재고부족이 없는 정도로 구매자의 재고를 관리하는 공급자의 능력이 신뢰를 얻게 되면, 주요 고객을 위한 공급자 재고관리(VMI) 서비스는 공급자에 의한 가치향상 활동의 하나가 된다. 구매자의 측면에서는 공급자가 재고를 추적하고 납품 일정과 주문량을 결정하게 되면 시간을 절약하게 되어 더 전략적인 발주 활동에 시간을 소모할 수 있게 된다. 게다가 구매자는 제품이 저장 장소에 올 때까지 소유권 획득을 지연시킬 수 있으며 이것은 재고유지비용을 줄이게 한다. 공급자의 측면에서는 구매자의 잘못된 주문을 회피할 수 있고, 재고설정, 배송방식, 배송시기를 결정할 수 있게 된다 2006년의 Industry Week 조사에 의하면 2002년에서 2006년 사이의 최상위 25개 미국 제조공장 중 14개가 재고추적 및 보충에 공급자를 사용한 것으로 나타났다. 이것은 원자재 구매비의 약 14%가 공급자 재고관리로 이루어졌음을 나타낸다.

이상적으로는 이들 공급자들은 실시간으로 고객재고를 관리한다. 이것은 품목이 판매될 때 재고수준을 즉시 최신화하는 바코드와 스캐너로 가능하게 된다. 이 데이터는 전자자료교환(electronic data interchange: EDI)이나 웹사이트를 활용하여 공급자에게 제공된다. 공급자는 수요를 추적하여 정확한 예측을 하게 되고 재고수준이 재주문점(reorder point: ROP) 이하가 되면 주문량을 배송하게 된다. EDI는 구매자와 공급자가 정보를 상호 교환하게 하며 VMI 뿐만 아니라 가격결정, 제품가용성, 주문상황 정보 교환 등에 유용하다.

월마트는 기저귀 재고관리를 위해 1990년대 중반에 P&G와 VMI 활용을 대중화한 것으로 알려져 있다. Rubbermaid와의 VMI도 곧이어 이루어졌다. 인디아나에 소재한 지퍼 및 볼트 제조업체인 Lake Erie Screw는 바코드 라벨의 재고관리를 지역 공급업자가 맡도록 하고 있다. 일주일에 한 번 바코드 재고 데이터가 자동적으로 공급자의 재고추적 시스템에 전달되고 재고수준이 재주문점에 도달하면 주문량을 배송하게 된다. 미시간에 있는 Dow Chemical은 사무용품 업체인 Staples를 미국과 캐나다 전역의 사무용품을 관리하는 단일 공급자로 지정하고 있다. Dow의 글로벌 공급 관리자인 Tary Schumacher는 "그들은 매일 현장에 트럭으로 다니며 사전에 설정한 최소 수준과 최대 수준으로 재고를 관리하는 Staples 시스템을 활용하고 있다"라고 말한다. 회전율이 낮은 품목에 대해서는 Staples 웹사이트를 이용하여 필요할 때마다 주문한다.

VMI보다 다소 협력적인 형태로 공동 재고관리(co-managed inventories)가 있다. 이 경우에는 구매자의 정기적 수요예측, 정보공유 방법, 주문량, 주문시기, 그리고 배송시기와 위치 등에 관하여 구매자와 공급자가 합의를 하게 된다. 이러한 형태의 통제된 VMI는 고가의 품목이나 전략 품목의 구입에 활용될 수 있다.

(2) JIT II

JIT II는 공급자 공동배치(supplier co-location)라고도 하며, 공급자 재고관리(vendor managed inventory; VMI)의 확장이다. 매사추세츠 소재 Bose사의 구매관리자였던 Mr. Lance Dixon이 1987년에 JIT II의 개념을 창조하였다고 알려져 있다. 이 개념은 공급자의 종업원이 구매자 조직의 구매부서에서 영구적으로 근무하면서 구매담당과 공급담당 역할을 동시에 수행하는 것을 의미한다. 이 사람에게는 수요를 예측하고, 재고수준을 점검하며, 주문을 하는 등의 구매조직의 종업원으로서 모든 권리와 의무가 부여된다.

1987년 이전에는 Bose는 공급자를 압박해서 가격을 낮추는 전형적인 행태를 취하고 있었다. 그러나 Dixon은 공급자의 성과가 나빠져서 발생하는 비용이 구매비 절감분을 훨씬 상회한다는 것을 깨닫게 되어 공급자 공동배치의 아이디어를 추진하였다. 그 후 5년만에 Bose는 간접비만 100만 달러를 절감하였다. Dixon은 "G&F Industries의 경우 전통적인 JIT 프로그램으로 달성했던 수준의 7분의 1 혹은 9분의 1까지 재고를 줄일 수 있었다"라고 말하였다. 그 후 수년 내에 Harley-Davidson, Honeywell, IBM, Intel, Dupont, Ford, Motorola, 그리고

AT&T 등 많은 기업이 공급자 공동배치를 도입하였다. Honeywell의 글로벌 공급 담당 부사장이었던 Bill Grimes는 "JIT II의 진정한 가치 중의 하나는 많은 전문가를 가진 공급자는 구매자가 스스로 알지 못했던 것에 대해 제품의 설계 단계에서부터 수정사항을 제안할 수 있다는 점이다"라고 말한다.

JIT II 관계에서는 양쪽 모두에게 여러 가지 이점이 있다. 첫째, 구매자는 임금을 지불하지 않는 종업원을 가지게 되고, 공급자는 미래의 구매를 보장받는다. 양사간의 소통도 향상된다. 공급사는 자신에게 영향을 미칠 신제품과 설계 변경에 대하여 신속히 알게 된다. 공급사는 또한 자신의 제품과 고객서비스로 인하여 구매사의 생산에 발생할 수 있는 문제를 일찌감치 알 수 있어서 신속히 완화할 수 있다. 이런 관계는 양사에 도움이 되며 훨씬 긴밀한 관계를 낳는다. 이것은 JIT 실현 노력에 큰 도움이 된다. Chrysler 그룹의 LaSorda에 의하면 이러한 파트너십으로 인한 절감은 추가적인 차량의 설계와 제조비용으로 충분하다고 한다. Bose사의 경우, 수송 기능을 수행하는 JIT II 팀은 승합트럭운송회사(less than truckload(LTL) carrier), 전세트럭운송회사(truckload(TL) carrier), 수출입대행사, 그리고 대형 선박회사에서 각 1명씩 파견된 직원들로 구성되어 있다. 이들은 각기 자기 회사의 정보 시스템에 연결되어 있으며 Bose의 수송그룹과 매일 함께 일하며 부품과 제품들이 필요한 시간에 Bose의 설비들에 납품되도록 한다. 이 시스템은 납기지연을 50% 단축하고, 수송비를 37% 절감하고, 수송 오류를 86% 줄였다.

3. 환경 발주

지속가능 조달(sustainable procurement)이라고도 하는 환경 발주는 최근의 지구온난화와 환경문제 등으로 중요시되고 있다. 공급사슬관리의 글로벌 리더인 월마트는 최근에 지속가능성(sustainability)에 관한 선도적 역할을 담당해 오고 있다. 이 회사의 CEO인 Lee Scott은 2005년 10월 연설에서 지속가능성이 월마트에 어떻게 전파되었으며 그들의 의사결정에 어떻게 통합적 역할을 해 왔는지를 설명하였다. 예를 들어, 월마트의 목표 중 2013년까지 포장지를 5% 감축한다는 목표가 있다. 이것은 매년 약 667톤의 이산화탄소를 지구상에 배출하지 않는 양에 해당한다. 또한 수송비를 350만달러 절감하였고 100% 재생에너지로 된 부품을 공급하도록 요구하며 자원 및 환경보존이 가능한 제품을 판매하고 있다. 2008년부터는 월마트의 2000개 브랜드 공급자들을 재활용물, 원자재 회수가치, 수송거리, 이산화탄소 배출 등을 기준으로 등급을 매길 예정이다. 월마트는 이러한 활동으로 원가를 상당히 절감할 수 있을 것으로 기대하고 있다.

환경발주, 지속가능 조달, 지속가능성 등의 주제는 여러 산업에서 혼란을 줄 수 있다. 100개의 영국 구매자들에게 조사한 결과 그 중 17%만이 이들 개념을 완전히 이해할 수 있다고 답했다고 한다. "문제는 지속가능, 환경, 윤리, 공정거래 등이 뒤섞여 사용되고 있다는 점이다"라고 한 응답자가 답하였다. 다른 응답자는 "우리가 구매한 것을 다루는 것이 아니라 어떻게 구매하는가를 다루는 것이 쟁점이다"라고 말하였다. Institute for Supply Management에 의하면 환경발주는 다음과 같이 정의된다.

'제품과 프로세스 설계부터 시작하여 제품폐기까지의 구매의 전과정을 통해서 환경을 의식한 의사결정을 하는 것'

그리고 지속가능성은 다음과 같이 정의하고 있다.

'경제적, 환경적, 그리고 사회적 도전에 관한 미래세대의 니즈를 충족시킬 역량을 손상시키지 않고 현재의 니즈를 충족시키는 역량'

따라서 환경발주 혹은 지속가능 조달은 지속가능성이라는 넓은 개념의 일부분으로 이해할 수 있다.

최근에는 정부와 선도기업들은 명확한 목표를 설정하면서 환경문제에 동참하고 있다. 예를 들어, 2005년에는 영국의 수상인 Tony Blair가 Sustainable Procurement Task Force(SPTF)라는 그룹을 만들어 자금이 지속가능한 방식으로 집행되는지를 점검하고 있다. 이 그룹의 목적은 지속가능한 구매가 조직에 어떻게 득이 되고, 사회에 도움이 되며, 경제를 활성화시키고 자연환경을 보존시키는 지를 보여주는 것이다. SPTF가 기여한 지속가능한 조달의 예는 다음과 같다.

- Manchester 시의 Eastlands Stadium은 3메가와트의 전력을 생산하는 풍력터빈을 설치하였으며 대부분의 구매를 지역 공급자로부터 구매하여 이산화탄소 배출을 줄임.
- Dorset County 의회에서 자동차 배출물을 줄이는 것을 검토함.
- Brighton & Hove 시의회는 환경에 영향을 미치지 않는 도서관을 개발함.

또 다른 문제는 높은 발주비용과 비용통제간의 갈등이다. 영국에 소재한 전자 난방 통제 시스템 제조회사의 구매담당 책임자인 Adam Smith는 "돈을 절약하지는 못했지만 지구를 구했다"라는 주장에 대해 CEO가 감동을 받지는 않을 것이다"라고 말한다. Sam's Club의 포장 및 제품혁신 담당 부사장인 Matt Kissler는 "지속가능성은 환경에 관한 것만이 아니다. 환경에 대해 우리가 아무리 잘하더라도 우리 사업을 지속시키지 못하면 지속가능성은 없는 것이다. 우리가 하려는 것이 사업면에서 재정적으로 지속가능하지 않다면 그것을 하지 말아야 한다"라고 말하였다.

제 3 절 재고관리 시스템

재고(inventory)란 미래에 사용하기 위하여 비축하고 있는 재화라 할 수 있다. 1950년대 이전만 하더라도 기업에서는 재고에 관하여 매우 부정적인 태도를 취하고 있었다. 그 후 재고의 문제가 기업에게 점차로 긍정적인 태도로 변환되게 되었던 중요한 계기는 재고의 기능을 바르게 인식하면서부터였다고 할 수 있다. 그러나 최근에 이르러서는 컴퓨터를 이용하는 정보기술의 발전과 더불어 재고에 대한 인식이 다시 부정적으로 되는 경향이 있다. 따라서 이하에서는 재고관리를 위한 모형과 재고관리 시스템에 대하여 살펴보고자 한다.

1. 재고의 유형

재고관리 시스템을 구분하는 가장 뚜렷한 기준은 수요의 유형이다. 즉 수요가 독립수요인가 종속수요인가의 문제이다.

(1) 종속수요

종속수요의 제품은 생산품의 마지막 또는 마지막의 생산에 사용되는 하위조립부품 또는 부분요소를 말한다. 하위조립부품과 부분요소의 수요는 완제품의 최종단위의 수에서 결정된다. 이의 전형적인 예는 새 자동차에 필요한 바퀴의 수요를 들 수 있다. 만일 각 자동차가 5개의 바퀴를 가지고 있다면, 생산작업에 필요한 총 바퀴의 수는 그 작업에서 생산되는 자동차 수에 관한 간단한 함수관계로 나타낼 수 있다. 예를 들어 200대의 자동차의 경우 200×5=1,000, 즉 1,000개의 바퀴가 필요하게 되는 것이다.

이러한 종속수요에 대한 재고관리 시스템으로는 다음 장에서 설명할 MRP

시스템이 있다.

(2) 독립수요

독립수요의 제품은 완제품 또는 최종제품을 말한다. 일반적으로 이러한 제품은 다른 제품을 만들기 위해 쓰이기 보다는 그 자체가 최종 소비자의 수요를 위하여 판매된다. 이 경우에 수요는 대체로 무작위 요소를 포함하기 때문에 일정기간 동안 요구되는 제품의 수량을 정확하게 예측할 수 있는 방법이 없다. 따라서 독립수요의 제품에 대해서는 적정한 재고수준을 유지해야 하며 적절한 재고관리 시스템이 필요하게 되는 것이다.

2. 재고모형

재고통제를 잘못하면 재고가 과다하게 유지되거나 재고부족이 발생할 수 있다. 재고부족은 판매기회의 상실, 고객의 불만족 그리고 생산의 장애를 야기시키고, 과다한 재고는 재고유지비용을 증가시켜 생산적인 곳에 활용될 수 있는 자금을 불필요하게 묶어두는 문제점을 지니고 있다.

재고관리에는 두 가지의 주요 관심사가 있다. 한 가지는 고객에 대한 서비스 수준인데 이것은 양품과 충분한 양의 재고 그리고 적재적소에 재고를 보유하는 것이다. 다른 한 가지는 주문비용 및 운반비용과 관련된 것이다.

재고관리의 목적은 고객에 대한 서비스를 만족할 만한 수준으로 달성하면서 재고비용은 적정수준을 넘지 않게 하는 것이다. 이러한 목적을 달성하기 위하여 의사결정자는 양쪽의 균형을 이루기 위해 노력해야 한다. 이와 관련된 두 가지의 기본적 의사결정은 주문시기와 주문량의 크기에 관한 것이다. 즉, 언제 주문하고 얼마나 주문하는가 하는 것이다. 본 절에서는 이러한 의사결정을 하는데 도움을 줄 수 있는 재고모형에 관하여 설명하고자 한다. 먼저 재고모형에서 고려되는 재고비용의 유형을 살펴보기로 하자.

재고와 관련된 비용에는 재고유지비용, 주문비용, 재고부족비용 등 세 가지가 있다.

① 재고유지비용: 재고유지비용은 재고를 보유함으로써 발생하는 제비용을 의미한다. 여기에는 이자, 보험료, 세금, 감가상각비, 진부화비용, 손상비용, 도난비용, 파손비용, 입고비 등이 있다. 또한 재고투자에 묶인 자금에 대한 기회

비용도 포함된다. 비록 세금, 이자, 보험료 등은 일반적으로 재고의 화폐가치에 의하여 정해지지만 재고유지비용의 구성요소는 품목의 형태에 따라 달라진다.

예를 들어 포켓 카메라나 트랜지스터 라디오, 계산기 같이 쉽게 숨겨지는 품목이나 자동차나 TV와 같은 고가품목들은 도난당하기가 쉽다. 신선한 해산물, 육류, 식용육조류, 농작물 등은 쉽게 부패되고 손상된다. 그리고 유가공제품, 샐러드, 의약품, 건전지, 필름은 보존기한이 제한되어 있다.

재고유지비용은 두 가지 방법으로 표시할 수 있다. 즉, 단위당 가격에 대한 비율로 표시하거나 단위당 들어가는 비용으로 표시할 수 있으며 일반적으로 연간 재고유지비용의 범위는 품목가치의 20%에서 40%로 정해진다. 즉, 1,000원짜리 품목의 연간 재고유지비용의 범위는 200원에서 400원이 되는 것이다.

② 주문비용: 주문비용은 재고의 주문과 관련된 비용이다. 여기에는 주문량을 결정하는 비용, 송장 준비비용, 도착물품의 질과 양에 대한 검사비용, 상품을 임시보관장소로 옮기는 비용 등이 있다. 주문비용은 주문의 크기와 관계없이 일반적으로 한 번의 주문에 고정적으로 소요되는 비용으로 표시된다.

회사가 재고품을 외부에서 구입하지 않고 자체적으로 생산하는 경우 생산설비를 준비하기 위한 준비비(setup cost)가 발생하는데 주문비용과 유사한 개념이다. 생산설비의 준비는 작업을 위해 기계를 조정하거나 절단도구를 교체하는 등 생산을 준비하는 과정이다. 준비비용은 생산량의 크기에 상관없이 한 번의 가동에 고정적으로 소요되는 비용으로 표시된다.

③ 재고부족비용: 재고부족비용은 수요량이 공급량을 초과할 때 발생한다. 이 비용으로는 판매기회의 상실로 인한 기회비용이 대표적이다. 게다가 만약 조립공정에 공급되는 내부품목에서 재고부족이 발생한다면 생산중단이나 작업중단으로 인한 비용이 재고부족비용이 된다. 이런 비용은 상황에 따라서는 분당 10만원이나 그 이상이 될 수도 있다. 재고부족비용은 일상적으로 측정하기가 어려우므로 일반적으로 주관적으로 평가하는 방법이 활용된다.

재고를 얼마만큼 주문하는가의 문제는 경제적 주문량(economic order quantity; EOQ)모형에 의해 결정된다. EOQ모형은 주문크기의 변화에 따른 재고비용의 합을 최소화하는 관점에서 최적주문량을 구하는 것이다. 여기에서는 세 가지의 모형을 설명하기로 한다.

(1) 경제적 주문량 모형

EOQ모형은 가장 단순한 형태의 모형이다. 이 모형은 연간 재고유지비용과 주문비용의 합을 최소화하는 1회 주문량을 구하는 것으로 이때의 주문량의 크기를 경제적 럿크기(economic lot size)라고도 한다. 이 모형에서는 수량할인은 없다고 가정하고 있으므로 품목의 단위원가는 주문의 크기에 영향을 받지 않게 된다. 만약 유지비용이 단위원가의 퍼센트로 구분되면, 단위원가는 유지비용의 일부로 총비용에 포함되게 된다.

EOQ모형에는 몇 가지의 가정이 있으며 [표 12-1]에 정리되어 있다. 그들 중 일부는 [그림 12-5]의 재고주기모형으로도 설명될 수 있다.

재고주기는 주문량(Q)이 입고된 날로부터 시작하고 Q는 시간이 지남에 따라 일정률로 감소한다. 재고수준이 계속 감소하여 재주문점 수준에 도달하게 되면 공급업자에게 Q단위의 주문을 하게 된다. 사용률과 조달기간이 변하지 않

표 12-1 EOQ모형의 가정

1. 단일품목만 고려한다.
2. 연간 수요량은 알려져 있다.
3. 수요는 균등하므로 수요율도 일정하다.
4. 조달기간은 일정하다.
5. 주문량은 일시에 배달된다.
6. 수량할인은 없다.

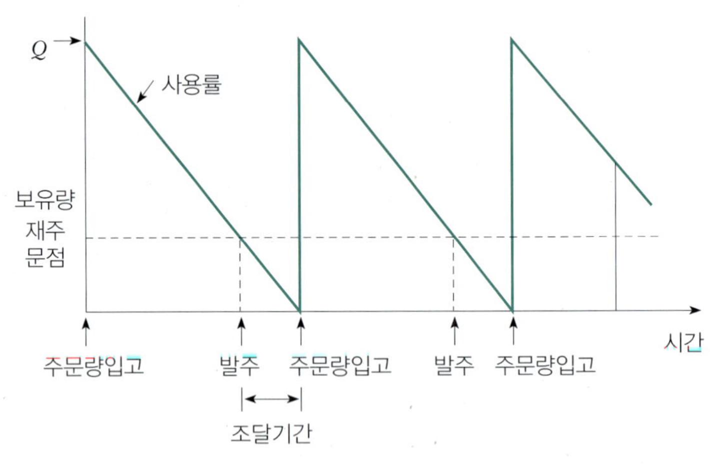

| 그림 12-5 | 재고주기모형

는다고 가정했기 때문에 주문품은 재고수준이 0이 되는 순간에 정확하게 도착한다.

최적주문량은 재고유지비용과 주문비용간의 상충관계에 의하여 구할 수 있다. 이것은 주문의 크기가 변함에 따라 재고유지비용은 증가하지만 주문비용은 감소하기 때문이다. 예를 들어 만약 주문의 크기가 상대적으로 작다면 평균재고는 낮아질 것이고, 결과적으로 재고유지비용이 낮아지지만 주문의 빈도는 많아지게 되어서 연간주문비용이 높아지게 된다. 반대의 경우에는 많은 양을 주문하는 대신 주문빈도가 낮아지므로 연간주문비용이 낮아지게 되는 것이다. 반면에 높은 평균재고수준으로 재고유지비용은 상승하게 된다. [그림 12-6]은 이러한 내용을 보여주고 있다.

그러므로 가장 이상적인 주문량은 매우 많거나 적은 양이 아닌 중간수준의 주문량이 될 것이다. 주문량의 정확한 계산은 재고유지비용과 주문비용의 상대

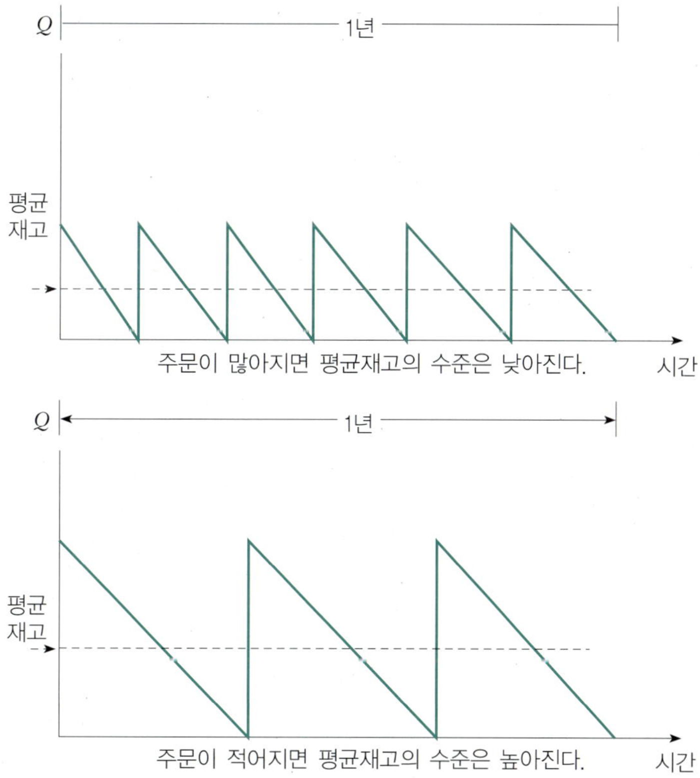

| 그림 12-6 | 재고주기모형

적 크기에 따라 달라진다.

연간 재고유지비용은 연간 단위당 재고유지비용에 평균재고를 곱해서 계산한다. 여기에서 평균재고는 주문량의 반으로 간주한다. 이것은 재고수준이 Q에서 0까지 일정하게 감소할 경우 평균재고는 $(Q+0)/2$, 즉 $Q/2$이 되기 때문이다. 따라서 연간 단위당 재고유지비용을 H로 나타내면, 연간 총재고유지비용은 다음과 같다.

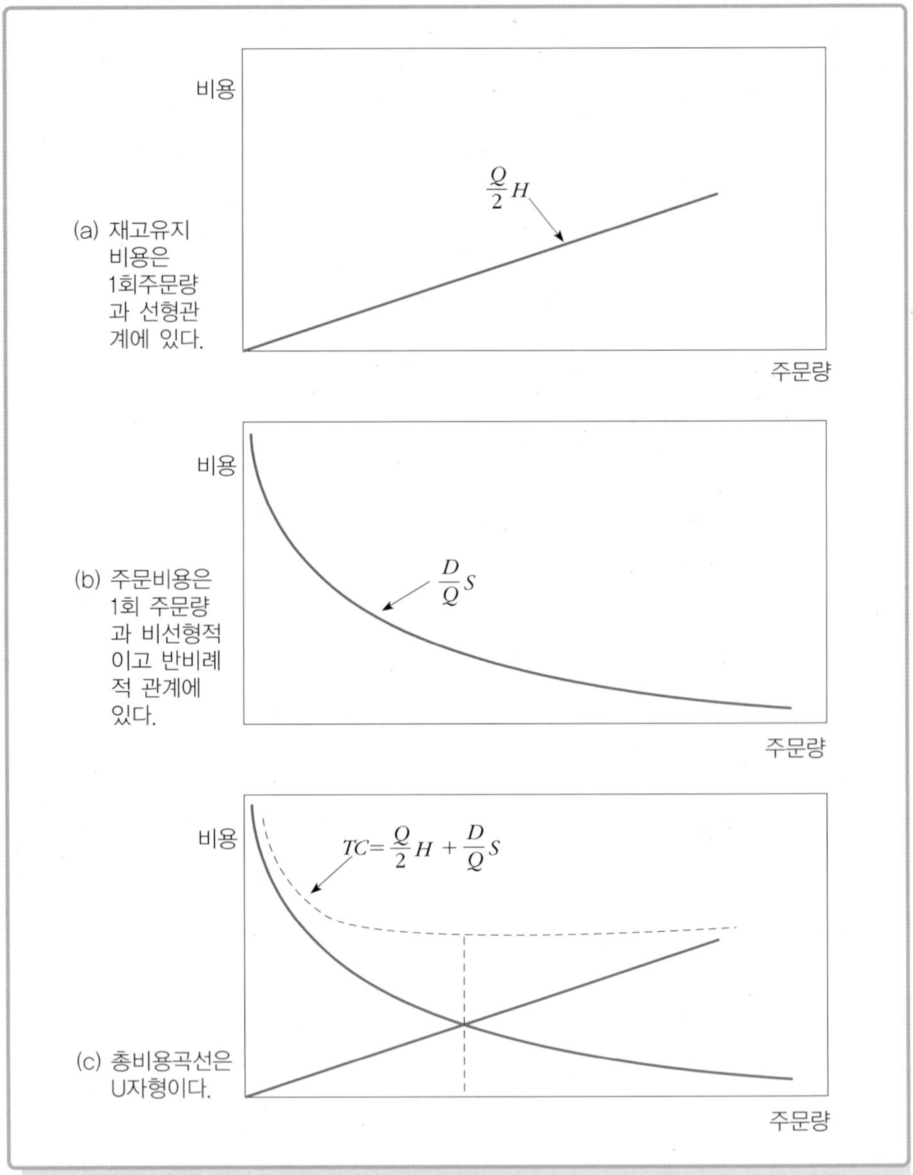

| 그림 12-7 | 재고비용과 주문량의 관계

$$연간\ 총재고유지비용 = \frac{Q}{2} \times H$$

여기에서 재고유지비용은 Q의 선형함수이므로 주문량의 변화에 직접 비례하여 증가하거나 감소함을 알 수 있다([그림 12-7 (a)] 참조).

한편 앞에서 설명한 바와 같이 1회 주문량이 증가함에 따라 연간 주문비용은 감소할 것이다. 왜냐하면 연간 수요량이 정해져 있으므로 1회 주문량이 커질수록 주문횟수는 줄어들기 때문이다. 예를 들어 연간 수요가 12,000단위이고 1회 주문량을 1,000단위라고 하면, 1년동안 12번의 주문을 해야 한다. 그러나 주문량이 2,000단위라면 단지 6번의 주문만 하면 된다. 만약 주문량이 3,000단위라면 4번의 주문이 필요하다. D를 연간 수요량, Q를 1회 주문량이라 하면 연간 주문횟수는 D/Q가 되며 연간 주문비용은 다음과 같이 계산된다.

$$연간\ 주문비용 = \frac{D}{Q} \times S$$

여기서 S = 주문비용/주문

결국 연간 주문비용은 1회 주문량과 반비례 관계에 있음을 알 수 있다.

EOQ모형에서의 연간 총재고비용은 연간 재고유지비용과 연간 주문비용의 합으로 나타낼 수 있다.

즉,

$$TC = 연간\ 재고유지비용 + 연간\ 주문비용$$
$$= \frac{Q}{2} \times H + \frac{D}{Q} \times S$$

여기서 TC=총비용

D=수요량(일반적으로 연간 단위량으로 표시)

Q=주문량

S=주문비용/주문

H=연간 재고유지비용/단위

[그림 12-7]의 (c)에 나타난 바와 같이 총비용곡선은 U자형이므로 재고유지비용과 주문비용이 동일한 수준에서 총비용이 최소가 된다.

즉,

$$\frac{Q}{2}\times H=\frac{D}{Q}\times S$$
$$Q^2H = 2DS$$
$$Q^2 = \frac{2DS}{H}$$
$$\therefore\ Q_0 = \sqrt{\frac{2DS}{H}}$$

위의 공식에 의하면 연간 수요량, 1회 주문비용, 연간 단위당 재고유지비용이 주어지면 경제적 주문량을 구할 수 있다. 경제적 주문량(Q_0)은 미분법을 이용하여 구할 수도 있다.

경제적 주문량하에서의 총재고비용은 총재고비용공식에 Q_0을 대입하여 구할 수 있으며 두 주문 사이의 주문간격은 다음과 같다.

$$\text{주문간격}=\frac{Q_0}{D}=\sqrt{\frac{2S}{DH}}$$

예제 1

조선타이어 회사의 지역판매점은 특정 크기의 강철을 감은 래디얼 타이어가 1년간 9,600개 팔릴 것으로 예상하고 있다. 이 타이어의 연간 재고유지비용이 단위당 16원이고, 주문비용이 75원이다. 또한 이 판매점은 1년에 288일을 영업한다.

a. EOQ는?

b. 최적주문횟수는?

c. 주문 사이의 주기는?

[풀 이]

D=9,600개 H=16원 S=75원

a. $Q_0=\sqrt{\frac{2DS}{H}}$ =300개/회

b. 최적 주문횟수$=\frac{D}{Q_0}$=32회/년

c. 주문 사이의 주기$=\frac{Q_0}{D}=\frac{300}{9{,}600}=\frac{1}{32}$년, 즉 $\frac{1}{32}$년×288일/년 또는 9일

재고유지비용은 단위당 비용으로 표시되기 보다는 그 품목의 구매가격에 대한 퍼센트로 표시되는 경우가 많다. 그러나 퍼센트를 단위당 비용으로 바꾸기만 하면 EOQ 공식을 적용할 수 있다.

예제 2

서울제조 회사는 TV조립 회사이다. 이 회사는 3,600개의 흑백브라운관을 연간 단위당 65원에 구입한다. 주문비용 31원, 연간 재고유지비용이 구입가격의 20%라고 할 경우 경제적 주문량과 연간 총주문비용 그리고 연간 총재고유지비용을 구하라.

[풀 이]

$D=3{,}600$개

$S=31$원

$H=0.2\times65$원$=13$원

$$Q_0=\sqrt{\frac{2DS}{H}}=\sqrt{\frac{2(9{,}600)75}{16}}=131\text{개}$$

$TC=$재고유지비용$+$주문비용

$$=\frac{H_0}{2}\times H+\frac{D}{Q_0}\times S$$

$$=\frac{131}{2}\times13+\frac{3{,}600}{131}\times31$$

$$=852+852=1{,}704\text{원}$$

EOQ모형에서 사용되는 재고유지비용이나 주문비용 그리고 연간 수요량은 회계기록에 의해 정확하게 결정된 값이라기 보다는 추정된 값이다. 특히 재고유지비용은 계산되기 보다는 관리자에 의하여 정해지는 경우가 일반적이다. 결과적으로 EOQ는 정확한 수량이라기 보다는 대략적인 수량으로 간주된다.

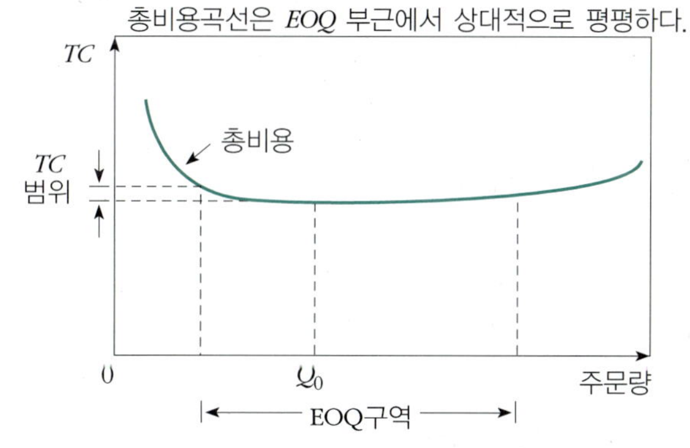

| 그림 12-8 | EOQ주위의 총비용 곡선

EOQ에서 제기될 수 있는 의문은 과연 비용최소화의 관점에서 근사치인 EOQ가 얼마나 유용한가 하는 것이다. 결론적으로 말하자면 EOQ가 매우 유용하게 적용될 수 있다고 할 수 있다. 이것은 [그림 12-8]에 나타난 바와 같이 총비용 곡선이 EOQ부근에서 상대적으로 평평하기 때문이다.

(2) 경제적 생산량 모형

EOQ모형에서는 주문량이 한 번에 모두 도착하는 것을 전제로 하였다. 그러나 기업이 자체 공장에서 어떤 품목을 생산하면서 동시에 소비하는 경우에는 재고는 한 번에 확보되는 것이 아니라 일정한 생산기간 동안 점진적으로 쌓이게 된다. 이러한 경우 비용을 최소화하는 주문량을 경제적 생산량(economic production quantity; EPQ)이라 한다.

만약 사용률과 생산율이 같다면 모든 생산품이 즉시 사용되기 때문에 재고가 쌓이지도 않고 또한 생산 럿의 크기 문제도 발생하지 않는다. 생산율이 사용률보다 큰 경우는 [그림 12-9]에서 설명되고 있다. 생산은 각 주기의 한 쪽 구간에 걸쳐서만 이루어진다. 생산율은 사용률보다 크므로 생산이 이루어지는 구간에서는 재고수준이 점점 증가하게 된다. 즉, 이 구간에서는 생산율과 사용률의 차이만큼 재고수준이 증가한다. 예를 들어 일일 생산율이 20단위이고 일일 소비율이 5단위라면 재고는 15단위씩 매일 증가하는 것이다. 이렇게 계속해서 증가하는 재고수준은 생산중단시점에서 최고수준이 된 후, 계속 감소하다가

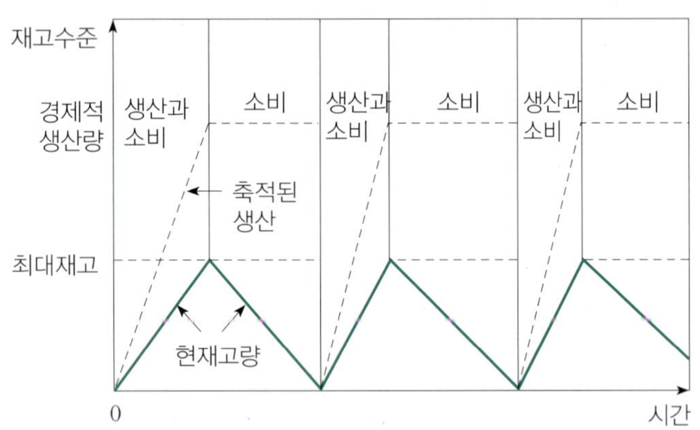

| 그림 12-9 | 경제적 생산량 모형

재고가 고갈되면 생산은 재개되고 이러한 주기가 반복되는 것이다.

회사가 자체생산하는 경우에는 주문비용 대신 공장가동을 위한 준비비용이 발생한다. 준비비용이란 작업을 위해 장비를 준비하는 데 소요되는 비용으로 청소, 조정, 공구 교체 등과 관련된 비용이다. 이 비용은 생산량의 크기와 무관하므로 주문비용과 유사하다. 즉, 주문비와 같은 방법으로 공식화할 수 있다. 즉, 생산량의 규모가 클수록 생산횟수는 적어지고 따라서 연간 준비비용도 감소한다. 생산횟수가 D/Q면 연간 준비비용은 연간 생산횟수에 1회 준비비용을 곱한 값과 동일하다. 즉, $(D/Q)\times S$ 가 된다.

총비용은

$TC=$재고유지비용$+$준비비용

$$=\frac{I_{max}}{2}\times H+\frac{D}{Q_0}\times S=\frac{\frac{Q_0}{p}\times(p-u)}{2}H+\frac{D}{Q_0}S=\frac{Q_0(p-u)}{2p}H+\frac{D}{Q_0}S$$

$$\frac{Q_0(p-u)}{2p}H=\frac{D}{Q_0}S$$

$$Q_0^2(p-u)H=2pDS$$

$$Q_0^2=\frac{2DSp}{H(p-u)}$$

여기에서 $I_{max}=$최대재고수준

경제적 생산량은

$$Q_0=\sqrt{\frac{2DS}{H}}\times\sqrt{\frac{p}{(p-u)}}$$

여기에서 $p=$생산율, $u=$사용률

또한 최대재고수준$(I_{max})=\frac{Q_0}{p}\times(p-u)$

평균재고수준$(I_{average})=\frac{I_{max}}{2}$

경제적 생산량에서의 생산주기(주문과 다음 주문 사이의 기간 또는 생산개시와 다음 생산개시 사이의 기간)는 경제적 생산량과 사용률의 함수이다.

$$\text{생산주기}=\frac{Q_0}{u}$$

마찬가지로, 생산기간(주기중 생산구간)은 경제적 생산량과 생산율의 함수이다.

$$생산기간 = \frac{Q_0}{p}$$

예제 3

한경장난감 회사는 자기 회사의 가장 인기있는 덤프트럭 시리즈를 위해 고무바퀴를 매년 48,000개 사용한다. 이 회사는 고무바퀴를 자체 생산하는 데 하루 800개의 비율로 생산할 수 있다. 장난감 트럭은 연중 일정한 비율로 조립된다. 재고유지비용은 1년에 한 단위당 1원이다. 바퀴생산을 위한 준비비용은 45원이다. 회사는 1년에 240일 가동한다. 다음 사항을 계산하라.

a. 경제적 생산량

b. 경제적 생산량하에서의 연간 총재고유지비용과 준비비용

c. 경제적 생산량을 위한 생산주기

d. 생산기간

[풀 이]

D=48,000개

S=45원

H= 연간 한 단위당 1원

p= 하루 800개

u=240일에 48,000 또는 하루 200개

a. $Q_0 = \sqrt{\frac{2DS}{H}} \times \sqrt{\frac{p}{(p-u)}} = \sqrt{2(48{,}000)45/1} \times \sqrt{\frac{800}{(800-200)}} = 2{,}400$개

b. TC_{min} = 재고유지비용 + 준비비용 $= \frac{I_{max}}{2} \times H + \frac{D}{Q_0} \times S$

우선 I_{max}를 계산하면,

$$I_{max} = \frac{Q_0}{p} \times (p-u) = \frac{2{,}400}{800} \times (800-200) = 1{,}800\text{개}$$

$$TC = \frac{1{,}800}{2} \times 1\text{원} + \frac{48{,}000}{2{,}400} \times 45\text{원} = 900\text{원} + 900\text{원} = 1{,}800\text{원}$$

c. $생산주기 = \frac{Q_0}{u} = \frac{2{,}400}{200} = 12$일

그러므로 바퀴의 생산은 12일마다 이루어진다.

d. $생산기간 = \frac{Q_0}{p} = \frac{2{,}400}{800} = 3$일

그러므로 매번 생산을 마치려면 3일이 소요된다.

(3) 수량할인의 경우

수량할인이란 고객의 대량구입을 유도하기 위해 대량구입에 대한 가격을 낮추어 주는 것이다. 예를 들어 어느 의료기기회사가 〈표 12-2〉에서와 같이 거즈박스에 대한 가격표를 공시했다고 하자. 수량할인을 해주고 있으므로 한 박스당 가격은 주문량이 증가할수록 감소하고 있음을 알 수 있다.

표 12-2 거즈박스의 가격표

주문량		박스당 가격
1 ~ 44	……………	2,000원
45 ~ 69	……………	1,700원
70 이상	……………	1,400원

수량할인이 있는 경우, 고객은 구입가격의 하락으로 인한 잠재적 이익의 측면과 대량구입으로 인한 평균재고의 상승으로 재고유지비용이 증가하는 측면을 저울질하게 될 것이다. 고객의 입장에서 수량할인의 궁극적인 목표는 총비용이 최소가 되는 주문량을 결정하는 것이다. 여기에서 총비용은 재고유지비용과 주문비용, 구매비용의 합으로 구해진다.

즉, TC=재고유지비용+주문비용+구매비용

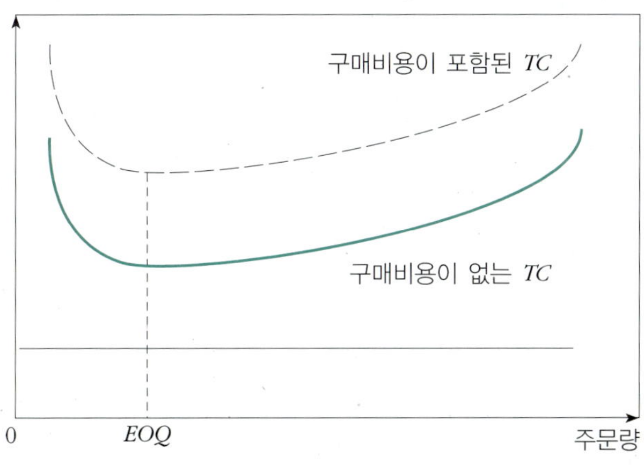

| 그림 12-10 | 구매가격이 *EOQ*에 미치는 영향

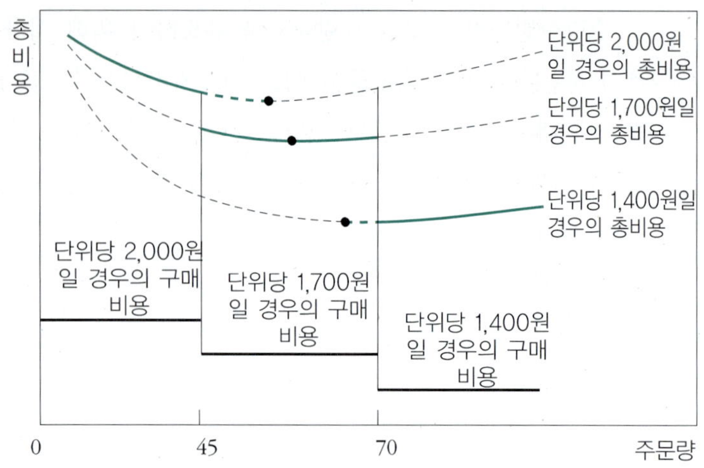

| 그림 12-11 | 수량할인의 경우 총비용곡선

$$= \frac{Q}{2} \times H + \frac{D}{Q} \times S + PD$$

여기에서 P는 단위당 구매가격임.

EOQ모형에서 경제적 주문량을 구할 때에는 구매가격을 포함시키지 않았다. 단위당 가격을 포함시키지 않는 근거는 수량할인이 없고, 단위당 가격이 모든 주문량에 동일하다는 가정 때문이었다. 총비용 계산에 단위당 가격을 포함시키면 총비용은 단순히 연간 수요량(D)에 단위당 가격(P)을 곱한 만큼만 증가한다. 그러므로 구매비용의 증가는 단순히 총비용 곡선을 모든 구간에서 PD만큼씩 상향이동시키나 이것은 EOQ곡선을 변하게 하지는 않는다([그림 12-10] 참조).

수량할인이 있으면 U자형의 총비용 곡선이 각 단위당 가격마다 다르게 구분된다. 다시 말해 단위당 가격을 포함하게 되면 단순히 각 곡선을 일정한 양만큼 상승시키지만, 단위당 가격이 모두 다르기 때문에 각 곡선은 각기 다른 양만큼 상향이동하는 것이다. 즉, 단위당 가격이 낮을수록 단위당 가격이 높은 경우보다 총비용 곡선을 적게 상향이동시킨다([그림 12-11] 참조). 그러므로 단위당 가격이 가장 높을 때의 총비용 곡선은 맨 처음의 곡선이고, 그 다음으로 가격이 하락하면 다음 곡선이 되며 총비용 곡선의 절단부분은 가격할인을 받을 수 있는 최소량이 된다. 따라서 거즈의 가격 분기점은 〈표 12-3〉에 의하여 45박스와 70박스가 된다.

[그림 12-11]에서 비록 각 곡선이 최소치를 가지고 있기는 하지만 그러한 점들이 반드시 실행가능한 점이라고 할 수는 없다. 예를 들면 [그림 12-11]에서 단위당 1,400원일 경우의 총비용 곡선의 최소치는 대략 65단위일 때이다. 하지만 〈표 12-3〉의 가격표에는 65상자를 주문하면 단위당 1,700원이 적용된다고 되어 있으므로 65단위일 때 최소의 비용이 실현된다고 할 수 없는 것이다. 따라서 [그림 12-11]에서는 실제의 총비용 곡선을 실선으로 표시하고 있다. 다음 예제를 통하여 수량할인 재고모형에 대한 이해를 높이도록 하자.

예제 4

대형병원의 보수부서에서는 매년 액체클리너를 816개 사용하고 있다. 주문비용은 12원이고 재고유지비용은 연간 단위당 4원 그리고 새로운 가격계획은 50개 미만일 경우 단위당 20원, 50에서 79개까지는 단위당 18원, 80에서 99개까지는 단위당 17원, 100개 이상의 대량구입은 단위당 16원이다. 경제적 주문량과 총비용을 구하라.

[풀 이]

D=816개/년 S=12원 H=4원/개당

1. 공통 EOQ를 계산한다. $\sqrt{\frac{2DS}{H}}=\sqrt{\frac{2(816)12}{4}}$=70개

2. 70개는 두번째 범위에 속하므로 단위당 18원에 구입할 수 있다.

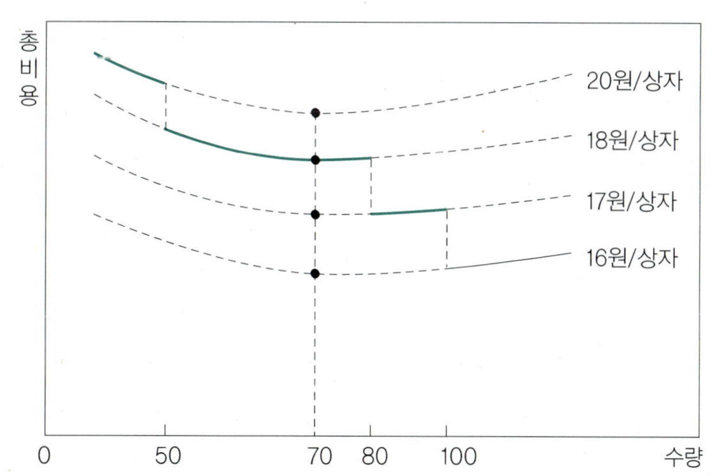

| 그림 12-12 | (예제 4)의 총비용 곡선

70개씩 주문할 경우 연간 총비용은

TC_{70} = 재고유지비용 + 주문비용 + 구매비용

$$= \left(\frac{Q}{2}\right)H + \left(\frac{D}{Q_0}\right)S + PD$$

$$= \left(\frac{70}{2}\right) \cdot 4 + \left(\frac{816}{70}\right) \cdot 12 + 18 \cdot (816) = 14,968\text{원}$$

단위당 17원을 적용받기 위한 가격분할점인 80개일 때 총비용은

$$TC_{80} = \left(\frac{80}{2}\right) \cdot 4 + \left(\frac{816}{80}\right) \cdot 12 + 17 \cdot (816) = 14,154\text{원}$$

단위당 16원의 가격에 구입하려면 적어도 100개의 주문량이 필요하고 이 때 총비용은

$$TC_{100} = \left(\frac{100}{2}\right) \cdot 4 + \left(\frac{816}{100}\right) \cdot 12 + 16 \cdot (816) = 13,354\text{원}$$

그러므로, 1회 주문량이 100개일 때 가장 낮은 총비용을 가지므로 100개가 전체적인 경제적 주문량이 된다.

재고유지비용이 구입가격에 대한 퍼센트로 표시되면 최적의 구입량을 정하기 위해서 다음 순서를 따른다.

1. 가장 낮은 가격에서 시작하여 실행가능한 EOQ가 나올 때까지 각 가격범위에 대한 EOQ를 계산한다.

2. 가장 낮은 가격에 대한 EOQ가 실행 가능하면 그것이 경제적 주문량이 된다. 만약 EOQ가 가장 낮은 가격범위에 없으면, 보다 낮은 가격에 대한 가격분기부분에 대하여 총비용을 비교한다. 가장 낮은 총비용이 실현되는 주문량이 경제적 주문량이 된다.

예제 5

명경 전기는 연간 4,000개의 토글스위치를 사용한다. 스위치의 가격은 다음과 같다. 1에서 499까지는 개당 900원, 500에서 999는 850원, 1,000개 이상은 820원이다. 주문을 작성하고 수령하는 데 약 18,000원이 소요되며 재고유지비용은 연간 단위당 구입가격의 18퍼센트이다. 경제적 주문량과 연간 총비용을 구하라.

[풀 이]

D=4,000개 S=18,000원 H=0.18P

a. 각 가격에 대한 EOQ를 가장 낮은 가격에서 시작해서 실행 가능한 EOQ가

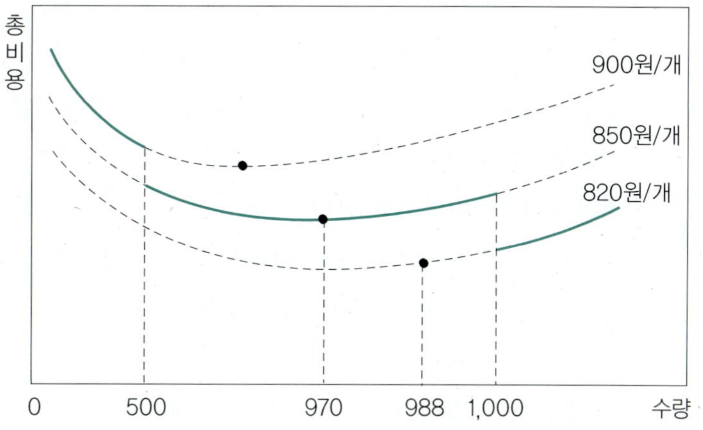

| 그림 12-13 | (예제 5)의 총비용곡선

있는 곳을 찾을 때까지 구한다.

$$EOQ_{820}=\sqrt{\frac{2DS}{H}}=\sqrt{\frac{2\cdot(4000)\cdot 18000}{147.6}}=988\text{개}$$

988개는 단위당 820원보다 많은 850원을 지불해야 하므로 988은 실행가능한 EOQ가 아니다. 다음으로 단위당 가격이 850원일 때

$$EOQ_{850}=\sqrt{\frac{2\cdot(4000)\cdot 18000}{153}}=970\text{개}$$

이것은 실행가능하다. 즉, 970개는 500에서 999개의 단위당 850원인 범위에 속한다.

b. 970개일 때 TC를 구하라. 그리고 단위당 820원에 구입할 수 있는 최소 수량의 총비용과 비교하라.

TC = 재고유지비용 + 주문비용 + 구매비용

$$=\left(\frac{Q_0}{2}\right)\cdot H+\left(\frac{D}{Q_0}\right)\cdot S+PD$$

$$TC_{970}=\left(\frac{970}{2}\right)\cdot 153+\left(\frac{4000}{970}\right)\cdot 18000+850\cdot(4000)=3{,}548{,}000\text{원}$$

$$TC_{1000}=\left(\frac{1000}{2}\right)\cdot 147.6+\left(\frac{4000}{1000}\right)\cdot 18000+820\cdot(4000)=3{,}426{,}000\text{원}$$

그러므로 최소비용의 주문량은 1000개이다.

3. 재고관리 시스템

재고관리 시스템에는 두 가지의 일반적인 유형이 있다. 이들 유형은 고정주문량 시스템과 고정주문간격 시스템이다. 고정주문량 시스템은 경제적 주문량 시스템 혹은 Q시스템이라고도 하며 고정주문간격 시스템은 정기주문시스템 혹은 P시스템이라고도 한다.

고정주문량 시스템과 고정주문간격 시스템간의 기본적인 차이는 전자는 '사건위주'이고 반면 후자는 '시간위주'라는 점이다. 즉, 고정주문량 시스템에서는 특정한 재주문점(Reorder point; ROP)에 도달하는 '사건'이 발생하는 때에 주문을 시작한다. 이 사건은 품목에 대한 수요에 의하여 언제든지 일어날 수 있다. 이 시스템은 주문량과 재주문점에 의해서 결정되기 때문에 EOQ/ROP 시스템이라고도 한다. 이 시스템에서는 조달기간은 일정하고 재고는 서서히 감소하며 재고로 남은 양은 즉시 재주문점과 비교된다고 가정한다. 만약 재고량이 재주문점으로 떨어지면 품목에 대한 주문이 발생하고 그렇지 않을 경우에는 시스템은 여분의 상태로 다음에 사용할 때까지 남게된다([그림 12-14] 참조).

반면에 고정주문간격 시스템에서는 사전에 결정된 기간이 지난 후에 주문이 이루어지므로 시간의 경과가 주요 요인이 된다.

(1) 고정주문량 시스템

EOQ모형은 얼마나 주문해야 하는지에 대해서는 답할 수 있으나 언제 주문해야 하는지에 대하여는 답할 수 없는 특징이 있다. 언제 주문할것인가는 재주문점(ROP)에 의하여 결정된다. 재주문점은 조달기간 동안의 기대수요를 포함하는 것이 일반적이다.

재주문점의 수준을 결정하는 네 가지의 요인이 있다.

① 수요율

② 조달기간

③ 수요와 조달기간 변동의 정도

④ 감수할 수 있는 재고부족 위험의 정도

만약 수요와 조달기간이 모두 일정하다면 재주문점은 다음식과 같이 단순하게 계산할 수 있다.

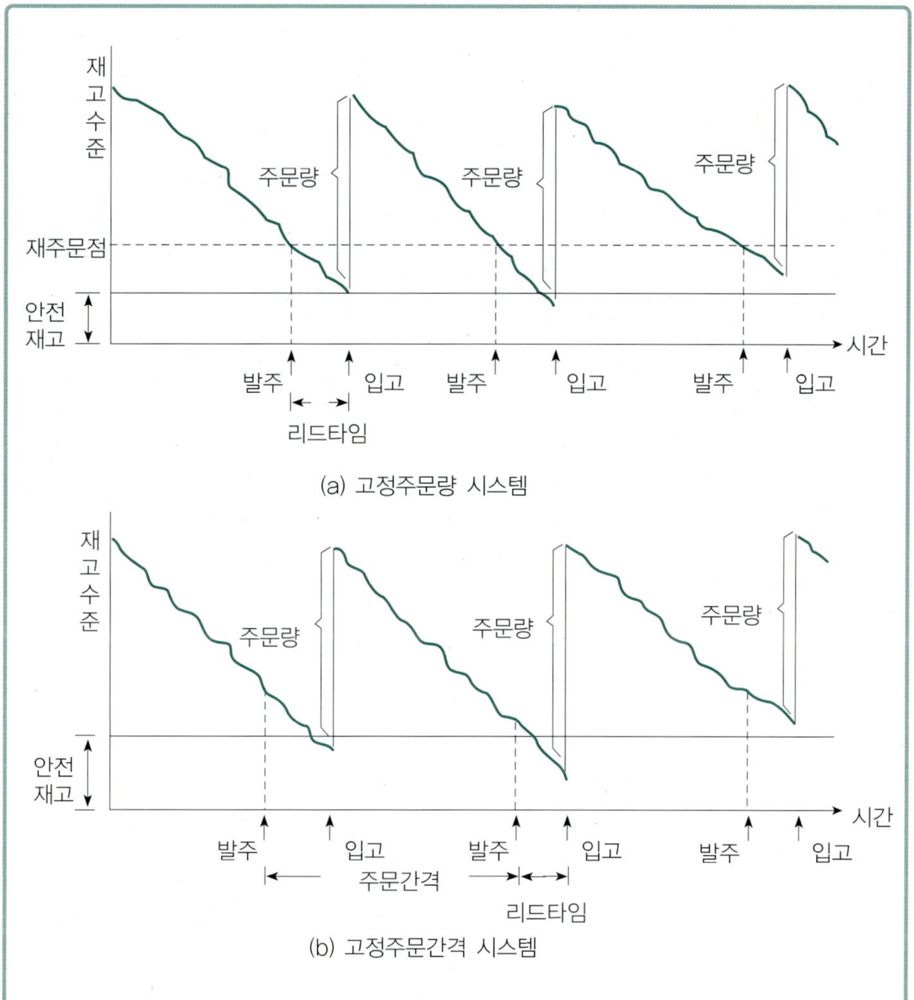

| 그림 12-14 | 고정주문량 시스템과 고정주문간격 시스템

$$ROP = d \times LT$$

단, d= 일일수요량

LT= 조달기간

수요와 조달기간이 다양하다면 실제수요가 평균수요를 초과할 가능성도 있다. 결과적으로 조달기간동안 재고부족의 위험을 감소시키기 위하여 안전재고라고 불려지는 추가적인 재고가 필요하게 되며 이 안전재고량에 의해서 재주문점은 증가하게 된다. 즉,

재주문점(ROP) = 조달기간 동안의 평균수요 + 안전재고

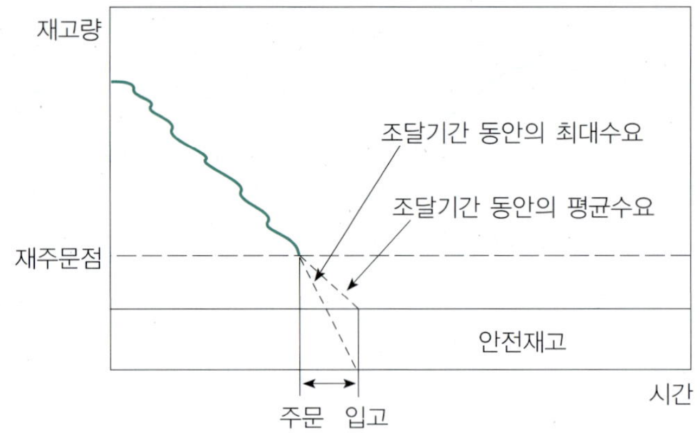

| 그림 12-15 | 안전재고의 기능

예를 들어 만약 조달기간 동안의 평균수요량이 100단위이고 바람직한 안전재고가 10단위라면 ROP는 110단위가 된다.

[그림 12-15]는 안전재고가 조달기간 동안의 재고부족 위험을 감소시키는 것을 설명하고 있다.

서비스수준이란 조달기간 동안 수요가 공급을 초과하지 않을 가능성으로 정의할 수 있다. 즉 수요를 만족시키기에 충분한 재고량을 말한다. 그러므로 서비스수준이 95%라는 것은 조달기간 동안 수요가 공급을 초과하지 않을 가능성이 95%라는 뜻이다. 즉 고객에 대한 서비스수준이 95%이면 재고부족 위험은 5%가 되므로 서비스수준과 재고부족 위험간에는 다음의 관계가 성립한다.

서비스수준=100%−재고부족 위험

고객에 대한 서비스수준이 주어진 경우 수요율이나 조달기간의 변동이 클수록 그 수준에 도달하기 위해서는 더 많은 안전재고가 필요하게 된다. 마찬가지로 수요율이나 조달기간의 변동폭이 주어진다면 서비스수준을 증가시키기 위해서는 안전재고를 증가시키는 것이 필요하다. 이러한 서비스수준의 선택은 재고부족 비용을 반영하거나 또는 단순히 경영자가 특정품목에 대하여 달성하고자 하는 정책의 변화를 나타낼 수도 있다.

이와 관련된 모형 몇 가지를 살펴보기로 하자. 우선 다음 모형은 조달기간 동안의 평균수요를 파악할 수 있고 수요의 변동을 표준편차로 나타낼 수 있는 경우에 이용될 수 있다.

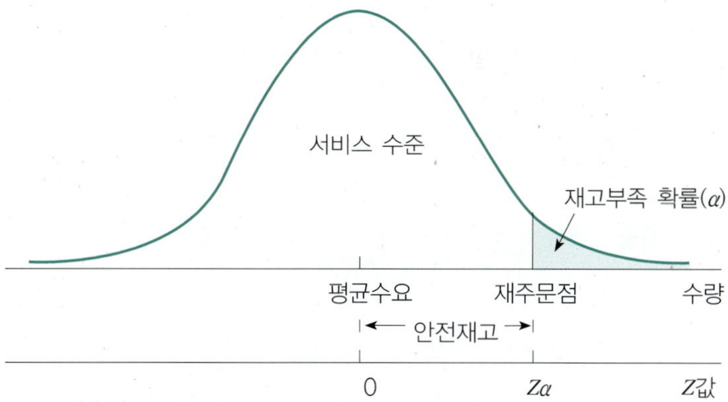

| 그림 12-16 | 조달기간의 수요가 정규분포를 이룰 경우의 재주문점

$$ROP = \text{조달기간 동안의 평균수요} + Z_{\alpha}\sigma_{dL}$$

여기에서,
ROP : 재주문점
Z_{α} : 재고부족 확률 α하에서의 표준정규 변수
σ_{dL} : 조달기간수요의 표준편차

[그림 12-16]에서 Z값은 관리자가 감수하고자 하는 재고부족 수준에 의하여 결정된다. 일반적으로 위험을 감수하고자 하는 관리자는 Z값을 더 작게 한다. 결과적으로 고정주문간격 시스템은 고정주문량 시스템보다 더 많은 안전재고를 필요로 한다.

(2) 고정주문간격 시스템

고정주문간격 시스템에서 주문의 크기는 다음 계산에 의해 결정된다.

$$\text{주문량} = \text{검토기간 동안의 평균수요} + \text{안전재고} - \text{재주문시 남은 재고}$$
$$= \bar{d}\ (OI + LT) + Z\sigma_d\sqrt{(OI + LT)} - A$$

단, OI : 주문간격
A : 재주문시 남은 재고
LT : 리드타임

위의 모형에서 검토기간 동안의 수요는 정규분포라고 가정한다.

예제 6

다음 정보가 주어진 경우 주문량을 결정하라.

$\bar{d}$ =30단위/일　　　바람직한 서비스수준 = 99%

σ_d=3단위/일　　　A=71단위

LT=2일　　　OI=7일

[풀 이]

Z=2.33

주문량$=30(7+2)+2.33(3)\sqrt{(7+2)}-71=220$단위

고정주문간격 시스템은 정기실사를 하고 계속적으로 재고상태를 파악하지 않기때문에 ABC 분류중에서 A품목에 대하여 요구되는 적극적인 통제가 필요하다. 또한 둘 이상의 품목을 동일 공급자로부터 구매하거나 집단주문을 하는 경우 주문비, 포장비 그리고 선적비를 절약할 수 있다. 더욱이 재고수준을 지속적으로 파악할 수 없을 경우에 유효한 접근법이 된다.

(3) ABC 재고관리 시스템

재고관리에서 중요한 점은 재고품목의 투자액, 이익가능성, 사용량 또는 재고부족에 대한 비용 등의 중요성이 동일하지 않다는 것이다. 전기장비 생산자는 코일, 전기발전기, 잡다한 너트와 볼트 등을 재고품목으로 보유할 수 있으나 이들 모든 품목을 동일한 수준으로 관리한다는 것은 바람직하지 않다. 그 대신 다양한 재고품목에 대하여 상대적 중요성 정도에 따라 통제 노력을 분배하는 것이 보다 더 이상적인 접근법이 될 수 있다.

ABC 접근법은 연간 사용금액이라는 중요성 측정기준에 의하여 재고품목을 차별화하고 이에 따라 통제 노력을 배분하는 재고관리 시스템이다. 일반적으로 A, B, C의 세 가지 품목으로 분류하지만 분류방법은 통제 노력에 차등을 두고자 하는 정도에 따라 달라질 수 있다.

A품목은 일반적으로 총재고품목의 15~20%에 해당하는 수량으로 60~70%의 가치를 지닌 품목이다. 반면에 C품목은 수량이 재고품목의 60%나 되지만 가치는 10%에 불과한 품목을 말한다. 그리고 B품목은 A품목과 C품목의 중간에 해당하는 품목이다. 이 비율은 기업에 따라 다양하나 상대적으로 수량이 적은 품목이 더 많은 가치를 갖거나 재고비용이 더 많이 발생하는 것이 일반적이다. 그리고 이런 품목에 대하여 상대적으로 많은 통제 노력을 기울이게 된다. A품

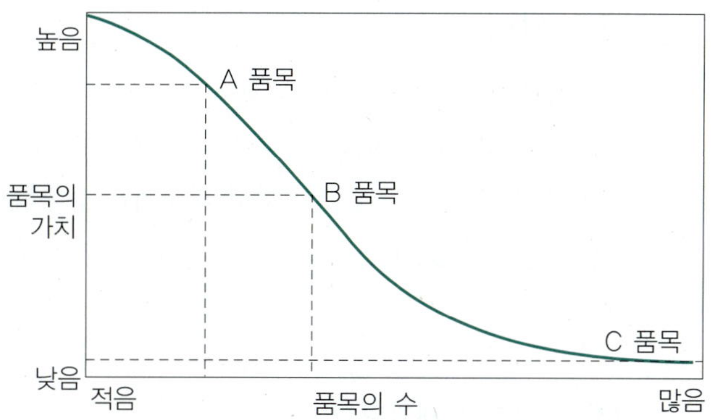

| 그림 12-17 | ABC분석

목은 재고량에 대하여 자주 실사하여 많은 주의를 기울이고 고객 서비스 수준을 유지하기 위하여 주의를 기울인다. C품목은 단지 느슨한 통제를 받을 뿐이고 B품목은 두 극단적 품목의 중간 정도의 통제를 받는다.

ABC 개념은 [그림 12-17]에 설명되어 있다. 관리자는 분류품목별로 고객 서비스수준을 차별화하여 가장 중요한 품목에 주의와 관심을 집중시킬 수 있다.

예제 7

다음에 주어진 정보에 따라 연간 사용금액에 기초하여 A, B, C품목으로 재고를 분류하라.

품목	연간수요	단위비용	연간 사용금액
1	1,000	4,300	4,300,000
2	5,000	720	3,600,000
3	1,900	500	950,000
4	1,000	710	710,000
5	2,500	250	625,000
6	2,500	192	480,000
7	400	200	80,000
8	500	100	50,000
9	200	210	42,000
10	1,000	35	35,000
11	3,000	10	30,000
12	9,000	3	27,000

[풀 이]

처음 두 품목은 상대적으로 높은 연간 사용금액을 갖기 때문에 A품목으로 분류하는 것이 합리적이다. 그 다음 네 가지 품목은 중간 정도의 연간 사용금액을 갖기 때문에 B품목으로 분류하고 나머지는 상대적으로 낮은 가치이므로 C품목으로 분류할 수 있다.

(4) 단일기간 재고모형

단일기간 재고모형(single-period model)은 과일, 채소, 생선, 꽃 등과 같은 부패성 물질이나 신문, 잡지, 특수장비와 같이 사용기간이 제한된 품목의 주문에 사용된다. 사용되지 않거나 팔리지 않는 품목은 비용의 발생없이는 한 기간에서 다른 기간으로 이월되지 못하는 것이 일반적이다. 구운 지 오래된 빵은 헐값에 팔아야 하고 기간이 지난 생선은 버려야 하며 기간이 지난 잡지는 헐값에 헌 책 가게에 팔아야 한다.

단일기간 재고모형분석에 있어서는 재고부족비용과 재고잉여비용이 이용된다. 재고부족비용은 고객에 대한 신용의 상실과 판매손실의 기회비용으로 단위당 실현되지 않는 이익을 말한다.

$$\text{재고부족비용}(Cs) = \text{단위당 수익} - \text{단위당 비용}$$

재고잉여비용은 판매되지 않아 이월된 품목에 대한 비용으로 구입비용과 잔여가치와의 차이를 말한다.

$$\text{재고잉여비용}(Ce) = \text{단위당 원래가치(구매비용)} - \text{단위당 잔여가치}$$

단일기간 모형의 목적은 이들 비용의 합을 장기적으로 최소화하는 주문량 또는 재고수준을 결정하는 것이다.

단일기간 재고모형에서 재고수준을 선택하는 것은 시이소오의 균형을 잡는 것과 유사하다. 시이소오의 양 끝에 사람이 있는 대신 한쪽 끝에는 단위당 재고부족비용이 다른 한 쪽 끝에는 단위당 재고잉여비용이 있다고 생각할 수 있다. 최적 재고수준은 시이소오의 균형을 잡는 받침과 같다. [그림 12-18]은 재고수준의 균형을 보여준다.

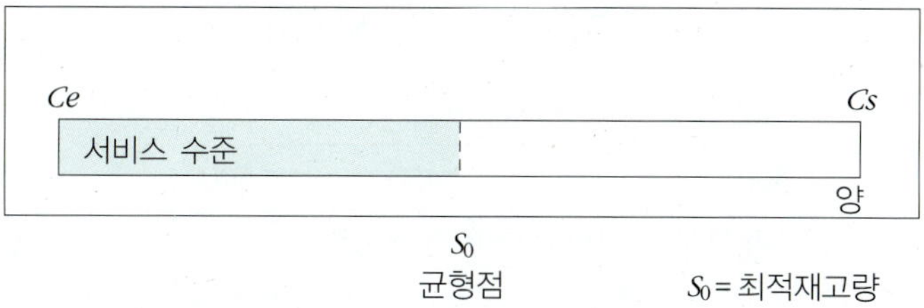

| 그림 12-18 | **최적 재고수준**

서비스수준은 수요가 재고수준을 초과하지 않을 가능성을 말한다. 그리고 서비스수준의 계산은 최적 재고수준을 결정하는 데 매우 중요하다.

$$\text{서비스 수준}(SL) = \frac{Cs}{Cs+Ce}$$

단, Cs : 단위당 재고부족비용

Ce : 단위당 재고잉여비용

만약 실제 수요가 S_0를 초과하면 재고부족이 발생한다. 그러므로 Cs는 분포의 오른쪽 끝에 있다. 마찬가지로 만약 수요가 S_0보다 적으면 재고잉여가 발생한다. Ce는 분포의 왼쪽 끝에 있다. Ce와 Cs가 균형을 이루는 최적 재고수준은 분포의 양 끝의 무게 중심점이 된다.

예제 8

A상점은 음료수를 주별로 배달한다. 수요량은 주당 300리터와 500리터 사이에 있다. A는 음료수를 리터당 20센트에 구입하여 80센트에 판매한다. 판매되지 않은 음료수는 잔여가치가 없으며 폐기처분되기 때문에 다음 주로 이월할 수 없다. 최적 재고수준과 재고부족 위험을 구하라.

[풀 이]

Ce=단위당 비용−잔여가치

$=0.2-0=0.2$

Cs=단위당 수익−단위당 비용

$=0.8-0.2=0.6$

$$SL=\frac{Cs}{Cs+Ce}=\frac{0.6}{0.6+0.2}=0.75$$

$S_0 = 300 + 0.75(500 - 300) = 450$ 리터

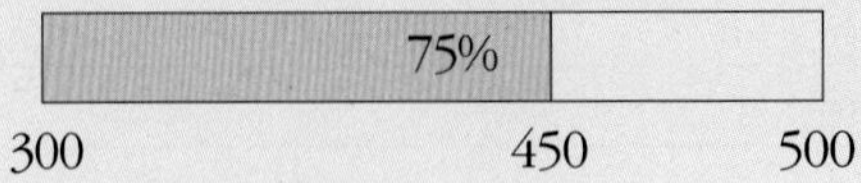

재고부족 위험 $= 1 - 0.75 = 0.25$

종합사례 서비스수준의 향상

한경철강은 철강과 금속제품을 판매하는 업체이다. 이 회사는 여섯 지역에 소재해 있는 창고에서 전국을 대상으로 제품을 공급하고 있다. 각 창고는 관할 지역의 수요를 감당할 수 있을 만한 양의 재고를 보유하고 있다. 그러나 지난 5년 동안 경쟁업체의 이익은 꾸준히 증가되었음에도 불구하고 이 회사의 매출액과 이익은 괄목할 만한 성과를 나타내고 있지 못하였다. 이 회사의 유상명 사장은 새로운 전기를 마련해 보고자 같은 계열회사 이사인 김정인을 전무로 영입하였다.

김정인 전무는 먼저 이 회사의 영업실적과 철강산업의 시장수요 예측자료를 검토하였다. 그는 몇몇 제품에 대한 수요가 상당히 증가할 것으로 예상하고 자재관리 담당자들에게 다음의 사항을 지시하였다.

① 제품설명서에 나와 있는 모든 품목을 각 창고에서 구매하여 보관할 것.

② 가능한 한 많은 양을 구매하도록 하여 수량할인을 받을 수 있도록 할 것.

③ 경제적 주문량으로 구매할 것.

④ 재고수준이 높아지면 재고유지비는 증가되겠지만 매출증대에 의해 상쇄(서비스수준의 향상으로 매출이 증대될 것이므로)됨을 인식할 것.

⑤ 전년도의 목표를 초과달성한 모든 관리자에게 보너스를 지급할 것.

수 개월 후, 매출은 증가되었지만 회사설립 이래 최고수준의 재고를 보유하고 있음이 보고되었다. 또한 철강산업과 노조간의 노사협상이 막다른 상황에 도달하여 파업이 임박한 상황이 되었다. 김정인 전무는 철강산업의 파업으로 인하여 재고수준이 낮아질 것을 우려하여 공급업체를 불문하고 많은 양의 철강제품을 구매해 두도록 지시하였다.

철강산업의 파업은 예상외로 1주일만에 종결되었다. 연말에 유사장은 "지나치게 높은 재고수준으로 예상외의 비용과 손실이 발생하기는 하였으나 매출증가가 실현되었으며 이로 인하여 앞으로는 수익성도 호전될 것으로 기대한다"고 하였다. 그는 김전무의 능력을 전적으로 신뢰하고 있는 것이다.

토·의·문·제

1. 김정인 전무가 자재관리 담당자들에게 지시한 내용의 장점을 설명하라.

2. 이 회사의 장래에 대한 유상명 사장의 전망을 평가하라.

3. 김정인 전무에 대한 유상명 사장의 신뢰에 대하여 공감하는가?

요 약

- 자재의 광의의 개념은 토지, 건물, 기계공구와 같은 물적 시설, 동력, 인력, 운송과 같은 서비스, 그리고 생산을 위해 직접 투입되는 여러 가지 재료 등과 같은 모든 것을 의미하며 협의의 개념은 제조를 위해 직접, 간접으로 투입해야만 하는 원료와 재료를 의미한다.
- 분권적 자재관리조직은 자재관리에서 요청되는 여러 가지 기능을 자재관리를 전담하지 아니하는 여러 부서에 분산시켜 놓은 조직이며, 집권적 자재관리 조직은 자재관리의 각 기능을 조직상 특정부서에 전담시키고, 그 조직상의 계층도 재무, 판매, 제조부문 등의 최고 담당자와 같은 조직계층에 위치시켜 자재관리활동을 담당하게 하는 조직이다.
- 기업이 자재와 부품 혹은 서비스를 구매하거나 외주를 주는 이유는 비용상의 이점, 불충분한 생산능력,전문성의 결여, 품질 등이다.
- 기업이 자재 · 부품 · 서비스 · 설비를 생산하는 이유는 특허기술의 보호, 경쟁력 있는 공급자의 부재, 품질관리의 용이함, 기존의 유휴 생산능력 활용, 리드타임, 수송, 창고비의 통제 가능, 비용절감 등이다.
- 공급자를 선정할 때 고려해야 하는 요인은 제품기술과 공정기술, 기술과 정보의 공유 의지, 품질, 원가, 신뢰성, 주문 시스템과 주문 사이클타임, 생산능력, 의사소통 역량, 입지, 서비스 등이다.
- 단수공급자 조달의 선호이유는 좋은 관계를 구축함, 품질의 변동을 줄임, 원가절감, 수송의 경제성, 특허제품이나 특허공정의 구매, 소량의 구매량 등이다.
- 복수공급자 조달의 선호이유는 생산능력의 부족, 공급장애의 위험 분산, 경쟁 촉진, 정보, 사업상의 특별한 배려 등이다.
- 공급자의 조기참여는 가장 효과적인 공급사슬 통합기술 중 하나로서 제조 및 설계 정보를 공유하면서 함께 일함으로써 일정 수준의 신뢰와 협력을 구축하여 많은 성과를 낼 수 있다. 공급자 재고관리와 JIT Ⅱ는 공급자의 조기참여 활동의 대표적 예이다.
- 재고관리의 방식을 구분하는 가장 뚜렷한 기준은 수요가 독립수요인가 종속수요인가의 문제이다.
- 재고관리의 목적은 고객에 대한 서비스를 만족할 만한 수준으로 달성하면서 재고비용은 적정수준을 넘지 않게 하는 것이다.
- 재고와 관련된 비용에는 재고유지비용, 주문비용, 재고부족비용 등 세 가지가 있다.

- 경제적 주문량 모형은 연간 재고유지비용과 주문비용의 합을 최소화하는 주문량을 구하는 것이다.
- 최적주문량은 재고유지비용과 주문비용간의 상충관계에 의하여 구할 수 있다. 이것은 주문의 크기가 변함에 따라 재고유지비용은 증가하지만 주문비용은 감소하기 때문이다.
- 경제적 생산량 모형은 기업이 자체공장에서 어떤 품목을 생산하면서 동시에 소비하는 경우의 최적 생산량을 구하기 위한 모형이다.
- 재고관리 시스템에는 두 가지의 일반적인 유형, 즉 고정주문량 시스템과 고정주문간격 시스템이 있다.
- 고정주문량 시스템과 고정주문간격 시스템 간의 기본적인 차이는 전자는 "사건위주"이고 반면 후자는 '시간위주' 라는 점이다. 즉, 고정주문량 시스템에서는 특정한 재주문수준에 도달하는 '사건' 이 발생하는 때에 주문을 시작하지만, 고정주문간격 시스템에서는 사전에 결정된 기간이 지난 후에 주문이 이루어지므로 시간의 경과가 주요 요인이 된다.
- ABC 접근법은 연간 사용금액이라는 중요성 측정기준에 의하여 재고품목을 차별화하고 이에 따라 통제 노력을 배분하는 재고관리 시스템이다.
- 단일기간 재고모형은 과일, 채소, 생선, 꽃 등과 같은 부패성 물질이나 신문, 잡지, 특수장비와 같이 사용기간이 제한된 품목의 주문을 위한 모형이다.

용어풀이

- **자재(material):** 토지, 건물, 기계공구와 같은 물적 시설, 동력, 인력, 운송과 같은 서비스, 그리고 생산을 위해 직접 투입되는 여러 가지 재료 등과 같은 모든 것들을 의미하는 넓은 의미의 자재와 제조를 위해 직접, 간접으로 투입해야만 하는 원료와 재료를 의미하는 협의의 자재가 있음
- **분권적(decentralized) 자재관리조직:** 자재관리에서 요청되는 여러 가지 기능을 자재관리를 전담하지 아니하는 여러 부서에 분산시켜 놓은 조직
- **집권적(centralized) 자재관리조직:** 자재관리의 각 기능을 특정부서에 전담시키고, 그 조직상의 계층도 재무, 판매, 제조부문 등의 최고 담당자와 같은 조직계층에 위치시켜 자재관리활동을 하게 하는 경우의 조직
- **가치분석(value analysis):** 얻고자 하는 기능을 최소의 자원비용으로 획득하고자, 제품의 가치와 관련되는 여러 요인과 그 제품의 원가 내지 비용과 관련되는 여러 요인과의

관계를 검토함으로써 제품가치를 높이기 위한 기능추구 중심적인 과학적 방법

- **집중구매방침(centralized purchasing method):** 각 부서에서 필요로 하는 자재의 주문을 한 군데에 집중시켜 구매를 하는 방식
- **분산구매방침(decentralized purchasing method):** 기업의 각 부서에서 소요되는 자재를 각기 독립적으로 분산시켜 구매하는 방식
- **당용구매방침(hand-to-mouth purchasing):** 보통 단기적으로 필요할 때마다 필요량만큼 구매하며 결코 재고를 남기지 않는 것을 원칙으로 하는 구매방침
- **공급자 재고관리(vendor managed inventories):** 공급자들이 실시간으로 고객의 재고를 관리함으로써 재고유지비를 최소화하는 공급자의 조기참여활동의 하나임.
- **공동 재고관리(co-managed inventories):** 구매자의 정기적 수요예측, 정보공유 방법, 주문량, 주문시기, 그리고 배송시기와 위치 등에 관하여 구매자와 공급자가 합의에 의하여 운영하는 방식
- **JIT II:** 공급자 공동배치(supplier co-location)라고도 하며, 공급자 재고관리(vendor managed inventory, VMI)의 확장으로서 공급자의 종업원이 구매자 조직의 구매부서에서 영구적으로 근무하면서 구매담당과 공급담당 역할을 동시에 수행하는 것을 의미한다. 따라서 이 사람에게는 수요를 예측하고, 재고수준을 점검하며, 주문을 하는 등의 구매조직의 종업원으로서 모든 권리와 의무가 부여된다.
- **환경발주:** 지속가능 조달(sustainable procurement)이라고도 하며 제품과 프로세스 설계부터 시작하여 제품폐기까지의 구매의 전과정을 통해서 환경을 의식한 의사결정을 하는 것
- **리드타임(lead time):** 재고주문시점에서 입고까지 소요되는 시간
- **과정재고(process inventory):** 생산공정이 계속적으로 조업하기 위해서 리드타임에 소요되는 재고의 양
- **로트 사이즈 재고(lot size inventory):** 공장이나 공급업자로부터 한 번에 공급받는 품목의 재고수량
- **안전재고(safety stock):** 리드타임 동안의 최대수준의 수요에 대비하기 위하여 보유하는 재고
- **재고유지비용(inventory carrying cost):** 이자, 보험료, 세금, 감가상각비, 진부화 비용, 손상비용, 도난비용, 파손비용, 입고비 등과 같이 품목을 보관하는 것과 관련된 비용
- **주문비용(ordering cost):** 송장 준비비용, 도착물품의 질과 양에 대한 검사비용, 상

품을 임시보관장소로 옮기는 비용 등 재고의 주문과 관련된 비용

- **재고부족비용(stockout cost):** 수요량이 공급량을 초과할 때 발생하는 비용으로 판매기회의 상실로 인한 기회비용이 대표적임
- **고전적 재고모형(classical inventory model):** 주문크기의 변화에 따른 재고비용의 합을 최소화하는 관점에서 최적주문량을 구하는 모형으로 경제적 주문량모형이라고도 함
- **경제적 생산량 모형(economic production quantity model):** 주문량이 한 번에 모두 도착하는 것이 아니라 자체 생산을 하면서 동시에 소비하는 경우에 총재고비용을 최소화하는 최적의 생산량을 구하기 위한 모형
- **고정주문량 시스템(fixed order quantity system):** 현재의 재고수준이 특정한 재주문수준에 도달할 경우에 미리 정해진 주문량을 주문하는 시스템
- **고정주문간격 시스템(fixed order interval system):** 현재의 재고수준과 미리 결정된 최대재고수준의 차이에 해당하는 양을 정기적으로 주문하는 시스템
- **ABC 모형(ABC inventory medel):** 연간 사용금액이라는 중요성 측정기준에 의하여 재고품목을 차별화하고 이에 따라 재고통제의 노력을 배분하는 재고관리방식
- **단일기간 재고모형(single-period model):** 과일, 채소, 생선, 꽃 등과 같은 부패성 물질이나 신문, 잡지, 특수장비와 같이 사용기간이 제한된 품목의 주문을 위한 재고모형으로 재고부족비용과 재고잉여비용의 합을 장기적으로 최소화하는 주문량 또는 재고수준을 결정하는 모형

공식

연간 총재고비용: $TC=\frac{Q}{2}\times H+\frac{D}{Q}\times S$

경제적 주문량: $Q_0=\sqrt{\frac{2DS}{H}}$

주문간격: $\frac{Q_0}{D}=\sqrt{\frac{2S}{DH}}$

경제적 생산량: $Q_0=\sqrt{\frac{2DS}{H}}\times\sqrt{\frac{p}{(p-u)}}$

최대재고수준: $I_{max}=\frac{Q_0}{p}\times(p-u)$

평균재고수준: $I_{average}=\frac{I_{max}}{2}$

생산주기: $\frac{Q_0}{u}$

생산기간: $\frac{Q_0}{p}$

수량할인의 경우 연간 총재고비용: $TC=\frac{Q}{2}\times H+\frac{D}{Q}\times S+PD$

재주문점(안전재고를 고려하지 않는 경우): $ROP=d\times LT$

재주문점(안전재고를 고려하는 경우): $ROP=$ 리드타임 동안의 예상수요 $+Z\sigma_{dL}$

고정간격주문시스템의 주문량: $d(OI+LT)+Z\sigma_d\sqrt{(\mathrm{OI}+\mathrm{LT})}-A$

단일기간 재고모형에서의 최적 서비스 수준: $\frac{Cs}{Cs+Ce}$

익 | 힘 | 문 | 제

1. 어느 TV제조업자는 한 달에 24,000개의 2cm 전선을 필요로 하고 있다. 주문비는 42,000원이며, 연간재고유지비는 80원인 단위당 가격의 25%이다. 리드타임을 고려하지 않는다면 경제적 주문량과 경제적 주문횟수가 얼마인지 계산하라.

[풀 이] $D=(24{,}000)(12)=288{,}000$개/년

$S=42{,}000$원

$H=80(0.25)=20$원

$$EOQ=\sqrt{\frac{2DS}{H}}=\sqrt{\frac{2(288{,}000)(42{,}000)}{20}}=34{,}779.3$$

$$\text{최적 주문횟수}=\frac{D}{EOQ}=\frac{288{,}000}{34{,}779.3}=8.28$$

TV 제조업체의 경제적 주문량은 엑셀을 이용하여 다음과 같이 분석될 수 있다.

	A	B		formula
1	TV 제조 업체의 경제적 주문량			
2				
3	단위당 가격	80		
4	연간 수요 (D)	288,000		
5	주문비 (S)	42,000		
6	재고유지비 (H)	20		
7				
8	경제적 주문량	34779.30	←	=SQRT(2*B4*B5/B6)
9	경제적 주문회수	8.28	←	=B4/ROUND(B8,0)
10	연간주문비용	347,796	←	=B9*B5
11	연간재고유지비용	347,793.04	←	=(B8/2)*B6
12	연간총비용	695,589.13	←	=B10+B11

위의 예에서 "SQRT"는 엑셀 내장기능으로서 제곱근을 의미하며, "ROUND"는 숫자를 지정한 소수점 아래 자릿수로 반올림한다. 여기에서 "ROUND" 기능은 실제 주문량이 정수임을 감안하여 사용되었다.

2. 일간수요와 리드타임의 분포도가 다음과 같다. 리드타임 동안의 기대수요는 얼마이겠는가?

일간수요(개)	도수	리드타임(일)	도수
1~5	2	2	2
6~10	6	3	3
11~15	2	4	2

[풀 이]

$$\text{기대수요} = \frac{3(2)+8(6)+13(2)}{10} = 8\text{개/일}$$

$$\text{기대리드타임} = \frac{2(2)+3(3)+4(2)}{7} = 3\text{일}$$

리드타임 동안의 기대수요 $= 8 \times 3 = 24$ 개

연 | 습 | 문 | 제

1. 환경발주는 무엇을 의미하며 왜 필요한지를 설명하시오.

2. 공급자 재고관리(VMI)와 공동재고관리의 차이점은 무엇인가?

3. JIT II의 역사적인 발전과정과 특징을 설명하시오.

4. 재고를 보유하는 가장 중요한 이유는 무엇인가?

5. EOQ모형에서 제품의 가격이 고려되지 않는 이유는 무엇이며 어떻게 간접적으로 포함되기도 하는가?

6. 수요량과 준비비, 그리고 재고유지비 등이 추정치에 불과하기 때문에 EOQ모형의 결과는 잘못된 결론을 산출할 수도 있다는 비판을 당신은 어떻게 설명하겠는가?

7. 안전재고의 양이 다음과 같이 되어야 하는 상황은 어떠한 경우인가?

(1) 크다.

(2) 작다.

(3) 영(zero)

8. 서비스수준이란 무엇을 의미하는가? 안전재고의 양과 서비스수준은 어떤 관련성이 있는가?

9. 미국내에서 에어컨을 조립해서 판매하는 회사의 구매대리점에서는 압축기(compressors)의 가격이 재주문할 때마다 확연히 증가되는 것을 알았다. 이 회사는 주문량을 결정하는 데 EOQ모형을 사용하고 있었다. 주문량과 관련하여 가격상승은 어떠한 의미를 가지고 있는가? 또한 가격 외에 어떠한 다른 요소들이 고려되어야 할 것인가?

10. 단일기간 모형에서 적정재고수준이 기대수요보다 적을 수가 있는가? 간략히 설명하라.

11. 재고회전의 개념을 설명하라.

12. 어느 장난감 제조업체는 매년 대략 32,000개의 실리콘 칩을 소비한다. 그 칩들은 공장이 운영되는 일년에 240일 동안 일정한 비율로 소비된다. 매년 재고유지비는 칩 하나당 600원이다. 그리고 주문비용은 24,000원이다. 다음 물음에 답하라.

(1) 최적 주문량은?

(2) 한 번의 주문으로 며칠 동안 조업을 할 수 있는가?

13. 한경주식회사는 베어링 생산자이자 사용자이다. 이 회사는 일년에 220일 동안 근무하며 하루에 50단위씩 베어링을 사용한다. 베어링은 하루에 200단위씩 생산된다. 연간 재고유지비용은 1,000원이며 준비비용은 1회당 35,000원이다.

(1) 경제적인 생산량을 계산하라.

(2) 연간 생산횟수는 얼마인가?

(3) 최대재고수준을 계산하라.

(4) 생산주기에서 순수 소비부분의 길이를 계산하라.

14. ABC 제조회사는 일년 동안 약 3,400kg의 화학물감을 사용한다. 현재 이 회사는 한 번 주문할 때마다 300kg을 구매한다. 그리고 kg당 3,000원을 지급한다. 화학물감 공급업자는 1,000kg 이상을 주문할 경우 화학물감을 2,000원으로 공급하겠다고 발표하였다. 이 회사가 한 번 주문할 때마다 100,000원의 비용이 들며 kg당 구매가격의 17%가 매년 유지비용으로 할당된다.

(1) 총비용을 가장 적게 할 수 있는 주문량을 계산하라.

(2) 만약 공급업자가 1,000kg 대신에 1,500kg일 때 할인을 해 준다면 총비용을 가장 적게 할 수 있는 주문량은 얼마인가?

15. 가구 제조공장 관리자는 재고관리에 ABC 분석법을 적용하려고 한다. 다음 표는 월간 사용량과 단위당 비용 등에 관한 자료이다. 이 표에 있는 품목을 ABC 분석법에 의하여 분류하라.

(단위: 1,000원)

품목번호	사용량	단위 비용
4021	50	1,400
9402	300	12
4066	40	700
6500	150	20
9280	10	1,020
4050	80	140
6850	2,000	15
3010	400	20
4400	7,000	5

16. 어느 법률회사는 하루에 복사용지 40묶음을 소비한다. 그 회사는 일년에 260일을 근무한다. 복사용지의 저장 및 운영비용은 묶음당 연 3,000원이 사용된다. 또한 복사용지를 주문하고 수령하는 데 약 6,000원이 소비된다.

(1) 연간 주문비와 유지비를 최소화하려면 주문량을 얼마로 해야 하는가?

(2) (1)의 주문량으로 주문할 경우의 연간 총비용은 얼마인가?

(3) EOQ에서 연간 주문비와 유지비는 항상 일치하는가?(단, 반올림은 제외)

(4) 이 회사의 사무실 관리자는 현재 주문량을 200묶음으로 하고 있다. 그는 사무실을 "보다 비용 효율적인 방법으로" 관리하고자 한다. 당신은 사무실 관리자가 200묶음의 주문량 대신에 다른 적정한 주문량을 사용하도록 권장하겠는지 설명하라.

17. 어느 꽃집은 한 달에 750개의 화분을 사용한다. 화분의 구입가격은 2,000원이며 연간 재고유지비용은 구입가격의 25%이다. 또한 주문비용은 주문당 30,000원이다.

(1) 경제적 주문량과 연간 총재고유지비 그리고 총주문비를 구하라.

(2) 만약 실제의 재고유지비용이 현재 추정하고 있는 비용의 2배가 된다는 분석이 나왔다고 하자. 주문량이 변하지 않을 경우 추가적으로 발생하는 비용은 얼마가 되겠는가?

18. 현재 어느 과수원에서는 과일용 상자를 8,000상자를 단위로 구입하고 있다. 이 과수원은 연간 18,000상자를 사용하고 있다. 연간 재고유지비용은 한 상자당 200원이며 주문비는 32,000원이라고 한다. 다음과 같이 수량할인이 될 때 최적 주문량과 연간 주문횟수를 구하라.

(단위: 1,000원)

상자의 수	가격/상자
1,000~1,999	1.25
2,000~4,999	1.20
5,000~9,999	1.18
10,000 이상	1.15

19. 어느 회사가 다음 두 공급업자 중 어느 한 곳에 부품을 주문하려 한다. 월간 수요량은 800단위이며 주문비는 40,000원, 연간 재고유지비는 단위당 6,000원이다. 각 공급업자의 부품가격표는 다음과 같다. 연간 총비용을 최소화하기 위해서는 어느 공급업자를 선정해야 할 것인지 또한 총비용은 얼마인지를 계산하라.

(단위: 1,000원)

공급업자 A		공급업자 B	
수량	단위당 가격	수량	단위당 가격
1~199	4.00	1~149	4.10
200~399	3.80	150~349	3.90
400 이상	3.60	350 이상	3.70

20. 어느 신문인쇄업자는 신문배달을 위하여 하루에 800피이트의 철사를 사용하고 있다. 신문은 월요일부터 토요일까지 발간된다. 주문후 리드타임은 6일이며, 안전재고수준에 대한 재고부족 확률이 다음과 같을 때 95%의 서비스수준을 유지하기 위해서는 재주문점을 얼마로 해야 할 지를 구하라.

안전재고 수준(피이트)	재고부족 확률
1,500	0.10
1,800	0.05
2,100	0.02
2,400	1.15

21. 다음과 같은 상황에서 아래 물음에 답하라.

리드타임 동안의 평균수요 : 300단위

수요의 표준편차 : 30단위

수요의 분포 : 정규분포

(단위: 1,000원)

안전재고 수준	재고부족 확률
1,500	0.10
1,800	0.05
2,100	0.02
2,400	0.01

(1) 리드타임 동안의 재고부족 확률이 1%가 되는 재주문점은?

(2) 리드타임 동안의 재고부족 확률이 1%가 되기 위한 안전재고 수준은?

(3) 리드타임 동안의 재고부족 확률이 2%가 되기 위한 안전재고 수준은 1%인 경우보다 더 높은가 혹은 더 낮은가? 마찬가지의 경우에 재주문점은 어떻게 되는가? 그리고 이유를 설명하라.

13 전사적 자원관리

학습목표

본 장에서는 다음과 같은 내용의 이해를 목표로 한다.

- MRP시스템의 개념과 기본요소
- MRP시스템의 전개
- 럿 크기의 결정기법
- ERP시스템의 개념과 특징
- ERP시스템의 도입과 구축

사례

우성가구(주)는 식탁, 의자 및 소파를 제작하는 회사로서 각 제품을 제조하는 작업공정이 독립되어 있고 이와 별도로 원목의 가공이나 도색 등 기본적 가공을 위한 공정라인이 운영되고 있다.

이 회사의 작업공정은 20~25개의 공정단계를 혼류(jumbled)적으로 거쳐 완제품이 생산되었다. 또한 전체 작업공정 중 3~5개 공정에서 품목변환을 위하여 2~3시간의 제조준비시간이 소요되었다. 이에 따라 재공품 재고는 물론 원재료 재고취급을 위하여 전체 작업공간의 50% 이상을 차지하는 등 여러 가지 문제점을 가지고 있었다.

이 회사에서는 제품의 럿크기를 300개 수준으로 유지해 왔으나 최근 몇 년 간의 추세로 보아 수요가 증가될 것으로 전망되어 럿크기를 500개 수준으로 확대하기로 하였다. 그러나 수요가 늘어남에 따라 공장의 생산능력을 확장하는 것보다는 주어진 생산능력을 그대로 유지하면서 작업상 비효율적 요소를 제거함으로써 늘어나는 수요에 대비하기로 하였다.

우성가구(주)에서는 제품생산의 문제를 해소하고 생산성을 높이기 위하여 단계별로 새로운 시도를 하였다. 첫번째 단계에서는 PC수준에 의해 운영되는 MRP시스템을 도입하여 생산계획에 의한 재고통제를 하여 원재료 및 재공품 재고를 줄이는 데 노력을 기울였다. 이 결과 재공품 재고는 15% 이상 줄일 수 있었으며 이것은 작업공간의 축소에도 기여할 수 있었다.

이 회사에서는 2단계로 가구제조 특성을 고려하여 작업장의 배치형태를 GT에 의한 셀화배치(cellular layout)로 전환하였다. 이와 병행하여 품목변환에 의한 제조준비시간을 단축시키기 위하여 작업표준시간을 설정하고 작업자교육과 포상제도를 확대함으로써 제조준비시간을 25% 이상 단축하였다. 셀화배치에 의한 작업속도는 종전의 혼류적 작업흐름에 비해 작업속도를 10% 정도 빠르게 하였으며 작업공정의 수도 2~3개나 단축할 수 있었다.

우성가구(주)에서는 생산성 향상을 위한 노력의 일환으로 보다 적극적인 작업공정의 개선을 시도하고 있다. 3단계의 개선을 위하여 JIT생산방식의 도입으로 작업공정상의 낭비적 요인을 제거하려는 노력을 기울이고 있으며 공정에 따라서는 소사장제도를 도입하는 등 분사화를 진행하고 있다.

그러나 이러한 개선방안을 실현하기 위해서는 작업자의 교육과 훈련, 가구제작에 소요되는 다양한 부자재 등 자재공급자와의 협력관계, 품질활동, 특히 수입원목의 럿크기를 유지하는 문제, 지속적인 수요창출을 위한 마케팅활동 등 해결하여야 할 여러 가지 문제점을 안고 있다.

제 1 절 자재소요계획의 의의

1. 자재소요계획의 개념

자자재소요계획(material requirements planning; MRP)은 경제적 주문량과 주문점산정을 기초로 하는 전통적인 재고통제기법의 여러 약점을 보완하기 위하여 미국 IBM사의 올리키(J. Orlicky)에 의하여 개발된 자재관리 및 재고통제 기법이다.

오늘날 기업의 제조 공정은 부품을 사내에서 제조하거나 사외에서 구매하여 이들을 조립하는 방식으로 구성되어 있으며 오로지 단 하나의 공정으로 완제품을 제조하는 경우는 매우 드물다. 이와 같은 제조활동에서는 자재의 수요가 독립적으로 발생하는 것이 아니라 상위의 구성품이나 다른 자재의 수요에 따라 결정되는 종속수요(dependent demand)의 성격을 지닌다는 점이 MRP를 탄생시킨 배경이라 할 수 있다.

또한 자재수요의 발생시점에 관한 전제가 바뀌게 되었다는 점도 간과할 수 없다. 즉, 전통적인 재고이론에서는 자재의 수요가 발생하는 시점이 계속성과 균등성을 전제로 하고 있으나 실제로는 자재의 수요가 단속적(discrete)으로 발생하며 그리고 한꺼번에 이루어지는 덩어리수요(lumpy demand)의 성격을 갖는다. 뿐만 아니라, 부품, 반제품, 완제품 등의 관계를 나타낸 자재명세서(bill of material; BOM)를 바탕으로 하는 제조활동에서는 어떤 자재가 언제, 얼마만큼 필요한지를 순필요량으로 산정할 수 있다. 이것은 이상적 수준의 재고를 항상 유지해야만 하는 전통적인 재고이론의 목표와는 커다란 차이가 있다고 할 수 있다. 그러므로 MRP의 관점에서 볼 때 전통적인 재고관리이론은 제조환경의 변화와 특성을 고려하지 못하고 현실성이 결여된 비효과적인 이론이 되는 것이다.

MRP의 가장 단순한 형태는 자재의 소요량을 구하고 그에 따른 발주계획을 수립하는 시스템이다. 이러한 자재관리 면에서의 MRP 기능을 확대하여 작업능력 이용 면에서의 생산능력소요계획(capacity requirements planning; CRP)과 통합하여 폐쇄형 자재소요계획(closed loop MRP)을 운영할 수 있다. 또한 MRP

의 범위를 더욱 확장하여 자금, 노동력, 기계설비 등 모든 제조자원을 통합적으로 계획하고 통제하는 제조자원계획(manufacturing resource planning: MRP Ⅱ)으로 발전되었다.

오늘날 기업이 아무리 훌륭한 제품설계를 하고 최신의 생산시설을 갖추고 있다 하더라도 효율적인 생산과 재고관리시스템을 갖추고 있지 못한다면 그 기업의 경쟁력은 높이 평가받을 수 없을 것이다. 다음의 사례는 자재소요계획의 중요성을 나타낸 것이라 할 수 있다.

사례

세계 최대의 가구회사인 스틸케이스사는 MRP시스템으로부터 출발하여 1970년대 후반에는 재무, 생산, 구매 및 유통을 통합하여 MRP Ⅱ를 도입하였다. 이 회사의 생산 및 자재관리자인 짐 아우스트호프는 "우리 회사의 경영전략은 시간중심의 경쟁(time-based competition)에 초점을 맞추고 있으며 특히 납품속도를 중시하는데 MRP와 MRP Ⅱ가 큰 기여를 해왔다"고 평가하고 있다. 이 회사는 납품속도를 더욱 높이기 위해서 MRP시스템을 개선하여 2010년 이후 고객위주의 혼합형 MRP(customer-driven MRP hybrid)로 발전된 시스템을 운영할 것을 계획하고 있다.

사례

앞에서 소개한 우성가구(주)는 노무비와 자재확보의 비용절감을 목적으로 2006년부터 국내의 가구생산시설 중 일부를 인도네시아로 이전하여 현지에서 생산된 제품을 국내에 도입하여 일반소비자에게 판매하고 한편 대기업에 OEM 방식으로 납품하고 있다.

이 회사는 인도네시아에 생산 공장을 이전한 후 자재의 구매, 생산, 유통 및 재무 등 모든 생산기능을 통합하기위하여 MRP Ⅱ를 적용하였는데 OEM방식에 의한 주문량이 늘어나자 납기의 중요성이 한층 커지게 되어 2011년 이후에는 ERP를 도입하여 보다 발전된 자원관리시스템을 운영할 것을 고려하고 있다.

이러한 자재관리시스템의 개선은 위의 스틸케이스사 사례에서와 같이 MRP시스템은 단순한 생산활동으로부터 자재 및 제품의 유통 및 고객측면에서도 관리적 문제를 적용함으로써 자재관리 시스템의 기능적 발전을 시도하고 있다.

2. 자재소요계획의 기본요소

MRP시스템을 운영하기 위해서는 대생산일정계획(master production schedule; MPS), 자재명세서(bill of material), 재고기록(inventory file) 등의 기본자료가 필요하다. 대생산일정계획은 완제품 혹은 최종품목에 관한 세부생산계획이며 이것은 MRP를 수립하기 위한 투입자료가 된다. 자재명세서는 최종품목을 구성하는 구성품(원자재, 부품, 중간조립품)간의 종속관계를 나타낸 것이다. 그리고 재고기록에는 각 제품과 구성품의 보유재고량과 주문량 등의 재고관련 자료가 있으며 리드타임이나 안전재고수준에 관한 정보 등을 포함하고 있다.

MRP의 논리는 대생산일정계획, 자재명세서, 그리고 재고기록을 이용하여 모든 자재나 구성품에 대한 다음의 사항을 구하고자 하는 것이다.

① 계획주문량(planned order quantities)
② 계획주문발주기일(planned order release dates)
③ 계획납기일(planned order due dates)

즉, MRP시스템에서는 구성품을 생산 혹은 조달하는 데 필요한 리드타임을 고려하여 발주기일과 납기일이 계산된다. 이러한 MRP의 세 가지 기본요소를 구체적으로 살펴보기로 하자.

(1) 대생산일정계획

대생산일정계획은 총괄생산계획을 기초로 하여 완제품의 생산량과 생산시기를 결정하는 생산계획으로 일반적으로 6주 내지 8주 간의 주별 생산계획이다. 따라서 여기에는 계획기간 동안 최종품목이 언제 얼마만큼 주문(혹은 생산)되어야 할 것인지가 나타나게 된다.

총괄생산계획에 의해 대생산일정계획이 잠정적으로 수립되면 개략적 생산능력계획이 수립된다. 개략적 생산능력계획이란 현재의 생산능력의 관점에서 대생산일정계획이 제대로 이행될 수 있는가를 확인하는 과정이다.

대생산일정계획은 단기계획을 위한 기초라고 할 수 있다. 즉, 총괄생산계획은 12개월 동안의 계획인 데 비하여 대생산일정계획은 단지 총괄생산계획의

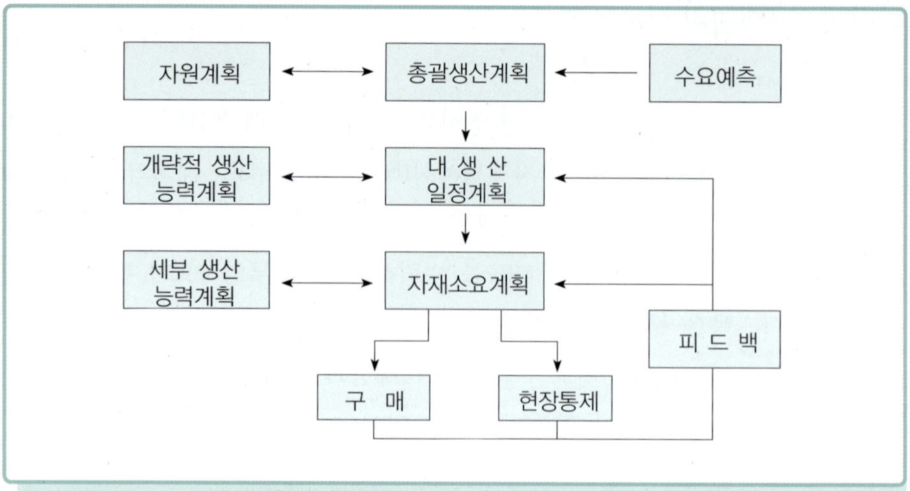

| 그림 13-1 | **생산계획의 개요**

일부만을 다루는 것이다. 또한 대생산일정계획은 짧은 기간을 대상으로 하는 계획이지만 생산환경의 변화에 따라 계획기간별로 변경되는 것도 하나의 특징이라 할 수 있다.

생산계획의 개요를 나타낸 [그림 13-1]을 통하여 대생산일정계획의 기능을 살펴보기로 하자. 우선 총괄생산계획은 대생산일정계획의 투입요소가 되고 있으며 개략적 생산능력에 의하여 대생산일정계획의 수용가능성이 평가된다. 또한 대생산일정계획을 투입요소로 하여 수립된 MRP는 상세한 생산능력계획에 의하여 평가된다. 만약, 대생산일정계획을 위해 요구되는 생산능력이 가용생산능력을 초과한다면 생산능력을 확장하든지 혹은 대생산일정계획을 수정해야 할 것이다.

[그림 13-1]에서 MRP의 결과가 생산현장이나 구매의사결정으로 연결됨을 보여주고 있다. 그리고 생산현장이나 구매의사결정에 따라 대생산일정계획과 MRP로 피드백됨으로써 폐쇄형 MRP로 운영될 수 있다. 여기에서 피드백이 의미하는 것은 현재의 계획을 수정하거나 개선하는 데 생산현장이나 공급업자의 성과가 활용된다는 것이다.

(2) 자재명세서

자재명세서는 최종품목과 각 구성품간의 관계를 나타낸 것이다. 따라서 자재명세서에는 최종품목의 생산에 사용되는 모든 구성품과 각 구성품의 필요량 그리고 각 구성품의 조립순서 등이 명시된다.

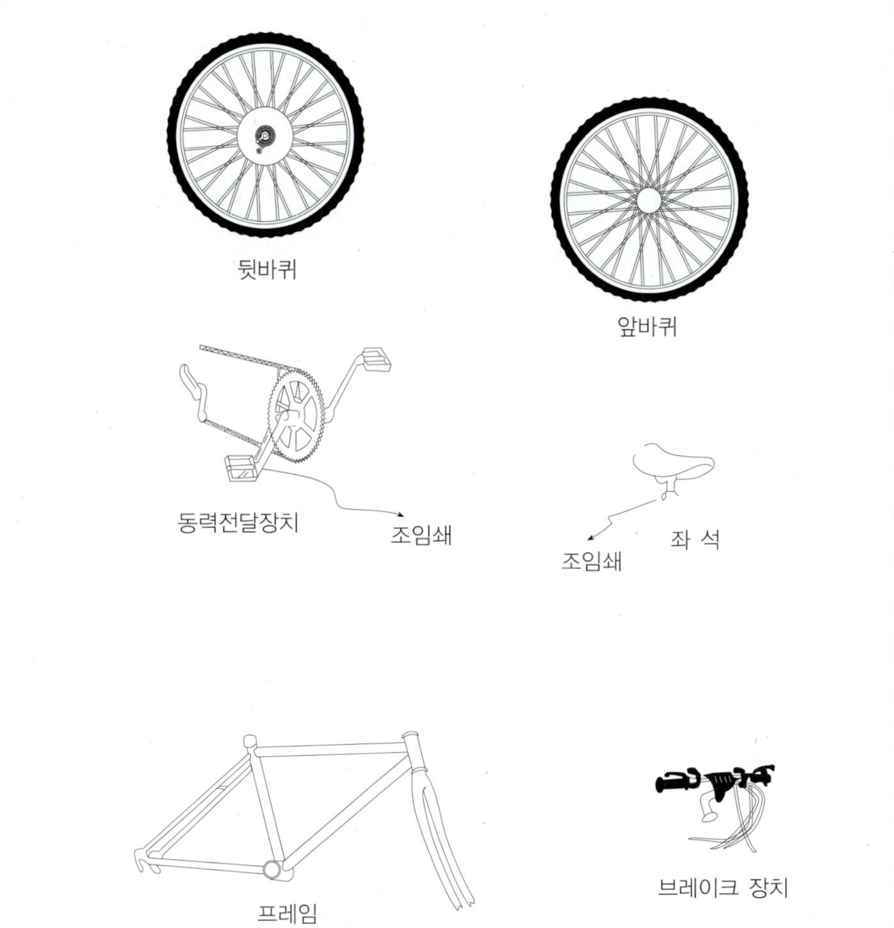

| 그림 13-2 | 자전거의 조립도면

[그림 13-2]에 제시된 자전거의 조립도면을 통해서 자재명세서의 개념을 이해하도록 하자. 자전거는 프레임, 좌석, 조임쇄, 브레이크 장치, 앞바퀴, 뒷바퀴, 동력전달장치 등으로 구성되어 있다. 이 자전거를 만들기 위해서는 먼저 프레임에 조립된 바퀴들을 달고 좌석을 조임쇄로 붙인 후 동력전달장치를 조립하여 부착하고 마지막으로 브레이크 장치를 설치한다.

[그림 13-3]과 같은 형태의 자재명세서를 제품구성도(product structure diagram)라고 하는데 여기에는 자전거의 조립에 대한 자재명세서를 나타내고 있다.

자자재명세서상의 최종품목 아래의 모든 품목은 구성품(components)이 되는데, 이 구성품 중에서 상위수준에 속한 구성품을 상위구성품(parent

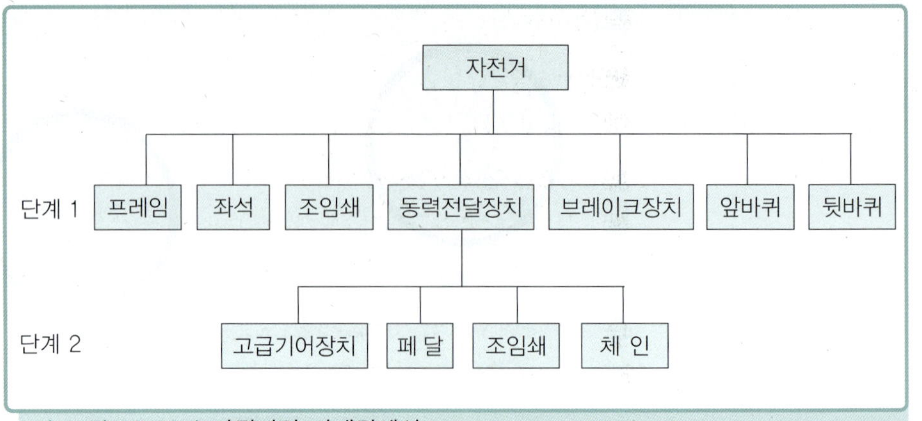

| 그림 13-3 | 자전거의 자재명세서

components)이라 하고, 하위수준에 속한 구성품을 하위구성품(child components)이라 한다. 예를 들어 자전거는 프레임, 좌석, 조임쇄, 브레이크 장치, 앞바퀴, 뒷바퀴, 동력전달장치 등의 상위구성품이 되고 반대로 프레임이나 브레이크 장치 등은 자전거의 하위구성품이 되는 것이다.

MRP에서는 시간국면(time-phasing)이 무엇보다도 중요하다. 만약 제조나 구매에 소요되는 시간, 즉 리드타임을 알고 있다면 필요한 시기에 구성품을 확보하기 위해서 언제 주문해야 할 것인지를 알 수 있기 때문이다.

(3) 재고기록철

MRP시스템에서 자재나 구성품의 주문량을 결정하기 위해서는 각 구성품의 재고현황을 파악하고 있어야 한다. 이 재고정보는 재고기록철에 의해 관리된다. 재고기록철에는 각 자재 및 구성품의 보유량뿐만 아니라 등록번호, 기주문 구성품의 주문량과 납품기일, 럿크기, 그리고 각 구성품의 리드타임 등의 정보가 포함된다.

제 2 절 자재소요계획의 전개

1. 자재소요계획의 기록

MRP시스템은 언제 사내생산현장이나 외부의 공급업자들에게 구성품에 대한

표 13-1 MRP 표의 예

부품번호: G1		기 간									
부품명: 고정쇄											
럿크기: 50	리드타임: 2	1	2	3	4	5	6	7	8	9	10
총소요량		10	10	15	15	15	20	20	15	10	10
예정입고량			50								
계획주문입고							50		50		
예상보유재고	15	5	45	30	15	0	30	10	45	35	25
계획주문발주					50		50				

주문을 해야 하는지를 결정하기 위해서 대생산일정계획, 자재명세서, 재고기록철을 이용한다. 〈표 13-1〉은 전형적인 MRP표로서 생산현장에서는 MRP표를 데이터 파일로 컴퓨터에 저장한다. 〈표 13-1〉의 MRP표양식은 MRP과정을 설명하는 데 매우 유용하다. MRP표는 사용하는 컴퓨터 소프트웨어에 따라서 여러 가지 양식으로 나타낼 수 있다. MRP표는 재고기록철에서 나타난 정보를 포함한다.

MRP시스템은, 비록 MRP시스템의 정보 사용자를 위해서 부품의 이름이 들어가지만 구성품을 추적하기 위해서 일반적으로 부품번호를 사용한다.

2. 자재소요계획의 시점관행

전통적으로 MRP시스템은 시간을 정해진 구산으로 나누는데 이를 시산대(time bucket)라고 한다. 가장 적절한 시간간격은 회사마다 다를 수 있지만 가장 많이 쓰이는 시간간격은 한 주(one week)단위이다. MRP시스템에서는 계획에 따라 주문, 입고 등이 발생하는 시간대의 한 시점을 정해 놓을 필요가 있다. 가장 많이 사용되는 시점 관행은 다음의 세 가지 전제를 가정으로 한다.

① 주문은 시간대의 초기에 발생한다.
② 주문은 시간대의 초기에 배달된다.
③ 수요는 시간대의 기말까지는 충족되어야 한다.

MRP표는 기간 1이 최초의 계획 기간이 되도록 구성된다. 앞에서 언급된 시점관행 하에서는 리드타임이 두 기간일 경우 기간 4의 초기에 자재의 주문이 이루어지면 기간 6의 초기에 사용될 수 있도록 자재가 도착하게 된다.

3. 자재소요계획의 기록계산

〈표 13-1〉에 제시된 MRP표는 부품번호 G1인 고정쇄에 대한 현재의 재고상태와 앞으로 10기간에 대한 재고상태의 예정된 변화를 보여주고 있다. 첫 행은 앞으로 10기간에 대한 구성품의 총 소요량(gross requirements)을 나타낸다. 어느 품목에 대한 총 소요량(혹은 재고품목에 대한 수요)은 이 품목을 사용하는 최종품목이나 구성품에서 발생한다. 구성품에 대한 총 소요량은 재고로부터 충족시키거나 그 구성품을 구매 또는 생산하여 충족시켜야 한다.

예정입고량(scheduled receipts)행은 이미 구매주문이나 생산명령이 행해진 주문량이 언제 사용가능한지를 보여준다. 만약 구성품이 사내공장에서 제조된다면 예정입고량 행에 기입된 것은 공장현장에 예정입고량 만큼 생산하도록 생산명령이 내려지고 그 양이 기입된 기간의 초기에 사용할 수 있도록 해야 한다는 것을 의미한다. 만약 구성품이 구입되는 것이라면 그 기입된 예정입고량은 구매주문이 내려지고 그 양이 기입된 기간의 초기에 사용될 수 있도록 입고되고 검수되며, 공장의 생산현장에 이송되어야 함을 의미한다. 〈표 13-1〉은 기간 2에 50단위의 예정입고량을 보여주고 있다. 리드타임이 두 기간이기 때문에 이 구성품을 현재기간 직전의 초에 생산명령 혹은 구매주문이 이미 이루어졌고 기간 2의 초기에 50단위가 입고되어야 한다.

마지막 행인 계획주문발주(planned order release)는 총 소요량을 충족시키기 위해서 충분한 재고를 확보할 수 있도록 기업이 발주해야 하는 미래의 주문들을 보여주고 있다. MRP계획자는 현재 기간에 나타난 계획된 주문을 실행시킨다. 계획된 주문이 실행되면(즉, 공장현장이나 외부의 공급업자에게 주문이 발주되면) 그것은 예정입고량 혹은 기발주주문(open order)이 된다. 만약 구성품에 대한 총 소요량이 변화하면 MRP시스템은 자동적으로 계획주문발주를 변경한다.

그러나 예정입고량은 사내 생산현장이나 외부 공급업자에게 이미 주문이 이루어졌기 때문에 총 소요량의 변화는 MRP시스템으로 하여금 예정입고량을 변화하도록 하지 않는다. 만약 MRP계획자가 주문량을 증감시키는 방식으로 입고 예정량이나 기발주주문을 변화시키거나 혹은 취소한다면 MRP계획자는 예정입고량 행을 변화시키기 위해서 MRP시스템을 수동으로 갱신하여야 한다. 계획주문입고 행은 계획주문발주량이 도착해야 할 때를 나타낸다.

예상보유재고(available balance)행의 첫 칸은 계획기간의 초기에 보유하고 있는 재고수준을 나타낸다. 같은 행의 다른 칸 들은 자재소요계획이 실행되는 경우 그 계획기간의 말에 남게 되는 재고수준을 보여준다. 그러므로 〈표 13-1〉은 기간 1의 초기에 15개의 부품이 사용가능하다는 것을 나타내고 있다. 이 구성품들 중에서 10개는 기간 1에 사용되고 기간 2까지 이월되는 부품은 5개가 된다. 기간 2에는 기간 1에서 이월된 5개 이외에 이미 주문한 50개의 부품이 입고되어 사용이 가능하게 된다. 이 부품들 중의 10개는 기간 2에 사용되고, 기간 3의 초기에 45개의 부품이 사용가능하게 된다. 이 재고량은 기간 3, 4, 5에 대한 총 소요량을 충족시키기에 충분하게 될 것이다. 기간 6에는 아무런 재고도 이월되지 않기 때문에 기간 6의 초기에 사용가능한 적절한 부품의 수를 주문하도록 계획해야 한다.

이 부품의 리드타임은 두 기간이고 럿크기는 50개이기 때문에 50단위가 입고될 것이다. 두 번째의 계획주문은 기간 6에 발주하도록 예정되어 있으며, 그 결과는 기간 8에 입고될 것이다. 이 양은 기간 8, 9, 10 에 사용하기에 충분한 재고가 될 것이다. 기간 10의 말에는 25개의 부품이 재고로 남게 된다.

4. 자재요소계획의 전개

아래에서는 MRP의 기본적인 논리를 설명하기로 한다. 어떤 자전거제조회사가 고급 자전거와 보통 자전거의 두 가지 모델을 조립한다고 하자. [그림 13-2]는 자전거의 조립도면을 보이고 있다. 두 모델은 본질적으로는 같은 모델이지만 단지 보통자전거는 나일론 천으로 된 좌석을 가지고 있고 동력전달장치의 한 부분인 기어가 12단 기어인데 비하여 고급 자전거는 가죽으로 된 좌석을 가지고 있고 24단 기어가 제공된다는 점이 다르다. 〈표 13-2〉는 이 두 모형의 들여쓰기식 자재명세서를 나타낸 것이다. 들여쓰기식 자재명세서는 같은 단계에 속한 부품들은 같은 양 만큼 들여쓰기를 한 자재명세서로 컴퓨터로 출력하기에 편리한 양식이다. 〈표 13-2〉는 품목번호, 품목명, 소요량과 더불어 각 품목에 부여한 하위단계부호를 보이고 있다. 하위단계부호는 MRP표가 처리되는 순서

사례

코닝글라스(Corning Glass)사는 수요에 따라가지 못하는 비능률적이고 불균형적 생산의 문제를 안고 있었다. 이것은 자재소요량의 파악이 적시에 이루어지지 않는 등 효과적인 자재관리시스템이 없었기 때문이다. 따라서 코닝사는 새로운 방법에 의한 생산관리의 필요성을 인식하게 되었다.

제록스가 개발한 MRP시스템인 'Arista'를 도입하여 그린캐슬, 해로즈버그, 마틴스버그 공장에 온라인으로 연결하였다. 그린캐슬 공장의 경우 초기에는 자재의 포장과 보관에 제약이 있었으나 1981년에는 이 시스템을 통하여 재고기록의 정확도가 86%나 향상하고 재고감소액이 200만달러나 되었다. 또한 연간 재고회전율이 1.2로 개선되었으며, 적시납품은 64%에서 91%로 향상되고 월간 생산계획은 6개월까지 연장하여 수립할 수 있었다.

MRP시스템의 효과는 해로즈버그와 마틴스버그 공장에서도 긍정적인 결과를 가져왔다. 지금까지 공장에서의 재고문제의 하나였던 기록의 정확성수준을 높이고 기타 조직의 여러 가지 잠재적 문제해결은 MRP시스템의 효과로 볼 수 있다. 또한 코닝의 MRP시스템은 불규칙적인 수요하에서도 제품을 다양하게 고객에게 제공할 수 있는 생산시스템을 운영할 수 있다는 점이다.

를 명시한다.

〈표 13-3〉은 동력전달장치와 이의 구성품에 대한 재고기록철을 나타내고 있다. 본 예에서는 기업이 완제품재고를 가지고 있지 않기 때문에 재고기록철에는 보통 자전거(모델 172A) 와 고급 자전거(모델 182A)의 현 재고가 없는 것으로 나타난다. 자전거, 고급 좌석에 대한 럿크기는 럿 대 럿(lot-for-lot; LFL)방식으로 결정된다. 럿 대 럿 방식에서는 계획주문이 단지 계획기간의 수요만을 만족시킨다. 럿 대 럿 이라는 용어는 상위 구성품의 매 럿에 대해서 하위구성품도 그 럿의 수량만큼씩 구매 혹은 제조하는 것을 의미한다.

(1) 하위단계 부호화

공통적인 부품들은 하위단계 부호를 필요로 한다. 하위단계 부호(low-level code)는 자재명세서 상에서 한 구성품이 사용되는 가장 낮은 단계를 나타낸다. 앞에서 언급한 것과 같이 품목들이 자재명세서 상에서 나타나는 단계를 최종품

표 13-2 들여쓰기식 자재명세서

제품명 : 자전거(보통 및 고급)			
부품번호	부품명	수량/구성품	하위단계부호
172A	보통 자전거	–	0
F247	프레임	1	1
S125	보통 좌석	1	1
CL72	조임쇄	1	2
B351	브레이크장치	1	1
FW200	앞바퀴	1	1
RW150	뒷바퀴	1	1
PG245	보통 동력전달장치	1	1
P50	페달	2	2
CL72	조임쇄	2	2
G121	12단 기어장치	1	2
C250	체인	1	2
182A	고급 자전거	–	0
F247	프레임	1	1
S135	고급 좌석	1	1
CL72	조임쇄	1	2
B351	브레이크장치	1	1
FW200	앞바퀴	1	1
RW150	뒷바퀴	1	1
PG255	고급 동력전달장치	1	1
P50	페달	2	2
CL72	조임쇄	2	2
G131	24단 기어장치	1	2
C250	체인	1	2

목은 단계 0에서부터 시작하여 커지는 숫자를 사용하여 나타내고 있다. 〈표 13-2〉에서 예를 들면 부품 C250인 체인은 단계 1인 동력전달장치에 직접 조립되므로 단계 2가 된다.

만약 조임쇄(CL72)와 같이 단계 1의 좌석을 자전거에 고정시키는 데에서도 사용되고 단계 2의 페달을 동력전달장치에 고정시키는 데에서도 사용된다면 이 부품의 하위단계 부호는 단계 1이 될 수도 있고, 단계 2가 될 수도 있다. 그러나 앞에서도 정의된 것과 같이 하위단계 부호는 한 구성품이 사용되는 가장

표 13-3 재고기록철

부품번호	부 품 명	보유량	럿크기	리드타임	예정입고량	기 간
172A	보통자전거	0	LFL	1		
182A	고급자전거	0	LFL	1		
A247	프레임	20	50	2	50	1
S125	보통좌석	10	50	2	50	1
S135	고급좌석	10	LFL	2	15	1
					15	2
CL72	조임쇄	10	200	2	200	1
B351	브레이크 장치	20	50	2	50	1
FW200	앞바퀴	30	50	2	50	2
RW150	뒷바퀴	30	50	2	50	2
PG245	보통동력전달장치	50	50	3		
PG255	고급동력전달장치	50	50	3	50	3
P50	페달	200	300	3		
C250	체인	20	50	2	50	1
G121	12단기어장치	30	50	2		
G131	24단기어장치	30	50	2		

낮은 단계를 나타내므로 이 공통부품의 하위단계 부호는 단계 2가 된다.

하위단계 부호는 MRP시스템이 한 구성품의 총 소요량을 적절하게 계산할 수 있도록 계산순서를 정하는 데 사용된다. 하위단계 부호화(low-level coding)는 MRP에 있어서 중요한 개념이다.

(2) 자재소요계획의 전개

만약 이 회사가 매 기간마다 30대의 자전거를 만들기로 한 총괄생산계획을 세워서 〈표 13-4〉에 있는 대생산일정계획을 얻었다고 하자. 우리는 이제 MRP표를 사용하여 대생산일정계획을 구성품 소요량으로 계산할 수 있는 MRP전개를 할 수 있게 된다. 이 과정의 첫 단계는 대생산일정계획으로부터의 최종품목 소요량을 하위단계 부호 1을 가지고 있는 모든 품목에 대한 MRP표에서의 총 소요량 행으로 옮겨 놓는 것이다. 〈표 13-5〉는 두 가지 형태의 좌석인 S125와 S135에 대한 MRP전개의 첫 단계를 보여준다.

우리는 재고기록철로부터 기초재고 수준, 예정입고량, 리드타임, 럿크기 등에

표 13-4 대생산일정계획

부품번호	기간									
	1	2	3	4	5	6	7	8	9	10
172A	10	10	15	30	30	15	15	15	15	15
182A	20	20	15	0	0	15	15	15	15	15

표 13-5 MRP 표의 예

부품번호: S125		기간									
부품명: 보통좌석											
럿크기: 50	리드타임: 2	1	2	3	4	5	6	7	8	9	10
총소요량		10	10	15	30	30	15	15	15	15	15
예정입고량		50									
계획주문입고					50			50			50
예상보유재고	10	50	40	25	45	15	0	35	20	5	40
계획주문발주			50			50			50		
부품번호: S135		기간									
부품명: 고급좌석											
럿크기: 럿대럿	리드타임: 2	1	2	3	4	5	6	7	8	9	10
총소요량		20	20	15	0	0	15	15	15	15	15
예정입고량		15	15								
계획주문입고				15			15	15	15	15	15
예상보유재고	10	5	0	0	0	0	0	0	0	0	0
계획주문발주		15			15	15	15	15	15		

관한 정보를 얻을 수 있고 이를 MRP표에 포함시킨다. 일단 우리가 총 소요량과 재고기록철을 가지게 되면 우리는 하위단계 1의 재고기록철을 처리할 수 있다. 부품 S135에 대한 럿크기는 럿 대 럿이러서 계획주문은 한 기간에 대한 수요만을 충족시킨다. 럿 대 럿 절차는 각 기말의 예상보유재고를 0으로 만들게 된다. 부품 S135의 기초재고가 0이 아니기 때문에 우리는 지난 기간에 대생산일정계획의 변화, 부품의 과잉생산 등과 같은 일이 발생하였다고 가정하게 된다.

〈표 13-6〉은 하위단계 부호 1을 가진 품목인 보통과 고급의 동력전달장치(PG245와 PG255) 그리고 하위단계 부호 2를 가진 품목인 페달(P50)에 대한 MRP표를 나타낸다. 동력전달장치에 대한 총 소요량은 대생산일정계획으로부터

표 13-6 동력전달장치와 페달의 MRP표

부품번호: PG245		기간									
부품명: 보통동력전달장치											
럿크기: 50	리드타임: 3	1	2	3	4	5	6	7	8	9	10
총소요량		10	10	15	30	30	15	15	15	15	15
예정입고량											
계획주문입고					50		50			50	
예상보유재고	50	40	30	15	35	5	40	25	10	45	30
계획주문발주		50		50			50				
부품번호: PG255		기간									
부품명: 고급동력전달장치											
럿크기: 50	리드타임: 3	1	2	3	4	5	6	7	8	9	10
총소요량		20	20	15	0	0	15	15	15	15	15
예정입고량				50							
계획주문입고										50	
예상보유재고	50	30	10	45	45	45	30	15	0	35	20
계획주문발주							50				
부품번호: P50		기간									
부품명: 페달											
럿크기: 300	리드타임: 3	1	2	3	4	5	6	7	8	9	10
총소요량		100	0	100	0	0	200	0	0	0	0
예정입고량											
계획주문입고							300				
예상보유재고	200	100	100	0	0	0	100	100	100	100	100
계획주문발주				300							

직접 옮겨 적는다. MRP표는 기간 1, 3, 6에 각각 50개의 보통 동력전달장치와 기간 6에 고급 동력전달장치에 대한 계획주문이 있다는 것을 보여준다. 동력전달장치는 네 가지의 다른 구성품(페달, 조임쇄, 기어장치, 체인)을 필요로 하기 때문에 동력전달장치에 대한 계획주문은 동력전달장치를 구성하는 하위단계 구성품에 대한 총 소요량을 제공한다.

두 종류의 동력전달장치들은 같은 페달을 사용하기 때문에 페달들에 대한 총 소요량은 두 종력전달장치에 대한 계획주문의 합을 각 동력전달장치마다 달린 페달의 수인 2로 곱한 것이 된다. 페달에 대한 총 소요량은 기간 1, 3의 경우 각각 100개 및 기간 6의 경우 200개의 계획주문으로 나타난다.

표 13-7 조임쇄의 MRP 표

부품번호: CL72		기간									
부품명: 조임쇄											
럿크기: 200	리드타임: 2	1	2	3	4	5	6	7	8	9	10
총소요량		130	30	130	30	30	230	30	30	30	30
예정입고량		200									
계획주문입고					200		200				
예상보유재고	110	180	150	20	190	160	130	100	70	40	10
계획주문발주			200		200						

〈표 13-7〉은 조임쇄에 대한 MRP표를 보여준다. 조임쇄는 자재명세서의 두 단계에 나타난다. 단계 1에서는 조임쇄가 좌석을 프레임에 부착하는 데 사용되며, 단계 2에서는 동력전달장치에 페달을 부착하는 데 사용된다. 그러므로 조임쇄에 대한 총 소요량은 [그림 13-3]에서 보는 것과 같이 두 개의 다른 자재명세서 단계의 수요 원천에서 나타난다. 예를 들어 기간 3에 나타난 조임쇄의 순소요량은 〈표 13-4〉의 기간 3의 보통 및 고급자전거의 계획된 생산대수 (각각 15대)와 〈표 13-6〉의 기간 3의 보통 및 고급자전거의 계획된 주문량(각각 50개와 0개)을 고려하여야 한다. 그러므로 기간 3의 조임쇄의 총 소요량은 1 자전거 대수(보통 15대+고급 15대)+2 동력전달장치수(보통 50+고급 0)=130개가 된다.

한 구성품의 총 소요량은 대생산일정계획으로부터 발생하거나 구성품의 상위 구성품에 대한 계획주문발주 일정으로부터 발생하며 혹은 두 군데서 모두 발생하기도 한다. 만약 조임쇄에 대한 MRP표가 동력전달장치에 대한 MRP표 전에 처리되었다면 동력전달장치의 조립에 필요한 100개의 조임쇄는 기간 3의 조임쇄에 대한 총 소요량에 포함되지 않았을 것이다. 그러므로 하위단계 부호는 MRP표를 처리하는 정확한 순서를 나타내는 편리한 방법이며 특히 컴퓨터로 MRP를 실행하는 데 있어서 특별히 중요하게 고려해야 할 사항이다.

5. 럿의 결정기법

럿크기 결정(lot sizing)에서 중요한 문제는 계획주문이 한 기간 이상의 소요량을 만족시키는 주문량이 되어야만 하는지를 결정하는 것이다. 럿크기 결정이

표 13-8 럿크기 결정의 예제

부품번호: FW200
부품명: 앞바퀴
리드타임: 0
주문비용: 50,000원
유지비용: 단위당 기간당
총소요량:

기간	1	2	3	4	5	6	7	8	9
소요량	35	20	0	75	0	20	35	40	45

MRP시스템의 성과에 중요한 영향을 미치며, 럿크기 결정에는 여러 가지 방법들이 있지만, 최적의 방법은 없다. 또한 흔히 럿크기를 계산하는 데 필요한 데이터를 얻는 일도 어렵다. 더욱이 많은 사람들은 MRP에서 럿크기 결정의 중요성이 과장되어 왔다고 주장하기도 한다.

MRP 전개에서의 럿크기 결정기법을 설명하기 위하여 〈표 13-8〉에 나타나 있는 앞바퀴의 데이터를 사용하고자 한다. 설명의 단순화를 위해서 리드타임은 0이라고 가정한다. 이 예제에서는 재고비용을 예상보유재고량에 대해서만 적용하기로 한다. 즉, 한 기간에서 다음 기간으로 넘어가는 재고에만 재고유지비용을 적용한다. 〈표 13-8〉의 데이터를 이용하여 럿 대 럿(lot-for-lot; LFL), 고정주문량(fixed order quantity; FOQ), 그리고 기간주문량(period order quantity; POQ)기법에 의해 재고비용을 산정한다.

(1) 럿 대 럿 기법

럿 대 럿 기법은 주문을 할 때 매기간 동안에 필요한 소요량을 기간마다 주문하는 방법이다. 이 예에 의해 럿 대 럿 기법을 적용한 결과를 〈표 13-9〉에 나타낸다. 럿 대 럿은 소요량이 있는 매기마다 주문이 이루어지기 때문에 총 7회의 주문이 이루어진다. 따라서 총주문비용은 7×50,000원=350,000원이다. 한 기간에서 다음 기간으로 넘어가는 재고는 없기 때문에 총 재고유지비용은 0이다.

(2) 고정주문량 기법

고정주문량(fixed order quantity; FOQ)기법은 주문을 할 때 럿 크기를 고정

표 13-9 럿 대 럿기법에 의한 주문량 결정의 예

부품번호: FW200		기 간								
부품명: 앞바퀴										
럿크기: LFL	리드타임: 0	1	2	3	4	5	6	7	8	9
총소요량		35	20	0	75	0	20	35	40	45
예정입고량										
계획주문입고		35	20	0	75	0	20	35	40	45
예상보유재고	0	0	0	0	0	0	0	0	0	0
계획주문발주		35	20	0	75	0	20	35	40	45

주문비용: 7×50,000원 = 350,000원
재고유지비용: 0× 1,000원 = 0원
총비용: 350,000원

시켜서 늘 일정한 크기의 럿을 주문하는 방법이다. 흔히 럿크기는 고정되어 있다. 이이는 공급업자들이 일정 양을 팔고 선적하는 것을 선호할 때 발생하는데 이로 인해 구매자는 고정주문량을 구매한다. 조임쇄와 같은 특정 부품은 케이스 단위로 포장될 수 있으며, 이 럿크기는 케이스나 또는 케이스 묶음이 될 수 있다. 부피가 큰 원자재는 선적할인을 받기 위해 트럭단위로 주문된다. 또한 공급자들은 특별한 주문량을 매력적으로 만드는 수량 할인을 제공할 수도 있다.

회사 자체 내의 공장에서 고정량을 생산하는 것은 공정수율 때문에 경제적이다. 예를 들어, 만약 한 부품이 특정한 종류의 철판을 압연하여 생산된다면 한 번에 계속해서 한 덩어리의 철판 전체로 그 부품을 생산하는 것이 그 덩어리 일부 철판만큼만 그 부품을 생산한 다음 다른 유형의 철판을 필요로 하는 다른 부품 생산으로 옮겨가는 것보다 더 경제적일 것이다. 흔히 장치산업에서 섞기, 혼합, 그리고 기타 화학 처리과정은 완전한 묶음 단위 이하로 작업하기가 어렵다.

고정주문량을 결정하는 한 가지 방법은 12장에서 논의되었던 경제적 주문량(economic order quantity; EOQ)이다. 일정 수요(constant rate of demand)를 포함하는 여러 가지 가정하에 구매된 구성품에 대한 경제적 주문량 Q^*는 다음과 같다.

$$Q^* = \sqrt{\frac{2DS}{H}}$$

표 13-10 EOQ에 기초한 FOQ럿크기 결정의 예

부품번호: 1010		기 간								
부품명: 의자 등받이										
럿크기: EOQ	리드타임: 0	1	2	3	4	5	6	7	8	9
총소요량		35	20	0	75	0	20	35	40	45
예정입고량										
계획주문입고		55	0	0	110	0	0	55	55	0
예상보유재고	0	20	0	0	35	35	15	35	50	5
계획주문발주		55	0	0	110	0	0	55	55	0

주문비용: $4 \times 50,000$원 $=$ 200,000원
재고유지비용: $195 \times 1,000$원 $=$ 195,000원
총비용: 395,000원

여기에서 D= 연간 수요
S= 주문비용
H= 연간 재고유지비용

자체 생산되는 구성품의 경우, 준비비용은 주문비용으로 대체된다.

〈표 13-8〉의 예에서 앞바퀴에 대한 기간당 평균 수요는 30단위(270단위/9기간)이다. 따라서 EOQ를 다음과 같이 계산할 수 있다.

$$Q^* = \sqrt{\frac{(2)(30)(50,000)}{1,000}} \fallingdotseq 55$$

EOQ에 기초한 럿크기 결정의 예를 나타낸 MRP표는 〈표 13-10〉과 같다. 기간 4에서의 계획주문이 110이었다는 것을 주목할 필요가 있다. 총 소요량이 EOQ를 넘어설 때마다 공정관리자는 총 소요량을 충족시키도록 EOQ의 배수로 주문해야만 한다. EOQ럿크기 결정은 네 번의 계획주문을 가져왔고, 그 결과 총 주문비용은 200,000원이다. 재고합계는 195이며, 따라서 총 재고유지비용은 195,000원이다.

EOQ기법이 일정 수요를 가정하고 있기 때문에 MRP시스템에는 부적절한 것으로 보인다. 그러나, 만약 한 품목의 총 소요량이 다소 완만한 경우라면, EOQ주문량은 최적주문에 가까울 것이다.

표 13-11 기간주문량 럿크기 결정의 예

부품번호: FW200 부품명: 앞바퀴		기간								
럿크기: POQ	리드타임: 0	1	2	3	4	5	6	7	8	9
총소요량		35	20	0	75	0	20	35	40	45
예정입고량										
계획주문입고		55	0	0	75	0	55	0	85	0
예상보유재고	0	20	0	0	0	0	35	0	45	0
계획주문발주		55	0	0	75	0	55	0	85	0

주문비용: 4×50,000원 = 200,000원
재고유지비용: 100× 1,000원 = 100,000원
총비용: 300,000원

(3) 기간주문량 기법

기간주문량(periodic order quantity; POQ)기법은 주문을 할 때 일정한 기간 동안에 필요한 소요량을 모아서 한번에 주문하는 방법이다.

앞의 예에서 EOQ 럿크기가 일정 수요의 가정이 지켜지지 않는 경우에는 재고의 증가를 야기할 수 있다는 것을 보여 주었다. 기간주문량에 의한 럿크기 결정기법은 이러한 문제를 줄이기 위해 시도된다. 기간주문량 기법은 경제적 주문량을 기간주문량으로 전환한다. 기간주문량은 다음과 같이 계산된다.

$$POQ=\frac{EOQ}{D_P}\fallingdotseq 2$$

여기에서 D_P는 기간당 평균수요이다. 기간주문량 럿크기는 고정된 기간 수에 대한 총소요량을 산정한다. 이 예에서 기간주문량은 2기간(55단위/30단위≒2)이다. 〈표 13-11〉은 2기간주문량으로 앞바퀴에 대한 MRP표를 보여준다. 기간주문량 기법은 네 번을 주문하여 총주문비용은 200,000원으로 EOQ의 경우와 같다. 예상보유재고의 합은 100단위로 총재고유지비용은 100,000원이다.

이 예에서 기간주문량 기법은 EOQ기법보다 훨씬 좋은 성과를 나타냈는데, 이는 재고수준을 줄였기 때문이다.

(4) 럿크기 결정과 MRP시스템

앞에서 언급한 바와 같이 럿크기 결정기법은 MRP시스템의 성과에 기여할

수 있다. 어떤 관리자는 몇 가지의 자재명세서 단계를 가진 제품에 대한 MRP 시스템에서의 문제점을 줄이기 위해서 다음과 같은 럿크기 결정 정책을 추천하였다. 상위 단계에서는 고정주문량 기법을 사용하고, 중간 단계에서는 고정주문량 혹은 럿 대 럿 기법을, 그리고 하위 단계에서는 기간주문량 기법을 사용하라. 이러한 접근방법은 제품구조의 보다 하위 수준에서의 소요량을 안정화시키는 데 도움을 줄 수 있다.

비록 학계에서는 럿크기 결정기법들에 대한 연구에 많은 노력을 기울이고 있지만, 산업계에서는 다음과 같은 여러 가지 이유로 이러한 연구에 별로 관심을 보이지 않고 있다.

첫째, 실무자들은 전형적으로 복잡한 절차에 대해 걱정을 한다. 이것은 이해의 부족에서 오는 것일 수 있지만, 그보다는 복잡한 럿크기 결정기법으로부터 얻을 수 있는 비용절감이 미미하여 별다른 도움이 되지 않는다는 믿음에서 오는 것일 수 있다. 둘째로, 학문적인 연구는 흔히 일정 수요와 같은 다양한 비현실적인 가정과 단순화라는 특징을 가지고 있다.

앞에서 논의한 바와 같이 대부분의 럿크기 결정절차는 MRP에서의 다단계적 수요구조의 영향을 무시하고 있다. 자재명세서에서 어떤 단계의 럿크기 결정은 보다 하위 수준에서의 럿크기 결정에 영향을 주지만, 대부분의 럿크기 결정기법은(이미 논의되었던 모든 방법도 포함) 한 번에 자재명세서 상에서 한 단계만을 고려한다.

럿크기 결정에서 또 다른 중요한 요소는 오차를 예측하는 것이다. 열네 가지의 럿크기 결정기법을 비교한 한 연구에서 다섯 가지의 럿크기 결정기법이 수요가 확실한 상태에서 재고유지비용과 주문비용 면에서 최선의 다섯 가지 기법인 반면에, 서비스 수준과 예측오차가 발생하였을 때의 품절 현상의 면에서는 최악의 다섯 가지 기법이기도 하였다는 것을 지적하였다.

럿크기 결정문제도 MRP시스템을 제안한 올리키의 다음과 같은 지적으로 가장 잘 요약될 수 있을 것이다. MRP시스템에 적용하기 위하여 럿크기 결정기법을 선택하는 것은 구체적인 연구나 끊임없는 토론이 보장해주는 것이 아니라 바로 자신에게 달려있다. 실제로, 한 가지의 럿크기 결정기법은 다른 기법과 성과면에서 유사하다. 그러나 올리키는 럿 대 럿 기법은 준비비용이 중요한 경우(이 경우에는 기간주문량이 보다 더 적절하다)를 제외하고는 어디에나 사용할 수 있다고 추천하였다.

제 3 절 ERP시스템의 개념과 특징

1. ERP시스템의 발전과 의의

지금까지 기업의 생존조건은 제품의 품질과 기술력을 확보함으로써 국내외 시장에서의 경쟁력을 높이는데 있었다고 할 수 있다. 그러나 오늘날의 기업은 품질, 기술력뿐만 아니라 시간적 경쟁력을 가지고 기업의 환경변화에 유연하게

사례 TPC 메카트로닉스의 ERP시스템

중소기업인 TPC 메카트로닉스는 종합적 정보인프라를 성공적으로 구축한 기업이다. 이 회사는 경영혁신을 위해 전사적 자원관리(ERP)시스템을 도입했으며 제품 개발과 생산성 향상을 위해 제품생산관리(PDM)시스템을 구축했다. 또 지식경영체제 실현을 위해 지식관리시스템(KMS)을 구축했으며 문서 없는 사무환경을 구현하기 위해 전자결재시스템인 그룹웨어를 도입했다.

올해 매출목표 240억원인 이 회사는 1985년부터 업무혁신을 위해 경영정보시스템을 구축하여 운용해 왔다. IMF체제에서는 위기를 기회로 삼아 오히려 정보화 경영환경 구축을 위해 과감한 투자를 하여 ERP시스템은 물론 KMS까지 구축했다. TPC의 이와 같은 정보화시스템 구축은 정보화에 관한 한 CEO의 의지가 얼마나 중요한가를 단적으로 보여주는 사례이다.

TPC의 ERP시스템 도입은 지난 1997년 말 IMF 외환위기를 맞으면서 기업의 경쟁력 강화를 위해서는 무엇을 해야 할 것인가 고민하면서 시작 되었다. 그 중의 하나가 정보화시스템 구축으로 이를 통해 경영전략정보시스템을 확립하고 생산성 향상 및 업무혁신을 이루어 세계 시장에서 경쟁이 가능하다는 결론에 도달했다. 이에 따라 「경영혁신을 통한 정보화 구축」이라는 슬로건을 내걸고 한국생산성본부와 협력, BPR를 거쳐 ERP, KMS를 구축키로 최종 결론을 내리고 전 조직을 동원하여 경영정보화 프로젝트에 매진하게 되었다.

한편 정보화 프로젝트 성공을 위하여 직원들의 정보화 마인드가 중요하다고 보고 우선 생산부문의 5S(정리, 정돈, 청소, 청결, 마음가짐)와 사무부문의 5S(단순화, 표준화, 차별화, 스피드화, 시스템화)의 정착에 주력했다. 신규 시스템을 도입할 때 가장 중요한 요소는 전 직원의 공감대 형성과 철저한 업무분석이다. 따라서 새로운 프로세스 구축과 정보화를 기반으로 단

순화, 속도화, 효율화가 가능한 시스템이어야만 성공할 수 있다는 평범한 「혁신 룰」의 수행에 만 충실했다. TPC는 인프라 구축을 위하여 전 직원을 대상으로 「혁신스쿨」을 운영하고 업무의 프로세스 분석과 직원들의 직무분석을 통해 BPR을 추진하였다. 시장의 환경과 내부 경영환경 등을 고려해 회사의 경영모델이미지(BMI)도 구상했으며 고객과 협력업체, 계열사와의 연결관계 등 시스템 구축에 필요한 필수사항들을 일일이 중간 점검했다.

TPC는 BPR의 실행에 있어서 「선시행 후정보화」를 통한 시행착오를 줄이고 관리부문의 5S에 대한 검증을 위해 부문별 신프로세스 구축에 주력하였는데 이는 직원들이 신규시스템 구축에서 오는 초기의 반발심과 저항을 효과적으로 해결하는 계기가 되었다.

TPC는 ERP 프로그램은 혁신업무와 BPR의 결과를 철저히 반영하는 데 주안점을 두었으며 특히 실시간 정보공유를 어떻게 할 것인가에 대해서도 고려하고 수주-생산시스템, 다품종소량생산, 3일간의 단기납기체계 등 시스템 구축에 난해한 요소도 적극 반영했다. 이를 위해 주간, 일일 생산계획의 자동편성, 주문제품별 생산일정 및 출하일정 확인시스템, 자재자동발주시스템, 고객납기 위주의 납기자동편성시스템 등을 포함한 고객위주의 ERP시스템 구축에 주력했다. TPC는 PDM시스템 구축과 KMS 구축을 통해 종합경쟁력 확보를 위한 제품설계에서 양산에 이르는 개발프로세스의 혁신을 추진하였다. 즉 제품설계로부터 개발에 이르기까지의 프로세스 분석 및 개선, 3D 소프트웨어 활용, PDM 패키지 도입 등을 통해 제품개발능력을 향상하고 설계품질의 고도화를 도모하였으며 설계도면과 설계변경 등 각종 개발과정 및 정보검색의 실시간화를 통한 전조직의 업무효율을 높이는데 주력하였다.

TPC는 BPR와 ERP시스템 정착으로 고객만족도의 향상과 납기 만족도를 높일 수 있었다. ERP시스템의 도입 전과 비교해 매출이 50% 정도 증가했고 납기 및 원가에 대한 경쟁력도 확보한 것으로 평가되고 있다. 전 업무프로세스가 철저히 고객중심으로 개선되어 업무적 손실이 대폭 줄어들었다. 예를 들어 인터넷상에서도 직접 수주작업이 가능하고 수주품에 대한 공정 진행사항과 재고 거래내역 등을 확인할 수 있게 되었다. 협력업체에 대한 발주도 발주서를 별도로 보내지 않고도 그 내역의 확인이 가능하게 되었으며 재고나 발주 예상품목의 확인, 거래내역 등 정보검색도 가능하게 되었다.

TPC는 전자결재시스템을 도입, 결재를 위한 각종 낭비적 요소의 제거와 인터넷을 통한 실시간 결재가 가능하게 되었다. 각종 보고를 하기 위해 대기하거나 정보를 실시간으로 공유하지 못해 일어나는 업무낭비의 발생요인을 해결하여 각종 정보의 취급과 활용능력을 강화하였다. 또한 PDM시스템의 도입으로 설계오류를 줄이고 설계기간을 단축하여 개발업무가 공유됨으로써 동시개발(CE)이 가능해졌다.

— 전자신문, 2003. 11. 9. —

대처할 수 있는 능력을 가지고 있어야 한다.

시간적 경쟁력이란 제품이나 서비스 설계에 소요되는 시간, 자원확보에 소요되는 시간, 제조 및 서비스운영에 소요되는 시간을 단축하는 것을 의미한다. 이와 같이 시간적 경쟁력은 기업이익의 원천이 되므로 시간은 기업의 이익창출에 영향을 미치는 중요한 요인의 하나이다. 그러나 기업이 단기간에 자원을 확보하고 효율적인 생산활동을 수행하여 이를 고객에게 신속하게 제공하기 위해서는 정보시스템에 의존하는 것이 필수적이라 할 수 있다.

오늘날 기업의 정보시스템은 경영자의 의사결정이나 전략수행 등 기업이 당면하고 있는 수많은 문제들을 해결해 주고 있다. 많은 기업들이 정보시스템을 통합적으로 운용하고 프로세스를 재구축함으로써 업무수행의 과정과 시간을 단축시키고 환경변화에 유연하게 대응하고 있다. 즉 정보시스템을 효과적으로 활용함으로써 제품개발의 시간이나 생산에 소요되는 시간을 단축할 수 있고 나아가 제품의 수명주기를 단축함으로써 시장에서의 경쟁력을 높일 수 있다.

1970년대에 등장한 MRP는 제조기업의 중요한 문제의 하나인 재고를 줄일 목적으로 개발된 단순한 자재관리를 위한 시스템이다. 1980년대에 개발된 생산자원계획(manufacturing resource planning : MRPⅡ)은 자재뿐만 아니라 생산에 필요한 모든 자원을 효율적으로 관리하기 위해 MRP를 확대시킨 개념이다. 그러나 MRP와 MRPⅡ 시스템은 적용되는 정보기술의 수준이 낮아 생산활동에 필요한 자원의 확보와 관리기능을 완벽하게 뒷받침하지 못하고 경영자의 의사결정에도 만족할 만한 지원과 성과를 거두지 못하는 것으로 평가되고 있다.

1990년대 이후 컴퓨터 및 그 이용기술과 정보통신 기술의 발전이 더욱 가속화되면서 기업들은 MRP, MRPⅡ 시스템보다 상위의 기능을 요구하게 되었다. 즉 자재의 공급업자와 고객을 대상으로 하는 상하위의 자재공급체계관리와 제품의 설계, 제조, 작업관리, 원가관리, 마케팅활동에 이르기까지 기업 내 관련부서의 업무를 동시에 포괄하는 의사결정과 이에 따른 생산활동의 수행이 필요하다고 인식되고 있다. 또한 과거에는 기업의 각 하위시스템별로 해당 분야의 업무를 처리하고 정보를 가공하여 의사결정을 지원하였는데 이 경우 개별 정보시스템이 운영됨으로써 정보가 다른 관리부문과 연결되지 못하는 등의 제한이 있었다.

ERP(enterprise resource planning)시스템은 이러한 문제를 해결할 수 있는 시스템이다. 즉 ERP시스템은 어느 한 부문에서 정보자료가 입력되면 다른 관리

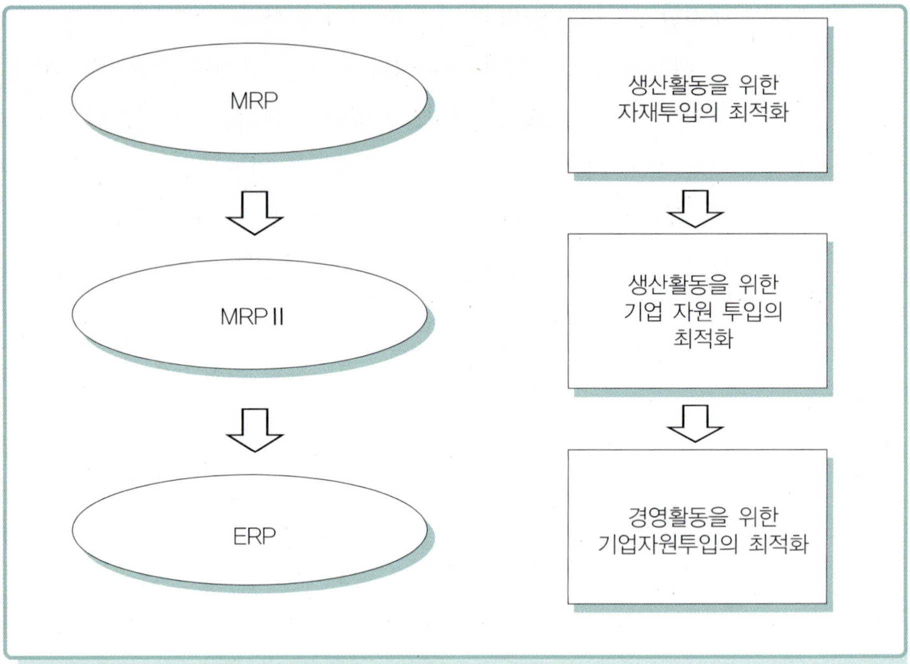

| 그림 13-4 | ERP시스템의 발전과정

부문에서 필요한 정보를 공유할 수 있도록 설계된 시스템이다. ERP시스템을 실행하기 위한 ERP 소프트웨어는 정보자료를 어느 한 하위시스템에서 입력을 하여도 기업 내 전체 시스템으로 자동 연결되어 별도의 인터페이스를 거치지 않고도 통합운영이 가능한 시스템이다.

2. ERP시스템의 정의

ERP시스템은 생산 및 생산관리업무는 물론 제품이나 공정의 설계, 재무, 회계, 마케팅, 인사 등 순수한 관리부문과 경영지원 기능을 포괄하고 있다. 따라서 ERP시스템은 기업의 제조활동과 관련되어 계속하여 발생하는 모든 문제들을 종합적으로 해결하고 기업의 모든 자원을 대상으로 기업 간 필요정보를 상호 교환하려는 시도에 따라 개발된 관리적 기법들의 논리적 확장이라고 볼 수 있다.

기업의 관리활동이나 비즈니스, 기술적 요구에 대응하여 기업이 필요로 하는 정보를 신속, 정확하고 효과적으로 처리하기 위해서는 ERP시스템의 기능을 수행하는 정보시스템의 지원이 필요하다. 따라서 ERP시스템은 MRP II 의 처리논리를 근거로 하여 기업의 비즈니스를 통합적으로 관리할 수 있는 응용프로그램의 하나라 할 수 있다. 즉 정보시스템 이용기법의 발전과 제4세대 컴퓨터 언어의 개발은 보다 포괄적인 기업의 정보시스템을 실현하게 되었고 이에 따라 ERP시스템이 등장하였다고 볼 수 있다.

오늘날 컴퓨터 시스템과 데이터베이스, 그리고 정보통신 네트워크 기술의 발전으로 기업들은 원가 및 품질경쟁력의 강화, 물류시스템의 체계적 운영 등 효율적인 생산활동을 수행하고 있다. 기업들의 이러한 목표달성은 생산활동과 관련되는 기업의 모든 자원을 통합정보시스템을 활용함으로써 가능하게 되었다.

ERP시스템은 이러한 기업자원의 활용을 위한 통합정보시스템이라 할 수 있다. 즉 정보시스템의 관점에서 ERP시스템은 제품의 생산활동과 관련하여 기업 내 업무기능들이 조화를 기하며 목표를 달성할 수 있도록 지원하는 응용프로그램의 집합이다. 따라서 ERP시스템은 [그림 13-5]와 같이 기업 전체의 경영 자원을 계획적이며 최적으로 활용한다는 관점에서 구매, 생산, 물류, 마케팅, 회계 등 업무기능의 효율화를 추구하는 통합된 정보시스템이라 정의할 수 있다. ERP 시스템은 이러한 통합된 정보시스템에 의해 기업이 보유하고 있는 모든 자원에 대해서 계획하는 전사적 자원관리시스템이다.

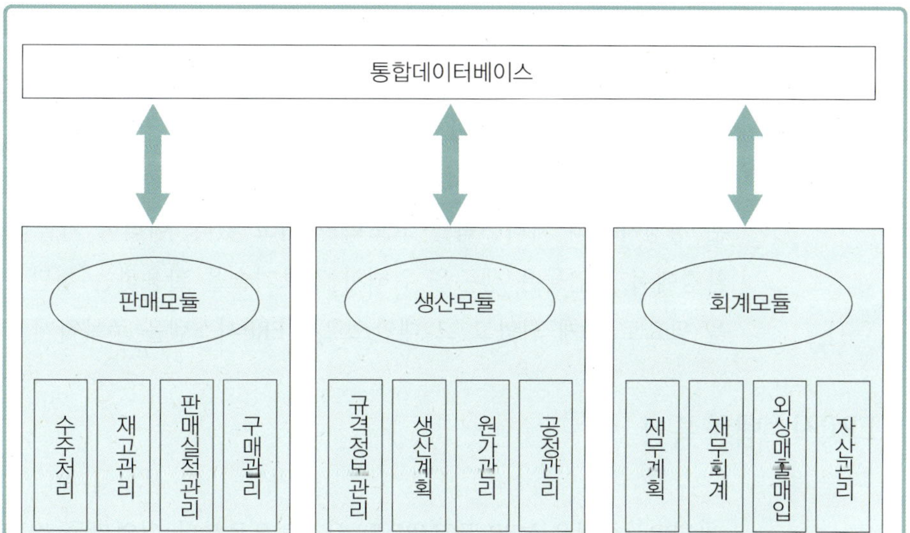

| 그림 13-5 | ERP시스템의 개념

ERP시스템은 정보시스템의 기술에 기초하여 기업 내외의 자원확보와 이용, 기업의 글로벌화 추세에 부응할 수 있는 네트워크 기술의 집합적 시스템으로 PIMS 등 의 정의를 요약하면 다음과 같다.

– ERP시스템은 최신의 정보기술을 이용하여 수주, 제조, 출하까지의 물적 공급체인과 관리회계, 재무회계, 인적자원관리를 포함한 제조활동을 지원하는 정보시스템이다.

– ERP시스템은 생산, 자재, 영업, 인사, 회계 등 기업의 전 부문에 걸쳐 자재, 인력, 자금 등 각종 경영자원을 전사적 시스템으로 통합, 재구축함으로써 생산성을 극대화 하는 리엔지니어링 이다.

현재 상용화 되고 있는 ERP패키지는 주기적으로 새로운 버전(version)이 개발되어 공급되고 있다. 따라서 기업은 ERP소프트웨어의 도입으로 보다 개선된 업무 프로세스를 적용함으로써 업무수행의 생산성 향상을 기대할 수 있다. 특히 ERP패키지의 전 모듈을 대상으로 도입하는 경우 자료의 일관성 및 통합관리를 기할 수 있어 기업의 신뢰성 및 안전성 확보에도 도움을 줄 수 있다. 또한 ERP패키지 사용은 업무의 단순화와 표준화를 실현하고 실시간으로 데이터를 처리함으로써 의사결정 정보를 신속하게 제공할 수 있다는 장점을 갖고 있다.

따라서 ERP시스템을 도입함으로써 업무처리 능률을 극대화하기 위한 선진 프로세스의 실행(best practice)과 최첨단의 정보기술 활용의 효과를 동시에 얻을 수 있다. 즉 ERP시스템은 급변하는 경영환경의 변화와 정보기술의 발전에 부응하는 기업의 관리적 능력을 동시에 해결해 주는 솔루션이라고 할 수 있다.

특히 급변하는 경영환경과 글로벌화 되어가는 경쟁의 양상을 보이고 시장구조가 생산자 중심에서 소비자 중심으로 전환되는 가운데 첨단 정보기술의 발전은 경영자료의 처리능력을 고도화 시키고 있다. 이러한 기술적, 관리적 기술의 환경에서 기업들은 생존을 위해서 정보기술을 활용하는 첨단 관리기법의 도입을 필요로 하게 되었고 그 대안으로서 ERP시스템을 주목하게 되었다.

3. ERP시스템의 특성

ERP시스템은 MRP 및 MRP Ⅱ 시스템으로부터 기업활동 전반의 모든 업무에 확대, 적용함으로써 필요한 경영자원의 관리를 목적으로 구축된 기업의 통합정보시스템이다. 즉 ERP시스템은 첨단의 정보기술을 기반으로 하여 기업의 경영

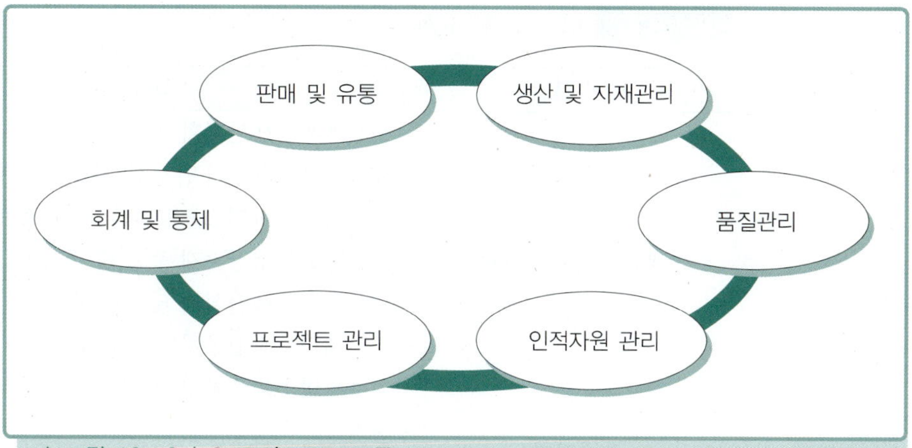

| 그림 13-6 | SAP의 ERP모듈

자원관리를 선진 비즈니스 프로세스로 구현하는 통합정보시스템을 지향하고 있다.

[그림 13-6]에서 ERP소프트웨어 공급업체인 SAP에서 개발한 R/3 모듈이 수행하는 ERP시스템의 기능을 나타낸다. 이 그림에서와 같이 ERP시스템은 생산 및 자재관리, 품질관리, 인적자원관리, 프로젝트관리, 회계 및 유통 등 기업의 모든 활동부문을 포괄적으로 지원하는 기업 전체의 통합정보시스템의 기능을 가지고 있다.

SAP에서 제공하는 ERP소프트웨어의 경우 범용적 솔루션 보다는 산업별 비즈니스 프로세스에서의 전략적, 관리적 의사결정을 지원하기 위해 산업별로 특화된 시스템설계, 사업의 성장에 따른 확장성, 기업의 미래경영을 위한 준비를 보장하는 네 초점을 누고 있다. 이에 따라 SAP은 산업별 영역으로 나누어 은행, 보험, 의료, 대학 등 금융, 공공분야, 우주항공, 자동차, 화학, 생명과학, 석유가스, 하이테크 등 제조산업분야, 물류, 유통, 철도, 미디어, 통신, 유티리티 등 서비스분야 등 30여개 분야의 산업별 솔루션을 제공하고 있다.

또한 ERP소프트웨어의 적용업무는 기업의 특성에 따라 상이할 수 있는데 제조업의 경우 각각의 관리분야와 적용업무는 〈표 13-12〉와 같이 나누어볼 수 있다.

표 13-12 ERP시스템의 적용업무

관리 분야	적용 업무
생산 및 외주관리	– 생산계획 : 생산계획 및 수정 – MRP : 자재관리의 안정성, 자동구매, 발주, 생산지시 – 생산지시 : 자재소요량 파악, 수주정보 활용 – 자재출고 : 생산자재 출고 및 적시공급 – 생산입고 : 생산실적 및 자재현황 파악 – 부서재고 : 작업부서별 재고파악 – 외주관리 : 외주발주, 출고 및 입고
판매관리	– 견적 – 수주 및 출고
재고관리	– 재고정보 : 기초 및 평균재고보유량 – 재고현황 및 평가 – 재고조정 및 이동
시스템관리	– 거래처정보 : 거래이력 및 거래내역 – 품목별 정보 : 생산 및 가격정보 – 데이터관리

이하에서는 ERP시스템의 특징을 기능적 및 기술적 특성으로 구분하여 설명하기로 한다.

(1) ERP시스템의 기능적 특성

ERP시스템은 기업의 통합업무 시스템으로서 고도의 업무표준화와 기업에서 운영되고 있는 그룹웨어와의 연계가 가능하고 시스템의 확장 및 다른 시스템과의 호환성이 뛰어난 개방적 시스템이라는 기능적 특성을 가지고 있다. 이하에서는 ERP 시스템의 기능적 특성에 대하여 설명하기로 한다.

1) 통합 업무시스템

ERP시스템의 가장 큰 특징 중의 하나는 영업, 생산, 구매, 재고, 회계, 인사 등 기업 내의 모든 단위업무가 통합 데이터베이스에 의해 상호 긴밀한 관계를 가지면서 실시간으로 통합 처리된다는 점이다.

이러한 실시간 업무통합을 통하여 기존 MIS에서의 부분적 최적화에서 전체적 최적화가 가능하게 되었고 과업중심적인 업무처리 방식이 프로세스 중심의

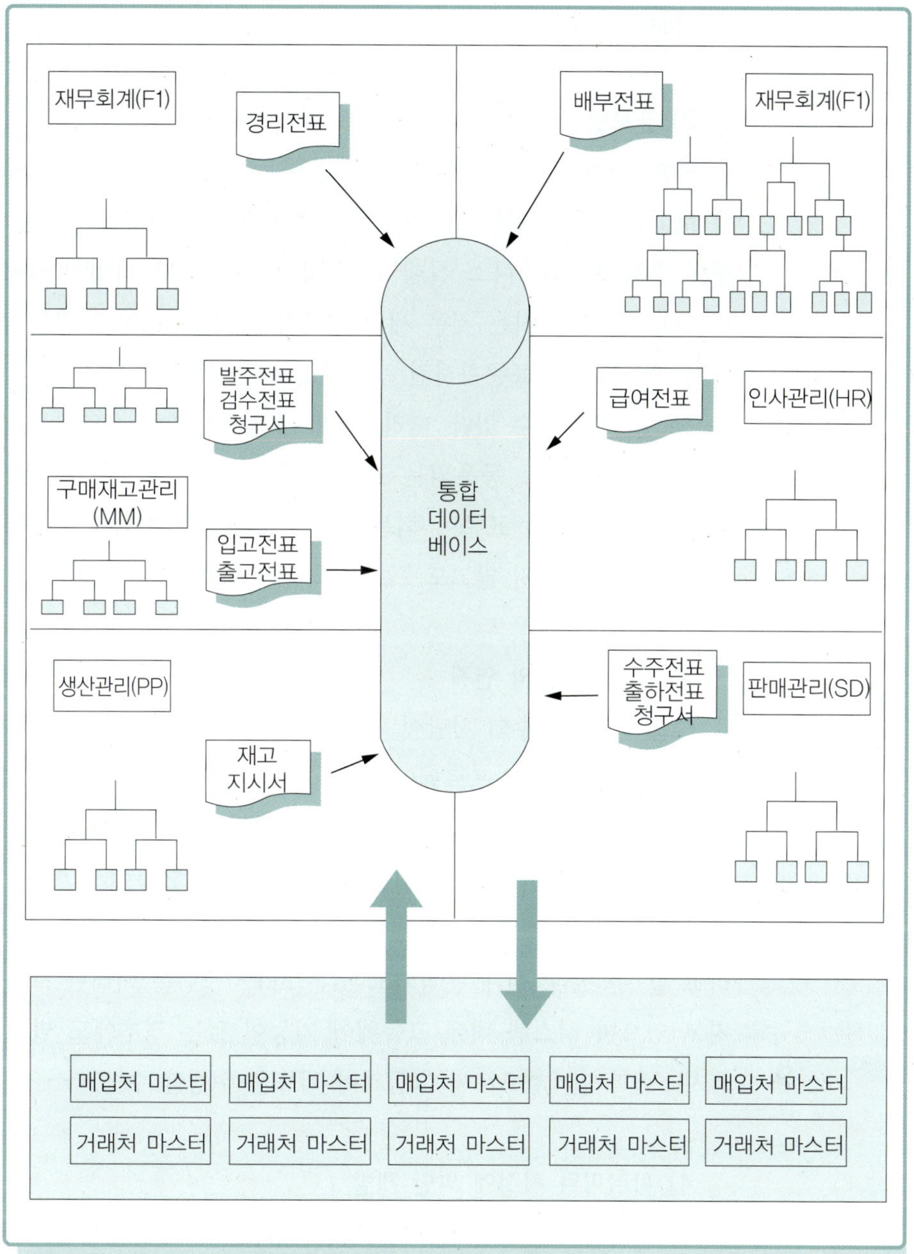

| 그림 13-7 | 데이터베이스에 의한 업무시스템의 통합

고객 지향적 업무처리방식으로 전환할 수 있게 되었다. 또한 [그림 13-7]에서와 같이 기업의 모든 업무시스템이 통합 데이터베이스에 의해 집중되기 때문에 기업 내 어느 부서의 업무에서도 활용하고 참조할 수 있어 업무의 간소화 및 효율화를 기할 수 있다. 통합 데이터베이스에 의한 관리는 어떠한 정보라도 중복적으로 처리할 필요 없이 한 번의 입력으로 처리가 끝나게 되는 one fact, one place 처리가 가능하다.

2) 글로벌 표준 업무프로세스

ERP시스템은 첨단 경영기법의 적용과 글로벌 초일류 기업의 선진 프로세스를 벤치마킹하여 업무프로세스를 구축함으로써 기업활동 전반에 걸쳐 업무수행이 "베스트 비즈니스 실행"을 지향한다. 오늘날 기업이 글로벌화와 베스트 비즈니스를 지향 하는 것은 세계 일류기업들이 수행하고 있는 업무프로세스 중에서 공통적으로 표준화시킨 프로세스로서 글로벌 비즈니스의 전제가 되는 업무프로세스라 할 수 있다. 따라서 ERP패키지에 의해 운영되는 기업의 업무프로세스는 세계적으로 통용되는 표준 업무프로세스에 따르는 것이라고 할 수 있다. 이러한 글로벌 표준이 되는 업무프로세스를 도입함으로써 기업은 별도의 투자나 노력을 하지 않고도 프로세스 리엔지니어링의 효과를 얻을 수 있다.

3) 그룹웨어와의 연계

그룹웨어는 다수의 사람이 서로 협력하면서 공동으로 진행하는 지적인 작업을 지원하기 위한 소프트웨어이다. 대부분의 그룹웨어 소프트웨어에서는 전자화상회의, 전자메일, 전자게시판, 데이터베이스, 전자결재, 작업흐름 관리(work flow control) 등의 기능이 제공된다. 현대 기업활동에서 이러한 그룹웨어기능과 영업 · 생산 · 구매 · 자재 · 회계 등 기업의 업무시스템과의 연계는 필수적이라고 할 수 있다. 현재 운영되고 있는 ERP시스템은 이러한 그룹웨어 기능을 가지고 있으며 시스템 내에 그룹웨어 기능이 없는 경우에도 별도의 그룹웨어 전용시스템과 연계함으로써 그룹웨어 기능을 수행할 수 있다.

4) 파라미터 지정에 의한 개발

현재 사용되고 있는 ERP시스템은 신속한 구축이 가능하고 유지보수의 노력을 경감할 수 있는데 이는 ERP시스템이 파라미터 지정이라는 기능을 갖고 있기 때문이다. ERP시스템은 패키지 개발 시 기업에서 발생하는 모든 거래유형을 대상으로 해당 업무프로세스를 수행할 수 있다. 즉 ERP시스템에서는 사전에 시스템에 내장된 업무기능을 대상으로 필요한 파라미터를 지정해 줌으로써 ERP시스템을 도입하는 기업의 업무수행에 적합하게 시스템을 선택하고 설정할 수 있다.

ERP시스템을 단기간에 기업에 도입할 수 있는 이유는 관리하고자하는 업무에 적합한 파라미터를 설정하여 이 시스템을 운영할 수 있기 때문이다. 그러므로 ERP시스템은 기업의 업무수행에 필요한 기능을 전부 포함하고 있으므로 패키지 상에 해당 하는 파라미터를 지정함으로써 기업에 맞도록 시스템을 최적화시킬 수 있다. 또한 시스템개발 시 적용할 업무의 파라미터를 지정해 줌으로써 업종별, 기업규모별로 ERP시스템의 다양한 적용이 가능할 뿐만 아니라 시스템 구축시간을 단축시킬 수 있고 유지보수의 비용이나 노력을 크게 줄일 수 있다.

5) 개방적 시스템으로 원활한 확장 및 연계

MIS를 운영하고 있는 기업의 경우 이 시스템이 폐쇄적인 구조로 설계되어 시스템의 확장이나 기업 내 다른 시스템과의 연계가 원활하게 이루어지지 않는 경향을 보이고 있다. 이에 비해 ERP시스템은 어떠한 운영체제나 데이터베이스에서도 부합될 수 있도록 설계되어 있어 시스템 확장이나 다른 시스템과의 연계가 쉽게 이루어 질 수 있다. ERP시스템은 특정 하드웨어 제공업체에만 의존하지 않는 개방적 시스템구조의 방식을 채용하고 있다. 따라서 ERP시스템의 환경 하에서는 복수 하드웨어 업체의 컴퓨터를 조합해서 다수 벤더를 구성할 수 있다. 또한 클라이언트 서버형의 시스템을 구축할 수 있고 높은 정확성을 나타낼 수 있다.

특히 ERP시스템은 데이터를 정밀하게 분석해주는 데이터웨어 하우징(dataware housing)을 비롯하여 경영자 정보시스템(EIS: executive information system), 설계와 생산을 동시에 가능케 해주는 PDM(product document management), CALS(commerce at light speed), 전자상거래(electronic commerce) 등과 같은 전문영역의 응용패키지와 쉽게 조화를 이룰 수 있어 복잡하고 급변하는 경영환경에 적극 대응할 수 있다.

6) 글로벌화 대응

ERP시스템은 어떤 특정 국가, 특정 기업의 표준 업무프로세스를 구현시켜 놓은 것이 아니라 각 사업별 유형에 따라 가장 모범적인 프로세스를 내장하고 있어 글로벌경영시대의 전략수립이나 전략적 대응이 가능하다.

ERP소프트웨어를 제공하는 SAP 등 대부분의 ERP시스템은 다국적, 다언어, 다통화로서 기업이 글로벌 경영환경에 대응하기 적합한 시스템기능을 수행하고 있다. 글로벌 시장에서 거래하는 기업이 각 나라의 법률과 대표적인 상거래 방식과 관습, 생산방식을 사전에 이 시스템에 입력해 둠으로써 사용자는 이 가운데서 필요한 정보를 선택하여 국제거래와 의사결정에 반영할 수 있다.

7) 경영자 정보시스템(executive information system) 기능 수행

경영자들은 ERP시스템을 통하여 수시로 현재의 경영상황을 점검하고 분석할 수 있다. 즉 경영자는 ERP시스템에서 제공되는 경영자 정보시스템(EIS)을 통하여 언제, 어디서든지 원하는 정보를 검색함으로써 의사결정이나 경영활동에 실시간으로 활용할 수 있다. 특히 웹의 지원, 아이패드 등 정보통신기술의 발달에 상응하는 경영정보의 효율적 활용이 가능하다.

8) 전자자료교환과 전자거래와의 연계

오늘날의 기업은 기업 내부에서 거래되고 발생되는 모든 활동이 기업 내에서만 이루어지는 것이 아니라 외부 기업과의 연계가 필수적인 사항이라 할 수 있다. 외부 기업과의 연계업무 수행을 위한 방법 중 대표적인 것이 전자자료교환(electronics document interchange ; EDI)과 전자상거래(electronic commerce ; EC)라 할 수 있다. ERP시스템에서 EDI를 연계하여 수행한다면 외부 거래처와 주고받는 모든 문서가 EDI를 통해 접수됨과 동시에 자동적으로 ERP시스템으로 연계되어 업무처리가 이루어질 수 있으며 또한 일반 상거래업무도 ERP시스템의 틀에서 수행할 수 있다. 따라서 ERP시스템과의 연계는 업무처리의 신속성, 정확성, 그리고 표준화를 기할 수 있다.

(2) ERP시스템의 기술적 특성

ERP시스템은 기업의 정보시스템으로서 기술적으로 클라이언트 서버(client server)시스템, 4세대 언어 및 컴퓨터에 의한 소프트웨어 공학기술, 관계형 데이터베이스, 객체지향기술에 의해 운영된다. 이하에서는 ERP시스템의 주요 기술적 특성에 대하여 설명하기로 한다.

1) 클라이언트 서버 시스템

과거의 중앙집중식 정보처리는 일반직원들이 사용하고 있는 터미널을 중앙의 컴퓨터 시스템과 연결하여 정보를 주고받는 기능만을 수행하는 데 그치고 있다. 그러나 오늘날 일반직원들이 사용하는 클라이언트 PC는 기능이 발전하여 단말기 이상의 강력한 시스템으로서 처리형태도 분산처리 구조로 바뀌게 되었다. 분산처리 구조에서는 클라이언트에게 새로운 역할을 주고 반면에 서버는 중앙집중식에서 갖고 있는 모든 정보처리기능을 가질 필요가 없다. 따라서 분산처리 구조에서는 시스템의 부하가 크게 줄어들게 되었으며 나아가 기업의 자원을 효율적으로 운영하고 관리할 수 있다.

ERP시스템의 주요기능은 대부분 클라이언트 수준에서 처리를 하게 되는 클라이언트 서버(client server)에 기반을 둔 대표적인 분산처리 형태로 처리되는 패키지라고 할 수 있다.

2) 4세대 언어 및 컴퓨터에 의한 소프트웨어 공학기술

점차 고도화되고 있는 산업용 소프트웨어를 개발하는데 있어 기존의 프로그램 개발방식으로는 한계에 부딪치게 되면서 4세대 언어(4 GL: 4-generation language)와 같은 프로그램 언어가 등장하게 되었다. 대표적인 4세대 언어는 Visual Basic C++, Power Builder, Delphi, Java등이 있다.

또한 컴퓨터에 의한 소프트웨어 공학기술(computer aided software engineering ; CASE)과 같이 소프트웨어를 만드는 소프트웨어가 개발되어 활용되고 있는데 이 소프트웨어 기술은 컴퓨터의 기능을 최대한 활용하여 산업용 소프트웨어를 개발하고자 하는 새로운 방법론 이라 할 수 있다.

ERP시스템의 기술은 이러한 4세대 언어 및 컴퓨터에 의한 소프트웨어 공학기술에 바탕을 두고 있다.

3) 관계형 데이터 베이스

대부분의 ERP시스템은 원장형 데이터베이스 구조를 채택하고 있다. 기존의 정보시스템에서의 파일시스템 구조는 데이터의 독립성이나 종속성 면에서 문제가 일어나기 때문에 ERP와 같은 높은 기능을 갖는 산업용 소프트웨어는 상용의 관계형 데이터베이스관리 시스템(relational data base management system ; RDBMS)을 채택하는 것이 유리하다. 현재 ERP시스템에서 운영되고 있는 데이터베이스는 Oracle, Informix, Sybase, SQL 등의 소프트웨어 개발회사의 제품으로 데이터베이스의 채택은 주로 운영시스템(operating system)과 하드웨어 환경 등 전체적인 기술구조에 의해 결정되고 있다.

4) 객체지향기술

ERP패키지 내의 각 모듈은 업무처리 프로세스별로 각각 독립된 객체(object)의 역할을 하게 된다. ERP시스템은 수많은 모듈들의 집합체로서 각 모듈과의 인터페이스를 통해 전체적으로 시스템의 효율성을 향상시킨다.

이때 이용되는 기술이 객체지향기술(object oriented technology ; OOT)로서 이 기술은 시스템의 이용수준을 한 단계 높이거나 사용기능을 추가 또는 삭제하는 경우 사용되는 기술이다. ERP시스템은 객체지향적 기술로서 설계된 시스템으로서 시스템변경 시 전체를 변경시킬 필요 없이 해당 모듈에 대한 추가와 교체만으로 시스템의 변경을 가능하게 해준다. 객체지향기술은 레고 블럭을 짜 맞추는 것처럼 영업, 생산, 구매, 자재, 재고, 회계, 인사 등 각 모듈들을 서로 짜 맞추는 식으로 전체 시스템을 최적화 하는 방법이다. 또한 이 기술은 ERP시스템이 구축된 이후에도 필요에 따라 단위 모듈의 변경이 가능하다는 이점을 가지고 있다.

이상의 ERP시스템의 기능적, 기술적 특징을 종합해 볼 때 이 시스템은 경영자원을 계획적이고 효율적으로 운용할 수 있는 새로운 정보시스템으로 첫째, 다양한 업종과 업태에 도입이 가능하고 복수언어와 복수통화 등 다국적으로 복수의 장소를 통합적으로 관리함으로써 확장성이 뛰어나고, 둘째, 인터넷, 인트라넷 등 정보기술과 업무환경의 변화에 신속하게 대응함으로 높은 유연성을 갖고 있다. 셋째, ERP시스템은 과거의 소프트웨어와 비교해서 업무 적용범위가 넓어 통합성이 높으며, 넷째, 개방된 비즈니스 환경에서 저가격으로 고효율적인 운용을 할 수 있어 경제성이 높다고 평가되고 있다.

한편 현재 상업용으로 개발, 보급되고 있는 주요 ERP시스템의 소프트웨어 패키지의 사용 언어 및 툴(tool), 그리고 주요 적용업무는 생산관리, 판매 및 물류관리, 프로젝트관리, 인사관리, 회계 및 재무관리 등 전 분야에 걸쳐 시스템 이용자의 선택에 따라 비교적 용이하게 적용할 수 있으며 중소기업 전용의 ERP시스템 패키지도 상용화 되고 있다.

제 4 절 ERP시스템의 도입과 구축

1. ERP시스템 도입의 필요성

ERP시스템의 도입으로 기업은 업무 면에서 원재료, 재공품, 제품 등의 재고관리능력이 향상되고 계획생산체제구축이 가능해질 뿐 아니라 생산활동의 실적관리도 편리해진다. 또한 ERP시스템의 운영으로 필요정보의 공유화가 가능해지고 자재관리, 생산계획 및 통제, 판매관리, 원가관리 및 회계처리에 이르는 정보의 흐름이 일원화된다.

ERP시스템의 도입으로 기업의 경영정보시스템 면에서는 업무시스템의 표준화를 통해 각종 데이터의 일관성을 유지할 수 있으며 개방형 정보시스템으로 각 부문별 자율성과 유연성이 극대화 될 수 있다. ERP시스템에 의한 기업 내 정보화 촉진은 클라이언트 서버에 의한 자료처리능력을 높여줌으로써 정보시스템의 성능이 최적화 되며, GUI(graphic user interface)등 새로운 정보기술에 의해 모든 부서에서 사용하기 쉬운 정보환경을 제공할 수 있다.

기업에서 ERP시스템을 구축하여 운영하는 방법은 자체적으로 개발하는 방법과 외부에 위탁하여 개발하는 방법, 상용 소프트웨어를 구매하여 회사의 업무특성에 맞도록 하는 방법(customizing) 등으로 나누어 볼 수 있다. ERP시스템을 자체 개발하는 것은 고유 업무의 반영, 비용, 계획기간, 유지보수, 보안 등의 면에서 장점이 있다. 그러나 ERP시스템을 자체 개발하는 것은 전문 인력의 투입과 시스템개발의 유연성 결여, 정보기술 발전 추세에의 신속한 적응 등에 문제를 안고 있다.

따라서 기업이 외부로부터 ERP시스템의 상용 소프트웨어를 도입하는 경우 시간과 비용의 절약, 업무처리 방식을 소프트웨어 패키지에 맞춤으로써 프로세스의 리엔지니어링 효과를 얻을 수 있으며 시스템의 성능을 보장 받을 수 있다.

2. ERP시스템의 도입

(1) ERP시스템의 도입준비

ERP시스템은 제조자원의 효율적 관리를 위한 시스템이지만 ERP시스템이 기업의 모든 관리적 문제를 해결해 준다는 것은 환상이라 할 수 있다.

기업이 ERP시스템을 도입, 구축하였다고 해서 기업의 경쟁력이 강화되고 이윤의 극대화를 달성하고 고객만족이 이루어지는 것은 아니다. 아무리 좋은 시스템이라고 할지라도 사용자들의 의식이나 활용수준에 따라 그 성과는 많은 차이를 나타내고 있음을 볼 수 있다.

기업이 최적한 ERP시스템을 구축하기 위해서 도입단계에서부터 체계적인 접근이 필요하다. ERP시스템에 대한 경제적, 기술적 타당성에 대한 조사는 물론 기업 내의 시스템 활용에 대한 준비와 환경을 조성함으로써 시스템의 운영이 가능한가에 대한 검토도 따라야 한다.

또한 ERP시스템은 구축이전의 철저한 준비과정과 경영진의 강력한 리더십, 전사적인 의식개혁 및 성공적인 프로젝트 수행에 대한 확신과 의지가 매우 중요하다.

(2) ERP시스템의 선정 및 계약

ERP시스템을 선정하고 도입을 위해 계약하는 문제는 매우 중요한 과정이다. ERP시스템의 도입은 막대한 인적 · 물적 자원이 소요될 뿐만 아니라 시간이 소요된다. 또한 기업의 업무특성에 맞는 ERP패키지를 선정해야 시스템의 구축은 물론 ERP시스템으로 업무를 수행하는데 문제가 발생하지 않는다.

ERP시스템의 도입을 검토하는 기업에서는 일반적으로 널리 알려진 ERP소프트웨어 제품의 선정을 위한 평가기준을 중심으로 ERP시스템의 선정 및 계약을 최적화하기 위한 방법을 파악하여야 한다. ERP소프트웨어 제품의 선정을 위한 평가기준은 실제 이 시스템의 선정과 관련하여 각 단계별 절차와 항목에 대해서 수행되어야 할 업무와 수행방법을 정의하고 업무별로 필요한 데이터 입력의 유형과 정의방법, 활동에 따르는 산출물에 관한 정보를 제공하고 있다.

(3) ERP시스템의 선정 및 계약절차

ERP시스템의 도입을 위한 ERP시스템의 선정 및 계약절차는 현황분석 단계,

표 13-13 ERP시스템의 선정 및 계약절차

단 계	내 용
현황분석 단계	- 기업의 개요 파악 - 조직현황 분석 - 정보기반 분석 - 도입목적 및 사용자 요구 사항
도입전략수립 단계	- 도입기반 분석 - 정보시스템 비전 설정 - 도입대상 영역 설정
제품평가 및 제안요청서 작성 단계	- 대상제품 평가 및 선별 - 제안요청 항목의 구성 - 제안요청 및 평가준비
제안요청서 평가 및 제품선정 단계	- 항목별 제안사항 평가 - 제품선정 및 협약 - 구축 프로젝트 계획 작성
패키지기능 분석 준비 단계	- 생산, 구매, 판매, 배송, 설비, 품질 - 재무, 원가, 인력, 급여

도입전략수립 단계, 제품평가 및 제안요청서 작성 단계, 제안요청서 평가 및 제품선정 단계, 패키지기능 분석 준비단계 등의 단계에 따라 수행된다. ERP시스템의 선정 및 계약의 각 단계별 구체적 업무내용은 〈표 13-13〉과 같다.

3. ERP시스템의 구축

ERP시스템은 기업의 정보시스템 구축방법과 같이 분석, 설계, 구축, 구현 등 4 단계의 과정을 거쳐 구축된다. 그러나 ERP시스템은 각 단계에서 수행해야 할 기능은 기존의 정보시스템 구축방법과는 큰 차이를 보이고 있다.

예를 들어 MIS수준의 정보시스템의 개발은 기업의 실정에 맞는 정보시스템으로 개발하지만 ERP시스템은 기업의 업무수행목표(to-be process)와 부합시켜야 하기 때문에 ERP 패키지에서 구현되는 업무프로세스에 맞추어 현행 업무와 조직을 변환시켜야 한다.

조직구조나 업무의 변경은 종업원들의 비협조적 태도나 저항을 유발하는 것으로 조사되고 있다. 따라서 ERP시스템 구축에서는 내부의 저항을 극복하기 위한 대책을 마련해야 하고 시스템구축의 시행착오를 줄이기 위한 전문적인 컨설팅이 필요하다. 특히 조직규모가 클수록 상위 경영층으로부터 하위 관리층에 이르기까지 변화에 대한 관리(change management)를 통해 ERP시스템을 구축해야 한다.

ERP시스템의 구축단계는 다음과 같이 시스템 분석, 시스템 설계, ERP시스템 구축, ERP시스템 구현 등의 4단계를 통해 이루어진다.

① 시스템분석(analysis)

ERP시스템 구축의 시스템분석단계에서는 현황파악이 이루어져야 한다. 성공적인 시스템을 구축하기 위해서는 무엇보다 기업이 현재의 환경요인을 명확히 파악하여야 하기 때문이다. 시스템분석을 위한 현황파악의 내용은 다음의 항목을 중심으로 수행되며 이와 같은 분석과정에 나타난 결과는 시스템설계에 반영한다.

② 시스템설계(design)

시스템설계단계는 앞의 시스템분석단계에서 분석한 결과를 구현하기 위해 준비하는 단계이다. 이 단계에서는 ERP프로젝트의 핵심인 개선된 프로세스의 실행을 위한 to-be 프로세스를 도출하게 된다. to-be 프로세스는 현재 수행되고 있는 업무 프로세스와 경영자 및 업무수행현장에서 요청한 사항과 ERP패키지에 의해 구현되는 프로세스를 조화시켜서 도출한다. 이를 위해 기업에서 제시한 to-be 프로세스와 ERP시스템의 프로세스를 비교하여 차이점을 발견하고 이에 대한 해결방안 및 대책을 수립하여야 한다. 또한 시스템설계단계에서는 기존에 사용하고 있는 응용프로그램(application program)이나 추후에 도입될 ERP 소프트웨어와의 인터페이스에 대한 문제를 검토하여야 한다.

③ ERP시스템 구축(construction)

ERP시스템을 구축하는 단계는 시스템분석과 설계과정을 통해 이루어진 현황파악 및 설정된 목표를 시스템적으로 구축하여 검증하는 과정이다. 시스템분석과 설계과정을 통해 영업, 생산, 구매, 자재, 회계, 인사급여 등 회사의 모든 업무에 대한 재설계 결과를 ERP패키지의 각 모듈과 비교하고 회사가 필요로 하는 모듈을 조합하여 새로운 시스템으로 구축한다.

④ ERP시스템 구현(implementation)

ERP시스템구축이 끝나면 시스템을 시험적으로 운영하는 과정이 필요하다. 즉 본격적인 시스템 가동에 앞서 시험적으로 운영하는 과정이 시스템구현 단계

표 13-14 ERP시스템 구축단계에서의 업무기능

구축 단계	업무기능의 내용
시스템분석	- 프로젝트 팀 또는 과업수행 팀의 구성 - 현재 업무시스템의 문제 파악과 업무현장의 요구분석 - 세부 추진 일정계획 수립 - 목표와 범위 설정과 경영전략 및 비전 도출 - 주요 성공요인 도출 - 하드웨어 및 소프트웨어 시스템 설치 - 종업원 교육
시스템설계	- to-be 프로세스 도출 - 차이(gap)분석 : ERP시스템 기능과 to-be 프로세스와의 차이 - ERP패키지 설치 및 파라미터 설정 - 추가개발 및 수정보완문제 검토 - 인터페이스 문제 검토 - 사용자요구 대상 선정(customizing) - 종업원교육
ERP시스템구축	- 모듈의 조합(to-be 프로세스에 맞게 모듈을 조합) - 테스트(각 모듈별 테스트 후 통합 테스트) - 추가개발 또는 수정기능 확정 - 인터페이스 프로그램 연계 테스트 - 각종 보고서 출력 - 종업원 및 정보이용자 교육
ERP시스템구현	- 프로토 타입의 시험운영 : 실제 데이터를 입력하여 시험적 운영 - 데이터 변환 : 기존 데이터를 ERP시스템의 데이터로 전환 - 시스템 평가 - 종업원 및 정보이용자 교육 - 시스템의 유지보수 - 향후 일정수립

이다. 구축한 시스템에 실제 데이터를 입력시켜 ERP 시스템을 시험적으로 운영해 보고 문제점이 발견되면 다시 개선점(to-be 프로세스)을 찾아 시스템을 재구축한다. ERP시스템 구축단계에서 수행하여야 할 내용은 〈표 13-14〉에 종합하여 나타낸다.

4. ERP시스템의 도입효과 분석

현대 기업이 추구하는 궁극적인 경영목표는 기업의 가치 극대화와 시장에서의 경쟁우위 확보라 할 수 있다. 특히 관리능력의 한계를 극복하고 한정적인 인적, 물적 자원에 대한 효율적인 운영이라는 과제를 해결함이란 용이한 일이 아니다. 이러한 문제해결을 추구하는 기업들은 ERP시스템에 많은 관심을 갖게 되었다.

기업이 ERP시스템을 도입함으로써 얻을 수 있는 효과는 기업의 가치 극대화와 시장에서의 경쟁우위 확보와 같은 경영목표를 달성하는 것이다. ERP시스템의 도입 효과를 업무 프로세스, 정보시스템 및 일반 경영관리 측면으로 구분하여 보면 다음과 같다.

(1) 업무 프로세스 측면

- 업무 프로세스의 리엔지니어링 실현
- 수주 → 제조 → 출하까지의 리드타임 단축
- 자원활용의 실시간 관리

(2) 정보시스템 측면

- 전략적 의사결정 지원시스템(DSS) 기반 구축
- 전사적 차원의 기업 자원정보 공유
- 환경변화에 실시간 대응할 수 있는 정보기술 확보
- 정보시스템 체계화에 의한 기업 이미지 개선

(3) 경영관리 측면

- 기업자원 활용의 최적화
- 업무 프로세스 효율화로 관리수준 향상
- 정확한 정보획득과 신속한 의사결정 수행
- 고객만족 및 공급업자와의 협력관계 유지

한편 ERP시스템의 도입에 따라 기업의 생산, 마케팅, 재무, 정보관리 등 각 기능적 분야에서 얻을 수 있는 기대효과를 평가하여야 하는데 이를 위한 주요

표 13-15 ERP시스템 운영의 평가항목

부 문	평가 항목
생산부문	- 생산계획 소요기간 단축 - 재고 및 물류비용 감소 (재고감소, 장부재고와 실물재고 일치여부) - 리드타임 감소 - 생산주기시간 단축 - 작업의 효율화 (이중 작업방지, 데이터의 정확성과 일관성) - 표준화, 단순화, 전문화 - 생산원가 절감(부품 및 자재조달비용 감소) - 생산성 향상
고객관리부문	- 매출 증대 - 고객 서비스 개선 - 조기경보 체제 구축과 운영효과
정보관리부문	- 정보 마인드 확산 - 최신 IT(정보기술)도입 - 그래픽구조의 업무환경 - 정보시스템 유지비용 감축 - 업무의 코드화와 표준화 - 업무시스템의 통합화 정도 - 비즈니스 프로세스 혁신(PI) - 경영활동의 투명성
회계, 재무관리 부문	- 수익성 개선(부서별, 사업장별 손익관리) - 자금관리 개선(채권관리) - 결산작업의 단축 - 회계처리의 투명성

관리부문별 평가항목은 〈표 13-15〉와 같다.

5. ERP시스템의 확장

(1) 공급체인관리(SCM)와 ERP시스템

ERP시스템이 기업 내 전사적인 자원의 효율적 활용을 위한 최적의 시스템이라고 한다면 공급체인관리(supply chain management: SCM)는 이보다 넓은 개념으로 기업과 기업간의 자재를 비롯한 자원과 정보 및 자금의 흐름을 통합적으로 관리하여 이해관계에 있는 모든 기업들의 활동을 최적화 하는데 목적이 있다.

예를 들어 제조기업의 가장 큰 문제 중 하나인 과다재고의 경우 제조기업, 자재공급업체, 그리고 완제품을 구매하는 고객이 관련되는 정보를 공유할 수가 있다면 과다재고의 문제는 간단히 해결될 수 있다. 즉, 자재공급업체가 제조기업의 생산현장의 자재 상황을 파악할 수가 있다면 적시에 적량을 공급할 수 있어 과다생산으로 인한 과다재고의 문제는 쉽게 해소할 수 있다. 이 경우 제조기업도 고객의 수요상황을 자사 시스템에서 찾아보듯이 활용할 수 있다면 소요량 이상의 생산을 할 필요가 없을 것이다. 이와 같이 자재공급망에 존재하고 있는 기업들은 상호 자사의 정보를 투명하게 공개하고 상대 기업은 이러한 정보를 기반으로 자재 및 제품의 생산이나 납품계획을 수립하고 재고를 최소화시킬 수 있을 것이다.

따라서 ERP시스템을 통해 SCM에서 운영되는 자재의 공급자로부터 최종제품의 고객에 이르기까지 거래와 관련하여 발생하는 자원, 정보, 자금 등의 흐름을 전체적으로 통합하고 관리할 수 있다. 즉 ERP 시스템은 자재공급망에 포함되는 각 기업간의 인터페이스를 통합하고 관리함으로써 자재공급의 효율성을 극대화하는 전략적 기법이라고 할 수 있다.

(2) 고객관계관리(CRM)와 ERP 시스템

고객관계관리(customer relationship management)는 기업의 고객관리 프로세스를 자동화한 고객관리시스템이다. 즉 CRM은 고객정보를 데이터베이스화하여 마케팅활동기능을 한 차원 발전시킨 통합마케팅 솔루션이다. CRM에서의 고객관리는 고객 정보를 종합적으로 분석하여 고객을 등급별로 세분화하고 이들에 관한 각종 정보를 바탕으로 1대1로 집중적인 관리를 할 수 있는 장점을 가지고 있다.

ERP시스템에서의 CRM은 신규고객 개발, 우량고객 유지, 기존 고객의 이탈 방지, 휴면고객의 활성화를 비롯하여 고객 설문조사, 테스트 마케팅을 통해 광고 및 판촉의 효과성 분석함으로써 고객가치증대 등의 고객관리 지원 기능을 수행하고 있다.

따라서 CRM이 ERP시스템에서 운영되는 경우 고객관계 강화를 통한 수익성 증대를 가져올 수 있는데 구체적으로 다음과 같은 효과를 기대할 수 있다.

- 타겟 마케팅에 의한 전략적 마케팅의사결정 지원 및 마케팅 비용의 효율화
- 고객에 대한 프로파일 정보의 전략적 영업정보화
- 고객의 이익기여도에 따른 전략수립 가능
- 우량고객의 이탈방지, 휴면고객 활성화 등 집중적 고객관리
- Cross-sell, Up-sell, Resell을 통한 고객가치증대
- 광고 및 판촉 등과 관련된 전략적 의사결정 지원
- 마케팅 의사결정 성과 평가와 미래 마케팅 의사결정을 위한 예측 등의 효과를 기대할 수 있다.

(3) 글로벌화와 ERP 시스템

오늘날의 기업은 원자재의 조달, 제조, 유통 및 시장에서의 고객서비스 등이 국내에 머무르지 않고 글로벌화 되어 있으며 특히 ERP시스템을 도입하고 있는 대부분의 기업이 글로벌화된 경영환경을 구축하고 있다.

이러한 현상은 1990년대 이래 ERP시스템을 구축하고 있는 많은 기업의 사례에서도 볼 수 있다. 즉 POSCO의 경우 프로세스 및 시스템혁신을 1단계에서 경영혁신의 인프라 구축, 2단계 경영혁신의 가속화, 3단계 글로벌 조직역량 개발, 4단계 글로벌 포스코의 조직역량 문화혁신에 두고 있다. 또한 파커코리아는 모기업의 ERP시스템을 토대로 글로벌 네트워크를 구축하여 자재의 조달, 기술개발, 시장활동 등 협력사와 고객사와의 파트너십에 의한 협력관계를 구축하여 글로벌 성장전략을 추진하고 있다.

사례 파커 코리아의 ERP시스템

파커코리아의 모회사인 파커(Parker)는 1918년 미국 오하이오의 클리블랜드에서 설립되어 장비의 작동과 제어를 위한 시스템의 부품을 생산하는 기업으로 전세계 250개 생산거점에서 6만명의 종업원이 연간 100억 달러의 매출을 기록하고 있는 글로벌 기업이다.

현재 국내에는 파커코리아를 비롯한 4개 법인과 5개 공장에서 상용차 연료필터와 건설장비의 MCV(Main Control Valve) 등의 제품을 생산하여 국내외 상용차와 건설장비 메이커에 납품하고 이 중 20%를 해외에 수출하고 2014년에는 6억 달러의 매출을 목표로 하고 있다.

그러나 이 회사의 제품생산형태는 다품종 소량생산으로 취급자재의 수가 많으며 작업흐름이 복잡하여 자재의 조달, 재고 및 공정관리상의 어려움을 가지고 있다. 파커코리아는 이러한 생산공정상의 어려움을 극복하기 위해 ERP시스템을 중심으로 하여 지속적인 개선(continuous improvement)를 추구하고 있는데 첫째,작업 및 자재흐름의 FIFO 원칙을 견지하고, 단일 자재흐름(one piece flow), 프로세스 흐름셀(process flow cell) 등 간판에 에 의한 생산지시, 부품 사이즈와 부품 수의 조정 등 린(lean)에 기초한 생산시스템을 운영하고 있다.

한편 파커코리아는 경기도 화성공장에 Asia R&D 센터를 설치하여 디젤 자동차의 매연 저감장치, Excavator, Wheel Loader 등 건설장비의 에너지 절감장치, 중장비의 하이브리드 구동장치, 정밀냉동공조시스템 등 선진국의 기술을 도입, 연구개발에 중점을 두고 있다. 이 회사는 정부가 추진하고 있는 녹색성장, 오일과 가스의 대체에너지 개발, 원자력, 생명공학 등으로 연구개발의 영역을 넓히고 있으며 제품개발 및 설계에도 ERP시스템을 적용함으로써 시간 및 자원투입과 관리의 효율화를 도모하고 있다.

— 자료: 파커코리아 —

종합 사례

우리산업(대표 김명준 http://www.woory.com)은 경영혁신과 생산관리시스템을 혁신한다는 목표 아래 정보화 프로젝트를 마련하였다. 이를 위해서는 자재 및 제품과 일일 마감체제 등 생산관리시스템을 자동화할 수 있는 전사적 자원관리(ERP)시스템을 구축해야 한다는 결론을 내렸다.

이 회사는 우선 ERP시스템의 전 단계 정보시스템화를 위해 그룹웨어와 전자문서관리시스템(EDMS)을 도입하고 생산성 향상과 일관생산시스템 구축을 위해 ERP시스템의 기반확립을 시도하였다. 특히 부품개발과 생산을 주요과업으로 함으로써 이 분야 전문 시스템통합(SI) 업체인 뉴젠과 공동으로 시스템구축 작업에 나서 업무전문가와 정보기술 전문가와의 적절한 공조 아래 작업이 이루어졌다.

2003년도의 매출 300억원대를 예상하고 있는 이 회사는 ERP 구축을 통해 자동차 부품 생산의 출고요청 내역과 자재의 입출고 현황을 실시간으로 집계할 수 있게 되었다. 이 회사는 특히 전통적인 제조업체의 특성상 정보화에 대한 사원들의 마인드가 전혀 없던 상태에서 CEO의 주도로 정보화에 착수하여 성공했다는 점에서 의미를 찾아볼 수 있다.

◇ 도입 배경 = 지난 1997년 IMF외환위기 이후 내수부진으로 인해 기업경영이 극도로 위축되었으나 이로 인해 이 회사는 기업경영 환경개선과 해외시장 진출에 대해 새롭게 인식하는 계기를 마련하게 되었다.

당시 우리산업은 사내 LAN도 구축되어 있지 못하고 정보시스템 환경이 열악한 상태로서 300여명의 직원이 근무하고 있는 기업임에도 불구하고 겨우 20여대의 PC와 프린터가 전부였고 사용하는 프로그램도 MS워드, MS엑셀 등 MS오피스에 그치고 있었다. 물론 이러한 정보기기 마저도 완벽하게 이용하지 못하고 부서별 업무환경을 보고하는 정도에 그치고 있었다.

이러한 업무환경에서 매월 마감하는 자재나 제품의 경우도 일일이 수작업으로 집계하는 등 많은 인력과 시간을 소요하게 되었고 자료의 정합성도 떨어져 이는 기업의 의사결정을 방해하는 요인으로 지목되기까지 했다.

그러나 정보화의 중요성을 인식하여 지금이 아니면 영영 기회가 오지 않을 수 있다는 직원들의 건의도 잇따랐다. 결국 기업의 재도약을 위해서는 리엔지니어링이 필수이며 이를 위해서는 정보시스템 환경의 구축이 시급하다고 결론을 내렸다. 지난해에는 정보화 인프라 구축이라는 경영목표를 슬로건으로 내세워 시스템 구축작업에 나서기에 이르렀다.

◇ 도입 과정 = 우리산업의 정보화시스템 구축은 당시 OEM방식으로 제품을 납품하던 한라공조의 협조를 얻었다.

이 회사는 지난해 5월 한라공조와 공동으로 ERP 구축을 위한 프로젝트를 시작했으며 이를 통해 LAN 구축은 물론 메인시스템 등 기본적인 정보 인프라를 구축하였다. 또한 사내 네트워크 구축과 메인시스템 등 기본 인프라 구축에 2개월이 소요되었으며 제품, 자재, 거래처 정보 등 기준정보의 마스터플랜 구축작업을 위해 3개월을 소요하였다.

우리산업의 프로젝트는 모두 2단계로 나누어 구축하였는데 1단계는 제품과 자재수불 등 물류정보시스템 구축에 주력했다. 시스템통합(SI)업체인 뉴젠과 공동으로 컨설팅은 물론 패키지 적용과 이의 커스터마이징 작업을 전개하였으며 동시에 물류정보시스템의 구축작업에 들어갔다. 이와 함께 패키지에 대한 직원교육과 업무에의 적용과 검증 등 자체 교육과 모니터링 작업에 약 8개월이 소요되었다.

2단계는 생산정보시스템 구축작업으로서 생산계획과 비교하는 실적관리를 중심으로 수행되었다. 이 단계에서는 1단계 구축과정에서 나타난 몇 가지 시행착오를 토대로 현장 실무자들의 확실한 이해와 부서장의 마인드 제고에 노력하였다.

2003년 8월에는 대내외적인 정보공유의 활성화를 위해 사외 WAN을 도입하고 새로이 웹서버 등을 도입, 2단계 홈페이지 및 그룹웨어의 구축을 완료함으로써 현재는 사내외 메일이나 업무일지, 게시판, 스케줄, 전자결재 등 모든 업무를 자동화할 수 있었다..

◇ 도입 효과 = 자재와 제품의 일일 마감체체를 갖추어 생산출고의 요청내역과 자재 입출고 현황이 실시간으로 집계가 가능해 졌다. 사내 어느 부서에서나 생산관련 정보를 공유할 수 있게 되고 그룹웨어를 활용함으로써 고객 및 사내 커뮤니케이션이 활성화되었는데 직원의 정보활용 마인드 역시 지난해에 비해 50% 가량 신장된 것으로 평가되고 있다.

이 회사의 주 수출대상 국가인 미국에 출장중인 직원간의 업무연락이나 의사소통이 실시간으로 원활하게 처리됨에 따라 해외출장중이라도 국내에서 필요로 하는 결재사항이나 해외에서 보내온 결재에 관한 사항도 요청 즉시 처리가 가능하게 되었다.

모든 국내외 업무사항이 전자문서나 전자결재로 이루어짐에 따라 종이문서 비용, 전화 및 팩스비용 등 실질적인 경비절감이나 부대효과는 물론 간접적인 생산성 효과 매우 큰 것으로 파악되고 있다.

토·의·문·제

1. 우리산업의 ERP시스템 도입의 배경을 분석해 보자.
2. 우리산업의 경영환경이 ERP시스템 도입결정이 가장 바람직한 의사결정인가에 대하여 토론해 보자.
3. 우리산업의 ERP시스템 도입효과를 더욱 높이기 위해서는 어떤 점에 중점을 두어야 하는지에 대하여 토론해 보자.
4. 우리산업의 ERP시스템 운영에 있어서 발전방향에 대하여 토론해 보자.

요약

- 자재소요계획은 독립수요에 근거를 둔 경제적 주문량과 주문점산정을 기초로 한 전통적인 재고관리기법이 종속수요의 경우에는 많은 약점을 보이고 있기 때문에 이를 보완하기 위해서 개발되었다.
- 자재소요계획은 단순히 자재의 소요량을 구하고 이에 따른 발주계획을 수립하는 것으로 출발하였으나 후에 생산능력계획과 결합한 폐쇄형 자재소요계획, 모든 제조자원을 통합적으로 계획하고 통제하는 제조자원계획으로 발전하였다.
- 자재소요계획의 기본요소로는 대생산일정계획, 자재명세서, 재고기록철 등이 있으며 이를 이용하여 계획주문량, 계획주문발주기일, 계획납기일 등을 구한다.
- 자재소요계획은 대생산일정계획에서 계획된 생산량을 충족시키기 위해서 자재명세서를 이용하여 각 부품의 총소요량을 계산하는 것으로 시작하여 각 부품의 재고기록철을 참조하여 생산에 필요한 기일에 정확한 수량이 공급될 수 있도록 계획주문발주기일 및 계획주문량을 정하는 것으로 완료된다.
- 럿 크기결정기법에는 고정주문량, 기간주문량, 럿 대 럿 기법 등이 있고 각각의 기법에는 여러 가지의 장·단점이 있는데 다음과 같은 럿 크기 결정정책은 제품구조상 하위단계에 있는 부품의 소요량을 안정화시킨다. 그것은 상위단계에서는 고정주문량, 중간단계에서는 고정주문량 혹은 럿 대 럿, 하위단계에서는 기간주문량 기법을 사용하는 것이다.
- 자재소요계획시스템을 적용하는 과정에서 제조 및 구매과정에서의 불확실성을 감소시켜야 한다. 자재소요계획 자체는 생산능력계획과 피드백을 이용한 폐쇄형 순환자재소요계획, 또 이를 확장하여 모든 기능별 영역에 유용한 정보를 제공하는 제조자원계획으로 확장될 수 있다.
- 자재소요계획시스템은 정확하면서도 매우 많은 정보를 필요로 하고 기업내의

다른 기능들에 영향을 미친다. 그렇기 때문에 이를 도입하기 위해서는 최고경영자의 지원, 우수한 시스템 설계, 관련 직원들의 훈련 등이 꼭 필요하다.

- ERP시스템은 기업의 경영자원을 계획적이며 최적하게 활용하기 위하여 구매, 생산, 물류, 마케팅, 회계 등 업무기능의 효율화를 추구하는 통합정보시스템이다.
- ERP시스템의 기능적 특성은 통합업무시스템으로서 세계적 업무프로세스, 그룹웨어와의 연계, 파라미터 지정에 의한 개발, 확장 및 연계성을 갖는 개방시스템, 글로벌 대응, 관리자정보시스템, 전자자료교환 및 전자거래가 가능하다는 점이다.
- ERP시스템의 기술적 특성은 클라이언트 서버시스템, 4세대 언어 및 컴퓨터에 의한 소프트웨어기술공학, 관계형 데이터베이스, 객체지향기술에 의해 운영된다는 점이다.
- ERP시스템에서는 SCM에서 운영되는 자재공급자로부터 최종제품의 고객에 이르기까지 거래와 관련하여 발생하는 자원의 소요, 정보 및 자금의 흐름을 전체적으로 통합하여 관리할 수 있다.

용어풀이

- **자재소요계획(marterial requirement planning; MRP):** 자재, 구성품, 반조립품 등의 구매주문과 작업명령을 발생시키는 컴퓨터화된 자재관리 및 재고통제기법.
- **폐쇄형 자재소요계획(closed loop MRP):** MRP와 생산능력소요계획이 통합되어 작성한 자재소요계획이 실행가능한지를 피드백하여 이를 수정할 수 있게 만든 MRP시스템.
- **대생산일정계획(master production scheduling; MPS):** 총괄생산계획을 기초로 하여 완제품의 생산량과 생산시기가 산출되는 계획이며 보통 6주 내지 8주간의 주별계획.
- **자재명세서(bill of material; BOM):** 최종제품과 각 구성품간의 관계를 나타낸 것으로 최종품목의 생산에 사용되는 모든 구성품과 각 구성품의 필요량 그리고 각 구성품의 조립순서 등이 명시된 것.
- **재고기록철(inventory record):** 각 구성품의 재고현황을 나타내는 기록으로 각 구성품의 등록번호와 보유량, 기주문 구성품의 주문량과 납품기일, 럿 크기, 각 구성품의 리드타임 등이 기록됨.
- **시간대(time bucket):** MRP시스템에서 정해진 구간으로 나눈 시간으로 리드 타임

등을 표시하는 데 사용됨.

- **총소요량(gross requirements):** 최종품목이나 구성품의 수요에서 발생하는 어떤 부품의 수요.
- **예정입고량(scheduled receipts):** 이미 구매주문이나 생산명령이 행해진 주문이 사용가능한 때와 양을 나타냄.
- **계획주문발주(planned order release):** 총소요량을 충족시키기 위해서 충분한 재고를 확보할 수 있도록 기업이 발주해야 하는 미래의 주문.
- **예상보유재고(available balance):** 이 행의 첫 칸은 현재기간의 초기에 존재하는 재고수준을 보여줌. 다른 칸들은 그 기간의 말에 남게 되는 재고수준을 표시함.
- **하위단계부호(low-level code):** 자재명세서상에서 한 구성품이 사용되는 가장 낮은 단계를 표시함.
- **MRP전개(MRP explosion):** 상위 구성품에 대한 계획된 주문량에 그 구성품을 조립하는 데 필요한 하위구성품의 수를 곱하여 하위구성품의 필요량을 결정하는 과정.
- **시간경계(time fence):** 대생산일정계획의 변화가 가능한 기간을 명시하는 경계.
- **고정주문량(FOQ)기법:** 주문을 할 때 럿 크기를 고정시켜서 늘 일정한 크기의 럿을 주문하는 방법.
- **기간주문량(POQ)기법:** 주문을 할 때 일정한 기간 동안에 필요한 소요량을 모아서 주문하는 방법.
- **럿 대 럿(LFL)기법:** 주문을 할 때 매 기간 동안에 필요한 소요량을 기간마다 주문하는 방법.
- **세조사원계획(manufacturing resource planning; MRP II):** 재무분석, 마케팅분석, 피드백, 전체적인 사업계획 등과 같은 자료들을 사용하여 제조에 필요한 모든 자원들을 계획할 수 있도록 MRP를 확장한 것.
- **전사적 자원관리(enterprise resource planning; ERP):** 기업전체의 경영자원을 최적으로 활용하기 위하여 구매, 생산, 물류, 마케팅, 회계 등 업무기능의 효율화를 추구하는 통합된 정보시스템.
- **통합업무시스템:** 통합 데이터베이스에 의한 정보관리기능의 집중으로 한번의 데이터 입력으로 기업 내 어느 부서에서나 정보공유가 가능한 업무수행 시스템.
- **그룹웨어(groupware):** 다수의 사람이나 부서가 상호 협력하여 공동으로 수행하는 업무를 지원하기 위한 소프트웨어로서 인적 자원, 정보시스템, 업무프로세스가 컴퓨터에 의해 통합되고 커뮤니케이션이 이루어짐.

- **관리자정보시스템(executive information system):** 최고경영자 또는 관리자가 경영전략을 수립하거나 경영의사결정을 하는 경우 경영환경 등에 대하여 과학적 · 체계적인 분석을 지원해 주는 정보시스템.
- **클라이언트 서버시스템(client server system):** 각각의 클라이언트가 수행하는 업무를클라이언트 서버에 의해 독립적으로 처리함으로써 중앙집중식이 아닌 분산처리구조에 의해 효율화를 얻을 수 있는 시스템.
- **컴퓨터에 의한 소프트웨어공학기술(computer aided software engineering; CASE):** 컴퓨터의 능력을 최대로 활용하여 필요한 소프트웨어를 자동적으로 제작하는 소프트웨어 기술로서 주로 산업용 소프트웨어 개발에 이용.
- **객체지향기술(object oriented technology):** ERP시스템 내의 업무처리 모듈을 자체처 리능력으로 처리하며 필요에 따라 각 객체별로 추가, 변경시킴으로써 ERP시스템 전체의 변경이나 업데이팅을 가능하게 해주는 기술.

익 | 힘 | 문 | 제

1. 완제품 A(#100)를 제조하는 데는 단위당 부품 C(#310) 2단위, 부품D(#320) 1단위, 그리고 구성품 B(#210) 2단위를 필요로 한다. 한편 구성품 B는 단위당 부품 D를 1단위 필요로 한다. 괄호 속의 수치는 품목번호를 나타낸다. 완제품 A의 MPS는 다음과 같다.

기간(주)	1	2	3	4	5	6
소요량			80	80		

각 품목별 재고기록은 다음과 같다.

자 료	품목		
	B	C	D
럿크기	LFL	FOQ=180	POQ(P=2)
리드타임(주)	1	1	2
기초재고	30	160	50
안전재고	0	50	40
예정입고량	190(주2)	180(주1)	80(주1)

(1) 완제품 A의 제품구조도를 그려라.

(2) 각 구성품 및 부품의 MRP표를 작성하라.

[풀 이] (1)

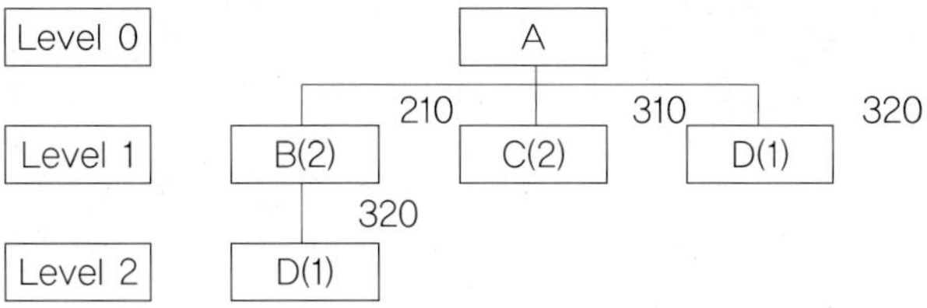

(2)

부품번호: 210		기 간					
부품명: B							
럿크기: LFL	리드타임: 1	1	2	3	4	5	6
총소요량				160	160		
예정입고량			190				
계획주문입고					100		
예상보유재고	30	30	220	60	0	0	0
계획주문발주				100			

부품번호: 310		기 간					
부품명: C							
럿크기: 180	리드타임: 1	1	2	3	4	5	6
총소요량				160	160		
예정입고량		180					
계획주문입고					180		
예상보유재고	160	340	340	180	200	200	200
계획주문발주				180			

[풀 이]

부품 B의 경우에 있어서 자재소요계획의 테이블은 엑셀을 이용하여 아래와 같이 작성될 수 있다. 볼드체는 기본 고정값을 나타낸다.

	A	B	C	D	E	F	G	H
1	부품번호: 210							
2	부품명: B				기간			
3	럿크기: LFL	리드타임	1	2	3	4	5	6
4	총소요량				**160**	**160**		
5	예정입고량			**190**				
6	계획주문입고							
7	예상보유재고	**30**	30	220	60	-100	-100	-100
8	계획주문발주							
9								
10								

=B7+C5+C6-C4

위의 표에서 보는 바와 같이 예상 보유재고를 계산해보면 현재의 상태에서 아무런 행위를 취하지 않으면 4주째에서 예상보유재고가 음수가 됨을 알 수 있다. 부품 B의 경우에 안전재고는 0단위이므로 예상보유재고를 그 이상을 유지해야 하 고 럿크기는 LFL이므로 4주째에서 100단위의 계획주문입고가 필요하게 된다. 부품 B의 최종 테이블은 다음과 같다.

	A	B	C	D	E	F	G	H
1	부품번호: 210							
2	부품명: B				기간			
3	럿크기: LFL	리드타임	1	2	3	4	5	6
4	총소요량				**160**	**160**		
5	예정입고량			**190**				
6	계획주문입고					100		
7	예상보유재고	**30**	30	220	60	0	0	0
8	계획주문발주				100			
9								
10								

=F6

부품 C와 D의 경우도 부품 B의 경우와 유사하게 테이블이 작성될 수 있으나 차이점이 있다. 예를 들어 부품 C의 경우는 안전재고가 50단위임으로 예상보유재고가 50단위 이하로 떨어질 경우에 주문입고를 계획해야 하며 이때의 럿사이즈는 FOQ임을 유의해야 한다.

기간 4에서 계획주문입고가 없다면 기간 4의 기말재고가 20단위로 안전재고 50단위 이하가 되므로 기간 4에서 계획주문입고가 이루어져야 한다.

부품번호: 320		기 간					
부품명: D							
럿크기: P=2	리드타임: 2	1	2	3	4	5	6
총소요량				180	80		
예정입고량		80					
계획주문입고				170			
예상보유재고	50	130	130	120	40	40	40
계획주문발주		170					

기간 3의 총소요량 180단위는 A제조에 필요한 80단위와 B제조에 필요한 100단위를 합한 것이다. 부품 D의 럿크기는 기간주문량 기법에서 2기간 소요량(P=2)으로 결정된다. 기간 3에서의 계획주문입고 170단위는 기간 3에서의 소요량 50단위(=180−130), 기간 4에서의 소요량 80단위, 그리고 안전재고 40단위를 합한 값이다.

2. 완제품인 손수레(#0099)를 한 단위 생산하는 데 필요한 부품 또는 자재로서 적재함(#1011) 및 페인트(#1042) 한 단위씩과 중간조립품인 손잡이(#1020) 2개 및 바퀴(#1030) 구성품 한 단위를 필요로 한다. 괄호 안의 수치는 품목번호를 나타낸다. 손잡이 한 단위를 생산하기 위해서는 알미늄 바(#2022)와 그립(#2025)이 각각 2개씩 필요하고, 바퀴 구성품 한 단위를 생산하기 위해서는 액슬(#2031) 1개, 베어링(#2032) 2개, 바퀴(#2035) 1개가 각각 소요된다. 바퀴 한 단위를 생산하기 위해서는 타이어(#3026) 1개가 필요하다. 완제품 손수레는 제 1 주에 40대, 제 4 주에 60대, 제 6 주에 60대, 제 8 주에 50대의 수요를 충당하여야 하며 이를 위하여 각각의 계획기간에 따라 손수레가 생산되어야 한다. 손잡이의 경우 계획기간 전에 주문이 이루어진 300개는 2주간의 리드타임을 거쳐 제 2 주째 입고가 되고, 또한 계획기간 전에 이미 100개의 재고를 보유하고 있으며, 경제적 주문량이 300개, 리드타임은 2주로 되어 있다. 바퀴 구성품의 경우 계획기간 이전의 보유재고량이 220개, 경제적 주문량은 200개, 리드타임은 3주로 되어 있다. 손수레에 사용되는 바퀴 구성품은 가든 트랙터의 자재로도 사용된다. 제 5 주에서 바퀴 구성품은 가든 트랙터를 위해 추가적으로 90개가 더 소요된다. 바퀴의 보유재고는 50개, 경제적 주문량은 400개, 리드타임은 1주가 소요된다.

(1) 완제품 손수레의 제품구조도와 들여쓰기식 자재명세서를 작성하라.

(2) 손잡이 구성품 및 바퀴 구성품, 바퀴의 자재소요계획표를 완성하라.

[풀 이] (1)

제품구조도

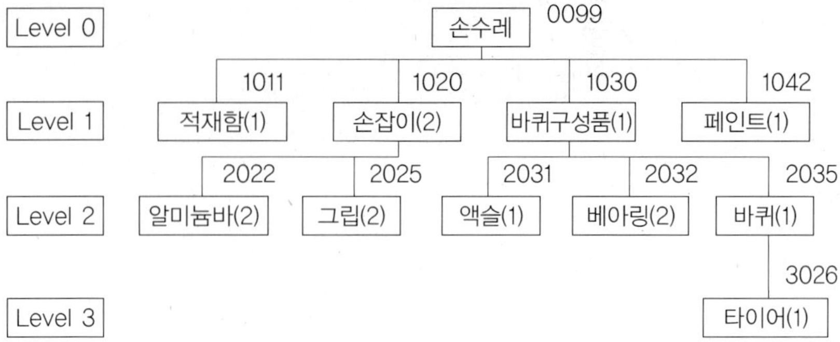

자재명세서

제품명: 손수레

부품번호	부품명 및 내역	수량/구성품	단위	하위단계
1011	적재함	1	개	1
1020	손잡이 구성품	1	개	1
2022	손잡이(알미늄 바)	2	개	2
2025	그립	2	개	2
1030	바퀴구성품	1	개	1
2031	액슬	1	개	2
2032	베어링	2	개	2
2035	바퀴	1	개	2
3026	타이어(A형)	1	개	3
1042	페인트(청색)	1	개	1

(2) 손수레의 자재소요계획

〈대생산일정계획: 손수레〉

기간	1	2	3	4	5	6	7	8
소요량	40			60		60		50

〈구성품 자재소요계획: 손잡이〉

부품번호: 1020		기 간							
부품명: 손잡이 구성품									
럿크기: 300	리드타임: 2	1	2	3	4	5	6	7	8
총소요량		80			120		120		100
예정입고량			300						
계획주문입고									300
예상보유재고	100	20	320	320	200	200	80	80	280
계획주문발주							300		

손수레가 최종제품으로 완성되기 위해서는 실제로 손잡이가 2개씩 필요하기 때문에 손잡이에 대한 각 기간별 수요는 제 1 주에 80개, 제 4 주에 120개, 제 6 주에 120개, 제 8 주 100개가 소요된다. 제 1 주의 손잡이 소요량 80개는 계획기간 이전에 이미 보유하고 있는 재고 100개로서 충당되고 제 1 주말의 재고는 20개가 남게 된다. 또한 계획기간 이전에 주문이 이루어진 300개의 손잡이는 2주간의 리드타임을 거쳐 제 2 주째 입고 예정이며 이에 따라 제 2 주말의 보유재고는 320개가 된다.

〈구성품 자재소요계획 바퀴 구성품〉

부품번호: 1030		기 간							
부품명: 바퀴 구성품									
럿크기: 200	리드타임: 3	1	2	3	4	5	6	7	8
총소요량		40			60	90	60		50
예정입고량									
계획주문입고							200		
예상보유재고	220	180	180	180	120	30	170	170	120
계획주문발주				200					

제 4 주째의 손잡이 소요량 120개가 손수레의 제조에 투입되므로 제 4 주말의 보유재고는 200개가 되며, 다시 제 6 주째의 손잡이 소요량 120개도 이 보유재고에서 충당되고 제 6 주말에는 80개가 재고로 남게 된다. 그런데 이 보유재고량 80개로서는 제 8 주째의 손잡이 소요량 100개를 충당할 수 없으므로 제 8 주에는 새로운 주문에 의한 입고가 완료되어야 한다. 따라서 손잡이의 리드타임이 2주로 주어져 있으므로 제 6 주에 그 주문이 이루어져야 하며 이에 따라 경제적주문량 300개가 제 8 주에 입고됨으로써 이 기간 중 조업활동이 원만히 진행될 수 있다.

손수레의 바퀴 구성품의 경우 손수레 1대에 1개씩 소요되므로 대생산일정계획에서의 각 기간별 손수레 수요의 크기만큼 소요된다. 즉 제 1 주에 40개, 제 4 주에 60개의 바퀴 구성품이 소요되며 이는 계획기간 이전의 보유재고 220개에서 계속 충당된다. 손수레에 사용되는 바퀴구성품은 가든트랙터의 자재로도 사용되므로 제 5 주에서의 바퀴 구성품은 추가적으로 90개가 남게 된다. 이것은 제 6 주에서의 소요량 60개를 충당하지 못하기 때문에 바퀴 구성품의 리드타임 3주, 경제적 주문량 200개를 감안하여 제 3 주째에는 이 품목의 주문이 이루어져야 한다. 그 결과 제 6 주에는 바퀴 구성품이 200개가 새로이 입고완료됨으로써 계획된 손수레의 제조활동을 수행할 수 있다.

〈부품 자재소요계획: 바퀴〉

부품번호: 2035		기 간							
부품명: 바퀴									
럿크기: 400	리드타임: 1	1	2	3	4	5	6	7	8
총소요량				200					
예정입고량									
계획주문입고				400					
예상보유재고	50	50	50	250	250	250	250	250	250
계획주문발주			400						

제 3 주에 발주된 바퀴 구성품을 조달하기 위해서는 이에 소요되는 바퀴가 필요한데 바퀴의 보유재고는 50개, 경제적 주문량 400개, 리드타임은 1주가 소요된다. 따라서 제 3 주에 200개의 바퀴 소요량을 충당하기 위해서는 제 2 주에 400개의 바퀴를 주문해야 하며, 제 3 주에 400개가 입고됨으로써 기말보유재고는 250개가 남게 될 것이다.

연 | 습 | 문 | 제

1. 독립수요품목과 종속수요품목에 대한 재고관리의 차이점을 설명하라.
2. 전통적인 재주문점 시스템에 비해 MRP 시스템이 갖는 장점을 설명하라.
3. MRP 시스템에서 요구되는 주요 데이터 파일은 무엇인가?
4. MRP 시스템에서 대생산일정계획(MPS)의 중요성을 논하라.
5. MRP에서 EOQ가 최소비용을 갖는 럿크기가 되지 못하는 이유는 무엇인가?
6. 구매와 생산과정에서 발생하는 불확실성에는 어떠한 유형이 있으며, 이에 대처하는 방법은 무엇인가?
7. MRP시스템을 사용하는 기업에서 MRP계획자가 수행해야 할 대표적인 기능은 무엇인가?
8. 폐쇄형 순환 MRP의 특징을 설명하라.

9. 모듈화 자재명세서는 언제 유용한가?

10. MRP시스템에 비해 MRP Ⅱ 시스템과 ERP시스템의 장점은 무엇인가?

11. 동아전기(주)는 선풍기를 생산하고 있다. 선풍기(#4000) 한 대의 조립은 먼저 스위치가 달린 전기코드(#3001)를 전기모터(#3010)에 연결하는 작업으로 시작된다. 이것을 플라스틱 케이스(#3100)에 끼워 맞춰 몸체(#2000)를 완성한다. 몸체를 검사한 후에 하나의 날개(#2001)를 끼운 다음 보호그릴(#2020) 한 개를 다섯 개의 나사(#2101)를 이용하여 부착함으로써 선풍기의 조립이 완성된다. 선풍기의 제품구조도를 그려라.

12. 문제 11에서 선풍기의 들여쓰기식 자재명세서를 작성하라.

13. 세기음향(주)는 모델 2000의 고성능 스테레오 스피커를 생산할 계획을 세우고 있다. 이 스피커의 조립에 사용되는 부품 및 구성품들은 다음과 같다.

부품번호	부품명	수량(개)
102	옆면 패널	2
223	상/하면 패널	2
345	앞면 패널	1
467	뒷면 패널	1
534	12인치 우퍼 스피커	1
555	5인치 중형 스피커	1
572	1인치 소형 스피커	1
658	네트워크	1
687	연결 케이블	1
735	접속 스테이플	52
747	접속 나사	14
786	그릴 접속기	4
793	접착 튜브	3
839	앞면 그릴	1

스피커 제조는 스피커 상자(#1130)의 조립으로 시작된다. 스피커 상자는 옆면 패널 2개, 상/하면 패널 2개, 뒷면 패널 1개, 연결 케이블 1개, 접속 스테이플 34개, 그리고 접촉 튜브 2개로 조립된다. 14개의 접속 나사를 사용하여 스피커들과 네트워크를 앞면 패널에 부착하여 스피커 패널 구성품(#2111)을 만든다. 18개의 접속 스테이플과 1개의 접착 튜브를 사용하여 스피커 상자와 스피커 패널을 결합하고, 4

개의 그릴 접속기로 앞면 그릴을 부착하면 스피커 조립은 완성된다. 완제품인 스피커의 제품구조도를 그려라.

14. 문제 13에서 스피커의 들여쓰기식 자제명세서를 작성하라.

15. 다음 MRP 표를 완성하라.

부품번호: 123		기 간							
부품명: 브레이크									
럿크기: 200	리드타임: 3	1	2	3	4	5	6	7	8
총소요량		40	140	60	40	180	65	0	90
예정입고량			200						
계획주문입고									
예상보유재고	100								
계획주문발주									

16. 럿크기를 기간주문량 기법(P=2, 즉 2기간 동안의 소요량)으로 할 때 다음 MRP 표를 완성하라.

부품번호: 123		기 간							
부품명: 브레이크									
럿크기: p=2	리드타임: 1	1	2	3	4	5	6	7	8
총소요량		100	0	50	70	40	90	0	50
예정입고량		100							
계획주문입고									
예상보유재고	20								
계획주문발주									

17. 완제품 A를 제조하는 데는 단위당 부품 D 1단위, 구성품 C 1단위를 필요로 한다. 한편 구성품 C는 단위당 부품 E를 2단위 필요로 한다. 완제품 A의 MPS는 다음과 같다. 단, 완제품 A의 조립기간은 일주일 이내이다.

기간	1	2	3	4	5	6
소요량	0	60	0	70	0	40

각 품목별 재고기록은 다음과 같다.

자 료	품목		
	C	D	E
럿크기	FOQ=50	LFL	POQ(P=2)
리드타임(주)	3	1	1
기초재고	30	0	30
안전재고	0	0	20
예정입고량	50(주1)	30(주1)	90(주1)

완제품 A의 제품구조도를 그려라.

18. 문제 17에서 각 품목별 MRP표를 완성하라.

부품번호:		기 간					
부품명: C							
럿크기:	리드타임:	1	2	3	4	5	6
총소요량							
예정입고량							
계획주문입고							
예상보유재고							
계획주문발주							

부품번호:		기 간					
부품명: D							
럿크기:	리드타임:	1	2	3	4	5	6
총소요량							
예정입고량							
계획주문입고							
예상보유재고							
계획주문발주							

부품번호:		기 간					
부품명: E							
럿크기:	리드타임:	1	2	3	4	5	6
총소요량							
예정입고량							
계획주문입고							
예상보유재고							
계획주문발주							

19. 완제품 A를 제조하는 데는 단위당 부품 C 1단위, 구성품 D 1단위를 필요로 한다. 구성품 D는 단위당 부품 E 2단위와 F 2단위를 필요로 한다. 한편 완제품 B는 부품 C 1단위와 부품 F 2단위를 필요로 한다. 완제품 A와 B의 MPS는 다음과 같다. 단, 완제품 A와 B의 조립기간은 일주일 이내이다.

주	1	2	3	4	5	6
A	50	0	80	0	0	100
B	0	0	0	60	0	100

각 품목별 재고기록은 다음과 같다.

자료	품목			
	C	D	E	F
럿크기	LFL	LFL	FOQ=250	POQ(P=2)
리드타임(주)	3	1	3	1
기초재고	50	80	90	30
안전재고	0	0	35	20
예정입고량	80(주1)	없음	250(주2)	205(주1)

완제품 A와 B의 제품구조도를 그려라.

20. 문제 19에서 각 품목별 MRP표를 완성하라.

부품번호:		기 간					
부품명: C							
럿크기:	리드타임:	1	2	3	4	5	6
총소요량							
예정입고량							
계획주문입고							
예상보유재고							
계획주문발주							

부품번호:		기 간					
부품명: D							
럿크기:	리드타임:	1	2	3	4	5	6
총소요량							
예정입고량							
계획주문입고							
예상보유재고							
계획주문발주							

부품번호:		기 간					
부품명: E							
럿크기:	리드타임:	1	2	3	4	5	6
총소요량							
예정입고량							
계획주문입고							
예상보유재고							
계획주문발주							

부품번호:		기 간					
부품명: F							
럿크기:	리드타임:	1	2	3	4	5	6
총소요량							
예정입고량							
계획주문입고							
예상보유재고							
계획주문발주							

21. 문제 11에서 완제품인 선풍기(#4000)의 MPS는 다음과 같다. 완제품의 럿크기는 럿 대 럿 기법을 이용하며, 조립기간은 일주일 이내이다.

주	1	2	3	4	5	6	7	8	9	10
소요량	100	120	130	140	150	150	150	150	160	160

다음의 MRP 표를 완성하라.

부품번호: 2000		기 간									
부품명: 몸체											
럿크기: 200	리드타임: 2	1	2	3	4	5	6	7	8	9	10
총소요량											
예정입고량		200									
계획주문입고											
예상보유재고	50										
계획주문발주											

부품번호: 3010		기 간									
부품명: 전기모터											
럿크기: 300	리드타임: 3	1	2	3	4	5	6	7	8	9	10
총소요량											
예정입고량		300									
계획주문입고											
예상보유재고	100										
계획주문발주											

22. 완구용 자전거(#100)는 손잡이 구성품(#110), 앞바퀴 구성품(120), 뒷바퀴 구성품(#130) 및 안장(#140)이 각각 1단위씩 투입되어 제조된다. 손잡이 구성품 1단위에는 손잡이 축(#210) 1단위와 손잡이 그립(#220) 2단위가 소요되며, 앞바퀴 구성품 1단위에는 앞바퀴 틀(#230) 1단위, 앞바퀴 타이어(#240) 1단위, 흙받침(#250) 1단위, 그리고 페달(#260) 2단위가 소요된다. 또한 뒷바퀴 구성품 1단위를 제조하기 위해서는 프레임(#270) 1단위, 뒷바퀴 틀(#280) 2단위, 뒷바퀴 타이어(#290) 2단위가 소요된다. 완구용 자전거의 제품구조도를 작성하라.

23. 문제 22에서 완구용 자전거의 들여쓰기식 자재명세서를 작성하라.

24. 문제 22에서 완구용 자전거 50대를 생산하는 데 필요한 각 구성품 및 부품들의 총소요량을 문제 22에서 산정하라.

25. 완구용 자전거의 MPS가 다음 표와 같이 주어졌을 때 손잡이 구성품 및 그 하위 부품의 MRP표를 작성하라. 완제품의 조립기간은 일주일 이내이다. 완제품의 조립기간은 일주일이내이다.

〈대생산일정계획: 완구용 자전거〉

주	1	2	3	4	5	6
소요량(대)	30	80	0	50	40	60

〈구성품 소요계획: 손잡이 구성품〉

부품번호: 110		기 간					
부품명: 손잡이							
럿크기: 100	리드타임: 2	1	2	3	4	5	6
총소요량							
예정입고량		100					
계획주문입고							
예상보유재고	50						
계획주문발주							

〈부품 소요계획〉

부품번호: 210		기 간					
부품명: 손잡이 축							
럿크기: 200	리드타임: 2	1	2	3	4	5	6
총소요량							
예정입고량							
계획주문입고							
예상보유재고	150						
계획주문발주							

부품번호: 220		기 간					
부품명: 손잡이 그립							
럿크기: 200	리드타임: 1	1	2	3	4	5	6
총소요량							
예정입고량							
계획주문입고							
예상보유재고	100						
계획주문발주							

26. 문제 22와 25에서 완구용 자전거의 앞바퀴 구성품 및 그 하위 부품의 MRP 표를 작성하라.

〈구성품 소요계획: 앞바퀴 구성품〉

부품번호: 120		기 간					
부품명: 앞바퀴							
럿크기: 100	리드타임: 1	1	2	3	4	5	6
총소요량							
예정입고량							
계획주문입고							
예상보유재고	80						
계획주문발주							

〈부품 소요계획〉

부품번호: 230		기 간					
부품명: 앞바퀴 틀							
럿크기: 100	리드타임: 1	1	2	3	4	5	6
총소요량							
예정입고량							
계획주문입고							
예상보유재고	100						
계획주문발주							

부품번호: 240		기 간					
부품명: 앞바퀴 타이어							
럿크기: 100	리드타임: 2	1	2	3	4	5	6
총소요량							
예정입고량							
계획주문입고							
예상보유재고	200						
계획주문발주							

부품번호: 250		기 간					
부품명: 흙받침							
럿크기: 250	리드타임: 2	1	2	3	4	5	6
총소요량							
예정입고량							
계획주문입고							
예상보유재고	100						
계획주문발주							

부품번호: 260		기 간					
부품명: 페달							
럿크기: 300	리드타임: 1	1	2	3	4	5	6
총소요량							
예정입고량		300					
계획주문입고							
예상보유재고	40						
계획주문발주							

27. ERP 시스템의 기능적 특성에 대하여 기술하라.

28. ERP 시스템의 기술적 특성에 대하여 기술하라.

14

적시생산시스템과 린 생산방식

학습목표

본 장에서는 다음과 같은 내용의 이해를 목표로 한다.

- JIT시스템의 개념과 목표
- JIT시스템의 구성요소
- 간판시스댐의 운영방식
- 린생산방식 개념과 특징

사례 롯데캐논의 도요타시스템

국내 기업 중 도요타 방식을 가장 철저히 도입했다는 평가를 받고 있는 롯데캐논은 일본 캐논보다도 완벽하게 도요타방식을 소화, 자사에 맞게 응용하고 있다. 경기도 안산에 있는 롯데캐논의 사무용기기 공장에는 부품의 재고가 하나도 없다. 일단 부품이 들어오면 그날 안에 완제품으로 출하되어야 한다. 당일 완제품 출하가 되지 않으면 생산을 하지 않고 부품을 받지 않아 재고부담이 줄어 비용이 감소한다.

롯데캐논이 부품재고를 없앨 수 있는 것은 이 회사의 동기생산방식(Lotte-Canon Synchronized Production System : LSPS)을 도입하였기 때문이다. LSPS는 도요타의 간판방식을 모델로 삼아 자사에 맞게 재설계한 생산시스템으로 재고를 허용하지 않는다는 점이 특징이다. 그날 사용할 부품을 정확히 계산해 그만큼만 생산토록 하는 시스템이다. 이 시스템은 수요예측이 정확하지 않거나 생산시스템이 유연하지 못하면 시행할 수 없다.

롯데캐논은 수요예측 프로그램에 따라 1주일 이상 생산계획이 없으면 집단 연월차 휴가를 실시한다. 1-2일 쉴 경우에는 종업원들에게 생산혁신교육으로 근무를 대신한다.

복수기종을 생산할 수 있는 능력을 가지고 있는 각 셀(cell)은 이러한 유연생산체제의 원동력이 된다. 롯데캐논은 일본 캐논의 셀 생산방식을 벤치마킹하여 1999년 컨베이어 벨트를 완전히 철거했으며 생산직 320명 중 계약직이 약 20% 정도로 노동유연성이 높아 생산량에 따라 노동력의 크기를 쉽게 조정할 수 있는 작업구조를 갖고 있다.

컨베이어 벨트 공정에서는 최소 생산단위가 40대로서 주문이 10대인 경우도 40대를 생산해야 하고 따라서 30대는 재고로 남게 된다. 반면에 셀 생산방식에서는 재고가 없더라도 단 하루 만에 주문을 소화할 수 있다.

또한 롯데캐논은 도요타의 간판시스템과 일본 캐논의 셀방식을 결합하여 Cell Company Organization(CCO)제도를 만들었다. 지난해 2월 시작된 이 제도는 생산공정 중심의 셀방식을 자재검사, 물류 등 관리부문까지 확장시킨 것으로 관리지원기능을 생산단위에 편입시킨 단일 컴퍼니제도이다. 6개의 CCO는 매월 생산성/ 품질제안혁신활동에 대한 평가를 받는데 긴급발주와 같이 비용을 유발시킨 경우는 감점의 대상이 된다.

캐논의 마이스터제도를 관리직에도 도입하여 생산지원부문의 사원은 생산관리, 자재조달, 검사, 물류 등 4가지 업무를 1명이 처리함으로써 2001년에 66명으로부터 2002년에는 10명으로 감축하는 성과를 가져왔다.

— 출처: 한국경제 (2003. 10 28) —

제 1 절 적시생산 시스템의 개념

1. JIT시스템의 개념 및 배경

적시생산 시스템(just-in-time system; JIT)은 제품생산에 요구되는 부품 등 자재를 필요한 시기에 필요한 수량만큼 조달하여 낭비적 요소를 근본적으로 제거하려는 생산시스템이다. JIT시스템은 전통적인 재고관리 시스템과는 달리 생산활동 전반에 영향을 미치므로 생산관리의 새로운 접근법으로 볼 수 있다.

전통적인 생산시스템의 경우에는 불확실한 소요량에 대비하여 안전재고를 보유하지만, JIT시스템에서는 매일 또는 매 시간 요구되는 자재를 소량으로 조달함으로써 재고를 최소화할 수 있다. 그러므로 JIT시스템은 재고의 감소와 관련된 여러 가지 활동을 전개하여 비용을 절감하고 품질의 개선과 작업자의 작업능률 향상으로 생산성을 높이는 생산시스템이라 할 수 있다.

JIT시스템은 1950년대 중반 일본의 도요타(Toyota)자동차 회사에서 개발되었으며 오늘날에는 자동차는 물론 항공, 기계, 가전, 컴퓨터, 통신 등 일본의 여러 산업에서 성공적으로 도입 · 운영되고 있다. 또한 1980년대 이래 미국의 자동차 및 전자산업 등에서 적극적으로 도입되어 현재 많은 기업에서 획기적인 경영성과를 나타내고 있다.

이러한 도요타 생산시스템은 2010년 초 미국을 비롯한 전 세계 자동차시장에서의 도요타자동차 전 차종에 걸친 리콜사태로 도요타자동차는 물론 도요타 생산시스템에 많은 의문을 던져주고 있다. 고객의 신뢰와 고객의 안전을 최우선으로 하는 미국 자동차시장에서의 도요타 자동차의 위기는 특히 부품 결함 등 문세발생에 대한 조기 소지노력이 미흡하여 확산되었다는데 중요 원인이 있다고 볼 수 있다. 즉 도요타자동차의 대량 리콜의 원인이 되는 부품 결함이 수년 전부터 제기되고 있었으나 적극적인 대책을 강구하지 못했고 리콜 사태 이후 도요타자동차가 밝힌 원인에 대한 상세한 설명이나 재발 방지 대책이 미흡했다는 점이 치명적인 약점으로 시장에서의 소비자들의 신뢰를 회복하지 못하고 있다.

그러나 도요타자동차의 리콜사태와 같은 문제발생은 이 회사의 생산방식이

표 14-1 미국과 일본의 비교: 면적과 인구

	미국	일본
면적(1000㎢)	9,363	372
인구(백만명)	258	123

자료: Encyclopedia Britannica, UN Demographic Year Book, 1995.

나 생산시스템에서 나타난 문제라기보다는 지나친 시장경쟁과 원가절감에 기인한 것으로 보는 견해가 높다.

JIT시스템이 도입된 배경은 일본기업의 경영환경으로부터 찾아볼 수 있다. JIT시스템은 제품의 생산활동 과정에서 품질과 생산성을 높이기 위해 개발되었고 낭비와 인간존중이라는 일본식 사고에 기초를 두고 있다. 〈표 14-1〉에서와 같이 일본이 갖고 있는 특수성에 따라 일본의 기업은 완벽한 제품을 만들고 자재, 공간, 노동력 등 자원의 낭비를 줄이기 위해 많은 노력을 기울여 왔다.

실제로 도요타자동차에서는 생산활동에 필수적으로 소요되는 기계, 자재, 부품, 작업자 및 작업시간의 최소수준 이상의 것을 낭비로 정의하고 있다. 생산활동에서 나타나는 낭비의 유형은 과잉생산, 대기시간, 자재의 이동, 과다한 재고, 공정지연, 불필요한 작업 동작이나 움직임, 자재 및 제품의 불량 등에서 찾아볼 수 있다.

이와 같이 낭비를 제거하려는 노력은 일본의 기업문화 중의 중요한 부분이며, 불량으로 인한 폐기 및 재작업은 전혀 허용되지 않고 과다한 재고를 보유하는 것은 경영성과를 저해하는 요인으로 간주되었다. 도요타자동차는 제조활동상의 낭비적 요소를 철저히 제거할 뿐만 아니라 작업자의 기능이나 능력을 최대한 활용하기 위하여 JIT시스템을 도입하였다.

2. JIT시스템의 목표

JIT생산방식은 생산시스템의 설계와 운영상의 모든 면에서 낭비적 요인을 제거하며 지속적인 개선을 추구한다. 생산시스템에서 나타나는 낭비적 요인으로는 [그림 14-1]과 같이 기계가동점검 및 감시, 부품 수량의 확인과 기다림, 과다한 생산과 재고보유, 자재의 장거리 이동, 기계고장과 공구찾기, 불량품으로 인한 폐기와 재작업 등이 있다.

JIT시스템은 생산활동에서의 이러한 낭비적 요인을 제거하는 것을 궁극적인

| 그림 14-1 | 작업상의 낭비적 요인

목표로 한다. 생산활동의 낭비적 요인을 제거하기 위해서는 제조준비시간의 단축, 재고의 감소, 리드타임의 단축, 자재취급 노력의 경감, 불량품의 최소화 등이 주어져야 한다.

(1) 제조준비시간의 단축

JIT시스템에서는 가능한 한 럿의 크기를 소량으로 하여 럿 생산에 소요되는 제조준비비를 줄이려 하고 있다. 제조준비비를 줄이기 위해서는 제조준비시간을 최소로 단축하여야 하며 이에 따라 경제적 럿의 크기와 이의 생산에 소요되는 시간이 줄어들고 궁극적으로는 생산의 리드타임이 줄어들게 된다.

(2) 재고의 감소

JIT시스템에서는 필요한 시기에 필요한 양 만큼의 자재를 조달함으로써 재고를 최소화할 수 있다. 또한 생산하는 럿의 크기를 가능한 한 소량으로 유지함으로써 재고를 감축시킨다.

(3) 리드타임의 단축

럿의 크기를 줄이고 제조준비시간을 단축시킴으로써 리드타임은 단축될 수 있다. 리드타임이 단축됨으로써 소비자의 욕구변화에 신속하게 대응할 수 있다.

(4) 자재취급노력의 경감

기계설비 및 자재보관장소 등과 관련된 JIT시스템의 공장배치는 전통적 생산시스템과는 상이하다. 자재를 생산현장에 보관함으로써 자재의 취급, 이동 및 검사가 용이하다. 또한 JIT시스템에서는 재고수준을 최소로 유지함으로써 저장공간이 축소되어 공장의 규모도 작아지게 된다.

(5) 불량품의 최소화

각 생산공정은 최소한의 재고수준을 유지하며 자재에 대한 검사가 이루어지지 않고 생산라인에 직접 투입되므로 완벽한 품질수준이 요구된다.

제 2 절 적시생산 시스템의 기본요소

JIT시스템은 제품생산에 투입되는 각종 자재의 적시공급으로 불필요한 낭비적 요소들을 제거하는 데 목표를 두고 있다. 그러나 이러한 목표를 실행하기 위해서는 제조공정에서 자재의 흐름만이 아니라 작업의 흐름도 원활하게 이루어져야 한다. 따라서 JIT시스템은 [그림 14-2]에서와 같이 소규모 럿생산과 제조준비시간 단축, 생산의 평준화, 다기능작업자, 기계설비의 셀(cell)화 배치, 간판시스템 운용, 공급자 네트워크, TQM 등 기본요소로서 체계화되어 운영된다.

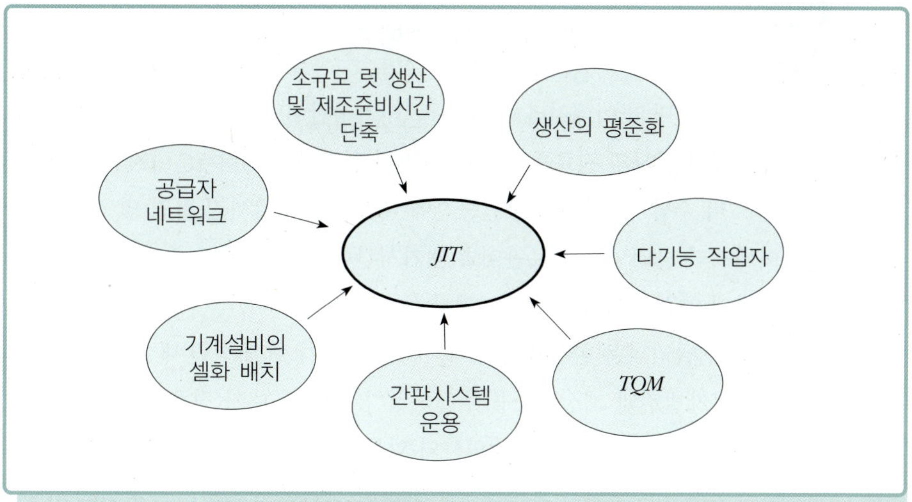

| 그림 14-2 | JIT시스템의 구성요소

1. 소규모 럿 생산과 제조준비시간 단축

JIT시스템은 자재의 재고를 최소화하는 데에 목표를 두고 있다. 재고의 최소화는 [그림 14-3]과 같이 재고로 인하여 숨겨진 생산성의 문제점을 해결하기 위한 것이다. 이러한 문제점들은 기계의 고장, 폐기물, 과다한 재공품, 검사의 지연 등이 포함된다.

재고의 최소화를 위해서는 럿의 크기가 1인 경우 가장 이상적일 것이다.

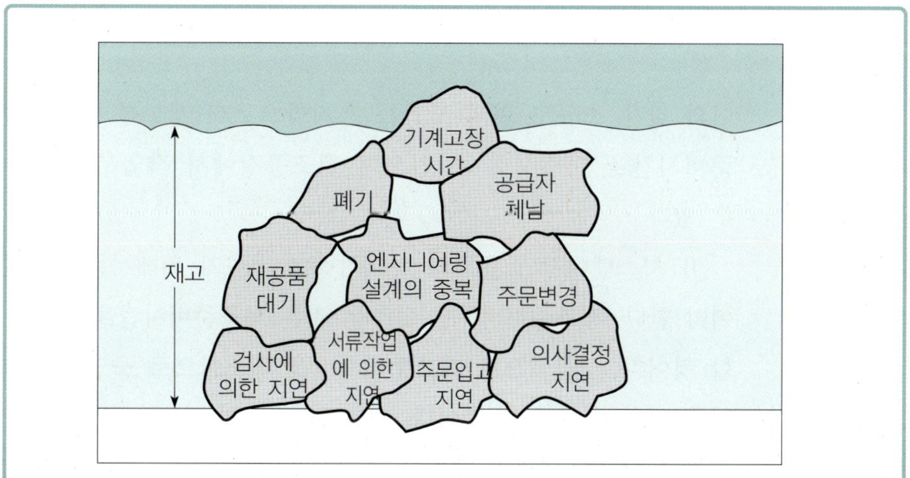

| 그림 14-3 | 재고로 인해 숨겨진 생산성 문제

사례 의료서비스에도 도요타 시스템을 적용

일본 히로시마의 이데시타 클리닉은 "대기시간이 없는 병원"으로 정평이 나 있다. 외래환자가 병원에서 의사의 진료를 받는데 걸리는 시간은 길어야 5분이지만 진료카드작성, 처방전발급, 진료비 수납 등, 그리고 중간중간에 대기하는 시간까지 하면 몇 시간은 족히 걸린다. 그러나 이데시타 클리닉은 진료단계별 대기시간을 10분 이내로 줄이고 "대기시간이 10분 넘으면 직원에게 연락하라"라는 안내표지를 해 두었다.

이데시타 클리닉은 환자들의 대기시간을 줄이기 위해 병원 내 회의와 컨설팅 등의 방법을 사용하여 문제발견과 개선활동을 추진하였다. 환자의 대기(정체)를 줄이기 위해 환자의 특성에 따라 진료와 치료를 구별하고 의사의 업무량을 평준화하였다. 특히 각 진료나 처방단계의 속도를 조절하였는데 이는 후속공정을 고려해 작업을 진행하는 도요타의 간판시스템의 원리를 병원의 의료서비스 업무에 적용한 것이다.

한편 의료행위 이외에 들어가는 시간은 줄이되 환자들이 기다린다는 느낌을 주지 않게 하기 위해 상담직원을 배치하는 등 환자에게 보이는 시스템(visual system)으로 대응하였다. 즉 환자 스스로가 대기상황이나 각 진료단계에서 기다리는 시간을 파악할 수 있도록 하였다.

이데시타 클리닉이 도요타 시스템에 의해 얻은 성과는 업무수행에서의 시간적 낭비제거에 대한 직원들의 이해와 업무효율을 높여 종전에 10명이 수행하던 업무를 7명이 담당하도록 하였다. 그러나 유휴인력에 대한 해고보다는 서비스접점에 새로이 배치함으로써 고객만족에도 기여하게 되었으며 직원들의 근무조건도 향상되어 종업원 만족을 기하는 토대를 마련하였다.

— 한국경제. 2003. 10. 21. —

이와 같은 소규모 럿의 크기를 유지함으로써 재고를 최소화할 수 있고 제조준비시간을 단축시킬 수 있으며 제조공정에서 작업부하를 일정하게 유지할 수 있다.

JIT시스템에서 소규모의 럿크기를 유지하기 위해서는 제조준비비용을 낮추어야 한다. 제조준비비용을 낮추는 것은 제조준비시간을 단축하는 것으로 가능할 것이다. 궁극적으로 제조준비시간을 최소한으로 줄인다면 최소단위의 럿크기를 실현할 수 있을 것이다. 제조준비시간의 단축은 고객의 다양한 요구에 부응하여 다양한 제품을 생산할 수 있고 일정계획의 변화에 대처할 유연성을 증가시킬 수 있다.

| 그림 14-4 | 작업자가 준비를 하는 동안 기계는 가동이 중단되고 있다.

생산공정에서 제조준비시간이 길어지면 비용을 발생시키고 생산을 중단케 하므로 제조준비의 회수를 최소로 줄이고 대량생산을 꾀하게 된다. 이러한 환경에서는 재공품재고가 쌓이게 되고 제조준비가 자주 발생하는 것도 아니므로 제조준비는 전문기능인에 의하여 수행된다. 그러나 JIT시스템에서는 소량생산을 하면서 수시로 모형을 교체하므로 제조준비가 빈번하게 발생하기 때문에 이는 그 기계의 작업자들에 의하여 수행된다.

제조준비는 [그림 14-4]에서와 같이 후속 럿의 생산을 위해 금형을 교체하거나 기계를 조정하고 공구를 교체하는 등의 작업을 의미한다. 제조준비는 외부제조준비(external set-up)와 내부제조준비(internal set-up)로 구분된다. 내부제조준비란 기계가동이 중지되는 동안의 제조준비활동을 의미하며, 외부제조준비란 기계를 가동하면서도 수행될 수 있는 제조준비활동을 말한다.

제조준비시간의 단축은 다음과 같은 2단계 과정을 통해 달성된다. 먼저 가능한 한 많은 내부제조준비를 외부제조준비로 전환시킨다. 그 다음으로 가능한 한 제조준비시간을 줄이기 위해서는 각 생산공정의 기계설비에 인접하여 자재는 물론 공구 및 금형 등을 보관할 장소나 장치를 준비하거나 이들의 이동을 용이하게 하는 등의 작업단순화 방법을 강구해야 한다. 또한 제조준비시간의 단축은 기계설비의 재설계, 공구개량, 형판개량, 작업방법의 개선 등을 통해 이루어진다. 이러한 공구개량을 위한 기법의 예를 들면 [그림 14-5]와 같다.

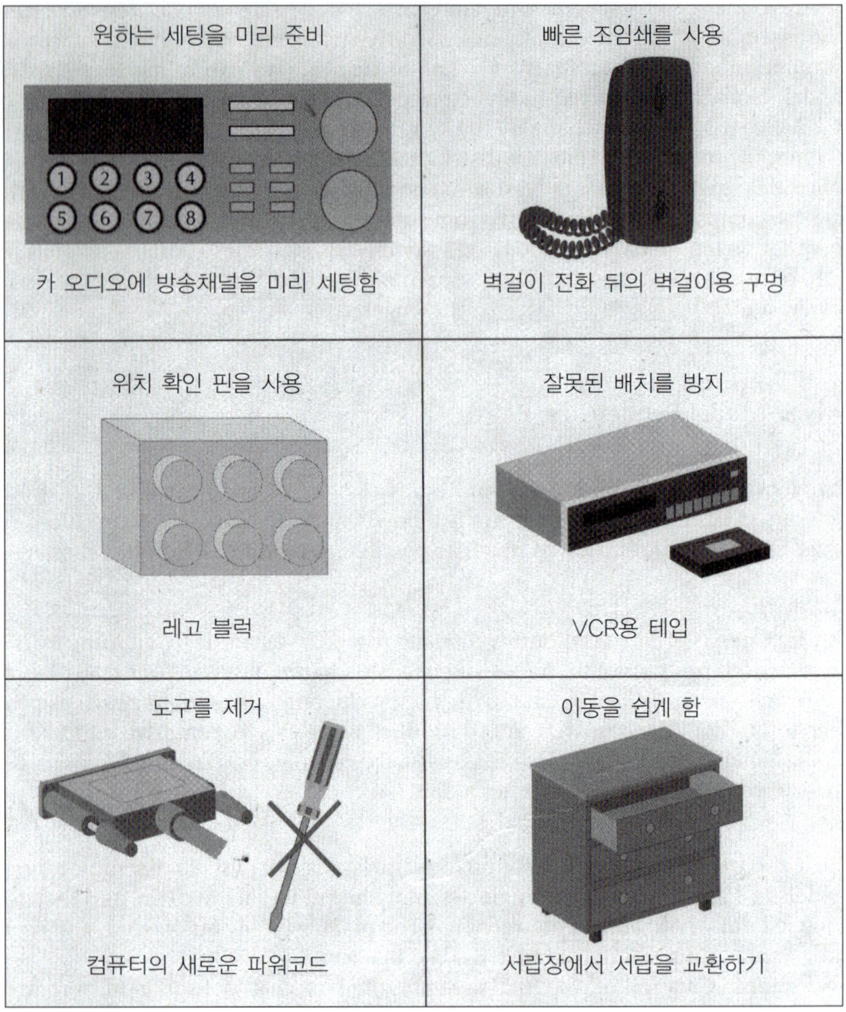

| 그림 14-5 | **제조준비시간을 단축하는 방법의 예**

경우에 따라서는 그룹테크놀로지(group technology)기법을 사용하여 유사성이 있는 품목들을 모아 작업을 수행하는 방법 등을 고려할 수 있다. 이렇게 해서 내부제조준비가 최소화되면 기계가 멈추었을 때 새로운 제품으로의 생산전환이 신속하게 이루어진다.

전통적인 생산시스템에서의 제조준비시간에 대한 관심이 적었던 만큼 JIT 시스템에서 본격적으로 제조준비시간의 단축을 시도하는 경우에는 보다 큰 성과를 기대할 수 있다. 미국의 제너럴 모터스(General Motors)사에서는 대형펀치

표 14-2 후드 및 펜더 프레스 교체시간 비교

	도 요 타	미 국	스 웨 덴	서 독
교체시간	0.2 시간	6 시간	4 시간	4 시간
교체횟수(일)	3 회	1 회	–	1/2 회
럿 크 기	1 일분	10 일분	1 개월분	–

프레스의 금형교체시간을 6시간에서 18분으로 단축하였으며 그 결과로 재고금액을 100만달러에서 10만달러로 줄일 수 있었다. 이것은 리드타임의 단축만이 아니라 생산능력의 이용률도 대폭 향상된 것을 의미하는 것이다.

또한 도요타 자동차회사를 비롯한 일본의 제조업에서는 제조준비시간을 단축하기 위하여 생산설비의 최소한 50%이상을 자체의 실정에 맞도록 재설계 작업하였고 금형교체시간 단축에 필요한 작업방법 개선, 공구개량, 금형의 개선을 기하였다.

이러한 노력의 결과 도요타 자동차회사에서는 1976년에 후드(hood)와 펜더(fender)용 800톤 프레스를 교체하는 데 수 년에 걸쳐서 많은 교육과 훈련을 한 결과 이전에 약 1시간이 소요되는 것을 12분대로 감소시키는데 성공하였다. 주요 자동차 생산국의 제조준비시간을 비교하여 〈표 14-2〉에 나타낸다.

도요타 자동차회사는 현재 10분 이내의 한자리 숫자로 줄이는 'single set-up' 의 목표를 세우고 있고 이 목표가 달성되는 부문에 대해서는 1분 이내로 단축하는 'one-touch set-up' 의 목표를 실천하고 있다. 이와 같이 제조준비시간 및 리드타임을 단축시키고 생산의 럿크기를 축소하는 것은 JIT시스템의 운영에 매우 중요한 요소가 된다.

2. 생산의 평준화

JIT시스템을 성공적으로 운영하기 위해서는 안정된 대생산일정계획(MPS)과 생산의 평준화가 이루어져야 한다. 생산의 평준화는, 첫째 생산계획 및 일정계획에 의하여 달성되고, 둘째 제조공정을 재설계하여 럿크기와 제조준비시간을 단축함으로써 달성된다.

생산계획을 수립하는 과정은 장기생산계획으로부터 시작하여 연간, 월간, 그리고 일간계획으로 세분되고 생산계획의 세분화하는 과정에서 판매액, 이익 및 생산능력이 계획된다. 이러한 계획과정은 총괄계획으로부터 시작하여 특정모형이나 제품의 계획으로 구체화된다.

대생산일정계획은 월간 그리고 일간수준으로 작성되는데 이는 작업현장의 균일한 작업부하를 달성하기 위함이다. 특정모형을 위한 MPS의 계획기간은 생산기간, 구매, 그리고 생산능력변동에 따라 다르지만 적어도 1개월, 그리고 경우에 따라서는 2, 3개월이 될 수도 있다. 따라서 월간 생산계획이 확정되면 매일의 생산율은 다음의 공식을 이용하여 결정하며 월간 일정하게 유지된다.

$$\text{일간 필요생산량} = \frac{\text{월간 필요생산량}}{\text{월간 작업일수}}$$

이와 같이 균일한 생산율을 유지하려는 것은 자재의 공급자로부터 고객에 이르기까지 자재의 원활한 흐름을 달성하려는 것이다. 생산공정상의 불필요한 지연이나 재공품재고는 낭비라고 생각하므로 재공품재고가 아주 낮게 유지된다.

월간 생산계획이 확정되면 매일매일의 생산계획에는 변동이 없고, 구성품에 대한 수요가 규칙적으로 발생하며, 특정 최종제품의 조립계획이 규칙적으로 이루어진다.

일간 생산계획이 수립되면 생산을 평준화하는 다음 단계는 각 최종제품의 필요한 주기시간(cycle time)을 계산하는 것이다. 주기시간이란 두 개의 동일한 모형의 제품이 생산라인으로부터 산출되어 나오는데 소요되는 시간으로 다음의 공식을 이용하여 계산할 수 있다.

$$\text{주기시간} = \frac{\text{일간 작업시간}}{\text{일간 필요생산량}}$$

생산계획의 마지막 단계는 여러 가지 모형을 조립하는 순서를 결정하는 것이다. 자동차 제조회사에서는 하나의 모형을 모두 생산하고 다음 모형을 생산하는 것이 아니라 하루에 생산해야 할 모든 모형을 혼합하여 생산한다. 모형의 조립순서를 결정할 때 주의할 점은 특정모형의 조립사이의 시간을 그 모형의 주기시간과 일치시키는 것이다. 이와 같은 조립 순서는 한 달동안 매일 계속되며 이러한 반복적인 주기는 작업장에 균일한 작업부하를 가져오게 한다.

생산을 평준화하려는 이유는 최종조립을 지원하는 모든 작업장에 균일한 작업부하를 부과하려는 것이다. 각 작업장의 작업부하는 매일 한 달동안 균일하게 유지되어 작업자도 재할당되지 않으며 제품에서 다음 제품으로 변환하는데 시간이 거의 소요되지 않는다. 만일 그렇지 않으면 최종 조립라인이 아주 낮은 제조준비시간을 달성하기 위하여 재설계되어야 한다.

일단 월간 생산일정계획이 수립되면 이 계획을 모든 작업공정과 자재공급자에게 보내야 한다. 그들은 이 계획에 따라 필요한 작업자, 잔업, 하청, 그리고 새로운 설비 등 생산능력계획(CRP)을 수립하게 된다. 또한 각 작업공정과 자재공급자들이 생산계획수립에 충분한 시간을 갖도록하여야 한다.

JIT생산방식에서는 월간 생산율과 수요율이 같기 때문에 MPS를 매일 매일의 고객의 수요와 거의 일치하게끔 작성하여 매일의 생산량은 수요량과 같다. 따라서 완제품재고를 최소화할 수 있다. 이러한 MPS는 완제품뿐만 아니라 재공품과 원자재의 재고도 줄이는 데 공헌한다. MPS의 안정화는 시스템 내의 모든 제조공정 및 자재공급자로부터의 소요량을 안정시키는 데 중요한 기능을 한다.

3. 작업자의 다기능화

JIT시스템을 적용하기 위해서는 작업자들이 다수의 기능을 보유해야 한다. 다수의 기능이란 몇 개의 상이한 기계를 운전할 능력뿐만 아니라 이들 기계의 정비능력 및 작업준비를 위한 공구와 금형의 교체능력 등을 포함한다. 작업자가 다수의 작업을 수행할 수 있는 경우 제조준비시간의 단축이 가능하게 된다.

JIT시스템이 생산활동의 목적을 달성하기 위해서 갖추어야 할 결정적인 요인의 하나는 다수기능을 보유하고 있는 작업사이다. 작업자의 다기능화는 자기의 기계설비뿐만 아니라 주위의 기계설비도 운전할 수 있는 능력을 갖추어야 한다. 제조공정에서 자재가 필요하지 않으면 작업을 중단해야 하므로, 작업자는 기계를 멈추고 부품생산이 요구되는 다른 작업장으로 옮겨가서 기계를 운전해야 한다. 이와 같이 모든 작업자는 여러 가지 종류의 기계를 운전할 수 있는 다기능을 가지고 있을 뿐만 아니라 이들 기계를 정비할 수 있어야 한다.

JIT시스템이 원활히 운영되기 위해서는 작업자가 작업과 동시에 품질활동도 담당해야 한다. 높은 품질의 자재는 JIT시스템의 원활한 운영을 위한 필요조건이며 이는 또한 JIT시스템 운영방법의 결과이기도 하다. 후속공정에서 요구하는 특정수량의 자재를 담은 컨테이너가 후속공정으로 이동할 때 이 컨테이너의 자재는 불량품이 포함되어서는 안된다. 소량의 자재가 사용직전에 생산되므로 불량품 발생의 원인을 추적하기 쉽다. 작업자가 컨테이너 속에서 불량품을 발견하면 불량품 생산을 원천적으로 방지하기 위하여 [그림 14-6]에서와 같이 작

| 그림 14-6 | **라인 멈춤 등**

업자에게 공정을 중단시키고 바로 문제를 시정할 공정멈춤(line stop)의 권한을 부여한다. 이와 같이 선행공정에서 불량품이나 이상이 발생하면 자동적 공정중단장치를 통해서 후속공정작업이 자동적으로 중단되어 모든 작업자들이 문제의 현장에 모여 문제를 스스로 개선토록 한다. 이것은 불량요인의 원천적 해결은 물론 불량품의 대량발생을 방지하기 위한 것이다.

전통적 제조방식으로는 품질상의 문제가 발생하면 품질관리기사가 이를 개선토록 하며 후속공정 작업자들은 계속 작업을 수행한다. 그러나 JIT 방식의 생산시스템에서는 별도의 품질관리기사가 존재하지 않는다. JIT시스템 하에서는 자재나 제품의 완벽한 품질을 보장하기 위하여 불량발생 시 생산라인의 중단이 오히려 권장된다.

작업자들은 엔지니어들을 적극적으로 문제해결활동에 참여시킬수 있는 방안이 필요하다. JIT시스템에서는 품질분임조(quality circle)와 제안제도(suggestion system)가 이러한 수단으로 사용된다. 모든 작업자들이 문제해결에 적극 참여할 수 있는 환경을 조성할 필요가 있다.

4. 품질경영

가빈(D.A. Garvin)에 의하면 품질경영의 중요한 요소는 생산스케줄의 평준화, 무결점제품, 교육훈련, 품질분임조, 소수의 공급자, 장기적 계약, 낮은 가격보다는 높은 품질 등이라 하였다. 이러한 품질경영의 중요한 요소는 JIT시스템의 경우에도 그대로 적용되는 요소들이다. JIT시스템의 실행에 따라 럿크기를 줄인 결과로서 자재이동시간과 비용의 절감, 유휴시간의 단축, 품질의 향상을 가져온 것으로 조사되고 있다.

JIT시스템의 능력은 기업의 높은 품질수준을 유지하는 것이다. 즉 JIT시스템은 품질면에서 설계품질, 규격과 설계의 적합성, 신뢰성과 내구성, 기술적 탁월성을 제공해 준다.

JIT시스템에 의해 품질개선의 노력을 지속하여야만 제품의 높은 경쟁력을 유지할 수 있다. 어떠한 경우라도 자재의 결점이나 작업불량에 의한 생산라인의 정지를 허용하지 않음으로써 생산라인을 정상적으로 운영할 수 있을 것이다. JIT시스템은 무결점을 추구하며 무결점은 자재 또는 공정에서의 불량으로 인한 폐기나 재작업 등 낭비를 제거하므로 100%의 완벽한 제조활동이 가능하다.

JIT시스템에서 강조하는 것은 조직의 모든 구성원이 품질에 대하여 책임을 지는 것인데 품질분임조는 품질활동부서만이 아닌 작업자중심의 품질활동의 전개라는 점에서 매우 유용한 수단이 된다.

5. 간판시스템의 운용

JIT시스템에서는 생산지시와 자재의 이동을 가시적으로 통제하기 위한 방법으로 간판시스템(kanban system)을 사용한다. 생산현장에서 가시적인 통제수단으로 [그림 14-7]과 같이 공구의 경우 공구판을 사용하고 작업장과 기계의 경우는 표시등을 사용하며 JIT시스템에서는 간판을 사용한다.

간판시스템은 후속의 제조공정에서 선행제조공정으로부터 부품 등 자재를 끌어가기 위한 인출시스템(part withdrawal system)이다. 간판시스템은 생산간판과 인출간판(또는 이동간판)의 두 가지 간판카드와 자재를 담는 정량의 컨테이너로 구성되어 있다.

JIT시스템에서는 일정한 수의 컨테이너가 사용되며 하나의 제조공정에서 생산된 자재들은 이들 컨테이너에 담겨져 모든 컨테이너가 채워지면 생산이 중단되고, 후속 제조공정에서 이들 자재를 다 사용하고 빈 컨테이너가 돌아올 때까지 자재를 생산하지 않는다. 따라서 각각의 제조공정에서의 재공품재고는 총 컨테이너 수와 컨테이너 용량에 의해 결정되고 자재는 후속공정의 필요에 의해서만 생산하여 공급한다.

JIT시스템에서는 이와 같은 방식으로 대생산일정계획에서의 최종제품의 생산요구에 따라 적시에 각각의 제조공정을 거쳐 자재의 흐름이 이루어진다. 만일 기계설비의 고장이나 자재의 품질적 문제 등으로 생산활동이 중지되면 선행의 모든 제조공정에서는 각각의 자재컨테이너가 채워질 때까지만 작업을 수행하고 자동적으로 생산을 중단하게 된다.

간판시스템에 대해서는 제3절에서 상세히 설명하기로 한다.

6. 기계설비의 셀화배치와 집중화공장

많은 공장들이 JIT시스템의 실행이 가능하게 하기 위해서 모든 기능을 수행할 수 있는 거대한 제조공장을 운영하지 않고 기술과 제품이 전문화된 소규모

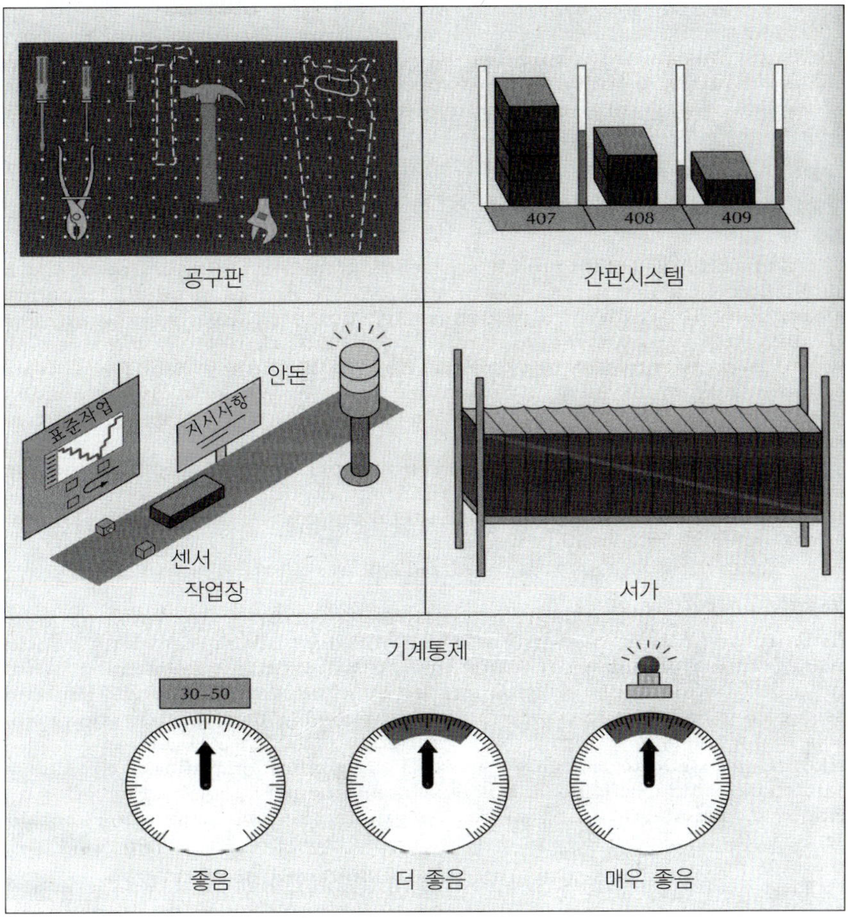

| 그림 14-7 | **가시적 통제 방법의 예**

의 집중화된 공장을 운영하고 있음을 볼 수 있다. 이러한 소규모 공장을 선호하는 이유는, 첫째 대규모공장은 관리상 제약이 많고, 둘째 소규모공장을 대규모공장보다 더욱 경제적으로 유영할 수 있기 때문이다.

일본에는 수많은 소규모의 집중화된 단위공장들이 있는데 이들 공장들 간에는 최종조립공정에 이를 때까지 생산의 연속적 단계로서 상호간 부품 및 중간 조립품을 하루에 2회 내지 수회씩 공급하고 있다.

일본기업은 공장내에서 그룹테크놀로지(GT)기법을 사용한다. JIT시스템의 설치는 기계설비배치에 영향을 미치는데 제품의 제조공정에서 자재가 능률적으로 흐르고 럿크기가 감소하며 자동화 문제가 계속 해결되어야 하므로 모든 기계설비는 셀화 또는 GT에 맞게 배치되어야 한다. 일본의 생산설비들은 적시납품개념을 지원하기 위하여 GT를 기초로 조직되어 있는데 이것은 상이한 제조공정 기능을 수행하는 일련의 개별적인 기계들은 그룹화하여 그들이 하나의 조립라인처럼 운영되도록 하는 것이다.

JIT시스템은 제조준비시간을 줄이고 생산의 효율을 가져오는 기본적인 도구이다. 이는 또한 자동화의 첫 단계이며 적시생산에 절대적으로 필요하다. 기계설비배치에 대한 JIT시스템의 영향은 [그림 14-8]에 제시되어 있다. 이 그림에서 최초의 기계설비배치는 공급자가 부품을 보관장소에 배달하고 부품은 일정한 기간동안 여기에 저장되며 한 작업공정에서 작업이 끝나면 다음 작업공정으로 이송하는 형태이다.

그러나 JIT시스템에서의 소규모 렷 생산을 위해서는 기계설비의 배치가 전용설비의 성격을 갖기 보다는 범용적 기계설비의 성격을 가져야 한다. 범용적 기계설비의 성격은 소규모 렷 생산에서 기계설비 이용의 효율성을 높일 수 있다. 따라서 JIT시스템을 위한 기계설비의 배치는 셀화 배치나 GT 배치방법이 효과적이다.

각 작업공정에서 기계는 전문작업자에 의하여 작동된다. 각 작업이 작업공정간을 이동하고 대기하는 시간이 전체 가공시간의 약 90~95%를 차지한다. 그림에서 JIT배치는 JIT시스템이 설치되어 모든 저장소가 제거된 형태이다. 이 경우 모든 자재의 재고는 생산공정현장에 저장된다.

GT기법을 도입한 JIT 기계설비배치는 부품이나 자재가 한 작업장에서 다음 작업장으로 원활하게 흐를 수 있도록 작업장을 배치한 형태이다. 즉, 부품이 이동하는 방식으로 작업장이 배치되어 부품은 공정이동을 빨리 하게 된다. 부품이 흐를 때 각 기계 옆에 있던 안전재고는 완전히 제거된다. 이렇게 함으로써 렷크기가 1단위에 접근할 때 자동화는 가능하게 된다. 한 작업자가 몇 개의 기계를 운전할 능력을 갖추므로 작업자의 능률이 증가하고 작업장 사이를 흐르는 부품의 이동시간 및 대기하는 시간이 단축된다. 따라서 생산성은 향상되고 재공품재고는 최소로 유지된다.

JIT시스템에서는 재공품의 재고수준이 최소화되어 있으므로 기계설비의 정비가 완전해야 한다. 하나의 연속조립공정으로 운영되는 작업장 및 공급업자의 기계설비가 장시간 고장나는 것은 용납될 수 없으므로 예방보존활동과 즉각적인 수리보존활동은 필수적이다. 일본의 제조업자들은 정기적으로 예방보존 및

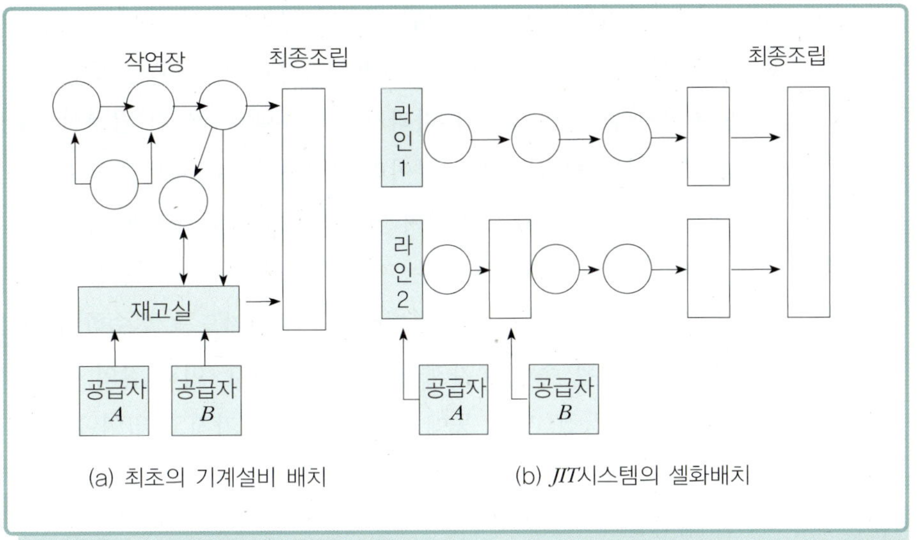

| 그림 14-8 | JIT와 기계설비배치

교체계획을 시행한다. 생산공정에 고장이 발생하면 전 생산라인이 중지한다. 일본에서는 생산현장에서 작업자들의 인격을 존중하기 때문에 어느 작업자도 공정을 멈추게 할 권한과 책임을 갖는다. 따라서 작업자는 자기의 기계설비를 최고의 운영상태로 유지해야 할 책임을 지는 것이다.

7. 공급자 관계

JIT시스템에서는 부품이나 자재의 공급업체도 이 시스템에 적응해야 한다. JIT시스템에서는 공급자를 생산시스템내의 하나의 작업공정으로 간주한다. 즉 공급자도 간판카드와 특정 컨테이너를 이용하여 다음 생산단계에 적시에 그리고 소량으로 수시로 자재를 공급하여 즉시 생산에 사용하도록 한다. 부품, 구성품 등 자재의 적시구매(JIT purchasing)도 적시생산처럼 소량의 자재를 생산라인에 따라 원활하고 균일하게 흐르도록 하여 생산의 어떤 단계에서도 재고가 쌓이지 않아야 한다. 공급자가 자재를 대량으로 공급하게 되면 재고가 늘어나게 된다. 공급자가 부품이나 자재를 공급할 때는 특정 컨테이너에 담아서 주어진 시간에 맞추어서 공급해야 한다.

일반적으로 JIT시스템하에서 공급자는 매일 수 회씩 부품을 공급하는 것으로 조사되고 있다. 따라서 자재의 공급자는 고객의 공장부근에 위치하도록 권장된다. 하루에 여러 번 자재를 공급하려면 많은 수송비가 발생하기 때문에 이를 감축하기 위해서는 인접된 입지가 고려되어야 한다.

만일 공급자가 멀리 위치하면 공장부근에 창고를 보유하여 고객의 요구를 만족시켜야 한다. 경우에 따라서는 하루에 여러 번 납품함으로써 발생하는 높은 수송비를 줄이기 위하여 여러 공급자가 수송수단을 공유하거나 합동하여 다른 공급자의 자재를 수집하여 납품하는 방법도 고려될 수 있다.

JIT시스템하에서 공급자는 자재를 배달해야 할 시간을 지정받는다. 공급자는 자재를 공급할 때마다 빈 컨테이너와 간판카드를 회수하여 다음 공급 시 컨테이너에 규정된 수량의 자재를 담아 공급한다. 이와 같이 공급자의 부품에 대해서는 수량, 품질, 납기 등에 완전한 신뢰를 가지고 있어야 한다. 이렇게 함으로써 번거로운 서류작성을 피하고 사무비용을 줄이는 등 조달기간의 단축과 재고를 감축할 수 있다.

공급자는 여러 고객에게 자재를 공급하는 공급자와 하나의 고객에게 여러 가지 종류의 자재를 공급하는 공급자의 두 가지 유형이 있다. 일반적으로 일본에서는 공급자가 하나의 고객에게 여러 가지 부품이나 자재를 제공하고 있다. 이는 상호신뢰에 입각하여 공급자와 장기계약을 체결하고 자재의 품질을 보장받기 위해서이다. 장기적 계약관계를 유지함으로써 고객과 공급자와의 관계는 적대관계가 아니고 상호이익을 보장할 수 있는 협력관계를 유지할 수 있다.

제너럴 모터스사는 JIT시스템으로의 전환을 위한 계획의 한 부분으로 통합적 공급업자 프로그램을 개발하였는데 그 주요내용은 다음과 같다.

① 공급업자의 조기선정: 부품이 최종설계단계에 도달하기 전에 그 부품의 공급업자를 선정한다. 이것은 공급업자와 충분히 협의하여 부품설계를 완성하기 위한 것이다.

② 동일업자에 의한 부품군 공급(family of parts sourcing): 유사성이 있는 부품군에 속하는 자재들은 모두 하나의 공급업자로부터 공급받도록 한다. 이에 따라 공급업자는 자재생산에 경제적 럿 크기를 확보하고 기계설비 배치에 있어서 셀화배치 또는 그룹테크놀로지를 적용할 수 있게 된다.

③ 장기계약: 공급업자에게 장기의 독점적 공급권을 부여하되 그 대가로 가격조건을 지정한다. 이 때 미래의 가격인하 또는 인상을 미리 약정할 수 있다.

④ 생산원가를 기준으로 한 가격결정: 정상적인 시장원리가 적용되지 않으므로 가격은 생산원가를 기준으로 하여 협상한다.

⑤ 검수절차의 간소화: 가격과 공급업자 쌍방의 비용이 절감된다.

또한 부품이나 자재를 공급하는 대부분의 공급업자들은 기술기반이 취약하고 자본이 부족한 점 등 경영상의 애로가 있어 이러한 점을 개선, 지원해 줄 필요가 있다. 따라서 이들 공급업자의 고객이 되는 기업들은 품질지원에 의한 엄격한 공급자 품질수준을 유지하고 제조공정에서의 효율성과 비용절감을 할 수 있는 경영지도 및 기술지원을 하는 것이 바람직하다.

이러한 공급자와의 원만한 협력관계(partnership)를 유지하는 것은 자재의 품질수준을 높게 유지하고 조업의 안정을 가져오는 등 궁극적으로 기업의 이익을 가져올 수 있다.

제 3 절 자재의 흐름과 간판 시스템

1. 간판 시스템의 의의

간판(kanban)시스템은 생산지시에 따라 연속적으로 작업공정을 거치는 생산활동에서 자재의 생산과 운반을 통제하는 방법이다. 자재의 생산과 운반을 통제하기 위하여 간판 또는 간판카드를 사용하는데 이러한 간판은 제조공정에서 자재를 사용하는 후속공정이 자재가 필요하다는 것을 선행공정에 알려 자재가 적시에 공급되도록 하는 기능을 수행한다. 즉 간판시스템에서는 최종공정으로부터 전 단계의 선행공정 순으로 제조공정의 라인을 거슬러 올라가며 연속적으로 부품이나 자재를 끌어들임으로써 자재의 이동이 이루어진다.

간판시스템에서의 생산활동은 작업배정부서로부터 최종공정에 생산지시를 받는 것으로 시작되는데 그 외의 선행공정은 각각의 후속공정으로부터 간판에 의해 생산주문을 받게 된다. 만일 자재를 사용하는 공정에서 생산이 중단되면 자재를 공급하는 선행공정은 자재의 공급을 요구하는 생산주문(간판)을 받지 못하므로 작업이 중단된다.

이와 같이 JIT시스템에서는 자재의 생산과 공급이 자재를 필요로 하는 후속공정에 의해 결정되는데 이러한 자재공급방식을 풀 시스템(pull system)이라 한다. [그림 14-9]와 [그림 14-10]에 자재소요계획(MRP)의 개념으로서의 푸쉬 시스템(push system)과 JIT 개념으로서의 풀시스템을 비교하여 나타낸다.

간판시스템의 운영으로 각각의 제조공정에서 보유하고 있는 재공품 등 자재

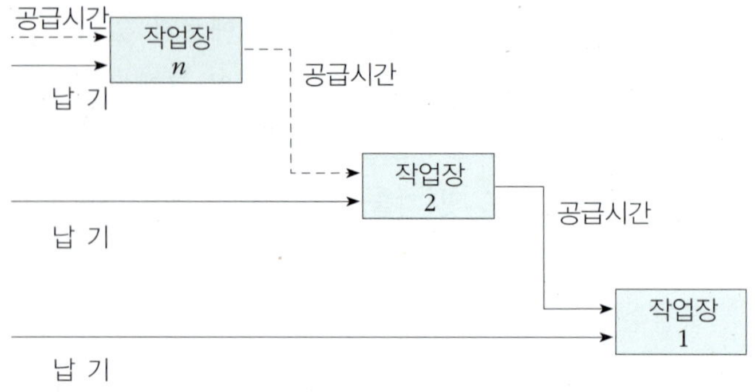

| 그림 14-9 | **푸쉬 시스템**

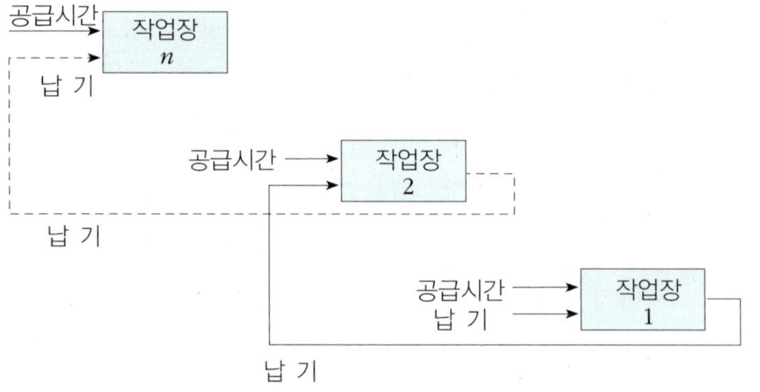

| 그림 14-10 | **풀 시스템**

의 재고나 외부공급자로부터 제조공정에 직접 공급받는 자재의 재고를 최소화할 수 있다. 이 때 자재의 이동을 위하여 생산간판(production kanban)과 인출간판(withdrawal kanban)을 사용한다.

생산간판은 특정자재에 대하여 한 컨테이너분의 수량만큼 해당 작업장에 생산을 지시하는 카드를 의미하며 인출간판은 후속공정에서의 자재요구에 따라 선행공정으로부터 한 컨테이너 분의 자재가 공급되었음을 나타내는 카드를 의미한다.

이와 같은 간판카드들은 생산을 지시하고, 컨테이너에 채워진 부품내용을 확인하는 데 사용된다. 간판카드는 종이, 금속 또는 플라스틱으로 만들어지며, 일반적으로 [그림 14-11]과 같은 정보를 포함하고 있다.

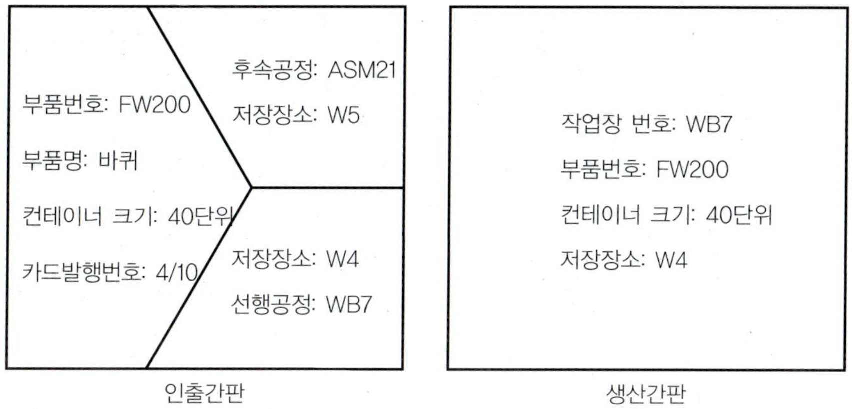

| 그림 14-11 | 간판카드

2. 간판 시스템의 운영과 규칙

간판 시스템은 간판카드와 자재를 담는 컨테이너로 구성된 물리적인 생산통제시스템이다. 간판시스템의 운영방법을 위하여 [그림 14-12]에서와 같이 작업장 A와 B 사이의 자재이동의 예를 들어 설명한다.

작업장 A로부터 작업장 B에 자재를 공급하기 위해서는 8대의 컨테이너가 사용되며, 각 컨테이너는 20개의 부품을 담을 수 있다. 모든 컨테이너에 자재가 채워지면 작업장 A의 생산은 중단되므로 두 작업장간의 최대재고는 20개×8대=160개가 된다.

정상적인 경우 8대의 컨테이너는 [그림 14-12]와 같이 분포되어 있는데 3대의 컨테이너는 자재가 가득 채워진 상태로 작업장 A의 산출자재 저장소에 위치해 있고, 1대의 컨테이너는 작업장 A에서 자재가 생산되는 대로 채워지고 있다. 1대의 가득 채워진 컨테이너는 작업장 A에서 B로 이동 중이고, 2대의 가득 채워진 컨테이너는 작업장 B의 투입자재 저장소에서 사용을 위해 대기 중이며, 나머지 1대의 컨테이너는 작업장 B의 생산을 위해 사용되고 있다.

컨테이너가 한 번에 1대씩 이동한다고 가정할 때 간판시스템은 다음과 같이 운영된다. 작업장 B에서 컨테이너 1대분의 자재를 다 사용하고 나면 빈 컨테이너와 인출간판을 작업장 A로 가져간다. 자재가 가득찬 컨테이너에 부착된 생산간판을 떼어 내고 대신 인출 간판을 붙인다. 떼어낸 생산간판을 작업장 A에 있

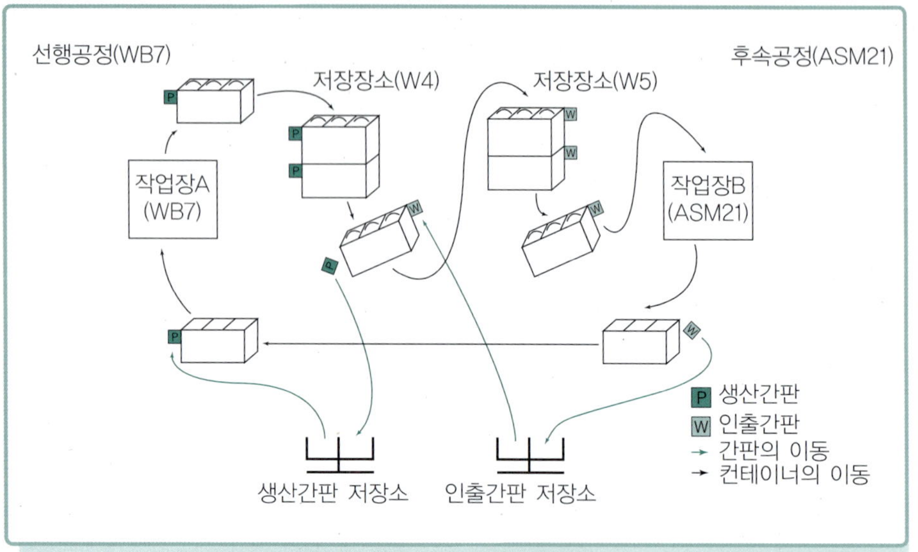

| 그림 14-12 | **간판시스템의 원리**

는 간판걸이에 둠으로써 한 컨테이너분의 자재를 다시 생산하도록 지시한다. 그리고 가져간 빈 컨테이너를 작업장 A에 두고, 인출간판을 붙인 자재가 가득 찬 컨테이너를 작업장 B의 투입지역으로 끌고 온다. 다시 한 컨테이너분의 자재를 다 쓰고 나면 이 빈 컨테이너와 인출간판을 작업장 A로 가져간다. 이와 같은 자재생산 및 이동의 주기가 계속 반복된다.

이와 같은 간판시스템의 운영방법을 단계별로 나타내면 다음과 같다.

제 1 단계: 인출간판이 부착된 빈 컨테이너들이 조립라인에 모이면 투입자재 저장소로 옮겨지고 인출간판은 컨테이너에서 떼어낸다.

제 2 단계: 빈 컨테이너는 자재가 가득찬 컨테이너와 교환되고 자재가 가득 찬 용기의 생산간판을 떼어서 생산간판 수거함에 놓여진다.

제 3 단계: 자재가 채워진 컨테이너는 인출간판의 명세와 비교, 확인되고 인출간판이 부착되어 산출자재 저장소에 옮겨진다.

이 단계로서 인출간판의 흐름이 종료된다.

제 4 단계: 부품을 가공하는 작업장에서의 생산흐름은 생산간판을 수거함으로부터 생산명령간판을 떼어낸다. 떼어낸 간판은 검토, 분류되어 생산간판 수거함에 놓인다.

제 5 단계: 자재들은 생산간판의 순서에 따라 생산된다. 생산간판은 빈 컨테이너에 부착되어 부품가공작업장으로 옮겨진다.

제 6 단계: 생산간판이 부착된 컨테이너는 부품가공순으로 생산라인에 따라 이동된다.

제 7 단계: 가공된 부품은 조립라인에서의 자재소요에 따라 산출자재 저장소로 운송된다.

이 단계로서 생산라인의 흐름이 종료된다.

간판시스템의 운영에는 다음과 같은 규칙이 적용된다.

① 각 자재 컨테이너에는 반드시 간판이 부착된다.

② 생산라인은 항상 부품을 제작하는 작업장으로부터 자재를 인출한다. 부품의 제작은 생산라인에서 담당하지 않는다. 만일 이것이 허용되면 어느 시점에서는 생산에 불필요한 자재가 공급될 수 있다.

③ 자재 컨테이너는 인출간판이 없이 저장소 밖으로 이동되어서는 안된다.

④ 컨테이너에는 항상 같은 양의 자재가 적재된다. 컨테이너 용량이 표준화가 되어 있지 않을 경우 생산의 흐름을 방해하게 된다.

⑤ 결함이 있는 자재가 공정을 통과해서는 안된다. 이러한 경우 자재의 낭비와 후속공정에서 작업시간이 낭비된다.

⑥ 생산라인 전체의 생산량은 생산간판에 의해 지시된 수량을 초과해서는 안된다. 또한 제조공정에서 인출되는 자재의 수량은 인출간판에 지정된 수량을 초과해서는 안된다.

간판시스템은 [그림 14-13]과 같이 시그날 마커(signal marker)를 사용할 수

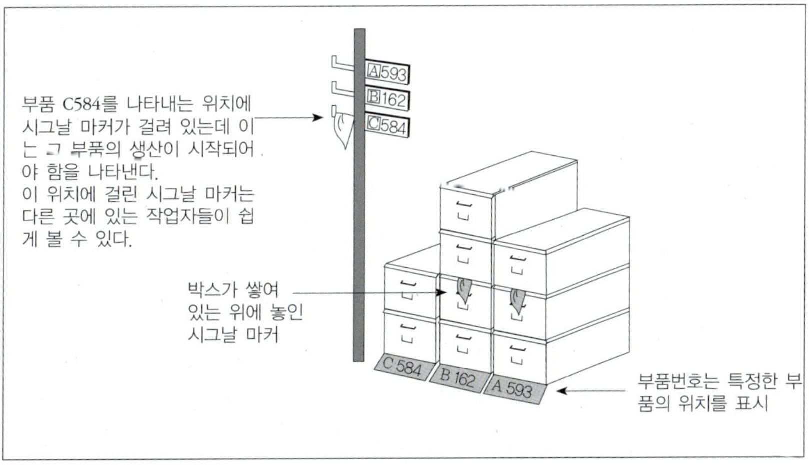

| 그림 14-13 | 경고용 시그날 마커를 가진 재고점

있다. 여기서 시그날 마커는 재주문점을 지정해주는 역할을 하는데 부품 C584의 경우 재주문점은 두 대의 컨테이너이어서 그 위에 시그날 마커를 놓아둔다. 이 부품을 사용하는 부서는 자재저장소에서 C584의 이동을 위해 컨테이너를 들어본 후에 시그날 마커를 발견하면(즉, 두 대의 컨테이너만 남아 있으면) 옆 기둥의 C584의 표시가 붙은 곳에 시그날 마커를 게시한다. 그러면 C584를 생산하는 부서에서는 이 시그날 마커가 게시된 것을 보고 C584의 생산을 시작하여 미리 정해진 생산량을 생산한다. 이렇게 생산된 생산량을 운반하여 재주문점인 두 대의 컨테이너 위에 시그날 마커를 다시 놓아두고 그 위에 계속하여 나머지 생산량을 쌓아 놓는다.

3. 간판 및 컨테이너 수의 결정

한 작업장의 운영에 필요한 컨테이너의 수는 후속작업장의 수요율, 컨테이너의 크기 및 컨테이너의 순환시간(circulating time)의 함수이며 다음 공식에 의해 결정된다.

$$n = \frac{DT}{C}$$

여기서 n= 컨테이너의 수
D= 생산된 부품을 사용하는 후속공정의 수요율
C= 컨테이너의 크기, 즉 컨테이너 1대에 담을 수 있는 부품의 수 (보통 일간 소요량의 10%미만을 유지함)
T= 컨테이너 1대가 한 번 순환하는데 소요되는 시간, 즉 부품을 채우고, 기다리고, 이동하여, 사용되고, 다시 돌아올 때까지 걸리는 시간 (이 시간을 작업장 A의 조달기간이라고도 한다)

예를 들어 다음 작업장에서의 부품수요율은 1분당 3개라고 하고, 컨테이너 1대에 담을 수 있는 부품의 수는 30개라고 하자. 그리고 컨테이너 1대가 작업장 A에서 작업장 B로 가서 다시 작업장 A로 돌아오는 데 걸리는 순환시간(즉, 모든 제조준비시간, 생산시간, 이동시간 및 대기시간을 포함)은 90분이라고 가정하자. 그러면 필요한 컨테이너의 수는 다음과 같이 9대가 된다.

$$n = \frac{DT}{C} = \frac{3\text{개} \times 90\text{분}}{30\text{개}} = 9\text{대}$$

모든 컨테이너가 채워지면 생산은 자동적으로 중단되므로 최대재고수준은 컨테이터 수에 컨테이너 1대에 담을 수 있는 부품의 수를 곱한 값으로 나타낼 수 있다. 즉 최대재고 수준을 M이라고 하면

$$M = nC$$
$$= DT$$

가 된다. 따라서 위의 예에서 최대재고수준은 nC=9대×30개=270개가 된다.

위의 식에서 보는 바와 같이 자재의 재고는 컨테이너의 크기나 컨테이너의 수를 줄임으로써 감소될 수 있다. 이는 생산준비시간, 생산시간, 대기시간 및 이동시간으로 구성된 컨테이너의 순환시간을 줄임으로써 달성된다. 컨테이너의 순환시간을 구성하는 생산준비시간, 대기시간 및 이동시간 중 어느 것이라도 단축되면 간판카드의 수를 줄일 수 있고 따라서 이에 해당되는 만큼의 컨테이너 수가 줄어 들게 된다. 그러나 생산된 부품을 사용하는 후속공정의 수요율은 외생변수가 되므로 생산관리자가 통제할 수 있는 요인은 조달기간이다. 즉 JIT 시스템에서 컨테이너의 순환시간을 단축시켜 재고를 감소시키는 것은 경영자와 작업자의 중요한 임무 중의 하나이다.

제 4 절 적시생산 시스템과 린 생산방식

1. JIT시스템과 MRP시스템

기업의 제소활동에서 자재의 재고문제를 다루는 JIT시스템과 MRP시스템간에는 현격한 차이점을 나타내고 있다. 오늘날과 같은 제조환경에서 각 기업에 적합한 시스템을 도입, 적용하기 위해서는 이들 시스템의 장단점을 명확하게 파악할 필요가 있다. 따라서 이하에서는 JIT시스템의 적용상의 특징을 MRP시스템과 비교하여 설명하고자 한다.

JIT시스템은 제조현장의 통제에 중점을 두고 생산활동에서의 낭비적 요인을 제거하는 데 궁극적인 목표가 있다. 즉 JIT시스템은 풀시스템에 의해 전체 제조공정라인에 따라 연속적으로 자재를 끌어당김으로써 각 공정에서의 불필요한

부품이나 재공품 등 자재의 재고를 없애도록 설계된 시스템이다. 그러나 MRP 시스템은 계획의 개념에 입각하여 계획기간별 자재의 소요 및 조달계획을 수립하여 그 계획에 의한 실행에 중점을 두고 있다. 즉 MRP시스템은 제조상황 그 자체를 주어진 것으로 하는데 비하여 JIT시스템은 생산활동상 제조현장의 변화를 전제로 하는 생산시스템이다.

JIT시스템은 간판카드에 의해 자재의 제조명령이나 구매주문을 가시적으로 통제하는 시스템이다. 따라서 JIT시스템은 컴퓨터를 사용할 수도 있지만 서류작업을 최소화하고 특별한 계산을 요구하지 않는다. 이에 비해 MRP시스템은 대생산일정계획하에서 자재명세서에 따라 소요자재를 산정하기 때문에 이를 위해 컴퓨터에 의한 정교한 정보처리가 요구된다. 또한 MRP시스템은 생산현장을 전반적으로 통제하기 위하여 제조명령, 구매목표, 각종 재고기록철 및 예외보고서 등 많은 양의 서류를 만들어 낸다.

JIT시스템에서는 일일 또는 매시간별로 주어진 대생산일정계획이 필요하며 이 대생산일정계획은 비교적 안정되어 있어야 한다. 그러나 MRP시스템에서는 수요 변화에 따라 대생산일정계획이 어느 정도 변화되는 것이 허용된다. 이러한 경우 각 제조단계에서의 자재의 소요량이 변화하는 경우 미리 유지하고 있는 자재의 안전재고 등에 의존할 수 있다.

JIT시스템에서는 소규모의 럿크기를 유지하기 위하여 제조준비시간이 단축되지 않으면 안된다. 특히 JIT시스템은 제조준비시간이 생산활동 전반에 미치는 영향을 최소화하기 위하여 신속한 교체 또는 제조준비를 위하여 여분의 기계설비를 이용함으로써 제조품목의 변환에 소요되는 시간을 줄일 수 있다. 이에 비하여 MRP시스템에서는 제조준비시간을 주어진 것으로 받아들임으로써 이에 대한 고려의 우선도가 낮다. 또한 MRP시스템에서는 수요를 만족하는 최대산출량에 목표를 두고 제조준비비와 재고유지비용 간의 상충관계를 고려한 경제적 럿크기 결정방식을 취하고 있다.

JIT시스템에서는 자재의 공급자를 생산시스템의 일부로 간주하여 공급자 협력관계(supplier partnership)를 유지한다. 따라서 JIT시스템에서는 단일 공급자와 장기적인 계약에 의해 소량의 부품을 수시로 납품받을 뿐 아니라 공급자에 대해 경영관리 및 제조기술면에서의 지원이 따른다. MRP시스템에서는 다수의 공급자를 경쟁시킴으로써 저렴한 공급가격으로 이익을 취하는 등 지재공급사와 경쟁관계를 갖는다.

JIT시스템에서 공급자가 제공하는 자재의 품질은 100% 완전한 무결점의 품질을 유지해야 한다. 만일 자재에 불량품이 포함된다면 생산에 막대한 지장을 초래하므로 JIT시스템에서는 자재의 품질문제가 공급자로부터 원천적인 개선이 따라야 한다. 이에 비하여 MRP시스템에서는 약간의 불량을 허용할 수 있다.

JIT시스템에서 작업자들은 다음의 후속공정에 소요되는 자재를 요구되는 품질수준으로 적시에 생산하여 제공해야 한다. 이를 위해서 작업자들은 능동적으로 문제해결에 참여하고 생산성의 향상과 품질개선에 직접적으로 기여하고 있다. 그러나 MRP시스템에서 작업자는 생산시스템의 일부로서 기능적으로는 자기가 맡고 있는 공정에만 전문화되어 있다. 따라서 MRP시스템에서의 작업자의 역할은 단순히 수립된 계획에 따라 주어진 작업을 수행한다.

이밖에도 JIT시스템과 MRP시스템은 기계설비의 보존활동 및 자재의 제조조달이나 구매조달에 소요되는 리드타임의 크기 등 거의 모든 점에서 상이한 특징을 나타내고 있다. 두 시스템 간의 차이점을 요약하면 〈표 14-3〉에서와 같다.

이상과 같은 JIT시스템과 MRP시스템의 차이에도 불구하고 이 두 시스템은 생산시스템의 특징에 따라 각각 유효하게 적용될 수 있다. 즉 JIT시스템은 소수품목의 반복적 생산(repetitive production) 시스템에 효과적으로 적용될 수 있다. 이것은 JIT시스템이 안정된 대생산일정계획하에 운영되며 자재공급자와 협력관계를 유지해야 하며 작업자들이 다기능화되어야 하는데 이러한 조건들은 반복적 생산시스템에 적합하기 때문이다.

한편 MRP시스템은 계획수립이 용이한 묶음생산(batch production)이나 개별주문생산, 그리고 일일의 생산율이 크게 변화하는 경우에 보다 효과적으로 적용될 수 있다. 이러한 면에서 MRP시스템은 JIT시스템에 비해 비반복적생산(non-repetitive production) 시스템에 적합하다고 할 수 있다.

또한 위의 두 가지 생산시스템의 중간형태인 반반복적 생산(semi-repetitive production) 시스템의 경우는 JIT시스템과 MRP시스템의 혼합된 시스템이 더욱 효과적이다. 특히 기업생산환경의 변화와 다양한 고객의 요구에 대응하기 위해서는 반반복적 생산시스템의 운영이 필요하다.

이러한 경우 MRP시스템은 자재소요계획을 수립하는 데 사용되고 JIT시스템은 제조현장에서 자재의 통제를 위해 사용된다. 이러한 MRP시스템과 JIT시스템의 혼합형태를 동시자재소요계획(syncro-MRP)라 하는데 일본의 야마하(Yamaha Motors)사에서 개발하여 사용하고 있다.

표 14-3 JIT 시스템과 MRP 시스템의 비교

	JIT 시스템	MRP 시스템
자재계획	풀(pull) 시스템	푸쉬(push) 시스템
재고	재고를 줄이기 위해 가능한 모든 노력을 기울임.	예측오차, 미래의 불확실성에 대비하여 안전재고를 유지함.
럿크기	꼭 필요한 양만을 충족함. 부품의 제조량 및 구매량 모두 최소의 보충량만을 럿크기로 유지함	제조준비비용과 재고유지비용이 균형을 이루도록 럿크기를 결정함(EOQ).
조달기간	자재공급자를 인접화하여 조달기간을 짧게 유지함.	필요한 조달기간을 인정함.
제조준비	신속한 금형교체 등 제조준비시간을 최소화하여 럿크기를 줄이고 다양한 부품생산을 시도함.	제조준비시간의 우선도가 낮음. 최대산출량에만 목표를 두고 생산의 신속한 교체에 대한 노력이 부족함.
자재의 대기	자재의 대기행렬을 제거함. 자재의 대기시간이 적을수록 문제해결이 용이함.	자재의 대기는 필요한 투자로서 이는 선행의 공정에서 문제가 발생하였을 때 후속공정이 지장을 받지않고 작업을 계속할 수 있음.
공급자 관계	공급자와의 협력관계를 유지하고 공급자를 생산시스템의 일부로 간주함. 공급자는 소량의 부품을 수시로 납품함.	다수의 공급자를 유지하여 경쟁을 시킴으로써 자재공급비용을 낮춤.
품질	완전한 품질을 유지하지 못하면 생산에 지장을 초래함. 품질문제는 원천에서 개선함.	약간의 불량을 허용함. 실제로 불량이 얼마나 발생하였는가를 조사하고 이를 예측하는 방법을 개발함.
보전활동	기계설비의 고장은 최소가 되도록 계속적으로 보전활동을 수행함.	필요할 때만 보전활동을 수행함. 재공품재고를 유지하므로 기계설비의 정비가 결정적으로 중요한 것은 아님.
작업자	합의에 의한 경영으로 작업자의 참여하에 작업시스템의 변화를 시도함.	작업자를 고려하기 보다는 명령에 의한 경영으로 새로운 작업시스템을 설치 · 운영함.

2. 린 생산방식

(1) 린 생산방식의 개념과 정의

JIT시스템과 관련하여 MIT의 워맥(James P. Womack) 등은 일본, 미국, 유럽의 자동차산업에서의 생산방식과 성과를 비교연구하고 린 생산(lean production) 방식을 소개하였다. 이들이 제시한 린 생산방식은 제품과 서비스의 가치(value), 가치의 흐름, 풀(pull) 시스템에 의한 작업 흐름, 완벽성(perfect)에 의한 낭비제거 등의 개념을 바탕으로 하고 있다.

린 생산방식은 기업조직의 전체적인 차원에서 보다 적은 자원을 투입하여 보다 큰 가치를 갖는 제품이나 서비스를 설계하고 개발하며 제조, 운영하는 시스템을 의미한다. 즉 린(lean)이란 “야윈”, “메마른”, “가는” 등의 의미를 갖는 단어로 린 생산방식이란 효율적이고 군더더기 없는 절약형 생산시스템으로 생산활동에서 발생하는 낭비적 요소의 제거를 목표로 하는 JIT시스템을 기초로 하여 구축된다.

그런데 오늘날의 생산방식은 표준화된 제품의 연속적, 대량생산에 기초를 두고 있어 자재, 재공품, 완제품 등의 수요예측 오차로 인한 과잉생산이나 과다한 재고를 유지하고 있다. 또한 생산활동을 수행해 나가는 과정에서 불량에 의한 재작업이나 폐기, 추가적인 작업으로 인한 작업손실, 프로세스 불균형에 의한 작업 대기나 지연 등 낭비적 요소가 산재해 있음을 볼 수 있다. 이 밖에도 제품이나 서비스의 생산현장에서는 설계오류, 개발지연, 자재조달의 착오, 제조프로세스 상의 오류 및 재작업과 추가작업, 품질문제 등으로 인한 낭비적인 문제가 빈번히 발생하고 있다. 이러한 낭비적 요소는 제조부문뿐만 아니라 이를 지원하는 마케팅, 재무, 회계, 정보 등의 분야에 이르기까지 광범위하게 발생하고 있다.

JIT시스템에 바탕을 둔 린 생산방식은 생산과정에서 발생하는 다양한 낭비적 요소를 제거하기 위한 생산시스템이다. 린 생산방식은 [그림 14-14]에서와 같이 JIT시스템을 바탕으로 가치 있는 신제품이나 서비스를 신속하게 개발하고 제조 및 운영하는 시스템으로 정의할 수 있다. 즉 린 생산방식은 자재의 조달, 제조, 마케팅, 재무, 회계 등 기업의 생산활동과 관련되는 전 과정에서의 낭비적 요소를 최소화함으로써 생산효율을 극대화 하는 생산방식이라 할 수 있다.

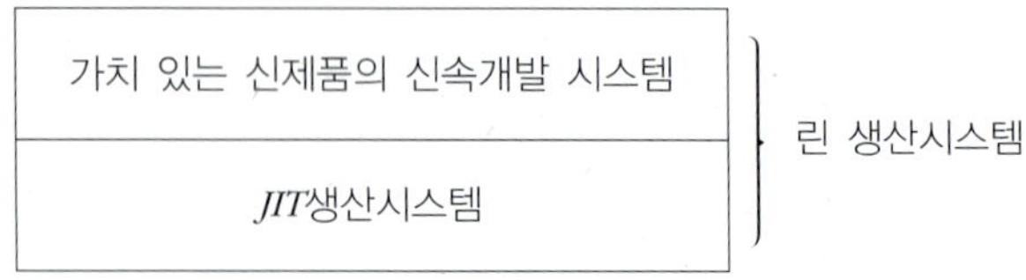

| 그림 14-14 | 린 생산방식과 JIT시스템의 관계

(2) 린 생산방식의 특징과 성과

린 생산방식의 목표는 제품이나 서비스의 생산에 보다 적은 자원의 투입으로 보다 큰 가치를 얻는데 있다. 즉 린 생산방식을 통하여 노동력, 자재, 작업공간, 작업시간, 에너지, 초과비용을 줄여감으로써 기업은 보다 가치가 높은 제품이나 서비스를 고객에게 제공할 수 있다. 워맥 등은 〈표 14-4〉와 같이 일본, 미국, 유럽의 자동차산업을 대상으로 린 생산방식의 운영성과를 분석하였다.

이러한 린 생산방식은 기본적으로 JIT시스템의 개념에 기초하고 있는데 린 생산방식은 생산시스템 전체적인 차원에서 자재의 재고의 최소화, 기계설비 운영 면에서 자기자동화, 작업자의 다기능화를 추구하고 있다.

즉 린 생산방식에서는 자재의 재고와 관련하여 필요한 양만큼의 제품을 생산하는 JIT시스템의 간판운영방식으로 각 제조 프로세스에서는 필요한 시점에 필요한 량만큼 생산함으로써 재공품 재고를 최소화 할 수 있다. 또한 린 생산방식은 각 프로세스의 생산과정에서 자재의 소요량이나 자재재고의 과부족, 작업시간과 작업부하의 과부족, 지연이나 고장 등 이상이 발생하는 경우 스스로 통제하는 기능을 수행한다. 즉 생산프로세스 상의 문제를 판단하여 작업을 중단하고 원인을 파악하여 해결하는 자기자동화(self-automation)의 기능을 통해 낭비적 요소의 원천을 제거할 수 있다. 작업자 측면에서의 다기능화란 한 작업자가 몇 개의 상이한 기계를 운전하고 작업준비, 정비 등 다수의 작업기능을 보유함으로써 작업의 지연이나 중단을 방지하고 작업준비시간을 단축할 수 있는 방법이다.

이와 같이 린 생산방식이 갖고 있는 자재의 재고의 최소화, 기계설비 운영 면에서 자기자동화, 작업자 측면에서 다기능화 등의 특징은 JIT시스템이 추구하는 낭비적 요소를 제거할 수 있다. 즉 기업은 린 생산방식을 통하여 소규모의 럿크기, 제조준비시간의 단축, 작업자 수의 감축을 가져와 궁극적으로는 낭비적 요소의 제거가 가능해 진다.

표 14-4 일본, 미국, 유럽 자동차산업에서의 린 생산방식의 성과 비교

	일본기업	미국내일본기업	미국기업	유럽기업
성과				
생산성(대당시간)	16.8	21.2	25.1	36.2
품질(100대당 조립결함)	60.0	65.0	82.3	97.0
배치				
작업공간(연간:대당 평방피트)	5.7	9.1	7.8	7.8
정비장소(조립면적의 %)	4.1	4.9	12.9	14.4
재고(1일 8개의 표본부품)*	0.2	1.6	2.9	2.0
노동력				
팀구성비율	69.3	71.3	17.3	0.6
직무순환 **	3.0	2.7	0.9	1.9
종업원당 제안수	61.6	1.4	0.4	0.4
작업계층의 수	11.9	8.7	67.1	14.8
신규작업자의 훈련시간	380.3	370.0	46.4	173.3
결근율	5.0	4.8	11.7	12.1
자동화				
용접(%)	86.2	85.0	76.2	76.6
도색(%)	54.6	40.7	33.6	38.2
조립(%)	1.7	1.1	1.2	3.1

* : 8개의 표본부품에 대해 일일 사용의 비율로 표시하였음.

** : 0은 전혀 직무순환을 하지 않는 경우, 4는 자주 직무순환을 하는 경우로 표시하여 0과 4 사이의 척로도 표시하였음.

기업이 린 생산방식에 의한 생산 활동을 수행하기 위해서는 소규모 럿생산과 제조준비시간의 단축, 생산의 평준화, 다기능 작업자, 기계설비의 셀화 배치, 간판시스템 운용, 공급자 네트워크, TQM 등 JIT시스템의 기본요소를 갖추어야 한다. 이러한 JIT시스템 기본요소는 궁극적으로 기업이 추구하는 생산활동의 목표로서 이를 달성하기 위해 린 생산방식을 활용할 수 있다는 것을 의미한다.

기업에서 린 생산방식에 의한 생산활동의 목표를 달성하기 위해서는 재고의 감축, 생산의 평준화, 제품 디자인과 프로세스의 개선, 전사적 품질관리, 공급자와의 협력 등의 노력이 필요하다. 특히 린 생산방식의 성공을 위해서는 기업 내적인 면에서보다 기업 외적인 면에서의 요인이 더욱 중요시 된다. 린 생산방식을 달성하기 위한 기업 외적인 면에서의 추구노력으로는 적극적인 고객만족 활동, 완벽한 자재조달 시스템 구축, 자원이용 네트워크의 구축 등이 전제되어야 한다.

1) 적극적인 고객만족 활동

린 생산방식은 고객의 요구가 무엇인가를 확인하는 것으로부터 출발하고 있다. 도요타자동차회사에서는 고객의 요구나 고객의 구매행태 등에 대한 자료를 수집하고 고객이 원하는 자동차를 제조하고 있다.

전통적인 대량생산시스템에서는 제품이나 서비스를 표준화 하여 시장활동을 전개하고 있지만 린 생산방식을 지향하는 도요타자동차회사에서는 표준화된 자동차가 아니라 고객의 요구가 담긴 고객지향적 자동차를 제조하여 시장을 세분화 하고 목표시장을 설정하거나 틈새시장에 초점을 두고 있다. 대부분의 고객들은 그들의 요구를 정확하게 반영한 기업의 제품을 선호하기 때문이다.

오늘날의 기업들은 린 생산방식에 의해 보다 고객지향적이고 높은 가치를 지닌 제품을 개발하고 경쟁기업보다 높은 품질의 제품을 신속하게 시장에 출하함으로써 고객으로부터 좋은 기업이미지를 구축할 수 있다. 또한 고객의 욕구를 반영한 적극적인 마케팅활동은 고객만족을 충족시킴으로써 기업성장의 목표를 달성할 수 있을 것이다.

2) 자재조달 과정에서의 원가절감 활동

앞에서 설명한 바와 같이 린 생산방식은 고객이 원하는 제품을 최소의 자원과 제조비용으로 생산하여 고객에게 제공하는 것을 목표로 하고 있다. 이를 위해 린 생산방식에서는 직접제조비 이외에도 자재조달, 선적, 인수, 검사, 재작업

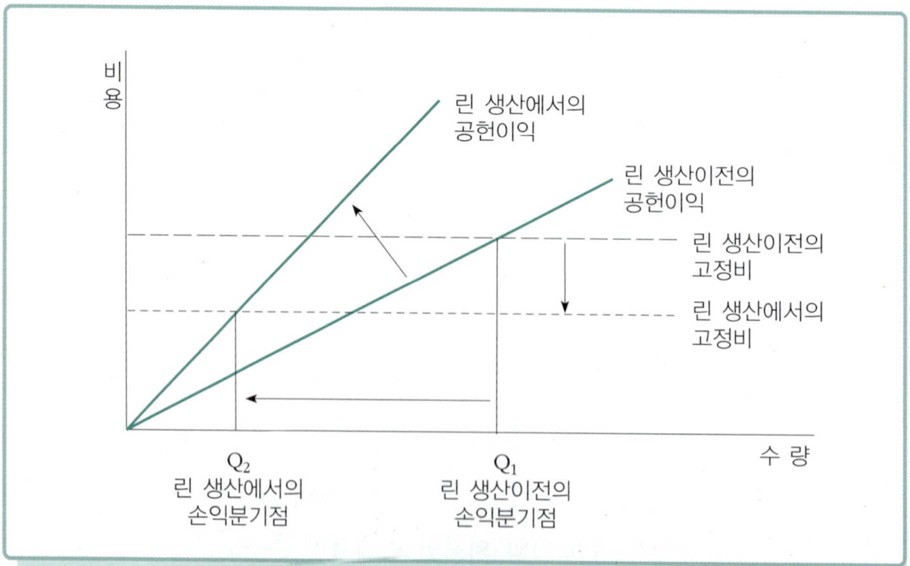

| 그림 14-15 | 린 생산에서의 비용구조의 변화

등에 소요되는 비용을 줄여나가야 한다.

린 생산방식에서 손익분기점을 분석하기 위해서는 린 생산에 의한 공헌이익을 증가시키거나, 직접제조비 이외의 초과비용을 줄이는 방법을 고려할 수 있다. 기업이 양질의 제품이나 서비스를 고객에게 보다 신속하게 제공할 수 있다면 제품의 가격이 다소 높다고 해도 직접비용이 절감되어 공헌이익이 증가하게 된다.

[그림 14-15]에서와 같이 린 생산방식에 의해 공헌이익이 증가되면 손익분기점에서의 생산수량은 보다 작아진다. 이와 같이 적은 수량의 제품을 생산해도 기업은 이익을 얻을 수 있으므로 목표시장에서의 경쟁력 확보, 또는 틈새시장에 쉽게 진입할 수 있고 고객의 수요변화에 빠르게 대응할 수 있다.

3) 자원이용 및 기술의 통합화

린 생산방식에서 생산관리자는 제품이나 서비스의 설계, 생산 및 고객에 대한 납품 등의 활동을 개선시킬 수 있도록 이에 관련되는 모든 자원을 통제하고 조정한다. 즉 기업의 내적 자원은 물론 공급자, 유통업자, 수송 및 고객관리 등 외적 협력업자와 관련되는 자원통제 기능을 통합적으로 관리한다. 이를 위해 제품설계 및 제조활동과 관련하여 동시설계나 동시공학, CIM 등의 생산기술을 이용하고 전자자료교환(EDI), 바코딩, 자동인식기술(RFID) 등 SCM의 기능을 활용한다. 린 생산방식에서는 이러한 생산 및 관리기술을 응용하여 통합적인 자원이용을 가능하게 함으로써 최소의 자원으로 최대의 가치를 지닌 제품이나 서비스를 생산하여 고객에게 제공할 수 있다.

린 생산방식은 제품이나 서비스의 생산활동을 통해 발생하는 불필요한 낭비적 요소를 제거하는 데에 목표를 두고 있다. 실제로 린 생산방식의 적용은 제품의 제조기능 뿐만 아니라 관리적 활동에서도 찾아볼 수 있다. 예를 들어 제품이나 프로세스의 품질적 변동을 최소화 하여 낭비적 요소를 제거함을 목표로 하는 식스시그마 활동에 있어서도 개선활동 주기를 단축하여 린 식스시그마라 부르고 있다. 이는 식스시그마 활동주기를 최대한 단축하여 개선효과를 찾고 또 다른 개선활동의 과제를 수행하기 위함이다.

이와 같이 기업이 린 생산방식을 활용함으로써 얻을 수 있는 이점을 자재, 기계설비, 작업자, 관리활동 등의 면에서 정리하면 다음과 같다.

- 자재, 재공품, 완제품 재고의 감축

- 생산의 리드타임 단축
- 자재 이동시간과 거리의 단축으로 물류의 효율성 향상
- 기계설비의 효율적 배치를 통한 작업공간 최소화
- 기계설비의 가동률 향상
- 작업자의 동기부여와 협력업체와의 우호적 관계유지
- 제품 및 서비스의 품질향상
- 낭비제거를 통한 생산성 향상

사례 랜텍의 린생산 방식과 성과

프라스틱 필름과 롤형태의 랩(wrap)을 제조하는 랜텍(Lantech)은 1972년 Pat Lancaster 형제에 의해 창업되었다.

이 회사는 창업 직후부터 제조방식의 혁신을 위하여 MRP시스템에 의한 자재관리, 순차적 작업흐름방식의 시도, 품질개선을 위한 TQM의 도입 등 많은 노력을 기울였다. 특히 순차적 작업흐름방식을 도입하여 매 제품생산의 럿을 하나의 주문, 하나의 설계, 하나의 설비라인에 따라 한번에 처리하는 일관된 생산라인을 유지함으로써 유연성, 지속성, 신속성을 추구하는 생산의 가치체계(value stream)을 구축하였다. 이와 같이 랜텍의 생산시스템은 주문방식, 제품설계 및 생산방식, 작업방법을 표준화 하고 경우에 따라 주문된 제품의 납기단축을 위한 Q-line 도입, Q-cell도입, 신속한 공구교체에 의해 가능했으며 TQM, Kaizen 등 품질활동이 병행되어 수행됨으로써 생산활동의 성과를 배가시킨 것으로 분석되고 있다.

랜텍은 1990년대 중반 이후 각 팀리더에 의해 제품 및 제조공정 엔지니어링, 공구엔지니어링, 자재구매, 생산, 및 마케팅기능을 통합하는 제품설계의 동시개발(concurrent development)체계를 구축하기 위하여 협동적 입지(co-location)에 의한 생산방식을 채택하여 운영하고 있다.

랜텍의 린 생산방식에 의한 성과는 신제품개발기간이 2-3년에서 1년, 기계당 작업시간은 160시간에서 80시간으로 단축되었으며 기계당 제조소요공간이 100sqft에서 55sqft, 기계당 불량발생 지수는 8에서 0.8, 완제품 및 재공품재고는 260만 달러에서 190만 달러로 감소하였다. 또한 생산시간(throughput time)이 16주에서 14-120시간, 제품인도시간은 4-20주에서 1-4주로 단축되는 등 생산활동 전반적인 성과를 나타내는 것으로 분석되고 있다.

— 출처: James P. Womack, Daniel T. Jones, *Lean Thinking*, Simon & Schuster 1996, pp.102-121

사례 NEC의 초(超)린 혁명

NEC는 1993년 말부터 경영부진으로부터 벗어나기 위해 초(超)린 생산방식을 도입하여 제품의 설계, 생산, 자재조달 등의 업무처리를 혁신하였다. NEC의 초(超)린 혁명은 단순한 생산혁신운동의 전개로부터 생산라인의 개선, JIT생산시스템의 확립, 설계부문의 효율화 등의 방향으로 추진되었다.

생산혁신운동으로는 2S(정리, 정돈)와 레드 카드제(불필요한 비품, 설비에 부착)의 도입, 생산라인 개선을 위한 설비의 다운 사이징, 조립라인 작업자의 간격 좁히기, 작업자간의 작업량 재배분, 구동의 컨베이어 벨트 철거와 라인의 2열 배치 등을 추진하였다. JIT생산시스템의 확립을 위해서는 공장내 부품창고를 설치하여 외부보관제도를 폐지하고, 대형자재의 수시 발주와 소형자재의 주간발주 등 자재 발주방식의 변경, 간판시스템의 도입, 생산의 평준화체제 구축, 자재발주의 소럿트화, 자재공급업자와의 협력체제 구축 등을 시도하였다. 설계부문의 효율화를 위해서는 동시공학체제의 도입과 작업통제의 자동화와 단순기능 작업자로부터 다기능작업자를 육성하기 위한 노력을 하였다.

이와 같은 JIT시스템을 기초로하는 NEC의 초(超)린 혁명을 추진한 결과 3,000m^2 이상의 여유공간을 확보하였고, 30% 이상의 생산성 향상을 가져왔다. 또한 제품의 생산라인을 1/6으로 단축하였으며 부품의 재고감소 및 제품의 개발기간을 단축하는 등의 효과를 얻을 수 있었다.

— 고지마 타케시, 초(超)린 혁명 —

종합사례 캐논사의 도요타 시스템

"20 cm의 거리는 1초의 낭비를 발생시키고 한 발자국을 움직이면 0.8초, 몸을 90도 움직이면 0.6초의 낭비가 발생한다. 우리는 초단위, cm단위로 낭비를 제거한다."

일본 도쿄에서 두시간 거리에 있는 캐논사의 아미 사무기기공장은 1999년 10월 2,649m의 컨베이어벨트 라인을 철거하고 셀방식의 생산시스템을 구축하였다. 컨베이어벨트는 일단 부품이 투입되면 생산을 통제하는 것이 불가능하다. 제품의 판매는 생산라인에서 통제할 수 없을 뿐 아니라 생산효율을 높일수록 재고만 발생하므로 보관 등 비용부담이 높아진다. 또한 이 공장의 컨베이어벨트 라인에는 60명의 작업자가 투입되어 제품 1대를 생산하는데 2시간, 1명이 2분씩 작업을 하고 다음공정으로 넘기는 식의 작업을 수행하고 있었다.

그러나 셀방식의 생산시스템은 리드타임을 줄이고 작업공간을 축소하였으며 작업자의 의식도 바꾸어 놓았다. 흐름공정에 의해 컨베이어벨트 작업자는 수동적인데 비해 셀방식의 작업자들은 작업지체 시 다기능적 작업협조로서 공정속도를 조정하는 등 적극적인 행동을 유도할 수 있고 정신적 만족감이 높아 1인당 생산성은 1.5배나 향상되었다.

캐논사는 공정을 셀방식으로 전환한 다음 시장직결형(Direct Delivery to Demaned: DDD)의 생산시스템을 도입함으로써 일본 내 판매를 위한 중간창고를 없앨 수도 있었다.

캐논사의 전 공장은 개략적 생산계획을 2개월 전에 수립하고 1주 단위로 시장과 주문상황을 고려해 생산계획을 확정한다. 각 셀의 작업자는 숙련도와 주문에 따라 작업계획이 쉽게 바뀌는 등 유연성을 보이고 있으며 셀방식을 도입한 후 자재의 재고도 없어졌다.

캐논사의 JIT시스템은 생산과 판매에만 적용되는 것이 아니라 자재공급 협력업체와의 거래관계에도 그대로 적용되었다. 작업공간의 축소로 생긴 여유공간에 협력업체를 입주시켜 물류비용을 줄이는 등 다양한 시도를 했다.

이에 따라 캐논사는 재고가 줄면서 자본회전기간이 40% 단축되었고 이는 이익에 반영되었다. 이 회사의 사업보고서에 의하면 2002년의 매출은 1999년에 비해 16.1% 늘어난 반면 순이익은 171%나 증가했다. 매출이 늘어나지 않는 상황에서도 이익을 극대화할 수 있음은 도요타 시스템에 의한 관리방식의 변화에 있다고 할 수 있다. 캐논사는 이러한 혁신의 방식을 "다윈 프로젝트"라 부르는데 그 의미는 끊임없이 진화한다는 뜻을 내포하고 있다.

토·의·문·제

1. 캐논사의 예를 통해 JIT시스템의 생산방식의 장점에 대하여 토론해 보자.
2. 캐논사가 JIT시스템을 도입함으로써 얻은 효과에 대하여 토론해 보자.
3. 우리나라 기업의 경우 JIT시스템 도입에 장애요인이 무엇인지 토론해 보자.

요 약

- JIT시스템은 일본의 도요타 자동차회사에서 개발되었으며, 낭비의 제거와 작업자 능력의 최대한 이용이라는 이념에 근거하고 있다.
- JIT의 궁극적인 목적은 투자수익률의 향상에 있다. JIT에서 투자수익률의 증대는 (품질, 납품 및 유연성의 향상을 통한) 수익의 증대, 비용절감 및 소요투자액의 절감에 의해 달성된다.
- JIT를 사용하기 위해서는 대생산일정계획이 안정화, 평준화되어야 한다. 대생산일정계획의 계획기간 동안 일간 생산량을 일정하게 유지함으로써 모든 하위작업공정과 공급자에 대한 수요가 일정하게 된다.
- 간판시스템은 대생산일정계획에서의 최종조립계획을 충족시킬 수 있도록 부품을 연속해서 끌어오는 데 사용된다. 필요한 각 부품마다 고정된 수의 컨테이너가 사용된다. 모든 컨테이너가 채워지면 부품은 더 이상 생산되지 않으므로 각 부품의 재고수준은 제한된다. JIT시스템에서는 컨테이너의 수와 컨테이너의 크기를 줄임으로써 재고를 줄일 수 있다.
- 제조준비시간의 단축과 럿크기의 축소에 따라 재고를 줄일 수 있다.
- JIT시스템은 재공품재고를 줄임으로써 별도의 자재보관장소를 제거하고 공장의 규모를 줄이고 그룹테크놀로지배치를 지향한다. 또한 JIT에서는 재고수준이 최소화되어 있으므로 기계설비는 항상 정비되어 있어야 한다.
- JIT시스템은 여러 기계를 운전 및 정비할 수 있고, 품질검사를 할 수 있는 다기능작업자를 요구한다. 이와 같은 노동력의 유연성을 위해서는 작업자의 선발, 훈련, 평가 및 보상이 따라야 한다.
- JIT시스템에서는 공급자와 협력관계가 정립되어야 한다. JIT시스템에서는 한 납품업자와 장기계약을 맺어 품질향상과 공급가격의 안정을 도모한다.
- JIT시스템은 대량생산을 하는 반복적인 제조형태에 가장 적합하다. 이에 비해 MRP는 비반복적인 제조를 취하는 개별주문생산이나 소규모 배치생산에 적합하다. 반반복적인 제조에는 MRP와 JIT의 절충된 시스템이 유용하다.

- 린 생산방식은 보다 적은 자원을 투입하여 보다 큰 가치를 갖는 제품이나 서비스를 설계, 개발 및 제조, 운영하는 시스템이다.
- 린 생산방식은 JIT 시스템을 기초로 하여 생산활동에서 발생하는 낭비적 요소의 제거를 목표로 하는 절약형 생산시스템이다.

용어풀이

- **적시생산 시스템(just-in-time system; JIT):** 제품생산에 요구되는 부품 등 자재를 필요한 시기에 필요한 수량만큼 조달하여 낭비적 요소를 근본적으로 제거하려는 생산시스템.
- **외부제조준비(external set-up):** 기계를 가동하면서도 다음 작업을 준비할 수 있는 제조준비활동.
- **내부제조준비(internal set-up):** 기계의 가동을 중지시키고 다음 작업을 준비하는 제조준비활동.
- **10분내 제조준비(single digit set-up):** 제조준비시간을 10분내로 완료하는 제조준비활동.
- **1분내 제조준비(one touch set-up):** 제조준비시간을 1분내로 완료하는 제조준비활동.
- **라인멈춤(line-stop):** 품질문제 발생시 작업라인을 스톱시킬 수 있는 작업자의 권한.
- **간판시스템(kanban system):** JIT 시스템에서 생산지시와 자재의 이동을 가시적으로 통제하기 위해서 간판을 사용하는 일종의 정보시스템.
- **생산간판(production kanban):** 한 컨테이너 분량의 물품 생산을 지시하는 간판.
- **인출간판(withdrawal kanban):** 한 컨테이너 분량의 물품의 인출과 이동을 지시하는 간판.
- **풀 시스템(pull system):** 물품의 사용자의 요구가 있을 때만 그 물품을 제조하는 생산시스템.
- **푸쉬 시스템(push system):** 미리 앞서 정해놓은 일정에 따라서 물품을 제조하는 생산시스템.
- **동시자재소요계획(syncro-MRP):** MRP시스템과 JIT시스템의 혼합형태.
- **린 생산방식(lean production system):** 조직 전체적인 차원에서 보다 적은 자원을 투입하여 보다 큰 가치를 갖는 제품을 설계하고 개발하며 제조하는 시스템.

연습문제

1. JIT시스템과 전통적인 생산시스템의 차이점을 설명하라.

2. JIT시스템에서 공급업자와의 관계가 중요한 이유는 무엇인가?

3. 포드의 조립라인과 JIT 시스템의 공통점을 설명하라.

4. JIT시스템에서 간판의 특성을 설명하라.

5. 생산시스템에서 풀(pull)방식과 푸쉬(push)방식을 비교설명하라.

6. 린 생산방식의 특징과 성과에 대하여 설명하라.

7. 린 생산방식의 이점에 대하여 설명하라.

8. 린 생산방식과 고객만족과의 관계를 설명하라.

9. "우리 회사는 JIT를 적용할 수 없어. 왜냐하면 공급업체가 전국에 산재해 있고 게다가 너무 멀리 떨어져 있기 때문이야." 이러한 의견에 대해 어떻게 생각하는가?

10. 성공적인 JIT를 위해서 어떻게 조직문화를 창출해 나갈 것인가?

11. 어느 공장의 관리자는 다음 달에 간판시스템을 가동하려고 준비하고 있다. 생산공정의 부품수요율은 시간당 80개이며, 한 대의 컨테이너는 25개의 부품을 담을 수 있다고 한다. 그리고 생산주기시간은 평균 75분이라고 한다. 컨테이너의 수는 얼마로 해야 할 것인가?

12. 하루에 2,000파운드의 재료를 필요로 하는 작업장이 있다. 그 재료는 125파운드를 담는 통으로 운반된다. 각 통의 주기시간은 약 2시간이라고 한다. 이 공장에서는 하루에 8시간씩 작업한다고 하면 몇 개의 통이 필요한가?

13. 다음 자료에서 요구하는 컨테이너의 수를 계산하라(단, 주당 근무일수는 5일이다).

품 목	A	B
수요율	120/주	100/일
주기시간	1 주	2 주
컨테이너 크기	20 단위	50 단위

참고문헌

제 01 장 (녹색경영시대의 가치창출)

Blackburn, J.D., Time-Based Competition: *The Next Battleground in American Manufacturing*, Homewood, Illinois: Business One-Irwin, 1991.

Chase, R.B. and A.G. David, "The Service Factory," *Harvard Business Review* 67, July-August 1990, pp.61-69.

Feitzinger, Edward and Hau L. Lee, "Mass Customization at Hewlett-Packard: The Power of Postponement," *Harvard Business Review*, January-February 1997.

Hammer, M., "Reengineering Work: Don't Automate, Obliterate," *Harvard Business Review* 68, July-August, 1990, pp.104-112.

Hammer, M. and C. James, *Reengineering the Corporation: A Manifesto for Business Revolution*, New York: Harper Business, 1993.

Hill, T., *Manufacturing Strategy: Text and Cases*, 2nd ed., Homewood, Ill.: Dow Jones-Irwin, 1994.

Porter, Michael E., *Competitive Strategy*, New York: Fress Press, 1980.

Shingo, S., *A Revolution in Manufacturing: The SMED System*, Stanford, Conn.: Productivity Press, 1985.

Voss, C. A., *Manufacturing Strategy*, London: Chapman & Hal, 1992.

제 02 장 (서비스 전략 및 운영)

김연성 외, 「서비스 경영」, 법문사, 2002.

Collier, D. A., *Service Management: The Automation of Services*, Reston, Va.: Reston Publishing Co., 1985.

Haksever, C. et al., *Service Management and Operations*, 2nd ed., Prentice Hall, 2000.

Fitzsimmons, J. A. & Fitzsimmons, M. J., *Service Management: Operations, strategy, and Information Technology*, 6th ed., Irwin/McGraw-Hill, 2008.

Krajewski, Lee J. and Larry P. Lizman, *Operations Management*, 5th ed., Addison Wesley, 1999.

Lovelock, C.H., *Managing Services: Marketing, Operations, and Human Resources*, Englewood Cliffs, New Jersey: Prentice Hall, Inc., 1988.

Murdick, R.G., B. Render, and R.S. Russell, *Service Operations Management*, Allyn and

Russell, R.S. and B. W. Taylor III, *Operations Management*, 4th ed., Prentice Hall, 2002.
Schroeder, R.G., *Operations Management: Decision Making in the Operations Function*, 4th ed., McGraw Hill, 1993.
Wheelwright, S. C. and S. Makridakis, *Forecasting Methods for Management*, 5th ed., John Wiley, 1989.

제 06 장 (제품 · 서비스의 설계와 개발)

Adam, E. E. Jr. and Ebert, R. J., *Production and Operations Management: Concepts, Models and Behavior*, 5th ed., New Jersey: Prentice Hall, 1992.
Aquilano, N. J., Chase, R. B., and Davis, M. M., *Fundamentals of Operations Management*, 2nd ed., Irwin, 1995.
Browne, J,. Harhen, J., and Shivnan, J., *Production Management System: An Integrated Perspective*, 2nd ed., Addison-Wesley, 1996.
Chase, R. B., Aquilano, N. J., and Jacob, F. R., *Production and Operations Management: Manufacturing and Services*, 8th ed., Irwin, 1998.
Finch, B. J. and Luebe, R. L., *Operations Management: Competing in a Changing Environment, Dryden Press*, 1995.
Gaither, N., *Production and Operations Management*, 7th ed., Duxbury Press, 1996.
Garvin, D., *Management Quality*, New York: Macmillan, 1988.
Hauser, J. R. and Clausing, D., "The House of Quality," *Harvard Business Review*(May-June 1988), pp. 63-67.
Heizer, J. and Render, B., *Production and Operations Management: Strategic and Tactical Decisions*, 4th ed., Prentice Hall, 1996.
Krajewski, L. J. and Ritzman, L. P., *Operations Management: Strategy and Analysis*, 5th ed., Addison-Wesley, 1998.
Melnyk, S. A. and Denzler, D. R., *Operations Management: A Value-Driven Approach*, Irwin, 1996.
Nevens, J., Whitney, D., DeFazio, T., Edsall, A., Gustavson, R., Metzinger, R., and Dvorak, W., *Concurrent Design of Products and Processes: A Strategy for the Next Generation in Manufacturing*, New York: McGraw-Hill, 1989.
Noori, H. and Radford, R., P*roduction and Operations Management: Total Quality and Responsiveness*, McGraw-Hill, 1995.
Render, B. and Heizer, J., *Principles of Operations Management*, Allyn and Bacon, 1994.
Russel, R. S. and Taylor III, B. W., *Production and Operations Management: Focusing on Quality and Competitiveness*, Prentice Hall, 1995.
Schonberger, R. G., *Operations Management: Decision Making in the Operations*

Function, 4th ed., McGraw-Hill, 1993.

Starr, M. K., *Operations Management*, Boyd & Fraser Pub. Co., 1996.

Sullivan, L. P., "Quality Function Deployment," *Quality Progress* 19, no. 6(1986).

제 07 장 (공급능력계획 및 입지선정)

백종현, 「입지의사결정론」, 삼영사, 1984.

Chase, R. B. and N. J. Aquilano, *Production and Operations Management: Manufacturing and Services*, 7th ed., Irwin, 1995.

Heizer, J. and B. Render, *Production and Operations Management: Strategic and Tactical Decisions*, 4th ed., Prentice Hall, 1996.

Russell, R. S. and B. W. Taylor III, *Production and Operations Management: Focusing on Quality and Competitiveness*, Prentice Hall, 1995.

Schonberger, R. J. and E. M. Knod, Jr., *Operations Management: Continuous Improvement*, 5th ed., Irwin, 1994.

제 08 장 (프로세스설계 및 배치결정)

Aquilano, N. J., R. B. Chase, and M. M. Davis, *Fundamentals of Operations Management*, 2nd ed., Irwin, 1995.

Baetz, B. W., E. I. Pas, and A.W. Neebe, "Trash Management: Sizing and Timing Decisions for Incineration and Landfill Facilities," *Interfaces*, November-December 1989.

Baybars, I., "A Survey of Exact Algorithms for the Simple Assembly Line Balancing Problem," *Management Science*, vol. 32, no. 8, 1986.

Bobbar, S. and Rai, A., "Computer Integrated Flexible Manufacturing: An Implementation Framework," *International Journal of Operations and Production Management*, 10:1(1990)

Browne, J., J. Harhen, and J. Shivnan, *Production Management System: An Integrated Perspective*, 2nd ed., Addison-Wesley, 1996.

Chase, R. B. and N. J. Aquilano, *Production and Operations Management: Manufacturing and Services*, 7th ed., Irwin, 1995.

Choi, M. J. and Riggs, W. G., "GT Coding and Classification for Manufacturing Cell Design," *Production and Inventory Management Journal*, 32:1(1991)

Choobineh, F., "A Framework for the Design of Cellular Manufacturing Systems", *International Journal of Production Research*, vol. 26, no. 7, 1988.

Gaither, *Production and Operations Management*, 7th ed., Duxbury Press, 1996.

Hackman, S. T., M.J. Magazine, and T. S. Wee, "Fast, Effective Algorithms for Simple

Assembly Line Balancing Problems," *Operations Research*, November-December, 1989.

Hayes, R. H. and S. C. Wheelwright, R*estoring Our Competitive Edge: Competing Through Manufacturing.* John Wiley & Sons, 1984.

Heizer, J. and B. Render, *Production and Operations Management: Strategic and Tactical Decisions.* 4th ed., Prentice Hall, 1996.

Krajewski, L. J. and L. P. Ritzman, *Operations Management: Strategy and Analysis.* 4th ed. Addison-Wesley, 1996.

Luggen, W. W, *Flexible Manufacturing Cells and Systems.* New Jersey: Prentice-Hall, 1991.

Markland, R. E., S. K. Vickery, and R. A. Davis, *Operations Management: Concepts in Manufacturing and Services.* Minneapolis/Saint Paul: West Publishing Co., 1995.

McCormick, S.T., M.L. Pinedo, S. Shenker, and B. Wolf, "Sequecing in an Assembly Line with Blocking to Minimize Cycle Time," *Operations Research*, November-December, 1989.

McClain, J. O. and L. J. Thomas, *Operations Management: Production of Goods and Services.* 2nd ed., Prentice-Hall, 1985.

Melnyk, S. A. and D. R. Denzler, *Operations Management: A Value-Driven Approach. Irwin,* 1996.

Montgomery, D. C. and L. A. Johnson, *Forecasting and Time Series Analysis.* McGraw-Hill, 1976.

Muther, R., *Systematic Layout Planning,* Industrial Education Institute, Boston Mass., 1966.

Noori, H. and R. Radford, *Production and Operations Management: Total Quality and Responsiveness.* McGraw-Hill, 1995.

Pinto, P., D. Dannenbring, and B. Khumawala, "Assembly Line Balancing with Processing Alternatives," *Management Science,* vol. 29, no. 7, 1983.

Russell, R. S. and B. W. Taylor III, *Production and Operations Management: Focusing on Quality and Competitiveness.* Prentice Hall, 1995.

Schonberger, R. J. and E. M. Knod, Jr., *Operations Management: Continuous Improvement.* 5th ed., Irwin, 1994.

Schroeder, R. G., Operations Management: *Decision Making in the Operations Function.* 4th ed., McGraw Hill, 1993.

Starr, Martin K., *Operations Management.* Boyd & Fraser Pub. Co., 1996.

Tompkins, J.A. and J.A. White, *Facilities Plannig,* New York, Wiley, 1984.

Yano, C. A. and A. Bolat, "Survey, Development, and Application of Algorithms for

Sequencing Paced Assembly Lines," *Journal of Manufacturing and Operations Management*, Fall, 1989.

제 09 장 (프로젝트의 관리)

Fersko-Weiss, Hennry, "Project Management Software Gets a Grip on Usability," *PC Magazine*, July 1992, pp. 323-369.

Gordrdatt, Eliyahu M., *Critical Chain*, Great Barrington, Mass.: The North River Press, 1997.

Gray, Clifford F. and Erik W. Larson, *Project Management*, Burr Ridge, Ill.: Irwin/McGraw-Hill, 2000.

Heizer, J. and B. Render, *Production and operations Management: Strategic and Tactical Decisions*, 4th ed., Prentice Hall, 1996.

Hillier, F.S. and G.J. Lieberman, *Introduction to Operations Research*, 6th ed., McGraw-Hill, 1995.

Krajewski, L.J. and L.P. Ritzman, *Operations Management: Strategy and Analysis*, 4th ed., Addison-Wesley, 1996.

Meredith, Jack R. and Samuel J. Manel Jr., *Project Management*, 4th ed., New York: Wiley, 2000.

Randolph, W.A. and Barry Z. Posner, "What Every needs to Know about Project Management," *Sloan Management Review*, Summer 1988, pp. 65-73.

Taha, H.A., *Operations Research: An Introduction*, 5th ed., Prentice Hall, 1995.

Winston, W.L., *Operations Research: Applications and Algorithms*, 3rd ed., ITP, 1994.

제 10 장 (생산계획)

Bowman, E. H., "Consistency and Optimality in Managerial Decision Making," *Management Science* 9, no. 2 (January 1963), pp. 310-21.

Buffa, E. S., "Aggregate Planning for Production," *Business Horizons* 10, no. 3 (Fall 1967), pp. 87-97.

Buffa, Elwood S. and Jeffrey G. Miller. *Production-Inventory Systems: Planning and Control*, 3rd ed., Homewood, Ill.: Richard D. Irwin, 1979.

Ebert, R. J., "Environmental Structure and Programmed Decision Effectiveness," *Management Science* 19, no. 4 (December 1972), pp. 435-45.

——, "Time Horizon: Implications for Aggregate Scheduling Effectiveness," *AIIE Transactions* 4, no. 4 (December 1972), pp. 298-307.

—— and T. R. Mitchell, *Organizational Decision Processes: Concepts and Analysis*, New York: Crane, Russak & Co., Inc., 1975.

Fisk, J. C. and J. P. Seagle, "Integration of Aggregate Planning with Resource Requirements Planning," *Production and Inventory Management*, Third Quarter 1978, p. 87.

Fogarty, Donald W., John H. Blackstone, Jr., and Thoman R. Hoffmann, *Production and Inventory Management*, Cincinnati: South-Western Publishing, 1991.

Holt, C. C., F. Modigliani, J. F. Muth, and H. A. Simon, *Planning Production, Inventories, and Work Force*, Englewood Cliffs, N. J.: Prentice-Hall, Inc., 1960.

Krajewski, L. and L. Ritzman, "Disaggregation in Manufacturing and Service Organizations," *Decision Sciences* 8, no. 1(1977), pp. 1-18.

McLeavy, D. W. and S. L. Narasimhan, *Production Planning and Inventory Control*, Boston: Alyn and Bacon, Inc., 1985.

Meal, C. H., "Putting Production Decisions Where They Belong," *Harvard Business Review* 62, no. 2(March-April 1984), pp. 102-111.

Moden, Yasuhiro, *Toyota Production System*, Atlanta, Ga.: Industrial Eng-ineering and Management Press, 1983.

Plossl, H. W., *Production and Inventory Control: Principles and Techniques*, 2nd ed., Englewood Cliffs, N.J.: Prentice Hall, 1983.

Silver, E. A. and R. Peterson, *Decision Systems for Inventory Management and Production Planning*, 2nd ed., New York: John Wiley & Sons, 1985.

Vollmann, T. E., W. L. Berry, and D. C. Whybark, *Manufacturing Planning and Control Systems*, 2nd ed., Homewood, Ill. : Richard D. Irwin, 1988.

Wight, Oliver W., *Production and Inventory Management in the Computer Age*, Boston: Cahners Publishing, 1974.

제 11 장 (공급사슬경영의 구조)

강승원 외 7명, 「전자상거래의 이해」, 학현사, 2002.

이우용 · 서창적 · 박영석, 「경영의 원론적 이슈와 경영학의 본질」, 형설출판사, 2002.

한국능률협회 컨설팅 GSP본부 SCM팀, 「SCM 경영혁명」, 21세기북스, 2000.

Blaser, Jim, and Bruce Westbrook, "The Supply Chain Revolution," *APICS-The Performance Advantage*, January 1995.

Chase, Richard B. Nicholas J. Aquilano, and F. Robert Jacobs, *Operations Management for Competitive Advance*, 8th, ed., McGraw-Hill Irwin, 1998.

Copacino, William C., *Supply Chain Management: The Basics and Beyond*, Boca Raton, FL:St. Lucie Express/APICS Series on Resource Management, 1997.

Hadavi, K. Cyrus, "Tightening the Supply Chain Management Using Real Time Information," *APICS-The Performanco Advantage*, January 1996.

Handfield, R. B. and E. L. Nichols, Jr., "Introduction to Supply Chain Management," *Upper Saddle River*, NJ: Prentice Hall, 1999.

Hayes, Robert and Steven Wheelwright, *Restoring Our Competitive Edge: Competing through Manufacturing*, New York: Wiley, 1984.

Joel D. Wisner, Keah-Choon Tan and G. Keong Leong, Principles of Supply Chain Management," South-Western Cengage Learning, 2008.

Johnson, M. Eric and Tom Davis, "Gaining an Edge with Supply Chain Management," *APICS-The Performance Advantage*, December 1995.

Kuglin, F.A., *Custome-Centered Supply Chain Management*, American Management Association, 1998.

Lee, Hau L. and Corey Billington, "Managing Supply Chain Inventory: Pitfalls and Opportunities," *Sloan Management Review*, Spring 1992.

——, "The Evolution of Supply Chain Management Models and Practice at Hewlett-Packard," *Interfaces*, Vol. 25, No.5, Sep.-Oct. 1995.

Schroeder, Roger G. "Operations Management," McGraw-Hill Irwin, 2000.

Simchi-Levi, D., P. Kaminski, and E. Simchi-Levi, *Designing and Managing the Supply Chain*, McGraw-Hill, 2001.

SCM(http://my.netian.com/~arira/scm)

Supply Chain Council(http://www.supply-chain.org)

제 12 장 (공급사슬의 재고관리)

Babbar, S. and Prasad, S., "International purchasing, inventory managemant and logistics research", *International Journal of Operations & Production Management*, vol.18, no.1, 1998, pp. 6-36.

Fogarty, Donald W., John H. Blackstone, and Thomas R. Hoffmann, *Production and Inventory Management*, 2nd ed., Cincinnati, Ohio: South-Western Publishing, 1991.

St. John, Carol H., and Scott T. Young, "The Strategic Consistency between Purchasing and Production," *International Journal of Purchasing and Materials Management*, Spring 1991, pp. 15-20.

Tan, Keah-Choon, et al., "Supply chain management:an empirical study of its impact on performance", *International Journal of Operations & Production Management*, vol.19, no.10, 1999, pp. 1034-1052.

Vollmann, T. E, W. L. Berry, and D. C. Whybark, *Manufacturing Planning and Control Systems*, 2nd ed., Homewood, Ill.: Richard D. Irwin, 1992.

제 13 장 (전사적 자원관리)

Anderson, John C., Arthur V. Hill, Roger G. Schroeder, and Janice I. Degross. *Proceedings of the Material Requirements Planning Implementation Conference.* Twin Cities APICS Chapter and University of Minnesota. Minneapolis, Minnesota, September 1978.

Berry, W. L. and D. Clay Whybark, "Research Perspectives for Materials Requirements Planning Systems," *Production and Inventory Mnangement* 16, no. 2 (1975), pp. 19-25.

Biggs, Joseph R. and Ellen J. Long. "Gaining the Competitive Edge with MRP/MRP II," *Management Accounting,* May 1988, pp. 27-32.

Blumberg, D. F., "Factors Affecting the Design of a Successful MRP System," *Production and Inventory Management* 21, no. 4(4th quarrer 1980),pp.50-62.

Crandall, Richard E., "The Epic Life of ERP," *APICS* 16, no. 2, 2006, pp.17-19.

Flapper, S. D. P., G. J. Miltenburg, and J. Wijngaard. "Embedding JIT into MRP," *International Jounal of Production Resarch* 29, no. 2 (1991), pp. 329-41.

Goodrich, Thomas. "JIT & MRP Can Work Together," *Automation,* April 1989, pp. 46-47.

Heizer, Jay and Barry Render, *Operations Management,* 9th ed., Upper Saddle River NJ: Prentice-Hall, 2008.

Krajewski, Lee J., Larry P. Ritzman, and Manoj K. Malhotra, *Operations Management,* 9th ed., Upper Saddle River NJ: Prentice-Hall, 2010.

McLeavey, D. W. and S. L. Narasimhan. *Production Planning and Inventory Control.* Boston: Allyn & Bacon, Inc., 1985.

Miller, Jeffrey G. and Linda G. Sprague. "Behind the Growth in Material Requirements Planning," *Harvard Business Review* 53, no. 5 (September-October 1975), pp. 83-91.

Norris, G. *E-Business & ERP,* New York: John-Wiley, 2005.

Orlicky, Joseph., *Materials Requirements Planning.* New York: McGraw-Hill, 1975. (This is the classic book on MRP.)

Peterson, L. D., "Design Considerations for Improving the Effectiveness of MRP," *Production and Inventory Management* 16, no. 3 (1975), pp. 48-68.

Rao, Ashok., "A Survey of MRP II Software Suppliers' Trends in Support of Just-In-Time," *Production and Inventory Management Journal,* 3rd Quarter 1989, pp. 14-17.

Summer, M., *Enterprise Resource Planning,* Upper Saddle River NJ: Prentice-Hall, 2005.

Volmann, Thomas E., Wiliam L. Berry, and D. Clay Whyback. *Manufacturing, Planning and Control Systems.,* 3rd ed. Boston: Richard D. Irwin, 1992.

Wallace, Thomas F. "MRP II & JIT Work Together in Plan and Practice," *Automation,* March 1990, pp. 40-42.

Whybark, D. Clay and J. Gregg Williams., "Material Requirements Planning Under

Uncertainty," *Decision Sciences* 7, no. 4 (October 1976). pp. 595-606.

Wight, Oliver W., *The Executive to Successful MRT II.* Willston, Vt.: Oliver Wight Limited Publications, 1982.

Wlliam J. Stevenson, *Operations Management*, 9th ed., New York: McGraw-Hill, 2008

제 14 장 (적시생산시스템과 린 생산방식)

Benson, R. J., "JIT: Not Just for the Factory," *Proceedings from the 29th Annual International Conference for the American Production and Inventory Control Society*, St. Louis, Missouri, October 20-24, 1986 , pp. 370-74.

Connell, G. W., "Quality at the Source: The First Step in Just-in-Time Production," *Quality Progress* (November 1984), pp. 44-45.

Crosby, L. B., "The Just-in-Time Manufacturing Process: Control of Quality and Quantity," *Production and Inventory Management*(Fourth quarter 1984), pp. 21-33.

Fucini, J. J. and S. Fucini, *Working for the Japanese*, New York: Free Press, 1990.

Garvin, D. A., "Quality on the Line," *Harvard Business Review* 61, no.5 (September-October 1983), pp. 65-75.

Goddard, W. E., " Kanban versus MRP II - Which Is Best for You?" *Modern Materials Handling* (November 5, 1982), pp. 40-48.

Hall, R., *Zero Inventories*, Homewood, III.: Dow Jomes-Irwin, 1983.

——, *Attaining Manufacturing Excellence.* Homewood, III.: Dow Jones-Irwin, 1987.

Hannah, K. H., "Just-in-Time: Meeting the Competitive Challenge," *Production and Inventory Management*(Third quarter 1987), pp. 1-3.

Hay, E. J., Just-in-Time Production: *A Winning Combination of Neglected American Ideas*, East Greenwich R. I.: Edward J. Hay Associates, 1983.

Inman, R. A. and S. Mehra, "The Transferability of Just-in-Time Concepts to American Small Business," *Intefaces* 20, no. 2(March-April 1990), pp. 30-37.

Klein, J., "A Re-examination of Autonomy on Light of New Manufacturing Practices," *Human Relations* 43(1990).

Monden, Y., *Toyota Production System, Practical Approach to Production Management*, Atlanta, Ga.: Industrial Engineering and Management Press, 1983.

Morgan, James M. and Jeffrey K. Liker, *The Toyota Product Development System*, New York: Productivity Press, 2007.

Ohno, T., *Toyota Production System: Beyond Large-Scale Production*, Cambridge, Mass.: Productivity Press, 1988.

—— and S. Mito, *Just-in-Time for Today and Tomorrow*, Cambridge, Mass.: Productivity Press, 1988.

Schonberger, R. J., *Japanese Productivity Techniques*, New York: Free Press, 1982.

——, *World-Class Manufacturing: The Lessons of Simplicity Applied*, New York: Free Press, 1986.

——, *Building a Chain of Customers: Linking Business Functions to Create a World-Class Company*, New York: Free Press, 1989.

Schonberger, Richard J., "Lean Extended," *Industrial Engineer*, Dec. 2005, pp.26-31.

Shingo, S. A., *Study of the Toyota Production System from an Industrial Engineering Viewpoint*, Cambridge, Mass.: Productivity Press, 1989.

Shores, A. R., *Reegineering the Factory: A Primer for World-Class Manufacturing, Milwaukee,* Wis.: ASQC Quality Press, 1994.

Stalk, G. Jr., "Time-The Next Source of Competitive Advantage," *Harvard Business Review*(July-August 1988), pp. 41-51.

Suzaki, K., The New Manufacturing Challenge: *Techniques for Continuous Improvement*, New York: Free Press, 1987.

Tatokonda, M. V., "Just-in-Time and Modern Manufacturing Environments: Implicating for Cost Accounting," *Production and Inventory Management Journal* 28, no. 1 (1988), pp. 1-5.

Vollman, T. E., W. L. Berry, and D. C. Whybark, *Manufacturing Planning and Control Systems*, 3rd ed., Burr Ridge, Ill.: Richard D. Irwin, 1992.

Wantuch, K. A., "The Japanese Approach to Productivity," Southfield, Mich.: Bendix Corporation, 1983.

Weiss, A., "Simple Truths of Japanese Manufacturing," *Harvard Bussiness Review*(July-August 1984), pp. 119-25.

Wlliam J. Stevenson, *Operations Management*, 9th ed., New York: McGraw-Hill, 2008.

Womack, James P. and Daniel T. Jones, *Lean Thinking*, New York: Simon & Schuster, 1996

Womack, James P. and Daniel T. Jones, "Lean Consumption," *Harvard Business Review*, 83, no. 3(March 2005), pp.58-68.

Womack, James P. and Daniel T. Jones, *Lean Solutions: How Companies and Costomers Can Create Value and Wealth Together*, New York: The Free Press, 2005.

Zipkin, P. H., "Does Manufacturing Need a JIT Revolution?" *Harvard Business Review*(January-February 1991), pp. 40-43.

부 록

1. 난 수 표
2. 표준정규분포표
3. 이항분포표
4. 포아송분포표
5. 관리계수도표

[부록 1] 난수표

85387	51571	57714	00512	61319	69143	08881	01400	55061	82977
84176	03311	16955	59504	54499	32096	79485	98031	99485	16788
27258	51746	67223	98182	43166	54297	26830	29842	78016	73127
99398	46950	19399	65167	35082	30482	86323	41061	21717	48126
72752	89364	02150	85418	05420	84341	02395	27655	59457	55438
69090	93551	11649	54688	57061	77711	24201	16895	64936	62347
39620	54988	67846	71845	54000	26134	84526	16619	82573	01737
81725	49831	35595	29891	46812	57770	03326	31316	75412	80732
87968	85157	84752	93777	62772	78961	30750	76089	23340	64637
07730	01861	40610	73445	70321	26467	53533	20787	46971	29134
32825	82100	67406	44156	21531	67186	39945	04189	79798	41087
34453	05330	40224	04116	24597	93823	28171	47701	76201	68257
00830	34235	40671	66042	06341	54437	81649	70494	01883	18350
24580	05258	37329	59173	62660	72513	82232	49794	36913	05877
59578	08535	77107	19838	40651	01749	58893	99115	05212	92309
75387	24990	12748	71766	17471	15794	68622	59161	14476	75074
02465	34977	48319	53026	53691	80594	58805	76961	62665	82855
49689	08342	81912	92735	30042	47623	60061	69427	21163	68543
60958	20236	79424	04055	54955	73342	14040	72431	99469	41044
79956	98409	79548	39569	83974	43707	77080	08645	20949	56932
04316	01206	08715	77713	20572	13912	94324	14656	11979	53258
78684	28546	06881	66097	53530	42509	54130	30878	77166	98075
69235	18535	61904	99246	84050	15270	07751	90410	96675	62870
81201	04314	92708	44984	83121	33767	56607	46371	20389	08809
80336	59638	44368	33433	97794	10343	19235	82633	17186	63902
65076	87960	92013	60169	49176	50140	39081	04638	96114	63463
90879	70970	50789	59973	47771	94567	35590	23462	33993	99899
50555	84355	97066	82748	98298	14385	82493	40182	20523	69182
48658	41921	86514	46786	74097	62825	46457	24428	09245	86069
26373	19166	88223	32371	11570	62078	92317	13378	05734	71778
20878	80883	26027	29101	58382	17109	53511	95536	21759	10630
20069	60582	55749	88068	48589	01874	42930	40310	34613	97359
46819	38577	20520	94145	99405	47064	25248	27289	41289	54972
83644	04459	73253	58414	94180	09321	59747	07379	56255	45615
08636	31363	56033	49076	88908	51318	39104	56556	23112	63317
92058	38678	12507	90343	17213	24545	66053	76412	29545	89932
05038	18443	87138	05076	25660	23414	84837	87132	84405	15346
41838	68590	93646	82113	25498	33110	15356	81070	84900	42660
15564	81618	99186	73113	99344	13213	07235	90064	89150	86359
74600	40206	15237	37378	96862	78638	14376	46607	55909	46398
78275	77017	60310	13499	35268	47790	77475	44345	14615	25231
30145	71205	10355	18404	85354	22199	90822	35204	47891	69860
46944	00097	39161	50139	60458	44649	85537	90017	18157	13856
85883	21272	89266	94887	00291	70963	28169	95130	27223	35387
83606	98192	82194	26719	24499	28102	97769	98769	30757	81593
66888	81818	52490	54272	70549	69235	74684	96412	65186	87974
63673	73966	34036	44298	60652	05947	05833	27914	57021	58566
37944	16094	39797	63253	64103	32222	65925	64693	34048	75394
93240	66855	29336	28345	71398	45118	01454	72128	09715	29454
40189	76776	70842	32675	81647	75868	21288	12849	94990	21513

[부록 2] 표준정규분포표

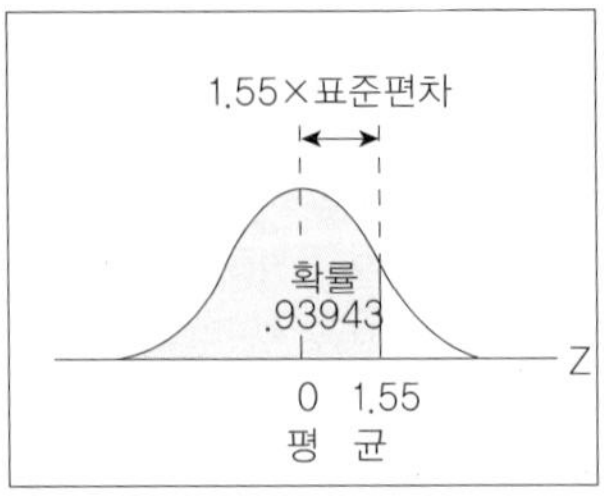

[사용 예]

Z가 1.55보다 작은 확률은 맨왼쪽 열에서 1.5를 찾고 맨 윗줄에서 0.05가 되는 교차점을 찾으면 0.93943이 된다.

	.00	.01	.02	.03	.04	.05	.06	.07	.08	.09
.0	.50000	.50399	.50798	.51197	.51595	.51994	.52392	.52790	.53188	.53586
.1	.53983	.54380	.54776	.55172	.55567	.55962	.56356	.56749	.57142	.57535
.2	.57926	.58317	.58706	.59095	.59483	.59871	.60257	.60642	.61026	.61409
.3	.61791	.62172	.62552	.62930	.63307	.63683	.64058	.64431	.64803	.65173
.4	.65542	.65910	.66276	.66640	.67003	.67364	.67724	.68082	.68439	.68793
.5	.69146	.69497	.69847	.70194	.70540	.70884	.71226	.71566	.71904	.72240
.6	.72575	.72907	.73237	.73536	.73891	.74215	.74537	.74857	.75175	.75490
.7	.75804	.76115	.76424	.76730	.77035	.77337	.77637	.77935	.78230	.78524
.8	.78814	.79103	.79389	.79673	.79955	.80234	.80511	.80785	.81057	.81327
.9	.81594	.81859	.82121	.82381	.82639	.82894	.83147	.83398	.83646	.83891
1.0	.84134	.84375	.84614	.84849	.85083	.85314	.85543	.85769	.85993	.86214
1.1	.86433	.86650	.86864	.87076	.87286	.87493	.87698	.87900	.88100	.88298
1.2	.88493	.88686	.88877	.89065	.89251	.89435	.89617	.89796	.89973	.90147
1.3	.90320	.90490	.90658	.90824	.90988	.91149	.91309	.91466	.91621	.91774
1.4	.91924	.92073	.92220	.92364	.92507	.92647	.92785	.92922	.93056	.93189
1.5	.93319	.93448	.93574	.93699	.93822	.93943	.94062	.94179	.94295	.94408
1.6	.94520	.94630	.94738	.94845	.94950	.95053	.95154	.95254	.95352	.95449
1.7	.95543	.95637	.95728	.95818	.95907	.95994	.96080	.96164	.96246	.96327
1.8	.96407	.96485	.96562	.96638	.96712	.96784	.96856	.96926	.96995	.97062
1.9	.97128	.97193	.97257	.97320	.97381	.97441	.97500	.97558	.97615	.97670
2.0	.97725	.97784	.97831	.97882	.97932	.97982	.98030	.98077	.98124	.98169
2.1	.98214	.98257	.98300	.98341	.98382	.98422	.98461	.98500	.98537	.98574
2.2	.98610	.98645	.98679	.98713	.98745	.98778	.98809	.98840	.98870	.98899
2.3	.98928	.98956	.98983	.99010	.99036	.99061	.99086	.99111	.99134	.99158
2.4	.99180	.99202	.99224	.99245	.99266	.99286	.99305	.99324	.99343	.99361
2.5	.99379	.99396	.99413	.99430	.99446	.99461	.99477	.99492	.99506	.99520
2.6	.99534	.99547	.99560	.99573	.99585	.99598	.99609	.99621	.99632	.99643
2.7	.99653	.99664	.99674	.99683	.99693	.99702	.99711	.99720	.99728	.99736
2.8	.99744	.99752	.99760	.99767	.99774	.99781	.99788	.99795	.99801	.99807
2.9	.99813	.99819	.99825	.99831	.99836	.99841	.99846	.99851	.99856	.99861
3.0	.99865	.99869	.99874	.99878	.99882	.99886	.99899	.99893	.99896	.99900
3.1	.99903	.99906	.99910	.99913	.99916	.99918	.99921	.99924	.99926	.99929
3.2	.99931	.99934	.99936	.99938	.99940	.99942	.99944	.99946	.99948	.99950
3.3	.99952	.99953	.99955	.99957	.99958	.99960	.99961	.99962	.99964	.99965
3.4	.99966	.99968	.99969	.99970	.99971	.99972	.99973	.99974	.99975	.99976
3.5	.99977	.99978	.99978	.99979	.99980	.99981	.99981	.99982	.99983	.99983
3.6	.99984	.99985	.99985	.99986	.99986	.99987	.99987	.99988	.99988	.99989
3.7	.99989	.99990	.99990	.99990	.99991	.99991	.99992	.99992	.99992	.99992
3.8	.99993	.99993	.99993	.99994	.99994	.99994	.00004	.99995	.99995	.99995
3.9	.99005	.99995	.99996	.99996	.99996	.99996	.99996	.99996	.99997	.99997

[부록 3] 이항분포표

$$P(X=\chi)=\binom{n}{\chi}p^{x}(1-p)^{n-x}$$

n	x	.01	.02	.03	.04	.05	.06	.07	.08	.09
2	0	0.9801	0.9604	0.9409	0.9216	0.9025	0.8836	0.8649	0.8464	0.8281
	1	0.0198	0.0392	0.0582	0.0768	0.0950	0.1128	0.1302	0.1472	0.1638
	2	0.0001	0.0004	0.0009	0.0016	0.0025	0.0036	0.0049	0.0064	0.0081
3	0	0.9703	0.9412	0.9127	0.8847	0.8574	0.8306	0.8044	0.7787	0.7536
	1	0.0294	0.0576	0.0847	0.1106	0.1354	0.1590	0.1816	0.2031	0.2236
	2	0.0003	0.0012	0.0026	0.0046	0.0071	0.0102	0.0137	0.0177	0.0221
	3	0.0000	0.0000	0.0000	0.0001	0.0001	0.0002	0.0003	0.0005	0.0007
4	0	0.9606	0.9224	0.8853	0.8493	0.8145	0.7807	0.7481	0.7164	0.6857
	1	0.0388	0.0753	0.1095	0.1416	0.1715	0.1993	0.2252	0.2492	0.2713
	2	0.0006	0.0023	0.0051	0.0088	0.0135	0.0191	0.0254	0.0325	0.0402
	3	0.0000	0.0000	0.0001	0.0002	0.0005	0.0008	0.0013	0.0019	0.0027
	4	0.0000	0.0000	0.0000	0.0000	0.0000	0.0000	0.0000	0.0000	0.0001
5	0	0.9510	0.9039	0.8587	0.8154	0.7738	0.7339	0.6957	0.6591	0.6240
	1	0.0480	0.0922	0.1328	0.1699	0.2036	0.2342	0.2618	0.2866	0.3086
	2	0.0010	0.0038	0.0082	0.0142	0.0214	0.0299	0.0394	0.0498	0.0610
	3	0.0000	0.0001	0.0003	0.0006	0.0011	0.0019	0.0030	0.0043	0.0060
	4	0.0000	0.0000	0.0000	0.0000	0.0000	0.0001	0.0001	0.0002	0.0003
	5	0.0000	0.0000	0.0000	0.0000	0.0000	0.0000	0.0000	0.0000	0.0000
6	0	0.9415	0.8858	0.8330	0.7828	0.7351	0.6899	0.6470	0.6064	0.5679
	1	0.0571	0.1085	0.1546	0.1957	0.2321	0.2642	0.2922	0.3164	0.3370
	2	0.0014	0.0055	0.0120	0.0204	0.0305	0.0422	0.0550	0.0688	0.0833
	3	0.0000	0.0002	0.0005	0.0011	0.0021	0.0036	0.0055	0.0080	0.0110
	4	0.0000	0.0000	0.0000	0.0000	0.0001	0.0002	0.0003	0.0005	0.0008
	5	0.0000	0.0000	0.0000	0.0000	0.0000	0.0000	0.0000	0.0000	0.0000
	6	0.0000	0.0000	0.0000	0.0000	0.0000	0.0000	0.0000	0.0000	0.0000
7	0	0.9321	0.8681	0.8080	0.7514	0.6983	0.6485	0.6017	0.5578	0.5168
	1	0.0659	0.1240	0.1749	0.2192	0.2573	0.2897	0.3170	0.3396	0.3578
	2	0.0020	0.0076	0.0162	0.0274	0.0406	0.0555	0.0716	0.0886	0.1061
	3	0.0000	0.0003	0.0008	0.0019	0.0036	0.0059	0.0090	0.0128	0.0175
	4	0.0000	0.0000	0.0000	0.0001	0.0002	0.0004	0.0007	0.0011	0.0017
	5	0.0000	0.0000	0.0000	0.0000	0.0000	0.0000	0.0000	0.0001	0.0001
	6	0.0000	0.0000	0.0000	0.0000	0.0000	0.0000	0.0000	0.0000	0.0000
	7	0.0000	0.0000	0.0000	0.0000	0.0000	0.0000	0.0000	0.0000	0.0000
8	0	0.9227	0.8508	0.7837	0.7214	0.6634	0.6096	0.5596	0.5132	0.4703
	1	0.0746	0.1389	0.1939	0.2405	0.2793	0.3113	0.3370	0.3570	0.3721
	2	0.0026	0.0099	0.0210	0.0351	0.0515	0.0695	0.0888	0.1087	0.1288
	3	0.0001	0.0004	0.0013	0.0029	0.0054	0.0089	0.0134	0.0189	0.0255
	4	0.0000	0.0000	0.0001	0.0002	0.0004	0.0007	0.0013	0.0021	0.0031
	5	0.0000	0.0000	0.0000	0.0000	0.0000	0.0000	0.0001	0.0001	0.0002

	6	0.0000	0.0000	0.0000	0.0000	0.0000	0.0000	0.0000	0.0000	0.0000
	7	0.0000	0.0000	0.0000	0.0000	0.0000	0.0000	0.0000	0.0000	0.0000
	8	0.0000	0.0000	0.0000	0.0000	0.0000	0.0000	0.0000	0.0000	0.0000
9	0	0.9135	0.8337	0.7602	0.6925	0.6302	0.5730	0.5204	0.4722	0.4279
	1	0.0830	0.1531	0.2116	0.2597	0.2985	0.3292	0.3525	0.3695	0.3809
	2	0.0034	0.0125	0.0262	0.0433	0.0629	0.0840	0.1061	0.1285	0.1507
	3	0.0001	0.0006	0.0019	0.0042	0.0077	0.0125	0.0186	0.0261	0.0348
	4	0.0000	0.0000	0.0001	0.0003	0.0006	0.0012	0.0021	0.0034	0.0052
	5	0.0000	0.0000	0.0000	0.0000	0.0000	0.0001	0.0002	0.0003	0.0005
	6	0.0000	0.0000	0.0000	0.0000	0.0000	0.0000	0.0000	0.0000	0.0000
	7	0.0000	0.0000	0.0000	0.0000	0.0000	0.0000	0.0000	0.0000	0.0000
	8	0.0000	0.0000	0.0000	0.0000	0.0000	0.0000	0.0000	0.0000	0.0000
	9	0.0000	0.0000	0.0000	0.0000	0.0000	0.0000	0.0000	0.0000	0.0000
10	0	0.9044	0.8171	0.7374	0.6648	0.5987	0.5386	0.4840	0.4344	0.3894
	1	0.0914	0.1667	0.2281	0.2770	0.3151	0.3438	0.3643	0.3777	0.3851
	2	0.0042	0.0153	0.0317	0.0519	0.0746	0.0988	0.1234	0.1478	0.1714
	3	0.0001	0.0008	0.0026	0.0058	0.0105	0.0168	0.0248	0.0343	0.0452
	4	0.0000	0.0000	0.0001	0.0004	0.0010	0.0019	0.0033	0.0052	0.0078
	5	0.0000	0.0000	0.0000	0.0000	0.0001	0.0001	0.0003	0.0005	0.0009
	6	0.0000	0.0000	0.0000	0.0000	0.0000	0.0000	0.0000	0.0000	0.0001
	7	0.0000	0.0000	0.0000	0.0000	0.0000	0.0000	0.0000	0.0000	0.0000
	8	0.0000	0.0000	0.0000	0.0000	0.0000	0.0000	0.0000	0.0000	0.0000
	9	0.0000	0.0000	0.0000	0.0000	0.0000	0.0000	0.0000	0.0000	0.0000
	10	0.0000	0.0000	0.0000	0.0000	0.0000	0.0000	0.0000	0.0000	0.0000
12	0	0.8864	0.7847	0.6938	0.6127	0.5404	0.4759	0.4186	0.3677	0.3225
	1	0.1074	0.1922	0.2575	0.3064	0.3413	0.3645	0.3781	0.3837	0.3827
	2	0.0060	0.0216	0.0438	0.0702	0.0988	0.1280	0.1565	0.1835	0.2082
	3	0.0002	0.0015	0.0045	0.0098	0.0173	0.0272	0.0393	0.0532	0.0686
	4	0.0000	0.0001	0.0003	0.0009	0.0021	0.0039	0.0067	0.0104	0.0153
	5	0.0000	0.0000	0.0000	0.0001	0.0002	0.0004	0.0008	0.0014	0.0024
	6	0.0000	0.0000	0.0000	0.0000	0.0000	0.0000	0.0001	0.0001	0.0003
	7	0.0000	0.0000	0.0000	0.0000	0.0000	0.0000	0.0000	0.0000	0.0000
	8	0.0000	0.0000	0.0000	0.0000	0.0000	0.0000	0.0000	0.0000	0.0000
	9	0.0000	0.0000	0.0000	0.0000	0.0000	0.0000	0.0000	0.0000	0.0000
	10	0.0000	0.0000	0.0000	0.0000	0.0000	0.0000	0.0000	0.0000	0.0000
	11	0.0000	0.0000	0.0000	0.0000	0.0000	0.0000	0.0000	0.0000	0.0000
	12	0.0000	0.0000	0.0000	0.0000	0.0000	0.0000	0.0000	0.0000	0.0000
15	0	0.8601	0.7386	0.6333	0.5421	0.4633	0.3953	0.3367	0.2863	0.2430
	1	0.1303	0.2261	0.2938	0.3388	0.3658	0.3785	0.3801	0.3734	0.3605
	2	0.0092	0.0323	0.0636	0.0988	0.1348	0.1691	0.2003	0.2273	0.2496
	3	0.0004	0.0029	0.0085	0.0178	0.0307	0.0468	0.0653	0.0857	0.1070
	4	0.0000	0.0002	0.0008	0.0022	0.0049	0.0090	0.0148	0.0223	0.0317
	5	0.0000	0.0000	0.0001	0.0002	0.0006	0.0013	0.0024	0.0043	0.0069
	6	0.0000	0.0000	0.0000	0.0000	0.0000	0.0001	0.0003	0.0006	0.0011
	7	0.0000	0.0000	0.0000	0.0000	0.0000	0.0000	0.0000	0.0001	0.0001
	8	0.0000	0.0000	0.0000	0.0000	0.0000	0.0000	0.0000	0.0000	0.0000
	9	0.0000	0.0000	0.0000	0.0000	0.0000	0.0000	0.0000	0.0000	0.0000
	10	0.0000	0.0000	0.0000	0.0000	0.0000	0.0000	0.0000	0.0000	0.0000
	11	0.0000	0.0000	0.0000	0.0000	0.0000	0.0000	0.0000	0.0000	0.0000

n x	10	15	20	25	30	35	40	45	50
12	0.0000	0.0000	0.0000	0.0000	0.0000	0.0000	0.0000	0.0000	0.0000
13	0.0000	0.0000	0.0000	0.0000	0.0000	0.0000	0.0000	0.0000	0.0000
14	0.0000	0.0000	0.0000	0.0000	0.0000	0.0000	0.0000	0.0000	0.0000
15	0.0000	0.0000	0.0000	0.0000	0.0000	0.0000	0.0000	0.0000	0.0000
20 0	0.8179	0.6676	0.5438	0.4420	0.3585	0.2901	0.2342	0.1887	0.1516
1	0.1652	0.2725	0.3364	0.3683	0.3774	0.3703	0.3526	0.3282	0.3000
2	0.0159	0.0528	0.0988	0.1458	0.1887	0.2246	0.2521	0.2711	0.2818
3	0.0010	0.0065	0.0183	0.0364	0.0596	0.0860	0.1139	0.1414	0.1672
4	0.0000	0.0006	0.0024	0.0065	0.0133	0.0233	0.0364	0.0523	0.0703
5	0.0000	0.0000	0.0002	0.0009	0.0022	0.0048	0.0088	0.0145	0.0222
6	0.0000	0.0000	0.0000	0.0001	0.0003	0.0008	0.0017	0.0032	0.0055
7	0.0000	0.0000	0.0000	0.0000	0.0000	0.0001	0.0002	0.0005	0.0011
8	0.0000	0.0000	0.0000	0.0000	0.0000	0.0000	0.0000	0.0001	0.0002
9	0.0000	0.0000	0.0000	0.0000	0.0000	0.0000	0.0000	0.0000	0.0000
10	0.0000	0.0000	0.0000	0.0000	0.0000	0.0000	0.0000	0.0000	0.0000
11	0.0000	0.0000	0.0000	0.0000	0.0000	0.0000	0.0000	0.0000	0.0000
12	0.0000	0.0000	0.0000	0.0000	0.0000	0.0000	0.0000	0.0000	0.0000
13	0.0000	0.0000	0.0000	0.0000	0.0000	0.0000	0.0000	0.0000	0.0000
14	0.0000	0.0000	0.0000	0.0000	0.0000	0.0000	0.0000	0.0000	0.0000
15	0.0000	0.0000	0.0000	0.0000	0.0000	0.0000	0.0000	0.0000	0.0000
16	0.0000	0.0000	0.0000	0.0000	0.0000	0.0000	0.0000	0.0000	0.0000
17	0.0000	0.0000	0.0000	0.0000	0.0000	0.0000	0.0000	0.0000	0.0000
18	0.0000	0.0000	0.0000	0.0000	0.0000	0.0000	0.0000	0.0000	0.0000
19	0.0000	0.0000	0.0000	0.0000	0.0000	0.0000	0.0000	0.0000	0.0000
20	0.0000	0.0000	0.0000	0.0000	0.0000	0.0000	0.0000	0.0000	0.0000

	p								
n x	10	15	20	25	30	35	40	45	50
2 0	0.8100	0.7225	0.6400	0.5625	0.4900	0.4225	0.3600	0.3025	0.2500
1	0.1800	0.2550	0.3200	0.3750	0.4200	0.4550	0.4800	0.4950	0.5000
2	0.0100	0.0225	0.0400	0.0625	0.0900	0.1255	0.1600	0.2025	0.2500
3 0	0.7290	0.6141	0.5120	0.4219	0.3430	0.2746	0.2160	0.1664	0.1250
1	0.2430	0.3251	0.3840	0.4219	0.4410	0.4436	0.4320	0.4084	0.3750
2	0.0270	0.0574	0.0960	0.1406	0.1890	0.2389	0.2880	0.3341	0.3750
3	0.0010	0.0034	0.0080	0.0156	0.0270	0.0429	0.0640	0.0911	0.1250
4 0	0.6561	0.5220	0.4096	0.3164	0.2401	0.1785	0.1296	0.0915	0.0625
1	0.2916	0.3685	0.4096	0.4219	0.4116	0.3845	0.3456	0.2995	0.2500
2	0.0486	0.0975	0.1536	0.2109	0.2646	0.3105	0.3456	0.3675	0.3750
3	0.0036	0.0115	0.0256	0.0469	0.0756	0.1115	0.1536	0.2005	0.2500
4	0.0001	0.0005	0.0016	0.0039	0.0081	0.0150	0.0256	0.0410	0.0625
5 0	0.5905	0.4437	0.3277	0.2373	0.1681	0.1160	0.0778	0.0503	0.0312
1	0.3280	0.3915	0.4096	0.3955	0.3601	0.3124	0.2592	0.2059	0.1562
2	0.0729	0.1382	0.2048	0.2637	0.3087	0.3364	0.3456	0.3369	0.3125
3	0.0081	0.0244	0.0512	0.0879	0.1323	0.1811	0.2304	0.2757	0.3125
4	0.0004	0.0022	0.0064	0.0146	0.0283	0.0488	0.0768	0.1128	0.1562
5	0.0000	0.0001	0.0003	0.0010	0.0024	0.0053	0.0102	0.0185	0.0312
6 0	0.5314	0.3771	0.2621	0.1780	0.1176	0.0754	0.0467	0.0277	0.0156

n	x									
	1	0.3543	0.3993	0.3932	0.3560	0.3025	0.2437	0.1866	0.1359	0.0938
	2	0.0984	0.1762	0.2458	0.2966	0.3241	0.3280	0.3110	0.2780	0.2344
	3	0.0146	0.0415	0.0819	0.1318	0.1852	0.2355	0.2765	0.3032	0.3125
	4	0.0012	0.0055	0.0154	0.0330	0.0595	0.0951	0.1382	0.1861	0.2344
	5	0.0001	0.0004	0.0015	0.0044	0.0102	0.0205	0.0369	0.0609	0.0938
	6	0.0000	0.0000	0.0001	0.0002	0.0007	0.0018	0.0041	0.0083	0.0156
7	0	0.4783	0.3206	0.2097	0.1335	0.0824	0.0490	0.0280	0.0152	0.0078
	1	0.3720	0.3960	0.3670	0.3115	0.2471	0.1848	0.1306	0.0872	0.0547
	2	0.1240	0.2097	0.2753	0.3115	0.3177	0.2985	0.2613	0.2140	0.1641
	3	0.0230	0.0617	0.1147	0.1730	0.2269	0.2679	0.2903	0.2918	0.2734
	4	0.0026	0.0109	0.0287	0.0577	0.0972	0.1442	0.1935	0.2388	0.2734
	5	0.0002	0.0012	0.0043	0.0115	0.0250	0.0466	0.0774	0.1172	0.1641
	6	0.0000	0.0001	0.0004	0.0013	0.0036	0.0084	0.0172	0.0320	0.0547
	7	0.0000	0.0000	0.0000	0.0001	0.0002	0.0006	0.0016	0.0037	0.0078
8	0	0.4305	0.2725	0.1678	0.1001	0.0576	0.0319	0.0168	0.0084	0.0039
	1	0.3826	0.3847	0.3355	0.2670	0.1977	0.1373	0.0896	0.0548	0.0312
	2	0.1488	0.2376	0.2936	0.3115	0.2965	0.2587	0.2090	0.1569	0.1094
	3	0.0331	0.0839	0.1468	0.2076	0.2541	0.2786	0.2787	0.2568	0.2188
	4	0.0046	0.0185	0.0459	0.0865	0.1361	0.1875	0.2322	0.2627	0.2734
	5	0.0004	0.0026	0.0092	0.0231	0.0467	0.0808	0.1239	0.1719	0.2188
	6	0.0000	0.0002	0.0011	0.0038	0.0100	0.0217	0.0413	0.0703	0.1094
	7	0.0000	0.0000	0.0001	0.0004	0.0012	0.0033	0.0079	0.0164	0.0312
	8	0.0000	0.0000	0.0000	0.0000	0.0001	0.0002	0.0007	0.0017	0.0039
9	0	0.3874	0.2316	0.1342	0.0751	0.0404	0.0207	0.0101	0.0046	0.0020
	1	0.3874	0.3679	0.3020	0.2253	0.1556	0.1004	0.0605	0.0339	0.0176
	2	0.1722	0.2597	0.3020	0.3003	0.2668	0.2162	0.1612	0.1110	0.0703
	3	0.0446	0.1069	0.1762	0.2336	0.2668	0.2716	0.2508	0.2119	0.1641
	4	0.0074	0.0283	0.0661	0.1168	0.1715	0.2194	0.2508	0.2600	0.2461
	5	0.0008	0.0050	0.0165	0.0389	0.0735	0.1181	0.1672	0.2128	0.2461
	6	0.0001	0.0006	0.0028	0.0087	0.0210	0.0424	0.0743	0.1160	0.1641
	7	0.0000	0.0000	0.0003	0.0012	0.0039	0.0098	0.0212	0.0407	0.0703
	8	0.0000	0.0000	0.0000	0.0001	0.0004	0.0013	0.0035	0.0083	0.0176
	9	0.0000	0.0000	0.0000	0.0000	0.0000	0.0001	0.0003	0.0008	0.0020
10	0	0.3487	0.1969	0.1074	0.0563	0.0282	0.0135	0.0060	0.0025	0.0010
	1	0.3874	0.3474	0.2684	0.1877	0.1211	0.0725	0.0403	0.0207	0.0098
	2	0.1937	0.2759	0.3020	0.2816	0.2335	0.1757	0.1209	0.0763	0.0439
	3	0.0574	0.1298	0.2013	0.2503	0.2668	0.2522	0.2150	0.1665	0.1172
	4	0.0112	0.0401	0.0881	0.1460	0.2001	0.2377	0.2508	0.2384	0.2051
	5	0.0015	0.0085	0.0264	0.0584	0.1029	0.1536	0.2007	0.2340	0.2461
	6	0.0001	0.0012	0.0055	0.0162	0.0368	0.0689	0.1115	0.1596	0.2051
	7	0.0000	0.0001	0.0008	0.0031	0.0090	0.0212	0.0425	0.0746	0.1172
	8	0.0000	0.0000	0.0001	0.0004	0.0014	0.0043	0.0106	0.0229	0.0439
	9	0.0000	0.0000	0.0000	0.0000	0.0001	0.0005	0.0016	0.0042	0.0098
	10	0.0000	0.0000	0.0000	0.0000	0.0000	0.0000	0.0001	0.0003	0.0010
12	0	0.2824	0.1422	0.0687	0.0317	0.0138	0.0057	0.0022	0.0008	0.0002
	1	0.3766	0.3012	0.2062	0.1267	0.0712	0.0368	0.0174	0.0075	0.0029
	2	0.2301	0.2924	0.2835	0.2323	0.1678	0.1088	0.0639	0.0339	0.0161
	3	0.0852	0.1720	0.2362	0.2581	0.2397	0.1954	0.1419	0.0923	0.0537

n	x									
	4	0.0213	0.0683	0.1329	0.1936	0.2311	0.2367	0.2128	0.1700	0.1208
	5	0.0038	0.0193	0.0532	0.1032	0.1585	0.2039	0.2270	0.2225	0.1934
	6	0.0005	0.0040	0.0155	0.0401	0.0792	0.1281	0.1766	0.2124	0.2256
	7	0.0000	0.0006	0.0033	0.0115	0.0291	0.0591	0.1009	0.1489	0.1934
	8	0.0000	0.0001	0.0005	0.0024	0.0078	0.0199	0.0420	0.0762	0.1208
	9	0.0000	0.0000	0.0001	0.0004	0.0015	0.0048	0.0125	0.0277	0.0537
	10	0.0000	0.0000	0.0000	0.0000	0.0002	0.0008	0.0025	0.0068	0.0161
	11	0.0000	0.0000	0.0000	0.0000	0.0000	0.0001	0.0003	0.0010	0.0029
	12	0.0000	0.0000	0.0000	0.0000	0.0000	0.0000	0.0000	0.0001	0.0002
15	0	0.2059	0.0874	0.0352	0.0134	0.0047	0.0016	0.0005	0.0001	0.0000
	1	0.3432	0.2312	0.1319	0.0668	0.0305	0.0126	0.0047	0.0016	0.0005
	2	0.2669	0.2856	0.2309	0.1559	0.0916	0.0476	0.0219	0.0090	0.0032
	3	0.1285	0.2184	0.2501	0.2252	0.1700	0.1110	0.0634	0.0318	0.0139
	4	0.0428	0.1156	0.1876	0.2252	0.2186	0.1792	0.1268	0.0780	0.0417
	5	0.0105	0.0449	0.1032	0.1651	0.2061	0.2123	0.1859	0.1404	0.0916
	6	0.0019	0.0132	0.0430	0.0917	0.1472	0.1906	0.2066	0.1914	0.1527
	7	0.0003	0.0030	0.0138	0.0393	0.0811	0.1319	0.1771	0.2013	0.1964
	8	0.0000	0.0005	0.0035	0.0131	0.0348	0.0710	0.1181	0.1647	0.1964
	9	0.0000	0.0001	0.0007	0.0034	0.0116	0.0298	0.0612	0.1048	0.1527
	10	0.0000	0.0000	0.0001	0.0007	0.0030	0.0096	0.0245	0.0515	0.0916
	11	0.0000	0.0000	0.0000	0.0001	0.0006	0.0024	0.0074	0.0191	0.0417
	12	0.0000	0.0000	0.0000	0.0000	0.0001	0.0004	0.0016	0.0052	0.0139
	13	0.0000	0.0000	0.0000	0.0000	0.0000	0.0001	0.0003	0.0010	0.0032
	14	0.0000	0.0000	0.0000	0.0000	0.0000	0.0000	0.0000	0.0001	0.0005
	15	0.0000	0.0000	0.0000	0.0000	0.0000	0.0000	0.0000	0.0000	0.0000
20	0	0.1216	0.0388	0.0115	0.0032	0.0008	0.0002	0.0000	0.0000	0.0000
	1	0.2702	0.1368	0.0576	0.0211	0.0068	0.0020	0.0005	0.0001	0.0000
	2	0.2852	0.2293	0.1369	0.0669	0.0278	0.0100	0.0031	0.0008	0.0002
	3	0.1901	0.2428	0.2054	0.1339	0.0716	0.0323	0.0123	0.0040	0.0011
	4	0.0898	0.1821	0.2182	0.1897	0.1304	0.0738	0.0350	0.0139	0.0046
	5	0.0319	0.1028	0.1746	0.2023	0.1789	0.1272	0.0746	0.0365	0.0148
	6	0.0089	0.0454	0.1091	0.1686	0.1916	0.1712	0.1244	0.0746	0.0370
	7	0.0020	0.0160	0.0545	0.1124	0.1643	0.1844	0.1659	0.1221	0.0739
	8	0.0004	0.0046	0.0222	0.0609	0.1144	0.1614	0.1797	0.1623	0.1201
	9	0.0001	0.0011	0.0074	0.0271	0.0654	0.1158	0.1597	0.1771	0.1602
	10	0.0000	0.0002	0.0020	0.0099	0.0308	0.0686	0.1171	0.1593	0.1762
	11	0.0000	0.0000	0.0005	0.0030	0.0120	0.0336	0.0710	0.1185	0.1602
	12	0.0000	0.0000	0.0001	0.0008	0.0039	0.0136	0.0355	0.0727	0.1201
	13	0.0000	0.0000	0.0000	0.0002	0.0010	0.0045	0.0146	0.0366	0.0739
	14	0.0000	0.0000	0.0000	0.0000	0.0002	0.0012	0.0049	0.0150	0.0370
	15	0.0000	0.0000	0.0000	0.0000	0.0000	0.0003	0.0013	0.0049	0.0148
	16	0.0000	0.0000	0.0000	0.0000	0.0000	0.0000	0.0003	0.0013	0.0046
	17	0.0000	0.0000	0.0000	0.0000	0.0000	0.0000	0.0000	0.0002	0.0011
	18	0.0000	0.0000	0.0000	0.0000	0.0000	0.0000	0.0000	0.0000	0.0002
	19	0.0000	0.0000	0.0000	0.0000	0.0000	0.0000	0.0000	0.0000	0.0000
	20	0.0000	0.0000	0.0000	0.0000	0.0000	0.0000	0.0000	0.0000	0.0000

[부록 4] 포아송 분포표

$$P(X=\chi)=\frac{\lambda^{x}exp(-\lambda)}{\chi!}$$

x	λ 1	2	3	4	5	6	7	8	9
0	0.9048	0.8187	0.7408	0.6703	0.6065	0.5488	0.4966	0.4493	0.4066
1	0.0905	0.1637	0.2222	0.2681	0.3033	0.3293	0.3476	0.3595	0.3659
2	0.0045	0.0164	0.0333	0.0536	0.0758	0.0988	0.1217	0.1438	0.1647
3	0.0002	0.0011	0.0033	0.0072	0.0126	0.0198	0.0284	0.0383	0.0494
4	0.0000	0.0001	0.0003	0.0007	0.0016	0.0030	0.0050	0.0077	0.0111
5	0.0000	0.0000	0.0000	0.0001	0.0002	0.0004	0.0007	0.0012	0.0020
6	0.0000	0.0000	0.0000	0.0000	0.0000	0.0000	0.0001	0.0002	0.0003

x	λ 1.0	1.5	2.0	2.5	3.0	3.5	4.0	4.5	5.0
0	0.3679	0.2231	0.1353	0.0821	0.0498	0.0302	0.0183	0.0111	0.0067
1	0.3679	0.3347	0.2707	0.2052	0.1494	0.1057	0.0733	0.0500	0.0337
2	0.1839	0.2510	0.2707	0.2565	0.2240	0.1850	0.1465	0.1125	0.0842
3	0.0613	0.1255	0.1804	0.2138	0.2240	0.2158	0.1954	0.1687	0.1404
4	0.0153	0.0471	0.0902	0.1336	0.1680	0.1888	0.1954	0.1898	0.1755
5	0.0031	0.0141	0.0361	0.0668	0.1008	0.1322	0.1563	0.1708	0.1755
6	0.0005	0.0035	0.0120	0.0278	0.0504	0.0771	0.1042	0.1281	0.1462
7	0.0001	0.0008	0.0034	0.0099	0.0216	0.0385	0.0595	0.0824	0.1044
8	0.0000	0.0001	0.0009	0.0031	0.0081	0.0169	0.0298	0.0463	0.0653
9	0.0000	0.0000	0.0002	0.0009	0.0027	0.0066	0.0132	0.0232	0.0363
10	0.0000	0.0000	0.0000	0.0002	0.0008	0.0023	0.0053	0.0104	0.0181
11	0.0000	0.0000	0.0000	0.0000	0.0002	0.0007	0.0019	0.0043	0.0082
12	0.0000	0.0000	0.0000	0.0000	0.0001	0.0002	0.0006	0.0016	0.0034
13	0.0000	0.0000	0.0000	0.0000	0.0000	0.0001	0.0002	0.0006	0.0013
14	0.0000	0.0000	0.0000	0.0000	0.0000	0.0000	0.0001	0.0002	0.0005
15	0.0000	0.0000	0.0000	0.0000	0.0000	0.0000	0.0000	0.0001	0.0002

x	λ 5.5	6.0	6.5	7.0	7.5	8.0	9.0	10.0	11.0
0	0.0041	0.0025	0.0015	0.0009	0.0006	0.0003	0.0001	0.0000	0.0000
1	0.0225	0.0149	0.0098	0.0064	0.0041	0.0027	0.0011	0.0005	0.0002
2	0.0618	0.0446	0.0318	0.0223	0.0156	0.0107	0.0050	0.0023	0.0010
3	0.1133	0.0892	0.0688	0.0521	0.0389	0.0286	0.0150	0.0076	0.0037
4	0.1558	0.1339	0.1118	0.0912	0.0729	0.0573	0.0337	0.0189	0.0102
5	0.1714	0.1606	0.1454	0.1277	0.1094	0.0916	0.0607	0.0378	0.0224
6	0.1571	0.1606	0.1575	0.1490	0.1367	0.1221	0.0911	0.0631	0.0411
7	0.1234	0.1377	0.1462	0.1490	0.1465	0.1396	0.1171	0.0901	0.0646
8	0.0849	0.1033	0.1188	0.1304	0.1373	0.1396	0.1318	0.1126	0.0888
9	0.0519	0.0688	0.0858	0.1014	0.1144	0.1241	0.1318	0.1251	0.1085
10	0.0285	0.0413	0.0558	0.0710	0.0858	0.0993	0.1186	0.1251	0.1194
11	0.0143	0.0225	0.0330	0.0452	0.0585	0.0722	0.0970	0.1137	0.1194
12	0.0065	0.0113	0.0179	0.0263	0.0366	0.0481	0.0728	0.0948	0.1094
13	0.0028	0.0052	0.0089	0.0142	0.0211	0.0296	0.0504	0.0729	0.0926
14	0.0011	0.0022	0.0041	0.0071	0.0113	0.0169	0.0324	0.0521	0.0728
15	0.0004	0.0009	0.0018	0.0033	0.0057	0.0090	0.0194	0.0347	0.0534
16	0.0001	0.0003	0.0007	0.0014	0.0026	0.0045	0.0109	0.0217	0.0367

17	0.0000	0.0001	0.0003	0.0006	0.0012	0.0021	0.0058	0.0128	0.0237
18	0.0000	0.0000	0.0001	0.0002	0.0005	0.0009	0.0029	0.0071	0.0145
19	0.0000	0.0000	0.0000	0.0001	0.0002	0.0004	0.0014	0.0037	0.0084
20	0.0000	0.0000	0.0000	0.0000	0.0001	0.0002	0.0006	0.0019	0.0046
21	0.0000	0.0000	0.0000	0.0000	0.0000	0.0001	0.0003	0.0009	0.0024
22	0.0000	0.0000	0.0000	0.0000	0.0000	0.0000	0.0001	0.0004	0.0012
23	0.0000	0.0000	0.0000	0.0000	0.0000	0.0000	0.0000	0.0002	0.0006
24	0.0000	0.0000	0.0000	0.0000	0.0000	0.0000	0.0000	0.0001	0.0003
25	0.0000	0.0000	0.0000	0.0000	0.0000	0.0000	0.0000	0.0000	0.0001

	λ								
x	12	13	14	15	16	17	18	19	20
0	0.0000	0.0000	0.0000	0.0000	0.0000	0.0000	0.0000	0.0000	0.0000
1	0.0001	0.0000	0.0000	0.0000	0.0000	0.0000	0.0000	0.0000	0.0000
2	0.0004	0.0002	0.0001	0.0000	0.0000	0.0000	0.0000	0.0000	0.0000
3	0.0018	0.0008	0.0004	0.0002	0.0001	0.0000	0.0000	0.0000	0.0000
4	0.0053	0.0027	0.0013	0.0006	0.0003	0.0001	0.0001	0.0000	0.0000
5	0.0127	0.0070	0.0037	0.0019	0.0010	0.0005	0.0002	0.0001	0.0001
6	0.0255	0.0152	0.0087	0.0048	0.0026	0.0014	0.0007	0.0004	0.0002
7	0.0437	0.0281	0.0174	0.0104	0.0060	0.0034	0.0019	0.0010	0.0005
8	0.0655	0.0457	0.0304	0.0194	0.0120	0.0072	0.0042	0.0024	0.0013
9	0.0874	0.0661	0.0473	0.0324	0.0213	0.0135	0.0083	0.0050	0.0029
10	0.1048	0.0859	0.0663	0.0486	0.0341	0.0230	0.0150	0.0095	0.0058
11	0.1144	0.1015	0.0844	0.0663	0.0496	0.0355	0.0245	0.0164	0.0106
12	0.1144	0.1099	0.0984	0.0829	0.0661	0.0504	0.0368	0.0259	0.0176
13	0.1056	0.1099	0.1060	0.0956	0.0814	0.0658	0.0509	0.0378	0.0271
14	0.0905	0.1021	0.1060	0.1024	0.0930	0.0800	0.0655	0.0514	0.0387
15	0.0724	0.0885	0.0989	0.1024	0.0992	0.0906	0.0786	0.0650	0.0516
16	0.0543	0.0719	0.0866	0.0960	0.0992	0.0963	0.0884	0.0772	0.0646
17	0.0383	0.0550	0.0713	0.0847	0.0934	0.0963	0.0936	0.0863	0.0760
18	0.0255	0.0397	0.0554	0.0706	0.0830	0.0909	0.0936	0.0911	0.0844
19	0.0161	0.0272	0.0409	0.0557	0.0699	0.0814	0.0887	0.0911	0.0888
20	0.0097	0.0177	0.0286	0.0418	0.0559	0.0692	0.0798	0.0866	0.0888
21	0.0055	0.0109	0.0191	0.0299	0.0426	0.0560	0.0684	0.0783	0.0846
22	0.0030	0.0065	0.0121	0.0204	0.0310	0.0433	0.0560	0.0676	0.0769
23	0.0016	0.0037	0.0074	0.0133	0.0216	0.0320	0.0438	0.0559	0.0669
24	0.0008	0.0020	0.0043	0.0083	0.0144	0.0226	0.0328	0.0442	0.0557
25	0.0004	0.0010	0.0024	0.0050	0.0092	0.0154	0.0237	0.0336	0.0446
26	0.0002	0.0005	0.0013	0.0029	0.0057	0.0101	0.0164	0.0246	0.0343
27	0.0001	0.0002	0.0007	0.0016	0.0034	0.0063	0.0109	0.0173	0.0254
28	0.0000	0.0001	0.0003	0.0009	0.0019	0.0038	0.0070	0.0117	0.0181
29	0.0000	0.0001	0.0002	0.0004	0.0011	0.0023	0.0044	0.0077	0.0125
30	0.0000	0.0000	0.0001	0.0002	0.0006	0.0013	0.0026	0.0049	0.0083
31	0.0000	0.0000	0.0000	0.0001	0.0003	0.0007	0.0015	0.0030	0.0054
32	0.0000	0.0000	0.0000	0.0001	0.0001	0.0004	0.0009	0.0018	0.0034
33	0.0000	0.0000	0.0000	0.0000	0.0001	0.0002	0.0005	0.0010	0.0020
34	0.0000	0.0000	0.0000	0.0000	0.0000	0.0001	0.0002	0.0006	0.0012
35	0.0000	0.0000	0.0000	0.0000	0.0000	0.0000	0.0001	0.0003	0.0007
36	0.0000	0.0000	0.0000	0.0000	0.0000	0.0000	0.0001	0.0002	0.0004
37	0.0000	0.0000	0.0000	0.0000	0.0000	0.0000	0.0000	0.0001	0.0002
38	0.0000	0.0000	0.0000	0.0000	0.0000	0.0000	0.0000	0.0000	0.0001
39	0.0000	0.0000	0.0000	0.0000	0.0000	0.0000	0.0000	0.0000	0.0001

[부록 5] 관리계수도표

표본의 수	$\bar{X}$ 관리도			R 관리도						
	A	A_2	A_3	d_2	$1/d_2$	d_3	D_1	D_2	D_3	D_4
2	2.121	1.880	2.659	1.128	0.8865	0.853	0	3.686	0	3.267
3	1.732	1.023	1.954	1.693	0.5907	0.888	0	4.358	0	2.574
4	1.500	0.729	1.628	2.059	0.4857	0.880	0	4.698	0	2.282
5	1.342	0.577	1.427	2.326	0.4299	0.864	0	4.918	0	2.115
6	1.225	0.483	1.287	2.534	0.3946	0.848	0	5.078	0	2.004
7	1.134	0.419	1.182	2.704	0.3698	0.833	0.204	5.204	0.076	1.924
8	1.061	0.373	1.099	2.847	0.3512	0.820	0.388	5.306	0.136	1.864
9	1.000	0.337	1.032	2.970	0.3367	0.808	0.547	5.393	0.184	1.816
10	0.949	0.308	0.975	3.078	0.3249	0.797	0.687	5.469	0.223	1.777
11	0.905	0.285	0.927	3.173	0.3152	0.787	0.811	5.535	0.256	1.744
12	0.866	0.266	0.886	3.258	0.3069	0.778	0.922	5.594	0.283	1.717
13	0.832	0.249	0.850	3.336	0.2998	0.770	1.025	5.647	0.307	1.693
14	0.802	0.235	0.817	3.407	0.2935	0.763	1.118	5.696	0.328	1.672
15	0.775	0.223	0.789	3.472	0.2880	0.756	1.203	5.741	0.347	1.653
16	0.750	0.212	0.763	3.532	0.2831	0.750	1.282	5.782	0.363	1.637
17	0.728	0.203	0.739	3.588	0.2787	0.744	1.356	5.820	0.378	1.622
18	0.707	0.194	0.718	3.640	0.2747	0.739	1.424	5.856	0.391	1.608
19	0.688	0.187	0.698	3.689	0.2711	0.734	1.487	5.891	0.403	1.597
20	0.671	0.180	0.680	3.735	0.2677	0.729	1.549	5.921	0.415	1.585
21	0.655	0.173	0.663	3.778	0.2647	0.724	1.605	5.951	0.425	1.575
22	0.640	0.167	0.647	3.819	0.2618	0.720	1.659	5.979	0.434	1.566
23	0.626	0.162	0.633	3.858	0.2592	0.716	1.710	6.006	0.443	1.557
24	0.612	0.157	0.619	3.895	0.2567	0.712	1.759	6.031	0.451	1.548
25	0.600	0.153	0.606	3.931	0.2544	0.708	1.806	6.056	0.459	1.541

국문색인

영문색인

[D]

[E]

[F]

[U]

[W]

저자약력

김길선

서강대학교 경영전문대학원 교수
미국 어바나 샴페인 소재 일리노이주립대학교 비지팅교수 역임
미국 미들테네시 주립대학교 교수 역임
한국생산관리학회지 편집위원
공인회계사 시험 출제위원
제19회 과학기술우수논문상 수상
역서:「기술경영과 혁신전략」등

김희탁

상명대학교 경영대학 교수 및 동 대학 학장
한국생산관리학회 회장
품질경영학회 부회장
한국서비스 경영학회 이사
저서:「통계학」,「생산운영관리」등

어윤양

부경대학교 경영학부 교수
부경대학교 수산기업연구소장 역임
한국생산관리학회 상임이사 역임
부경대 경영대학장 역임
저서:「실무전산」,「컴퓨터실무」

유한주

숭실대학교 경영학부 교수
일본 히토츠바시대학 산업경영연구소 객원연구원 역임
한국품질경영학회 편집위원장
저서:「TQM에 의한 경영혁신」,「품질경영론」,「통계학」등

김재환

나사렛대학교 경영학과 교수
미국 노스웨스트나사렛대학교 비지팅 교수, 나사렛대학교 기획처장 역임
한국생산관리학회 부회장
한국서비스경영학회 편집위원장
대한경영학회 이사
저서:「통계학 개론」등

서창적

서강대학교 경영학부 · 경영전문대학원 교수
서강대학교 경영전문대학원장, 총무처장 역임
한국서비스경영학회 회장
한국생산관리학회 회장 역임
저서:「경영의 원론적 이슈와 경영학의 본질」,「경영과 컴퓨터」등

유시정

경기대학교 경영학과 명예교수
경기대학교 경영대학원장, 교학처장 역임
미국 샌디에고주립대학교 초빙교수 역임
한국생산관리학회 상임이사 역임
한국서비스경영학회장 역임
저서 :「생산관리」,「생산관리용어집」등

황복주

건양대학교 글로벌경영학부 교수
건양대학교 글로벌경영학부장 겸 사회과학연구소장
건양대학교 교무부처장, 학사관리처장, 기획연구처장, 경상대학장 겸 경영행정대학원장 역임
한국경영교육학회 상임이사 겸 편집위원
저서: 「경영학원론」(공저), 「통계학」(공저),「전략적 문제해결」

[가나다 순]

녹색경영시대의 **생산시스템운영관리**

2011년 3월 10일 초판 인쇄
2019년 8월 20일 초판 8쇄발행

저 자 서 창 적 외 7 인
발행인 배 효 선

발행처 도서출판 法 文 社

주소 10881 경기도 파주시 회동길 37-29
등록 1957년 12월 12일 / 제2-76호(윤)
전화 (031)955-6500~6 Fax (031)955-6525
e-mail(영업): bms@bobmunsa.co.kr
(편집): edit66@bobmunsa.co.kr
홈페이지 http://www.bobmunsa.co.kr

조 판 한 미 문 화 사

정가 35,000원 ISBN 978-89-18-12476-6